William und Martha Sears

Das erfolgreiche Kind

tologo
VERLAG

Bibliographische Informationen der Deutschen Nationalbibliothek: Die Deutsche Nationalbibliothek verzeichnet diese Publikation in der Deutschen Nationalbibliographie. Detaillierte bibliographische Informationen sind über http://dnb.d-nb.de abrufbar.

1. Auflage 2020

Titel der amerikanischen Originalausgabe:
The Successful Child – What Parents Can Do to Help Kids Turn Out Well

Übersetzung: Bianka Bensch
Dieses Werk wurde vermittelt durch die Literarische Agentur Thomas Schlück GmbH, 30827 Garbsen.

Coverdesign: Miriam Thriemer
Coverbild: Eva Blanco Fotografia. / photocase.de

ISBN: 978-3-937797-83-0 (Print)
ISBN: 978-3-937797-84-7 (EPUB)
ISBN: 978-3-937797-85-4 (Mobipocket)

www.tologo.de

WILLIAM UND MARTHA SEARS
mit Elizabeth Pantley

Das erfolgreiche Kind

KINDER VERSTEHEN UND UNTERSTÜTZEN

tologo VERLAG

Inhalt

Ein Vorwort von Dr. Bill

Kinder in Amerika genießen heute viele Möglichkeiten zu lernen und zu wachsen. Sie machen Sport, nehmen Musikunterricht, arbeiten hart an ihren Hausaufgaben und eignen sich über das Fernsehen und die Hightech-Welt des Internets Wissen an. Aber sind sie erfolgreich? Viele Kinder sind körperlich und geistig weniger gesund als sie sein könnten. Die aktuell um sich greifende Epidemie von Übergewicht im Kindesalter (das als Grund öffentlicher Sorge dem Rauchen den Rang abzulaufen droht) lässt erahnen, dass Kinder überfüttert, aber unterernährt sind. Auch wenn Impfungen die früher üblichen Kinderkrankheiten ausgerottet haben, nehmen Asthma und Diabetes zu. Teenager haben das Gefühl, dass sie ein Problem, mit dem sie nicht umgehen können, wegtrinken oder mit Drogen wegzaubern können. Sie wenden sich immer früher Sex zu, für den Nervenkitzel und für die Zusicherung, dass sie liebenswert und beliebt sind. Viele Kinder – sogar diejenigen besorgter und gewissenhafter Eltern – scheinen verloren, ohne die spirituelle und emotionale Intelligenz, die ihnen helfen würde, ihren Weg im Leben zu finden.

Aber andere Kinder, die ich getroffen habe, sind deutlich empathische, weise und wundervolle Kinder, die eine Freude und Bereicherung für alle Menschen um sich herum sind und die ihren Erfolg an ihre eigenen Kinder weitergeben. Dies sind die verbundenen Kinder, diejenigen, die als Erwachsene angemessen glücklich und zufrieden sind, weil sie in den Dingen erfolgreich sind, die am meisten bedeuten: Beziehungen, Werte, gegenseitige Abhängigkeit. Es ist unser aufrichtiger Wunsch, diese Lücke zu füllen, indem wir Eltern und anderen Betreuern Werkzeuge geben, um verbundene Kinder aufzuziehen.

Fünf Jahre bevor ich dieses Buch schrieb, musste ich mich aufgrund einer ernsten Darmkrebserkrankung einer Operation unterziehen. Wie immer, wenn eine große Lebenskrise einen trifft, ließ mich dieser Vorfall darüber nachdenken, was das Wichtigste für mich war – und an oberster Stelle auf dieser Liste standen meine acht Kinder. Ich verbrachte einige Zeit damit, darüber nachzudenken, was es bedeutet, erfolgreiche Kinder großzuziehen, und wie Eltern ihnen helfen können, sich auf ein erfolgreiches Leben vorzubereiten. Der Abend vor meiner Operation war, überraschenderweise, eine der friedvollsten Zeiten in meinem gesamten Leben. Meine mentale Ruhe kam aus dem Wissen, dass meine Familie emotional und spirituell gesund war. Ich dachte über die Einstellungen, die Bildung und Meinungen nach, die unsere Kinder während ihres Heranwachsens erworben hatten. Ich fand großen inneren Frieden in dem zuversichtlichen Gefühl, dass Martha und ich auf diesem Gebiet einen bemerkenswerten Job gemacht hatten und dass unsere Kinder die Werkzeuge hatten, die notwendig sind, um als gute menschliche Wesen erfolgreich das Leben zu meistern.

Diese Überlegungen waren der Anfangspunkt für das Material, das wir in diesem Buch zusammengestellt haben. Martha, Elizabeth und ich haben unsere persönlichen und klinischen Erfahrungen mit Informationen aus wissenschaftlichen Studien und – wohl am wichtigsten – den Informationen von Hunderten Eltern vereint, um dieses Buch zu schreiben – welches im Grunde eine Sammlung von Werkzeugen für den Erfolg im Leben ist. Wir hoffen, dass diese Informationen Ihnen helfen werden, Ihre Kinder auf ein erfolgreiches Leben vorzubereiten.

Jedes Kind kann ein Stern sein und auf seine einzigartige und wundervolle Weise scheinen. Einige werden die Welt erleuchten mit artistischen, akademischen oder athletischen Errungenschaften, einige mit dem Dienst an anderen. Mein Wunsch ist es, dass die Tipps in diesem Buch Ihren kleinen Sternen dabei helfen, so hell und strahlend zu scheinen wie nur möglich, mit Wärme und Mitgefühl für andere und friedlichen und erfüllten Herzen. Wie Sterne sind Kinder vollkommen und unglaublich schön und wenn man sie betrachtet, nährt und respektiert, so wie sie sind, führen sie uns oft zu einem besseren Verständnis davon, was wirklich wichtig ist.

Teil 1

Die Werkzeuge des Erfolgs

In diesem Buch geht es darum, Ihren Kindern die Werkzeuge zu geben, um im Leben Erfolg zu haben. Diese Werkzeuge sind Eigenschaften, von denen sich gezeigt hat, dass sie für die meisten Kinder zum Erfolg führen. Sie nähren die Entwicklung dieser Eigenschaften in den ersten, formbaren Jahren Ihres Kindes und fördern sie weiter, wenn Ihr Kind in die Schule kommt und darüber hinaus.

Der erste Teil des Buches dreht sich darum, eine Verbindung zu Ihrem Kind aufzubauen und darum, warum die Fähigkeit, enge und vertrauensvolle Beziehungen aufzubauen, das Hauptwerkzeug ist, um Erfolg im Leben zu haben. Teil 2 beschreibt, wie Sie diese Verbindung nutzen können, um Ihrem Kind dabei zu helfen, zusätzlich emotionale und intellektuelle Werkzeuge für den Erfolg zu entwickeln.

Eltern fangen schon vor der Geburt an, ihren Kindern die Werkzeuge zu geben, die sie für den Erfolg im Leben als Erwachsene brauchen. Wie Sie sich in den ersten Jahren seines Lebens um Ihr Kind kümmern, ist bedeutsam für die Entwicklung vertrauensvoller und mitfühlender Denkweisen. In den späteren Jahren beeinflussen diese guten emotionalen Gewohnheiten die Entwicklung spezifischer Fertigkeiten für Erfolg: Kommunikation, Hingabe, Gesundheit und Fitness, Selbstvertrauen. Dieses Buch führt Sie von den frühen Jahren durch die Pubertät, es umfasst Neugeborene, Kleinkinder, Vorschüler, Schulkinder und Teenager. Wir hoffen, dass auch Sie unterwegs lernen, was es bedeutet, eine erfolgreiche Mutter oder ein erfolgreicher Vater zu sein. Diese Eigenschaften Ihren

Kindern anzuerziehen wird auch Ihnen helfen, die Art Mensch zu sein, die Ihre Kinder sein sollen.

1 Was ist Erfolg?

Das erste unserer acht Kinder wurde vor 34 Jahren geboren, etwa zu der Zeit, in der ich anfing, als Kinderarzt zu praktizieren. Als frischgebackene Eltern wollten wir alles tun, was wir konnten, damit unser Kind ein Erfolg wird, aber wir waren nicht sicher, was dafür das Wichtigste war. Zur gleichen Zeit, als frischgebackener Kinderarzt, fragten mich oft Eltern, was sie tun könnten, damit ihre Kinder gut gerieten.

Um sowohl diese persönlichen als auch die beruflichen Fragen zu beantworten, begann ich, Eltern und Kinder genau zu beobachten und meine Beobachtungen aufzuschreiben. Ich redete mit Eltern über die Beziehung zu ihren Kindern und lud sie ein, mir zu erzählen, welchen erzieherischen Herausforderungen sie sich gegenüber sahen und welche Erziehungspraktiken für sie gut funktionierten. Währenddessen bekamen Martha und ich zu Hause weitere Kinder und lernten mit jedem von ihnen mehr über uns als Eltern. Viele Kinder und viele kleine Patienten später glauben wir, wir haben verlässliche Antworten auf die Frage gefunden, wie Eltern ihren Kindern helfen können, erfolgreich zu werden. Wir teilen das, was wir gelernt haben, in diesem Buch.

Wie werden wir, wer wir sind? Das ist die Frage, die ich mir stellte, als ich meine Karriere als Elternteil und Kinderarzt anfing. Es ist keine Frage, die leicht zu beantworten ist. Viele Faktoren beeinflussen, wie sich Kinder entwickeln – Vererbung, Betreuung, Ernährung, Gesundheit, Schule, Gleichaltrige und natürlich ein wenig Glück. Eltern haben Einfluss auf einige, nicht jedoch auf alle dieser Faktoren. Doch es schien mir vor 34 Jahren so, als müsse es einen roten Faden geben, der sich durch die Kindheit derjenigen Kinder zog, die angenehm im Umgang waren. Welche Faktoren in der Umwelt dieser Kinder hatten zu diesem positiven Ergebnis beigetragen? Wie hinterlassen frühe Erfahrungen Eindrücke im Inneren eines Kindes – zum Guten oder zum Schlechten – und beeinflussen für immer, wie das Kind denkt und handelt?

Um Antworten auf diese Fragen zu finden, entschied ich mich, Informationen über die Kinder zu sammeln, die gut gelungen waren. Ich beschloss herauszufinden, was ihre Eltern getan hatten. Ich dachte, wenn ich ausreichend Informationen sammle, müssten sich ein paar Gemeinsamkeiten zwangsläufig ergeben. Also nutzte ich mehr als 30 Jahre lang meine Praxis als Labor, um die Entwicklung von Babys und Kindern zu studieren, insbesondere die Entwicklung ihrer Persönlichkeiten und Beziehungen. Nach der Erziehung unserer eigenen acht Kinder, die zum Zeitpunkt des Schreibens dieses Buches zwischen acht und 34 Jahren alt sind, und der Teilnahme an geschätzt 150.000 Beobachtungssitzungen (also Kinderarztbesuche in meiner Praxis) habe ich das Gefühl, ich kann einschätzen, was Eltern tun können, um ein erfolgreiches Kind aufzuziehen.

Zur Vorbereitung dieses Buches interviewten Martha, Elizabeth und ich Hunderte Eltern, Lehrer, Psychologen und Elternberater – jeden, der mit Kindern arbeitet – um herauszufinden, welche Zusammenhänge sie erkennen zwischen dem, wie sich ein Kind entwickelt hat und dem, was seine Eltern taten. Wir griffen auch auf wissenschaftliche Studien zurück über den Zusammenhang zwischen der Art, wie Kinder umsorgt werden, und den persönlichen Qualitäten, die sie entwickeln. Das Lesen der Forschungsergebnisse hat uns geholfen, unsere Beobachtungen besser zu analysieren, und hat unsere Intuition über die Verbindung zwischen Eltern und Kind bestätigt. Informationen aus diesen Forschungsarbeiten sind im ganzen Buch verteilt in Kästen mit dem Titel »Was die Wissenschaft sagt« zu finden. Wir haben sogar die Kinder selbst hinzugezogen, sie gefragt, was sie glaubten, wie ihre Eltern ihre Leben beeinflusst haben. Diese Beobachtungen finden sich hier im Buch in den Kästen mit dem Titel »Kinder sagen«.

Unsere Beobachtungen zeigen uns, dass Eltern nicht den gesamten Ruhm oder die gesamte Schande dafür auf sich nehmen sollten, was für eine Person ihr Kind wird. Ganz sicher waren die Eltern, mit denen wir geredet haben, keine perfekten Eltern, die perfekte Kinder großzogen. Genauso wenig wurde dieses Buch von perfekten Eltern mit perfekten Kindern geschrieben. Jeder von uns muss das Beste tun, das er tun kann mit den Informationen und den Ressourcen, die zur Verfügung stehen. Ich wünschte, wir hätten das Wissen und die Erfahrung, die wir heute haben, bereits gehabt, als wir unser erstes Kind bekamen – eine Zeit, in der unsere Hauptsorge oftmals war, den Tag überhaupt zu überstehen. Es dauerte bis zu unserem sechsten Kind, bis Martha und ich uns wirklich sicher fühlten in unserem Elternsein. Aber wir haben gelernt, uns nicht wegen der Dinge zu sorgen, die wir gerne anders gemacht hätten, da wir das Beste getan haben, was wir tun konnten, und da wir die Vergangenheit nicht ändern können. Nichtsdestotrotz möchten wir Ihnen helfen, Ihre Lernkurve steiler zu gestalten und schneller zu lernen, als wir es taten. Es ist möglich, auch schon beim ersten Kind exzellente Eltern zu sein.

Unsere ersten beiden Söhne sind nun selbst Väter und die Art, wie wir uns in ihrer Anwesenheit um ihre jüngeren Geschwister kümmerten, und auch die Beziehung, die wir über die Jahre zu ihnen aufgebaut haben, hatten einen positiven Einfluss darauf, wie sie und ihre Frauen unsere Enkel erziehen. Ich sehe jetzt auch immer mehr »Enkel« in meiner Praxis – Kinder der Mütter und Väter, um die ich mich kümmerte, als sie selbst noch Kinder waren. Ich frage sie immer, was ihre Eltern taten, was sie übernehmen oder nicht übernehmen werden in der Erziehung ihrer eigenen Kinder.

Die wahre Bedeutung von Erfolg

Jede Mutter und jeder Vater möchte ein erfolgreiches Kind großziehen. Aber viele von uns meinen verschiedene Dinge mit »Erfolg«. Als unsere beiden ältesten Söhne, Dr. Jim und Dr. Bob, in die Kinderarztpraxis unserer Familie einstiegen, gab ich ihnen einen Rat aus väterlicher und ärztlicher Sicht: »Euer Erfolg im Leben, Jim und Bob, wird nicht an dem Geld, das ihr verdient oder den Titeln, die ihr sammelt, gemessen werden, sondern an der Anzahl der Menschen, deren Leben besser sind, weil ihr etwas getan habt.«

Das Wörterbuch definiert *Erfolg* als »Erreichen von Wohlstand, Ruhm oder Reichtum«. Unsere Definition geht über diese herkömmliche Idee von Erfolg hinaus. Hier ist unsere Wunschliste für erfolgreiche Kinder:

Qualitäten von Erfolg

Dies sind die zehn Qualitäten, die wir im Verlauf dieses Buches diskutieren werden, die Ihrem Kind helfen werden, »erfolg-reich« zu sein:

1. Ein Kind sein, das sinnvolle Beziehungen mit anderen eingeht
2. Empathisch und mitfühlend sein
3. Freundlich und höflich sein
4. Klug sein
5. Gesund sein
6. Kluge Entscheidungen treffen; moralisch denken und handeln
7. Vertrauen haben
8. Eine gesunde Einstellung gegenüber Sexualität haben
9. Gut kommunizieren
10. Eine fröhliche Einstellung haben

Wir wollen, dass diese Erfolgswerkzeuge Teil des inneren Selbst des Kindes werden – eine Art zu denken, eine Art zu handeln; etwas, das das Kind ist und nicht nur etwas, das das Kind tut. Kinder erreichen diese Ziele auf verschiedenen Wegen. Für einige ist dieser Weg sanft und geradlinig; für andere ist er gewunden und holprig. Tatsächlich sind die Kinder, deren Weg zu den eher schwierigen gehört, oft diejenigen, die am besten lernen, diese Werkzeuge für ihren Erfolg zu nutzen.

Bedeutet Erfolg reich und berühmt?

Reiche und berühmte Leute machen Schlagzeilen, daher ist es einfach für Kinder, zu schlussfolgern, dass gut geraten zu sein bedeutet, wohlhabend zu sein. Es gibt viele Erfolgsgeschichten von Menschen, die Reichtum erlangen, indem sie ihre Talente einsetzen und hart arbeiten, um dann glücklich zu leben, während sie anderen etwas abgeben, um diese Welt zu einem besseren Lebensort zu machen. Es ist auch wahr, dass sich unter den reichen und berühmten Menschen einige der unglücklichsten Menschen auf dieser Welt befinden. Die Boulevardpresse ist voll mit den »Nicht-Erfolgs«-Geschichten von Berühmtheiten: schiefgegangene Beziehungen, Drogen- und Alkoholabhängigkeit, Selbstmord. Viele finanziell reiche Personen sind auf emotionaler Ebene arm. Wie uns ein befreundeter Psychologe einmal sagte: »Wenn du wissen willst, wie reich du bist, zähle deine Freunde.«

Wir haben hart daran gearbeitet, unseren Kindern nicht das Gefühl zu geben, dass ihr Wert davon abhängt, was sie leisten. Ein Kind, das Einser schreibt, ist nicht »besser« als ein Kind, das Dreier schreibt, vorausgesetzt, sie arbeiten beide mit ihrem vollen Potential. Während der Einserkandidat beim Schulabschluss eher als »wahrscheinlicher erfolgreich« angesehen wird, ist der Dreierkandidat vielleicht emotional gesünder. Er hat vielleicht Talente in außerschulischen Gebieten – Sport, Kunst oder die Fähigkeit, besonders gut mit anderen Menschen auszukommen. Was wir sagen möchten ist, dass man den Erfolg in der Kindererziehung nicht daran messen kann, was die Kinder erreichen. In diesem Fall bezieht sich »erfolgreich« auf persönliche Qualitäten, nicht auf das, was man erreicht.

Also, was bedeutet es nun, gut zu geraten? Wir glauben, es ist die Tiefe der Beziehungen, die wir haben, nicht die Errungenschaften, die wir abhaken, welche unsere Leben erfolgreich und glücklich machen; die Beziehungen, die Kinder mit sich selbst haben und auch die anderen Leben, die sie berühren. Das Ziel dieses Buches ist es, Ihnen zu helfen, dass Ihre Kinder *beziehungs-reich* werden.

Dem Kind Wert vermitteln

Kinder müssen sich selbst als wertvoll ansehen, basierend auf dem, was in ihnen liegt; sie brauchen ebenfalls externe Erfahrungen, die ihnen dabei helfen, sich wertvoll zu fühlen. Unser Ziel ist es, Eltern dabei zu helfen, Kinder großzuziehen, die nicht nur sich selbst als wertvolle Menschen betrachten, sondern ebenfalls mit ihrer Freundlichkeit, Hingabe und Fähigkeit zur Bindung aufwachsen, um das Leben anderer wertvoll zu machen.

Eines Tages hetzte eine unsensible Person gegen Martha, weil sie acht Kinder hatte und zur Überbevölkerung der Welt beitrüge. Martha antwortete darauf: »Die Welt braucht meine Kinder.«

Lektionen von einem »guten« Kind

Wenn Sie ein wenig Zeit damit verbracht haben, Bücher über Kindererziehung zu lesen, wissen Sie, dass »guter Junge« oder »gutes Mädchen« zu sagen ein Fehler ist. Psychologen erklären Eltern, sie sollen sich auf gutes oder schlechtes *Benehmen* konzentrieren und diese Bewertungen nicht auf das Kind an sich beziehen. Aber tatsächlich *gibt es* gute Kinder und Kinder, die nicht so gut sind. Manchmal überraschen uns die »guten« Kinder aus »gutem« Hause mit Schlagzeilen, weil sie schreckliche Dinge getan haben. Wenn wir schlimme Geschichten über Kinder und Teenager hören, die Gewehre, Messer und Bomben gegen ihren Lehrer, ihre Klassenkameraden und Familien richten, suchen wir nach Erklärungen. Liegt es an den Computerspielen, die diese Kinder gespielt haben? An den Filmen, die sie geschaut haben, und den Internetseiten, die sie besucht haben? Ist es die komplett schwarze Kleidung, die sie tragen, oder eine Art übertriebene jugendliche Entfremdung? Psychiater, Politiker und Religionsführer beklagen den Zustand unserer Jugend und die Gewalt in unserer Welt. Und jeder sucht nach Möglichkeiten, die Eltern der Kinder dafür verantwortlich zu machen. Aber wenn nicht gerade ein offensichtlicher Missbrauch im Zuhause der Kinder stattgefunden hat, scheint oftmals keiner zu wissen, wie oder warum einige Kinder auf die schiefe Bahn geraten.

Gute Kinder machen keine schlechten Schlagzeilen. Tatsächlich machen gute Kinder selten überhaupt Schlagzeilen. Wir haben das große Glück, in einem Beruf zu arbeiten, der uns jeden Tag die allen Kindern innewohnende Güte zeigt. Sie sind mitfühlend, freundlich und nett. Sie wissen, wer sie sind. Sie respektieren sich selbst und andere, sind verantwortungsbewusst und es macht Spaß, sie um sich zu haben. Sie sind

Keine Garantie

Es gibt keine Zauberformel zum Erziehen von Kindern. Ein Kind, das auf bestimmte Weise erzogen wird, kann »gut geraten« oder auch nicht. Einige Kinder wachsen gegen jede Wahrscheinlichkeit über höchst zerrüttete Familien hinaus. Manchmal geben die Eltern ihr Bestes, um das Kind zu lieben und ihm zu zeigen, was es braucht, um ein verantwortungsvoller Erwachsener zu sein, aber das Kind wählt einen anderen Weg. Es gibt keine einfachen Erklärungen dafür, wie wir werden, wer wir sind. Kinder erhalten während des gesamten Aufwachsens verschiedene Arten von Botschaften, wie sie sein sollten, aus völlig verschiedenen Quellen. Ihr eigenes Temperament und die angeborenen Fähigkeiten beeinflussen ebenfalls, wer sie werden, ebenso wie die Beziehung, die sie zu ihren Eltern haben. Und natürlich gehört auch ein gutes Quäntchen Glück dazu.

Infolgedessen finden wir es nicht hilfreich, an der alten Debatte von Veranlagung versus Erziehung festzuhalten. Eltern können das genetische Erbe ihrer Kinder nicht ändern und es gibt auch andere Umstände im Leben, über die sie keine Kontrolle haben. Aber Eltern haben die Wahl, wie sie die Beziehung zu ihrem Kind gestalten, was sie von ihm erwarten und was sie ihm beibringen. Indem Sie sich auf die Aspekte der Kindererziehung konzentrieren, die Sie beeinflussen *können*, können Sie Ihrem Kind die Fähigkeit mitgeben, damit umzugehen, wer es ist, und mit jeglicher Herausforderung zurechtzukommen, die ihm begegnet.

nicht perfekt. Einige ihrer guten Qualitäten entwickeln sich erst noch und manchmal überkommt auch die besten von ihnen Ärger oder Angst. Manche werden aufwachsen und reich und mächtig sein, aber viel wichtiger ist, dass sie glücklich und zufrieden sein werden, stabile Beziehungen haben werden und gute Eltern für die kommende Generation sein werden.

Die Eltern der »guten« Kinder in unserer Welt haben viel mit uns zu teilen. Es sind die Eltern, die willens sind, die Verantwortung für ihre Kinder zu übernehmen, Eltern, die sich anstrengen herauszufinden, warum sich Kinder so benehmen, wie sie es tun. Sie ermutigen gutes Benehmen, während sie versuchen, schlechtes zu ändern. Sie lernen aus ihren eigenen Erfahrungen und denen anderer Eltern. Als Ergebnis davon haben die Eltern der gut geratenen Kinder wundervolle Einsichten, die sie mit weniger erfahrenen Eltern teilen können. Wir teilen mit Ihnen im Verlauf dieses Buches, was sie uns gesagt haben.

Gut geraten – aber mit Kampf

Martha und ich sind besonders sensibel für Kinder, die einen schweren Start haben, aber darum kämpfen, Erwachsene zu werden, die gut geraten sind. Menschen sind robust und was wir werden, ist nicht für immer durch das vorbestimmt, was in unserer Kindheit geschieht. Wir hatten beide keine ideale Kindheit – und das ist eine Untertreibung. Marthas Vater ertrank, als sie vier war, und ihre Mutter erholte sich nie ganz von diesem Erlebnis und überließ ihre Tochter den nicht besonders fürsorglichen Großeltern. Mein Vater machte sich aus dem Staub, als ich ein paar Wochen alt war, und zwang meine Mutter so dazu, zum Überleben viele Stunden arbeiten zu gehen. Auch wenn ich in einem Zuhause mit fürsorglichen Großeltern aufgewachsen bin, arbeiteten auch diese ganztags, was mich zum »Schlüsselkind« machte, noch bevor es diesen Begriff überhaupt gab. Dennoch ist das, an was ich mich 50 Jahre später aus meiner Kindheit noch erinnere, dass meine Mutter unter weniger als idealen

Umständen ihr Bestes versuchte. Sie umgab mich mit gesunden Rollenvorbildern. Sie untersuchte Lehrer, Jugendgruppenleiter, Babysitter und andere für mein Leben bedeutende Personen aufs Gründlichste. Sie stellte sicher, dass ich Bindungen zu Menschen hatte, die gesunde Bindungen aufbauen konnten. Trotz unserer Armut und dem Stigma, ein Kind ohne Vater zu sein (nur ein anderes Kind in meiner ganzen Schulzeit kam aus einer »geschiedenen« Familie), wuchs ich in einem liebenden Zuhause auf. Für meine Wünsche arbeiten zu müssen lehrte mich Arbeitsmoral und einen Sinn für Verantwortung.

Obwohl viele Kinder in einer nicht idealen Kindheit aufwachsen und gut geraten, nehmen sie dennoch emotionalen Ballast mit in ihr Erwachsenenleben und verbringen viele Jahre mit dem Versuch, diesen loszuwerden. Wie viel einfacher wäre es für Kinder, gut heranzuwachsen und dann frei zu sein, ihr Erwachsenenleben damit zu verbringen, sich zu verbessern, statt ihren emotionalen Zustand reparieren zu müssen.

Aber Probleme können in Möglichkeiten umgewandelt werden. Als Kind geschiedener Eltern war ich darauf bedacht, nicht geschieden zu werden. Die sommerlange Arbeit am Fließband in einer Metallfabrik motivierte mich, das College abzuschließen. Aber diese schwere Kindheit ließ mich dennoch in vielen Bereichen unverbunden – was mich fünfzig Jahre kostete bis zur Erkenntnis und Korrektur. Aber ich glaube, dass die guten Dinge, die meine Mutter und meine Großeltern in meiner Kindheit getan haben, mir geholfen haben, die Herausforderungen, die sich mir als Erwachsenem stellten, zu überwinden.

Widerstandsfähigkeit schaffen

Wie kommt es, dass einige Kinder gut geraten, obwohl sie in ihrer Kindheit große Hürden überwinden müssen? Warum sind einige Kinder widerstandsfähiger als andere? Wir nehmen an, dass das frühe Attachment Parenting (worüber Sie im nächsten Kapitel etwas erfahren werden) in einem Kind einen *Entwurf* für zukünftige Beziehungen anlegt. Kinder, die ganz früh lernen, wie es ist, mit anderen verbunden zu sein und fähig zu sein, ihnen zu vertrauen, versuchen, diese Verbundenheit aufrechtzuerhalten oder wiederzuerlangen, wenn sie erwachsen werden. Sie folgen diesem frühen Entwurf und bringen das Vertrauen, das sie in ihrer ersten Beziehung gelernt haben, mit in spätere Beziehungen. Dieser Entwurf zeigt ihnen auch, wie sie sich selbst vertrauen können, und dieses Selbstvertrauen hilft dem Kind über große Widrigkeiten hinweg. Kinder tragen die Verbundenheit, die sie als Kinder gelernt haben, durch den Rest ihres Lebens. Sie wird Teil ihres gesamten Wohlbefindens und macht sie widerstandsfähig.

Kinder, die trotz vielfacher Herausforderungen erfolgreich sind, haben normalerweise mindestens eine wichtige Person in ihrem Leben, mit der sie sich verbunden fühlen.

Die Wissenschaft sagt:

Studien haben gezeigt, dass verbundene Kinder besser fähig sind, Widrigkeiten zu überstehen, als Kinder, die weniger verbunden sind. Eine Studie zeigt, dass der Schlüssel zum Erfolg als Erwachsener trotz Widrigkeiten in der Kindheit die Anwesenheit mindestens einer Person im Leben des Kindes ist, die regelmäßige emotionale Unterstützung anbietet und die einen positiven Einfluss auf die Entwicklung des Kindes hat. In dieser Studie hatten die Individuen, die Erfolg hatten, obwohl sie mit Widrigkeiten aufwuchsen, eine enge Verbindung mit mindestens einem Betreuer in der Kindheit aufgebaut. Die Forscher fanden auch heraus, dass andere Personen im Leben des Kindes (z. B. Großeltern, Verwandte und andere wichtige Personen) Kindern Unterstützung geben können, die Opfer schlechter Erziehung waren. Die Anwesenheit eines positiven männlichen Einflusses innerhalb des Haushalts scheint ein besonders wichtiger Faktor für den Erfolg gefährdeter Kinder zu sein.

Idealerweise ist diese Person ein Elternteil, aber es kann auch ein Lehrer, ein Trainer, ein Jugendgruppenleiter oder eine andere wichtige Person sein. Sich mit anderen zu verbinden ist wichtig. Die Kinder, über die sich Beratungslehrer an Highschools die meisten Sorgen machen, sind diejenigen, die nirgends dazuzugehören scheinen. Sie machen sich auch Sorgen um die, die sich mit den falschen Menschen verbinden. Kinder mit einem Entwurf für eine starke Bindung in ihrer frühen Kindheit wissen nicht nur, wie man eine Bindung zu anderen aufbaut, sondern können auch gute und schlechte Einflüsse besser sortieren.

Wir haben zwei weitere Charakteristika widerstandsfähiger Kinder festgestellt. Eines ist, dass vertraute Betreuer das Kind in positivem Licht formen: »Du kannst das«, »Du bist klug und ausdauernd«, »Du schaffst es an dieses College«. Kinder, die Aussagen hören wie »Du bist nicht gut genug für das Team« oder »Du bist zu ungeschickt, um Quarterback zu werden« erfüllen oftmals diese negativen Erwartungen. Ein anderes Charakteristikum widerstandsfähiger Kinder ist, dass eine besondere Person im Leben des Kindes sein »besonderes Etwas« entdeckt – ein Talent, eine einzigartige Fähigkeit – und dabei geholfen hat, dieses besondere Etwas zu fördern. Irgendjemand entdeckt athletische Fähigkeiten bei einem schlechten Schüler und hilft ihm, ein Basketball-Star zu werden. Ein Kind versagt in Mathematik, ist aber unglaublich gut in Kunst, und jemand hilft ihm, diese künstlerischen Fähigkeiten in Computergrafiken zu übertragen – was ebenso den mathematischen Fähigkeiten hilft.

In einer idealen Welt würde jedes Kind alles bekommen, was für seinen Erfolg als Erwachsener notwendig ist. In der realen Welt versuchen gute Eltern ihr Bestes auf jeder neuen Stufe, die ihr Kind erlebt. Kinder brauchen keine perfekten Eltern, nur Eltern, die gut genug sind. Schaffen Sie eine Verbindung zu Ihrem Kind und bleiben Sie mit ihm verbunden.

Zehn Werkzeuge für Erfolg

1. Verbunden aufwachsen
2. Gesunde Essgewohnheiten haben
3. Selbstbewusst werden
4. Kluge Entscheidungen treffen
5. Moralische Entscheidungen treffen
6. Gut kommunizieren
7. Das Lernen lieben
8. Seine eigene Sexualität verstehen
9. Eine frohe Einstellung haben
10. Mit Empathie denken und handeln

2 Verbundene Kinder aufziehen

Die achtjährige Susan war zusammen mit ihrer Mutter und ihrem zweijährigen Bruder in meinem Untersuchungsraum und wartete auf ihre Untersuchung. Sobald ich den Raum betrat, fühlte ich mich behaglich. Ich war gerne in der Nähe dieser Kinder. Susan lächelte und sagte »Hi«, als ich mich vor sie hinsetzte. Ihr Augenkontakt war angemessen, ein interessanter Blick, der meine Aufmerksamkeit hielt, ohne aufdringlich zu sein. Ihr kleiner Bruder verhielt sich, nun ja, einfach wie ein Kleinkind und war damit beschäftigt, alle Dinge im Raum zu untersuchen. Er klemmte sich den Finger in einer Schublade ein und fing an zu weinen, und innerhalb einer Millisekunde war Susan bei ihm und tröstete ihn. Ihre Mutter schaute sie voller Stolz mit liebevollem Blick an. Als die Untersuchung weiterging, bemerkte ich eine respektvolle Unabhängigkeit bei dieser kleinen Dame. Sie blickte auf und hörte zu, wenn ihre Mutter sprach, aber ergänzte ihre eigenen aufschlussreichen Kommentare zu ihrer Gesundheit. Die Familie schien so behaglich miteinander zu sein, dass ihre Wärme auf mich übergriff und mich einschloss. Dies waren verbundene Kinder – verbunden miteinander, mit ihrer Mutter und mit ihrer Welt. Ich verließ das Untersuchungszimmer mit dem Gedanken »Das ist es – verbundene Kinder! Das ist die Art Kinder, in deren Nähe ich gerne sein möchte.« Verbundene Kinder aufziehen ist das, worum es beim Elternsein geht.

Verbunden werden

Wie wir werden, wer wir sind, ist zu einem großen Teil in der Eltern-Kind-Beziehung verwurzelt. Die Beziehung, die Sie zu Ihrem Kind haben, ist die

Grundlage, auf der alle seine weiteren Beziehungen aufbauen werden. Sogar die Art, wie Kinder sich selbst verstehen, hängt von ihrer Beziehung zu den Eltern ab. Eine liebevolle, vertrauensvolle, verständnisvolle Einstellung gegenüber ihren Kindern hilft Eltern, diese besser kennenzulernen, und Eltern können Kindern helfen, sich selbst und ihre Werte kennenzulernen.

Wie wird man verbunden? Und was ist das mit der Verbundenheit, das Sie zu einem verantwortungsvollen, einfühlsamen, erfolgreichen Elternteil macht? Dieses Kapitel nimmt Sie mit auf eine Reise von der Geburt des Kindes bis zu seiner Jugend. Es beschreibt verbundene Kinder und Eltern auf jeder Lebensstufe, um zu zeigen, wie die Beziehung zwischen Eltern und Kind sich entwickelt und wie sie die Möglichkeiten des Kindes für Erfolg beeinflusst. Betrachten Sie diese Reise als das Herzstück des Buches. Die hierin vorgestellten wichtigen Erziehungsprinzipien sorgen dafür, dass die Vorschläge im Rest des Buches für Sie und Ihr Kind funktionieren. Sie werden in späteren Kapiteln mehr über diese Prinzipien lernen – und Sie werden noch viel mehr lernen, wenn Sie sie leben.

Geburt bis zu einem Jahr

Welche Entwicklungsstufe beeinflusst am meisten, wie erfolgreich ein Kind voraussichtlich werden wird?

a) Geburt bis zu einem Jahr
b) die Vorschulzeit
c) fünf bis zehn Jahre
d) die Jugendzeit
e) alle Stufen gleich

Vermutlich haben Sie e) geantwortet – alle diese Stufen. Sicher sind die Auswirkungen der Betreuungsumgebung auf den Erfolg eines Kindes auf jeder Entwicklungsstufe wichtig. Aber die Frage ist, welche Entwicklungsstufe beeinflusst den Erfolg *am meisten* …? Die richtige Antwort lautet a) – Geburt bis zu einem Jahr. Warum? Weil das die Stufe ist, in der die Betreuer den nachhaltigsten Eindruck im sich entwickelnden Gehirn des Kindes hinterlassen können.

Glauben Sie es oder nicht, der größte Einfluss der Eltern auf die Persönlichkeit und emotionale Entwicklung des Kindes geschieht während des ersten Lebensjahres. Babys machen weit mehr als essen und schlafen. Sie lernen – sehr viel! Babys entwickeln auch einen Sinn dafür, wer sie sind und wie die Welt um sie herum ist. Diese Vorstellungen beeinflussen ihr Verhalten in den darauffolgenden Jahren.

Assoziationsmuster

Wie wir in Kapitel 4 noch sehen werden, entwickelt sich das Gehirn während des ersten Lebensjahres mehr als auf jeder anderen Entwicklungsstufe im Leben eines Menschen. Gehirnzellen, Neuronen genannt, die Kilometern von Drähten ähneln, verknüpfen sich und bilden Wege. Wenn Babys geboren werden, sind viele dieser Neuronen nicht verknüpft. Wenn Babys wachsen und die Welt kennenlernen, beeinflussen die Millionen von täglich neu geschlossenen Verbindungen die Art, wie sich das Gehirn organisiert und Informationen abspeichert. Erfahrungen von höherer Qualität führen zu besseren, komplexeren Wegen. Diese Pfade und Rundwege bestimmen den frühen Denkprozess des Babys und wie es lernt, die betreuende Welt um es herum wahrzunehmen.

Eine andere Möglichkeit, das Gehirn des Kindes zu betrachten, ist, es als riesengroßen Aktenschrank darzustellen, der Reize und die Antwort darauf speichert. Wenn etwas im Leben des Babys geschieht – zum Beispiel »Ich weine und werde getröstet« oder »Ich bin hungrig, ich werde gefüttert« – speichert das Baby Bilder dieser Szenen ab. Wenn sich die Schublade mit den Weinen/Trösten-Szenarien füllt, formt das Baby einen generellen Eindruck, wie die es betreuende Welt ist. Das ist der Anfang des Gefühls des Babys für sich und andere. Diese Reiz-Antwort-Szenarien, oder Assoziationsmuster, werden die Norm für das Baby – das, was es zu erwarten lernt in einer bestimmten Situation. Die Gehirnbibliothek des Babys, gefüllt mit diesen Assoziationsmustern, hilft ihm, die Antwort, die es braucht oder erwartet, vorherzusehen: »Ich weine, ich erwarte, getröstet zu werden.« Diese Muster bestimmen zukünftige Reaktionen und Beziehungen. Eines der wichtigsten Assoziationsmuster, eines das zukünftige Beziehungen für immer beeinflusst, ist lernen zu vertrauen.

Kurz gesagt, die richtigen Assoziationsmuster, die dem Kind nach der Geburt und in der frühen Kindheit eingepflanzt werden, werden Ihrem Kind dabei helfen, erfolgreich zu sein.

Kapazitäten schaffen

In den ersten Jahren verbringen Eltern viel von ihrer Zeit damit, Kapazitäten für gesunde Eigenschaften ihres Kindes zu schaffen. Beziehen wir das auf die Analogie des Aktenschrankes, denken Sie daran, wie Dokumente im Computer gespeichert werden. In den ersten Jahren helfen Sie Ihrem Kind, Ordner anzulegen, sagen wir für Empathie und Einfühlungsvermögen. Dann verbringen Sie die restlichen Jahre damit, Ihrem Kind dabei zu helfen, Erfahrungen in den richtigen Ordner abzuspeichern. Das Kind, dessen Leben ohne Ordner beginnt oder mit den falschen Ordnern, kann die später folgenden Erfahrungen nicht in sinnvolle Strukturen abspeichern.

Erster Eindruck, bleibender Eindruck

Frühe Assoziationsmuster im Gehirn des Kindes sind die Wegbereiter solch wichtiger Erwachseneneigenschaften wie Vertrauen, Empathie, Intimität und Selbstgefühl. Wie Handabdrücke in nassem Beton nimmt das kindliche Gehirn diese frühen Eindrücke auf und sie werden Teil seiner eigenen Identität in der Kindheit und als Erwachsener. Sie formen die ersten Eindrücke des Kindes davon, wie das Leben ist. Von reagierenden Eltern können Babys lernen

- jemandem zu antworten, der das braucht
- jemanden zu trösten

- anderen Menschen zu helfen
- ihren eigenen Annahmen über sich selbst und die Welt zu vertrauen
- glücklich zu sein

Wie können sich diese ersten Eindrücke im späteren Leben auswirken? Stellen Sie sich eine Gruppe von Kindern vor, die planen, ein Fahrrad zu stehlen. Manche von ihnen können sich nur vorstellen, wie viel Spaß sie mit dem neuen Rad haben werden, und denken, sie haben einen Anspruch darauf. Aber das Kind, das gelernt hat, sich um andere zu kümmern und um das sich in seiner frühen Kindheit gekümmert wurde, hat unbehagliche Gefühle, wenn es an das Stehlen des Rades denkt. Es versteht, dass das Fahrrad für jemand anderen wichtig ist, und stellt sich vor, wie es sich fühlen würde, wenn jemand ihm sein Fahrrad stehlen würde. Es erinnert sich auch daran, dass seine Eltern es lieben und ihm vertrauen, und ist besorgt, sie mit seinem Verhalten zu enttäuschen. Dieses Kind hat Mitgefühl und Einfühlungsvermögen. Es kann sich in andere Menschen hineinversetzen – etwas durch die Augen eines anderen Menschen betrachten – sich vorstellen, wie dieser sich fühlen wird. Es realisiert, noch bevor es etwas tut, dass sein Verhalten eine Auswirkung auf das Wohlbefinden einer anderen Person hat, und entscheidet sich, das Fahrrad nicht zu stehlen.

Stellen Sie sich eine Jugendliche in einer anderen schwierigen Situation vor: Sie ist auf einer Party und die Jugendlichen finden sich in Paaren zusammen und »machen rum«. Sie wird in sexuelle Situationen gedrängt, für die sie sich noch nicht bereit fühlt, und fühlt sich verwirrt und ängstlich. Aber sie hat gelernt, ihren Gefühlen zu vertrauen, durch Eltern, die diese Gefühle respektierten und darauf reagierten. Sie sucht nicht nach der Bestätigung durch andere, die dadurch kommt, dass sie sich dem Gruppendruck anpasst. Weil sie gelernt hat, ihren eigenen Gefühlen zu trauen, kann sie sich selbst respektieren, zu ihren Altersgenossen nein sagen und zu Hause anrufen, um sich abholen zu lassen.

Gefühllosigkeit und ein Mangel an Empathie sind die Wurzeln destruktiven Verhaltens bei Teenagern und Erwachsenen. Kinder, die nicht gefühlvoll betreut wurden, wachsen auf und kümmern sich nicht um andere. Das Baby, das im Arm seines tröstenden Elternteils etwas über Mitgefühl lernt, wird mit geringerer Wahrscheinlichkeit ein Teenager, der in seiner Schule Amok läuft.

Babytraining – eine unkluge Investition.
Was genau meinen wir mit responsivem, feinfühligem Erziehen im Babyalter und in früher Kindheit? Das erklären wir im nächsten Abschnitt, in dem wir auf die Werkzeuge eingehen, mit Hilfe derer Sie eine gute Verbindung zu Ihrem Kind schaffen können. Aber zuerst möchten wir Sie warnen vor einem distanzierteren Weg der Betreuung Ihres Babys, ein Ansatz, den wir »Babytraining« nennen. Das Ziel dieser Art der Erziehung ist es, Babys möglichst nahtlos in das Leben ihrer Eltern einzupassen. Eltern wollen nicht, dass ihre Kinder »verwöhnt« werden oder dass diese »sie manipulieren«. Sie wollen die Kontrolle über ihr Kind behalten. Es mag sein, dass sie denken, Babytraining sei der richtige Weg, die Art, ihrem Kind zu zeigen, wie die »wirkliche« Welt ist.

Manche Erziehungsbücher und -magazine neigen dazu, diese Art der Erziehung zu fördern. Autoren und Ratgeber versprechen Eltern, dass sie ihr Baby trainieren können und sollten, die Nacht durchzuschlafen – auch wenn das bedeutet, dass das Baby alleine gelassen wird und stundenlang weint. Eltern bekommen gesagt, sie müssen ihr Kind nach einem Zeitplan füttern oder stillen – und nicht darauf reagieren, wenn es innerhalb von nur drei oder vier Stunden nach der letzten Mahlzeit schon wieder Anzeichen für Hunger zeigt. Eltern versuchen ihr Baby zu trainieren, alleine in einem Laufstall zu spielen, was normalerweise bedeutet, sein Weinen zu überhören. Vermutlich werden Babys, die trainiert werden, tatsächlich »gute Babys« (oder genauer »praktische Babys«) nach Meinung dieser Autoren, und die Familie gratuliert sich selbst zu den Ergebnissen. Aber entgegen der kurzfristigen Erfolge dieser erzwungenen Unabhängigkeit ist der Endeffekt ein langzeitiger Verlust. Sie haben gelernt, nicht mehr zu versuchen, ihre Bedürfnisse nach Fürsorge erfüllt zu bekommen.

Ordner im Gehirn

Wenn Sie sich den Tag über um Ihr Baby kümmern und dabei auf Ihre natürliche elterliche Intuition hören, hinterlassen Sie, ohne es zu merken, langlebige Eindrücke im Gehirn Ihres Babys.

Was Eltern tun	Was Babys abspeichern	Welche Kapazitäten gebildet werden
Einfühlsam und angemessen auf das Weinen des Babys reagieren	Ich rede und jemand hört mir zu	Vertrauen in die eigene Kommunikationsfähigkeit
Füttern, wenn das Baby hungrig ist	Meine Betreuer stillen meine Bedürfnisse	Vertrauen darauf, dass Menschen fürsorglich und empfänglich sind
Häufig Augenkontakt mit dem Baby herstellen	Gesichter machen Spaß und sind eine gute Quelle für Informationen	Die Fähigkeit, die Gefühle anderer zu lesen
Das Baby viel halten	Gehalten werden beruhigt meine Ängste und fühlt sich gut an	Behaglichkeit bei Intimität
Das Baby trösten, wenn es aufgeregt ist	Andere verstehen meine Gefühle und versuchen mir zu helfen	Empathie
Das Baby in einem Tragetuch mit sich tragen	Meine Welt ist ein interessanter Platz zum Leben	Neugier, Offenheit für neue Erfahrungen
Nahe beim Baby schlafen	Schlaf ist ein angenehmer Zustand, in dem man angstfrei verharren kann	Gesunde Schlafgewohnheiten, die Fähigkeit zu entspannen
Dem Baby Liebe und Glück spiegeln	Meistens bin ich glücklich und mache andere glücklich	Glücklichsein und Zufriedenheit

Ein Baby, das weinend in der Wiege liegt, gibt schließlich auf, an den Wert seines Weinens zu glauben; wenn niemand kommt, nimmt es an, dass seine Versuche zu kommunizieren bedeutungslos sind. Währenddessen schauen die Eltern auf die Uhr oder in ein Buch, anstatt etwas über ihr individuelles Baby zu lernen. Sie verlieren das Vertrauen in ihre Fähigkeit, das Weinen ihres Babys zu entschlüsseln und darauf zu antworten. Das Baby verbringt weniger Zeit oben, auf dem Arm seiner Eltern, und mehr Zeit unten, außerhalb der Reichweite stimulierenden menschlichen Kontakts. (In Kapitel 9 werden wir zeigen, wie Sie Ihrem Baby helfen können, ein guter Kommunikator zu werden.)

Es mag so aussehen, als ob das Füttern nach Plan und eine erzwungene regelmäßige Schlafenszeit das Leben des Babys vorhersehbarer machen würden. Aber tatsächlich trifft das Gegenteil zu. Ein Baby, das Babytraining ausgesetzt ist, lernt, dass das Leben unvorhersehbar ist. Manchmal wird sein Weinen beantwortet, manchmal nicht; manchmal wird es gefüttert, wenn es hungrig ist, manchmal nicht. Es ist nicht fähig, vorherzusehen, wie seine Betreuer reagieren werden, daher legt es weniger Assoziationsmuster an. Die Muster, die es speichert, sagen ihm, dass es der Welt nicht trauen kann und dass es seine eigenen Bedürfnisse nicht wahrnehmen kann. Auch für Eltern ist dieser Anfang schwer. Das Baby »weinen zu lassen« zwingt eine Mutter, sich gegen ihren natürlichen Wunsch zu stellen, das Baby zu schützen, zu trösten und zu stillen. Sie lernt, sich selbst nicht zu vertrauen und ihrer Fähigkeit nicht zu vertrauen, auf ihr Kind zu reagieren. Väter, deren Vaterkarriere am Anfang darauf ausgerichtet ist, Kinder in ihre Zeitpläne einzupassen, verpassen die Wachstumschance, die Bedürfnisse eines Anderen an erste Stelle zu setzen. Eltern, die versuchen, eine Distanz zu ihrem Kind aufzubauen, riskieren damit, sich in der Kindheit und Jugend ihrem Kind nicht verbunden zu fühlen und durch sein Verhalten verwirrt zu sein. Sie mögen versuchen, in den folgenden Jahren aufzuholen, aber es erfordert mehr Anstrengung, dann eine enge Beziehung aufzubauen, die sich in den ersten Jahren der Kindheit gebildet haben sollte.

Die Neurochemie der Bindung

Viele Jahrzehnte lang haben Bindungsforscher spekuliert, dass frühe Interaktionen mit den Betreuern einen bleibenden Eindruck im Gehirn des Kindes hinterlassen, ein Prozess, den wir Prägung nennen. Neue Erkenntnisse in die neurochemischen Grundlagen der Bindung lassen vermuten, dass das Sehen des Gesichts der Mutter das Gehirn eines Babys anregt, Neurohormone namens Endorphine zu produzieren. Das sind Chemikalien im Gehirn, die für Wohlgefühl und Freude sorgen. Das Baby beginnt, das Gesicht und die Anwesenheit der Mutter damit zu verbinden, dass es sich gut fühlt.

Interaktion mit den Betreuern regt ebenfalls vorteilhafte strukturelle Veränderungen im Gehirn an.

Werkzeuge der Bindung: Attachment Parenting praktizieren

Jetzt, da Sie die Theorie kennen, fragen Sie sich vielleicht, was die praktische Anwendung ist. Wie werden Eltern und Kinder im Babyalter und darüber hinaus verbunden? Sie haben schon von den drei Rs der Bildung gehört: Reading (Lesen), 'Riting (Schreiben) und 'Rithmetics (Mathematik). Um diese müssen Sie sich nicht zu sehr kümmern, ehe Ihr Kind nicht im Schulalter ist, aber verbunden zu werden hängt von einem vierten R ab, einem sehr wichtigen, das bereits bei der Geburt beginnt: Responsiveness (Reaktionsfähigkeit).

Reaktionsfähigkeit ist das führende Prinzip hinter Attachment Parenting. Auf die Bedürfnisse Ihres Babys zu reagieren baut Vertrauen zwischen Ihnen beiden auf, und Vertrauen ist das Herz einer starken Verbindung zwischen Eltern und Kindern. Reaktion heißt nicht, dass Sie immer Ja zu Ihren

Kindern sagen müssen. Wir glauben, dass Eltern *angemessen* reaktionsfähig sein müssen, was bedeutet, fürsorglich und unterstützend zu sein, wenn Sie Ja sagen, und zu wissen, wann es besser ist, Nein zu sagen.

Wie Eltern und Baby miteinander ins Leben starten bestimmt den Ton für ihre zukünftige Beziehung. Bestimmte Erziehungspraktiken – wir nennen sie Bindungswerkzeuge – bilden während der ersten, prägenden Jahre eine starke Bindung zwischen Mutter, Vater und Kind. Die Werkzeuge des Attachment Parenting helfen Ihnen, mit Ihrem Kind verbunden zu werden. Nutzen Sie so viele, wie Sie können, so oft Sie können. Uns ist bewusst, dass jede Familie anders ist, also werden Ihr Lebensstil, die Persönlichkeit Ihres Babys und Ihr eigenes Temperament beeinflussen, wie Sie diese Bindungswerkzeuge nutzen. Wenn Sie feststellen, dass medizinische Umstände oder andere Probleme der Nutzung einiger der Werkzeuge im Weg stehen, behalten Sie im Hinterkopf, dass das Ziel ist, mit Ihrem Kind verbunden zu werden. Attachment Parenting dreht sich nicht darum, Regeln zu befolgen. Es geht darum, Beziehungen zu stärken.

Nachfolgend finden Sie die sieben Baby B's – verbindende Werkzeuge, die Ihnen und Ihrem Baby helfen, den Weg zum Erfolg zu beginnen.

Sieben Bindungswerkzeuge: Die Baby-B's

1. Birth bonding (Bindung bei der Geburt)

Die Art, wie Eltern und Baby miteinander starten, kann dabei helfen, die frühe Bindung zu entfalten. Die Tage und Wochen nach der Geburt sind eine sensible Zeit, in der Mütter und Babys biologisch darauf programmiert sind, einander nahe zu sein. Nach der Geburt in enger körperlicher Nähe zu bleiben, erleichtert es den natürlichen, bindungsfördernden Verhaltensweisen des Babys und den intuitiven Betreuungsqualitäten der Mutter, zusammenzukommen. Beispielsweise erreichen Neugeborene etwa eine Stunde nach der Geburt einen Zustand, in dem sie ruhig-aufmerksam sind. Sie blicken kontinuierlich in die Gesichter um sie herum und ihre Verletzlichkeit und Offenheit erobert die Herzen ihrer Mütter und Väter. Wenn Babys in den ersten Lebenswochen nahe bei ihrer Mutter sind, können Mütter schnell auf das Weinen, Wimmern und die Körperbewegungen des Babys reagieren. Mutter und Baby (und der Vater natürlich auch) lernen, von Anfang an richtig miteinander zu kommunizieren. Das Bonding während der ersten paar Wochen, in denen das Baby am bedürftigsten ist und die Mutter am meisten darauf programmiert, es zu umsorgen, hilft der ganzen Familie, das gemeinsame Leben mit dem richtigen Fuß zu starten.

Bonding ist ein Prozess. Manchmal wird das Konzept des Bondings bei der Geburt so beschrieben, dass Menschen zu der Überzeugung gelangen, es gäbe einen kritischen Moment nach der Geburt, in dem das Bonding stattfindet. Als gäbe es dabei ein »Jetzt oder Nie«. Als Ergebnis fühlen sich Mütter, die aus medizinischen Gründen die ersten Stunden nicht mit ihrem Baby verbringen konnten, oftmals so, als hätten sie einen kritischen Moment in der Beziehung mit ihrem Neugeborenen verpasst. Das ist nicht der Fall. Das Bonding bei der Geburt wirkt nicht wie ein Sekundenkleber, der die Mutter-Kind-Beziehung für immer einzementiert. Bonding ist ein Prozess, der geschieht, während man ein gemeinsames Leben mit dem Kind lebt. »Bondingzeit« direkt im Anschluss an die Geburt verschafft der Beziehung von Eltern und Kind lediglich einen Vorsprung.

2. Breastfeeding (Stillen)

Stillen versorgt Babys mit hochwertiger Nahrung und ist Vorsorge gegen Krankheiten. Muttermilch enthält auch einzigartige, gehirnaufbauende Nährstoffe, die nicht künstlich hergestellt werden können. Zusätzlich zu all der Magie in der Milch übt das Stillen auch die Fähigkeiten der Mutter, die Signale ihres Babys zu verstehen. Stillen funktioniert am besten, wenn Mütter lernen, die Hungersignale ihres Babys zu lesen und prompt darauf zu reagieren. Die Mutter vertraut dem Baby, dass es weiß, wann es Hunger hat oder zur Beruhigung saugen muss, und das Baby vertraut der Mutter, dass es schnellstmöglich an die Brust genommen wird. Stillen verschafft sowohl der Mutter als auch dem Baby einen schlauen Start in das gemeinsame Leben. Als zusätzlichen Bonus für das Bonding produzieren stillende Mütter Hormone (Prolaktin und Oxytocin), die ihnen dabei helfen, sich ruhig und entspannt zu fühlen, und die ihre Muttergefühle unterstützen. Diese Laktationshormone können Sie als die Chemikalien der Bindung ansehen.

3. Babywearing (Babytragen)
Ein Baby lernt viel, wenn es in den Armen eines beschäftigten Betreuers gehalten wird. Getragene Babys sind weniger unruhig und verbringen mehr Zeit in ruhiger Aufmerksamkeit, dem Verhaltenszustand, in dem sie am meisten über ihre Umgebung lernen. Der Begriff *Babytragen* bezieht sich auf die Benutzung eines Slings oder einer anderen Art Tragevorrichtung, die das Baby am Körper der Eltern hält, während die Eltern die Hausarbeit machen, spazieren gehen oder an geselligen Treffen teilnehmen, sowohl innerhalb als auch außerhalb des eigenen Zuhauses. Babys sind sehr gut tragbar. Wenn Ihr Baby nahe bei Ihnen ist, lernen Sie es besser kennen. Nähe fördert das Einfühlungsvermögen und die Verbindung.

4. Bedding close to baby (mit dem Baby gemeinsam schlafen)
Feinfühliges Elternsein endet nicht, wenn die Sonne untergeht und die Familie ins Bett geht. Die Nacht ist für Babys und kleine Menschen eine beängstigende Zeit, und von den Eltern, denen es vertraut, getrennt zu sein, steigert die Angst. Gemeinsames Schlafen ist eine Möglichkeit, die es Eltern und ihren Kleinen erlaubt, die Nacht in Reichweite voneinander zu verbringen. Babys lernen, dass Schlaf ein angenehmer Zustand ist, und haben keine Angst vor dem Einschlafen. Nahe beim Baby zu schlafen macht es auch Müttern möglich, nachts zu stillen, ohne komplett aufwachen und das warme Bett verlassen zu müssen, um ein weinendes Baby zu beruhigen. Gemeinsam schlafen ist nicht für alle etwas, aber viele Mütter

kommen zu mehr Schlaf, wenn sie bei ihren Babys schlafen. Das Schlafarrangement, das dabei hilft, dass alle Mitglieder Ihrer Familie den besten Schlaf bekommen, ist das richtige für Sie. Eltern, die tagsüber beschäftigt sind oder wegen der Arbeit von ihrem Kind getrennt, finden oftmals das gemeinsame Schlafen hilfreich, um sich über Nacht wieder mit ihrem Baby zu verbinden.

5. Believe in the language value of your baby's cry (dem Weinen des Babys vertrauen)

Das Weinen eines Babys ist ein Signal. Winzige Babys weinen um zu kommunizieren, nicht um zu manipulieren. Weinen ist der einzige Weg, wie Babys ihre Bedürfnisse kommunizieren können, und die Kommunikation ist notwendig für ihr Überleben und um die Betreuungsfertigkeiten der Eltern zu entwickeln. Einfühlsam auf das Weinen Ihres Babys zu reagieren, baut Vertrauen auf. Babys vertrauen ihren Betreuern, dass sie ihre Sprache verstehen und sich um ihre Bedürfnisse kümmern. Wenn Eltern auf das Weinen ihres Babys reagieren, lernen sie schrittweise, ihrer Fähigkeit zu vertrauen, die Bedürfnisse des Babys zu erfüllen. Sie werden besser darin, die Sprache des Babys zu verstehen, und das Baby wird ebenfalls besser darin, mit Mama und Papa zu kommunizieren. Das ganze Netzwerk der Eltern-Kind-Kommunikation wird ein Stück weit besser.

6. Being wary of baby trainers (Vorsicht vor Babyratgebern)

Eltern, die sich in die Bedürfnisse und Signale ihres Babys einfühlen, werden sehr scharfsichtig, was die Ratschläge anderer angeht. Sie vermeiden strenge und extreme Erziehungsstile, in denen es darum geht, eine Uhr oder einen Plan zu befolgen, statt sich nach dem Baby zu richten. Diese eher zurückhaltenden Formen der Babypflege schaffen eine Distanz zwischen Ihnen und Ihrem Baby und halten Sie davon ab, Experte für Ihr individuelles Kind zu werden. Attachment Parenting hilft Ihnen dabei, mit Ihrem Kind verbunden zu werden; Babytraining fokussiert darauf, Ihr Kind zu kontrollieren.

7. Balance and boundaries (Gleichgewicht und Grenzen)
Eltern, die sich emsig um ihr Kind kümmern, vernachlässigen schlussendlich oft, ihre eigenen Bedürfnisse und die ihres Partners oder ihrer Partnerin. Ihr Leben gerät aus dem Gleichgewicht. Der Schlüssel zum Überleben der Familie, wenn Kinder dazukommen, ist, im Gleichgewicht zu bleiben und angemessene Grenzen zu setzen. Hierbei spielen Väter eine wichtige Rolle. Wenn der Vater eingebunden ist in die Versorgung des Babys und den Haushalt, haben Mütter die Zeit, sich besser um sich zu kümmern und ihren Partner zu genießen. Im Gleichgewicht zu bleiben bedeutet auch, zu wissen, wann man zu seinem Kind Nein sagen muss. Die Wünsche eines Babys entsprechen seinen Bedürfnissen, aber ein Kleinkind muss nicht alles haben, was es möchte und wonach es fragt.

Ein Ansatz, kein Satz an Regeln. Aus medizinischen oder familiären Umständen können Sie vielleicht nicht alle dieser Baby-B's praktizieren. Am wichtigsten ist, dass Sie Ihren Geist und Ihr Herz für die individuellen Bedürfnisse Ihres Babys öffnen. Wenn Sie das tun, werden Sie es schaffen, zu entscheiden, was für Sie und Ihr Baby am besten funktioniert. Machen Sie das Beste aus den Ressourcen, die Ihnen zur Verfügung stehen – das ist alles, was Ihr Kind je von Ihnen erwarten wird.

Diese Art, das Baby zu versorgen, ist der Weg, den die meisten Eltern instinktiv wählen. Unsere Liste mit Baby-B's übersetzt diese Instinkte nur in Worte. Diesen Tipps zu folgen hilft Eltern und Baby, den richtigen gemeinsamen Start zu finden, aber das Leben mit einem Baby ist individuell und Babys sind zu komplex, als dass es nur einen einzigen richtigen Weg gäbe. Sehen Sie die Baby-B's als Werkzeuge, nicht als Schritte. Wenn Sie Schritten folgen, achten Sie darauf, keinen zu verpassen. Aber Sie können aussuchen und auswählen, welche Werkzeuge es Ihnen erleichtern, Ihren Job gut zu machen. Nutzen Sie unsere Vorschläge, um Ihren eigenen Weg zu finden – einen Weg, der den Bedürfnissen Ihres Babys und Ihrer Familie entspricht. Das Ziel ist es, eine Bindung mit Ihrem Baby aufzubauen. Wenn sich die Verbindung zwischen Ihnen und Ihrem Baby verbessert, halten Sie an dem fest, was funktioniert, und ändern Sie das, was nicht klappt. Sie und Ihr Baby werden viele Wege finden, eine Beziehung aufzubauen, die Sie beide genießen.

Kleinkindzeit: Die Verbindung ausbauen

Kommen Sie mit mir in die Kleinkindzeit zwischen ein und drei Jahren. Das Baby hat jetzt »Räder« zum Fahren und eine »Hupe« zum Benutzen. Krabbeln, Laufen, Klettern – Kleinkinder sind bereit zum Erforschen und Eltern können Schwierigkeiten haben, dabei mitzuhalten. Aber Kinder, die im ersten Lebensjahr einfühlende, unterstützende Erziehung bekommen haben, betreten die Kleinkindzeit mit zwei Qualitäten, die ihnen und ihren Eltern das Leben erleichtern: Vertrauen und Einfühlungsvermögen. Sicher gebundene Kleinkinder haben die Fähigkeit, sich verbunden zu fühlen.

Vertrauen des Kleinkindes

Vertrauen macht das Leben mit einem Kleinkind einfacher. Zwischen dem ersten und dritten Jahr eines Kindes wird die Rolle der Eltern als Autoritätsfiguren wichtig. Wenn Ihr Kleinkind Ihnen vertraut, dass Sie die Grenzen vorgeben, werden Sie wenige Schwierigkeiten haben, als Autorität zu handeln. Wenn Sie beide ein verbundenes Paar sind, wird Ihr Kind Ihre Grenzen wahrscheinlicher akzeptieren und Ihrer Führung vertrauen. Weil ein verbundenes Kind seinen Eltern vertraut, dass sie seine Bedürfnisse erfüllen, verlässt es sich auch darauf, dass sie ihm dabei helfen, sich zu benehmen. Vertrauen lässt ein Kind gehorchen, weil es das möchte, nicht, weil es dazu gezwungen wird.

Während der Kleinkindjahre Ihres Kindes bauen Sie weiter sein Vertrauen in Sie auf. Sie stellen angemessene Erwartungen an sein Verhalten. Kleinkinder können nicht lange stillsitzen, können nicht warten und können nicht widerstehen, Dinge aus Regalen im Supermarkt zu nehmen. Ihr

Kind in eine Situation zu bringen, die es überfordert, und dann Ihre Geduld zu verlieren, wenn es sich falsch verhält, verletzt die Verbindung zwischen Ihnen beiden. Binden Sie Ihr Kind im Supermarkt erfolgreich mit ein, indem Sie mit ihm reden und es dabei helfen lassen, Orangen und Äpfel auszusuchen. Das wird Ihre Bindung stärken. Wenn Oma und Opa von weit her zu Besuch kommen, zwingen Sie Ihr Kind nicht, freundlich zu sein, ehe es nicht Gelegenheit hatte, diese interessanten, aber unbekannten Menschen kennenzulernen. Ein verbundenes Elternteil kann sich vorstellen, wie die Dinge aus der Sicht des Kleinkindes aussehen, und diese Sichtweise respektieren.

Einfühlungsvermögen der Eltern

Verbundene Eltern haben es einfacher, ihren Kindern angemessene Grenzen zu setzen. Ihr Wissen über das Kind gibt ihnen einen Vorsprung im Bereich Disziplin, wenn ihr Kind das ungestüme Leben eines Kleinkindes erreicht. Verbundene Eltern können die Dinge durch die Augen ihres Kindes sehen und vorhersagen, was das Kind tun wird und nicht tun wird; sie können eingreifen, ehe das Kind in ernsthafte Schwierigkeiten gerät. Diese Fähigkeit ist besonders wichtig bei der Disziplin von Kleinkindern, denn der Antrieb, der kleine Kinder zum Entdecken und Kennenlernen der Umgebung antreibt, ist der gleiche, der sie in Schwierigkeiten bringt. Eltern, die ihre Kinder während des ersten Lebensjahres gut kennengelernt haben, wissen besser, wann sie eingreifen müssen und wann sie einen frustrierten Entdecker seine Probleme selbst bewältigen lassen können.

Verbundene Eltern setzen weise Grenzen, während sie Strukturen bereitstellen, die es Kindern erleichtern zu gehorchen. Sie sagen zum Beispiel Nein zu einem Kleinkind, das sich auf die steilen Stufen zubewegt, aber sie bringen auch ein Schutzgitter an der Treppe an und formen damit das Umfeld des Kindes so, dass es leicht auf das hören kann, was die Eltern sagen. Das Haus kindersicher zu machen ist tatsächlich eine Form der Disziplin, ein Weg, strikte Grenzen zu setzen und dem Kind zu helfen, sich an diese zu halten. Es ist einfacher, die Verbindung zu Ihrem Kind zu erhalten, wenn Sie nicht umherwirbeln und wertvolle Dinge vor der Untersuchung durch kleine Finger schützen müssen. Verbundene Eltern passen das Umfeld in ihrem Zuhause an die Bedürfnisse des Kindes an, sodass sie es genießen, statt sich dabei zu sorgen, was ihr furchtloser Zweijähriger lernt.

Körpersprache lesen

Weil verbundene Kinder so gut auf die Körpersprache ihrer Eltern eingespielt sind, ist es einfach, sie zu korrigieren oder umzulenken.

Alles was ich tun muss, ist, ihm »den Blick« zuzuwerfen, und er hört damit auf, sich falsch zu verhalten.

Dieses Kind hat gelernt, von seinen Eltern Führung und Unterstützung zu erwarten. Wenn es den Blick sieht, versucht es sofort, wieder in die Gunst seiner Eltern zu gelangen. Sanfte Korrektur ist oftmals der beste Ansatz bei diesen verbundenen Kindern. Wenn Eltern ärgerlich auf das Fehlverhalten eines verbundenen Kindes reagieren, kann es sich verängstigt fühlen oder ärgerlich. Subtile Wege, das Kind von Ärger wegzumanövrieren, bauen die Beziehung auf, weil sie dem Kind zeigen, dass Sie daran glauben, dass es das Richtige tun kann.

Es ist schwerer, das Verhalten eines nicht verbundenen Kindes zu ändern. Wenn Eltern einen distanzierteren Umgang mit wenig Berührung mit ihrem Kind pflegen und sich selbst zurückhalten, auf die Bedürfnisse und das Weinen des Kindes zu reagieren, weint das Baby entweder lauter (wenn es ein sehr zielstrebiges Temperament hat) oder gibt auf und zieht sich zurück. In beiden Fällen ist das Baby dem Risiko ausgesetzt, ein Kleinkind zu werden, das schwer zu disziplinieren ist. Da es sich nicht darauf verlassen kann, dass die Eltern auf seine Bedürfnisse antworten, wird es ärgerlich, aggressiv oder einfach dickköpfig. Eltern beklagen sich, dass »dieses Kind einfach nicht zuhört«, greifen zu Drohungen und Bestrafungen oder was auch immer für eine andere Technik sie sich vorstellen können, um ihre Anweisungen zu unterstreichen. Mit all diesen negativen Emotionen um sich herum kann sich das Kind nur selbst verteidigen. Es nimmt nie das Verhalten an, das die Eltern von ihm erwarten, und lernt nicht, sein eigenes Verhalten zu kontrollieren. Eltern genießen es nicht, mit diesem Kind zusammen zu sein, und die Familie treibt auseinander. Für sie wird Disziplin ein Kampf um die richtigen Techniken, das Kind zu disziplinieren statt einen Weg zu finden, die richtige Beziehung zu entwickeln.

Das verbundene Kleinkind möchte den Eltern gefallen. Weil Eltern es so angenehm finden, mit diesem Kind zusammen zu sein, integrieren sie seine Bedürfnisse und Wünsche in ihren Lebensstil. Wenn Sie viel Zeit mit Ihrem Kleinkind verbringen – manchmal zum Spielen, manchmal bei gemeinsamer Hausarbeit – wird die Eltern-Kind-Bindung stärker.

Mit Nähe zurechtkommen

In vielen Nächten, in denen wir beobachtet haben, wie einer unserer Zweijährigen herübergeschlichen kam und sich neben uns ins Bett gekuschelt hat, hatten wir das Gefühl, dass sogar in diesem jungen Alter unser Kleinkind eine Erfahrung für sein ganzes Leben mitnimmt – die Fähigkeit, sich nahe zu fühlen. Kleinkinder, die viel im Arm gehalten und manchmal auch weiterhin gestillt werden, sind sehr daran gewöhnt, gehalten zu werden. Sie suchen den Kontakt zu Menschen, wenn sie aufgeregt sind oder außer sich. Eltern, die ein verbundenes Kind großziehen wollen, begrüßen diese Nähe. Sie stellen fest, dass ihr Kleinkind immer noch manchmal innerlich ein Baby ist und auf Papas Schoß sitzen oder an Mamas Brust trinken muss.

Aggression des Kleinkindes

Die Beziehungen zu Gleichaltrigen unter Kleinkindern sind manchmal schwierig. Sogar ein verbundenes Kind kann es schwierig finden, einen anderen Zweijährigen zu tolerieren. Streitereien folgen und das Kleinkind verliert die Kontrolle und schlägt seinen Spielgefährten. Mit Aggression ist in verbundenen Familien leichter umzugehen. Erst einmal haben verbundene Eltern ein Auge auf die Spielsituationen und können schnell eingreifen und Streitigkeiten auf eine Weise beseitigen, die die Bedürfnisse beider Kinder respektiert. Sie bestehen nicht darauf, dass ein Kind ein besonderes Spielzeug teilt. Stattdessen helfen sie kleinen Kindern, einfache Worte zu benutzen, um eine Lösung zu verhandeln, die für beide Seiten im Konflikt tragbar ist. Zweitens bestrafen sie das aggressive Verhalten nicht, sondern erinnern das Kind daran: »Wir schlagen nicht, wir umarmen uns.« Für verbundene Eltern und Kinder wird der Konflikt ein Moment des Lernens. Das Kind lernt zwei Lektionen: Schlagen ist für Mutter und Vater nicht akzeptabel und es gibt andere, bessere Wege, Probleme zwischen Menschen zu lösen.

Ausdrucksstarke Kinder

Weil verbundene Kinder so viel Zeit von Angesicht zu Angesicht mit ihren Betreuern verbringen, sind sie damit vertraut, sich selbst auszudrücken. Wenn ich in einen Untersuchungsraum komme, um einen kleinen Patienten zu treffen, hinterlassen verbundene Kinder einen großartigen ersten Eindruck. Ihr Gesichtsausdruck zeigt ein »Ich bin an dir interessiert«, auch wenn sie sich ihrer Mutter zuwenden, auf der Suche nach Hinweisen, wie sie sich verhalten sollen.

Man erkennt verbundene Kinder in einer Kindergruppe. Sie sind diejenigen, die die Menschen anschauen, statt verloren auszusehen. Sie sind diejenigen, die Augenkontakt suchen, die wissen, dass die Menschen und die Welt um sie herum weitaus interessanter sind als irgendetwas im Fernsehen oder auf dem Computerbildschirm. Sie sind entspannt, aber doch voller Energie. Sie sind liebenswert und haben kein Problem mit Nähe. Sie reden ausreichend, um ihre Gefühle und Bedürfnisse mitzuteilen, ohne störend zu sein. Auch wenn sie etwas schüchtern sind und nahe bei Mutter oder Vater bleiben, hängen sie doch nicht krampfhaft an ihnen in der Angst, dass sie niemand beachtet.

Ein Grund, warum verbundene Kleinkinder so ausdrucksstark sind, ist, dass ihre Eltern ihnen geduldig zuhören und auf ihre Kommunikationsversuche antworten, indem sie eine klare, einfache Sprache verwenden. Sie hören mit dem auf, was sie gerade tun, und konzentrieren sich auf ihr Kind, das an ihrem Bein zupft und versucht, etwas zu sagen. Sie beobachten ihr Kind intensiv auf der Suche nach Anzeichen, dass es versteht, was gesagt wird, und formulieren ihre Kommunikation noch einmal um, wenn sie zu komplex war.

Eltern beklagen sich oft, dass sie Probleme haben zu verstehen, was ihr Kleinkind will, weil das Kind noch nicht viele Worte gebraucht. Wir sagen ihnen, sie sollen auf die Augen des Kindes achten. Man bekommt aus ihrem Gesichtsausdruck eine Ahnung davon, was kleine Kinder benötigen. Ihr Kleinkind weiß genau, was es Ihnen erzählt, und seine Augen reden oftmals wortgewandter als seine Stimme. Aufmerksam seine Augen zu beobachten, wenn Ihr Kleinkind »seine Seele offenbart«, hilft oft, den wirren Worten plötzlich Sinn zu verleihen. Und mit Ihrer Körpersprache bringen Sie ihm bei, anderen Menschen zuzuhören.

Mentale Verbindungen eingehen

Was verbundene Kleinkinder sich besser benehmen lässt, fängt mit einem neurobiologischen Prinzip namens Personenpermanenz an. Im ersten Lebensjahr eines Kindes gilt »Aus den Augen, aus dem Sinn«. Das Baby hat noch nicht die intellektuelle Flexibilität zu erkennen, dass seine Betreuer weiterhin existieren, wenn es sie nicht sehen kann. Um den ersten Geburtstag herum fangen Babys an zu erkennen, dass Objekte und Personen permanent sind. Sie können vor ihrem geistigen Auge Bilder ihrer Betreuer sehen, auch wenn sie außerhalb der Sichtweite sind. Diese inneren Bilder der Betreuer geben Sicherheit. Darum ist »Kuckuck« so ein beliebtes Spiel bei Babys. Das Kleinkind nimmt seine Betreuer in seinem Geist mit, auch wenn es weiter von ihnen wegkrabbelt, um seine Umgebung zu erforschen und kennenzulernen. Verbundene Kleinkinder tragen vertrauensvollere Bilder ihrer Betreuer in sich. Wenn Kinder lernen, dass sie sich auf vorhersagbare Antworten ihrer Eltern verlassen können, können sie ruhiger entdecken gehen und fürchten die Unabhängigkeit nicht.

Das Bild der Eltern in ihrem Kopf ermutigt sie und hilft ihnen, sich sicher zu fühlen. Manchmal werden Sie Ihr Kind sehen, wie es mit einem Kuscheltier oder einer Puppe genauso spricht, wie Sie mit ihm sprechen. Sie werden sehen, welche Art Bild von Ihnen Ihr Kind in seinem Kopf und seinem Herzen trägt.

Drei bis fünf Jahre: Das verbundene Vorschulkind

Das verbundene Kind erreicht diese Stufe geerdet. Es hat ein über drei Jahre gefülltes System von Assoziationsmustern, die seine Selbstwahrnehmung bilden. Es hat jetzt eine Norm – eine Ausgangsbasis – die seine Sicht der Welt geformt hat. Jetzt hat es die Wurzeln aus Vertrauen und Empathie, fühlt sich wohl, wenn es gehalten wird und andere hält und hat die verbalen und sozialen Fertigkeiten, seine Bedürfnisse und Gefühle kundzutun.

Kinder im Vorschulalter sind dazu fähig, die Anweisungen und Werte ihrer Eltern zu *internalisieren.* All die Dinge, die die Eltern getan und gesagt haben, als das Kind anfing zu laufen, beginnen jetzt, richtig anzukommen. Internalisierung macht Disziplin einfacher. Es mag sein, dass Sie einem Zweijährigen hundert Mal sagen müssen, dass er den Hund nicht schlagen soll. Ein Dreijähriger speichert diesen Teil an Lebensweisheit in seinem Gedächtnis und ruft ihn sich ins Bewusstsein, wenn der Hund ihn wegen eines Stücks Pizza bedrängt. Verbundene Kinder internalisieren die Werte und Vorschriften der Eltern einfacher, weil sie diesen wichtigen Menschen so tief vertrauen.

Versichern Sie sich, dass die Werte, die Sie reflektieren, diejenigen sind, von denen Sie wollen, dass das Kind sie internalisiert. Ihr Beispiel sagt deutlich mehr als es Ihre Worte tun. Wenn Sie Ihrem Vorschulkind permanent sagen, es muss warten, während Sie sich um das Baby kümmern, wird es den Gedanken internalisieren, dass das Baby Ihnen wichtiger ist als es selbst. Wenn Sie Wert darauf legen, jeden Tag ein wenig besondere

Zeit nur mit ihm zu verbringen und jemand anderen bitten, so lange auf das Baby aufzupassen, wird es das Gefühl haben, dass Sie sich um es kümmern und es genießen, mit ihm zusammen zu sein.

Gefühle teilen

Vorschulkinder merken, ob ihre Eltern glücklich oder traurig sind, und antworten emotional. Martha hatte einen schlechten Tag (»Zu viele Kinder«, sagte ich im Spaß zu ihr), als der dreijährige Matt ihr die Hand auf die Schulter legte und sagte: »Du traurig, Mama. Ich auch traurig.«

Einfühlungsvermögen und die Fähigkeit, die Gefühle anderer zu interpretieren, nehmen in den Vorschuljahren zu, aber das bedeutet auch, dass das verbundene Kind leichter durch aufregende Gefühle geplagt wird. Eine Krankheit in der Familie, ein Umzug, eine Scheidung oder der Verlust eines Freundes bringen das Kind mit höherer Wahrscheinlichkeit durcheinander. Obwohl verbundene Kinder normalerweise mehr Freude machen und das Leben mit ihnen einfacher ist, können sie manchmal emotional fordernder sein als weniger verbundene Kinder. Das ist der Unterschied zwischen einem Kind, das acht-sam ist und einem, das acht-los ist.

Während eines emotionalen Kampfes, den jede große Familie hat, fragte der dreieinhalb Jahre alte Matthew Martha: »Bist du glücklich mit mir?« Verbundene Kinder wollen ihren Eltern Freude machen, also machen sie sich natürlich Gedanken, wenn sie spüren, dass ihre Eltern nicht erfreut sind. Ihr Einfühlungsvermögen zeigt ihnen das.

Dieses gegenseitige Einfühlungsvermögen zwischen verbundenen Kindern und ihren vertrauten Betreuern bedeutet nicht, dass Sie Ihre Gefühle vor ihnen verstecken oder ein glückliches Gesicht aufsetzen müssen, wenn Sie einmal unglücklich sind. (Das verbundene Kind wird oft hinter diese Fassade blicken.) Sie müssen Ihre Gefühle erkennen und erklären, in Worten, die das Kind verstehen kann. Das tun zu müssen ist eine Art, wie die Verbindung zu ihrem Kind Eltern dazu zwingt, sich selbst besser zu verstehen. Wenn Sie erklären müssen, warum sie aufgeregt sind oder traurig (»Oma ist sehr krank.«), stellen Sie sicher, dass Sie Ihre Erklärung überprüfen, indem Sie sie mit den Ohren Ihres Kindes anhören. Seien Sie ehrlich, aber nicht melodramatisch.

Äußere Einflüsse

In den ersten beiden Lebensjahren kommen die meisten Ansichten des Kindes von seinen hauptsächlichen Betreuern, normalerweise seinen Eltern. Ob gut oder schlecht, zwischen drei und fünf Jahren kommt das Kind mit einer breiteren Vielfalt an Persönlichkeiten und Einflüssen in Berührung. Sie werden merken, dass die am meisten zitierte Person bei Ihrem Abendessen nicht der Vorschullehrer Ihres Kindes ist, sondern die Klassenkameraden, die die absurdesten Geschichten erzählen. Aufgrund ihrer tiefen Einfühlsamkeit fühlen sich verbundene Kinder leichter belästigt durch die Aktionen eines anderen Kindes, die gegen ihre Werte gehen. Sie können die Verbindung zu Ihrem Kind stärken, indem Sie aufmerksam und ernsthaft zuhören, wenn es sich den Kopf zerbricht über die Dinge, die es in der Welt draußen und den Menschen darin nicht versteht. Auf gewisse Weise betritt das verbundene Kind das Leben als Idealist, und wir glauben, dass das gut so ist. Wenn man nicht weiß, was das Ideal ist, weiß man nicht, wonach man streben soll. Es ist Ihre Aufgabe als Eltern, die Ideale Ihres Kindes zu unterstützen, während Sie ihm helfen Wege zu finden, in einer nichtidealen Welt zu leben.

Verbundene Kinder scheinen weniger aggressiv. Auch sie schlagen und schubsen, aber sie tun dies seltener und weniger aggressiv. Sie haben kein so starkes Bedürfnis, andere dazu zu zwingen, zu tun was sie wollen, weil sie daran gewöhnt sind, dass ihre Bedürfnisse und Wünsche respektiert werden. Während des Streits um ein Spielzeug schlägt das verbundene Kind mit größerer Wahrscheinlichkeit Lösungen vor; das nicht verbundene Kind schlägt mit größerer Wahrscheinlichkeit zu. Wenn Sie die Gefühle Ihres Kindes zu Hause respektieren und ihm helfen, Worte zu verwenden, um diese auszudrücken, statt sie auszuagieren, tragen Sie zu seiner Fähigkeit bei, sich mit seinen Spielkameraden zu verbinden – auch mit den eher störenden.

Fünf bis zehn Jahre: Die Suche nach Verbindungen

Während ihrer Grundschuljahre suchen Kinder nach Bedeutung im Leben. Was ist wichtig? Wem sollte ich vertrauen? Wer sind die Vorbilder, die ich nachahmen möchte? Es ist auch ein Stadium, in welchem der Einfluss der Gleichaltrigen zunimmt und Kinder verschiedensten Werten ausgesetzt sind und Arten, wie man auf andere Menschen reagieren kann. Seine Zeit mit allen möglichen anderen Kindern zu verbringen ist ein zweischneidiges Geschenk. Auf der einen Seite hat es großen erzieherischen Wert und bereitet das Kind auf das Leben vor. Auf der anderen Seite kann es verwirrend sein und das Kind vom Weg abbringen, wenn es keine starken Wurzeln in der Beziehung zu seiner Familie hat.

Das verbundene Kind betritt diese Stufe mit den richtigen Werkzeugen:

- der Fähigkeit zu vertrauen
- der Fähigkeit sich zu kümmern
- dem Gespür dafür, was richtig und was falsch ist

Diese Tugenden sind nicht etwas, was das verbundene Kind *hat*, sie sind, was das verbundene Kind *ist* – sensibel und vertrauensvoll.

Frühe Empathie

Ein verbundenes Kind betritt diese Entwicklungsstufe mit einem wertvollen Werkzeug: der Fähigkeit, *mit den Augen einer anderen Person sehen* zu können und sich vorzustellen, wie sein Verhalten diese andere Person beeinträchtigt. Die Fähigkeit, sich zu kümmern, ist die Basis des wachsenden Moralverständnisses des verbundenen Kindes. Weil es verstehen kann, wie ein anderes Kind sich fühlt, weil es selbst von seinen Eltern verstanden wurde, kann es sich vorstellen, wie sein Verhalten eine andere Person beeinflusst. Verbundenen Kindern ist es unangenehm, wenn Kinder anderen Kindern gegenüber gemein sind. Quälerei und Hänselei stören sie, auch wenn sie selbst nicht die Betroffenen des Angriffs sind. Sie wissen vielleicht nicht, was sie tun sollen, wenn ihre Kameraden jemanden ärgern, aber Sie können ihnen helfen herauszufinden, was in schwierigen Situationen zu tun ist. Das ist eine Zeit, in der die verbundenen Eltern mehr Zeit damit verbringen zuzuhören, was das Kind zu sagen hat, als damit, ihm einen Rat zu geben. Verbundene Eltern und Kinder erarbeiten sich gemeinsam einen Aktionsplan. Die Eltern geben keine Marschroute vor.

Gesundes Schuldgefühl

Verbundene Kinder kommen in die mittlere Phase ihrer Kindheit mit einem inneren Verhaltenskodex, der ein gesundes Schuldgefühl hervorruft, wenn er angegriffen wird. Sie fühlen sich gut, wenn sie sich gut verhalten, und sie fühlen sich schlecht, wenn sie sich falsch verhalten. Ein Kind, das eine Lüge erzählt, fühlt sich damit nicht gut, ehe es die Sache nicht richtiggestellt hat. Verbundene Kinder können auch gegen die Regeln der Familie rebellieren und andere Werte ausprobieren, aber sie kommen mit höherer Wahrscheinlichkeit wieder auf den richtigen Weg, ehe bleibende Schäden angerichtet werden. Eltern, die den Gefühlen der Kinder gegenüber sensibel waren, haben ihnen gezeigt, wie sie auf ihre innere Stimme hören können, die ihnen sagt, was richtig ist und was falsch.

Nicht so das nicht verbundene Kind, das weniger vertrauensvoll aufwächst, weniger einfühlsam und weniger fürsorglich. Es hat kein inneres Führungssystem, keine interne Norm, wie es reagieren sollte oder wie die Personen um es herum wahrscheinlich reagieren werden. Seine Werte verändern sich je nach seinen eigenen Impulsen, Launen und den Freunden, mit denen es »abhängt«. Es wird ein moralisches Marshmallow. Ein Kind, das einen ernsthaften Mangel an menschlicher Bindung hat, kann unfähig sein, Reue zu empfinden oder zu verstehen, dass seine Aktionen andere beeinträchtigen. Nicht verbundene Kinder finden weniger wahrscheinlich wieder auf den »rechten Weg« zurück, wenn sie sich von den Werten ihrer Familie abwenden, weil sie von Anfang an nicht auf diesem Weg waren.

Der Spruch »verwurzelt im Kind« hat eine neurobiologische Grundlage. Die Bindungsmuster, die in der Kindheit angelegt werden, hinterlassen ihre Eindrücke im Gehirn. Genauso passiert das auch mit der emotionalen Atmosphäre im Zuhause während der Kindheit. Verbundene Eltern versuchen, ihre Kinder zu leiten, indem sie ihnen helfen zu verstehen, was hinter den Regeln und moralischen Werten der Familie steckt. Dieses Verstehen hilft Kindern, mehr Kontrolle über ihr Leben und ihre Bestimmung zu fühlen. Verbundene Eltern trauen ihren Kindern zu, die richtigen Entscheidungen zu treffen, und treten nur auf den Plan, um dem Kind dabei zu helfen, eine Lösung für eine schwierige Aufgabe herauszufinden. Distanziertere Eltern, die Regeln vor allem über die Bestrafung von Kindern für Regelüberschreitungen durchsetzen, lehren ihre Kinder, dass sie machtlos sind und dass ihre eigenen Gedanken und Meinungen keinen Wert haben. Diese Kinder haben Probleme damit, moralische Entscheidungen zu treffen, sowohl in der Kindheit als auch später als Erwachsene.

Faire Regeln

»Das ist nicht fair« ist die universelle Beschwerde der Kindheit. Während das verbundene Kind einen starken Sinn für Fairness hat und die Notwendigkeit von Regeln versteht, hat das nicht verbundene Kind daran weniger Interesse. »Nicht fair« bedeutet für das nicht verbundene Kind »nicht fair für mich«. Das ist symptomatisch für das Leben in einer Welt, in der jeder danach strebt, die Nummer eins zu sein, und der Zweite automatisch verloren hat.

Moralisch gebildet

Das verbundene Kind folgt dem Beispiel seiner Eltern und wählt moralische Werte, die für es selbst und andere zum Besten sind. Nicht so das nicht verbundene Kind. Weil es keine sicheren Wurzeln hat, nimmt es Regeln an, die ihm gerade passen oder die es unter Gleichaltrigen beliebt machen. Es ist die Beute der Einflüsse, denen es ausgesetzt ist.

Wie Attachment Parenting Kindern und Familien hilft, glücklich zu sein

In diesem Kapitel legen wir den Grundstein für eine starke Bindung zu Ihrem Kind. Wir haben diesen Erziehungsstil »Attachment Parenting« genannt oder kurz: AP. Attachment Parenting hat einen sehr positiven Einfluss darauf, wie Kinder sich entwickeln. Attachment Parenting ist ein Weg, eine Bindung zu Ihrem Kind aufzubauen, und diese Ver-Bindung macht die gesamte Eltern-Kind-Beziehung natürlicher und freudvoller. Sie werden die Vorteile in jedem Bereich des Lebens Ihres Kindes feststellen können – Gesundheit, Selbstvertrauen, gemeinsame Aktivitäten und im Bereich Disziplin. Je besser Sie Ihr Kind kennen, desto mehr vertraut es Ihnen und desto effektiver sind Sie darin, Ihr Kind zu leiten und sein Verhalten zu korrigieren, von der Babyzeit bis in die späte Jugend.

Aber wie schafft Attachment Parenting das für Familien? Hier beschreiben wir einige Arten, wie AP Ihnen hilft, mit Ihrem Kind in der Babyzeit und darüber hinaus verbunden zu werden.

Attachment Parenting ist eine Übung darin, Ihr Kind kennenzulernen
Weil AP-Kinder so viel Zeit in Ihrer absoluten Nähe verbringen, entwickeln Sie einen sechsten Sinn für Ihr Baby. Mama, Papa und andere Betreuer lernen, die Körpersprache des Kindes zu lesen und – durch Versuch und Irrtum – angemessen zu reagieren und dem Baby das zu geben, was es in seiner Entwicklung zum vollen Ausschöpfen seines Potentials benötigt. Sie lernen auch, wie sie Nein sagen können, und wie sie, wenn das angebracht ist, das Baby in eine andere Richtung lenken können. Sie können wirklich sagen, was es denkt – eine Fähigkeit, die immer wichtiger wird, je größer und unabhängiger das Baby wird. Diese Fähigkeit, zu verstehen, was in Ihrem Kind vor sich geht, ist vielleicht der wichtigste Teil des Attachment Parenting. Alles andere, was Sie tun, um Ihrem Kind zum Erfolg zu helfen, basiert auf Ihrem Verständnis von der Einzigartigkeit Ihres Kindes.

Attachment Parenting erleichtert Disziplin

Die Verbindung, die Eltern mit ihrem Baby und Kleinkind aufbauen, erlaubt es ihnen, die Welt mit den Augen ihres Kindes zu sehen, wenn das Kind älter wird. Aus diesem Grund wissen sie, warum sich das Kind so verhält, wie es sich verhält. Sie bleiben dem Kind einen Schritt voraus und können gutes Verhalten leiten und gestalten, und nicht nur das Kind korrigieren, wenn es sich falsch verhält. Weil AP-Eltern die richtige Beziehung zu ihrem Kind haben, machen sie sich weniger Gedanken darum, die »richtigen« Techniken für Disziplin anzuwenden. Verbundene Kinder verhalten sich gut – zumindest in den meisten Fällen – weil ihre Eltern sie wissen lassen, welches Verhalten erwartet wird, und dass sie sicher, geliebt und wertvoll sind.

Attachment Parenting basiert auf gegenseitigem Vertrauen

Wenn die Zeichen eines Babys verstanden und seine Bedürfnisse aufmerksam erfüllt werden, lernt es, seinen Eltern zu vertrauen. Wenn die Eltern wieder und wieder auf die Signale ihres Babys antworten, lernen sie, ihrer Fähigkeit zu vertrauen, die Signale des Babys zu verstehen (zumindest meistens) und richtig zu reagieren. Dieses Vertrauen zwischen Eltern und Kind ist sehr wichtig. Wenn Kinder den Betreuern in ihrer Umgebung vertrauen, wird dieses Vertrauen ein in ihnen verwurzelter Teil und die Welt wird ein warmer und vertrauensvoller Ort zum Leben. Das klingt vielleicht idealistisch, aber die Fähigkeit, darauf zu vertrauen, dass die eigenen Bedürfnisse beachtet werden, ist ein wichtiger Bestandteil für Zufriedenheit im Leben.

Distanziertere, weniger feinfühlige Erziehungsstile führen nicht zu einer vertrauensvollen Beziehung zwischen Eltern und Kindern. Wenn Eltern Angst haben, ihr Kind zu verwöhnen oder immer auf der Hut sind, dass das Kind sie manipulieren könnte, sind sie nicht offen dafür, die Bedürfnisse ihres Kindes aus seiner Sicht zu verstehen. Eltern, die die vollständige Kontrolle über ihre Kinder haben wollen, sehen Vertrauen als Einbahnstraße: Ihre Kinder sollten ihnen vertrauen, dass sie es am besten wissen. Diese Kinder lernen aber nicht, sich selbst und ihrer Umgebung zu vertrauen. Viele Eltern glauben wirklich, dass ein Erziehungsstil auf der Grundlage von vorgegebenen Regeln und Plänen besser und angenehmer für die gesamte Familie ist. Aber Erziehungsmethoden, die versprechen, dass das Baby die Nacht durchschlafen und weniger »fordernd« sein wird, nutzen alle eine Variation des »Weinenlassen«-Ansatzes, bei dem Eltern angehalten sind, die Bedürfnisse ihres Babys oder Kindes zu ignorieren, und der schlussendlich zu Abgestumpftheit führt. Jeder hat Probleme, wenn das Weinen eines Babys die Eltern nicht mehr betroffen macht oder wenn Eltern versuchen, ein größeres Kind dazu zu bringen, ihren Regeln blind zu folgen. Das Baby wird vielleicht ein »gutes Baby« – oder zumindest ein »angenehmeres« Baby – weil es seine Kommunikationsversuche aufgibt. Das ältere Kind hält sich vielleicht an die Regeln, ohne den Sinn dahinter zu verstehen. Eltern und Kinder enden darin, sich gegenseitig und sich selbst nicht mehr zu vertrauen.

Ich habe einmal die Geschichte des chinesischen Bambusstrauchs gehört. Nachdem der Samen gesät ist, sieht man mehrere Jahre nur einen kleinen Spross. Während dieser Jahre wächst der Samen unterirdisch in eine weitverwurzelte Struktur. Dann, im fünften Jahr, kann der Bambusbaum so hoch wie ein Haus wachsen. Warum wächst er so gut? Weil er von tiefen, sicheren Wurzeln genährt wird.

Wir glauben, dass der Weg zum Erfolg mit Attachment Parenting in den ersten Jahren beginnt. Nichtsdestotrotz sollten Eltern nicht alles Lob oder alle Kritik dafür auf sich nehmen, wie ihre Kinder sich entwickeln. Sie geben Ihr Bestes mit den Werkzeugen und Mitteln, die Sie zu gegebener Zeit haben. Der Rest liegt an Ihrem Kind. Es gibt keine vollständige, 100-prozentige Korrelation zwischen dem, was Eltern in den ersten Jahren eines Kindes tun, und der Art Mensch, die ihre Kinder werden, aber in mehr als 30 Jahren Erfahrung als Kinderärzte haben wir gesehen, dass AP-Kinder sich im Allgemeinen sehr gut entwickeln.

Die Wissenschaft sagt: Verbundene Kinder werden mit höherer Wahrscheinlichkeit erfolgreich

Studien über das Ergebnis von Bindungen – die nach einer Verbindung zwischen der Qualität der frühen Eltern-Kind-Beziehung und dem späteren Verhalten suchen – sind eines der heißesten Themen in der Psychologie. Psychologen teilen Kinder in zwei grundsätzliche Gruppen auf: sicher verbunden und nicht sicher verbunden. Ergebnisstudien basieren auf einem Vergleich dieser beiden Gruppen von Kindern während einer langen Zeit. Hier finden Sie eine Zusammenfassung davon, was die Wissenschaft über die Wichtigkeit einer frühen Verbindung von Eltern und Kind sagt:

Verbundene Kinder spielen besser mit Gleichaltrigen

Forscher haben die Beziehung zwischen dem Grad der Bindung, die Kinder während der Kindheit erlebt haben, und der Art, wie sie mit Gleichaltrigen spielen, untersucht. Sie fanden heraus, dass Vorschulkinder, die sicher gebunden waren, besser mit ähnlich sicher gebundenen Kindern spielen. Sie spielten weniger gut mit Kindern, die schlechtere Bindungen erfahren hatten. Die Forscher bemerkten, dass Kinder mit unsicheren Bindungen sozial weniger kompetent waren und mehr aggressives Verhalten während des Spiels zeigten. Sie fanden auch heraus, dass Vorschüler mit sicherer Bindungsvorgeschichte flexibler waren und sich gegen aggressive Kinder behaupteten. Diese Studie lässt vermuten, dass verbundene Kinder besser mit anderen Kindern spielen, weil sie als ältere Kinder fähig sind, die Einfühlsamkeit in ihr Spiel einzubringen, die sie während ihrer Kindheit erfahren haben.

Verbundene Kinder werden bessere Liebhaber

Wahre Liebe wird, im psychologischen Sprachgebrauch, oft gegenseitige Empathie genannt. In einer Studie fanden Forscher heraus, dass sicher verbundene Kinder als Erwachsene qualitativ hochwertigere Liebesbeziehungen führen, ein Ergebnis, das die Forscher auf die Qualitäten Einfühlsamkeit und Empathie zurückführen, die mit einer sicheren Bindung einhergehen. Fähig zu sein, etwas für und mit einer anderen Person zu empfinden, dieser anderen Person einfühlsam zuzuhören und das Beste in dieser Person zum Vorschein zu bringen, sind Qualitäten, die zu einer besser verbundenen Liebesbeziehung führen. Diese Forscher fanden ebenfalls heraus, dass Erwachsene, die als Kinder in der Vergangenheit eine unsichere Bindung erlebt hatten, es schafften, diese unsichere Vergangenheit hinter sich zu lassen, wenn sie eine Liebesbeziehung mit einer Person eingingen, die eine sichere Bindung in ihrer Kindheit erlebt hatte.

Die Forscher denken, dass die Fähigkeit eines Erwachsenen, zu lieben, auf ein stabiles emotionales Band zwischen der Hauptbezugsperson (typischerweise der Mutter) und dem Baby zurückgeht. Viele Studien haben einen Zusammenhang zwischen einem kalten und distanzierten Erziehungsstil und geringerer emotionaler Gesundheit der Kinder gezeigt. Eine Studie mit 100 erwachsenen Frauen zeigt, dass unsicher gebundene Frauen in ihren Liebesbeziehungen nicht so glücklich waren. Sie wurden mit doppelt so hoher Wahrscheinlichkeit geschieden wie sicher gebundene Frauen und hatten mehr Schwierigkeiten, in einer eingegangenen Partnerschaft zu bleiben. Die sicher gebundenen Frauen zeigten Qualitäten von Interdependenz, sie lernten, sich sowohl auf sich als auch auf andere zu verlassen. Eine andere Studie mit 154 Frauen mit durchschnittlich 19 Jahren zeigt, dass diejenigen, die sicher gebunden waren, mit einem höheren Vorkommen von Selbstvertrauen aufwuchsen, mit zwischenmenschlichem Vertrauen und der Fähigkeit, sich mit intimen und zwischenmenschlichen Beziehungen, vor allem Liebesbeziehungen, wohl zu fühlen.

Verbundene Kinder werden besser angepasste Schüler

Studien zeigen, dass Kinder, die eine sichere Bindung zu ihren Eltern haben, dazu neigen, auch mit ihren Lehrern eine engere Beziehung einzugehen. Das scheint eine logische Konsequenz von Attachment Parenting zu sein, weil Kinder die Fähigkeit, sich Familienmitgliedern nahe zu fühlen, in ihre Beziehungen zu Freunden, Lehrern und anderen wichtigen Personen in ihrem Leben mitnehmen. Eine Studie mit 408 Studenten im ersten Semester an einer großen Universität zeigt, dass die Studenten mit einer positiven Bindung an ihre Eltern (also verbundene Kinder) sich besser an das Leben in der Universität anpassen konnten. Diejenigen Studenten, die am besten abschnitten, hatten Eltern, die viel in ihre Kinder investiert hatten und viel von ihnen verlangten, aber sehr stark auf die Signale und Bedürfnisse ihrer Kinder eingingen.

Verbundene Kinder werden widerstandsfähiger

Studien haben eine faszinierende Verbindung zwischen der frühen Erziehung und der Fähigkeit des Kindes gezeigt, Widrigkeiten zu überwinden. Im Einzelnen fanden diese Studien heraus, dass ein Schlüsselaspekt für den Erfolg als Erwachsener, auch angesichts eines Aufwachsens in einem schwierigen Zuhause, die Anwesenheit mindestens einer Person im Leben des Kindes ist, an die es sich während seiner Entwicklung binden konnte. Wenn Kinder die Möglichkeit hatten, eine enge Beziehung zu mindestens einem Betreuer in ihrer Kindheit einzugehen, hatten sie eine höhere Chance auf Erfolg, auch mit einem schlechten Beginn. Kinder, die am schnellsten wieder gesund wurden, waren das Produkt früher einfühlsamer Erziehung und kamen aus Familien, in denen die Eltern ihren Kindern mehr verbunden waren. Forscher fanden auch heraus, dass die Anwesenheit eines positiven männlichen Einflusses innerhalb des Haushaltes zum Erfolg von Risiko-Kindern beitrug. Forscher glauben, dass verbundenen Kindern die Fähigkeit zum Erholen von schweren Zeiten innewohnt. Die Psychologen bemerkten auch, dass die Kinder, die angesichts von Schwierigkeiten erfolgreich waren, extrem erfolgreich darin waren, die Mittel, die sie dafür brauchten, aus ihrem Umfeld zu bekommen. Diese Kinder waren vor allem fähig, eine Bindung zu Menschen aufzubauen, die ihnen wichtig waren, so wie Lehrer.

Verbundene Kinder verhalten sich besser

Forscher untersuchten 400 Schüler, die mit fünf Jahren in den Kindergarten gekommen waren, und befragten diese 36 Jahre später noch einmal. Die Ergebnisse ihrer Langzeitstudie zeigten den Zusammenhang der Erziehung im Alter von fünf Jahren mit sozialen Anpassungen im Alter von 41 Jahren. Sie zeigten, dass Kinder, die warme und liebevolle Eltern haben, mit höherer Wahrscheinlichkeit sozial erfolgreiche Erwachsene werden. Studien zeigen, dass Männer mit unsicheren Bindungen ihre Mütter mit höherer Wahrscheinlichkeit *kontrollierend* nannten. Der Grad der elterlichen Kontrolle scheint Männer mehr als Frauen zu beeinflussen in Bezug auf ihre geistige Gesundheit. Bei Männern zeigte sich, dass sie weniger emotional gesund wurden, je kontrollierender die Eltern waren. Die Kinder, die mit ängstlicher Bindung aufwuchsen, neigten dazu, ein negatives Bild von sich selbst zu haben. Diese Studie zeigt auch, dass erwachsene Frauen besser fähig waren, sich von unsicheren Bindungen in der Kindheit zu lösen und emotional gesunde Erwachsene zu werden – solange sie als Erwachsene sichere Bindungen entwickeln konnten. Aber unsichere erwachsene Männer schienen nicht so sehr von ihren erwachsenen Bindungen und Beziehungen zu profitieren. Als Erklärung für dieses unterschiedliche Ergebnis bei den Geschlechtern sehen die Forscher, dass Frauen mit höherer Wahrscheinlichkeit Partner nach der Art der emotionalen Stabilität auswählen, die sie selbst auch erfahren wollen, während Männer (vor allem wenn sie unsicher sind) oftmals Partnerinnen auf der Grundlage oberflächlicherer Qualitäten wie des Aussehens wählen. Nichtverbundene Kinder zeigen mit höherer Wahrscheinlichkeit antisoziales Verhalten und geraten in Kindheit und Jugend wahrscheinlicher in Schwierigkeiten. Der Grund scheint zu sein, dass verbundene Kinder mehr Respekt vor Autorität haben, sensibler für die Gefühle anderer sind und nicht auf der Grundlage von Ärger handeln, der für nichtverbundene Kinder charakteristisch ist.

Verbundene Kinder wachsen auf zu verbundenen Eltern
Mehr als 18 Studien zeigen einen klaren Zusammenhang zwischen der Qualität der Bindungen, die Erwachsene hatten, als sie Kinder waren, und dem Grad von Attachment Parenting, das sie mit ihren eigenen Kindern praktizieren. Eine frühe Verbindung aufzubauen ist Ihre beste Langzeitinvestition. Eine Studie mit 100 erwachsenen Frauen zeigte, dass Frauen, die in einem sicher gebundenen Zuhause aufgewachsen sind, in sozialen Situationen sicherer waren und weniger belastet durch Stress als diejenigen, die weniger sichere Bindungen hatten. Sie waren besser fähig, warme, emotionale Verbindungen mit anderen einzugehen und anderen zu vertrauen. Sie neigten auch dazu, unabhängiger und mitfühlender zu sein als unsicher gebundene Personen, die dazu neigten, kalt und distanziert zu sein. Die Forscher schließen daraus, dass frühe Bindungsmuster intern wirkende Beziehungsmodelle werden, die im Allgemeinen im Lauf der Zeit beständig bleiben. (Jedoch merken sie an, dass sichere frühe Bindungen keine Garantie für ein emotional gesundes Ergebnis sind.)

Verbundene Kinder haben eine größere Chance, verbundene Erwachsene zu werden
Eine aktuelle Studie über 20 Jahre deutet an, dass verbundene Kinder mit höherer Wahrscheinlichkeit zu verbundenen Erwachsenen heranwachsen. Wie die Forscher jedoch klugerweise anmerken, ist Attachment Parenting in der Kindheit keine Garantie dafür, dass die Kinder sich gut entwickeln. Diese Ergebnisstudien deuten an, dass enge Bindung in Kindheit und Jugend dem Kind die Fähigkeit zu Verbundenheit in anderen Beziehungen vermittelt. Aber ob ein Kind diese Fähigkeit nutzt oder nicht und ein verbundener Erwachsener wird, hängt von der Qualität der Bindungen ab, die das Kind auf jeder Stufe seiner Entwicklung erfährt. Im Wesentlichen endet Attachment Parenting nicht in der Kindheit, sondern setzt sich in anderen Formen für den Rest der Eltern-Kind-Beziehung fort.

Sehen Sie Attachment Parenting als eine Impfung, die Kinder im Fall einer Schwierigkeit schützt. Es hilft ihnen, widerstandsfähig zu werden und wieder auf die Beine zu kommen, manchmal sogar stärker als zuvor. So wie bei vielen Impfungen sind Auffrischungsimpfungen der Bindung ab und an notwendig, um die Verbundenheit zu erhalten.

Zusammenfassend scheinen all diese Ergebnisstudien zur gleichen Schlussfolgerung zu kommen: Die frühen Bindungsbeziehungen dienen als Bauplan für alle zukünftigen Beziehungen. Obwohl es keine vollständige Korrelation gibt, ist es dennoch wahr, dass ein Kind, das verbunden aufwächst, mit höherer Wahrscheinlichkeit verbunden bleibt.

Der frühe Weg zum Erfolg: Wie die Baby-B's zu den Kindheits-C's werden

Wenn wir über Kinder reden, die sich gut entwickeln, meinen wir nicht notwendigerweise Kinder, die aufwachsen und den »Amerikanischen Traum« erfüllen. Wirklicher Erfolg im Leben kann nicht gleichgesetzt werden mit einem Abschluss an einer der besten Hochschulen, einem sechsstelligen Gehalt oder der Freiheit, sein eigener Chef zu sein. Wenn wir über Erfolg reden, konzentrieren wir uns auf emotionale Gesundheit und weniger konkrete Qualitäten: erfüllende und gesunde Beziehungen, Selbstrespekt und Glück und Zufriedenheit mit dem, was auch immer das Leben bringen mag. Es mag wie ein großer Sprung erscheinen vom Bonding bei der Geburt und gemeinsamem Schlafen in einem Bett hin zu einer Achtsamkeit gegenüber höheren Prinzipien und der spirituellen Seite des Lebens. Aber wir denken, die Baby-B's erschaffen die Kindheits-C's, Qualitäten, von denen wir annehmen, dass sie sich zu wirklichem Erfolg summieren.

1. Fürsorgliche Kinder (Caring kids)

Kinder, die mit Attachment Parenting aufwachsen, zeigen Empathie. Sie sind fürsorgliche Kinder, achtsame Kinder. Von der Geburt an waren diese Kinder auf der empfangenden Seite der Betreuung. Jemand kümmerte sich um sie, sorgte für sie. Fürsorge, Geben, Zuhören und Antworten auf die Bedürfnisse wird eine Familienregel, und diese Qualitäten werden Teil des Kindes. Kinder, die Empathie empfangen haben, lernen, wie man diese auch gibt. Weil diese Kinder einfühlsame Erziehung erfahren haben, lernen sie, empfänglich für die Gefühle anderer zu sein. Wenn Freunde leiden, verstehen diese Kinder das und eilen zu Hilfe.

Studien mit nicht erfolgreichen Kindern haben gezeigt, dass sie sich nicht um andere kümmern. Sie fühlen keine Reue für das, was sie tun, und sie handeln, ohne darüber nachzudenken, was die Folgen ihres Verhaltens für andere sein könnten. Empathie fehlt ihnen komplett. Oft haben diese Individuen eine zurückliegende Geschichte voller Missbrauch und Ablehnung als Kinder. Niemand kümmerte sich um sie, daher wissen sie nicht, wie man sich um andere kümmert.

Kinder, die das Produkt von Attachment Parenting sind, lernen, die Gefühle anderer zu bedenken, ehe sie handeln. Sie kümmern sich darum, wie ihre Handlungen andere beeinflussen. Sie haben einen gesunden Sinn für Schuld, fühlen sich schlecht, wenn sie falsch handeln, und fühlen sich gut, wenn sie das sollten. Verbundene Kinder kümmern sich.

2. Mitfühlende Kinder (Compassionate kids)

Kinder aus Familien, die Attachment Parenting praktizieren, wachsen mit einem inneren Sinn für Richtigkeit auf. Sie sind sich Herausforderungen dieses Sinnes für Richtig und Falsch stark bewusst und werden danach streben, das zu erreichen, was sie für richtig halten. Ich beobachte solche Kinder in Spielgruppen. Kinder, die in ihrer Kindheit »Nehmer« sind, werden gute »Geber«. Sie teilen bereitwillig – etwas, das für viele Kinder schwer ist. Sie sind besorgt um die Bedürfnisse und Rechte ihrer Kameraden, weil das das Verhalten ist, das ihre Eltern für sie modelliert haben.

AP-Kinder sind supersensibel für die Stimmungen von Familie und Freunden. Wenn Sie sich gestresst fühlen, werden auch die Kinder sich gestresst fühlen – und Sie werden das in ihrem Verhalten gespiegelt sehen. Aber vor allem wenn sie älter werden, wird diese Sensibilität ein Gewinn. Wenn Sie sich schlecht fühlen, wird Ihr Kind sein Bestes geben, damit Sie sich besser fühlen. Ich habe unsere eigenen Kinder beobachtet und Kinder aus anderen Familien, wie sie ihre aufgeregten Eltern beruhigten: »Wein nicht, Mama, ich helfe dir« oder »Es ist okay, Papa, ich hab dich lieb«. Wenn Ihr sensibler Dreijähriger mit Ihnen sympathisiert und Sie tröstet, so ist das eines der schönsten Ergebnisse von Attachment Parenting. Kein erwachsener Freund könnte je Worte anbieten, die den gleichen Effekt haben wie diejenigen, die auf natürliche Weise aus dem Herzen eines sensiblen Kindes kommen.

In Familien, die AP praktizieren, sind Kinder nicht die einzigen, die mitfühlender werden. Wenn Sie einfühlsame Erziehung praktizieren, werden Sie merken, dass Ihre Sensibilität für alles und jeden sich verstärkt. Die Fähigkeit, die Welt durch die Augen Ihres Kindes zu sehen, zuerst an seine Bedürfnisse zu denken, überträgt sich auch in Ihre Beziehung zu Ihrem Partner, Ihren Freunden, Ihrem Job und Ihrer Gemeinschaft. (Sie werden in Kapitel 7 noch mehr über das Lehren von Empathie und Mitfühlen erfahren.)

3. Kommunikative Kinder (Communicative kids)

AP-Kinder werden von klein auf dafür belohnt, sich mitzuteilen. Ist es da ein Wunder, wenn sie später selbst gut kommunizieren können? Ihre Kommunikationsfähigkeiten gehen über die Sprache hinaus. Weil AP-Kinder sehr viel getragen werden und viel Kontakt von Angesicht zu Angesicht mit ihren Bezugspersonen haben, lernen sie, wie man angemessenen Augenkontakt herstellt und Körpersprache liest. Weil ihnen zugehört wird, zögern sie nicht, ihre Gefühle und Gedanken zu teilen. Diese Kommunikationsfähigkeiten sind wichtig für den späteren Erfolg in Beziehungen und Beruf. (Dazu werden Sie noch mehr erfahren im Kapitel darüber, wie Sie Ihrem Kind Kommunikationsfähigkeiten nahebringen, ab S. 315.)

Wenn ich meine Schwiegertochter dabei beobachte, wie sie mit meinem Enkel umgeht, sehe ich, was ich falsch gemacht habe mit meinem Sohn, ihrem Mann. Ich habe ihn zu oft weinen lassen aus Angst, ihn zu verwöhnen. Er stellte dann langsam seine Kommunikationsversuche ein. Als Ergebnis davon hatte er es als Erwachsener schwer zu kommunizieren.

4. Verbundene Kinder (Connected kids)

AP-Kinder fühlen sich wohl mit Intimität. Diese Kinder genießen es, anderen nahe zu sein, denn diese »Klett-Babys« haben die prägendsten Monate ihres Lebens in den Armen und an der Brust ihrer Mutter verbracht. Diese Kinder haben gelernt, eine Beziehung zu anderen Menschen aufzubauen statt zu Dingen. Sie werden sogar in einer Hightech-Welt zu »High-Touch«-Menschen.

Therapeuten, deren Praxen gefüllt sind mit Erwachsenen, die als Kinder keine reagierende Erziehung bekommen haben, sagen uns, dass sie die meiste Energie darauf verwenden, ihren Klienten zu helfen, zu lernen, jemandem nahe zu sein. Sie bieten ihren Klienten bedingungslosen Respekt und Unterstützung – in anderen Worten: erziehen sie neu. Im Gegensatz dazu lernen Kinder, deren Eltern angemessen auf ihre Bedürfnisse reagieren, in zwischenmenschlichen Beziehungen zu wachsen und zu gedeihen. Verbunden zu sein ist ihre Norm. Das AP-Kleinkind wird mit höherer Wahrscheinlichkeit ein Kind, das tiefe Freundschaften mit Gleichaltrigen eingeht und dann zu einem Erwachsenen heranwächst, der Intimität mit einem Partner genießt. Das verbundene Kind lernt, Liebe zu geben und zu empfangen.

5. Fürsorgliche und rücksichtsvolle Kinder (Careful and considerate kids)

Verbundene Kinder sind weniger unfallgefährdet. Sie haben ein besseres Verständnis ihrer eigenen Fähigkeiten und müssen ihre Grenzen nicht austesten. In der Sprache der Eltern gesagt, machen sie wahrscheinlich weniger »dumme Dinge«! Sie tragen Bilder ihrer Betreuer in sich, die ihnen sagen, was sie tun können und sollen und was sie nicht tun sollten. Weil die Bezugspersonen für sie wichtig sind und respektiert werden, helfen diese Bilder dabei, kindliche Impulse zu dämpfen. Sogar Kinder mit sehr impulsivem Temperament neigen dazu, weniger in Schwierigkeiten zu geraten, wenn sie an eine Hauptbezugsperson sicher gebunden sind. Ein Grund dafür mag sein, dass verbundene Kinder nicht ärgerlich sind. Ärger addiert Gefahr zu Impulsivität. Er überschreibt das Gespür des Kindes und führt dazu, dass es sich kopfüber in Schwierigkeiten stürzt.

6. Vertrauensvolle Kinder (Confident kids)

Das Wort »vertrauensvoll« besteht aus zwei Bestandteilen: Vertrauen und voll. Kinder, deren Eltern auf ihre Bedürfnisse reagieren, wachsen auf, als sei »Vertrauen« ihr zweiter Vorname. Aus ihrer Beziehung zu ihren Eltern lernen sie, dass es sicher ist, anderen zu vertrauen und dass ihre Bedürfnisse zuverlässig erfüllt werden. Ihren Betreuern zu vertrauen wird zu Vertrauen in sich selbst – in anderen Worten: Selbstvertrauen.

Ich hatte das Gefühl, er würde nie meine Arme verlassen, aber als er zwei wurde, sagte er oft »ich mach das«. Ich weiß, dass das ein Spruch ist, den viele Mütter fürchten (weil es fünf Mal länger dauert, wenn das Kind etwas Einfaches selber macht), aber für mich als Mutter eines anhänglichen Babys ist dieser Spruch eine Freude. Jetzt, da Jonathan damit beschäftigt ist, Dinge selbst zu tun, lässt er sehr schnell viele seiner Baby-Bedürfnisse hinter sich, wie ständig getragen zu werden und nie von meinem Schoß zu gehen. Ich muss zugeben, dass es Zeiten gibt, in denen ich es vermisse, das einzige Interesse in seinem Leben zu sein. Aber wenn einer dieser Momente kommt, muss ich ihn nur fest umarmen und er hört mit dem auf, was er gerade tut, und kommt zu mir zurück. Meistens bin ich stolz darauf, ihn zu einer glücklichen, liebevollen, selbstsicheren kleinen Person heranwachsen zu sehen, vor allem wenn mir klar wird, dass er das ganz alleine geschafft hat. Ich habe ihm nur die Unterstützung angeboten, die er brauchte.

7. Kuschelige Kinder (Cuddly kids)
AP-Babys genießen eine enge, körperliche Beziehung zu ihren Eltern, dank Babytragen, Stillen und dem gemeinsamen Schlafen. Diese Kinder fühlen sich angemessen wohl mit Berühren und Berührtwerden. Sie kommen für eine versichernde Umarmung zu ihren Eltern, auch noch als Teenager. Sie wissen, wie sie angemessenen menschlichen Kontakt finden können, was dazu führt, dass sie mit weniger Wahrscheinlichkeit eine sexuelle Beziehung eingehen, obwohl sie nur auf der Suche nach Freundschaft und emotionaler Nähe sind. Die Fähigkeit, eine fürsorgliche Berührung anzubieten, wie eine mitfühlende Hand auf der Schulter, einen warmen Händedruck oder auch ein ermutigendes Highfive, verbessert ihre sozialen Beziehungen.

8. Vertrauensvolle Eltern (Confident parents)
Neben den sieben C's für Kinder bietet Attachment Parenting Müttern und Vätern auch ein wichtiges C an. Verbundene, feinfühlige Eltern entwickeln Vertrauen in ihre Fähigkeiten als Eltern, einhergehend mit der Fähigkeit, ihre Erziehungspraktiken an ihren eigenen Lebensstil und die sich verändernden Bedürfnisse des Kindes anzupassen. Während Vorsorgeuntersuchungen frage ich Eltern oft: »Funktioniert Ihr Erziehungsstil?«. Ich rate Eltern, regelmäßig zu überprüfen, was funktioniert, und das weglassen, was nicht länger wirkt. Was auf einer Entwicklungsstufe funktionierte, mag auf einer anderen nicht mehr funktionieren. Zum Beispiel schlafen einige Babys anfangs besser bei ihren Eltern, werden aber später unruhig. Das macht eine Veränderung des Schlafarrangements notwendig. Andere Babys schlafen vielleicht zuerst besser allein, aber wechseln dann später in die Betten ihrer Eltern. Vertrauensvolle Eltern nutzen sich selbst und ihr Baby als Barometer für die Überprüfung ihres Erziehungsstils.

Vorteile des Attachment Parenting – Eine Zusammenfassung

Kind

- vertraut mehr
- fühlt sich kompetenter
- wächst besser
- fühlt sich richtig, handelt richtig
- ist besser organisiert
- baut gesunde Unabhängigkeit auf
- lernt Intimität
- lernt, Liebe zu geben und zu empfangen

Eltern

- werden vertrauensvoller
- sind sensibler
- können die Signale des Babys lesen
- antworten intuitiv
- fließen mit dem Temperament des Babys
- finden Disziplin leichter
- werden aufmerksame Beobachter
- kennen die Kompetenzen und Vorlieben des Babys
- wissen, welchen Rat sie annehmen und welchen sie ablehnen sollten

Beziehung Eltern und Baby

- teilen gegenseitige Sensibilität
- genießen gegenseitiges Geben
- formen das Verhalten des jeweils anderen
- zeigen gegenseitiges Vertrauen
- fühlen sich verbunden
- sind flexibler

- zeigen mehr aktive Interaktion
- bringen das Beste im jeweils anderen zum Vorschein

3 Zehn Familien-Disziplin-Praktiken von gut geratenen Kindern

Erfolgreiche Kinder kommen aus Familien aller Ethnien und Religionen, aus Familien in allen denkbaren Wohngegenden und aus Familien vom oberen und auch vom unteren Ende der Einkommensskala. Sie haben zwei Elternteile oder nur ein Elternteil, das sich aktiv um sie kümmert. Manche dieser Familien leben in riesigen Häusern mit einem eigenen Zimmer und einem eigenen Computer für jedes Kind, Regalen voller pädagogisch wertvollem Spielzeug und Büchern und einem Kalender, der randvoll gefüllt ist mit außerschulischen Aktivitäten und Reisen. Andere Familien erfolgreicher Kinder lassen diese mit dem Kochgeschirr in ihrer winzigen Küche spielen und die Kinder teilen sich ein gemeinsames kleines Zimmer. Die Familie geht häufig in die Bücherei und macht aus dem Ausflug in den Waschsalon eine lehrreiche Exkursion. Reichtum ist offensichtlich keine Voraussetzung dafür, erfolgreiche Kinder zu erziehen. Viele kleine Kinder können nicht sagen, auf welcher ökonomischen Stufe ihre Familie steht, sie wissen nur, dass ihr Leben glücklich und erfüllt ist.

Die häusliche Umgebung von Familien mit erfolgreichen Kindern ist ebenfalls unterschiedlich. Manche der Familien, die ich für dieses Buch befragt habe, haben nette, saubere Wohnungen in der Nachbarschaft. Bei anderen kann das Haustier der Familie leicht im Durcheinander des Hauses verloren gehen. Manche Familien haben ein geregeltes Leben mit regelmäßigen Essenszeiten, Bettgehzeiten und Haushaltstätigkeiten, aber andere scheinen im Chaos sich ständig wechselnder Aktivitäten zu gedeihen. Die Familien haben verschiedene Rituale für die Wochenenden. Manche verbringen jeden Sonntagvormittag in der Kirche, andere auf dem Basketballfeld, auf ganztägigen Radausflügen oder in Ruhe zu Hause.

Unser Erfolg als Gesellschaft hängt nicht von dem ab, was im Weißen Haus geschieht, sondern von dem, was in Ihrem Haus geschieht.
– Barbara Bush

Es beruhigt mich zu wissen, dass ich nicht reich oder schlau sein muss, um eine gute Mutter oder ein guter Vater zu sein. Ich muss nur da sein und mich kümmern.

Egal, wie die Umgebung zu Hause ist, die Familien erfolgreicher Kinder sind sich bemerkenswert ähnlich, wenn es um die Art geht, wie Eltern und Kinder miteinander umgehen und Beziehungen zueinander aufbauen. In diesem Kapitel stellen wir zehn Praktiken für Eltern vor, die Familien mit erfolgreichen Kindern anwenden. In den darauffolgenden Kapiteln reden wir über die Qualitäten, die diese Praktiken bei Kindern fördern.

Wir haben diese Liste der zehn besten Methoden in Befragungen von Eltern erfolgreicher Kinder zusammengestellt. Ebenfalls mit eingeflossen sind Briefe, die wir speziell für dieses Buch von Eltern bekommen haben. Briefe, in denen Eltern die Beziehung zu ihren Kindern beschreiben. Wir haben uns außerdem auf die Erfahrungen gestützt, die wir in mehr als 30 Jahren als Kinderärzte und als Eltern unserer acht eigenen Kinder gesammelt haben.

Kann man all diese Praktiken gleichzeitig anwenden? Vermutlich nicht. Der Lebensstil, die ökonomische Lage, medizinische und soziale Probleme und individuelle Persönlichkeitsunterschiede spielen ebenfalls eine Rolle bei den Entscheidungen, die Sie in Bezug auf das Aufwachsen Ihres Kindes treffen. Aber hierbei geht es eher darum, *wie* Sie etwas tun, als darum, was genau Sie tun oder lassen sollen. Die meisten Eltern können viele dieser Praktiken auf die Umstände in ihrer Familie anpassen. Wir hoffen, dass Sie von diesen Familien lernen und so viele dieser Praktiken anwenden wie möglich.

1. Praktizieren Sie Attachment Parenting

An erster Stelle auf unserer Liste von Faktoren, die beeinflussen, wie ein Kind gerät, steht der grundsätzliche Erziehungsstil der Eltern. Beachten Sie, dass wir *grundlegend* sagen. Es ist die Vorherrschaft von gutem, feinfühligem Erziehen über distanziertem, unverbundenem Erziehen, die den Unterschied macht. Alle Eltern machen Fehler und sicher wurde dieses Buch nicht von perfekten Eltern geschrieben. Die grundlegende Botschaft, die Sie Ihren Kindern senden, ist das, was am meisten zählt.

Eltern, die sehr stark versuchen, ihre Kinder zu guten Kindern zu erziehen, investieren emotional sehr stark in ihre Kinder. Sie können hart sich selbst gegenüber sein, wenn sie das Gefühl haben, dass sie hinter ihren Idealen zurückbleiben. Ein Vater rief mich einmal an wegen Schuldgefühlen, weil er seinem Kind gegenüber die Geduld verloren und ihm eine Ohrfeige gegeben hatte. Ich wusste, dass er grundsätzlich ein liebevoller und fürsorglicher Vater war, aber bei dieser einen Gelegenheit rastete er einfach aus. Ich versicherte ihm, dass seine grundlegend sanfte und fürsorgliche Art des Umgangs mit seinen Kindern weit wichtiger seien als dieser eine Ausrutscher. Sein Kind mag sich für eine lange Zeit an diese Ohrfeige erinnern – weil sie so komplett anders war als die Art, wie sein Vater ansonsten mit ihm umging. Ich schlug vor, dass er mit seinem Kind über das redete, was passiert war, ihm sagte, dass er sich falsch verhalten hatte, und sich entschuldigte. Er konnte den schlechten in einen lehrreichen Moment verwandeln – in einen Moment, in dem sowohl der Vater als auch sein Sohn etwas über Ärger lernen konnten und wie man damit umgeht.

Attachment Parenting (AP) ist eher ein Ansatz zum Umgang mit Kindern als ein fester Satz an Regeln. Es ist ein Weg, sich um Ihr Baby zu kümmern, der Sie beide verbindet. Wenn Kinder wachsen, konzentriert sich AP darauf, Kinder auf eine Weise zu leiten, die ihre Bedürfnisse, Gefühle und ihre Entwicklungsstufe respektiert.

Die konkretesten, am einfachsten beschreibbaren Teile von Attachment Parenting betreffen Babys, denn ein erfolgreiches Kind aufzuziehen beginnt mit der Verbindung zwischen Eltern und Kind – und diese Verbindung wird am einfachsten gleich zu Beginn der Kindheit aufgebaut. Babys sind biologisch darauf programmiert, ihre Betreuer lieben zu lernen, und die Betreuer geben dann ihr Bestes, wenn sie auf die Bedürfnisse des Babys antworten. Eine Verbindung zu Ihrem Baby aufzubauen, ist sicher ein fortschreitender Prozess, und Sie können auf jeder Entwicklungsstufe daran arbeiten, besser miteinander verbunden zu werden. Aber wir haben herausgefunden, dass Eltern, die den richtigen Start mit ihrem Baby erwischen, es leichter damit haben, in den folgenden Jahren Erziehungsentscheidungen zu treffen.

Die Grundwerkzeuge, um eine Bindung zu Ihrem Baby aufzubauen, sind die Baby-B's, die wir in Kapitel 1 beschrieben haben. Wenn Sie mehr über diesen Ansatz der Betreuung von Babys wissen möchten, empfehlen wir Ihnen unser *Das Attachment Parenting Buch*.

In diesem Kapitel wollen wir Ihnen zeigen, wie die Baby-B's Ihnen helfen, Ihr Kind nach der Babyzeit zu disziplinieren. Die Baby-B's helfen Ihnen - zusammen mit anderen Möglichkeiten, mit Ihrem Kind verbunden zu sein, während es heranwächst - Ihr Kind gut zu kennen. Wie ein verbundenes Elternteil uns einmal sagte: »Mein Kind zu kennen, stärkt mich«. Das Wissen über Ihr Kind, das Sie durch Attachment Parenting bekommen, wird wie ein sechster Sinn. Intuitiv sehen Sie die Welt durch die Augen Ihres Kindes, um die Welt aus seiner Sicht zu verstehen. Sie können vorhersagen, wann Ihr Kind in Schwierigkeiten gerät oder wann es Führung benötigt. Mit diesem Wissen können Sie eingreifen und Situationen umgestalten, sodass Ihr Kind sich besser benehmen kann.

Eines Tages griff unsere damals zweijährige Tochter Lauren nach einer Packung Milch im Kühlschrank und sie fiel ihr aus der Hand und auf den Boden. Sie hatte einen üblichen kindlichen Fehler bei der Einschätzung gemacht, aber dieser passierte ausgerechnet während der morgendlichen Familien-Rushhour. Das Durcheinander aufzuwischen würde ausgesprochen unangenehm werden. Lauren stand kurz davor, völlig aufgelöst zu sein. Dann griff Martha ein. Sie begab sich auf Augenhöhe mit Lauren und nahm Verbindung mit ihr auf. »Hilfst du mir dabei, das wegzuputzen?«, fragte sie. Lauren nickte mit dem Kopf und der Frieden war wiederhergestellt, während sie zusammen putzten. Später fragte ich Martha, wie sie wissen konnte, dass das der richtige Weg war, mit der Situation umzugehen. Martha antwortete: »Ich fragte mich selbst, welche Reaktion ich mir von meiner Mutter wünschen würde, wenn ich an Laurens Stelle wäre.«

Attachment Parenting fördert gegenseitige Sensibilität

Gebundene Kinder und ihre Eltern lernen, einander zu lesen. Die Botschaften, die sie austauschen, bleiben oftmals unausgesprochen, werden aber dennoch stets sehr gut verstanden. Ein verbundenes Elternteil kann oft das Verhalten des Kindes einfach durch eine gehobene Augenbraue korrigieren. Eine verbundene Mutter oder ein verbundener Vater kann auch einen Blick quer über das volle Fußballfeld senden, um den zehnjährigen Spieler aufzumuntern, dessen Selbstvertrauen angesichts des steigenden Torverhältnisses für die Gegenmannschaft schwindet. Die gegenseitige Sensibilität zwischen Eltern und Kind führt dazu, dass Eltern nach dem Warum hinter dem Verhalten Ihres Kindes schauen. Sie achten eher auf das, was im Inneren des Kindes vor sich geht, statt nur auf das äußere Verhalten fokussiert zu sein. Verbundene Eltern werden auf natürliche Art Experten für ihr Kind und wissen, welches Verhalten der Entwicklungsstufe und dem persönlichen Temperament ihres Kindes angemessen ist.

Verbundene Kinder wissen, welches Verhalten ihre Eltern von ihnen erwarten, und versuchen, diesen Erwartungen zu entsprechen, weil sie ihre Eltern erfreuen wollen. Die Erwartungen ihrer Eltern zu erfüllen gibt ihnen ein gutes Gefühl. Die Eltern nicht zu erfreuen gibt ihnen ein schlechtes Gefühl. Weil diese Kinder so daran gewöhnt sind, sich die meiste Zeit innerlich gut zu fühlen (das ist etwas, das die Baby-B's ihnen gezeigt haben), verhalten sie sich die meiste Zeit gut. Natürlich stellen auch AP-Kinder mal etwas an, aber ihr falsches Verhalten kann leichter korrigiert werden.

Gegenseitige Sensibilität bedeutet auch gegenseitigen Respekt. Verbundene Familien neigen dazu, ihre Kinder in den Mittelpunkt der Familie zu stellen statt an den Rand. Sie besuchen Orte gemeinsam als Familie. Sie teilen Interessen. Sie kommen den Bedürfnissen der anderen entgegen und achten die Meinungen und Gefühle der anderen. Aber Eltern und Kinder brauchen gelegentlich eine Pause voneinander. (Die älteren Sears-Eltern waren bekannt dafür, in »Erwachsenen-Urlaub« zu gehen.) Aber insgesamt wertschätzen sie es, zusammen zu sein, und genießen sich gegenseitig.

Familienabende

Viele der Familien, mit denen wir uns unterhalten haben, verbringen häufig und viel Zeit miteinander, Gelegenheiten, die sie Familienabende nennen. Das ist die Zeit, das Telefon abzuschalten, den Fernseher auszulassen und das Zusammensein zu genießen. Nutzen Sie dafür das Prinzip des KISMIF: Keep it simple, make it fun – halten Sie es einfach, machen Sie es zum Spaß. Spiele spielen, Lieder singen oder gemeinsam Musik machen – was immer Ihnen allen Spaß macht. Wenn die Kinder älter werden, kann es eine Herausforderung werden, eine Aktivität zu finden, die jeder als Spaß ansieht, vor allem wenn der Altersunterschied der Kinder groß ist, aber es ist den damit verbundenen Aufwand wert.

Viele Familien halten auch Treffen ab, Gelegenheiten, um die Familienregeln zu diskutieren, Ideen für ein glücklicheres Zusammenleben zu formulieren und gemeinsam zu reden, um Probleme zu lösen. Wir fanden es manchmal sinnvoll, eine Tafel zu nutzen, damit diese Treffen geschäftlicher aussahen. Wir haben diese Treffen auch genutzt, um gemeinsam ein Familienmitglied zu unterstützen, das ein Problem zu lösen versuchte. Wenn eines unserer Kinder Probleme in der Schule hatte, machten wir ein Treffen, um die Situation zu besprechen und Ideen von den älteren Kindern zu bekommen. Familienmeetings sind eine andere Möglichkeit, Kinder erfolgreich werden zu lassen. Egal, welchen Beruf sie wählen, sie werden Zeit in Geschäftsmeetings verbringen müssen. Zu lernen, ein Problem als Teil einer Gruppe zu lösen, wird ihnen dabei helfen, bei Meetings außerhalb der Familie erfolgreich zu sein.

Es ist wichtig, dass bei diesen Familienmeetings jeder die Möglichkeit erhält zu reden und dass die Sichtweisen jedes einzelnen respektiert werden. Das ist nicht immer einfach. Jüngere Kinder finden diese Meetings langweilig und ältere Kinder empfinden die jüngeren vielleicht als störend. Legen Sie Regeln über das positive Zuhören und Reden fest. Modellieren Sie dieses Verhalten auch bei sich selbst. Lassen Sie Familienmeetings nicht zu einer Zeit verkommen, in der Eltern schimpfen oder Vorträge halten und die Kinder stillsitzen und zuhören müssen. Machen Sie die Familienmeetings regelmäßig, sodass die Kinder lernen, dass es normal ist und ein erwarteter Teil des Familienlebens, gemeinsam Probleme zu lösen.

Kinder sagen: *Ich bin jetzt 20 Jahre alt und der Teil meiner Kindheit, an den ich mich am meisten erinnere, sind die speziellen Momente, die ich mit meiner Familie verbrachte habe, wie die gemeinsamen Mahlzeiten, Traditionen, Spielnächte und Familienrituale. Alle Einflüsse von außen, einschließlich Fernseher und Telefon usw., wurden abgeschaltet, während wir uns intensiv aufeinander konzentrierten. Das ist ein wichtiger Nachlass, den ich hoffe, auch in meiner Familie weitergeben zu können. Bei all dem anderen, was um die Zeit meiner Eltern konkurrierte, weiß ich, dass meine Eltern sich diese Zeit für die Familie bewusst genommen haben müssen und zu einer Priorität gemacht hatten. Ich schätze sehr, wie meine Eltern das täglich für uns gestaltet haben. Als Erwachsene freuen wir uns immer noch auf die spezielle Zeit, wenn die Familie zusammenkommt.*

Der gegenseitige Respekt der verbundenen Familie zeigt sich vielleicht in etwas so subtilem wie der Aufnahme auf dem Anrufbeantworter der Familie. Eines Tages rief ich einen unserer erwachsenen Söhne an und hörte dort »Hallo! Du rufst gerade bei der Familie Sears an, Bob, Cheryl, Andrew und Alex«. Ein anderer subtiler Unterschied, den wir gesehen haben, ist, dass verbundene Eltern eher den Begriff »Kind« (child) nutzen als den Begriff »Kids« (kids). Wir geben zu, »Kids« ist ein lustiges Wort, eines, das sich eher auf die Ausgelassenheit bezieht, die Kindern innewohnt und wir nutzen das Wort »Kids« gelegentlich in diesem Buch. Aber manchmal hören wir Eltern über »mein Kid« oder »diese Kids« reden in einem Ton, der deutlich macht, dass etwas falsch daran ist, ein »Kid« zu sein. Verbundene Eltern, vor allem wenn sie ihre Beziehung zu ihren Kindern reflektieren, neigen dazu, eher das liebevolle, respektvolle Wort »Kind« zu nutzen. Sie nutzen auch den Namen des Kindes sehr oft, wenn sie sich mit anderen Erwachsenen über das Kind unterhalten. Diese Art zu reden zeugt von Respekt für die Individualität des Kindes und bringt eine bestimmte Achtung für Menschen unter 18 Jahren zum Ausdruck.

Attachment Parenting fördert gegenseitiges Vertrauen

Sie werden überrascht sein, dass es nicht automatisch mit dem Titel »Eltern« einhergeht, ob man eine respektierte Vertrauensperson ist. Autorität muss man sich verdienen, auch wenn Sie ein ausgewachsener Erwachsener sind und Ihr Kind ein acht Pfund schweres Neugeborenes. Der erste Eindruck Ihres Kindes von Ihnen ist, dass Sie jemand sind, dem es vertrauen kann, seine Bedürfnisse zu erfüllen. Vertrauen ist der Anfang des Respekts gegenüber Autoritäten. Wenn Ihr Kind sich darauf verlassen kann, dass Sie seine Bedürfnisse erfüllen, wird es auch weitergehen und darauf vertrauen, dass Sie ihm Grenzen setzen.

Eine Autoritätsperson für Ihr Kind zu sein bedeutet nicht, dass Sie in ständigem Machtkampf mit ihm leben. Einige Eltern verwechseln die Verantwortung für ein Kind zu haben damit, die Kontrolle über ein Kind zu haben. Ein Kind, dem gesagt wird, es muss »gehorchen, sonst« mag sich dafür entscheiden, zu gehorchen, aber es tut dies aus Angst statt aus echtem Respekt gegenüber dem Wissen und den Absichten seiner Eltern. Eltern können die Kontrolle über das Verhalten ihres Kindes haben, auf Grund vieler Regeln und Bestrafungen, wenn diese gebrochen werden, aber wirkliche Autorität fehlt dabei. »Ehre Vater und Mutter«, sagt die Bibel. Ehre bedeutet Respekt. Gehorsam folgt natürlich Respekt, aber die Eltern-Kind-Beziehung funktioniert am besten, wenn der Respekt und das Vertrauen, das daraus folgt, an erster Stelle kommen. Attachment Parenting bringt Ihrem Kind bei, Sie zu respektieren, weil Sie seine Bedürfnisse kennen und diese respektieren.

In meiner Praxis rede ich oft mit werdenden Eltern und in diesen Gesprächen versuche ich, ihre Sorgen zu zerstreuen. In einem Gespräch vor der Geburt gab eine Erstlingsmutter zu, dass sie sich jetzt schon sorgte, wie sie ihr Kind disziplinieren soll. Ich fragte sie, wie ihre Gefühle seien, wenn sie ein Baby weinen hört. Sie antwortete »Ich kann es nicht ertragen, wenn ich ein Baby weinen höre. Ich möchte sofort hin und das Baby hochnehmen. Es stört mich, wenn die Mutter das Weinen ihres Babys ignoriert.« Sie wusste es nicht, aber ich hatte diese Frage als eine Art Lackmus-Test genutzt, um herauszufinden, wie empfindsam sie sein würde für die Signale ihres Babys. Als ich ihre Antwort gehört hatte, konnte ich der Mutter versichern, dass sie ihre Kinder gut würde disziplinieren können, weil sie schon jemand war, der sensibel gegenüber den Bedürfnissen von Kindern und Babys ist – und diese Sensibilität ist es, auf der effektive Disziplin basiert.

Während eines anderen Gesprächs sagte eine werdende Mutter fest: »Ich werde nicht zulassen, dass diese kleine Person mich kontrolliert.« Das ist eine Mutter, dachte ich mir, um die ich mich kümmern muss, und ich machte mich daran, ihr Verständnis der Mutter-Kind-Beziehung zu verändern. Ich riet ihr, das Leben mit ihrem neuen Baby mit mehr Offenheit für die Signale ihres Babys und ihre eigenen, intuitiven Antworten zu beginnen, statt sich darum zu sorgen, wer die Kontrolle über wen hat. Ich half ihr auch dabei, eher daran zu denken, das Verhalten ihres Babys zu formen, als sich ständig zu sorgen, ob sie die Kontrolle hätte. (siehe Formen vs. Kontrollieren, Seite 103)

Wenn Eltern und Kinder darum kämpfen, wer die Kontrolle hat, begeben sie sich in eine konfliktreiche Beziehung; damit eine Person gewinnen kann, muss die andere verlieren. Familien kommen besser miteinander aus und die Kinder werden erfolgreicher, wenn jeder dem Win-win-Prinzip folgt. Eltern, die glauben, dass ein Kind auf die Welt kommt, um seine Eltern zu *kontrollieren* (und es gibt Bücher und Erziehungsratgeber, die diese Idee verbreiten), antworten darauf damit, das Baby zuerst kontrollieren zu wollen. Denken Sie daran, *winzige Babys versuchen zu kommunizieren, nicht zu manipulieren.* Wenn Eltern nicht auf das Weinen ihres Babys reagieren, weil sie versuchen, dem Baby zu zeigen, wer das Sagen hat, unterbinden sie die Kommunikation direkt von Anfang an. Jeder verliert. Ähnlich ist es, wenn Eltern einem älteren Kind gegenüber ihre Macht demonstrieren, indem sie Entscheidungen treffen, ohne dessen Wünsche mit einzubeziehen. Eltern verlieren in den Augen des Kindes ihre Autorität, und das Kind verliert die Fähigkeit, kluge Entscheidungen selbst zu treffen. Wenn es keine Diskussion oder Erklärung gibt, sieht das Kind die Entscheidungen der Eltern als willkürlich an und nicht als weise und durchdacht.

Was Disziplin bedeutet

Kurz gesagt bedeutet Disziplin, Ihren Kindern die Werkzeuge zum Erfolg in ihrem Leben zu geben. Als Eltern von acht Kindern betrachten wir Disziplin auch als alles, was notwendig ist, um das Leben mit Ihren Kindern zu mögen. 85 Prozent der Disziplin ist das ermutigen guten Verhaltens; 15 Prozent (oder weniger) ist das, was Sie gegen schlechtes Verhalten tun. Gutes Verhalten zu fördern hängt meist davon ab, die richtige Beziehung aufzubauen. Die Techniken, die normalerweise mit dem Wort *Disziplin* verknüpft werden – Auszeiten, der Verlust von Privilegien – sind tatsächlich nur sehr geringe Teile von dem, was notwendig ist, um Kindern angemessenes Verhalten beizubringen.

Eines Tages beobachtete ich eine Familie in meinem Wartezimmer. Ein beschäftigter kleiner Junge spielte glücklich ein Stück entfernt von seinen Eltern, aber er schaute regelmäßig zu ihnen hin. Wenn er sich ein Stück weiter weg wagte, schaute er zurück zu seiner Mutter, um ihre Erlaubnis einzuholen. Sie nickte und lächelte und gab ihm damit die Rückversicherung, die er brauchte, um voller Vertrauen neue Spielzeuge zu entdecken. Als er anfing, zwei Spielzeuge laut aneinander zu schlagen, schaute seine Mutter ihn warnend an und sein Vater stand auf, um ihm die Spielzeuge wegzunehmen und die Aufmerksamkeit des Kindes auf leisere Aktivitäten zu lenken. In den Stimmen und Aktionen der Eltern lag eine natürliche Autorität und das Kind war sehr empfänglich für ihre Führung. Ich konnte sehen, dass sie verbunden waren.

Ich ging hinüber und machte ihnen ein Kompliment: »Sie sind gute Disziplinierer.« Überrascht antwortete der Vater »Aber wir schlagen unser Kind nicht.« Wie viele andere Eltern hatten sie das Wort Disziplin mit Bestrafung verknüpft und nicht realisiert, dass ihre tägliche Führung ihres Kindes ihm half, eine innere Kontrolle aufzubauen, die es zu einem selbstdisziplinierten Individuum machte. Ihre sanfte, verbundene Beziehung zu ihrem Kind half ihm, sich gut zu fühlen, wenn es das Richtige tat, und falsch, wenn es die Grenzen überschritt. Dieses Führungssystem wird ihm gut helfen – mit vier Jahren und mit vierzig Jahren.

Attachment Parenting fördert Gehorsam

Das Wort gehorchen hat seinen Ursprung in »aufmerksam zuhören«. Das ist die Art von Gehorsam, die Sie mit Attachment Parenting erreichen. Aufgrund des gegenseitigen Vertrauens und der Sensibilität füreinander, die verbundene Familien genießen, möchte ein Kind seinen Eltern zuhören und Eltern reden auf eine Art mit ihren Kindern, bei der diese zuhören (siehe Kapitel 9: »Kindern Kommunikationsfertigkeiten beibringen«). Der Gehorsam folgt ganz natürlich, und weil die Wurzeln für Gehorsam den Eltern gegenüber angelegt sind, finden diese Kinder es auch einfacher, anderen vertrauten Betreuern und Autoritätspersonen gegenüber gehorsam zu sein: Erziehern im Kindergarten, Lehrern und Trainern. (Sie entscheiden sich auch oft dazu, sich von Erwachsenen fernzuhalten, bei denen ihnen ihr Bauchgefühl sagt, dass sie ihnen nicht vertrauen sollten.) Eltern beschweren sich oft: »Mein Kind interessiert es nicht.« Wenn Kinder unabhängiger werden und ihre eigene Identität suchen, interessieren sie sich vor allem für ihre *eigenen* Sachen und nicht immer für die ihrer Eltern. Einige Kinder sind natürlich entgegenkommender als andere. Wie eng sich Ihr Kind an Ihre Anweisungen hält, hängt teilweise von seinem eigenen Temperament ab (welches Sie nicht kontrollieren können), und teilweise von der Sensibilität Ihrer Eltern-Kind-Verbindung (die Sie beeinflussen können). In einer verbundenen Eltern-Kind-Beziehung verbinden sich eher die Meinungen, als dass sie aufeinanderstoßen, daher ist das Kind offener für die Sichtweise der Eltern. Auch wenn Sie und Ihr Kind Kämpfe und Meinungsverschiedenheiten haben werden, wird Ihr Kind mit höherer Wahrscheinlichkeit Ihre Sicht der Dinge verstehen und akzeptieren, wenn Ihre Beziehung gut ist. Verbundene Kinder vertrauen darauf, dass ihre Eltern es am besten wissen. Auch wenn sie erwachsen sind, respektieren verbundene Kinder eher die Meinung und Entscheidungen ihrer Eltern.

2. Geben Sie Ihren Kindern Erziehung mit hoher Investition

Kinder, die gut geraten, kommen aus Familien, die sehr viel in die Erziehung investieren. Viel in die Erziehung zu investieren ist vor allem in den ersten Jahren wichtig, in denen große Investitionen größere Erträge bringen.

Die meisten Eltern haben viel in ihre Kinder investiert: Sie investieren viel Liebe in ihre Kinder und hoffen, im Gegenzug ebenfalls geliebt zu werden. Kinder tragen auch die Hoffnungen ihrer Eltern für die Zukunft in sich. Aber das ist nicht, was wir mit Erziehung mit hoher Investition meinen. In die Erziehung zu investieren bedeutet, willens zu sein, eine bedeutende Menge an Zeit und Energie dem Aufziehen Ihrer Kinder zu widmen. Vor allem in den ersten Jahren sind Eltern die Geber und Babys die Nehmer. Sie sind gefragt, immer wieder zu geben, auch wenn Sie erschöpft sind oder Ihre Geduld am Ende ist. Das ist ein realistisches Bild davon, was notwendig ist, um glückliche, gesunde Kinder zu erziehen. Obwohl es wichtig ist, sich auch um Ihre eigenen Bedürfnisse zu kümmern in diesen ersten fordernden Jahren der Elternschaft, sind Sie doch für den größten Teil gefordert, sich selbst sehr stark in Ihre Kinder zu investieren. Das hat nicht nur Vorteile für Babys und Kleinkinder. Sie, die Eltern, wachsen und reifen, wenn Sie so in Ihre Familie investieren, und die Erziehung wird viel einfacher, wenn Ihre Investition sich auszuzahlen beginnt.

Hier ist ein Beispiel aus den Akten meiner Praxis. Nathan war eines dieser Kinder, die lange und stark herumzappeln, wenn sie hingelegt werden. Er protestierte deutlich, wenn er in seinem eigenen Bettchen schlafen sollte, und er stillte alle ein bis zwei Stunden. Er forderte sehr viel von seinen Eltern und sie gaben ihr Bestes, ihm zu geben, was er brauchte. Während Nathans Untersuchung mit vier Jahren kommentierte seine Mutter Erin folgendes: »Anfangs benötigte Attachment Parenting eine große Menge Energie und verursachte sehr viele Unannehmlichkeiten. Aber jetzt ist der Umgang mit Nathan einfacher, weil Kommunikation und Disziplin zwischen uns ganz natürlich fließen. Ich ernte langsam die Früchte meiner Investition.«

In seiner Teenagerzeit wurde bei Nathan das Asperger-Syndrom diagnostiziert, eine Art hochfunktionaler Autismus. Mit besonderer Hilfe ist er erfolgreich. Weil seine Mutter von Beginn an intuitiv wusste, dass er anders war als andere Kinder und einen Erziehungsstil mit so hohen Investitionen wie Attachment Parenting benötigte, brachte sie das Beste in ihrem Kind zum Vorschein. Nathan ist jetzt achtzehn Jahre alt, ist ein Kind, das »gut geraten« ist und hat eine liebevolle Beziehung zu seinen Eltern.

Kinder mit starken Bedürfnissen

Erziehung mit hohen Investitionen und hoher Rendite ist entscheidend, wenn Sie ein Kind mit intensiven Bedürfnissen haben. Einige Kinder kommen anders verdrahtet auf diese Welt. (Manche Kinder kommen verdrahtet auf diese Welt. Punkt!) Wir haben diese besonderen Kinder liebevoll als »Babys mit starken Bedürfnissen« bezeichnet, denn das ist es, was sie sind. Wenn Babys reden könnten, würden sie aus dem Bauch herauskommen, ihre Eltern anschauen und sagen »Hallo Mama und Papa! Ich bin kein Durchschnittskind und ich brauche überdurchschnittliche Betreuung. Wenn ihr mir diese gebt, kommen wir gut miteinander aus. Wenn nicht, werden wir einige Probleme haben auf unserem Weg.« Natürlich können Babys nicht reden – auch nicht überdurchschnittliche Babys. Aber sie haben einen Weg, Sie ziemlich schnell wissen zu lassen, dass sie mehr von allem benötigen: mehr Trost, mehr Getragenwerden, mehr Stillen, mehr sensible Begleitung über die Jahre hinweg. Wir gaben unserem ersten Baby mit starken Bedürfnissen, Hayden, tatsächlich den Spitznamen »Mehr«.

Wir prägten den Begriff »starke Bedürfnisse«, nachdem wir herausgefunden hatten, wie wir mit Hayden überleben und gedeihen. Es war ein sehr viel nützlicherer Begriff als andere, die wir über die Jahre gehört hatten, wie »unruhiges Baby« oder »Baby mit starkem Willen«. Bei starken Bedürfnissen konnten wir etwas tun, und wir entwickelten ein Erziehungsprinzip, das wir das *»Bedürfnisebenen-Konzept«* nannten. Wir glauben, dass jedes Kind mit einer bestimmten Ausprägung an Bedürfnissen auf die Welt kommt; wenn diese Bedürfnisse erfüllt werden, gedeiht das Kind und entwickelt sich zu seinem maximalen Potential – intellektuell, körperlich und emotional. Beispielsweise *müssen* einige Kinder viel getragen werden und *müssen* viele Stunden des Tages in den Armen, an der Brust oder in einem Tragetuch verbringen, um zu gedeihen. Das Gute

Investieren Sie jetzt in die Zukunft Ihres Kindes

Die beste Langzeitinvestition, die Sie für Ihr Kind machen können, hat nichts mit Geld oder Investmentfonds zu tun. Eltern, vor allem Mütter, beschreiben ihre Hingabe zu Attachment Parenting als Investition, als emotionale Investition.

Das Gute daran, eine emotionale Investition in Ihre Kinder zu tätigen, ist, dass Sie nicht zwanzig Jahre warten müssen, bis sie sich auszahlt. Sogar kurzfristig gesehen erhalten Sie fürsorgliche und empathische Kinder, deren Anwesenheit eine Freude ist. Am Ende des Weges werden Sie mit Kindern belohnt, die die Voraussetzungen haben, als Erwachsene gesunde Bindungen einzugehen, und die nach eigenen Standards erfolgreich sind.

Machen Sie die emotionale Investition jetzt und Ihre Kinder werden nicht ihr gesamtes Leben versuchen, die emotionale Nahrung aufzuholen, die sie als Babys und Kleinkinder benötigt hätten. Sie werden die Art Menschen sein, denen es angenehm ist, anderen nahe zu sein. Sie werden die Fertigkeiten haben, eine Beziehung lange andauern zu lassen und gute Freunde, gute Ehepartner, gute Eltern und gute Bürger sein. Welche bessere Investition in die Zukunft kann es geben?

an Kindern mit starken Bedürfnissen ist, dass sie auch ausgestattet mit der Hartnäckigkeit auf die Welt kommen, die sie brauchen, um ihre Eltern wieder und wieder um diese Intensität der Betreuung zu bitten. Sie weinen, um hochgenommen zu werden, und weinen stärker, wenn das nicht beachtet wird.

Babys mit starken Bedürfnissen sind nur die eine Hälfte der Gleichung der Bedürfnisrechnung; Eltern sind die andere Hälfte. Wenn Babys eine hohe Intensität der Betreuung verlangen, müssen Eltern lernen, scharfsinnigere Baby-Leser zu werden und gewillter zu sein, mehr zu geben. Sie entwickeln Fähigkeiten, die sie ansonsten nicht gelernt hätten. Da von ihnen gefordert wird, eine höhere Investition in ihre Kinder zu machen, finden sie heraus, dass sie mehr zurückbekommen, je mehr sie geben. Sie kennen ihr Kind gut, das Kind vertraut ihnen und sie genießen es wirklich, die Mutter oder der Vater dieses Kindes zu sein. Das Endergebnis dieser Investition ist, dass die Eltern-Kind-Beziehung auf einem höheren Level funktioniert.

> *Die besten Lehrer im Leben sind die, die das meiste fordern. Ich weiß, wie ich eine gute Mutter sein kann, weil ich von einem fordernden Lehrer darin unterrichtet wurde. Hätte ich das einfache Baby bekommen, das ich mir erträumt hatte, hätte ich vielleicht nicht die Sicherheit und das Verständnis, das ich dadurch bekommen habe, ein Kind mit starken Bedürfnissen zu erziehen.*

Investitionsstarke Erziehung hilft, herausfordernde Kinder zu disziplinieren

Einige Kinder sind, um es milde auszudrücken, nicht konform. Ratgeber für Eltern benennen sie mit allen Arten von Etiketten: »das Kind mit einer hartnäckigen Persönlichkeit«, »das temperamentvolle Kind«, »das Kind mit starkem Willen«, »das schwierige Kind« und selbst als »Kind mit hohem Risiko«. Einige Kinder sind schwieriger als andere, unabhängig davon, wie sie erzogen werden. Auch wenn es politisch nicht korrekt ist, das zu sagen, aber es stimmt – manche Kinder sind nette Zeitgenossen und andere sind regelrecht nervtötend.

Eltern, die Attachment Parenting praktizieren, akzeptieren meist die einzigartige Persönlichkeit ihres Kindes besser. Ihr Wissen über ihr Kind führt dazu, dass sie realisieren, dass sie ein anderes und irgendwie schwieriges Kind haben, und sie haben ein realistisches Verständnis der Herausforderungen sowohl für sich selbst als auch für das Kind. Aber sie sind auch sensibel für die Bedürfnisse ihres Kindes und realisieren, dass es besser ist, seine Persönlichkeit sanft zu formen, statt seinen Überschwang und seine Unabhängigkeit zu unterdrücken. Viele der Charaktereigenschaften schwieriger Kinder – Hartnäckigkeit, Intelligenz, Kreativität, Sensibilität – können auch zum Vorteil für das Kind sein. Eltern, die sich für ihre herausfordernden Kinder einsetzen, wollen keine Kopien der netten und einfachen Kinder in der Nachbarschaft. Sie wollen, dass ihre Kinder die besten Individuen werden, die sie sein können.

Natürlich müssen diese Kinder lernen, innerhalb der Regeln ihrer Familie, Schule oder Freundesgruppe zu leben, egal wie »anders«, »schwierig« oder »lebhaft« sie sind. Eltern von Kindern mit starken Bedürfnissen müssen ihre Erwartungen an »normales« kindliches Verhalten anpassen, aber sie müssen ihren Kindern auch Selbstkontrolle lehren. Respektloses, störendes Verhalten eines Kindes ärgert die Menschen um es herum und verletzt auch das Kind. Einmal spielte eine Gruppe Kinder zusammen, als ein Kind aggressiv wurde und ein anderes schubste. Eine der Mütter, die zuschauten, sagte: »Er ist halt ein Junge.« Die Mutter des Kindes antwortete: »Ich werde sein Verhalten nicht mit seinem Geschlecht entschuldigen.« Sie wusste, dass ihr Sohn Selbstkontrolle und Respekt gegenüber anderen lernen musste. Diese verbundene Mutter nahm ihren Sohn beiseite, redete mit ihm über das, was er tat, und half ihm, einen anderen Weg der Interaktion mit seinen Freunden zu finden.

Kinder mit besonderen Bedürfnissen

Die Schwierigkeiten mancher Kinder gehen über das hinaus, was wir eine Persönlichkeit mit starken Bedürfnissen nennen würden. Sie werden eventuell mit ADHS (Aufmerksamkeits-Defizit-Hyperaktivitäts-Syndrom) diagnostiziert, Autismus oder anderen Entwicklungs- oder Verhaltensstörungen. Attachment Parenting hilft diesen besonderen Kindern, sich besser zu entwickeln, da die Baby-B's Babys sowohl angemessene Stimulation geben als auch den Betreuern dabei helfen, ihre Reaktionen zu ordnen. Attachment Parenting in der frühen Kindheit fördert ruhige Aufmerksamkeit – der ruhige, neugierige Zustand, der das sich entwickelnde Gehirn des Babys organisiert und zu besser organisiertem Verhalten führt. Einfach gesagt hilft Attachment Parenting dem sich entwickelnden Gehirn dabei, die richtigen Verknüpfungen anzulegen. Ein besserer neurologischer Aufbau bedeutet weniger Verhaltensprobleme im späteren Leben – weniger Ablenkbarkeit, Impulsivität und Hyperaktivität. Zusätzlich macht es das gegenseitige Vertrauen, das Eltern und Kind aufbauen, einfacher für das Kind, Selbstkontrolle zu lernen. Das ist ein großer Vorteil, wenn es in die Schule kommt, an einen Ort, an dem seine Verhaltensprobleme ein Nachteil für das Lernen sein können.

Unser neun Jahre alter Ryan hat das Asperger-Syndrom, welches eine Form von hochfunktionalem Autismus ist. Die Diagnose war eine Erleichterung nach Jahren des Kampfes mit einem Baby, Kleinkind und Kind mit sehr starken Bedürfnissen und dem Wundern, was wir falsch gemacht haben könnten. Ich denke, ich wusste als er klein war instinktiv, dass Ryan genau das brauchte: die Möglichkeit, nach Bedarf zu stillen, in seiner eigenen Geschwindigkeit abzustillen, in unserem Bett zu schlafen und im Tragetuch getragen zu werden. Wenn ich ihn hätte weinen lassen, wäre er jetzt nicht das gutfunktionierende, kluge und ausdrucksstarke Kind, das er ist. Er hat immer noch soziale und emotionale Probleme, aber man stelle sich nur vor, wie viele Schwierigkeiten er haben würde, wenn sein offensichtliches Bedürfnis nach Körperkontakt abgelehnt worden wäre. Ich weiß zweifelsfrei, dass wir jetzt kein Kind mit vielversprechender Zukunft hätten, wenn ich nicht Attachment Parenting angewandt hätte, trotz aller Kämpfe. Wir würden ihn lange verloren haben. Es ist eine Belohnung für mich, dass ich neun Jahre später nicht bereue, Ryan und seine beiden Schwestern auf verbundene Weise erzogen zu haben. Tatsächlich preise ich das.

Ich versuche Kinder zu finden, die ein Risiko für Probleme durch Desorganisation in der frühen Kindheit zu haben scheinen. Ich rate ihren Eltern, ihr Kind zu studieren, seine Persönlichkeit, seine Bedürfnisse, seine Vorlieben und Abneigungen, auf was es reagiert und vor was es Angst hat. Sie müssen der Experte für Ihr Kind werden. Sie müssen, denn niemand anders wird es. Über die Jahre hinweg wird Ihr Kind die Ärzte wechseln, die Lehrer, die Freunde, aber Sie werden immer die Mutter oder der Vater Ihres Kindes bleiben – die Menschen, die mehr als sonst jemand über Ihr Kind wissen.

Ein Grund, warum ich so darauf aus bin, dass Eltern und gefährdete Kinder eine Verbindung eingehen, ist, dass diese Eltern sich in den kommenden Jahren auch nach außen für ihr besonderes Kind einsetzen müssen. Wenn ein Kind ADHS hat oder andere Verhaltens- oder Lernprobleme, bieten Lehrer, Psychologen und andere Spezialisten viele Ratschläge an. Aber es liegt an den Eltern, den Ton anzugeben. Wenn Sie Ihr Kind gut kennen, können Sie den Experten dabei helfen, Ihr Kind besser kennenzulernen, und sie können bessere Lösungen zum Unterrichten und Arbeiten mit Ihrem Kind anbieten. Ihr Wissen über Ihr Kind wird Ihnen auch dabei helfen, Disziplintechniken und verhaltensändernde Programme zurechtzuschneidern, die die Bedürfnisse Ihres Kindes erfüllen.

Mein mittleres Kind, Eliza, hat das Downsyndrom. Sie war den Großteil ihrer zehn Jahre in der Schule, im Kindergarten oder zumindest in der Sprachtherapie. Oftmals habe ich eingegriffen und mein Wissen über Eliza mit den Lehrern geteilt, die mit ihr arbeiten. Als sie ungefähr vier Jahre alt war, dachte die neue (und relativ unerfahrene) Sprachtherapeutin an der Schule, dass Eliza vielleicht nicht richtig atmen würde, um ihre Sprache zu unterstützen, da sie in den Sitzungen immer sehr leise redete. Ich musste sehr lachen, als ich diese Nachricht des Sprachlehrers las – jeder in unserem Zuhause weiß, dass Eliza sehr laut sein kann, wenn sie es will. Eine Woche später erzählte ich der Lehrerin während eines Eltern-Lehrer-Gesprächs, dass ich dachte, dass sie auf dem falschen Weg ist. Als ich mit ihr redete, bemerkte ich, dass diese junge Frau sehr aufgeweckt und lebhaft sprach. (Ich denke, ein gewisser Grad an Frechheit ist fast eine Voraussetzung, um Sprachtherapeut zu werden.) Zum Vergleich: Ich hatte immer eine viel entspanntere Art, mit meinen Kindern zu reden. Mir wurde klar, dass Eliza vielleicht einfach damit zufrieden war, sich während ihres Sprachtrainings zurückzulehnen und unterhalten zu werden, oder vielleicht war sie auch überfordert. Ich fand eine taktvolle Möglichkeit, der Lehrerin meine Bedenken mitzuteilen. Sie fuhr ihre Anstrengungen zurück und schnell hatte Eliza deutlich mehr zu sagen.

3. Benennen Sie Ihr Kind positiv

Kinder sind empfänglich für Etiketten. Versiehst du dein Kind mit einem negativen Etikett, wird es sich danach verhalten. Nennen Sie es »weinerlich« und Sie werden vermutlich mehr Weinen hören, nicht weniger. Sie werden auch gegenüber den wirklichen Bedürfnissen hinter dem Weinen desensibilisiert. Dem Kind ein liebenswerteres Etikett zu verpassen (auch in weniger liebenswerten Momenten) kann verändern, wie Sie Ihr Kind sehen, wie andere Menschen Ihr Kind sehen, und schlussendlich auch, wie es sich selbst sieht. Es ist einfacher, mit einem Kind mitzufühlen, wenn Sie innehalten und sagen »es fühlt sich alleingelassen« statt »sie weint schon wieder«.

Verbundene Eltern sind gut darin, die Schwierigkeiten eines Kindes so umzuformulieren, dass sie als positiv verstanden werden. Die Oma bemerkt: »Dieses Baby ist dickköpfig«, wenn ihr kleiner Enkelsohn darauf besteht, mit den Autos zu spielen statt mit dem Stofftier. Ein verbundener Vater wird antworten: »Er weiß, was er mag. Er möchte gerade das Spielzeug für die großen Jungs!« Wenn der Lehrer in der zweiten Klasse kommentiert: »Sie ist während des Unterrichts die ganze Zeit am Schwätzen«, sagt eine verbundene Mutter: »Meine Tochter baut gerne eine Verbindung zu anderen Menschen auf«.

Diese Eltern erkennen, dass das, was in einigen Umgebungen problematisch ist, zu anderen Gegebenheiten und an anderen Orten eine positive Eigenschaft sein kann. Das »dickköpfige« Kind hat die Hartnäckigkeit, die es später vielleicht benötigt, um in seinem Beruf der oder die Beste zu werden oder um ein Heilmittel für Krebs zu finden. Das Plappermaul

Anpassungsfähigkeit

Studien über die Langzeitwirkungen frühkindlicher Erziehung zeigen, dass eine bindungsorientierte Erziehung Kinder hervorbringt, die in höchstem Maße anpassungsfähig sind. Anpassungsfähige Kinder können leicht umgelenkt werden von nicht-so-gutem Verhalten auf bessere Arten, Dinge zu tun. Sie überstehen die Herausforderungen des Lebens besser. Sie sind gewillter, Korrekturen durch andere zu akzeptieren und zu lernen, sich selbst zu korrigieren. Sogar ein Kind, das aufgrund seines angeborenen Temperaments stur ist oder einen starken Willen hat, wird flexibler, wenn verbundene Eltern, die es gut kennen, ihren Erziehungsstil anpassen, um seine Bedürfnisse zu erfüllen. Wie ein Elternteil eines Kindes mit starkem Willen sagte: »Je stärker der Wille meines Kindes ist, desto stärker muss unsere Verbindung sein«. Verbunden zu sein vermittelt Eltern und Kindern gleichermaßen Selbstsicherheit und macht es den Kindern möglich, sich zu ändern und anzupassen.

hat die sozialen Fertigkeiten, ein Freund von Menschen in Not zu werden. Diese positiven Beobachtungen dienen nicht nur der Veränderung der Einstellung, sie weisen auch auf Lösungen eines akuten Problems hin. Das wachsende Baby benötigt interessantere Spielzeuge. Die Zweitklässlerin braucht vielleicht mehr Gelegenheiten, sich außerhalb der Schule mit Freunden zu verabreden (oder sie braucht vielleicht weniger ablenkende Nebensitzer im Klassenzimmer). Eines unserer beliebtesten Beispiele positiver Etikettierung kommt von Eltern, die, anstatt ihr Kind als »anhänglich« zu bezeichnen, es einfach als ein Kind ansehen, das gerne seine Zeit mit ihnen verbringt.

Unser Begriff »Kind mit starken Bedürfnissen« hat vielen Eltern geholfen, ihre Einstellung gegenüber Kindern mit herausforderndem Temperament zu verändern. Eltern finden tatsächlich heraus, dass Kinder mit starken Bedürfnissen viele positive Eigenschaften haben: »übersensibel«

wird zu »sehr einfühlsam«. Statt ihr Kind als auszehrend oder fordernd anzusehen, denken Eltern in Begriffen wie intensiv oder hartnäckig. Die »Hartnäckigkeit«, die ein Kleinkind davon abhält, auf seine Mutter zu hören, ist der Mumm, der ihm hilft, nach einem Fall aufzustehen und es noch einmal zu versuchen.

Während einer Routineuntersuchung hüpfte einmal ein hochsensibles Kind, eines, das man als »mit schwierigem Temperament« bezeichnen könnte, durch mein Untersuchungszimmer. Er fing an, auf eine teure Waage zu klettern, die dafür reserviert ist, Babys und Kleinkinder zu wiegen. Ich machte mir mehr Sorgen um meine Waage als um seine Gefühle und mahnte ihn, herunterzugehen. Nach diesen wenigen Worten von mir sah er aus, als würde er gleich zusammenbrechen. Seine Mutter fügte schnell hinzu, »weil du so stark bist«. Sie brachte eine neue Wendung in die Situation und das Selbstvertrauen ihres Sohnes blieb intakt – ebenso wie meine teure Waage.

4. Studieren Sie Ihr Kind

Die vier wichtigsten Worte in Bezug auf Disziplin sind »kennen Sie Ihr Kind«. Um das zu erreichen, müssen Sie das Verhalten und die Fähigkeiten Ihres Kindes auf jeder Entwicklungsstufe studieren. Lesen Sie Bücher oder Zeitschriften, um etwas über die Entwicklung von Kindern zu erfahren. Reden Sie mit anderen Eltern, deren Kinder ein wenig älter sind als Ihre. Und am wichtigsten: Versuchen Sie, die Welt durch die Augen Ihres Kindes zu sehen.

Kinder denken nicht wie Erwachsene. Die Welt sieht für sie anders aus und sie antworten anders. Eltern müssen wissen, was sie auf welcher Entwicklungsstufe erwarten können, sodass sie ihre Kinder angemessen führen können. Manches kindliche Verhalten appelliert an die Geduld, den Humor und die Führung der Eltern. Irgendwann entwächst das Kind dieser Stufe und das Verhalten verschwindet. Ihre Erziehung wird reibungsloser, wenn Sie Verhalten, das sich aus dem Alter und der Entwicklungsstufe des Kindes ergibt, zu tolerieren lernen. Beispielsweise können Zweijährige meist nicht lange in einem Restaurant stillsitzen. Sie werden Ihren Fokus zu 100 % auf die Konversation mit Ihrem Kind richten müssen statt mit Ihrem Partner reden zu können, während Sie auf Ihr Essen warten. Aber anderes Verhalten – respektloses oder gefährliches – erfordert eine feste, sofortige Antwort: »Du darfst nicht auf den Tisch klettern«.

Schwimmen Sie auf der Welle mit

Eltern, die ihre Kinder studieren, können sich auf ihr Kind »eingrooven«. Weil sie einen guten Sinn dafür haben, was in ihrem Kind vorgeht, sind sie fähig, ihre Reaktionen anzupassen, um zur Stufe der Abhängigkeit (oder Unabhängigkeit) ihres Kindes zu passen. Wenn Kinder unbekanntes Gebiet betreten, finden sie neue Freunde und versuchen neue Sachen. Eltern, die mit ihren Kindern auf einer Wellenlänge liegen, erwarten Disziplinprobleme als Ergebnis der Angst, die Kinder haben, wenn sie mit unabhängigerem Verhalten experimentieren. Ein Vorschulkind ist in der »Ich mach es selbst«-Phase und braucht vielleicht etwas Coaching von der Seitenlinie statt tatsächlicher aktiver Hilfe. Eltern, die auf der gleichen Wellenlänge wie ihre Kinder sind, lassen ihrem Kind etwas Freiheit, wenn es versucht, sich zu lösen und ein wenig zu wachsen. Sie verstehen es, wenn das Kind ein wenig distanziert oder ablehnend erscheint. Aber diese Eltern stehen auch bereit, sich mit dem Kind wieder zu verbinden, wenn es mehr Nähe braucht.

Kinder bewegen sich vor und zurück zwischen Abhängigkeit und Unabhängigkeit, zwischen Phasen, in denen sie sich schnell verändern, und Zeiten relativer Ruhe. Ihr Sechsjähriger lernt Radfahren und verbringt eine ganze Woche mit nichts anderem, als den Gehweg hinauf und hinunter zu fahren, während er sich vorstellt, ein Erwachsener in seinem roten Sportwagen zu sein und eine lange Liste mit Erledigungen zu haben. Dann wachen Sie eines Morgens auf und bemerken, dass dieses unabhängige Kind mit in Ihrem Bett liegt. Es ist in eine Phase der Wieder-Verbindung gekommen, ein Boxenstopp auf der Reise in die Unabhängigkeit, der Eltern sagt: »Ich brauche ein wenig emotionales Auftanken«.

Eltern, die synchron mit ihren Kindern leben, lernen, die Wellen dieser Entwicklungsphasen mitzusurfen. Wenn Eltern und Kinder nicht auf einer Wellenlänge liegen, eskalieren Disziplinprobleme schnell. Wenn Sie versuchen, Ihrem Kind näher zu kommen, wenn es versucht, Abstand zu gewinnen, werden Sie vermutlich überreagieren, wenn es versucht, sich durchzusetzen. Wenn Eltern zu beschäftigt sind, wenn das Kind in eine Phase kommt, in der es mehr Verbindung braucht, kann es sein, dass es zu extremen Mitteln greift, um die Aufmerksamkeit der Eltern zu erlangen. Währenddessen verpassen die Eltern eine Möglichkeit, ihre Position als Ratgeber, Tröster und Autoritätsperson im Leben ihres Kindes zu stärken. Der gleiche Dreijährige, der jeden Morgen zum Kuscheln in Ihr Bett gekrabbelt ist, kann der Teenager sein, der eines Nachts in Ihr Schlafzimmer kommt und darum bittet, mit Ihnen reden zu können. In beiden Phasen nutzen kluge Eltern die Signale ihres Kindes.

Sehen Sie die Welt durch die Augen Ihres Kindes

Kinder versuchen verrückte Sachen und denken verrückte Gedanken – Sachen, die ihnen perfekt logisch erscheinen. Sie machen sich selbst verrückt, wenn Sie das Verhalten eines Kindes aus der Sicht eines Erwachsenen beurteilen. Ein Zweijähriger, der auf die Straße läuft, missachtet nicht absichtlich die Autorität seiner Mutter, er will nur seinen Ball zurück. Aktion folgt Impulsen, ohne einen Gedanken dazwischen. Eine Fünfjährige mag das Spielzeug eines Freundes so gerne, dass sie es sich »ausborgt«. Sie versteht nicht, dass sie – technisch gesprochen – etwas stiehlt. Ihr Wunsch nach dem Spielzeug setzt Betrachtungen über Richtig und Falsch und die Gefühle des Freundes außer Kraft. Ein Erwachsener mag innehalten und die Notwendigkeit, Sicherheit und Moral einer Handlung bedenken, aber ein Kind tut das nicht.

Elterliche Entscheidungen sehen aus der Sicht des Kindes anders aus, auch wenn sie für Erwachsene vernünftig erscheinen. Im Alter von zwei

Rufe nach Verbindung

Sie wachen früh am Morgen auf und bemerken, dass sich Ihr Sechsjähriger in Ihr Bett gekuschelt hat; Ihr Neunjähriger verfolgt Sie auf Schritt und Tritt im Haus; Ihr normalerweise distanzierter Teenager lädt Sie dazu ein, zum Shopping mitzukommen. Was passiert? Dieses Verhalten sind Rufe nach Verbindung, Signale, dass das Kind etwas Rückversicherung braucht. In normalem Wachstum und Entwicklung machen Kinder oft zwei Schritte vor und einen zurück, wenn sie sich von Abhängigkeit zu Unabhängigkeit bewegen und weiter zu gegenseitiger Abhängigkeit. In der einen Woche kämpft Ihr Kind darum, von Ihnen loszukommen, und in der nächsten versucht es, an Ihnen festzuhalten. Seien Sie verfügbar und erreichbar, wenn Sie bemerken, dass Ihr Kind nach einer Verbindung mit Ihnen ruft. Dieses »Sich-wieder-Verbinden« ist genauso wichtig für die emotionale Entwicklung eines Kindes wie das Streben nach Unabhängigkeit.

Jahren war unser Sohn Matthew ein sehr konzentriertes Kind. Er war oft so in sein Spiel vertieft, dass es schwer für ihn war, mit dem aufzuhören, was er gerade machte, wenn es Zeit war zu gehen. Eines Tages spielte er gerade, als wir zu einer Verabredung mussten. Wir waren bereits spät dran, also schnappte Martha sich Matthew und trug ihn zur Tür. Matthew reagierte mit dem für Zweijährige typischen Trotzanfall. Marthas erste Reaktion war »Hey, ich hab hier das Sagen«. Sie hatte das Gefühl, dass sie dazu berechtigt war, zu erwarten, dass Matthew seine Spielzeuge verlässt und schnell auf sie hört. Aber als sie unser heulendes Kind durch den Flur trug, wurde ihr bewusst, dass ihre Handlungen das Ergebnis ihres Bedürfnisses zu gehen waren, und dass das nicht die beste Möglichkeit war, die Situation zu meistern. Sie hatte Matthews Bedürfnis vergessen, eine vorherige Warnung zu bekommen und eine schrittweise Umstellung. Er konnte sein Spielzeug nicht so schnell verlassen, auch wenn wir einen Termin einzuhalten hatten.

Er lehnte nicht sie persönlich ab, er war nur ganz er selbst. Er brauchte mehr Zeit, um seine Aktivitäten zu beenden. Martha setzte ihn ruhig zurück zu den Spielzeugen, setzte sich neben ihn und zusammen sagten sie »Auf Wiedersehen Spielzeuge, auf Wiedersehen Laster, auf Wiedersehen Autos«. Bald war er bereit, seine Aktivität zu abzuschließen. Es dauerte nur ein paar Minuten; Zeit, die ansonsten für den Kampf vergangen wäre, Matthew ins Auto zu bekommen. Marthas Lösung für Matthews Trotzanfall war keine Erziehungs«technik« oder -«methode«. Es war eine Strategie, die sich natürlich aus dem ergab, was sie über Matthew wusste, und aus ihrem Respekt ihm gegenüber. Martha erreichte ihr Ziel: Matthew mit dem geringstmöglichen Streit aus dem Haus zu bekommen. Sie brachte ihm auch eine Methode bei, eine Aktivität abzuschließen, ohne einen Trotzanfall zu bekommen. Darum geht es bei Disziplin.

Zu realisieren, wie viel besser unsere Disziplin funktionierte, wenn wir die Sichtweise unserer Kinder miteinbezogen, war ein großer Wendepunkt für uns. Anfangs mussten wir gegen unsere Ängste arbeiten, dass wir nicht die Kontrolle über unsere Kinder hätten. Wir hatten gelesen, von anderen gehört und waren mit dem Gedanken aufgewachsen, dass gute Eltern es automatisch am besten wüssten, ohne Einwände ihrer Kinder. Aber wir stellten fest, dass das Einbeziehen der Sichtweise unserer Kinder uns tatsächlich dabei half, die Kontrolle zu haben. Unsere Kinder zu kennen wurde der Schlüssel dazu zu wissen, wie wir sie disziplinieren konnten. Sie wussten, dass wir die Kontrolle hatten, weil wir ihnen dabei helfen konnten zu gehorchen. Das hinterließ keinen Zweifel in ihren Gedanken – oder in unseren –, dass Mama und Papa es am besten wussten.

5. Strukturen anbieten, dann Grenzen setzen

Kinder brauchen Grenzen. Sie können ohne sie nicht gedeihen (und Sie nicht überleben). Ein Kind muss die Regeln der Familie lernen und respektieren. Das Zuhause ist die erste Gesellschaft des Kindes. Wie es lernt, in dieser Miniatur-Welt zu leben, legt das Muster fest für andere soziale Interaktionen: in der Schule, in einem Team und später in der Ehe und dem Beruf. Grenzen helfen Kindern, ihre sozialen und kreativen Energien in eine bedeutungsvolle Richtung zu kanalisieren. Grenzen machen es auch Erwachsenen und Kindern möglich zu kooperieren und das gemeinsame Leben zu genießen.

Es ist die Aufgabe der Eltern, ihren Kindern innerhalb der familiären Grenzen agieren zu helfen. Eltern machen das am besten, indem sie Strukturen anbieten und Grenzen setzen – in dieser Reihenfolge. Strukturen anbieten bedeutet, Bedingungen innerhalb des Zuhauses aufzubauen, die es einfacher machen, Grenzen zu akzeptieren. Kluge Grenzen setzen schließt das Kreieren von Regeln ein, die dem Alter und der Entwicklung des Kindes angemessen sind, und diese zu kommunizieren, sodass die Kinder wissen, was von ihnen erwartet wird.

Lassen Sie uns das Beispiel eines erforschenden Kleinkindes nehmen, um zu erklären, was wir mit Grenzen mit oder ohne Struktur meinen. Ein Kleinkind ist unstillbar neugierig. Sein Drang zum Erforschen hilft ihm, etwas über die Welt zu lernen, aber bringt es auch in Schwierigkeiten. Eltern finden sich permanent in Situationen, in denen sie ihrem Kleinkind Nein sagen müssen. »Nein, steck deinen Finger nicht in die Steckdose. Nein, zieh nicht am Kabel der Lampe. Nein, spring nicht auf den Tisch, wirf nicht die Stühle um und renn nie nie nie auf die Straße.« Das sind alles notwendige Grenzen, aber es ist sehr schwer für ein Kleinkind, sich an sie zu erinnern, geschweige denn sie sich in Erinnerung zu rufen, wenn seine Neugier ihn antreibt.

Wie helfen Eltern also ihrem Kleinkind, sich an alle Neins und Verbote zu halten? Eltern können die Umgebung des Kindes strukturieren, sodass es einfacher ist, innerhalb der Grenzen zu bleiben. Solche Strukturen machen das Leben des Kindes einfacher und das Leben der Eltern weniger stressig. Niemand sagt gerne die ganze Zeit Nein oder hört gerne die ganze Zeit ein Nein. In diesem Fall ist die Struktur, die Sie offensichtlich bereitstellen müssen, ein kleinkindsicheres Zuhause. Sie schützen die Steckdosen mit Schutzvorrichtungen, verstecken die Lampenkabel hinter schweren Möbeln und stellen Zerbrechliches für die nächsten paar Jahre weg. Sie bestimmen eine Schublade in der Küche als Schublade Ihres Kindes und füllen diese mit sicheren Dingen, die Ihr Kind erforschen und auf den Boden werfen kann. Dann führen Sie Ihr Kind zu seinen eigenen speziellen Sachen statt ihm zu verbieten, mit Ihren Sachen zu spielen. Sie nehmen es mit zum Spielplatz, damit es einen sicheren Ort hat, um herumzurennen und Dampf abzulassen.

Die Rolle der Eltern als »Strukturdesigner« der Umgebung eines Kindes schließt auch ein, das Zuhause sicher zu machen, für das und vor dem Kleinkind. Struktur bedeutet nicht, das Kind zu unterdrücken, sondern Bedingungen zu setzen, die gefährliches Verhalten nicht ermutigen und die sicheres und wünschenswertes Verhalten fördern. Struktur schützt und leitet um und macht so das Kind frei, Kind zu sein. Sie bietet eine im Allgemeinen positive »Ja-Umgebung«, die die Anzahl der von Ihnen verwendeten Neins verringert.

»Aber mein Kind bleibt nicht still am Esstisch sitzen.« Haben Sie schon einmal versucht, zehn Minuten oder mehr sitzenzubleiben, während Ihre Füße einen halben Meter oder mehr über dem Boden baumeln? Sie wären ebenfalls rastlos. Strukturieren Sie Ihre Mahlzeiten so, dass Ihre Kinder nicht lange sitzen müssen. Oder besorgen Sie Ihrem Kind einen kleinen Tisch und Stuhl und lassen Sie es dort essen, mit den Füßen fest auf dem Boden. Erlauben Sie ihm, kleine Spielzeuge am Tisch zu haben, mit denen es spielen kann, während Mama und Papa reden und ihre Mahlzeit beenden.

Planen Sie voraus

Struktur betrifft auch, wie Sie und Ihr Kind Ihre Zeit nutzen. »Mein Zweijähriger ist unmöglich im Supermarkt.« »Wenn ich mit meiner Sechsjährigen in den Laden gehe, will sie jeden Süßkram, den sie zu sehen bekommt.« Wann immer möglich, strukturieren verbundene Eltern ihren

Tag rund um die Gemütslage ihrer Kinder. Vorschulkinder neigen dazu, sich am Vormittag besser zu benehmen, gehen Sie also kurz nach dem Frühstück zum Supermarkt, wenn Sie Ihren Vierjährigen mitnehmen. Wenn Sie ein älteres Kind haben, das den farbenfrohen Packungen stark zuckerhaltiger Frühstücksflocken nicht widerstehen kann, kaufen Sie besser ohne das Kind ein oder versprechen Sie ihm eine Belohnung, mit der Sie beide leben können. Das ist kein »Kontrollverlust« oder »das Kind bestimmen lassen«. Es ist einfach nur das Respektieren der Bedürfnisse des Kindes als ein Familienmitglied. Als zusätzlichen Bonus macht es Ihr Leben als Eltern einfacher.

Planen Sie Spielzeiten und Spielfreunde

Es gibt viele subtile Arten, auf die Eltern Strukturen anbieten können, um positives Verhalten des Kindes zu ermutigen. Wir haben bemerkt, dass Kinder, die gut mit anderen zusammen spielen, Eltern haben, die ihnen ermöglichen, Spielpartner mit passendem Temperament auszuwählen. Sogar in den Grundschuljahren haben Sie viel Kontrolle darüber, mit welchen Menschen sich Ihr Kind abgibt. Das mag bedeuten, dass Sie den Anbieter der Nachmittagsbetreuung wechseln oder einen anderen Fußballtrainer auswählen, aber solche Entscheidungen formen tatsächlich das Verhalten Ihres Kindes. Sie wissen, ob Ihr Sechsjähriger bereit ist, außer Haus bei einem Freund zu schlafen. Wenn Sie nicht das Gefühl haben, dass der Abend gut verlaufen wird, finden Sie eine Möglichkeit zu vermeiden, dass Ihr Kind in solch eine Situation kommt. Wenn Ihr Kind nach einem langen Tag in der Schule rennen und sich austoben muss, bestehen Sie nicht darauf, dass er sofort und zuallererst seine Hausaufgaben macht. Stattdessen reservieren Sie eine halbe Stunde nach dem Mittagessen zum Austoben und wieder Runterkommen.

Strukturen bleiben wichtig, wenn Ihr Kind größer wird. Sagen Sie Ihrem Teenager, bis wann er wieder zu Hause sein muss, aber stellen Sie auch sicher, dass er weiß, wie er Sie erreichen kann – und dass Sie ihn gerne abholen kommen –, wenn er eine Möglichkeit benötigt, nach Hause zu kommen. Legen Sie Wert darauf, die Eltern der Freunde Ihrer Kinder kennenzulernen, sodass Sie ihre Werte und ihre Regeln zu Hause kennen. Strukturieren Sie Ihr Zuhause so, dass es ein freundlicher Ort für Teenager ist, um sich zu treffen. Jede dieser Aktionen macht es für Teenager einfacher, innerhalb der Familiengrenzen zu bleiben.

Struktur anzubieten ähnelt den Aufgaben eines Trainers. Sie instruieren Ihre Kinder darin, wie das Spiel gespielt wird, Sie setzen Spiele an, um sich auszuprobieren, und Sie ermutigen sie, wenn sie auf dem Spielfeld sind. Dick Vermeil, der Trainer der Super Bowl Champions aus dem Jahr 2000, der St. Louis Rams, sagte in einer Diskussion, warum einige Spieler auf dem Feld mehr Disziplin zeigten als andere: »Disziplin beginnt zu Hause.«

Wenn Kinder älter werden und sich hinaus begeben in die weiten Welten von Schule und Gemeinschaft, nutzen verbundene Eltern ihr intimes Wissen über ihr Kind, um es *angemessen* zu leiten – weder zu viel erlaubend noch zu stark einschränkend. Sie wissen, wie viel ihr Kind bequem selbst handhaben kann und wann sie eingreifen müssen. Sie agieren weiterhin als Unterstützer und Ratgeber.

Manche verbundenen Eltern sind im Zweifel überbeschützend. Das ist in Ordnung, da dieser Fehler einfach korrigiert werden kann. Sie werden herausfinden, wann Sie sich ein wenig mehr zurücknehmen müssen. Andere Eltern, die Sie respektieren, sind oft eine gute Quelle für Ratschläge, wann Sie durchgreifen müssen und wann Sie Ihrem Kind mehr Freiheit zugestehen sollten.

Zu wenig beschützend zu sein ist schlechter zu beheben. Kinder, die zu viele Entscheidungen und Herausforderungen ohne einen erwachsenen Begleiter verarbeiten müssen, können auf sich selbst wütend werden, auf ihre Betreuer und auf das Leben. Tatsächlich ist ein Merkmal, das oftmals unverbundene Kinder von verbundenen unterscheidet, das Gefühl der Wut. Weniger verbundene Eltern geben einem Kind mit höherer Wahrscheinlichkeit zu viele Wege, aus denen es auswählen kann und denen es folgen kann. Wenn es nach drei Monaten Unterricht nicht mehr Geige

Erinnern (Sie erinnern Kinder) + Zurückspulen (Kinder erinnern sich selbst)

Die Kombination von Erinnern und Zurückspulen (remind and rewind) ist ein Verhaltensänderungsprinzip, das wir angewandt haben, als wir lernten, mit unseren Kindern zu leben. Kleine Kinder leben normalerweise im Jetzt. Sie reflektieren selten Lektionen aus der Vergangenheit noch denken sie über die Zukunft nach. Kinder sind so. Sie brauchen Erwachsene, die sie in ihrer Obhut haben, normalerweise Eltern, um sie oftmals daran zu erinnern, wie sie sich erwartungsgemäß im Zuhause oder in einer Gruppe verhalten sollen – in anderen Worten: was das normale Verhalten ist. Aber Kinder brauchen häufige Erinnerungen, um sich durch die vielen Ausreden »aber ich habe es vergessen« durchzuarbeiten. So lahm diese Ausrede auch für Erwachsene klingt, Kinder vergessen wirklich und brauchen Erinnerungen, um ihr Verhalten auf dem richtigen Weg zu halten. Erinnerungen sind Signale, die das verschwommene Gedächtnis eines beschäftigten Kindes auffrischen. Das mögen subtile Hinweise sein wie ein Blick, der dem Kind, das auf dem Weg ist, etwas falsch zu machen, sagt »du weißt es besser«, oder ein kurzes verbales Signal, das das Gedächtnis des Kindes anspricht »Oh, wo gehört das Spielzeug denn hin?«. Erinnerungen sind Verhaltensmotivatoren, die besser funktionieren, als es dem Kind geradeheraus zu sagen. Mit »Erinnerungen« geben Sie dem Kind einen Hinweis und das Kind füllt die Lücken aus. Sie werfen einen missbilligenden Blick auf einen schmutzigen Teller, der noch auf dem Tisch steht, und das Kind versteht die Botschaft, dass von ihm erwartet wird, den Teller zur Spüle zu tragen und selbst aufzuräumen. Manchmal funktioniert eine geschriebene Botschaft besser für Kinder, die die Erinnerung ansonsten als Gemotze auffassen könnten, wie die Nachricht, die wir einmal an Erins Tür gehängt haben: »Bitte bringe das Geschirr aus deinem Zimmer, ehe es anfängt, Dinge wachsen zu lassen.« Zurückspulen (rewind)

> ist die Erweiterung dieser Praxis. Sie haben dem Kind zehn Mal gesagt, es soll mit dem Dreirad nicht auf die Straße fahren, sondern am Bordstein stehenbleiben und auf beide Seiten schauen. Wenn Sie Ihr Kind dabei erwischen, wie es Ihre Ermahnungen vergisst, sagen Sie einfach »Zurückspulen«. Sie weisen das Kind darauf hin, in seinem eigenen Gedächtnis das Skript durchzuspielen, das Sie bereits vorher mit ihm eingeübt haben. Mit diesem einen Wort motivieren Sie das Kind, sich selbst zu disziplinieren, ein weiterer Schritt in Richtung Erlangung innerer Kontrolle. Indem Sie sich an das Remind-und-Rewind-Prinzip erinnern, vermeiden Sie auch Gemotze oder Diskussionen. Kinder werden Ihrer ständigen Ermahnungen müde und hören nicht mehr hin, wenn Sie sie daran erinnern, was sie falsch gemacht haben.

spielen möchte, lassen sie es zum Schlagzeug wechseln. Natürlich möchte das Kind alles ausprobieren, weil es für neue Erfahrungen offen ist. Wenn Eltern die Philosophie vertreten, dass es gut für Kinder ist, »viele verschiedene Sichtweisen« kennenzulernen und »mit vielen Kindern zusammen zu sein, die viele verschiedene Werte vertreten«, kann es sein, dass sie mit einem Kind enden, das in die falsche Richtung steuert – oder das überhaupt keine Richtung hat, in die es steuert. Kinder brauchen Führung von ihren Eltern, wenn sie all die Möglichkeiten durchsehen, die die Welt ihnen bietet.

6. Formen Sie Ihr Kind, statt es zu kontrollieren

Eltern von Kindern, die gut geraten, wissen, dass es ihre Aufgabe ist, das Verhalten ihrer Kinder eher zu formen als zu kontrollieren. Erziehen ist wie Gärtnern. Wenn Sie erst einmal den Samen gepflanzt haben, können Sie die Farbe der Pflanze nicht mehr kontrollieren oder wann sie blüht, aber

Sie können alle Unkräuter entfernen und die Pflanze gießen und stutzen, um der Blume zu helfen, schöner zu blühen. Das ist es, was wir mit dem Formen des Verhaltens des Kindes meinen. Alle Kinder werden mit Verhaltensmerkmalen geboren, die Sie nähren und fördern wollen, sodass sie tiefe Wurzeln schlagen und wunderschöne Blüten blühen lassen in dem Menschen, zu dem Ihr Kind heranwächst. Andere Merkmale werden Sie eher nicht fördern wollen oder sogar dafür sorgen wollen, dass Ihr Kind sie ablegt. Verbundene Eltern neigen dazu, sanfte Werkzeuge zu nutzen, die wir *Former* nennen, die negative Qualitäten ausmerzen, ohne die positiven anzugreifen. Die Werkzeuge ändern sich, so wie sich die Bedürfnisse Ihres Kindes mit jeder Entwicklungsstufe ändern. Schließlich internalisiert das Kind diese Former und entwickelt sein eigenes Kontrollsystem.

Formen vs. Kontrollieren

Formen meint, Ihr Kind mit Hinweisen zu versorgen, die sein Verhalten leiten und umleiten. Sie reden im Voraus darüber, wie es sich bei dem Besuch bei Großtante Caroline verhalten soll. Sie sagen ihm, was es zu erwarten hat und was es machen kann, während Sie dort sind. Sie helfen ihm dabei, ein paar Bücher oder leise Spielzeuge auszuwählen, die es mitnehmen kann, damit es etwas zu tun hat, während sich die Erwachsenen unterhalten. Während Sie dort sind, erinnern Sie es daran, wie es sich verhalten soll; wenn es ein wenig zu wild wird, nehmen sie es beiseite, beruhigen es und spielen ein paar Minuten leise und ruhig mit ihm. Wenn Sie versuchen, das Verhalten eines Kindes zu formen, planen Sie den Erfolg, indem Sie ihm die Informationen und Werkzeuge geben, die es braucht, um sich passend zu verhalten.

Kontrollierende Eltern haben eine andere Einstellung. Sie nutzen mit höherer Wahrscheinlichkeit einen autoritären Ansatz: »Ich bin das Elternteil, das Kind ist das Kind, und dabei bleibt es! Ich brauche nicht diesen ganzen modernen Psychologiekram. Es sollte machen, was ich sage, und wenn es das nicht tut, weiß es, dass es Ärger gibt«. Kontrollierende Eltern nutzen mit höherer Wahrscheinlichkeit Strafen als hauptsächliche Disziplinierungstechnik. Bei Großtante Caroline wird ein ungezogenes Mädchen auf die Finger gehauen, wenn ihm nicht sogar eine Tracht Prügel angedroht wird, wenn man nach Hause kommt. Kontrollierende Eltern sehen eher das Verhalten des Kindes als Reflektion ihres eigenen Wertes. Sie geben dem Kind wenig Erklärungen über »Das ist das Richtige« oder »Was werden die Leute denken?« hinaus.

Es ist nicht immer einfach, den Unterschied zwischen Formen und Kontrollieren zu erkennen, aber die subtilen Unterschiede sind wichtig. Eltern, die versuchen, ihre Kinder zu kontrollieren, neigen mehr dazu, sich auf das äußere Verhalten des Kindes zu konzentrieren als auf den Entwicklungsprozess, der im Inneren des Kindes vor sich geht. Versuche, das Kind zu kontrollieren, führen unweigerlich zu einem Kampf zwischen Eltern und Kind und laden geradezu zu Rebellion ein, vor allem bei intensiven Kindern oder Kindern mit starken Bedürfnissen. Kontrolle unterdrückt die Persönlichkeit und hindert Kinder daran, zu gedeihen und alles zu sein, was sie sein können – körperlich, emotional und intellektuell.

Wenn Sie das Verhalten eines Kindes formen, formen Sie seine wachsende Persönlichkeit. Verbundene Eltern neigen mehr dazu, das einzigartige Selbst des Kindes zu akzeptieren. Sie sind geduldig und nachsichtig mit den anstrengenden Eigenarten ihres Kindes, auch wenn sie einen Großteil der Energie der Eltern verbrauchen. Verbundene Eltern preisen die guten Eigenschaften ihres Kindes – sogar diejenigen, die Anstrengung benötigen, um erkannt zu werden – und erkennen, dass es nicht so sehr ihre Aufgabe ist, dass die Kinder sich auf bestimmte Weise verhalten, sondern eher, dass sie verantwortungsvolle, fürsorgliche Erwachsene hervorbringen, die für sich selbst sorgen können.

Sie können das Temperament eines Kindes nicht verändern – seine grundlegende Natur, die in seinem Gehirn vernetzt ist –, aber Sie können seine Persönlichkeit formen. Persönlichkeit ist das, was das Kind aus seinem grundlegenden Temperament macht. Ich habe einmal vor einem Gericht in Las Vegas darüber ausgesagt, wie Eltern die Persönlichkeit eines Kindes beeinflussen können, zum Guten oder zum Schlechten. Inspiriert durch meine Umgebung kam ich zu folgendem Vergleich: »Das Temperament eines Kindes ist wie die Karten, die ihm ausgegeben werden. Die Persönlichkeit des Kindes ist, wie es mit diesen Karten spielt. Eltern können Kindern beibringen, ihre Karten weise auszuspielen.«

7. Erlauben Sie angemessene Fehlschläge und Frustration

Gleich zu Beginn lernen Eltern, deren Kinder gut geraten, wie sie ihren Kindern helfen können, Schwierigkeiten zu überwinden statt Frustrationen zu vermeiden. Die Fähigkeiten, mit Problemen zurecht zu kommen und sich nach einem Misserfolg wieder aufzurappeln, sind wichtige Qualitäten, die für den Erfolg im Leben notwendig sind. Menschen, die wissen, wie man ein Problem in eine Möglichkeit verwandelt, können das Beste aus dem machen, was das Leben ihnen bringt.

Eltern von Kindern, die gut geraten, erlauben ihren Kindern, Fehler zu machen und aus ihnen zu lernen. Was gleichermaßen wichtig ist, ist, dass diese Kinder die Gelegenheit haben, zu sehen, dass auch die Eltern Fehler machen, aus ihnen lernen und die Verantwortung dafür übernehmen, sie zu korrigieren.

Ignorieren Sie es nicht!

Wutausbrüche sind ein sicheres Zeichen von Frustration. Viele Ratgeber sagen Eltern, dass sie diese Ausbrüche ignorieren sollen, aber wir haben gesehen, dass viele Eltern der Kinder, die gut geraten, das Gegenteil tun. Sie schicken das Kind nicht allein in sein Zimmer, wenn es gerade einen Trotzanfall hat. Stattdessen versuchen sie, die Situation durch die Augen ihres Kindes zu sehen und zu verstehen, was hinter dem Verhalten steht. Sie greifen nicht ein und lösen das Problem für das Kind, noch versuchen sie, das Kind zu bestechen, damit es sich beruhigt, oder es von seiner

Frustration abzulenken. Sie hören zu, helfen dem Kind zu verstehen, was in ihm los ist, und lehren es, diese Gefühle zu handhaben.

Diese Eltern behandeln geringere Frustrationen ähnlich. Wenn ein Kleinkind stur versucht, ein rundes Klötzchen in ein quadratisches Loch zu stecken, ignoriert die Mutter seine Versuche nicht oder eilt herbei, um ihm die richtige Antwort zu sagen. Stattdessen schlägt sie sanft vor, ein anderes Loch zu versuchen, oder sie hilft ihm, die runde Form des Bausteins und die eckige Form des Loches zu erkennen. Wenn ein älteres Kind vom Spielen nach Hause kommt, die Tür hinter sich zuknallt und erklärt, dass sein bester Freund doof ist, springen diese Eltern nicht auf und sagen »Pass auf, was du sagst!«. Papa oder Mama helfen dem Kind, das Problem zu besprechen und eine Lösung zu finden.

Konsequenzen

Kluge Eltern wissen, dass die Erfahrung der beste Lehrer ist. Wenn ein Kind eine unkluge Entscheidung trifft, mischen sie sich nicht ein, um den Tag zu retten. Sie erlauben dem Kind, den Fehler zu machen und daraus zu lernen. Sie geben ihrem Kind jede Menge Übung darin, eigene Entscheidungen zu treffen, in der Kindheit, wenn die Hürden noch gering sind. Die natürlichen Konsequenzen dieser Entscheidungen, gut und schlecht, formen die Entscheidungsfindungsfertigkeiten des Kindes. Ein Kind, das mit den Ergebnissen einer schlechten oder impulsiven Entscheidung umgehen muss, lernt, dass jeder Fehler macht, dass Fehler nicht das Ende der Welt sind und dass man aktiv werden kann, um den Fehler zu korrigieren und zumindest daraus zu lernen.

8. Sagen Sie einfach Nein!

Eines Tages, als ich mit unserer siebenjährigen Lauren einkaufen war, gingen wir gerade zur Kasse (gefürchtet bei den meisten Eltern) und Lauren bat um eine Süßigkeit nach der anderen. Jedes Mal, wenn sie fragte, sagte ich ruhig nein. Sie wusste vermutlich bereits bevor sie fragte, was meine Antwort sein würde, aber wir mussten dieses Ritual komplett durchgehen. Als wir an der Reihe waren, flüsterte der Angestellte mir zu »Ich wünschte, mehr Eltern würden einfach nein sagen.«

Kinder wollen alle Sachen, die sie sehen – und sie wollen sie JETZT! – »Sammel sie alle«, schreit die Fernsehwerbung für Sammelfiguren und all ihr Zubehör. »Aber jeder in meiner Klasse hat eines«, mault das Schulkind, das das neueste Videospiel haben will. Einmal hielt ich einen Vortrag vor einer Gruppe Eltern, deren Kinder man als privilegiert bezeichnen könnte, aber bei denen ich das ehrliche Gefühl hatte, sie hatten einfach zu viel Kram. Ich wollte meinen Vortrag mit den vier einfachen Worten eröffnen – »Sagen Sie einfach nein!« – aber ich realisierte, dass die Lösung für diesen kindlichen Materialismus nicht so einfach sein würde. Viele Eltern können es nicht ertragen, nein zu ihren Kindern zu sagen, weil es oft einfacher ist, nachzugeben und das Kind haben zu lassen, was es möchte. Das vermeidet den Kampf und bringt Frieden zurück in die Familie, zumindest für eine Weile. Aber es ist ein weiterer kurzfristiger Erfolg, der zu einem langfristigen Misserfolg führt.

Sie tun Ihrem Kind keinen Gefallen, wenn Sie ihm immer geben, was es haben möchte. Die Realität zeigt, dass es als Erwachsener auf viele Dinge wird warten müssen, die es haben möchte. Es wird auswählen müssen, welches das Wichtigste für es ist, und es wird nicht alles bekommen, was es haben möchte. Das Konzept verzögerter Belohnung zu verstehen ist eine wertvolle Fähigkeit für den Erfolg im Leben. Das Gleiche gilt auch für das Lernen, keine impulsiven Entscheidungen zu treffen.

Der sieben Jahre alte Andrew bekam zum Geburtstag ein wenig Geld geschenkt und wir gingen ins Spielzeuggeschäft. Natürlich war er überwältigt von der Auswahl an Spielsachen, von denen er sich etwas aussuchen konnte, aber ich erinnerte ihn immer wieder daran, dass er nur einen bestimmten Geldbetrag hatte. Wenn er sich den Roboter aussuchte, hätte er kein Geld mehr übrig für einige der anderen Spielsachen, die er wollte.

Nein, sagte ich ihm, er konnte nicht den Roboter und das Lego-Set kaufen, er musste sich entscheiden.

Diese kluge Mutter handelte als Ratgeber und half so dem Kind, Entscheidungen zu treffen, die in seinem besten Interesse waren. Sie half ihm zu erkennen, dass er nicht alles haben konnte, was er wollte, und zeigte ihm, dass er einige Prioritäten setzen musste. »Mit welchem würdest du mehr spielen wollen?« »Welches hält länger?« »Welches willst du am allermeisten?«

Wenn Ihr Kind nach einem bestimmten neuen Spielzeug schreit, ist es normalerweise schlau, nicht loszurennen und seinen Wunsch sofort zu erfüllen. Sagen Sie ihm »Wir warten noch eine Woche« (oder ein paar Tage – eine Woche fühlt sich für ein Vorschulkind wie eine Ewigkeit an). Geben Sie ihm etwas Zeit zum sorgfältigen Nachdenken über seine Entscheidungen. Am Ende der Woche will er vielleicht etwas komplett anderes. Kinder, die das Produkt – oder das Opfer – nachgiebiger Eltern sind, können selten ihre Besitztümer wertschätzen. Sie haben nie genug. Auf der anderen Seite lernen Kinder, die damit aufwachsen, auf etwas warten zu müssen oder sich das Geld selbst verdienen zu müssen, angemessene Wertvorstellungen der Dinge zu haben, die sie besitzen.

Die »Kram-Krankheit« betrifft Familien schon, ehe das Baby geboren wird. Wir sind immer wieder erstaunt von all der Ausstattung, die wir in Babygeschäften finden. Wir fragen uns, wie um alles in der Welt wir so viele Kinder aufgezogen haben ohne all das Hightech-Zeug, das verspricht – natürlich für einen gewissen Preis –, Babys in der Betreuung praktischer zu machen, während es sie auf Abstand hält.

Der Babymarkt ist riesig und Eltern, die das Beste für ihr Kind wollen, sind nur zu bereit, ihre Brieftaschen zu öffnen oder die Kreditkarte auszuhändigen. Hier ist unser Rat zu Babyausstattung und zu Kaufentscheidungen, die während der gesamten Kindheit auf Sie zukommen werden: Sagen Sie ja zu Dingen, die Ihnen dabei helfen, in Verbindung zu bleiben, und nein zu all dem Kram, der dem im Weg steht. Das absolut beste

Spielzeug für ein Baby ist ein anderes menschliches Wesen. Das Gesicht eines liebevollen Elternteils ist unendlich stimulierender als jedes Mobile. Die Arme eines Elternteils garantieren Beruhigung und Trost auf eine Art und Weise, die keine Wiege oder Krippe bieten kann. Investieren Sie in ein Tragetuch – oder sogar zwei – und lassen Sie die reiche Umgebung Ihres Babys sein sich ständig verändernder Blick von Ihrem Arm aus sein. Wenn Sie darüber nachdenken, etwas zu kaufen, wenn Ihr Kind älter wird, suchen Sie sowohl nach Spielzeugen und Spielen, mit denen Sie gemeinsam spielen können, als auch nach den normalen Spielzeugen.

Es ist einfacher für mich, nein zu meinem Kind zu sagen, weil ich mich ihr so verbunden fühle. Ich fühle mich nicht schuldig, wenn ich ihr nicht viele Dinge kaufe, weil ich ihr so viel von mir selbst gegeben habe.

9. Überprüfen Sie wichtige Personen

Verbundene Eltern sind nicht überbeschützend, sie sind *angemessen* beschützend. Neben dem Anbieten gesunder Modelle für ihre Kinder in ihrem Zuhause nehmen sie auch in Augenschein, was im Leben ihrer Kinder außerhalb des Zuhauses vor sich geht. In der mobilen und vielfältigen Gesellschaft von heute ist ein Kind einer breiten Auswahl an Rollenmodellen ausgesetzt. Eltern erfolgreicher Kinder haben ein Auge auf die Einflüsse dieser Individuen. Sie suchen die Betreuungspersonen ihrer Kinder sorgfältig aus. Sie lernen Lehrer und Trainer ihrer Kinder kennen und die Werte, die diese Mentoren weitergeben. Sie beobachten auch intensiv, was ihre Kinder im Fernsehen und im Internet anschauen und lesen, sowie andere Einflüsse der Massenmedien.

Wir haben immer die Eltern seiner Freunde kennengelernt. Wir haben nie gezögert, sie anzurufen, wenn der Bedarf bestand.

Mein Sohn spielte Jugendbasketball in unserer Stadt, seit er in der dritten Klasse war. Er mag es wirklich und sein Können im Basketball und sein Selbstvertrauen sind sehr gewachsen, vor allem unter der Führung des Trainers, den er vor zwei Jahren hatte und der sehr positiv eingestellt war und Kris als guten Spieler ansah. Im Jahr darauf hatte er einen Trainer, dessen Herz, glaube ich, am richtigen Fleck saß, der aber versuchte, sein durchschnittlich begabtes Team junger Erwachsener dadurch zu motivieren, dass er streng zu ihnen war, viel schrie und ständig Druck auf sie ausübte. Sein eigener Sohn bekam das natürlich am schlimmsten ab. Während der Saison verbrachten Kris und ich viel Zeit damit, über die Art des Trainers zu reden und die Auswirkungen, die sie auf die Kinder hatte. Der Sohn des Trainers war ein nervöser Spieler – je mehr Druck, desto wahrscheinlicher vergeigte er es. Indem er das Verhalten dieses Trainers mit dem Verhalten des vorhergehenden Trainers verglich, lernte Kris viel über die Arbeit mit Menschen und er war fähig, eine emotionale Distanz zu dem Druck aufrechtzuerhalten, der seine Mitspieler im Team sehr belastete.

Eine Möglichkeit, das Risiko zu verringern, dass Ihr Kind unter negativen Einfluss gerät, ist, sich mehr in die Aktivitäten Ihres Kindes einzubringen. Wenn Sie sich Sorgen darum machen, welchen Fußballtrainer Ihr Kind bekommen wird, engagieren Sie sich doch selbst als freiwilliger Trainer – oder zumindest als Helfer bei den Trainings. Wenn Sie sich um den Einfluss des Jugendgruppenleiters sorgen, werden Sie freiwillig aktiv. Fragen Sie sich, was im Klassenzimmer Ihres Kindes vor sich geht? Bieten Sie Ihre Hilfe an. Setzen Sie sich zu Hause mit Ihrem Kind hin, wenn es fernsieht. Lassen Sie den Computer in einem gemeinschaftlich genutzten Raum stehen, nicht im Zimmer des Kindes, sodass sie ein Auge auf das haben können, was es online anschaut. Freuen Sie sich über Freunde, die Ihr Kind mit nach Hause bringt. Fahren Sie die Teenager, wenn sie ins Kino wollen.

Unser Haus war der Treffpunkt für die Kinder der Nachbarschaft und die Schulfreunde meiner Tochter. Ihre Freunde waren in unserem Haus immer willkommen und auf diese Weise hatten wir das Gefühl, in ihr Leben eingebunden zu bleiben. Wir fühlten, dass wir ein Teil ihres Lebens sind und dass wir die Dinge im Griff hatten.

10. Erwarten Sie viel von Ihrem Kind

Eltern, die gut disziplinieren, vermitteln ihren Kindern die Art von Verhalten, die erwartet wird, und helfen ihnen, diese Erwartungen zu erfüllen. Sie erwarten wünschenswertes Verhalten, nicht als Option, sondern einfach als »so benehmen wir uns zu Hause«. Kinder haben auch durch das, was sie als von ihren Eltern gewünschtes Verhalten wahrnehmen, Richtlinien, an die sie sich halten können. Sie sind so weniger durcheinander. Ihre Anweisungen müssen nicht immer sinnvoll erscheinen aus Sicht Ihrer Kinder. Manchmal ist die einzig notwendige Botschaft »weil es das ist, was ich von dir jetzt getan haben möchte«. Dass Sie der verantwortliche Erwachsene sind, macht sie frei, Kinder zu sein.

Ältere Kinder, die wir befragt haben, sagten uns, dass, sogar wenn sie nicht verstanden, warum von ihnen erwartet wurde, sich auf bestimmte Weise zu verhalten, sie tief im Inneren sicher waren, dass die Anweisungen ihrer Eltern ihnen irgendwie helfen würden, bessere Menschen zu werden.

Wenn unsere Kinder sich unausstehlich benehmen, erinnere ich sie oft daran, dass ich sie nicht aufwachsen lasse, um Trottel zu sein. Meine Kinder wissen, dass ich das ernst meine, und es gab ihnen Sicherheit und Liebe.

Wie Sie in Kapitel 12 und 13 sehen werden, haben erfolgreiche Kinder Eltern und andere wichtige Personen, die von den Kindern stets erwartet haben, das Beste zu tun. Sie glaubten nicht nur, dass die Kinder es tun konnten, sondern stellten auch sicher, dass die Kinder daran glaubten. Der Glaube an sich selbst ist ein wichtiger Faktor für Erfolg.

»Aktive« Eltern können Kinder von Drogen fernhalten

Das war die Schlagzeile am 22. Februar 2001 in *USA Today*. Der darauf folgende Artikel berichtete über die »Sechste Jährliche Teenager Umfrage« durch das National Center on Addiction and Substance Abuse (NCASA) an der Universität von Columbia. Diese Befragung von 1.000 Teenagern zwischen zwölf und 17 Jahren fand heraus, dass Eltern, die sich nicht einmischen, das Risiko verdoppeln, dass ihre Teenager rauchen, Alkohol trinken und illegale Drogen konsumieren. In der Umfrage sagten Teenager, dass Zigaretten jetzt schwerer zu kaufen seien, aber Marihuana relativ einfach zu bekommen sei. Die Umfrage fand heraus, dass 61 Prozent der Kinder zwischen zwölf und 16 Jahren ein mittleres bis hohes Risiko des Drogenmissbrauchs aufwiesen. Mehr als 60 Prozent der Highschool-Schüler sagten, dass es an ihrer Schule Drogen gibt; 30 Prozent sagten, dass Drogen das Leben ruinieren können und einen schädigen, und 17 Prozent fühlten sich dem Druck durch Gleichaltrige ausgesetzt, Drogen zu konsumieren. Für die Umfrage war ein »aktiver« Haushalt als einer definiert, in dem die Eltern zehn oder mehr Aktionen unternahmen, die von der Überwachung des Fernsehkonsums bis hin dazu reichten, zu wissen, wo die Kinder nach der Schule und an den Wochenenden sind.

Sich nicht einmischende Eltern scheiterten regelmäßig daran, Regeln aufzustellen und das Verhalten ihrer Kinder zu überwachen. Sie wussten nicht immer, wo ihre Kinder waren. Die Empfehlung war, dass Eltern für ihre Kinder Eltern sein sollten und nicht Freunde, und dass sie dem negativen Einfluss der Medien etwas entgegensetzen sollten. Die »aktiven« Eltern unternahmen mindestens zehn der folgenden zwölf Aktionen:

1. Überwachen Sie, was das Kind im Fernsehen sieht
2. Überwachen Sie die Internetnutzung des Kindes
3. Schränken Sie ein, welche CDs das Kind kauft

4. Stellen Sie sicher, dass Sie wissen, wo sich Ihre Kinder nach der Schule und an den Wochenenden aufhalten
5. Stellen Sie sicher, dass ihr Kind Ihnen die Wahrheit sagt darüber, wo es sich aufhält
6. Beachten Sie die schulischen Leistungen Ihres Kindes
7. Legen Sie fest, bis wann Ihr Kind zu Hause sein muss
8. Machen Sie klar, dass Sie es nicht tolerieren werden, wenn Ihr Kind Drogen nimmt
9. Essen Sie sechs oder sieben Mal pro Woche gemeinsam mit Ihrem Kind zu Abend
10. Stellen Sie während des Abendessens den Fernseher ab
11. Übertragen Sie Ihrem Kind regelmäßige Aufgaben im Haushalt
12. Stellen Sie sicher, dass ein Erwachsener zu Hause ist, wenn Ihr Kind von der Schule nach Hause kommt

4 Ein schlauer Start für Ihr Kind

Intelligenz alleine garantiert keinen Erfolg. Es zählt das, was die Kinder aus dem machen, womit sie geboren werden. Aber die Tatsache bleibt, dass schlaue Kinder mit höherer Wahrscheinlichkeit erfolgreich werden.

Es wurde einmal gedacht, dass Intelligenz größtenteils angeboren sei. Entweder hatten Sie intelligente Gene oder nicht. Jetzt wissen wir, dass die »schlauen Gene« nur ein Teil des Ganzen sind. Intelligenz wird genauso durch Erfahrung geformt wie durch das Erbe. Sie können beeinflussen, wie klug Ihre Kinder sind, durch die Art, wie Sie sie fördern. Mehr als 25 Jahre lang haben Forscher im Bereich der Kindesentwicklung spekuliert, dass Kinder bestimmte kritische oder sensible Phasen in ihrer Entwicklung durchlaufen, während derer das sich entwickelnde Gehirn am meisten durch die Interaktion mit ihren Betreuern beeinflusst wird. Neue Forschungsmethoden darüber, wie sich das Gehirn eines Babys entwickelt, haben diese Vermutung bestätigt. Es gibt tatsächlich Gelegenheitsfenster, in denen Betreuer am meisten beeinflussen können, wie das Gehirn des Babys wächst. Das größte Fenster ist während des ersten Lebensjahres.

Wie das Gehirn des Babys wächst

Neue Forschungen im Bereich der Neurobiologie zeigen, dass Eltern einen tiefgreifenden Einfluss darauf haben, wie klug ihre Kinder werden. Das Gehirn wächst in der Babyzeit mehr als jemals danach. Es verdreifacht seine Größe innerhalb des ersten Lebensjahres und ist nahezu ausgewachsen, wenn das Kind in den Kindergarten kommt. Das Gehirn des Babys wächst von etwa einem halben Pfund bei der Geburt auf etwa 1,5 Pfund am Ende des ersten Jahres und dann auf etwa drei Pfund oder seine volle Größe, bis das Kind fünf Jahre alt ist. Während das Gehirn im ersten Lebensjahr wächst, wachsen auch die Nervenzellen innerhalb des Gehirns (die Neuronen). Neuronen bilden Kilometer verschlungener elektrischer Leitungen mit vielen unverbundenen Enden. Während des ersten Jahres wachsen die Neuronen und werden umhüllt von schützendem Myelin. Myelin dient als Isolation und hilft den elektrischen Botschaften, schneller und vorhersagbarer durch die Neuronen voranzukommen. Die Spitze jedes Neurons bildet Finger, oder Fühler, die versuchen, an andere Nerven anzuschließen. Die Verbindungen der Neuronen und die Kreise, die sie bilden, sind das, was die Babys dazu befähigt, Erfahrungen im Gehirn zu speichern, was »lernen« bedeutet. Wenn die Anzahl der Verbindungen im Gehirn während des ersten Jahres zunimmt, lernt das Gehirn, besser zu arbeiten, und Babys lernen zu denken, sich zu erinnern und ihren Körper besser zu kontrollieren.

SMARTER TIPP

Kluge Erziehung von Anfang an hilft dem sich entwickelnden Gehirn des Babys, die richtigen Verbindungen zu knüpfen.

Wissenschaftler haben herausgefunden, dass die Umgebung das Wachstum und die Vernetzung der Neuronen stimuliert. Zum Beispiel, wenn das Baby das Gesicht seiner Mutter oder seines Vaters sieht. Die Nerven in den Augen übermitteln das Bild des Gesichts in die Gehirnregion, die visuelle Informationen verarbeitet, und das Baby speichert das Bild dieses Gesichts in einem Neuronenkreis. Das Gesicht immer wieder zu sehen speichert mehr Bilder und erzeugt mehr Verbindungen zwischen ihnen. Schließlich erkennt das Gehirn nicht nur das Gesicht der Eltern, sondern stellt auch eine Verbindung her zwischen dem visuellen Bild und den Muskeln, die das Gesicht des Babys kontrollieren. Das Ergebnis: Das Baby lächelt Mutter oder Vater zurück. Mit fortschreitender neurologischer Entwicklung werden mehr Verbindungen gebildet, also kann das Baby schließlich die Hand ausstrecken und das Gesicht der Eltern anfassen. Es kann auch herausfinden, in welcher Stimmung die Eltern sind, und diese Information zu Hilfe zu nehmen, um seine eigenen Gefühle zu überwachen und zu kontrollieren. Die Moral dieser neurologischen Geschichte ist, dass das Gehirn umso stärkere neurologische Verbindungen entwickeln kann, je mehr organisierte Interaktion ein Baby mit seiner Umwelt hat. Gehirnforscher nennen all diese nervenverbindenden Einflüsse *Umweltfeedback*.

Wie Gehirne schlauer wachsen

Warum sind einige Gehirne schlauer als andere? Zwei Aspekte des Gehirnwachstums werden am meisten durch die Interaktion zwischen Eltern und Kind beeinflusst: wie schnell Botschaften von einem Nervenknoten zu einem anderen übermittelt werden und wie gut verbunden diese Nerven sind. Lassen Sie uns eine Reise in das Gehirn eines Babys unternehmen und nicht nur darüber staunen, wie sich das Gehirn entwickelt, sondern auch, wie die Eltern dieses Wachstum beeinflussen können.

An den Enden der Milliarden Nervenzellen sind winzige, fingerähnliche Fühler, die versuchen, sich zu verzweigen und mit anderen Nerven zu verbinden. Die Verbindungen zwischen Nerven nennt man *Synapsen*. Gehirne werden schlau, indem sie die Anzahl der Synapsen erhöhen und dann zurechtstutzen und pflegen.

Stellen Sie sich das sich entwickelnde Gehirn als Milliarden winziger Telefone vor. Gehirne werden schlauer, indem sie diese Telefonleitungen miteinander verbinden oder Schaltstellen zwischen den Telefonen bilden. Anfangs können Sie jeden in der Nachbarschaft anrufen, dann in Ihrer ganzen Stadt, dann im ganzen Land und schließlich weltweit. Das

Wachstum der Synapsen oder Verbindungen zählt am meisten für das Gehirnwachstum. Forscher schätzen, dass das wachsende Kind während der ersten zwei Jahre mehr als zwei Millionen Synapsen pro Sekunde bildet. In diesem kleinen Gehirn findet sehr viel Aktion statt.

Schnellere Kommunikationsleitungen

Neben der Anzahl der Synapsen gibt es einen anderen Faktor, der beeinflusst, wie schlau das Gehirn wird, wie effizient und schnell die Nachrichten über diese Leitungen übermittelt werden – ein Prozess namens *Myelinisation*. Ein fetthaltiger Überzug, das Myelin, isoliert die Nerven, lässt Nachrichten schneller reisen und verhindert auch kurze Kreise zwischen benachbarten Nerven. Wie Sie im Folgenden sehen werden, kann die Ernährung beeinflussen, wie gut die Myelinisation stattfindet.

Bessere Kommunikationsleitungen

Auch wenn es schön wäre, jeden in der Welt mit einem Tastendruck anrufen zu können, ist es doch nicht notwendig – und Sie bräuchten ein großes Telefon. Es wäre auch ein unaufgeräumtes und verworrenes Telefonsystem, wenn diese Milliarden von Leitungen nicht korrekt verbunden sind. Als nächstes kommt also der Prozess des *Zurechtstutzens*. Die aktiveren Synapsen oder die Anrufe, die Sie am häufigsten machen, werden stärker und überleben; diejenigen, die nicht genutzt werden, werden zurechtgestutzt – eine Art von »nutze es oder verliere es«-Phänomen. Wie wir immer wieder betonen hilft schlaue Erziehung, vor allem während der ersten Lebensjahre der starken Gehirnentwicklung, dem wachsenden Gehirn die richtigen Verbindungen einzugehen. Das Zurechtschneiden lässt die Hirnkreise effizienter arbeiten, ähnlich wie ein nutzerfreundliches Telefonsystem, bei dem Ihre meist angerufenen Nummern mit einem Tastendruck erreichbar sind.

Nutze oder verliere es

Nach dem Prinzip »Nutzen oder Verlieren« gibt es kritische Phasen in der Entwicklung des Gehirns. Diese Lernfenster oder kritischen Phasen sind für das Lernen von Sinnesfähigkeiten wie Sehen und Hören, bei denen die Formung der Synapsen und die Myelinisation am effizientesten in der frühen Kindheit stattfinden, zeitlich sehr eng gefasst. Aber diese Lernfenster sind weiter gefasst für soziale Funktionen wie Sprache und Gefühle, deren Entwicklung durch das Zurechtstutzen ihrer Synapsen und die Myelinisation der Nerven während der gesamten Kindheit weitergeht.

Neuroplastizität

Das sich entwickelnde Gehirn des Kindes ist ausgestattet mit Milliarden Synapsen mehr, als es je brauchen oder nutzen wird. Daraus folgt, dass, auch wenn ein Kind während einer kritischen Phase der Gehirnentwicklung zu wenig stimuliert wird oder unterernährt ist, dennoch ein Teil des Wachstums aufgeholt werden kann. Aber Forscher haben geschlussfolgert, dass, wenn einmal eine kritische Phase vorüber ist, auch wenn das Lernfenster sich nie ganz schließt, die Möglichkeiten, die Synapsen zu verbinden, eingeschränkter werden. Aufgrund der Neuroplastizität oder überschüssigen Nervenbahnen ist eine Neuverknüpfung immer möglich, aber das Gehirn wird nie wieder so formbar sein, wie es in der Babyzeit und Kindheit war. Das ist der Grund, warum es für ein Kind einfacher ist, eine neue Sprache zu lernen (vor allem, wenn es dieser bereits in den ersten Jahren ausgesetzt ist) als für einen Erwachsenen.

Dr. Lise Elliot sagt in ihrem hervorragenden Buch *Was geht da drinnen vor? Die Gehirnentwicklung in den ersten fünf Lebensjahren*: »Alles, was ein Kind sieht, berührt, hört, fühlt, ertastet, denkt und so weiter, übersetzt sich in einer bestimmten Anzahl von Synapsen in elektrische Aktivität und verbessert ihre Chance, langfristig zu überleben. Synapsen hingegen, die selten aktiviert werden – ob wegen nie gehörter Sprachen, nie gespielter Musik, nie ausgeübter Sportarten, nie gesehener Berge oder nie empfundener Liebe –, verkümmern und sterben ab. [...] Solange ein Überschuss an Synapsen vorhanden ist, bleibt das Gehirn im höchsten Maße formbar und kann sich in eine Vielzahl verschiedener Richtungen entwickeln. Ist der Überschuss erst einmal abgebaut, so ist die sensible Phase vorbei, und das Gehirn muss mit seinen vorhandenen Schaltkreisen auskommen: eine Aufrüstung mit einem schnelleren Prozessor ist nicht möglich. [...] Bei vielen Fähigkeiten ist die sensible Phase gnädig lange und hält die gesamte Kindheit hindurch bis in die frühe Adoleszenz an. Bei anderen ist sie bereits nach den ersten Lebensmonaten oder -jahren abgeschlossen.«

Natur vs. Erziehung

Wie viel von dem, wie ein Kind sich verhält und denkt, wird durch die Gene bestimmt, und wie viel wird durch den Betreuer des Kindes und sein Umfeld bestimmt? Diese Debatte von Natur vs. Erziehung wird bereits seit Jahrzehnten ausgefochten. Mit neuen Einsichten in die Gehirnentwicklung kamen moderne Forscher zu der Schlussfolgerung, dass es hälftig aufgeteilt ist: halb bestimmen die Gene, halb bestimmt die Erziehung. Wenn also nur die Hälfte der Intelligenz eines Kindes durch die Gene bestimmt wird, bleibt noch sehr viel Raum für die Eltern, eine wesentliche Rolle zu spielen. Hirnforscher glauben, dass die grundlegende Ausstattung mit Nerven im Gehirn genetisch veranlagt ist, aber wie diese verknüpft werden, bestimmt die Erziehung. Es ist, als ob die Erziehung und Betreuung eines Kindes eine Aufgabe vollendet, die die Natur begonnen hat. Die Umgebung, in der ein Kind aufwächst, befähigt die Nerven im Gehirn, bessere und effizientere Verbindungen einzugehen. Die Gehirne mit den besten Verknüpfungen sind am erfolgreichsten. Diese Verbindungen bilden Assoziationsmuster (wie in Kapitel 2 bereits erklärt), die der Bauplan des Lebens für ein Kind werden.

Eltern sind oft verwirrt, was die Begriffe IQ, Intelligenz, Talent und Temperament bedeuten und wie sie diese Merkmale beeinflussen können. Der Begriff, den wir in diesem Buch nutzen, ist die *Fähigkeiten* eines Kindes, die Gesamtsumme aus Intelligenz, Talenten, Fertigkeiten, Temperament, Erfahrungen und Glaube an sich selbst. Fähigkeiten sind die Quintessenz für den Erfolg jedes Kindes; sie werden am meisten durch Eltern und andere wichtige Personen im Leben des Kindes beeinflusst.

Die Erziehung macht den Unterschied

Die Entwicklung eines Kindes wurde lange als eine Art Fahrstuhl angesehen. Wenn ein Baby wuchs und ein neues Stockwerk erreichte, öffnete sich die Tür automatisch und eine neue Fertigkeit kam hinzu. Mit einer bestimmten Menge an Erziehung, guter Gesundheit und angemessener Ernährung erreichten Babys eine Entwicklungsstufe nach der anderen in einer Geschwindigkeit, die größtenteils durch die Natur (angeborene Gene) vorgegeben war und in der Erziehung und eine anregende Umgebung nur eine untergeordnete Rolle spielten. Aber die Forscher sind jetzt zu der Ansicht gekommen, dass die Interaktion mit dem betreuenden Umfeld einen wesentlichen Einfluss darauf hat, wie Babys sich entwickeln. Um die Analogie des Fahrstuhls zu nutzen: Das Baby erreicht jede Entwicklungsstufe ausgestattet mit bestimmten Kompetenzen. Zum Beispiel ist das Baby bereit, nach Objekten zu greifen, oder es ist bereit zu sprechen. Wie diese Kompetenzen zu Fertigkeiten werden hängt davon ab, ob Objekte zum Greifen vorhanden sind oder ob die ersten Laute des Babys mit einem Lächeln und einer Antwort des Betreuers begrüßt werden. Wenn die Betreuer auf die neuen Fertigkeiten eines Babys antworten, übt es diese immer mehr und genießt sie mehr. Es erreicht das nächste Entwicklungsstockwerk mit mehr Fertigkeiten, auf die es aufbauen kann. Die Interaktion auf der nächsten Ebene der Entwicklung ist dann sogar noch lohnender. Die Antworten, die das Baby von seinem Umfeld bekommt, sind das, was ihm hilft zu gedeihen. Das bedeutet, sich zu seinem vollen Potential zu entwickeln und seine natürlichen Geschenke vollständig auszunutzen.

Zwölf Wege, ein klügeres Kind zu bekommen

Neulich kamen ein paar Eltern mit ihrem Dreijährigen zu seiner jährlichen Untersuchung in meine Praxis. Enttäuscht berichteten sie: »Er kam nicht in die hochgelobte Vorschule, die wir wollten.« Das Kind wirkte schlau und glücklich, aber die Eltern schauten drein, als wäre ihr Sohn soeben von der Hochschule geflogen. Ich versicherte diesen liebenden Eltern, dass es absolut keinen Zusammenhang gibt zwischen der Art der Vorschule, die ein Kind besucht (oder ob es überhaupt eine Vorschule besucht), und seinen Chancen, fünfzehn Jahre später in Harvard angenommen zu werden. (Ich wollte noch hinzufügen, dass eine Aufnahme in Harvard auch keine Garantie für ein glückliches Leben ist.) Ja, qualitativ hochwertige Schulen und schulischer Erfolg sind wichtig, aber was zu Hause vor sich geht ist sogar wichtiger, vor allem wenn die Ziele für Ihr Kind, neben akademischen Errungenschaften, Glücklichsein und Zufriedenheit einschließen. Sie wollen, dass Ihr Kind klug ist – zu Hause und im Leben. Hier sind einige Vorschläge:

1. Ein kluger Start im Bauch

Die Entwicklung des Nervensystems des Fötus wird – zum Guten oder zum Schlechten – durch das beeinflusst, was die Mutter während der Schwangerschaft tut. Zigarettenrauch, Alkohol und Narkotika sind bekannt dafür, negative Auswirkungen auf die Gehirnentwicklung zu haben und das Risiko zu erhöhen, dass das Kind später Lern- und Verhaltensprobleme haben wird. Neben dem Vermeiden von Drogen, Alkohol und Nikotin gibt es aber auch einige Dinge, die die Mutter tun sollte. Eine gesunde Ernährung ist ein Muss während der Schwangerschaft. Ganz allgemein kann man sagen, je besser Sie Ihren Körper versorgen, desto besser versorgt ist das wachsende Gehirn Ihres Babys.

Obwohl es schwerwiegender Fehlernährung bedarf, um die Entwicklung des Babys im Bauch erheblich zu schädigen, kann das Fehlen bestimmter Nährstoffe zu subtilen Entwicklungsproblemen beitragen. Zum Beispiel sind einige Ernährungswissenschaftler besorgt, dass schwangere Frauen nicht genug der richtigen Fette zu sich nehmen. Die besten Fette für ein wachsendes Gehirn sind Omega-3-Fettsäuren, und die beste

Quelle für diese gehirnbildenden Fette sind Kaltwasserfische. In unserer Kinderarztpraxis ermutigen wir werdende Mütter, mindestens drei Mal pro Woche eine große Portion frischen oder gefrorenen Meereslachs oder Thunfisch zu sich zu nehmen.

Ein weiterer wichtiger Nährstoff für schwangere Frauen ist das B-Vitamin Folsäure. Ein Mangel an diesem Vitamin kann die Risiken für Fehlentwicklungen der Wirbelsäule erhöhen oder Hirnschäden hervorrufen. Folsäure ist besonders entscheidend für die Entwicklung des ungeborenen Babys in den ersten Wochen der Schwangerschaft, noch ehe die Frau überhaupt realisiert, dass sie schwanger ist. Aus diesem Grund rät man schwangeren Frauen und denjenigen, die schwanger werden wollen, täglich 400 Mikrogramm Folsäure über ein Nahrungsergänzungsmittel zu sich zu nehmen. Es ist auch wichtig, Brot, Mehl und Cerealien zu essen, die mit Folsäure angereichert sind.

Die Gedanken und Gefühle der Mutter können die Entwicklung eines Babys ebenfalls beeinflussen. Es gibt immer mehr Hinweise darauf, dass das sich entwickelnde Nervensystem eines Babys durch die Umgebung im Bauch und Einflüsse außerhalb des Bauches beeinflusst wird. Mutter und Baby teilen Hormone über die Plazenta, und eine Umgebung voller Stresshormone kann, so die Theorie der Forscher, ein Kind mit einem nervöseren oder ängstlichen Temperament hervorbringen. Natürlich ist Stress unvermeidbar während einer Zeit der Veränderung, wie es die Schwangerschaft ist. Es ist der Umgang der Mutter damit, der beeinflusst, wie die Umgebung des Babys im Bauch ist. Während der Schwangerschaft Ängste und Sorgen aufzuarbeiten statt sie sich aufbauen zu lassen, hilft einer Mutter, mental ruhig zu bleiben, während sie das Baby in sich umsorgt.

Seien Sie glücklich, bewegen Sie sich

Substanzen namens *Endorphine*, die als natürliche Wohlfühlhormone bekannt sind, wirken den Stresshormonen entgegen und entspannen die Mutter und deshalb auch das Baby. Lachen und Körperbewegung erhöhen die Ausschüttung von Endorphinen. Geben Sie sich selbst und Ihrem ungeborenen Baby die klugen Auswirkungen dieser Hormonspitzen mit auf den Weg. (Mehr zur Gesundheit von Mutter und Kind während der Schwangerschaft finden Sie in *The Pregnancy Book* von William und Martha Sears und Dr. Linda Holt.)

2. Kluges Tragen

Überlegen Sie sich, was einem Baby mehr beibringt: in einer Krippe zu liegen und ein entwicklungsförderndes Mobile sich über ihm bewegen zu sehen oder auf der Schulter des Vaters durch das ganze Haus getragen zu werden, während dieser die Post sortiert oder sich mit der Mutter unterhält. Was ist interessanter? Ein Laufstall, der gut ausgestattet ist mit den neuesten entwicklungsfördernden Spielzeugen, oder die Küche, in der Mama und Papa eine große Auswahl verschiedener Gemüsesorten auspacken? Wenn Sie durch einen Supermarkt gehen müssten, würden Sie dann lieber mit Ihren Augen auf Höhe der Oberschenkel der anderen Leute sein oder weiter oben in der Nähe von Mamas Schulter, wo all die interessanten Sachen zu sehen sind?

Es ist überraschend einfach, Ihrem Baby eine anregende Umgebung zu bieten. Die meisten Babys, von Neugeborenen bis hin zu Kleinkindern, finden die Welt der Erwachsenen unendlich interessant. Wenn Sie Ihr Baby herumtragen, während Sie Ihre täglichen Erledigungen machen, geben Sie ihm die Anregung, die es braucht, um sein Sehen, sein Hören und sein Verstehen zu entwickeln. Zusätzlich bekommt es Anregungen von dem, wie Sie mit ihm reden und Ihre Beobachtungen und Gefühle mit ihm teilen.

SMARTER TIPP

Babys lernen auf dem Arm eines beschäftigten Betreuers sehr viel.

Kinder, die viel getragen werden, weinen weniger und verbringen somit mehr Zeit mit produktiver Interaktion mit ihrem Umfeld. Sie lernen mehr. Die Nähe zur Mutter und ihre sanfte Bewegung beim Herumlaufen beruhigen das Baby. Neugeborene, die viel getragen werden, verbringen mehr Zeit im Zustand ruhiger Aufmerksamkeit, der ihnen hilft, sich schneller an die Welt außerhalb des Bauches zu gewöhnen. Sie genießen auch qualitativ bessere »Konversationen« mit Mama und Papa. Werden sie in einer Wiege oder auf einem Babysitz abgelegt, so wedeln sie mit den Armen, drücken ihren Rücken durch und verschwenden sehr viel Energie für unnötige Bewegungen. Wenn sie in den sie umfassenden Armen der Eltern oder in einem Tragetuch getragen werden, werden diese Bewegungen eingeschränkt und Babys können sich besser konzentrieren. Ein Baby, das mit dem Gesicht nach vorne in einem Tragetuch getragen wird, hat einen guten Ausblick auf seine Umgebung – es kann seine Welt scannen. Das mag mehr sein, als ein kleines Baby verarbeiten kann (darum trägt man Neugeborene im Tragetuch verborgen), aber für ein Baby mit drei oder vier Monaten gibt es keinen besseren Aussichtspunkt, von dem es die Welt kennenlernen kann. Das Baby wählt aus, was es anschauen möchte, und schließt das aus, was es nicht anschauen möchte.

Als Sprachmedizinerin und Mutter von zwei Kindern glaube ich sehr stark an den Wert davon, Babys während der meisten Zeit ihres frühen Lebens zu tragen – in einem Tragetuch oder auf dem Arm. Wenn Babys getragen werden, lernen sie die Gespräche Erwachsener kennen. Sie haben viel Gelegenheit, Menschen sich unterhalten zu sehen. Sie beobachten das abwechselnde Reden und den Augenkontakt während der Unterhaltung. Sie entwickeln ein Verständnis der Sprache, indem sie Intonationsmuster hören, die Gefühle ausdrücken – Glück, Trauer, Wut. Indem sie den Mund des Sprechenden aus der Nähe beobachten, lernen sie, die korrekten Sprechbewegungen für akkurate Aussprache zu imitieren. All diese Teile fügen sich für das Baby zum Sprechenlernen zusammen.

Weil wir den Wert des Getragenwerdens für die intellektuelle Entwicklung von Babys erkennen, bekommt jedes neue Elternpaar in unserer Praxis eine Einführung in die Kunst des Babytragens. Babys lieben es, getragen zu werden, und obwohl manche länger brauchen als andere, zu lernen, das Getragenwerden in einem Tragetuch zu genießen, ist es doch die Anstrengung wert. Eltern, die ihre Babys tragen, sagen oft zu uns »Sobald ich das Tragetuch nehme und anziehe, strahlt mein Baby und streckt mir die Arme entgegen, so wie vor lauter Vorfreude, dass es bald in meinen Armen und in meiner Welt ist.«

Von Anfang an trug ich meine Tochter in einem Tragetuch, wo immer wir hingingen. Ich redete mit ihr – wie eine Art fortlaufender Kommentar –, während ich das Geschirr spülte, am Strand spazieren ging, in einem Buchladen stöberte, in einem Supermarkt einkaufte. Eigentlich war es so, dass sie alles tat, was ich auch tat. Sie war genau da, sicher in meinen Armen, während sie all die Aussichten und Geräusche der Welt sah und hörte. Sicher, ab und an sahen mich die Leute an, als sei ich verrückt, so mit einem Baby zu reden wie ich es tat. Aber ich lächelte einfach und machte weiter mit meinem Kommentar zu dem tollen roten Apfel oder dem lauten Flugzeug. Klar, wir sind voreingenommen, aber sogar Fremde sagen, dass sie eines der glücklichsten, sichersten, selbstsichersten, neugierigsten, phantasievollsten, humorvollsten Kinder ist, die sie je gesehen haben.

3. Ein kluger Start in der Ernährung

MUTTERMILCH: NAHRUNG FÜR KLÜGERE KINDER prahlte die Schlagzeile einer Ausgabe von *USA Today* aus dem Jahr 1992. Im letzten Jahrzehnt haben Forscher zunehmende Beweise gesammelt, dass gestillte Babys klüger sind. Studien haben belegt, dass gestillte Babys höhere Ergebnisse in IQ-Tests erreichen, wenn sie älter sind. Forscher haben ebenfalls höhere Werte auf Entwicklungsskalen und bessere Noten in der Grundschule bei Kindern festgestellt, die gestillt wurden.

Hier sind ein paar mögliche Gründe, warum gestillte Kinder einen intellektuellen Vorteil genießen:

Schlauere Fette. Menschliche Milch enthält einen wesentlichen Anteil an gehirnfördernden Fetten namens DHS (Docosahexaensäure), eine Omega-3-Fettsäure. DHS ist ein unverzichtbarer Nährstoff für die Entwicklung und Aufrechterhaltung des Gehirngewebes. Bis vor kurzem enthielt Säuglingsnahrung in den USA kein DHS. Aber im Mai 2001 überzeugte der überwältigende wissenschaftliche Beweis der Wichtigkeit von DHS die Lebensmittelbehörde der USA (FDA), den Zusatz von DHS zu Säuglingsnahrung in Amerika zuzulassen. In unserer Arztpraxis raten wir allen schwangeren und stillenden Frauen, Nahrungsmittel mit viel DHS zu sich zu nehmen (frischer oder gefrorener Meereslachs und Thunfisch) oder eine Nahrungsergänzung mit 200 mg DHS täglich zu nehmen, da der DHS-Gehalt der Muttermilch durch die Ernährung der Mutter beeinflusst wird. Cholesterol ist ein anderes Fett, das für die optimale Entwicklung des Gehirns notwendig ist. Muttermilch enthält Cholesterol, aber industrielle Säuglingsnahrung enthält es nicht. Während niedrige Cholesterolwerte gut für Erwachsene sind, brauchen Babys Cholesterol zum Aufbau des Hirngewebes.

Schlauere Zuckerarten. Laktose, der hauptsächliche Zucker in Muttermilch, ist vermutlich ein weiterer Grund, warum gestillte Babys schlauer sind. Der Körper spaltet Laktose in zwei einfachere Zuckerarten – Glukose und Galaktose. Vor allem Galaktose ist ein wertvoller Nährstoff für die Entwicklung des Gehirngewebes.

Schlauere Verbindungen. Stillen trägt mehr zum Vorsprung in der Entwicklung bei als nur die Nährstoffe. Weil Muttermilch schneller verdaut wird, säugen gestillte Babys häufiger und haben daher vermutlich mehr

Interaktion mit ihren Betreuern. Stillende Mütter neigen auch dazu, sensibler für die Bedürfnisse ihres Babys zu sein. Weil eine Mutter nicht nachverfolgen kann, wie viele Milliliter Milch ihr Baby getrunken hat, muss sie lernen, die Hungersignale ihres Babys zu erkennen. Das hilft ihr, sich auch auf die anderen Signale ihres Babys einzustellen. Je besser sie aufeinander eingestellt sind, je besser die Antworten werden und je vorhersagbarer die Mutter ist, desto einfacher ist es für das Baby, in seiner Umgebung zurechtzukommen. Vorhersagbare Antworten ermutigen das Baby auch, mehr Interaktionen zu initiieren. Das Stillen selbst – mit seinem Hautkontakt, der Änderung des Milchflusses und der gegenseitigen Abhängigkeit zwischen Mutter und Baby – ist wahrscheinlich stimulierender als die Fütterung mit der Flasche.

SMARTER TIPP

Die Milch in Verbindung mit der Bemutterung beschert Babys einen Vorsprung. Mindestens elf wissenschaftliche Studien haben gezeigt, dass gestillte Babys schlauer sind. Und je häufiger und länger Kinder gestillt werden, desto größer ist der intellektuelle Vorsprung.

Schlauere Berührung. Gestillte Babys werden garantiert viel berührt und viele schlafen im gleichen Bett mit der Mutter, die ganze Nacht oder Teile davon. Dies ist eine gesunde Erziehungspraktik, die die tägliche »Berührungszeit« ausweitet. Spezialisten für die Entwicklung von Kindern glauben, dass Berührung – oder der Mangel daran – einen immensen Einfluss auf die physische und intellektuelle Entwicklung von Kindern hat.

4. »Schlaue Gespräche«

Man muss Babys nicht beibringen, Sprache zu benutzen, aber je mehr sie davon hören, desto besser lernen sie sprechen. Denken Sie daran, dass Sprache mehr ist als das Benutzen von Worten. Sprache ist Kommunikation und Babys kommunizieren, lange bevor sie anfangen, Worte zu benutzen. Schon gleich zu Beginn lernt das Neugeborene, dass es Geräusche und Gesten nutzen kann, um Aufmerksamkeit zu bekommen und seine Bedürfnisse erfüllt zu bekommen. Ihre Antwort auf diese Signale hilft ihm zu verstehen, wie Kommunikation funktioniert. Wenn sein Signal – sagen wir eine »Nimm mich hoch«-Geste – die erwartete Antwort erhält, ist das Baby motiviert, mehr Signale zu geben. Weil das System aus Signal und Antwort die Grundlage für Kommunikation und Sprache ist, ist es wichtig für Eltern, ihre Energie mehr in das Antworten zu investieren als in die Sorge, dass sie ihr Baby verwöhnen könnten. Das ist eine der vielen Arten, in denen das Nutzen der Baby-B's (wie auf den Seiten 38 bis 42 aufgeführt) zur Entwicklung und zum Erfolg des Kindes beiträgt. (Kommunikationstipps finden Sie in Kapitel 9.)

Das »Reden« mit den Eltern hilft dem Baby auch, die Feinheiten der Kommunikation aufzunehmen. Von aufmerksamen Eltern lernt das Baby, dass Augenkontakt Teil der Kommunikation ist. Es lernt auch etwas über abwechselndes Reden, eine grundlegende soziale und sprachliche Fertigkeit. Vor allem Mütter neigen dazu, mit Babys in kurzen Salven steigenden Crescendos und fallender Decrescendos zu reden, mit Pausen zwischen den Gedanken. Auch wenn die Mama die einzige ist, die redet, agiert sie so, als würde das Baby ihr antworten. Und tatsächlich zeigen Videoanalysen, dass das Baby sich als Antwort auf den Rhythmus des »Dialogs« der Mutter bewegt und so seinen Teil des Dialogs mit Körpersprache statt mit Worten erfüllt. Diese frühen Konversationen formen die Fähigkeit des Babys, zuzuhören; wie bei anderen sich entwickelnden Fertigkeiten auch gilt hierbei, je öfter das Kind Gelegenheit zu üben hat, desto mehr kann sich das Baby zu seinem vollen Potential entfalten. Eltern von Kindern, die gut geraten, genießen diese frühen Interaktionen und machen das Beste daraus.

Mütter und Väter nutzen eine angereicherte Form der Sprache mit ihren Babys, die *Babysprache* genannt wird. Sie erhöhen den Ton ihrer Stimme und ver-l-a-n-g-s-a-men die Geschwindigkeit, in der sie sprechen. Eltern setzen einen heiteren Gesichtsausdruck auf und öffnen ihre Augen, wenn sie mit Babys reden, so dass es dem Baby leichter fällt, sich auf die Botschaft zu konzentrieren. Sie übertreiben einige Worte oder Gesichtsausdrücke, um die Bedeutung zu verstärken. Ein Baby muss sich nicht auf die Worte allein verlassen, um zu wissen, dass etwas Lustiges oder Aufregendes passieren wird. Es kann solche Worte wie »spazieren gehen« mit einem fröhlichen Lachen verknüpfen und damit, dass seine Mutter geschäftig wird, um sich fertig zu machen. Wie Eltern reden ist wichtiger für das Baby als das, was sie sagen. Am wichtigsten von allem ist es, viel Zeit mit der Konversation mit Ihren Kindern zu verbringen.

Ratschläge für das Reden mit Babys

Schauen Sie Ihren Zuhörer an.
Wenn Sie vor dem Beginn des Gesprächs den Augenkontakt mit Ihrem Baby suchen, können Sie seine Aufmerksamkeit länger halten und werden mit höherer Wahrscheinlichkeit eine angemessene Reaktion erhalten.

Imitieren Sie die Geräusche Ihres Babys.
Babys beobachten den Mund des Sprechers und versuchen, die Zungen- und Lippenbewegungen zu imitieren. Eltern können das verstärken, indem sie lustige Geräusche machen, Worte übertreiben und ihr Baby ermutigen, sie zu wiederholen. Das Imitieren der Geräusche des Babys ermutigt es ebenfalls, seine Töne zu üben und neue zu versuchen.

Als meine Kinder anfingen, Geräusche zu machen, wiederholte ich sie, formte aber das Geräusch zu einem Wort um, das ähnlich klang, statt einfach nur die Babysprache nachzuahmen.

Sprechen Sie Ihr Baby mit seinem Namen an.
Auch wenn das Baby seinen Namen nicht mit sich selbst in Verbindung bringt, ehe es nicht ein paar Monate alt ist, bildet das häufige Hören des Namens trotzdem schon Verknüpfungen. Dieses besondere Geräusch bedeutet, dass jemand *ihm* Aufmerksamkeit schenkt.

Halten Sie es einfach.
Nutzen Sie kurze Zwei- oder Drei-Wort-Sätze und ein- oder zweisilbige Worte mit herausgestellten, übertriebenen Vokalen: »Süüüüüüüßes Baaaaaaby.«

Machen Sie es lebendig.
Sagen Sie »Wink der Oma zum Abschied«, während Sie winken. Babys erinnern sich eher an die Worte, wenn sie mit lebendigen Bewegungen verknüpft sind, weshalb Babys auch Zeichensprache mögen. Verleihen Sie Ihren Sätzen ein wenig Schwung, indem sie das Ende des Satzes betonen. Betonen Sie Signalworte. Babys werden gelangweilt von den ständig gleichen Geräuschen. Säuglinge und Kleinkinder sind aufmerksamer, wenn Sie in einer Art Singsang mit ihnen reden.

Stellen Sie Fragen.
»Möchte Suzy stillen?« In Fragen zu reden erhöht automatisch Ihre Stimme am Ende des Satzes, wenn Sie die Antwort Ihres Babys erwarten.

Erzählen Sie.
Wenn Sie das Baby für den Tag fertigmachen – anziehen, waschen und Windeln wechseln – reden Sie mit ihm über das, was Sie tun. (Anmerkung für Väter: Das ist ein wenig wie der Sportkommentator, der das Spiel beschreibt: »Jetzt wechselt der Papa die Windel. Jetzt zieht er ihm eine neue an. Und da ist das Baby auch schon fertig und kann zur anderen Seite des Bettes durchkommen…«) Es ist normal, sich anfangs

dabei ein wenig komisch vorzukommen (außer, wenn Sie sowieso schon ständig mit sich selbst reden), aber Sie reden nicht mit einer Wand. Da ist eine kleine Person mit großen Ohren und einem sich entwickelnden Gehirn, das jedes Wort verarbeitet, das es hört. In meiner Kinderarztpraxis habe ich bemerkt, dass die Kinder redefreudiger Mütter, die auch gut zuhören können, im Allgemeinen redefreudigere Kleinkinder werden – und aufmerksame Zuhörer.

Singen Sie laut!
Forscher glauben, dass Singen mehr Sprachzentren im Gehirn des Babys anspricht als Worte allein. Sie müssen kein Opernstar sein, um einen bewundernden Zuschauer zu haben. Babys in jeder Altersstufe lieben die Lieder, die sie wieder und wieder hören, sowohl selbstausgedachte von Mama und Papa als auch bekannte Kinderlieder. Merken Sie sich die Top Ten Ihres Kindes und spielen oder singen Sie sie häufig. Babys lieben Wiederholungen.

Bauen Sie es aus.
Ein vom Kind initiiertes Wort auszubauen ist ein wertvolles Werkzeug zum Sprechenlernen. Angenommen, Ihr Kleinkind zeigt nach oben und sagt »Oge« (Vogel). Dann fügen Sie hinzu »Ja, ein Vogel fliegt am Himmel …« Worte oder Gedanken, die ein Kind initiiert, schenken einen Moment des Lernens.

Vermutlich weil ich selbst gerne rede, haben unsere Töchter beide starke Kommunikationsfähigkeiten. Ich redete mit beiden die ganze Zeit seit ihrer Geburt. Ich sang ihnen auch etwas vor. Ich dachte nicht darüber nach und hatte das Gefühl, sie seien von Anfang an sehr empfänglich dafür. Ich denke, einfach viel mit den Babys über das Wort »gehen« zu reden, macht mit der Zeit hundert verschiedene Arten von Unterschieden. Und nicht Babysprache. Ich habe mit ihnen geredet, wie ich auch mit jedem sonst reden würde, vielleicht mit einer anderen Stimme, aber mit normalen Worten.

Nach einer interessanten Studie ist es die Sprache im »Reallife« – also direkt aus dem Mund eines Menschen – die wichtig ist für die Entwicklung des Babys. Worte im Fernsehen, auf einer CD oder im Radio bieten nicht die gleichen Lernvorteile. Das kann so sein, weil Babys die Person sehen müssen, die redet – vielleicht sogar sie riechen und berühren. Sprache bedeutet Babys und Kindern am meisten, wenn sie sich um ihre Welt dreht und wenn sie von Menschen kommt, die ihnen etwas bedeuten. Es erscheint logisch, dass verbundene Kinder gute Sprachlerner sein werden.

> *Ich redete fast die ganze Zeit mit meinem Baby. Ich versuchte immer, »über« seinem Sprachniveau zu reden – um ihm farbenfrohe und interessante verbale Botschaften zu vermitteln. Ich beschrieb oft meine Aktivitäten: »Mama macht eine Suppe. Schau dir mal die orangene Suppe an. Siehst du die Karottenstücke in der Suppe?« Ich verbrachte viel Zeit damit, Dinge zu beschreiben, die er sehen konnte. Er konnte sehr früh schon sehr gut sprechen und ich denke, dass all unsere Konversation dabei geholfen hat.*

Wenn Kinder heranwachsen, ist es wichtig, weiterhin zu und mit ihnen zu reden. Sie können über Menschen reden, die Sie beide kennen, Dinge die Sie auf dem Weg zum Baseball- oder Fußballtraining sehen, Veranstaltungen in der Schule, andere Familienmitglieder, Ihre eigenen Gefühle und die Ihres Kindes. Sie helfen dabei, die Weltsicht Ihres Kindes zu erweitern, indem Sie über die Fernsehsendungen (oder Werbeclips) reden, die Sie gemeinsam sehen, ein neues Auto kommentieren, das Sie auf der Straße sehen oder darüber reden, dass Tante Sophie eine schwere Zeit hat, seit ihr Hund gestorben ist. Kinder fühlen sich besonders, wenn Erwachsene Zeit für eine echte Konversation mit ihnen haben und ihren Beobachtungen zuhören. Wie in den längst vergangenen Baby-Dialogen denken Sie auch jetzt noch daran, die Antworten Ihres Kindes zu beobachten und zu respektieren, verbale wie auch nonverbale.

Tischgespräche!

In unseren Untersuchungen haben wir festgestellt, dass die Stunde des Abendessens für viele Familien wichtig ist, die erfolgreiche Kinder großziehen. Eltern und Kinder freuen sich beide auf diese soziale Zeit. Der Fokus liegt darauf, zusammen zu sein und Erfahrungen zu teilen, und auf dem gemeinsamen Essen. Obwohl Familienessen nicht jeden Abend möglich sein werden, weil es oft abends noch Termine gibt, versuchen Sie als Familie zusammen zu essen, wann immer es möglich ist – in der Mehrzahl der Fälle. Stellen Sie sicher, dass jedes Kind mit Reden drankommt und sich wichtig genommen fühlt. Halten Sie Ihre Erwartungen realistisch, basierend auf dem Alter Ihrer Kinder; Dreijährige können nicht so lange still am Tisch sitzen wie Zehnjährige. Beschränken Sie die Konversation des Kindes nicht auf kindzentrierte Themen. Das ist eine gute Gelegenheit für Kinder, Gespräche von Erwachsenen zu hören und daran teilzunehmen. Sie können anstehende Veranstaltungen durchsprechen, Familiendinge und was für Mama und Papa wichtig ist oder auch, was an diesem Tag in der Schule passiert ist. Kinder – vor allem kleine – genießen diese Konversationen.

5. Kluge Antworten

Ein schlaues Baby zu bekommen hängt nicht nur davon ab, wie Sie mit Ihrem Säugling reden, sondern auch davon, wie Sie *zuhören*. Viele Studien haben gezeigt, dass die Qualität der Bindung zwischen Eltern und Kind der machtvollste Einfluss auf die Hirnentwicklung ist. Ein sensibler, feinfühliger Erziehungsstil fördert das Lernen des Babys in kritischen Momenten. Wenn Sie mit Ihrem Kind verbunden sind und ahnen können, was es denkt, können Sie oftmals die wichtigsten Informationen bereitstellen, die ihm verstehen helfen, warum es weint oder was es möchte – und was es dafür tun kann. Ein zugewandtes Elternteil kann ihm dabei helfen, die

SMARTER TIPP

Das Antworten auf die Signale Ihres Babys bildet Gehirnverbindungen.

Bausteine zusammenzusetzen oder zu verstehen, warum seine Geschwister genau in dem Moment außer sich sind, wenn es selbst mit Problemen kämpft. Wenn Babys weinen oder andere Signale geben, erwarten sie eine Antwort. Indem Sie all seiner Sprache zuhören, den Aktionen wie auch den Worten, können Sie mit der effektivsten Lernanregung antworten, die möglich ist – die Art, bei der Liebe und Fürsorge enthalten sind.

Neben all den Gruppen, Spielzeugen und Programmen, die es für Babys, Kleinkinder und Vorschüler gibt, bleiben Eltern die wichtigsten Lehrer im Leben ihres Kindes. Die intellektuelle Entwicklung Ihres Kindes hängt nicht davon ab, welche Dinge Sie kaufen oder zu welchen Kursen Sie Ihr Kind anmelden. Die Spielzeuge machen Spaß und die Kurse sind voller hilfreicher Ideen, aber die Entwicklung hängt von dem ab, was Sie *tun*. Die Rolle der Eltern als Spielgefährten und sensible Umsorger hat weit mehr Einfluss als formales oder informelles Lehren. In der Eröffnungsrede beim Treffen der amerikanischen Kinderärztevereinigung 1986 besprach der Entwicklungsspezialist Dr. Michael Lewis Studien zu den Faktoren, die schlauere Babys hervorbringen. In seiner Zusammenfassung der Forschung stellte Dr. Lewis fest, dass der wichtigste Einfluss auf die intellektuelle Entwicklung eines Kindes die Empfänglichkeit der Betreuer für die Signale des Babys ist.

Die empfängliche Beziehung, die Sie mit Ihrem Kind in der Kindheit aufbauen, überträgt sich ins spätere Lernen. Sichere, selbstsichere Kinder lernen besser, unabhängig von ihren natürlichen Voraussetzungen. Das Wissen über Ihr Kind, das damit anfängt, dass Sie in der Säuglingszeit auf Weinen und andere Signale Ihres Kindes antworten, wird Ihnen in ein paar Jahren beim Helfen bei den Hausaufgaben gute Dienste leisten.

SMARTER TIPP

Beziehungen, nicht Dinge, machen schlauere Kinder.

6. Kluges Lesen

Eine Studie des amerikanischen Bildungsministeriums mit dem Namen *A Nation at Risk* fand heraus, dass Kinder, deren Eltern ihnen vorgelesen hatten, in der Schule besser abschnitten als diejenigen, deren Eltern ihnen zu Hause nicht vorlasen. Es ist nie zu früh – oder zu spät –, Ihrem Kind etwas vorzulesen. Babys lieben es, Kinderreime zu hören und Gedichte mit einem singenden Rhythmus. Sie lieben es auch, Bücher mit Bildern anderer Babys anzuschauen. Ältere Kinder, auch diejenigen, die schon gut alleine lesen, genießen es, Bücher für Größere mit Mama und Papa zu lesen.

> *Kindern laut vorzulesen ist die wichtigste Aktivität, um Wissen und voraussichtlichen Erfolg aufzubauen.*
> *– US-amerikanisches Bildungsministerium, Kommission für Lesen*

Ihrem Kind etwas vorzulesen schließt mehr ein, als nur dem Text zu folgen. Mit einem Baby oder Kleinkind reden Sie eher über die Bilder, als tatsächlich Worte auf der Seite zu lesen. Suchen Sie Bücher für Ihr Baby mit einem großen, einfachen Bild auf jeder Seite aus – oder machen Sie sie selbst. Dann fragen Sie »Siehst du den Löwen? Was sagt der Löwe?« Ihr Kleinkind wird das Ritual lieben, gemeinsam mit Ihnen zu brüllen wie ein Löwe. Dann können Sie über den Löwen im Zoo reden oder den Stofftier-Löwen auf seinem Bett. Bücher mit Klappen zum Öffnen oder andere, die Interaktion fordern, sind ein großer Spaß für Kleinkinder und Vorschulkinder und führen sie schon in jungen Jahren zum Lesen hin.

Gehirnbildende Papas

Für die meisten Väter bedeutet eine regelmäßig eingerichtete Zeit, etwas zu tun, dass es wahrscheinlicher wird, dass sie es wirklich tun. Und Routinen können Beziehungen entwickeln. Wählen Sie sich also eine regelmäßige Zeit alle paar Abende für eine »Lesezeit mit Papa« aus. Ihre Arme, Ihr Schoß und die männliche Intonation der Stimme tragen viel zur Verbesserung der Lesefertigkeiten Ihrer Kinder so wie auch zum Interesse Ihres Kindes am Lernen bei. Tatsächlich zeigen Studien, dass Kinder einen höheren Bildungsgrad und bessere soziale Kompetenzen haben, wenn ihre Väter in ihr Lernen eingebunden waren.

Ich würde die Kinder in den Leseprozess einbinden, indem ich am Ende jeder Seite sagen würde »Blätter um«, sodass sie wissen, dass sie dann die Seite umblättern können. Wissen Sie, Kinder lieben es, umzublättern!

Als Mutter von drei Kindern habe ich einiges über das Lesen mit Kindern gelernt. Jetzt habe ich nicht mehr das Gefühl, dass ich mich an die Worte halten muss, die auf der Seite sind. Ich bin frei, diese zu lesen und auch, über die Bilder zu reden oder sogar zu fragen, was das Kind denkt, was vor sich geht oder was als nächstes passieren wird. Ich bin der Falle entkommen, einfach der Reihe nach vorzulesen, und mache es jetzt zu einem spaßigen, interaktiven Abenteuer.

Lies mir was vor!

Bücher können die Tür zu Unterhaltungen über wichtige Geschehnisse im Leben Ihres Kindes öffnen. Ein Buch über den Besuch in einer Arztpraxis kann es auf seinen bald anstehenden Termin vorbereiten. Ein Buch über seinen Tag kann die Erinnerungen an den Ausflug im Zoo letzte Woche zurückbringen. Ein Buch über eine Reise per Flugzeug kann helfen, den Urlaub vorzubereiten. Ein Buch über ein neues Baby kann Ihnen helfen, die Veränderungen zu erklären, die in Ihrem Haus bevorstehen. Bilderbücher bieten sich an zum Dialog zwischen Vorleser und Kind: »Wo ist das Kätzchen?« »Warum denkst du, ist Pooh der Bär so glücklich?» «Wie viele rote Äpfel kannst du zählen?»

Kleine Kinder lieben Bücher über sich selbst. Sie können diese für und mit Ihrem Kind erstellen, indem Sie Fotos oder einfach Zeichnungen nutzen, oder Scrapbooks oder sogar den Computer (je nachdem, wie gut oder ambitioniert Sie beim Basteln sind). Selbstgemachte Bücher sind eine großartige Möglichkeit, auf ein wichtiges Familienereignis vorbereitet zu werden oder um sich an eines zu erinnern.

Das Zuhause ist die erste Schule eines Kindes. Eltern sind die ersten Lehrer des Kindes. Lesen ist das erste Fach eines Kindes.
– Barbara Bush, Barbara Bush Foundation for Family Literacy

Neben dem Lesen zum Vergnügen genießen Kinder auch die Vorfreude auf das Lesen als Ritual. Wir haben immer unsere Bettgehroutine genossen, während der wir vielen Kindern viele Bücher vorgelesen haben. Gelegentlich versuchten wir, einige Abkürzungen zu nehmen und Abschnitte oder Seiten wegzulassen, aber in der Mehrzahl der Fälle wurden wir erwischt, was uns zeigte, dass sogar halbschlafende Kinder noch aufmerksam waren.

Wir fingen an, unserem Kind vorzulesen, als er ein Kleinkind war. Unser Bettgehritual war, uns in einem Schaukelstuhl einzukuscheln und ein Gute-Nacht-Buch zu lesen. Zuerst waren die Bücher kurz, wie »Gute Nacht Mond«, aber sie wurden länger mit seiner zunehmenden Aufmerksamkeitsspanne und Verschiebung der Bettgehzeit. Manchmal schliefen wir während des Lesens ein und er weckte uns zum Weiterlesen auf.

Kluge Geschichten

Erzähl mir eine Geschichte! Geschichten erzählen ist eine andere großartige Möglichkeit, phantasievolle Erfahrungen mit Ihren Kindern zu teilen und ihren Verstand zu weiten. Wenn sie einer von den Eltern ausgedachten Geschichte zuhören, müssen Kinder sehr gut aufpassen. Sie sind frei, ihre eigenen Bilder in ihrem Kopf zu kreieren, und ihre Nachfragen können sogar beeinflussen, wie sich die Geschichte entwickelt. Sie können die Geschichten personalisieren, sodass Ihr Kind einen Charakter darin spielt, was es ihm erlaubt, sich selbst in dem Abenteuer zu sehen. Kinder lieben es auch, Geschichten darüber zu hören, was ihre Eltern als Kinder getan haben. Manche Geschichten haben vielleicht eine Moral oder eine soziale Lektion. Andere sind einfach Spaß.

Ich erzähle meinen Kindern ausgedachte Märchen, wenn es Zeit ist, ins Bett zu gehen. Geschichten von Prinzessin Julia und Prinzessin Amanda sind ihre Lieblinge, weil die Prinzessinnen die gleichen Namen wie meine Kinder haben. Mit diesen Geschichten kann ich ihre Vorstellungskraft anregen und ihre Kreativität. In diesen Geschichten werden meine Kinder die winzigsten Käfer oder reiten magische Pferde hoch hinauf zu Schlössern in den Wolken.

Hinter dem Lesen mit Kindern steckt mehr als Bilderbücher für die unter Siebenjährigen. Längere, komplexere Bücher laut vorzulesen ist eine wundervolle Familienaktivität, die man mit Grundschulkindern teilen kann. Ein Buch zusammen lesen ist wie eine andere Welt mit Ihrem Kind betreten. Sie haben viel zum gemeinsamen Reden, während Sie lesen – und zu anderen Zeiten auch, wenn Sie die Charaktere und Geschehnisse diskutieren. Manche Familien hören sich auf langen Autofahrten Hörbücher an. Andere Eltern legen Wert darauf, mit ihren Kindern und Teenagern Artikel aus Zeitungen und Zeitschriften zu teilen. Das kann ein wichtiges

Gespräch eröffnen über Sportler, politische Skandale oder Amokläufe an Schulen. Wie auch bei anderen Interaktionen mit Ihrem Kind ist *was* Sie lesen nicht annähernd so wichtig wie dass Sie sich dafür Zeit nehmen. Ihr Beispiel spricht Bände. Nebenbei bringt gemeinsames Lesen Freude, für Eltern und auch für die Kinder.

Wir lesen die Bücher von Anne of Green Gables zusammen und ich fühle mich, als ob ich noch einmal selbst Kind sei.

7. Kluge Musik

Neue Forschungen scheinen zu zeigen, dass Musik Säuglinge und Kinder ruhiger und vielleicht auch klüger machen kann. Das Interesse an Musik als Reiz für das Gehirn stammt von der Beobachtung, dass Frühgeborene sich besser zu entwickeln scheinen, wenn man ihnen klassische Musik vorspielt. Studien an Schulen haben gezeigt, dass die Aufmerksamkeit und Leistungsfähigkeit von Schülern zunimmt, wenn sie im Hintergrund klassische Musik hören. Wissenschaftler vermuten, dass Musik hilft, das Gehirn zu organisieren, vor allem jene Gebiete, die mit kreativem Denken zusammenhängen. Sie schreiben den beruhigenden Effekt der Musik der Ausschüttung von Endorphinen zu, körpereigenen Beruhigungshormonen.

Es ist nie zu früh, damit zu beginnen, gute Musik zu spielen! Tatsächlich können Babys in der Gebärmutter schon die Musik hören, die ihre Eltern hören. Sie mögen schon davon gehört haben, dass die

SMARTER TIPP

Musik entspannt Körper und Geist.

Behauptung, dass klassische Musik zu schlaueren Kindern führt, als Mozarteffekt bezeichnet wurde. Kontrollierte Studien haben gemischte Ergebnisse gezeigt, aber Eltern brauchen nicht notwendigerweise einen wissenschaftlichen Beweis als Rechtfertigung, ihren Kindern Musik vorzuspielen. Genießen Sie klassische Musik; Ihr Baby wird das vermutlich ebenfalls tun.

Was ist mit frühem Instrumentenunterricht, wie auf dem Klavier oder der Geige? Absolut! Forscher an der Universität von Kalifornien in Irvine haben gezeigt, dass Drei- bis Fünfjährige, die Klavierunterricht bekamen, ihr räumlich-zeitliches Denken verbessern konnten, was ihnen dabei half, besser in Mathe zu werden. Aber wenn es darum geht, die musikalischen Talente Ihres Kindes zu entwickeln, nutzen Sie Ihren Menschenverstand. Konzentrieren Sie nicht all Ihre Bemühungen auf die Musik und vernachlässigen damit andere wichtige Bereiche. Die Talente und Interessen jedes Einzelnen sind verschieden. Ihr Kind braucht auch körperliche Bewegung und Sport, phantasiefördernde Aktivitäten, Erfahrungen mit Kunst und soziale Möglichkeiten.

8. Kluges Spiel

Spielen ist die Arbeit der Kinder. Von den ersten Versuchen des Babys, eine Rassel zu greifen, bis hin zum Meistern der Feinheiten eines Computerspiels lernen Kinder Denken, Konzentration und motorische, soziale und sprachliche Fertigkeiten im Spiel. Eltern können lernen, was ihre Kinder denken und fühlen, indem sie ihnen beim Spielen zuschauen und sich an ihrem Spiel beteiligen, wenn das gewollt ist. Wenn Sie mit Ihrem Kind spielen oder einfach nur sein Spiel aufmerksam beobachten, entdecken Sie all die Entscheidungs- und Problemlösungsprozesse, die während des Spiels in Ihrem Kind vor sich gehen. Sie bekommen auch einen Eindruck davon, wie die Welt Ihres Kindes aussieht und welche Erfahrungen es besonders beeindrucken.

Mein ältester Sohn hatte als Dreijähriger eine Phase, in der er es liebte, Restaurant zu spielen. Er war der Kellner und ich war der Gast. Ich musste mich an seinen kleinen Tisch setzen und er kam und nahm meine Bestellung auf. Aber sehr oft bestellte ich etwas und er sagte mir, dass das Restaurant dieses spezielle Essen an diesem Tag nicht hätte. Woher hatte er das, fragte ich mich. Und dann erinnerte ich mich, dass wir zum Mittagessen vor kurzem in einem Restaurant in der Nachbarschaft waren, für meinen Sohn Milch bestellten und uns gesagt wurde, dass die Milch an diesem Tag leider aus sei. Dieses Konzept von »nicht mehr da sein« war für meinen Sohn so faszinierend, dass er es mehrere Wochen lang in seinem Spiel wiederholte. Sein Restaurant zu Hause hatte immer keine Milch mehr – aber man konnte stattdessen Orangensaft bekommen. Und dann hatte er kein Malzbier mehr oder Salatsoße oder etwas anderes. Er konnte mir das mit seinen vier Jahren mit absolut ernstem Gesicht sagen, aber ich selbst verschluckte mich innerlich fast vor Lachen. Das war eine ernste Sache für ihn.

Spiel ist spontan und mit offenem Ende, nicht etwas, was Eltern passieren lassen können. Aber Sie können die Bühne bereiten, damit Ihr Kind besser spielen kann. Verschiedenere Arten zu spielen bereichern das Lernen des Kindes auf jeder Entwicklungsstufe. Grundsätzlich ist Spielen eher *Tun* als Zuschauen. Es spricht alle Sinne an: Hören, Fühlen, Sehen. Spielen in seiner besten Form bietet Alternativen, Möglichkeiten, verschiedene Wege, ein Problem zu erforschen. Kinder können während des Spiels Dinge geschehen lassen, die in der realen Welt niemals passieren können. Das kann eine Quelle der Kraft für sie sein, ein Weg, sich größer oder kompetenter zu fühlen, auch wenn sie von der Welt der Erwachsenen überwältigt sind. Greifen Sie nicht ein und zerstören Sie ihre großen Vorstellungen mit einer Ladung Realität – nicht, solange Ihr Superman nicht dabei ist, vom Treppengeländer zu springen!

Sie können sehr viel lernen über die Aufmerksamkeitsspanne Ihres Kindes, seine Vorlieben, sein Temperament, seine Stärken und seine Schwächen, indem Sie ihm beim Spielen zuschauen. Einige Kinder spielen sehr gut alleine, andere ziehen es vor, mit anderen gemeinsam zu spielen, vor allem, wenn sie ins Grundschulalter kommen. Manche Kinder verändern gerne Dinge und Figuren, andere stellen sich vor, dass sie selbst Teil der Geschichte sind. Manche konzentrieren sich auf direkte Beziehungen, andere auf Familien und andere bauen ganze Städte und soziale Systeme. Manchmal hilft es Kindern dabei, ihre Spielidee zu erweitern, wenn Sie als Eltern mit einer benötigten Requisite, einem Kostüm oder einer Idee einspringen. Manchmal werden Eltern gebraucht, um Streit zu schlichten oder den Kindern dabei zu helfen, Streitigkeiten auszudiskutieren, wenn sie zusammen spielen. Manchmal ist es das Beste, sich zurückzuhalten und das kindliche Spiel sich frei entwickeln zu lassen.

Hier sind einige Ideen, wie Sie kluges Spielen fördern:

Spielen Sie mit Ihrem Baby

Das Baby trifft den Ball auf dem Fußboden und stellt fest, dass dieser nicht nur davonrollt, sondern auch Musik dabei macht! Das Baby streckt sich, greift danach, versucht zu krabbeln – was auch immer notwendig scheint, um das Geräusch wieder zu erzeugen. Bausteine, die übereinander gestapelt werden, bilden einen Turm, auf den ein Kleinkind stolz sein kann. Sie genießen es auch, ihn umzuwerfen und mit dem Bauen von vorne anzufangen. Die besten Aktivitäten für Babys und junge Kleinkinder sind diejenigen, bei denen sie es schaffen, Dinge geschehen zu lassen. Das lehrt sie den Zusammenhang von Ursache und Wirkung und trägt auch zu ihrem sich entwickelnden Sinn für Individualität bei.

Babys lieben es, wenn Eltern mit ihnen spielen, und sie reagieren bereitwilliger als ältere Kinder auf Erwachsene, die das Spiel bestimmen wollen. Aber seien Sie nicht zu aufdringlich. Richten Sie sich nach Ihrem Baby. Was wird das zwei Monate alte Baby am liebsten sehen wollen? Spielen Sie mit diesem Spielzeug, nicht mit Ihrem bevorzugten Stofftier. Oftmals sind die einfachsten Spiele die besten. Spiegeln Sie die Gesichtsausdrücke Ihres Babys. Lassen Sie das Baby die Führung in diesem Spiel übernehmen. Und achten Sie auf die Stopp-Signale Ihres Babys. Wenn es sich wegdreht oder anfängt, das Interesse zu verlieren, braucht es vielleicht eine Pause. Respektieren Sie sein Bedürfnis nach einer Pause von der Aktion. Damit bringen Sie ihm bei, auf seine eigenen Gefühle zu achten und für sie Verantwortung zu übernehmen.

Ich glaube, dass Babys nicht viel Extra-Dinge und geplante Aktivitäten benötigen. Ich gab meinen Babys, was ich glaubte, was sie am meisten brauchten: mich. Ich stillte sie und wusste, dass das ihre visuellen Fähigkeiten erweitert, gut ist für ihre Gehirnentwicklung, für ihre Auge-Hand-Koordination und die Entwicklung des Kiefers für das Sprechen demnächst. Ich nahm sie überall mit mir hin, sodass sie voll eingebunden waren in meine Welt, und ich redete mit ihnen. Meine Kinder sind zu klugen und unabhängigen jungen Menschen herangewachsen.

Spielen Sie mit

Kluge Eltern halten sich Zeit frei, um mit ihren Kindern zu spielen, von der Babyzeit an bis ins Erwachsenenalter. Es werden Zeiten kommen, in denen Sie denken »Ich bekomme nichts geschafft. Ich kann durch die Arbeit auf meinem Schreibtisch kaum noch durchwaten. Stattdessen sitze ich hier auf dem Fußboden und spiele mit meinem Dreijährigen mit Bauklötzchen.« Spielen mit Kindern ist nicht immer intellektuell anregend für Sie. Es mag nicht immer Ihre erste Wahl bei den Aktivitäten sein. Aber es ist sehr wichtig. Sie bauen Ihre Verbindung zu Ihrem Kind auf. Sie lassen Ihr Kind wissen, dass Sie sich um Ihr Kind und seine Welt kümmern. Alle diese Faktoren tragen zum sich entwickelnden Sinn Ihres Kindes für Kompetenz und Selbstvertrauen bei. Auf einem philosophischen oder spirituellen Niveau gesprochen: Sie lernen, im Jetzt zu leben und den Moment zu genießen, etwas, in dem Kinder sehr gut sind und das Erwachsene wieder lernen müssen. Sie schaffen auch besondere Erinnerungen. Kinder und ihr Spiel können uns daran erinnern, dass das Leben am besten ist, wenn wir uns Zeit zum Entspannen nehmen, um unsere

Vorstellungskraft zu gebrauchen und einfach Spaß zu haben. Kinder erinnern sich vermutlich sowohl an die Zeit, die sie mit Ihnen verbracht haben, als auch an die Aktivität selbst.

Sowohl, wenn Sie mit älteren Kindern spielen, als auch wenn Sie mit Babys spielen, ist es wichtig, auf die Signale des Kindes zu achten. Ob Sie von Ihrem Kind etwas über die neueste Mode bei Anziehpuppen lernen oder gerade gemeinsam mit den guten alten Bauklötzen bauen, versuchen Sie, die Welt Ihres Kindes zu betreten. Gewinnen Sie dort sein Vertrauen und es wird eher gewillt sein, die Aktivitäten und Spiele auszuprobieren, die Sie interessieren. Aufmerksame Beobachtung des Spiels Ihres Kindes wird Ihnen helfen herauszufinden, wie Ihr Kind am besten lernt und was es bereit ist zu tun. Dann können Sie Ihre Vorschläge für gemeinsamen Spaß und Erholung einbringen, die zu seinen Entwicklungsfertigkeiten und sich entwickelnden Vorlieben passen.

9. Kluge Spielzeuge

Sie können durch das Spiel eine Menge über Ihr Kind lernen: seine Aufmerksamkeitsspanne, seine Vorlieben, sein Temperament, seine Stärken und Schwächen. Spielzeuge bringen Kindern nicht nur etwas über die Welt bei, sie bringen auch Eltern etwas über ihre Kinder bei. Spielzeuge sind die Glasur auf dem Kuchen der Gehirnentwicklung. Ihre Beziehung zu Ihrem Kind ist der eigentliche Kuchen. Die Entwicklungsgrundlage für Babyspielzeug nennt man *Alternativplan*, in dem das Baby die Beziehung zwischen Ursache und Wirkung entdeckt: »Ich piekse das Mobile, es bewegt sich.« Grundsätzlich sollte ein Spielzeug so viele Sinne wie möglich ansprechen, sodass Ihr Baby sehen, hören, fühlen und etwas mit dem Spielzeug machen kann.

Intelligente Baby-Spiele

Spiele, die Babys spielen, stimulieren die Milliarden von Gehirnnerven, die kluge Verbindungen bilden. Aber seien Sie vorsichtig, wenn Sie diese Spiele spielen, und respektieren Sie die Bedürfnisse Ihres Babys nach einer gelegentlichen Pause. Ihr Baby wird Sie wissen lassen, wann es Zeit ist, das Spiel zu beenden, indem es sich von Ihnen wegdreht.

Spiele im direkten Gegenüber. In einem Alter zwischen zwei Wochen und zwei Monaten sind die Lieblingsspiele von Babys Spiele mit dem Gesicht des anderen – und sie kosten keinen Cent. Wenn Ihr Baby im Zustand ruhiger Aufmerksamkeit ist, halten Sie es in der Distanz, in der es Ihr Gesicht am besten fokussieren kann (etwa 20 bis 25 cm von Ihnen weg) und strecken Sie ihm so weit wie möglich Ihre Zunge raus. Wenn Ihr Baby anfängt, seine Zunge zu bewegen, manchmal sogar gleich sie ein wenig hinauszustrecken, wissen Sie, dass Sie einen Treffer gelandet haben. Versuchen Sie das gleiche Spiel, indem Sie den Mund weit öffnen oder die Kontur Ihrer Lippen ändern. Gesichtsausdrücke sind ansteckend. Sie werden es merken, wenn Ihr Baby Sie mit seinem Gähnen ansteckt.

Spiegelspiele. Wenn Sie Gesichtsimitationen mit Ihrem Baby spielen, spiegeln Sie Ihrem Neugeborenen seine Gesichtsausdrücke. Wenn ein Neugeborenes finster dreinschaut, seine Augen oder seinen Mund öffnet oder eine Grimasse schneidet, imitieren Sie seinen Ausdruck und überzeichnen Sie ihn. Ein Baby sieht sein Gesicht im Gesicht der Mutter. Spiegeln ist ein mächtiger Verstärker für die Selbsterkenntnis des Babys. Babys lieben es, Ihre Gesichtsausdrücke zu imitieren. Nichts kann ein Baby mehr unterhalten als ein Gesicht.

Spaß und Spiele mit vier Monaten

- **Greifen und schütteln.** Babys lieben Spiele mit Rasseln, Ringen, Stoffpuppen und kleinen Schmusedeckchen.
- **Sitzen und schlagen.** Wackeln Sie mit einem interessanten Spiel-

zeug oder einem Mobile innerhalb der Reichweite Ihres Babys. Sehen Sie, wie es danach schlägt oder versucht, es in seine Arme zu bekommen.

- **Kickspiele.** Spielzeuge, die man kicken kann, sind in diesem Alter beliebt. Pompoms, Rasseln und angenehme Geräuschmacher können an den Fußgelenken Ihres Babys befestigt werden, um es anzuregen, mehr zu strampeln.
- **Fingerspiele.** Geben Sie Ihrem Baby 10 cm lange Stücke Garn, um damit zu spielen. Schauen Sie ihm zu, wie es seine Finger, Hände und Arme benutzt und wie aufmerksam es das Band fixiert. Achtung: Beobachten Sie Ihr Baby genau, wenn es mit Bändern spielt, damit es diese nicht verschluckt oder sich stranguliert.

Babys in diesem Alter sind sehr neugierig, was die Beziehung zwischen Spielzeugen betrifft, wie groß ein Spielzeug im Vergleich zu einem anderen Spielzeug ist zum Beispiel, und wie ein kleines Objekt in ein großes passt. Das ist die Stufe, in der Spiele mit Behältern interessant sind, mit denen das Baby herausfinden kann, wie sich mit der Kombination aus Objekten spielen lässt (wie Aneinanderschlagen, Stapeln und das immer wieder beliebte Füllen und Ausleeren).

- **Trommelspiele.** Packen Sie sich Watte in die Ohren und holen Sie Töpfe und Pfannen aus dem Schrank. Babys lieben das Geräusch, darauf zu trommeln, sie aneinanderzuschlagen und fallen zu lassen.
- **Stapelspiele.** Sie lieben es auch, kleine Töpfe in größere zu stapeln. Plastikschüsseln und Messbecher sind für diese Spiele ebenfalls großartig.
- **Füllen und Ausleeren.** Geben Sie Ihrem Baby handgroße Bauklötze und einen Schuhkarton oder eine große Plastikschüssel und schauen Sie zu, wie die kleinen Hände und das Gehirn zusammenarbeiten, um herauszufinden, wie die Klötzchen in den Behälter passen, und natürlich auch, wie man sie wieder herausschütten kann. Während Sie die Wäsche machen, setzen Sie Ihr Baby in

einen großen Wäschekorb, der halbvoll mit Wäsche ist, vor allem mit kleinen Dingen wie Socken und Babysachen. Nachdem es alles aus dem Korb geräumt hat, setzen Sie Ihren kleinen Helfer aus dem Korb heraus und zeigen ihm, wie es alles wieder in den Korb befördern kann, indem Sie eine Socke hochnehmen und sie in den Korb werfen.

- **Wasserspiele.** Ermutigen Sie Ihr Baby zu Spielen in Badewanne und Waschbecken, *immer unter Aufsicht*, was dem Kind viele Gelegenheiten zum Üben von Füllen und Ausleeren verschafft. Einen Becher mit Wasser zu füllen und wieder auszuleeren wird ganz vorn auf der Liste der Lieblingsspiele Ihres Kindes stehen.

Spaß und Spiele von sechs bis neun Monaten

- **Ballspiele.** Bälle und Bauklötze sind und bleiben mit die besten Babyspielzeuge. Babys können mit diesem einfachen Spielzeug so viel machen.
- **Spiegelspiele.** Setzen Sie Ihr Baby in Greifdistanz vor den Spiegel (Spiegel, die bis zum Boden gehen, sind perfekt). Schauen Sie zu, wie Ihr Baby versucht, seine Hand zu treffen und mit dem Gesicht im Spiegel Grimassen schneidet. Wenn Sie an der Seite auftauchen, ist es fasziniert von Ihrem Abbild neben seiner Spiegelung.
- **Rollspiele.** Auf Schaumstoffpolstern zu spielen, was man mit etwa 4 Monaten anfangen kann, macht in diesem Alter sogar noch mehr Spaß, weil Babys nun über und auf diese Polster krabbeln können und sich selbst unterhalten. Legen Sie Ihr Baby auf ein Kissen und platzieren Sie ein Spielzeug direkt außerhalb seiner Reichweite. Beobachten Sie, wie es seine Füße in den Untergrund stemmt, drückt und sich selbst auf dem Kissen oder dem Zylinder nach vorne rollt, um das Spielzeug zu erreichen.

Spaß und Spiele von neun bis zwölf Monaten

Die hauptsächliche mentale Fähigkeit, die sich in diesem Alter zu entwickeln beginnt, ist die Objektpermanenz: Die Fähigkeit, sich daran zu erinnern, wo ein Spielzeug versteckt ist. Zuvor galt: Aus den Augen, aus dem Sinn. Wenn Sie ein Spielzeug unter einem Tuch versteckt haben, zeigte das Baby wenig Interesse daran, es zu finden. Versuchen Sie nun dieses Experiment: Lassen Sie Ihr Baby dabei zuschauen, wie Sie sein Lieblingsspielzeug unter eine von zwei Stoffwindeln oder kleinen Decken direkt vor es legen. Schauen Sie ihm dabei zu, wie es augenblicklich anfängt, die Tücher zu studieren, als ob es herausfinden möchte, unter welchem davon das Spielzeug liegt. Durch seinen Gesichtsausdruck angestrengten Denkens bekommen Sie das Gefühl, dass es versucht, seine Erinnerung wieder aufzurufen, unter welchem Tuch das Spielzeug liegt.

- **Verstecken und suchen.** Die neue Fertigkeit des Babys, sich daran zu erinnern, wo das Gesicht der Eltern zuletzt gesehen wurde, macht das Spiel zu einem Lieblingsspiel. Lassen Sie sich von Ihrem Baby rund um das Sofa fangen. Wenn es Sie verliert, spähen Sie um die Ecke des Sofas und rufen Sie seinen Namen. Es wird dahinkrabbeln, wo es Sie rausschauen sah. Schließlich wird es Sie nachahmen, indem es sich versteckt und ebenfalls um die Ecke schaut.
- **Verstecken und suchen mit Geräuschen.** Fügen Sie als nächstes Geräusche hinzu. Statt Ihr Baby sehen zu lassen, wo Sie sich verstecken, bleiben Sie in Ihrem Versteck und rufen Sie seinen Namen. Schauen Sie zu, wie es im Haus herumrobbt und später krabbelt auf der Suche nach der Stimme, die es im Geiste mit der vermissten Person verbindet. Rufen Sie weiter seinen Namen, um sein Interesse aufrecht zu erhalten.

Tipps zur Auswahl des Spielzeugs

Wenn Sie ein Spielzeug für Ihr Kind auswählen, denken Sie gründlich über das Spielzeug und das Kind nach. Wählen Sie Spielzeuge, die von der Entwicklung des Babys her passend sind, auf Fertigkeiten aufbauen, die das Baby bereits hat, und ein paar Herausforderungen bereithalten. Was spielt Ihr Baby jetzt im Moment gerne? Geben Sie ihm die Werkzeuge dazu – die Spielzeuge –, die ihm dabei helfen, besser darin zu werden.

Suchen Sie Spielzeuge aus, die genauso mit Freunden geteilt werden können wie auch alleine bespielt. Wählen Sie einige Spielzeuge, von denen Sie wissen, dass Sie beide damit spielen werden, und nehmen Sie sich dann die Zeit, mit Ihrem Kind zu spielen. Denken Sie daran, Sie sind das beste Spielzeug, das Ihr Kind jemals haben kann.

Zehn Tipps zur Spielzeugauswahl

Wenn Sie das richtige Spielzeug für Ihr Kind aussuchen, stellen Sie sich folgende Fragen:

1. Was bringt es meinem Kind bei?
2. Wird es die Aufmerksamkeit meines Kindes fesseln können?
3. Ist es sicher?
4. Ist es für mich anstrengend zu sehen oder zu hören?
5. Fördert es die Kreativität und die soziale Interaktion?
6. Ist es nicht gewaltverherrlichend und nicht-kämpferisch?
7. Fördert es die Auge-Hand-Koordination und die Fähigkeit zur Problemlösung?
8. Wie viele Sinne regt es an?
9. Wird es auch mir Spaß machen, damit zu spielen?
10. Hat das Spielzeug ein langes Leben?

Spielstil und Temperament

Das angeborene Temperament eines Kindes zeigt sich in seinem Spiel. Ein drei Monate altes Baby kann als gelassen beschrieben werden, glücklich damit, mit seinen Beinen zu strampeln und die Rassel an seinem Handgelenk erklingen zu lassen, während ein anderes drei Monate altes Baby ständige Bespaßung braucht. Das Spiel Ihres Kindes kann ausgelassen und körperlich intensiv oder auch nachdenklich und ruhig sein.

Indem Sie verschiedene Spielstile ermutigen, können Sie Ihrem Kind helfen, seine Energien und Fähigkeiten in neue Gebiete zu kanalisieren. Ein schüchternes Kind profitiert dabei von Spielzeugen, die Interaktion mit anderen Menschen benötigen – Spiele, die die Denkfähigkeiten benutzen, in denen es sehr gut ist, aber gleichzeitig auch eine strukturierte Interaktion mit einem Partner erfordern. Ein sehr aktives oder aggressives Kind sollte vermutlich kein Arsenal an Spielzeugwaffen zur Verfügung haben. Stattdessen sollten Sie über Sportausrüstung nachdenken oder Skates oder Bälle – Spielzeuge, die die Energie weg von gewalttätigen Spielen leiten können. Wenn Sie das Gefühl haben, dass ein aggressives Kind mehr darüber lernen muss, sich um andere zu kümmern, ist Ihr erster Gedanke vielleicht, dem Kind eine Puppe oder einen Teddy zu geben. Aber wird es damit wirklich spielen? Stattdessen versuchen Sie Spielzeuge, die fürsorgliche Aktivitäten fördern, mit heldenhaftem Hintergrund – die Ausrüstung für einen Polizisten (ohne die Waffe) oder einen Feuerwehrmann. Vergessen Sie nicht, die Spielzeuge regelmäßig auszutauschen, weil Kinder schnell von dem immer gleichen Spielzeug gelangweilt sind.

SMARTER TIPP

Interaktion, nicht Dinge, macht Gehirne schlauer.

Spielfreunde

Mit wem Ihr Kind spielt, beeinflusst, wie es spielt. Wenn Sie ein Kind treffen, das gut zu Ihrem Kind zu passen scheint, helfen Sie dabei, die Freundschaft aufzubauen. Laden Sie das Kind zum Spielen ein oder zu einem Ausflug in den Park. Lernen Sie Eltern und die Familie der Freunde Ihres Kindes kennen. Beobachten Sie, ob Ihr Kind am besten in großen Gruppen oder mit einem einzelnen Freund spielt. Erzieher in Vorschule und Kindergarten können Ihnen oft dabei helfen, passende

Spielgefährten für Ihr Kind zu finden. Kinder lernen und verbessern ihre sozialen Fertigkeiten in ihrem Spiel, daher trägt es zu seiner sozialen Entwicklung bei, wenn Sie Ihrem Kind viele Gelegenheiten geben, mit anderen zu spielen.

Streitigkeiten unter Kindern

Konflikte entstehen, wenn Kinder zusammen spielen. Kinder, die zusammen spielen können und sich nie streiten oder deren Gefühle nie verletzt werden, sind selten. Kluge Eltern wissen, wann sie eingreifen müssen und wann sie die Kinder ihre Probleme selbst lösen lassen können. Kleinere Kinder brauchen vielleicht etwas Hilfe dabei, ihre Gefühle und Wünsche in Worte zu fassen, die der Spielpartner verstehen kann. Kinder brauchen auch Unterstützung dabei, Kompromisse auszuhandeln, wenn Kontroversen auftreten. Kluge Eltern versuchen dabei fair zu bleiben – sie zwingen ihr Kind nicht, den Wünschen des Gastes nachzugeben, noch lassen sie ihren eigenen Nachwuchs Spielgefährten manipulieren, die weniger selbstbewusst sind. Es gibt viele Möglichkeiten, Ihrem Kind in Verbindung mit Spiel und Spielfreunden wertvolle Fertigkeiten für sein Leben beizubringen. Die meisten davon haben mit der Lösung von Konflikten zu tun.

Videospiele und andere elektronische Babysitter

Es ist bereits viel über die Gefahren zu hohen Fernsehkonsums und zu viel Zeit mit Video- und Computerspielen geschrieben worden. Der Trend hin zu zunehmendem Übergewicht bei amerikanischen Kindern wurde auf zu viel Zeit vor Bildschirmen zurückgeführt. Aber Playstation, Gameboy und Nintendo sind Worte, die Kindern auf der ganzen Welt nur zu gut bekannt sind. Eltern von Kindern, die gut geraten, erkennen, dass Videospiele die Spieloptionen von Kindern einschränken. Auch wenn die Spieler Knöpfe drücken und Figuren auf dem Bildschirm bewegen, sitzen sie doch still davor und schauen zu, statt tatsächlich den Sport, das Autorennen oder die Verfolgungsjagd des Bösen zu erfahren. In kleinen

Dosen der richtigen Art von Spielen sind diese Aktivitäten Spaß und sorgen an regnerischen Nachmittagen dafür, dass die Zeit schneller vergeht. Gewalttätige Videospiele sollten nicht Teil von irgendjemandes Kindheit sein. (Lesen Sie Kapitel 16 »Wie man den Einfluss von Medien und Technologie überwacht«.)

Verführerische Hightech-Spielzeuge

Hunde, die bellen, Puppen, die tanzen, und Tiere, die auf Knopfdruck oder per Mausklick eine Unterhaltung führen – Hightech-Spielzeug ist ein großes Business. Können »kluge Spielzeuge« dazu führen, dass Kinder dümmer werden? Pass auf, Käufer! Wir waren immer argwöhnisch Spielzeugen gegenüber, die dank Batterien laufen und nicht mit Hilfe der Energie des Kindes, und wir sind ebenso argwöhnisch gegenüber Spielen und Spielzeugen, die auf Computerchips basieren. Hier sind unsere Bedenken.

Kinder binden sich an Dinge, statt an Personen
Spielzeuge mit blinkenden Lichtern und viel Lärm und Aktion sind so aufregend, dass Kinder natürlich von ihnen angezogen werden. Im Vergleich dazu wirkt das Spielen mit einem anderen Menschen nahezu langweilig. Und man kann einen Roboter dazu bringen, das zu tun, was man will, wann man es will, ohne Verhandlungen oder die Sorge um die Gefühle des Roboters. Spielpartner sind nicht so. Kinder müssen mit anderen Kindern spielen, um Geben und Nehmen, Kooperation und Empathie zu lernen. Egal wie hochwertig, ein Hightech-Spielzeug kann diese komplexe Spielerfahrung nicht bieten.

Kinder werden weniger kreativ
Technologie nimmt oftmals die Vorstellungskraft aus dem Spiel weg. Hightech-Spielzeuge halten Kinder dazu an, sich zurückzulehnen und eher zu beobachten, statt teilzunehmen. Diese Art von Spielzeugen wird an immer jüngere Zielgruppen verkauft. Wenn Säuglinge mehr Zeit

damit verbringen, Knöpfe anzuschauen oder zu drücken, verbringen sie weniger Zeit damit, Bauklötze zu stapeln, Bälle zu jagen und Behälter zu erforschen. Sie verpassen wichtige Gelegenheiten zur Entwicklung motorischer Fertigkeiten und zum Verständnis von räumlichen Beziehungen. Stattdessen lernen Kleinkinder, sich nach Unterhaltung zu sehnen, statt ihren Verstand und ihre Vorstellungskraft zu benutzen. Die Antwort auf dieses Sehnen ist noch mehr Technologie. Erzieher haben Angst davor, dass technische Spielzeuge eine Welt von »Couchpotatoes« schaffen werden, in der Säuglinge damit aufwachsen, lieber herumzusitzen und durch das Drücken eines Knöpfchens passiv unterhalten zu werden.

Sie verkürzen die Aufmerksamkeitsspanne

Brauchen wir in einer Welt, in der immer mehr Kinder mit ADHS diagnostiziert werden, wirklich Spielzeuge, die die Aufmerksamkeitsspanne verkürzen und wenig Konzentration erfordern? Im realen Spiel – und im realen Leben – passieren Dinge nicht schnell. Ein Kind muss die Bausteine geduldig aufeinanderstapeln, um den Turm zu vollenden. Die Freude an Fingerfarben ist die Erforschung der verschiedenen Möglichkeiten, nicht das schnelle Vollenden des Bildes. Blitzschnelle Hightech-Spielzeuge verschaffen sofortige Belohnung. Sogar mit Spielzeugen, bei denen Kinder ein Problem lösen müssen oder Antworten sorgfältig eintippen müssen, drücken viele Kinder einfach wahllos irgendwelche Knöpfe, um zu sehen, was passiert.

Und vergessen Sie nicht die Ausgaben. Etwas läuft schief, wenn Eltern viele Stunden arbeiten müssen, um Geld zu verdienen, um die Dinge zu kaufen, von denen sie denken, dass ihre Kinder sie für eine »bereicherte Umgebung« benötigen. Was Kinder am meisten brauchen, sind ihre Eltern. Kinder, die lernen zu denken und zu lernen, werden technologisch nie hinterher sein, zumindest nicht für lange.

Was sollen Eltern also tun? Die Antwort ist Gleichgewicht. Fangen Sie mit Ihrem Kleinkind mit Bauklötzen, Bällen, Wachsmalstiften,

Fingerfarben und den guten alten Haushaltsgegenständen an, um seine Vorstellungskraft anzuregen. Unabhängig davon, was das Spielzeug ist, spielen Sie gemeinsam mit Ihrem Kind und ermutigen Sie es dazu, mit anderen zu teilen. Schauen Sie zu, wie Ihr Kind mit dem Spielzeug spielt. Wenn die Technologie Ihr Kind zu kontrollieren scheint statt umgekehrt, setzen Sie Grenzen, wie lange und wie oft das Kind sie benutzen darf. Wenden Sie die gleichen Richtlinien für elektronisches Spielzeug an wie für andere Spielzeuge: Auf wie viele verschiedene Arten kann das Kind damit spielen? Ermutigt das Spielzeug Spielaktivitäten mit offenem Ende?

Schließlich beobachten Sie bei diesem, wie bei so vielen anderen Aspekten der Erziehung, einfach Ihr Kind. Wenn Ihr zuvor phantasievolles und kreatives Kind langsam eine stärkere Verbindung zum Videospielgerät aufbaut als zum realen Leben, ist es an der Zeit, den Stecker zu ziehen, die Legos auszupacken und einige Freunde anzurufen.

10. Finden Sie heraus, auf welche Weise Ihr Kind klug ist

Meine vielen Jahre der Erziehung und der praktizierten Kinderheilkunde haben mich davon überzeugt, dass es beim Thema Intelligenz mehr gibt, als in einem standardisierten IQ-Test erfasst und gemessen werden kann. Verschiedene Kinder sind auf verschiedene Arten klug. Ein Kind tut sich leichter mit mathematischen Berechnungen oder räumlichem Denken, ein anderes ist eher begabt im Bereich Sprache und dem Nutzen von Worten und Bildern auf klare und farbenfrohe Weise. Ein Kind ist »intelligenter« in bildenden Künsten, ein anderes drückt sich über Musik aus oder scheint immer zu tanzen. Manche Kinder sind von Natur aus Athleten, andere sind gesegnet mit einem hartnäckigen Durchhaltevermögen, das es braucht, um wieder und wieder Körbe zu werfen oder den Fußball in Richtung Tor zu schießen, bis es ihnen gelingt, unabhängig von ihrem natürlichen Talent. Manche Kinder haben überragende soziale Fertigkeiten oder haben die emotionale Intelligenz, die sie brauchen, um mit Widrigkeiten gut umgehen zu können oder sich einfach an verschiedene Situationen anzupassen.

Multiple Intelligenzen ist derzeit ein Modewort in Entwicklungs- und Bildungskreisen. Lehrer sind angehalten, ihren Stoff auf verschiedene Arten zu präsentieren, sodass Kinder auf visuellem Weg, durch Hören und durch Erforschen lernen können. Eltern, die möchten, dass ihre Kinder in der Welt gut zurechtkommen, können ihnen dabei helfen herauszufinden, auf welche Weise sie klug sind und wie sie am besten lernen. Ihr Wissen über Ihr Kind, das Sie aus all der engen Interaktion gewonnen haben, macht das relativ leicht. Alle Kinder sind intelligent, aber auf verschiedene Arten. Wenn Sie die besonderen Talente Ihres Kindes entdecken und seinen Lernstil, nehmen Sie die Rolle eines Begleiters ein. Sie suchen nach Möglichkeiten für Ihr Kind, seine Talente zu entwickeln, und dann motivieren Sie es, dies zu tun. Sie nutzen auch Ihr Wissen über Ihr Kind, um positive Wege zu finden, wenn es damit kämpft, etwas zu lernen, das ihm schwer fällt. Eltern, die die Stärken eines Kindes erkennen und ihm dabei helfen, diese zu entwickeln, fördern die Chancen ihres Kindes auf Erfolg. Positive Ansätze funktionieren dabei besser als die Konzentration auf Defizite.

Kinder, die akademischen Erfolg haben, haben normalerweise andere Interessen außerhalb des Klassenzimmers wie Sport, Kunst oder Musik. Sie lernen vielleicht eine zweite Fremdsprache oder haben faszinierende Hobbies, in denen sie häufig genauso erfolgreich sind wie in der Schule. Als zusätzlicher Vorteil stellt sich heraus, dass Kinder, die sich nach der Schule in anderen Aktivitäten engagieren, weniger Zeit mit Fernsehen verschwenden. Kinder, die produktive Tätigkeiten ausüben, ersetzen das passive Fernsehen durch aktivere und bedeutungsvollere Erfahrungen. Aber es ist wichtig, ein Gleichgewicht bei den Aktivitäten zu bewahren. Mehr ist nicht immer besser. Zu viele Termine schaffen Stress, der sowohl die Schule als auch die Freizeitaktivitäten des Kindes negativ beeinflussen kann.

Dr. Bills Spielzeug-Tipps

Die zwei Baby-B's – Bausteine und Bälle – sind die besten Spielzeuge für Babys, weil Babys mit diesen einfachen Spielzeugen so viel machen können. Der berühmte Architekt Frank Lloyd Wright führt einen Großteil seiner Fertigkeiten auf seine frühe Faszination für Bausteine zurück.

Auszeit

Kinder brauchen Zeit für Spaß, Zeit für die Familie, Zeit für Freunde, Zeit für die Arbeit und Zeit zum Alleinsein. Kinder brauchen auch Auszeiten, in denen sie einfach nichts tun, einfach nur herumsitzen, tagträumen oder mit Spielzeugen spielen. Ein wenig freie Zeit ist wichtig als Gegenpart zu Schule und anderen gelenkten Aktivitäten. Diese Ruhezeit gibt dem Kind die Gelegenheit, seine Batterien aufzuladen und Geist und Körper auszuruhen.

Tun Sie Ihr Bestes!

Das sind die vier goldenen Worte für kluges Lehren. Sie haben Motivationstrainer sagen hören: »Erfolg ist zehn Prozent Inspiration und 90 Prozent Schweiß.« In dieser Aussage steckt viel Wahres. Tatsächlich ist eine Aussage, die oft zitiert wird, wenn es darum geht, dass die Kinder von Einwanderern in amerikanischen Schulen so gute Ergebnisse erzielen, dass ihre Eltern weniger Aufmerksamkeit auf die angeborenen Begabungen und Talente ihrer Kinder lenken und stattdessen einen hohen Wert darauf legen, wie hart ihr Kind daran arbeitet, seine akademischen Fertigkeiten zu entwickeln. Das Thema, das sich bei allen Familien mit erfolgreichen Kindern wiederfand, die wir befragt haben, war, dass die Eltern erwarteten, dass die Kinder »ihr Bestes geben« – nicht mehr und nicht weniger.

Eltern erfolgreicher Kinder betonen, dass die Anstrengung, die das Kind unternimmt, das wichtigste Thema bei jeder Aufgabe ist, nicht die tatsächliche Note, die das Kind erreicht. Eltern erfolgreicher Kinder haben keine unrealistischen Erwartungen an ihre Kinder. Sie erwarten nicht lauter Einser oder Perfektion. Sie sehen Noten nicht als den hauptsächlichen Fokus der Bildung an. Eltern von schulisch erfolgreichen Kindern konzentrieren ihre Energie auf den *Lernprozess*. Sie helfen ihren Kindern, stolz auf ihre Arbeit zu sein. Sie helfen ihnen dabei, zu lernen, wie man lernt. Aber sie erwarten, dass ihre Kinder jederzeit ihr Bestes geben.

Ich habe meinen Kindern immer gesagt, dass nicht die Note am Ende am wichtigsten ist, sondern dass sie ihr Bestes geben. Wenn ihr Bestes eine 3 ist, dann ist das in Ordnung. Aber wenn die 3 das Ergebnis nachlässiger, unsorgfältiger Arbeit ist, dann wissen sie, dass ich nicht erfreut sein werde. Ich möchte, dass sie lernen, auf ihre Anstrengungen stolz zu sein.

11. Ein kluger Start in der Schule

Machen Sie die Schularbeiten zu einer Priorität. Ein gemeinsames Merkmal von Familien, deren Kinder gut geraten, ist, dass die Schularbeiten an Schultagen die höchste Priorität vor allen anderen Aktivitäten haben.

Ich habe immer beibehalten, dass die Kinder jetzt ihre Arbeiten erledigen müssen – schulische Ausbildung. Alle Schularbeiten und Hausaufgaben müssen fertig sein, ehe der Fernseher angemacht oder eine andere Freizeitaktivität angefangen wird. Tatsächlich schauen meine Kinder während der Woche sehr wenig Fernsehen. Wir nehmen ihre Lieblingssendungen auf und schauen sie, wenn es die Zeit am Wochenende zulässt.

Das Prinzip der Übertragung

Ab und an haben wir etwas festgestellt, das wir das Prinzip der Übertragung nannten. Wenn ein Kind in einem bestimmten Bereich beste Leistungen erbrachte, übertrug sich der Schub für sein Selbstbewusstsein in andere Bereiche. Zum Beispiel wenn Ihr Kind in der Schule schlechte Leistungen erbringt, suchen Sie nach seinem speziellen Talent und fördern Sie dieses. Drohen Sie nicht damit, ihm das Fußballtraining zu streichen, bis seine Noten besser sind. Es muss sich in irgendeinem Bereich erfolgreich fühlen. Unterstützen Sie sein Fußballspiel, loben Sie seine Erfolge und lassen Sie es das Selbstbewusstsein in seine Schularbeit mitnehmen. Das funktioniert tatsächlich!

Bringen Sie sich in der Schule ein

Wenn sich Lehrer treffen, um Geschichten von der Front auszutauschen, beklagen sie sich oft über Eltern, die einfach nicht verstehen, was in der Schule vor sich geht, und die ihren Kindern nicht die Unterstützung geben, die sie zum Lernen brauchen. Seien Sie nicht schüchtern, sich in der Schule einzubringen – es ist eine Möglichkeit, Ihrem Kind zu zeigen, dass seine Ausbildung sehr wichtig ist. Finden Sie heraus, was Ihrem Kind beigebracht wird. Melden Sie sich freiwillig als Helfer im Klassenzimmer oder als Begleitung bei einem Ausflug, auch, wenn es nur ein oder zwei Mal im Monat ist. (Das ist eine exzellente Möglichkeit herauszufinden, wie sich die Peergroup Ihres Kindes verhält.) Entwickeln Sie Ihre eigene LEV – die Lehrer-Eltern-Verbindung. Arbeiten Sie mit dem Lehrer Ihres Kindes zusammen. Kluge Lehrer wollen spezielle Lerntipps wissen, die Eltern zu Hause bei ihren Kindern beobachtet haben, und kluge Eltern achten auf das, was der Lehrer über ihr Kind in der Schule zu sagen hat.

Wenn ich zu einem Lehrergespräch gehe, den Erzählungen des Lehrers zuhöre und sagen kann »Ja, das klingt genau nach Lauren«, dann bin ich beruhigt. Es bedeutet, dass der Lehrer und ich ein ähnliches Verständnis von den Stärken und Schwächen meines Kindes haben und dass wir an den gleichen Herausforderungen arbeiten.

Sie sind es Ihrem Kind schuldig, sich in der Schule einzubringen. Erfolgreiche Schüler haben oft Eltern, die sich aktiv für ihre Bildung interessieren. Diese Eltern bringen sich in der Schule ein, kennen die Lehrer ihrer Kinder, gehen zu Elterngesprächen, überwachen die Hausaufgaben und sind informiert über das, was im Klassenzimmer vor sich geht. Wenn Eltern sich einbringen, vermitteln sie eine Botschaft von Ermutigung und Unterstützung.

Helfer bei den Hausaufgaben

Hausaufgaben gehen um mehr als das Akademische. Sie bringen Kindern bei, wie sie ihre Zeit einteilen. Sie bekräftigen die Priorität des Lernens und stellen sicher, dass das Zuhause und die Schule zusammen an diesem Ziel arbeiten. Sie sind auch Ihre Chance herauszufinden, was Ihr Kind in der Schule gerade durchnimmt, und zu beobachten, wie es arbeitet und lernt. Weil Kinder anders denken und lernen, hilft es, einen Hausaufgabenplan für Kinder anzufertigen. Zum Einstieg sind hier ein paar Tipps von Eltern, denen Stress mit den Hausaufgaben sehr gut bekannt ist oder die ihn überwunden haben.

- Geben Sie Ihrem Kind ungefähr eine Stunde Zeit zum Erholen nach der Schule, ehe es mit den Hausaufgaben anfangen muss. Manche Kinder brauchen diese Zeit, um nach Stunden der Konzentration in der Schule abzuschalten. Aber stellen Sie sicher, dass Ihr Kind die Hausaufgaben rechtzeitig fertigmachen muss.
- Ihr Kind kann sich für die Hausaufgaben an den Küchentisch setzen, während Sie das Abendessen vorbereiten. Auf diese Weise sind Sie zum Helfen da, wenn es Fragen hat. Organisieren Sie eine Hausaufgabenstunde nach dem Abendessen. Die Kinder können

dann um den Küchentisch herum sitzen und Hausaufgaben machen. Machen Sie diese Stunde zu einer »Hausaufgabenstunde für die ganze Familie«, indem Ihr Kind die Hausaufgaben macht und Sie währenddessen daneben sitzen und Rechnungen zahlen oder etwas lesen. So sind Sie zum Helfen oder für Fragen da.

- Wenn Kinder Teenager werden, brauchen Sie einen ruhigeren Ort zum Lernen, normalerweise ihr eigenes Zimmer. Manche Fast-Teenager entwickeln effizientere Hausaufgabengewohnheiten, wenn sie ihren eigenen Raum zum Lernen haben. Andere Kinder sehen die Hausaufgaben weniger als Aufgabe und mehr als Familienaktivität, wenn sie die Hausaufgaben mit Mama und Papa in der Nähe als Hilfe und Unterstützung machen können.
- Um Hausaufgaben effizient zu erledigen, bewahren Sie benötigtes Material an einem einfach zugänglichen Ort auf. Matheaufgaben zu lösen ist frustrierend, wenn man 15 Minuten braucht, um einen Bleistift mit Radiergummi zu finden. Haben Sie immer einen Vorrat an Blöcken, Heften, Markierstiften und Farbstiften zu Hause, um nicht in letzter Minute in einen Laden zu müssen, wenn Projekte fällig sind.
- Wenn Ihr Kind mit einem Thema Schwierigkeiten hat, machen Sie einen besonderen Ausflug oder machen Sie ein Kunstprojekt daraus, um dem Kind im realen Leben zu zeigen, was im Buch steht.
- Viele Kinder kämpfen sich durch die Hausaufgaben, weil sie deren Relevanz nicht sehen. Helfen Sie Ihrem Kind, eine Verbindung zwischen den Schularbeiten und der Welt um es herum herzustellen.

Indem Sie Hausaufgaben als Familienaktivität ansehen statt als lästige Aufgabe, die der Familienzeit entgegensteht, bekräftigen Sie, dass Lernen eine erwartete Priorität ist und dass es Spaß sein kann. Es liegt an den Eltern, das klarzustellen. Obwohl manche Eltern sich beschweren, dass ihre Kinder zu viel Hausaufgaben auf haben, zeigt die Statistik doch, dass die meisten Kinder mehr Zeit mit Nicht-Bildungs-Fernsehen verbringen als mit produktiven Hausaufgaben.

Die LEV (Lehrer-Eltern-Verbindung)

Wir haben bei der Zusammenstellung des Materials für dieses Buch sehr viele Lehrer befragt. Viele beklagten, dass sie für die Kinder tun sollten, was eigentlich Aufgabe der Eltern ist. Lehrer glauben, sie sollten eine Ergänzung zum Zuhause sein, kein Ersatz dafür. Sie nutzten nicht den Begriff »verbundenes Kind«, aber Lehrer haben bemerkt, dass Kinder aus Familien, in denen Fürsorge und Disziplin Priorität hatten, sich besser verhielten und sie zu unterrichten mehr Spaß machte.

Die Beziehung zwischen Eltern und Kind beeinflusst die Beziehung zwischen Lehrer und Kind. Zu Hause lernt das Kind, dass respektvolle Unterhaltung, Kommunikation mit Augenkontakt und ein positiver Ansatz dem Kind gegenüber Liebe bedeuten. Behandelt der Lehrer das Kind also mit der gleichen Aufmerksamkeit, so mag sich das Kind denken: »Das ist genau so, wie Mama und Papa mich behandeln und sie lieben mich, also muss mich mein Lehrer auch gernhaben.«

Wir haben uns immer in den Schulen der Kinder eingebracht. Das zeigt unseren Kindern, dass wir glauben, dass die Schule wichtig und wertvoll ist. Unsere Kinder sind stolz darauf, dass wir diese Rolle übernehmen.

Der Umgang mit schlechten Noten

Eine zwanzig Jahre andauernde Studie der Universität Stanford zu den Reaktionen der Eltern auf schlechte Noten zeigte, dass eine negative Reaktion mit höherer Wahrscheinlichkeit einen negativen Einfluss auf den akademischen Erfolg des Kindes haben wird. Diese Studie deckt auf, dass schlechte Noten mit der Zeit besser werden, wenn die Eltern mit positiver Unterstützung reagierten statt mit der Suche nach Fehlern. Einen Schüler für schlechte Leistungen zu kritisieren, führt nicht dazu, dass das Kind härter arbeitet, sondern führt zu mehr Stress, der sogar zu noch schlechteren Noten führen kann.

Homeschooling

Wenn Klassen immer größer werden, Schulcampusse erweitert und die Ergebnisse der nationalen Alphabetisierung abrutschen, entscheiden sich viele Eltern, per Homeschooling die Verantwortung für die Bildung ihrer Kinder direkt in die Hand zu nehmen. In den Vereinigten Staaten werden geschätzt 1,5 Millionen Kinder zu Hause beschult.

Eltern geben eine Vielzahl von Gründen an, warum sie sich für Homeschooling entscheiden: Sie wollen mehr Einfluss auf die sozialen Interaktionen ihrer Kinder haben, sie wollen, dass die Kinder die Werte und Moralvorstellungen der Familie lernen, und sie wollen Kinder mit qualitativ hochwertigeren Lernerfahrungen versorgen. Homeschooler genießen auch die Flexibilität, den Lehrplan so zu verändern, dass er die individuellen Bedürfnisse des Kindes erfüllt.

Wir unterrichten unsere Kinder seit ein oder zwei Jahren zu Hause, weil wir das Gefühl hatten, dass ein wenig mehr Zeit im »Gewächshaus« ihnen zusätzliche Stärke für den kalten Wind der Realität verschaffen wird. Was das Schulische betrifft, schnitten sie bei einem Verhältnis von einem Erwachsenen auf vier Kinder besser ab, als sie es in einem Klassenzimmer mit dreißig Kindern getan hätten.

Wenn wir davon ausgehen, dass die Interaktion mit den Eltern von bedeutender Wichtigkeit für den Erfolg der Bildung des Kindes ist, ist es nicht überraschend, dass die Forschung zeigt, dass zu Hause unterrichtete Kinder in standardisierten Tests mindestens gleich gut, oft aber sogar besser abschneiden als die Kinder in Regelschulen.

Wir haben den Vorteil, unsere Kinder zu Hause zu unterrichten, daher bietet uns jeder Tag viele Gelegenheiten, neue Dinge zu lernen – unser ganzes Leben ist Schule! Wir bauen das, was wir lernen, in unsere täglichen Aktivitäten ein. Wir haben sie immer beim Kochen helfen lassen;

neue Rezepte zu entdecken und eigene zu erfinden ist eine wundervolle Lernerfahrung. Wir lassen sie auch bei der Wäsche helfen, bei der Gartenarbeit und beim Einkaufen. Unsere Kinder können in die Themen, die sie interessieren, eintauchen, ohne dass eine Pausenglocke sie in ihrem Vorankommen stoppt.

Kinder zu Hause zu unterrichten kann eine wunderbare Alternative zu den täglichen Trennungen bei Eltern mit ungewöhnlichen Arbeitszeiten sein. Oftmals sind beide Elternteile in das Unterrichten der Kinder eingebunden. Homeschooling benötigt Engagement von der gesamten Familie.

Homeschooling hält unsere Familie nahe beieinander. Es ist schwer, sich nahe zu sein, wenn man nicht bei seinen Kindern ist. Mein Mann hat nicht immer an den Wochenenden frei, daher ermöglicht es ihm, dass die Kinder unter der Woche zu Hause sind, Zeit mit ihnen zu verbringen.

Kinder, die besondere akademische Bedürfnisse haben, entwickeln sich in einer Homeschooling-Situation vielleicht besser. Weil Eltern ihre Kinder besser kennen als jeder andere, können sie oft untypische Bedürfnisse auf sinnvollere Weise erfüllen.

Mein Sohn lässt sich schnell ablenken, und ich hatte das Gefühl, dass er in der Schule nicht gut lernte. Ich kam zu der Überzeugung, dass ich ihn mit einer deutlich besseren und breiteren Bildung versorgen konnte, als er sie im institutionalisierten Lernen bekommen würde. Mein Mann und ich können die am besten personalisierte Bildung für alle unsere Kinder anbieten.

Homeschooling kann für Ihre Kinder eine wunderbare Alternative sein, aber es ist nicht für jeden das Richtige. Manche Kinder brauchen die sozialen Anregungen, die die Schule bietet. Manche Familien lieben die Struktur, die die Schule in ihr Leben bringt. Angestellte Eltern können nicht einfach mit ihren Kindern zu Hause bleiben. Nicht jede Mutter und jeder Vater genießt es, die Kinder zu Hause zu unterrichten.

Ich habe das Homeschooling ausprobiert und es für mich oder meine Kinder nicht als förderlich empfunden, aber ich habe diese Homeschooling-Einstellung, die sagt, dass die Schule interessant, herausfordernd, sinnvoll und belohnend sein muss. Ich arbeite mit den Lehrern meiner Kinder zusammen um sicherzustellen, dass meine Kinder eine wertvolle Ausbildung bekommen, und um zu sehen, dass meine Kinder Respekt gegenüber den Lehrern und der Schularbeit zeigen und Verantwortung dafür übernehmen. Ich denke, das hilft ihnen dabei, Erfolg zu haben.

Unabhängig davon, ob Sie formales Homeschooling betreiben oder nicht, können alle Eltern sicher sein, dass ihr Zuhause eine Erweiterung der Schule ist und umgekehrt.

Kommunizieren Sie Dankbarkeit. Wenn Eltern Beurteilungen durch Mitleid ersetzen, fängt das Kind an, den Eltern zu vertrauen, dass sie ihm helfen. Denken Sie an die Schuld und Scham, die das Kind bereits wegen seiner schlechten Noten fühlt. Eltern müssen das, was ihr Kind ist, von den Noten trennen, die es erhält. Stellen Sie sicher, dass Ihr Kind sich nicht weniger wertvoll oder weniger geliebt fühlt wegen seiner schlechten akademischen Leistungen.

Reden Sie mit Ihrem Kind in nicht-bedrohlicher, freundlicher Atmosphäre über seine Noten. Gehen Sie ein Eis essen und reden Sie über seine Kämpfe. Sagen Sie ihm, dass Noten eine ernste Angelegenheit sind, aber lassen Sie es in Ihrem Gesicht Liebe sehen und nicht Ärger. Dann fragen Sie Ihr Kind, wie Sie ihm helfen können, das nächste Mal bessere Noten zu erreichen. Seien Sie fest, aber liebevoll.

Am Ende wecken Sie die Hoffnung Ihres Kindes. Wie das alte Sprichwort sagt: »Nichts ist erfolgreicher als der Erfolg.« Kämpfende Schüler müssen daran glauben, dass sie Erfolg haben können. Viele Bildungsspezialisten sehen Hoffnung als wichtigste Zutat für den Erfolg eines Schülers. Wenn das Kind nicht daran glaubt, dass es in der Schule Erfolg haben kann, wird es früher oder später aufgeben und das Gefühl haben: »Ich kann es nicht, warum sollte ich es überhaupt versuchen?« Stellen Sie sicher, dass Ihr Kind in Kursen ist, die nicht zu schwer für es sind, und zeigen und sagen Sie dem Lehrer, dass Sie mit Ihrem Kind arbeiten, um seine Noten zu verbessern. Bringen Sie Ihrem Kind bei, den Lehrer um Hilfe zu bitten, wenn es das braucht. Mit einem Kind an der Verbesserung seiner Noten zu arbeiten, kann eine Gelegenheit sein, die Eltern-Kind-Beziehung zu stärken.

12. Kluges Lernen vom Leben

Das tägliche Leben ist ein meisterhafter Lehrer und für ein neugieriges Kind ist die ganze Welt sein Klassenzimmer. Wecken Sie in Ihrem Kind die Liebe zum Lernen und es wird weit kommen, nicht nur in der Schule, sondern im ganzen Leben. In einer Studie mit sehr erfolgreichen Schülern stach ein Merkmal heraus: eine echte Liebe zu Lernen. Gelegenheiten zum Lernen zu geben ist Ihre Aufgabe. Solche Gelegenheiten sind einfach zu finden, wenn Sie das Elternteil eines Kindes sind, das bei jeder Bewegung Informationen sammelt.

Lassen Sie Babys die Welt entdecken, Dinge aufheben, dabei sein. Wenn sie anfangen zu krabbeln, entdecken sie viele Dinge zum ersten Mal. Ich habe meine Kinder überall hingehen lassen – natürlich unter meiner Beobachtung, dass es sicher für sie war. Babys mögen es von Natur aus, zu erforschen, daher sollten wir sie lassen. Wir haben sie nie in einen Lauflernwagen oder einen Laufstall gesetzt.

Eltern müssen zu Hause nicht formal wie in einem Klassenzimmer unterrichten. Sie können alles, was Sie machen, für das Kind zu einer Lernerfahrung machen. Zum Beispiel können Sie mit Ihrem Vorschulkind über das Alphabet reden, während Sie die Einkäufe wegräumen. Zeigen Sie ihm die Buchstaben überall und reden Sie darüber – das *C* auf der Cornflakespackung, das *A* auf dem Glas Apfelmus und das *Q* auf dem Quark. Wenn Sie auf der Straße entlangfahren, bewegen Sie sich durch einen Klassenraum im realen Leben. Reden Sie mit Ihrem Kind darüber, warum der Verkehr so stark ist um diese Zeit. Zählen Sie alle grünen Autos oder alle Laster. Beobachten Sie Nummernschilder und Straßennamen, die Architektur um Sie herum und Landschaften.

Reden Sie über Ernährung, Lebensmittel und Gerichte aus fremden Ländern, wenn Sie mit Ihrem Kind durch den Supermarkt gehen. Da Sie eh schon dort sind, können Sie sich auch ein paar Minuten Zeit nehmen und die Regale durchstöbern und über die Dinge reden, die die Neugier Ihres Kindes erregen. Lehrreiche Momente passieren den gesamten Tag über. Kinder wollen dann am meisten lernen, wenn die Gelegenheit sich direkt vor ihnen befindet.

Ich habe immer versucht sicherzustellen, dass er jeden Tag das bekam, was ich die »grundlegenden Fünf« nannte: Lesen, Draußenspielen, Kunst/Handwerk, Musik und ruhiges Spiel.

Nehmen Sie sich Zeit, an den Rosen zu riechen. Nehmen wir an, Sie gehen mit der Familie spazieren. Sie hatten vielleicht gehofft, ein wenig flotte Bewegung zu bekommen, aber für Ihr Kind ist es ein Forschungsausflug. Machen Sie oft Halt, um Vögel zu beobachten und zu erklären. Untersuchen Sie Käfer und Raupen. Schauen Sie sich die verschiedenen Bäume an. Für ein Kind ist die Natur einer der fesselndsten Klassenräume überhaupt.

Manchmal stellt sich einer von uns in den Flur, direkt bevor die Kinder ins Bett gehen, und ruft laut »Pyjama-Ausflug«. Die Kinder wissen, was das heißt. Sie kommen aus ihren Zimmern gerannt und hüpfen ins Auto für eine kleine Spritztour, um den Himmel zu beobachten und Sternschnuppen zu suchen, oder eine Fahrt hoch hinauf in die Berge für einen Blick nach unten auf die Lichter der Stadt. Die Kids wissen nie, in welcher Nacht das passieren wird oder was sie sehen werden! Wir wollen, dass das Lernen ein Spaß bleibt.

Beantworten Sie Fragen

Die Liebe zum Lernen ist in der Neugier verwurzelt, die die meisten Kinder im Überfluss haben. Die endlosen Fragen (»Warum?«, »Wie?«) sind Gelegenheiten. Wenn Ihr Kind in der Stimmung ist zu lernen, geht es zu dem Lehrer, dem es am meisten vertraut. Auch wenn die unaufhörliche Fragerei nervig oder unbequem ist, sie sofort zu beantworten ist eine Investition in die Zukunft Ihres Kindes. Wenn Sie Antworten anbieten oder Ihrem Kind helfen, Antworten zu finden, bringen Sie ihm auch Fertigkeiten für sein Leben bei – das Suchen nach Wissen, das Analysieren von Problemen, Zusammenarbeit. Wenn Ihr Vorschüler oder Grundschulkind Sie bei kleinen Fragen aufgeschlossen antrifft, wird es auch in den Teenagerjahren mit den großen Fragen zu Ihnen kommen.

Wir haben jedem Gedanken zugehört und jede Frage beantwortet, egal wie schwer das war. Kein Thema war verboten. Unsere Tochter bekommt immer die richtige Erklärung, so umfassend, wie es uns möglich ist. Jetzt, als Einsteiger in der Highschool, ist sie sehr offen für neue Ideen und kann ihre Position und ihre Meinung vollständig und logisch verteidigen.

Das Geheimnis von schulischem Erfolg

Warum haben manche Kinder Erfolg in der Schule und andere kämpfen? Ein Teil der Antwort liegt in der Einstellung zum Lernen zu Hause und in der Schule. Lernen fängt zu Hause an und Eltern sind die ersten Lehrer des Kindes. Auf gewisse Art werden alle Kinder zu Hause unterrichtet, auch diejenigen, die in die Schule gehen. Hier ist eine Zusammenfassung, was Eltern und andere Erzieher tun können, um ihrem Kind dabei zu helfen, in der Schule besser zu werden:

Pflanzen Sie ihm die Liebe zum Lernen ein

Wenig überraschend zeigt die Forschung wenig Korrelation zwischen dem IQ, dem ökonomischen Standard, einer privilegierten Kindheit oder sehr früher Beschulung und dem späteren schulischen Erfolg. Der einflussreichste Faktor auf den schulischen Erfolg von Kindern sind Eltern, die schon von klein auf eine Liebe zum Lernen in ihren Kindern festigten. Lernen hat seine Wurzeln in der Neugier. Kinder sind von Natur aus neugierig, und von der frühesten Kindheit an agieren Eltern und Lehrer als Begleiter, die diese neugierigen, forschenden Hände und Augen zu interessanten Dingen lenken. Das meint nicht unbedingt »Lernspielzeuge«. Babys lernen viel, wenn sie im Tragetuch sind, wo sie an der Unterhaltung der Erwachsenen teilhaben und die Welt aus der Augenhöhe der Erwachsenen sehen. Lernwerkzeuge für Kleinkinder können so einfach sein wie eine Küchenschublade oder ein Schrank voller Töpfe und Pfannen, Küchenrollen und Plastikgeschirr, mit denen das Kind spielen darf. Einfache Bausteine und Bälle sind auch ein großartiges Spielzeug, um die Neugier anzuregen und zu stillen.

Kinder sagen: *Ich bin ein guter Schüler, weil meine Eltern mir sagen, ich soll mein Bestes geben oder ich werde meine Sache im Leben nicht ordentlich machen. (Tony, 20 Jahre)*

Fördern Sie freies Spiel

Lassen Sie Kinder spielen, denn das ist, wie sie lernen. Auch wenn Zeit mit den Eltern und anderen sensiblen, ansprechbaren Betreuern wichtig ist, um frühes Lernen zu ermöglichen, stellen Sie sicher, dass Sie Ihrem Kleinkind und Vorschulkind reichlich Zeit allein geben, um einfach mit den Spielzeugen »herumzualbern« und seine Umgebung sicher zu erforschen. Vorschulkinder müssen nicht jede Minute ihres Tages mit einer geplanten Aktivität nach der anderen gefüllt haben. Die Beobachtung im Zuhause von Kindern, die akademisch sehr gut abschneiden (academic high achiver = AHA), zeigte, dass Eltern diesen Kindern erlaubten, vernünftige Risiken einzugehen. Sie machten ihr Zuhause kindersicher und boten dem Kind dort eine Ja-Umgebung. Diese Kinder wurden nicht die ganze Zeit durch die Warnung der Eltern überwacht, »Sei vorsichtig« oder »Fass das nicht an«. Lernen umfasst normalerweise auch das Eingehen kleiner Risiken.

Es liegt alles an der Einstellung

Ein anderes Merkmal, das akademisch sehr erfolgreiche Kinder von anderen unterscheidet, ist die Einstellung gegenüber dem Lernen. Statt das Lernen als Zwang oder Aufgabe zu verstehen, lieben sie es zu lernen aufgrund des Gefühls der Befriedigung, das es ihnen verschafft. Sie sehen Schule als Privileg statt als Problem. Tatsächlich zeigen Interviews mit diesen Kindern, dass sie sich auf die Gelegenheit freuen, ihr Wissen in Tests zeigen zu können. Sie stellen eine Verbindung her zwischen harter Arbeit und guten Noten und sehen sich selbst Erfolg haben.

Kinder sagen: *Ich bin eine gute Schülerin, denn meine Eltern sagten mir von klein auf, dass Bildung wirklich wichtig ist. (Susan, 19 Jahre)*

Es liegt alles in der Familie

Die Liebe zum Lernen bei akademisch besonders erfolgreichen Kindern wird am meisten davon beeinflusst, dass ein hoher Wert auf das

Lernen gelegt wird. Die Forschung zeigt, dass das Zuhause erfolgreicher Kinder ruhiger ist, ohne lauten Fernseher oder Stereoanlagen. Lärm macht das Lernen schwerer. Kinder, die in lauten Haushalten aufwachsen, entwickeln ihre sprachlichen und kognitiven Fertigkeiten langsamer. Schüler sind meist besser in der Schule, wenn das Familienleben harmonisch ist. Sie mögen Ihre Ehe nicht als Werkzeug für den schulischen Erfolg Ihres Kindes ansehen, aber Studien zeigen, dass Kinder, die Harmonie und Hingabe zwischen den Eltern wahrnehmen, sich weniger ängstlich und geerdeter fühlen – das macht sie frei, in der Schule gut zu sein. Studien über akademische Erfolge haben auch gezeigt, dass Schüler, die mit ihrer Familie gemeinsam essen, häufiger in der Schule erfolgreich sind.

Begleitung durch einen Erwachsenen empfohlen

Eine Studie des amerikanischen Bildungsministeriums mit 26.000 Schülern fand heraus, dass die Beteiligung der Eltern weit oben auf der Liste von Faktoren steht, die die besonders erfolgreichen Schüler beeinflusst. Akademischer Erfolg steht auch in Beziehung damit, wie häufig die Eltern sich bei den Lehrern ihrer Kinder über deren Fortschritte erkundigten. Eltern von besonders erfolgreichen Kindern suchen auch nach Lehrern, die mehr von ihren Kindern fordern. Studien bestätigen, dass der schulische Erfolg von Kindern parallel mit den Erwartungen von Eltern und Lehrern verläuft. Studien zeigten außerdem, dass die Einstellung der Eltern zum Lernen den akademischen Erfolg beeinflusst. Dass eingewanderte Amerikaner akademische Errungenschaften als Sprungbrett für den Erfolg sehen, ist die wahrscheinlichste Erklärung für ihre besseren Leistungen. Diese Familien neigen auch dazu, in die Hausaufgaben ihrer Kinder eingebunden zu sein. Um eine Liebe zum Lernen zu kultivieren, müssen Eltern überzeugen, nicht Druck ausüben, damit die Kinder in der Schule hart arbeiten. Eltern und Lehrer müssen die Schüler sich entfalten lassen, nicht stressen.

Besonders erfolgreiche Kinder sind keine Nerds
Entgegen landläufiger Meinung sind besonders erfolgreiche Kinder keine isolierten und unsozialen Bücherwürmer. Weil sie die Befriedigung, die das Lernen und der schulische Erfolg ihnen gibt, so genießen, wollen sie auch in anderen Bereichen erfolgreich sein. Studien haben gezeigt, dass beliebte und emotional gesunde Kinder im Allgemeinen in der Schule besser abschneiden, und dass unbeliebte Kinder und diejenigen mit schlechten sozialen Fähigkeiten mit höherer Wahrscheinlichkeit die Schule hinschmeißen. Wenn Kinder erst einmal in einem Gebiet den Erfolg geschmeckt haben, überträgt sich das in andere Bereiche. Die Kombination akademischer und sozialer Fertigkeiten ist der hauptsächliche Faktor für späteren Erfolg in der Karriere. Weil akademische Stärke sich auf die gesamte Selbstsicherheit des Kindes überträgt, neigen besonders erfolgreiche Kinder dazu, sich weniger durch Gleichaltrige beeinflussen zu lassen. Wie wir wiederholt betont haben, ist Charakter wichtiger als Errungenschaften. Besonders erfolgreiche Kinder neigen sogar dazu, ihre körperliche Gesundheit höher zu bewerten als Kinder, die akademisch nicht so erfolgreich sind. Zusammengefasst sind Kinder, die schlau genug sind, das Lernen hoch zu werten, auch schlau genug, sich um andere Bereiche ihres Lebens zu kümmern.

Kinder sagen: *Ich bin eine gute Schülerin, weil meine Eltern sichergestellt haben, dass ich eine ausgeglichene Bildung bekomme, nicht nur Lernen, sondern auch die Teilnahme in Sport und Vereinen. (Allison, 24 Jahre)*

Schätzen Sie die Lehrer
Eltern besonders erfolgreicher Kinder neigen nicht nur dazu, stark in die Bildung ihrer Kinder eingebunden zu sein, sondern sorgen auch dafür, dass ihre Kinder die richtigen Lehrer bekommen. Dr. Arline Bronzaft, Autorin von *Top of the Class: Guiding Children Along the Smart Path*

to Happiness berichtet, dass in den letzten zehn Jahren das durchschnittliche mündliche Ergebnis des Zulassungstests für die Hochschule bei denjenigen, die Lehramt studieren, bei 400 Punkten lag, was unter dem Durchschnitt ist. Zwei Lektionen können wir daraus lernen: Lehrer müssen höher gewertet werden und besser entlohnt, sodass mehr qualifizierte Menschen die Ausbildung zum Lehrer machen, und Eltern müssen die Leitung der Ausbildung ihrer Kinder übernehmen, statt sie den Lehrern zu überlassen, die vielleicht nicht dafür ausgebildet sind, begabte Schüler oder diejenigen, die zu kämpfen haben, bei ihren Herausforderungen zu begleiten. Vielleicht sollte man Lehrer mehr wie Doktoren behandeln (schließlich bedeutet das Wort *Doktor* ja auch *Lehrer*). Sie haben mit Sicherheit einen enormen Einfluss darauf, wie Kinder geraten.

5 Gesunde Beziehungen zwischen Geschwistern schaffen

Zusammengebracht durch die Umstände der Geburt, teilen Brüder und Schwestern ein gemeinsames Leben, das tiefgehend von der Existenz des jeweils anderen beeinflusst wird. Sie sind miteinander verbunden, in guten wie in schlechten Zeiten, bei Meinungsverschiedenheiten und Ärger, aber oftmals auf der Grundlage starker Bindung. Während Kindheit und Jugend mag ihre Beziehung kommen und gehen, aber sie kommt im Erwachsenenalter oftmals stark und lebendig wieder auf.

Auf vielen Wegen ist das Leben als Kind in einer Familie wie ein Trainingslager für das Leben als Erwachsener. Der wichtigste davon ist das grundlegende Beziehungstraining, das Kinder durch die Interaktion mit ihren Geschwistern erfahren. In Geschwisterbeziehungen bauen Kinder auf dem Entwurf für menschliche Beziehungen auf, den sie aus der Beziehung zu ihren Eltern gelernt haben. Sie lernen zu verhandeln, Kompromisse einzugehen, zu vergeben, vergeben zu bekommen und jemanden zu lieben, auch wenn sie ihn gerade nicht mögen. Kinder nehmen das Wissen mit in ihr Erwachsenenleben, in ihre Beziehungen zu anderen außerhalb der Familie. Eine gesunde Geschwisterbeziehung, auch mit den unvermeidlichen Rivalitäten, bietet Lernerfahrungen, die sich anderswo nicht so einfach finden lassen.

Gesunde Geschwisterbeziehungen passieren nicht einfach so. Es gibt kein Gesetz der Genetik, das besagt, dass Kinder, die von den gleichen Eltern abstammen, kompatible Temperamente und Persönlichkeiten haben werden. Tatsächlich ist es die grundlegende Herausforderung für Geschwister, die gleichen Eltern zu haben. Aber Eltern können ihren Kindern helfen, besser miteinander auszukommen. Hier sind 14 Bausteine, die Ihren Kindern helfen, erfolgreiche Geschwisterbeziehungen aufzubauen.

1. Wenden Sie Attachment Parenting an

Attachment Parenting hilft Eltern, ihre Kinder gut zu kennen, was es einfacher macht, mit Unterschieden zwischen den Geschwistern klarzukommen. Wenn Sie verstehen, dass jedes Kind verschiedene Bedürfnisse hat, ist es einfacher, jedem dabei zu helfen, zu bekommen, was es zum Glücklichsein braucht. Kinder mit einer sicheren Bindung an Mama und Papa finden es leichter, ihre Geschwister zu lieben. Wenn jedes Kind in der Familie sich geliebt und respektiert fühlt, kommen Kinder besser miteinander aus. Sie streiten sich und kämpfen manchmal, aber darunterliegend fühlen sie sich vom anderen nicht ernsthaft bedroht oder sind eifersüchtig aufeinander. Bei Attachment-Parenting-Kindern überschattet die Liebe füreinander und für die Eltern ihre Rivalität.

Eltern merken, dass sich das Attachment Parenting wirklich auszahlt, wenn ein neues Geschwisterkind auf die Welt kommt. Weil das Kleinkind seine Bedürfnisse als Baby erfüllt bekam, wird es jetzt mit geringerer Wahrscheinlichkeit eifersüchtig darauf sein, dass der neue Bruder oder die neue Schwester die gesamte Aufmerksamkeit bekommt, und ist tatsächlich oft der Anführer, wenn es darum geht, dem Geschwisterchen Liebe und Aufmerksamkeit zu geben. Dass sie mit AP aufgewachsen sind, hilft älteren Kindern, zu verstehen, dass größere Menschen – egal ob Eltern oder Geschwister – kleinere Menschen mit Fürsorge und Sensibilität behandeln. Die Art, wie Sie Ihre älteren Kinder behandeln, sät den Samen dafür, wie diese eine Beziehung zu den jüngeren Geschwistern aufbauen werden. Zwei oder mehr Kinder gleichzeitig mit AP aufzuziehen, ist nicht einfach, vor allem mit kleinen Kindern, die vom Alter nah beieinander sind. Aber all die Anstrengung ist eine kluge Investition. Ihre Sensibilität für die Bedürfnisse eines jeden ist das Beispiel, dem Ihre Kinder folgen werden in den Jahren des Zusammenlebens als Familie, die noch kommen werden. So können Sie Ihren Kindern beibringen, aufmerksam für die Bedürfnisse von anderen zu sein, und die Familienwerte aufbauen, die Sie von Ihren Kindern deren ganzes Leben lang praktiziert wissen wollen.

Der Fahrstuhleffekt von Attachment Parenting

Unser erstes Kind, Jim, war unser »Versuchsbaby«. Wir waren junge Eltern, die nach einem Erziehungsstil suchten, der für uns funktionierte. Wir lernten durch Versuch und Irrtum, übten bei Jim, dann bei Bob und dann bei Peter. Als unsere Tochter Hayden mit ihren starken Bedürfnissen bei uns ankam, verschrieben wir uns voll und ganz dem Attachment Parenting. Wir hatten bei unseren drei Ältesten gelernt, dass das Bonding bei der Geburt wichtig ist, dass Stillen das Beste ist und dass das Weinen eines Babys ein Signal ist, das eine passende Antwort erfordert. Hayden war das erste unserer Kinder, das vom Tragen, vom Familienbett und Langzeitstillen profitierte.

Bedeutet das, dass wir bei unseren drei ältesten Söhnen irgendwie versagt hatten? Dass in unserer Beziehung mit ihnen etwas fehlte? Nicht wirklich. Wir haben gelernt, keine Energie für Sorgen darüber zu verschwenden, was wir mit diesen ersten Babys hätten tun können oder müssen – wir hatten das Beste getan, mit den Ressourcen und Informationen, die wir zu dieser Zeit hatten. Auch ohne die ständige Nähe durch AP waren wir unseren Herzen und Instinkten gefolgt, wenn es um die Erfüllung ihrer Bedürfnisse ging. (Alle drei waren einfache, entspannte Babys. Wenn sie fordernder gewesen wären, hätten wir vermutlich schon viel früher zum AP gefunden.) Und während wir ihre jüngeren Geschwister erzogen, beeinflusste die Feinfühligkeit, die wir so stark zu schätzen lernten, unsere Beziehung zu unseren älteren Jungs.

Es ist nie zu spät, Attachment Parenting mit einem Kind zu versuchen. Es kann schwieriger sein, herauszufinden, was ein Achtjähriger von Ihnen braucht, als ein Baby zu verstehen, das mit acht Tagen vor allem Essen und Trost benötigt. Aber wenn Sie jemand sind, der sich fragt, ob er ein älteres Kind irgendwie um etwas gebracht hat, seien Sie nachsichtig mit sich selbst. Suchen Sie nach altersangemessenen Wegen, diesem Kind näher zu kommen. Sie können einen Vierjährigen nicht mehr im Tragetuch herumtragen, aber Sie können sich jeden Tag Zeit für ihn nehmen, die Sie nur mit ihm verbringen. Lesen Sie ihm Geschichten vor und kuscheln Sie vor dem Zubettgehen. Genießen Sie Ihr Kind so, wie es ist.

Wenn Sie die Baby-B's des Attachment Parenting mit Ihrem neuen Baby praktizieren, bringen Sie Ihrem älteren Kind auch bei, wie man ein Baby behandelt und wie sich größere, mächtigere Personen um kleinere und schwächere kümmern. Ihre Sensibilität für Ihr Baby wird die anderen Beziehungen innerhalb der Familie stärken, einschließlich der zu Ihrem älteren Kind, was für uns die endgültige Bestätigung ist.

Der große Lohn davon ist, dass Ihre älteren Kinder eines Tages die Erziehung ihrer eigenen Kinder anhand der Art gestalten, wie sie Sie mit ihren jüngeren Geschwistern haben umgehen sehen. Zwei unserer älteren Söhne sind jetzt verheiratet und haben eigene Kinder. Dr. Jim und Dr. Bob und die Frauen, die sie in die Familie brachten, praktizieren jetzt Attachment Parenting mit ihren eigenen Kindern.

2. Bereiten Sie das werdende Geschwisterkind vor

Auch das angepassteste, am meisten nach Attachment Parenting behandelte Kind hat vermutlich einige Zweifel, was die Ankunft eines Geschwisterkindes in der Familie angeht – wenn nicht vor der Geburt, dann irgendwann danach. Sie können Ihrem Kind helfen, mit der unvermeidlichen Angst besser klarzukommen, indem Sie dem Vorgang das Mysteriöse nehmen. Ihr Kind kann mit Veränderungen besser umgehen, wenn es weiß, was es zu erwarten hat.

Sie werden Ihrem Kind nicht beim ersten Zeichen einer ausbleibenden Periode oder bei einem bisschen Morgenübelkeit sagen wollen, dass Sie schwanger sind. Neun Monate sind eine Ewigkeit für einen Dreijährigen. Aber denken Sie daran, dass Kinder die Gefühle ihrer Eltern spüren, und sie werden sich Sorgen machen, dass die Veränderung, die sie auf sich zukommen spüren, sie beeinflussen wird, weil sie normalerweise egozentrisch sind. Wenn sich die Mutter während der Schwangerschaft verändert – körperlich und emotional –, müssen Kinder wissen, was vor sich geht. Es ist das Schlaueste, die Neuigkeit am Anfang der Schwangerschaft mit Ihrem Kind zu teilen.

Machen Sie sich vor der Geburt vertraut

Sagen und zeigen Sie Ihrem älteren Kind den Neuankömmling, ehe er oder sie kommt. Lassen Sie das ältere Kind an den Vorbereitungen für seinen kleinen Bruder oder seine kleine Schwester teilhaben – beim Einkauf von Babykleidung, Babyspielzeug, bei der Namenswahl. Ermutigen Sie das große Geschwisterkind, mit dem kleinen Bruder oder der kleinen Schwester im Bauch zu reden oder sie zu streicheln und das Treten des Babys zu fühlen.

Meine Tochter war bei den Arztbesuchen vor der Geburt dabei und konnte den Herzschlag des Babys hören und die Ultraschallbilder sehen. Sie ging auch mit uns zu den Kursen für ältere Geschwister im Krankenhaus und lernte so viel darüber, wie es mit einem neuen Baby sein würde. Sie liebte es, auf meiner Brust zu liegen und einzuschlafen, mittags und am Abend. Wenn das Baby sie trat, nannte ich den Namen, den wir für es ausgesucht hatten, und sagte: »Dein neuer Bruder tritt dich«.

Elizabeth sagt: Als ich mit ihrem Bruder schwanger war, liebten meine drei älteren Kinder es, Babysachen zu kaufen, und einmal zu Hause, trafen sie sich und bestaunten, was sie eingekauft hatten. Sie verbrachten Stunden damit, sein Zimmer einzurichten und seine Spielzeuge und Bücher zu sortieren. Ich ließ sie Kleidung für seine Fahrt vom Krankenhaus nach Hause aussuchen, bis zu den kleinen Socken. Sie feierten dieses Privileg und nahmen es sehr ernst. Sie hielten die kleinen Kleidungsstücke hoch und staunten über die Idee eines solch kleinen Menschen, der ihr Bruder sein sollte.

In die Pläne für das neue Baby eingebunden zu sein, hilft Geschwistern, zu fühlen, dass das große Ereignis auch ihnen passiert. Das neue Baby ist ebenso ihres wie das von Mama, nicht nur zum gemeinsamen Spielen, sondern auch zum Versorgen.

Reden Sie darüber, was geschehen wird

Bereiten Sie das Geschwisterkind auf die Veränderungen vor, die mit dem Familienleben geschehen werden, wenn das Baby geboren wird. Holen Sie die Fotos aus der Babyzeit Ihres älteren Kindes heraus und zeigen und erzählen Sie ihm, wie es aussah, als es nur ein paar Minuten oder Stunden alt war. Zeigen Sie ihm Bilder, wie es getragen oder gestillt wird. Reden Sie über die Geschenke, die es bekam, als es ein Baby war und über die Besucher, die kamen, um es zu sehen. Über die ersten Tage des großen Geschwisterkindes zu reden bereitet es darauf vor, wie Babys sind, und erinnert es daran, dass auch ihm eine Menge Aufmerksamkeit geschenkt wurde, als es winzig war. Sagen Sie ihm: »Die Besucher bringen Babygeschenke«, »Winzige Babys brauchen ihre Mama, also muss Mama das Baby viel herumtragen, so wie ich es auch mit dir gemacht habe«, »Das Baby wird viel stillen wollen, so wie du, als du ein Baby warst«. Kinder müssen auf die Realität mit einem neuen Baby in der Familie vorbereitet sein. Veränderung ist einfacher zu handhaben, wenn man lange genug im Voraus weiß, was die Veränderungen sein werden.

Ehe ich ins Krankenhaus ging, verpackte ich mehrere kleine Geschenke für Jessica. Ich packte diese für die Besucher beiseite, die kamen, um das neue Baby zu sehen. Viele Leute bringen Geschenke für den Neuankömmling, aber oftmals bringen sie nichts für das Geschwisterkind mit. Also überraschte ich sie ab und an mit einem Geschenk für die »große Schwester«.

Wir redeten viel darüber, wie es ist, Babys um sich zu haben, und die spaßigen Sachen, die meine Tochter tun konnte, um mir zu helfen. Ich erklärte, dass Babys viel gehalten werden müssen und viel Aufmerksamkeit brauchen, um zu gedeihen, und erklärte, was gedeihen bedeutet. Ich sagte, wir würden alle gemeinsam daran arbeiten, dass das Baby aufwächst und sich glücklich, gesund und geliebt fühlt. Sie fand das sehr faszinierend. Ich erzählte ihr all die Dinge, die sie tun konnte, um mir mit dem Baby zu helfen, schrieb eine Liste und bat sie, die Dinge, die sie tun wollte, einzukreisen, und sagte ihr, wir könnten jederzeit noch Dinge zu der Liste hinzufügen oder die Dinge ändern, die sie tun wollte. Ich wollte, dass sie weiß, dass ihre Hilfe willkommen ist, aber ich wollte auch, dass sie die Möglichkeit hat, zu entscheiden wie.

Als wir unsere Adoptivkinder erwarteten, fragten wir uns, wie die Mädchen (damals drei und sechs Jahre alt) damit umgehen würden, dass wir zwei Vorschuljungs adoptieren würden. Wir redeten regelmäßig darüber, wie sich unser tägliches Leben ändern würde (»Wenn die Jungs da sind, stellen wir mehr Stühle an den Tisch.«) und versuchten, auf jede Frage, die die Mädchen hatten, eine ehrliche Antwort zu geben. Ich trug Bilder von allen vier Kindern in meinem Geldbeutel herum und redete von ihnen, als ob ihre beiden Brüder schon da wären. Wir bereiteten das Schlafzimmer der Jungs vor, und die Mädchen legten Spielzeug und Bücher für sie bereit. Zu der Zeit, zu der unsere adoptierten Kinder kommen sollten, waren sie bereits Teil unseres alltäglichen Lebens und die Mädchen passten sich mit bemerkenswertem Anstand an.

3. Bringen Sie sie in Verbindung – ganz früh

Eltern, deren Kinder gut miteinander auskommen, sehen ihre Kinder von Anfang an als Freunde fürs Leben und tun alles, was sie tun können, um diese Vorstellung zur Realität werden zu lassen. Eltern können es zu ihrem Vorteil nutzen, dass ihre Kinder von Natur aus von Babys fasziniert sind, um die Kinder während der ersten Tage im Leben des Babys eine Verbindung aufbauen zu lassen. Das ist die Zeit, in der Sie Ihrem älteren

Kind dabei helfen zu verstehen, dass das Baby eine reale Person mit realen Bedürfnissen und realen Gefühlen ist. Seien Sie das Bindeglied. Reden Sie für Ihr Baby und erklären Sie Ihrem Kleinkind oder älteren Kind, was Sie sich vorstellen, was das Baby denkt oder sagen würde.

> *Wenn das Baby nach dir greift und dich festhält, ist das die Art des Babys, dir zu sagen, wie sehr es dich lieb hat.*

> *Wenn das Baby kleine Bewegungen mit dem Mund machte, sagten wir den Kindern, dass es versucht, herauszufinden, wie es ihnen einen Kuss geben kann. Ich beschrieb oft mit Worten die Reaktionen oder Ausdrücke des Babys. Es brachte meine [ältere] Tochter zum Lachen und half ihr zu erkennen, dass ihre Schwester eine reale Person ist. Ich wusste, dass wir vorankamen, als unser Kind mich davon überzeugte, ihre drei Wochen alte Schwester zu einer »Präsentation« mitzubringen.*

Viele Eltern von Kindern, die gut geraten, sagten uns, dass Tandemstillen (weiterhin das ältere Geschwisterkind zu stillen, gemeinsam mit dem neuen Baby) Wunder tat, ihre beiden Kinder eine Verbindung aufbauen zu lassen. Mütter planen normalerweise nicht zu tandemstillen, aber wenn ein älteres Kind klar das Bedürfnis hat, während der Schwangerschaft und danach weiterhin zu stillen, finden sie sich plötzlich doch tandemstillend wieder. Das ist einfacher für das ältere Kind, als es zu zwingen, abzustillen, ehe es dazu bereit ist. Tandemstillen macht es einfacher für Baby und großes Geschwisterkind, die Mutter zu teilen, und Mütter lieben das Bild, wenn das ältere Kind die Hand des jüngeren streichelt, wenn sie beide an der Brust sind. Aber es ist nicht immer einfach. Mütter, die tandemstillen, stellen vielleicht fest, dass sie gemischte Gefühle dem älteren Kind gegenüber haben, das immer noch stillt, vor allem weil es so groß wirkt im Vergleich mit dem neuen Baby. Ältere Geschwister wollen vielleicht länger und häufiger stillen in den ersten Wochen nach der Geburt, als Antwort auf die reichliche Milch, die die Mutter jetzt hat, und ihre eigenen Sorgen, vom Baby beiseite geschoben zu werden. Natürlich sollte das neue Baby die ersten Schlucke der Muttermilch bekommen, und die Mutter möchte vielleicht das Stillen des älteren Kindes ein wenig begrenzen. Sicher ist Tandemstillen nicht für jede Mutter denkbar, aber Sie sollten nicht die Vorstellung haben, dass Sie ganztags zwei Kinder an der Brust haben werden. Kleinkinder und Vorschulkinder, die noch stillen, machen das meist nur noch zum Einschlafen. Die Beschäftigung mit Mama alleine kann das Stillen zu anderen Zeiten ersetzen.

Tandemstillen funktionierte kurzzeitig zum Fördern der Geschwisterbeziehung zwischen unserem vierten und fünften Kind, Hayden und Erin. Der einjährigen Hayden zu erlauben, ein paar Wochen lang ein oder zwei Mal am Tag zu stillen, half ihr dabei, ihre Mama mit ihrer Babyschwester Erin zu teilen, und half ihnen beiden zu einem gemeinsamen Start ihrer Verbindung.

Karen stillte noch während der ersten Zeit meiner Schwangerschaft. Sie war erfreut, als ihr Babybruder mit dem Geschenk von mehr Muttermilch ankam, und bat darum, wieder stillen zu dürfen. Ich denke, dass ich sie ein oder zwei Mal am Tag entspannen konnte, während ihr Bruder schlief, gab uns eine spezielle Ruhezeit zusammen und half den beiden, einen großartigen Start zu bekommen. Jetzt mit fünf Jahren versichert sie anderen Kindern, die kleine Geschwister erwarten, dass das Baby ein wunderbares Geschenk für sie mitbringen wird … MEHR MILCH!

4. Du bist auch besonders!

Ein neues Baby zieht natürlich viel Aufmerksamkeit auf sich. Freunde überhäufen es mit Geschenken, und Eltern halten, füttern, wechseln und trösten den Neuankömmling ständig. Ältere Geschwister können in dem Wirbelsturm der Aktivitäten, die ein neues Baby in das Haus bringt, leicht verloren gehen. Es ist verständlich, dass die älteren Kinder sich so fühlen können, als würde keiner sie wahrnehmen. Machen Sie, was Sie können, um die Kinder davon abzuhalten, sich ausgeschlossen zu fühlen. Wenn ein Bewunderer sagt: »Was für ein wunderschönes Baby«, fügen Sie hinzu: »Jetzt haben wir zwei wunderschöne Kinder« oder »Und sie hat eine wunderschöne große Schwester!« Wenn die Mama gerade damit beschäftigt ist, das Baby zu füttern, kann der Papa eingreifen und dem älteren Kind ein wenig spezielle Aufmerksamkeit geben. Oder finden Sie besondere Bücher oder ruhige Aktivitäten, die die Mama und das ältere Kind teilen können, während das Baby stillt oder schläft.

Meine Söhne sind Zwillinge und ziehen eine Menge Aufmerksamkeit auf sich. Ich stellte sicher, dass, wenn die Leute mich nach ihnen fragten, ich auch meine Tochter als die weltbeste große Schwester vorstellte. Ich versuchte auch, den Leuten etwas über sie zu erzählen, sodass sie neben den Zwillingen auch Aufmerksamkeit bekam.

Haben Sie je einen Job bekommen, bei dem Sie sich wichtig fühlten? Eine Möglichkeit, das ältere Kind sich wichtig fühlen zu lassen, ist, es wissen zu lassen, dass es gebraucht wird. Das steigert die Position des älteren Kindes in der Familie, dank des Babys, was der gemeinsamen Beziehung zu einem Start mit dem richtigen Fuß verhilft. Sagen Sie der großen Schwester, dass Sie ihre Hilfe brauchen, und zeigen Sie ihr, was sie tun kann. In unserer großen Familie nennen wir das »eine Aufgabe geben in der Familienorganisation«. Geben Sie ihr einen lustigen Jobtitel: Mamas Helfer, Mamas Assistentin, Mamas Laufbursche. »Bring mir bitte eine Windel.« »Such bitte die Anziehsachen für das Baby raus.« »Lass uns das Baby gemeinsam anziehen und baden.« Sich wichtig zu fühlen hilft vielen Kindern, die Rolle der großen Schwester oder des großen Bruders zu genießen.

Kurz nachdem Benjamin geboren wurde, zeigte unsere Vierjährige eine Wendung in ihrer Persönlichkeit. Sie kehrte wieder dazu zurück, ins Bett zu machen, Wutanfälle zu haben, nachts aufzuwachen und zunehmend trotzig zu werden. Sie machte sich selbst zu einer grundsätzlichen Belastung. Ich gab ihr einen Job als »Mamas Assistentin«. Nach ein paar Wochen wurde es nicht nur wieder schöner, mit ihr zusammenzuleben, sondern sie genoss es auch, ein paar Mutterfertigkeiten zu lernen.

Behalten Sie im Hinterkopf, dass Sie die zukünftige Ehefrau, den zukünftigen Ehemann, Mutter oder Vater von jemandem großziehen. Wie Kinder diese Rollen später in ihrem Leben ausfüllen, hängt davon ab, welches Rollenmodell sie zu Hause sehen. Wenn Ihre «Mamas Assistentin» Ihnen hilft, sich um das Baby zu kümmern, imitiert Ihr älteres Kind viele Ihrer mütterlichen Fertigkeiten. So wie wir Stephen im Haus im Tragetuch herumtrugen, trug Erin ihre Puppen in ihrem eigenen kleinen Puppentragetuch herum.

Ich half meinen älteren Kindern, das Gefühl zu haben, dass sie ein wichtiger Teil der Familie sind, die sich um das Baby kümmert. Sie brachten mir eine Windel, hielten ein Spielzeug, öffneten ein Geschenk für das Baby und brachten das Baby zum Lachen. Ich sagte immer: »Danke, dass du so eine tolle große Schwester bist«. Wir betonten den Aspekt der großen Schwester und des großen Bruders sehr häufig.

Sich an die Anwesenheit eines jüngeren Geschwisters anzupassen, ist eine Herausforderung für ein kleines Kind. Es wird Zeiten geben, in denen Ihr älteres Kind glücklich ist, ein großer Bruder oder eine große Schwester zu sein, und andere Zeiten, in denen es sich wünscht, Sie würden das Baby wieder dahin geben, wo es herkam. Seien Sie sensibel und überstrapazieren Sie nicht den Begriff des »Schon-groß-seins«. Ihr Kind wird es vermissen, Sie für sich alleine zu haben; manchmal werden auch Sie diese Tage vermissen. Diese Gefühle zu ignorieren, lässt sie nicht verschwinden. Erlauben Sie Ihrem Kind, sie auszudrücken, und erkennen Sie an, dass es nicht einfach ist, der oder die Ältere zu sein. Wenn Ihr älteres Kind in eine Phase der Babysprache und des Daumenlutschens zurückfällt, erlauben

Sie ihm eine Weile den Luxus des Babyseins, während Sie sich gleichzeitig darauf fokussieren, welche Vorteile es hat, ein großes Kind in der Familie zu haben. Reden Sie über all die lustigen Dinge, die große Jungs machen können, aber Babys nicht. »Große Jungs können Eis essen, aber Babys nicht.« »Große Mädchen können auf Bäume klettern, Babys nicht.« Ihr Kind wird schrittweise realisieren, dass es nicht wieder ein Baby sein möchte.

Mein Sohn bat uns, ihn »kleiner Bruder« zu nennen und nicht »großer Bruder«. Ein großer Bruder zu sein, sagte er, sei zu schwer für ihn.

5. Fördern Sie gemeinsame Zeit allein

Geschwister brauchen gemeinsame Zeit, um ihre eigene Beziehung aufzubauen. Ob sie es verbalisieren können oder nicht, sie wissen, dass »manchmal das, was wir tun, einfach unter uns Kindern bleiben muss«. Diese »Zeit allein« erlaubt es ihnen, die Persönlichkeit des jeweils anderen kennenzulernen. Wenn das ältere Kind ein Kleinkind oder Vorschüler ist, ist es wichtig, dass immer ein Erwachsener in der Nähe ist, der die Aufsicht hat. Aber lassen Sie das ältere Kind die Geschwindigkeit der Interaktion angeben, während Sie danebenstehen und mögliche Unfälle verhindern. Ihre Kinder werden Wege finden, sich gegenseitig zu erheitern und zu unterhalten, von denen Sie als Erwachsener nur träumen können.

Mein Sohn und meine Tochter verbrachten viel Zeit miteinander, als sie klein waren. Sie waren zusammen wie zwei Erbsen in der Schote. Sie folgte ihm auf Schritt und Tritt und imitierte jede seiner Bewegungen. Er schien es zu lieben, der Anführer zu sein, und die Aufmerksamkeit, die er von ihr bekam.

Es ist wichtig, die Bedürfnisse und Eigentümer des älteren Kindes zu respektieren und zu schützen. Stellen Sie sicher, dass es Orte hat, an denen es sich erholen kann, wenn es gerade nicht möchte, dass seine Bausteintürme umgeworfen werden.

Meine Kinder sind echte Freunde. Sie spielen fast den ganzen Tag zusammen, aber manchmal möchte mein Ältester etwas Raum, um mit seinen Spielzeugen zu spielen oder einfach allein zu sein. Ich gebe mein Bestes, um ihm dabei zu helfen, diesen Raum zu bekommen. Ich kann mich darauf verlassen, dass er kurze Zeit später schon wieder seinen jüngeren Bruder sucht.

6. Rollenspiele

Verschiedene Rollen mit verschiedenen Kindern in verschiedenen Situationen einzunehmen, hilft dabei, beste Freunde zu werden. Das spricht wieder die Rolle der Eltern als Begleiter an, Wege zu finden, um die Beziehung der Geschwister zu fördern. Hier sind ein paar Möglichkeiten.

Beschützerrolle
Bringen Sie Ihrem älteren Kind bei, dass es die Verantwortung hat, das jüngere zu beschützen, was auch einschließt, gutes Benehmen vorzuleben. »Räum auf jeden Fall deine Spielzeuge auf, damit das Baby nicht darüber stolpert und sich weh tut.« »Passt du bitte auf, dass das Baby nicht aus diesem Raum herauskrabbelt, während ich das Essen fertigmache?« (Schauen Sie dennoch auf jeden Fall währenddessen nach den beiden.)

Helferrolle
Sich gegenseitig zu helfen, kann das Beste im Helfer und das Beste in demjenigen, dem geholfen wird, hervorbringen. Dinge für den jeweils anderen zu tun fördert eine gute Beziehung zwischen Geschwistern. Der

Gebende fühlt sich bemächtigt und erfolgreich; der Empfangende fühlt sich umsorgt, wertgeschätzt und geliebt. Und beide Seiten fühlen sich durch den Akt des Helfens miteinander verbunden. Hilfsbereitschaft schafft Loyalität. In diesem Prozess lernen Kinder, Hilfe würdevoll und dankbar anzunehmen – eine soziale Fertigkeit, die ausschlaggebend für Beziehungen ist. Sie wollen, dass Ihr Kind mit dem Wissen aufwächst, wie man geben kann und wie man empfangen kann.

Wie oben gesagt kann das ältere Kind bei der Versorgung des Babys helfen und sich wichtig fühlen. Das ist wichtig in der frühen Phase des Wachstums der Geschwisterbeziehung. Wenn Kinder älter werden, ist es irgendwann das jüngere Kind, das dem älteren »hilft«, bei Aufgaben wie dem Blumengießen im Garten oder beim Aufräumen von Spielzeugen, und das ältere Kind kann dem jüngeren dabei helfen, Bausteintürme zu bauen oder Meisterwerke aus Lego zu bauen.

Ich ermutigte unser älteres Kind, dem jüngeren zu helfen, indem ich ihm mitteilte: »Christie weiß noch nicht, wie man Bausteine aufeinander stapelt. Wie wäre es, wenn du ihr ein paar aufeinanderstellst, damit sie den Turm umwerfen kann?« Ich denke, es zu einem Spiel zu machen, bei dem sich das ältere als kontrollierend empfindet, gab ihm das Gefühl, wichtig zu sein. Und das jüngere Kind genoss immer die Aufmerksamkeit von seinem älteren Geschwister.

Es gibt ein altes Sprichwort: »Wenn du eine Freundschaft vertiefen willst, lass dir von deinem Freund helfen.« Dieses Konzept funktioniert besonders gut bei Geschwistern. Kinder finden es einfach, zu ihren Eltern zu kommen, wenn sie Hilfe brauchen. Ermutigen Sie sie, auch auf sich selbst zu schauen.

In unserer Großfamilie hatten wir das, was wir »besondere Helfer« nannten. Jedes Geschwisterkind hatte ein anderes Geschwisterkind als seinen besonderen Helfer. Wenn Schuhe vermisst wurden und ein Kind nach

Mama oder Papa rief, sagten wir: »Hast du deinen besonderen Helfer schon gebeten, dir beim Suchen zu helfen?« Was für eine Überraschung es war, wenn die älteren Kinder herausfanden, dass ihre jüngeren besonderen Helfer ihnen tatsächlich in bestimmten Situationen helfen konnten! Das half nicht nur uns als Eltern, sondern festigte auch das Band zwischen den Geschwistern.

Lehrerrolle

Ältere Geschwister strahlen, wenn sie eine Fertigkeit an ein jüngeres Geschwisterkind weitergeben können. Ermutigen Sie Ihr Kind dazu, die Rolle des Lehrers zu übernehmen: Als Matthew die Rolle des Basketballtrainers für seinen jüngeren Bruder Stephen übernahm, verbrachten sie mehr Zeit miteinander und näherten sich einander an. Ermutigen Sie ältere Schulkinder, den Schulanfängerkindern bei den Hausaufgaben zu helfen. Natürlich müssen Sie sicherstellen, dass nicht nur die Geduld des Lehrers getestet wird und dass der Schüler ebenfalls Spaß hat.

Ratgeberrolle

Versuchen Sie, Ihr jüngeres Kind dazu zu bewegen, ein wenig darauf zu achten, wie es aussieht, sein Zimmer aufzuräumen oder eine neue Aktivität mitzumachen? Bitten Sie den großen Bruder oder die große Schwester um Hilfe. Ein großes Geschwisterkind, das weiß, wie sich alle in der Schule anziehen, kann ein hilfreicher Berater in Klamottenfragen sein, einer, dessen Geschmack mehr vertraut wird als dem von Mama. (Machen Sie zuvor eine Privatkonferenz mit dem Geschwisterkind, wenn notwendig, um einige Regeln festzulegen.) Wenn die Zeit kommt, in der Poster an die Wand gehängt werden oder die Puppenanziehsachen ordentlich aufgeräumt werden müssen, können Geschwister Rat geben und helfen, was zu einem Zimmer führt, das wirklich cool ist. Wenn Ihr Jüngster Zweifel hat, was das Fußballspielen oder den Wechsel in die zweite Klasse betrifft, lassen Sie das ältere Geschwisterkind seine Weisheit aus seinen Erfahrungen teilen. Das große Kind fühlt sich wichtig, wenn es um Rat gefragt wird, das jüngere genießt die Aufmerksamkeit und Mama und Papa bekommen oft das Ergebnis, das sie wollten – ein ordentliches Zimmer, keine Jeans mehr mit Löchern – ohne Kampf.

Doktorrolle

Ermutigen Sie Geschwister, einander zu trösten. Wenn ein Kind verletzt wird, bitten Sie das andere darum, sich um den Verletzten zu kümmern. Geben Sie Ihrem Assistenten einen Jobtitel: »Dr. Lauren, würdest du bitte Matthews Bein halten, während ich seinen Knöchel verbinde?« »Herr Sanitäter, bitte kleben Sie dieses Pflaster auf Susies Schnitt.« Der Titel *Doktor* definiert die Rolle des Geschwisterkindes als eine mitfühlende, hilfreiche, und der Patient, der einen Moment zuvor noch seinem Geschwisterkind zugeschrien haben mag »Ich hasse dich«, ist jetzt am empfangenden Ende der Fürsorge. Es ist schwer, die Hand zu hassen, die einem hilft und einen tröstet.

Pfarrerrolle

Ein Ritual, das wir in unserer Familie genutzt haben, ist das sogenannte »Hände auflegen«: Das Kind, das ein Bedürfnis hatte (sei es wegen eines bevorstehenden Tests, einem großen Wunsch oder einer emotionalen oder körperlichen Verletzung) sitzt in der Mitte, während die anderen Familienmitglieder ihm die Hand auf die Schulter, den Arm, den Kopf oder wo auch immer es weh tut auflegen. Sie beten und jeder bietet einen positiven Gedanken oder ein aufmunterndes Wort an. Die Familie ist die erste und andauerndste Gruppe an Unterstützern für das Kind. Vor vielen Jahren, als wir mit diesem Ritual anfingen, sagten Martha und ich uns, dass wir hofften, dass unsere Kinder dieses Ritual mit in ihr Erwachsenenleben übernehmen würden – und sie taten es.

Mit-Arbeiter

Lassen Sie die Geschwister zusammenarbeiten. Geben Sie ihnen Aufgaben, die Kooperation erfordern und sie motivieren, gemeinsam zu arbeiten: »Bobby und Jimmy, bitte räumt zusammen die Garage auf. Je eher ihr fertig seid, desto eher können wir ins Kino gehen.« Geschwistern eine Aufgabe zum Erledigen zu geben – mit einer kleinen Belohnung – ist vor allem hilfreich, wenn sie sich gerade kabbeln oder einfach nicht so gut miteinander auskommen. Die Aufgabe zwingt sie, ihre Energien auf die Zusammenarbeit zu fokussieren – eine wertvolle Fertigkeit für ihr Leben. Teil Ihrer Rolle als Begleiter ist es, die Arbeitsbeziehung zu beaufsichtigen und sicherzustellen, dass sie kooperativ bleibt – dass beide helfen und keiner von beiden sich wie der Chef aufführt.

Wir würden regelmäßig gemeinsame Projekte vorschlagen, wie das Errichten und Betreiben eines gemeinsamen Limonadenstandes. Natürlich passt der Erwachsene, der die Verantwortung trägt, auf, dass sich keine Beziehung entwickelt wie zwischen einem Chef und einem Angestellten. Rollenspiel-Aktivitäten reflektieren eine wichtige Erwachsenenrolle: die Sensibilität der Geschwister zu fördern. In diesem Buch nutzen wir das Wort Sensibilität, welches die Grundlage interpersoneller Beziehungen ist. Behalten Sie während Streitigkeiten um Spielzeuge und bei offensichtlichen Unsensibilitäten dauerhaft Ihr Ziel im Hinterkopf: sensible Geschwister großzuziehen.

7. Vermitteln Sie das Verhalten, das Sie erwarten

Ihre Erwartungen werden die Beziehung zwischen den Geschwistern in der Familie stark beeinflussen. Wie viel Kämpfen und Ärgern werden Sie erlauben? Wie viel Zeit sollten die Geschwister miteinander verbringen? Wie sollen sich die Geschwister gegenseitig helfen? Die Wahrnehmung Ihres Kindes davon, wie sie erwarten, dass es andere behandelt, bestimmt seine Erwartungen, wie es andere Personen außerhalb des Zuhauses behandeln soll. Lassen Sie Ihre Kinder wissen, dass Sie erwarten, dass sie sich respektieren. Erinnern sie die älteren Kinder daran, dass sie ein gutes Vorbild sein sollen und dass ihre jüngeren Geschwister zu ihnen aufschauen. Schaffen Sie viele Gelegenheiten für sie, zusammen zu arbeiten und zusammen Spaß zu haben, damit sie ihre Geschwister als Hilfe und Erholung betrachten, auch wenn Sie nicht mehr den Boden dafür bereiten. Manchmal müssen Sie einfach eine Grenze ziehen zwischen dem, was akzeptabel ist und dem, was es nicht ist. Eines Tages, auf dem Höhepunkt der Streitigkeiten zwischen Jim und Bob, sagte Martha zu ihnen: »Wenn ihr zwei wie die Hunde kämpfen wollt, bauen wir im Garten eine Hundehütte und ihr beide könnt dort draußen leben.« Sie haben es verstanden.

Ihre Familie ist die erste soziale Gruppe Ihres Kindes. Sie sollte einen positiven Effekt darauf haben, wie es in seinem späteren Leben Verbindungen eingeht.

Von der Zeit an, als mein zweiter Sohn geboren wurde, verpflichtete ich mich, meinen Kindern zu helfen, Freunde zu werden. Ich wollte die Geschwisterrivalität minimieren. Ich arbeitete hart daran, fair zu sein, und tolerierte eifersüchtiges Verhalten nicht. Ich erwartete von ihnen, dass sie nett waren und einander halfen, also machten sie das. Ich setzte Grenzen für ihr Verhalten einander gegenüber und erinnerte sie immer wieder daran, dass sie miteinander verwandt sind und zueinander nett sein müssen.

8. Geschwister verbunden halten

Das moderne Leben schafft es, Familienmitglieder voneinander fernzuhalten. Mama und Papa arbeiten weit weg von zu Hause in getrennten Jobs. Die Kinder verbringen sechs oder sieben Stunden am Tag in der Schule, in Klassenräumen mit Gleichaltrigen, getrennt von ihren Brüdern und Schwestern. Geschwister verbringen die Stunden nach der Schule in verschiedenen Pfadfindergruppen, in verschiedenen Sportligen oder mit ihren eigenen Freunden. Es ist schwer, verbunden zu bleiben, wenn man immer in verschiedene Richtungen geht. Aber Eltern können ihr Zuhause und die Freizeit ihrer Kinder so strukturieren, dass sie die Bindung der Geschwister fördern.

Schließen Sie Freunde in Spielgruppen ein

Wenn die Kinder ohne Freunde um sich herum zu Hause sind, suchen sie automatisch die Begleitung des anderen. Geschwister, die vom Alter her nahe beieinander sind, haben nicht das Gefühl, dass sie ihr Zuhause verlassen müssen, um einen Freund zu finden, wenn sie einen brauchen. Wenn Kinder das Schulalter erreichen und gleichaltrige Freunde finden, treten diese Beziehungen oft in Konkurrenz zur Beziehung zu ihren Geschwistern. Wenn ein Freund da ist, wird das Geschwisterkind vielleicht ausgeschlossen – wenn Eltern das zulassen. Mischen Sie sich ein und beobachten Sie die Situation. Sie können Aktivitäten vorschlagen, die alle gemeinsam machen können, oder einen speziellen Raum in den gemeinsamen Familienräumen oder im Keller anbieten, in dem Aktivitäten für alle möglich sind. Lassen Sie Ihr älteres Kind wissen, dass Sie erwarten, dass es das jüngere einschließt, zumindest ab und an.

Wir hatten immer eine Regel in unserem Haus: Niemand, der mitspielen will, wird ausgeschlossen. Das bedeutet, dass Angela manchmal gemeinsam mit ihrem kleinen Bruder David mit ihren Freunden spielt. Die Freunde unserer Kinder sind bereit, diese Regel zu akzeptieren.

Eine Technik, dem älteren Kind zu helfen, die Gesellschaft eines nervigen jüngeren Geschwisters zu ertragen, ist, es daran zu erinnern, dass es dem jüngeren Kind etwas darüber beibringen kann, was und wie man spielt, weil es älter und erfahrener ist. Es tut niemandem weh, hinzuzufügen, wie sehr das jüngere Kind zu dem älteren aufschaut und wie sehr es wie das ältere Kind sein möchte. Das versetzt das ältere Kind und seine Freunde in die Position eines Lehrers oder Anführers.

Genießen Sie Familienreisen

Reisen mit der Familie sind wie eine Erholung – weit weg von all den Einflüssen, die Familienmitglieder aus dem Familienkreis herausziehen. Familienurlaub ist ein Weg, alle wieder zusammenzubringen und sich aufeinander zu konzentrieren. Ohne Ablenkungen durch Gleichaltrige, Unterrichtsstunden, Sporttrainings und Haushaltsaufgaben entdecken Brüder und Schwestern wieder, wie viel Spaß es macht, zusammen zu sein. Familienurlaub gibt Ihnen auch ein Gesprächsthema in den kommenden Monaten.

Beschränken Sie elektronische Einflüsse

Man kann keinen Spaß zusammen haben, wenn jeder Kopfhörer trägt. Kopfhörer haben ihren Platz in Walkmans und Gameboys auf langen Autofahrten oder langweiligen Flügen, aber sie schirmen Menschen voneinander ab. Wenn man in Familienurlaub geht, muss die Verwendung von Fernsehen, Walkmans, Smartphones, Spielkonsolen und anderen elektronischen Einflüssen, die unsere Kinder davon abhalten, Qualitätszeit miteinander zu verbringen, überwacht werden. Niemand möchte im Urlaub viele Regeln haben, aber man kann kein Zusammensein mit der Familie schaffen in einem Auto voller Kinder, von denen jedes seine eigene Musik hört und seine Augen auf ein elektronisches Spielzeug fokussiert. Viele Familien genießen es, Hörbücher zu hören oder zusammen Spiele zu spielen, wenn sie unterwegs sind.

Schlafzimmer teilen

Bonding im Bett ist nicht wirklich eine neue Idee. Familien auf der ganzen Welt tun das. Wir haben beobachtet, dass in unserer Familie die Kinder friedlicher zusammen spielen, wenn sie in einem Zimmer schlafen. Und diese Beobachtung teilen viele Familien. Im gleichen Zimmer zu schlafen, stärkt die Bindung der Geschwister. Es ist ein gutes Gefühl, nach ihren Kindern zu schauen, ehe Sie schlafen gehen, und das jüngere Kind im Arm des älteren schlafen zu sehen. Wenn Geschwister ein Schlafzimmer oder ein Bett teilen, lernen sie, mit einem anderen Menschen in einem geteilten Raum zu leben. Wenn Kinder ein Zimmer teilen, müssen sie lernen, Streitigkeiten zu lösen und Kompromisse einzugehen. Sie müssen den Raum des anderen respektieren und mit den Konsequenzen klarkommen, wenn ein Kind das Gefühl hat, das andere habe eine Absprache gebrochen. Erinnern Sie sich daran, dass eines der Werkzeuge, das Ihr Kind für Erfolg im Leben braucht, die Fähigkeit ist, mit anderen in Harmonie zu leben. Ein Zimmer zu teilen hilft Kindern, dieses Werkzeug zu erlangen.

Stets zwei unserer Kinder, Mädchen und Jungs, teilen sich ein Zimmer. Wir hoffen, dass das eine tiefere Beziehung zwischen ihnen fördert. Ich bin sicher, sie fühlen sich sicher zur Bettgehzeit, weil sie noch nie Alpträume hatten. Sie müssen lernen zu kooperieren, zu verhandeln und Konflikte auszuhalten, wenn sie sich den Raum teilen. Sie schlafen auf Wunsch im gleichen Bett. Es ist so schön, zu sehen, wie sie aneinandergekuschelt schlafen, vor allem, wenn sie tagsüber viel gestritten haben. Zusammen zu schlafen hilft ihnen, ihre Beziehung wieder aufzubauen.

Viele Eltern berichten, dass Kinder, die sich ein Zimmer teilen, auch eine besondere Verbindung teilen. Es ist, als gehörten sie zu ihrem eigenen besonderen »Club« mit ihrem eigenen privaten »Clubhaus«. Das Schlafzimmer wird ein Raum für stille Konversationen und unbefangenes Kichern. Viele Eltern, die wir befragt haben, hatten das Gefühl, dass ihre Kinder gemeinsam im Familienbett schlafen zu lassen der erste Schritt dazu war, dass sie sich das Zimmer teilen wollten.

Es ist sehr herzerwärmend, zu sehen, wie sehr die Mädchen füreinander sorgen. Am Morgen ist es ein großes Gekuschel! Manchmal liest meine Große der Kleinen eine Weile vor, ehe wir aufstehen.

Ich habe es immer geliebt, zu sehen, wie unsere beiden Kinder am Morgen im Familienbett (das aus zwei Matratzen am Boden besteht) aufwachen. Unsere Älteste kuschelt die Jüngste, wenn sie am Aufwachen sind. Wenn sie beide dann richtig wach sind, begrüßen sie sich gegenseitig mit einem warmen Lachen und einer Umarmung. Diese traumhaften Momente beim Aufwachen setzen eine liebevolle Stimmung für den Tag. Für uns ist das Arrangement mit dem Familienbett ein unglaubliches Werkzeug für die Bindung der Geschwister.

Mein zehnjähriger Sohn liebt es, seiner einjährigen Schwester vorzulesen. Eines Abends fragte er, ob er sich in ihr Bett kuscheln dürfe, um ihr etwas vorzulesen. Ich sagte »gut« und er schlüpfte unter ihre Decke und ich ging, um den Abwasch fertig zu machen. Eine halbe Stunde später kam ich zurück, und sie waren beide fest eingeschlafen und hielten sich an der Hand. Das brachte mein Herz zum Schmelzen.

9. Helfen Sie ihnen, die Welt durch die Augen des Geschwisters zu sehen

Kinder scheinen manchmal zu vergessen, dass Brüder und Schwestern auch Gefühle haben. Die Dinge, die sie sich gegenseitig sagen und tun, können Eltern erschaudern lassen. Wenn Sie einschreiten, um einen Konflikt zu lösen, erinnern Sie Ihre Kinder daran, dass sie die Gefühle des jeweils anderen respektieren müssen – auch wenn der eine überzeugt davon ist, dass der andere absolut Unrecht hat. Es ist schwer, die Person zu hassen, die versteht, wie man sich fühlt, und die sich darum kümmert.

Helfen Sie Ihren Kindern, die Gefühle des anderen zu verstehen. Das erfordert von ihnen, den Konflikt oder die schwierige Situation aus der Sicht des anderen zu betrachten. Kinder können diesen mentalen Sprung oft nicht selber machen, vor allem nicht mitten im Kampf, wenn sie das

Gefühl haben, dass es wichtiger ist, recht zu haben als mitfühlend zu sein. Wenn es Zeit für Sie ist, die Trillerpfeife zu blasen und einen Kampf als Schiedsrichter zu begleiten, bestimmen Sie nicht einfach, wer recht hat und wer nicht. Nehmen Sie sich Zeit dafür, über die eingeschlossenen Gefühle zu reden und die Aktionen, die sie hervorrufen. Das ist der erste Schritt hin zu einer wirklich ausgehandelten Abmachung, nicht nur einer kurzfristigen, von den Eltern auferlegten Feuerpause.

> *Wenn einer von ihnen den anderen verletzt oder aufregt, bitte ich den Angreifer, in das Gesicht des anderen zu schauen und mir zu sagen, was er denkt, wie dieser sich fühlt. Dann drehen wir das in eine Frage um und fragen das angegriffene Kind: »Stimmt das? Fühlst du dich traurig?« Das gibt dem anderen Kind die Möglichkeit, ja zu sagen und zu erklären, warum es sich so fühlt. Die Formel, die wir nutzen, ist: »Wenn du [ein bestimmtes Verhalten ausführst], fühle ich [ein bestimmtes Gefühl] und ich möchte, dass du …«. Dann fragen wir den Angreifer, wie er das wieder gut machen kann. Normalerweise führt das zu Umarmungen und Entschuldigungen, dann sind die Dinge wieder friedlich.*

Wir glauben nicht, dass Geschwister als Gegner geboren werden. Tatsächlich gibt es niemanden, der einen so kennen und lieben kann, wie es ein Bruder oder eine Schwester kann. Wenn Kinder sich erst einmal angewöhnt haben, die Gefühle ihrer Geschwister zu verstehen, werden sie fähig sein, diese Empathie auch auf andere Beziehungen anzuwenden.

10. Vermeiden Sie Vergleiche

Kinder wachsen in einer Welt auf, in der sie permanent mit anderen verglichen werden – Noten und Testergebnisse in der Schule, die Schlagreihenfolge beim Baseballteam, welche Rolle sie im Theaterstück in der Schule bekommen. Auch informelle Gruppen haben Wege, Kinder wissen zu lassen, wo sie im Vergleich zu anderen stehen. Das Zuhause sollte ein Ort sein, an dem Kinder darauf zählen können, für das, was sie sind, wertgeschätzt zu werden und nicht mit anderen in Konkurrenz zu stehen. Nichtsdestotrotz vergleichen sich Kinder mit ihren Geschwistern und leiden, wenn sie das Gefühl haben, nicht an diese heranzureichen.

Vermeiden Sie es, ein Geschwister mit dem anderen zu vergleichen. Ihr Kind könnte das Gefühl bekommen, dass es nicht an seine ältere Schwester heranreicht und aus diesem Grund versuchen, auf wenig konstruktive Wege anders zu sein. Jedes Kind hat einzigartige Qualitäten mit einzigartigen Stärken und Schwächen. Helfen Sie ihnen dabei, sich selbst als Individuen zu sehen, ohne ihre Errungenschaften mit denen ihrer Geschwister zu vergleichen. Wenn Suzie bessere Noten bekommt als Sally, wird Sally das durchaus klar sein. Statt zu sagen: »Warum kannst du nicht mehr wie deine Schwester sein?«, konzentrieren Sie sich auf Sallys Stärken und wie diese ihr helfen können, besser zu lernen. Versuchen Sie, jedem Kind zu helfen, seine eigenen Begabungen zu genießen und zusätzlich diejenigen seiner Geschwister anzuerkennen und zu genießen. Es ist ein delikater Balanceakt. Es wäre unfair, ein Kind davor zu bewahren, sein volles Potential zu erreichen, um die Gefühle eines anderen nicht zu verletzen, aber es ist auch unfair, ein Kind das Monopol im familiären Rampenlicht haben zu lassen. Hier sind einige Vorschläge.

Helfen Sie jedem Kind dabei zu glänzen – unterschiedlich

Nicht jedes Kind kann die ganze Zeit glänzen. Versuchen Sie etwas wie die »Star der Woche«-Idee. Angenommen, ein Kind hat die Hauptrolle in einem Theaterstück bekommen. Dieses Kind ist der Star der Woche. Es bekommt das Lob und die Ermutigung von allen. Das ist seine Woche, um zu glänzen. Die nächste Woche ist ein anderes Kind der Star – es hat eine Eins in dem Test bekommen, für den es sehr viel gelernt hat. Das ist seine Woche, um zu glänzen – auf andere Weise. Obwohl es immer etwas Konkurrenz um das Rampenlicht geben wird – so sind Kinder nun mal – lassen Sie Ihre Kinder nicht an diesem albernen Wettbewerb teilnehmen.

Wenn ein Kind im Licht seiner Errungenschaften glänzt, stellen Sie sicher, dass die anderen nicht in seinem Schatten verlorengehen. Eine großartige Möglichkeit, das zu erreichen, ist, die Kinder den Star auswählen und ihre Wahl begründen zu lassen. Es hilft ihnen, die Leistungen anderer zu genießen und anzuerkennen.

Wenn ein Kind wegen seiner Leistungen glänzt, stellen Sie sicher, dass die anderen Geschwister die Aufregung teilen. Zu lernen, sich mit einem anderen über dessen Erfolg zu freuen, ist ein wertvolles Werkzeug für Glücklichsein im Leben. »Heute gehen wir alle zusammen Pizza essen und feiern gemeinsam, dass Tony so hart für seinen Test gearbeitet und eine gute Note bekommen hat.« Machen Sie hinter den Kulissen ein wenig PR (Parent Reminding – Erinnerung durch die Eltern): »Madison, Tony würde sich wirklich glücklich fühlen, wenn du ihm heute Abend gratulierst, wenn wir wegen seiner guten Noten ausgehen.« Wenn ein Kind mit seinem Team die Baseballmeisterschaft gewinnt, geben Sie jedem nach dem finalen Sieg eine Belohnung. Lassen Sie das Kind, das nicht Geburtstag hat, an den Vorbereitungen der Party teilhaben. Lassen Sie es beim Aussuchen der Geschenke dabei sein, beim Kuchenbacken, beim Dekorieren und bei der Organisation der Partyspiele. Stellen Sie sicher, dass das Geburtstagskind weiß, dass sein Geschwister eine wichtige Rolle dabei gespielt hat, seinen Geburtstag zu einem großen Spaß zu machen.

Bringen Sie Ihrem Kind bei, die Unterschiede zu anderen zu respektieren und anzuerkennen und die Talente anderer wertzuschätzen und zu unterstützen. In einer Woche geht die ganze Familie zum Theaterauftritt des einen Kindes, in der nächsten Woche zum Baseballspiel des anderen – und alle jubeln angemessen. Wenn Sie ein Kind haben, das ein spezielles Talent hat, das viel Aufmerksamkeit auf sich zieht, ist es wichtig, dass die anderen Kinder nicht hinter dem begabten Kind in den Schatten treten. Denken Sie daran, alle Kinder sind begabt; sie sind nur unterschiedlich begabt. Feiern Sie die Begabungen von allen!

Fair meint nicht gleich

Kinder legen viel Wert auf Fairness, aber fair bedeutet für sie oftmals genau gleich. Der Standardkommentar unseres zweiten Sohnes, Bobby, zu fast allem, was sein älterer Bruder Jimmy tat, war »nicht fair!«. Eines Abends zählten diese beiden Punktezähler beim Abendessen die Erbsen auf ihrem Teller, um sicherzustellen, dass sie die gleiche Anzahl bekommen hatten. Als sie merkten, dass wir uns an diesem Spiel nicht beteiligten, merkten sie, wie lächerlich das war, und hörten auf damit – obwohl Bobbys erster Kommentar auf dem Hochzeitsvideo von Jimmy, der zuerst heiratete, war: »Nicht fair!«.

Eltern lernen alle Sorten von Tricks zum Thema Fairness. Wenn unsere Kinder einen Kuchen teilten, ließen wir einen ihn schneiden und den anderen sein Stück aussuchen. Seien Sie fair, aber man kann sich auch selbst in den Wahnsinn treiben, wenn man alles gleich machen will. Es ist unmöglich, all Ihre Kinder die ganze Zeit gleich zu behandeln, und das sollte auch nicht Ihr Ziel sein. Nicht alle Kinder brauchen das Gleiche. »Warum hat Susie ein Paar Schuhe bekommen und ich nicht?«, maulte Mary. »Weil ihre Schuhe zu klein waren, und du hast letzten Monat ein neues Paar bekommen«, sagte die Mutter. Lassen Sie Kinder merken, dass ihre individuellen Bedürfnisse erfüllt werden, aber dass diese nicht notwendigerweise die gleichen sind wie die ihrer Geschwister.

Eine Mutter aus unserem Bekanntenkreis sagt ihren drei Kindern regelmäßig, dass, auch wenn es im Moment nicht fair erscheint, sie sich sicher ist, dass es sich am Ende ausgleichen wird. Kinder müssen individuell behandelt werden, aber nicht notwendigerweise gleich. Die Bedürfnisse eines Achtjährigen unterscheiden sich von denen eines Vierzehnjährigen. Ein Kind braucht in einer bestimmten Entwicklungsstufe vielleicht mehr Aufmerksamkeit. Die Zeit, die Sie beim Tanzauftritt des einen Kindes verbringen, ist weniger als die Zeit, die Sie bei den Baseballspielen des anderen Kindes verbringen. Oftmals ist es unser Job als Eltern, unseren Kindern zu erklären, warum verschiedene Kinder verschiedene Privilegien erhalten: »Papa, warum muss ich um neun Uhr ins Bett gehen und

Erin darf bis zehn Uhr aufbleiben?« »Weil du schneller wächst und weil Erin mehr Hausaufgaben machen muss.« Eine einfache Erklärung aufgrund der Fakten beugt oft grummelnden Geschwister vor.

Erwarten Sie nicht, dass Sie jedem Kind an jedem Tag oder in jeder Woche die gleichen Möglichkeiten geben können. Versuchen Sie, im Großen und Ganzen Balance zu halten, nicht mit der gleichen Anzahl an Erbsen auf dem Teller. Fairness kann eine Falle werden, die Eltern dazu bringt, M&Ms zu zählen, die Größe von Pfannkuchen zu messen oder jedem Kind in der Familie ein Geschenk zu kaufen, wenn eines Geburtstag hat. Diese Art von Fairness ist zum Scheitern verurteilt. Das Leben ist schließlich nicht fair. Es ist wichtig für ein Kind, darauf vertrauen zu können, dass es bekommen wird, was es braucht, auch wenn das, was es bekommt, nicht das Gleiche ist, was sein Geschwister bekommt.

11. Bevorzugen Sie – gleichmäßig

Sogar die Warnung, »niemanden zu bevorzugen«, ist unrealistisch. Jedes Elternteil, das denkt, dass das funktioniert, hat vermutlich nur ein Kind. Die Persönlichkeiten mancher Eltern und Kinder passen gut zusammen, andere passen weniger gut zusammen. Manche Kinder sind einfacher um sich zu haben und bringen das Beste bei ihren Eltern zum Vorschein. Andere erwischen die falschen Knöpfe. Das Beste, was Sie tun können, ist, zu erkennen, wo Sie und eines Ihrer Kinder immer wieder Streit haben und wo Sie gut miteinander auskommen. Dann tun Sie Ihr Bestes, die positiven Dinge zu betonen und die problematischen Situationen zu vermeiden.

Versuchen Sie, Ihr Kind nicht merken zu lassen, dass Sie jemanden bevorzugen, und hören Sie aufmerksam zu, wenn es sich beschwert, dass Sie das tun würden. Ab und an werden Sie gefragt werden: »Wen liebst du mehr, Jason oder mich?« Seien Sie darauf vorbereitet, eine emotional korrekte Antwort zu haben: »Ich liebe euch beide auf verschiedene Arten.« Wir haben Liebe oft mit Sonnenschein verglichen: »Die Sonne zu teilen, bedeutet nicht, dass einer weniger bekommt, und unsere Liebe scheint auf euch herab wie der Sonnenschein.« Helfen Sie Ihren Kindern, zu erkennen, dass sie auf besondere Weise geliebt werden: »Du bist meine erste Tochter, und niemand sonst wird meine erste Tochter sein.« »Du bist meine einzige Jennifer, und niemand sonst ist wie du.«

12. Pöbeln und Ärgern sind hier nicht erlaubt

Geschwister lernen, sich gegenseitig bis zu einem gewissen Maß zu ärgern. Es ist Teil des Spaßes, eine Familie zu sein. Aber Eltern müssen eine Grenze ziehen, wenn gutgemeintes Necken in handfestes Ärgern übergeht, das Individuen und Beziehungen verletzt. (Scherze auf Kosten eines anderen zu machen, ist ein armseliger Weg, das eigene Selbstbewusstsein zu fördern.) Gruppen von Personen – seien es Familien, Freunde oder Geschäftsorganisationen – funktionieren am besten, wenn jeder eine Chance bekommt, zu glänzen, und niemand das Opfer des sonderbaren Humors eines anderen sein muss. Halten Sie Ihre Ohren offen für Zeichen, dass das, was ein gutgemeinter Spaß zu sein scheint, tatsächlich die Gefühle eines anderen verletzt. Bringen Sie Ihrem Kind bei, den Unterschied zu bemerken zwischen Necken im Sinne von »Ich liebe dich so wie du bist« und Unterdrückung im Sinne von »Ich bin so viel besser als du, weil du so dumm bist.« Wenn ein Geschwister am Boden ist, kommen manchmal andere und kritisieren es, was dieses Kind noch weiter nach unten zieht. Nutzen Sie es als Möglichkeit, wenn ein Kind ein Problem hat, den anderen Geschwistern zu zeigen, wie man jemanden wieder aufbaut – ohne Ärgern oder Pöbeln. »Jessica fühlt sich wirklich schlecht, weil sie auf der Party nicht bei dem Spiel mitmachen durfte. Was können wir tun, damit sie sich wieder besser fühlt«, fragen Sie die anderen Kinder. Lassen Sie alle Ideen beitragen, wie sie helfen können, dass Jessica sich wieder besser fühlt. Erinnern Sie sie daran, dass sie zu ärgern gemein wäre und Sie das nicht erlauben werden.

Erziehung bei großem Altersunterschied

In der heutigen Welt gemischter Familien und mit Eltern, die ihre Kinder erst spät bekommen, gibt es mehr und mehr Geschwister, die viele Jahre auseinander liegen. Diese Geschwisterbeziehungen sind völlig anders als diejenigen bei Kindern, die nur ein oder zwei Jahre auseinander sind. Geschwisterrivalität ist weniger ein Problem. Die Herausforderung ist es, Wege zu finden, diesen Kindern dabei zu helfen, eine enge und liebevolle Beziehung aufzubauen. Weil Zweijährige und Zwölfjährige wenig gemeinsam haben, was Interessen und Fertigkeiten betrifft, müssen Eltern darüber nachdenken, wie sie diese Kinder zusammenbringen. Sich darauf zu verlassen, dass das ältere Kind regelmäßig auf das jüngere aufpasst, ist nicht der Weg, eine gesunde Beziehung zwischen beiden zu fördern. Das ältere Kind kann es dem kleineren verübeln, dass es sich in seine Freizeit und sein Privatleben einmischt, und es wird es vielleicht nicht schön finden, auf die „nervige kleine Schwester" aufpassen zu müssen, wenn seine Freunde da sind. Es ist okay, willige Geschwister als gelegentliche Babysitter zu nutzen (denken Sie darüber nach, ob Sie das Kind nicht entlohnen, wenn es das etwas annehmbarer macht), aber versuchen Sie, das nicht zu überstrapazieren. Eine bessere Möglichkeit zu helfen, ihre Beziehung aufzubauen, ist, ihnen dabei zu helfen, Zeit mit gemeinsamen, spaßigen Unternehmungen zu verbringen. Das ältere Kind zum Lehrer, zum Baseballtrainer oder zum Ratgeber in Kleidungsfragen zu machen, hilft ihm, sich als großer Bruder oder große Schwester besonders und wichtig zu fühlen.

Wenn meine älteren Kinder ein altes Babyspielzeug nutzen, um unseren Einjährigen zu unterhalten, ist es lustig, zuzuschauen, wie sie an dem vergessenen Objekt erneut Spaß finden. Es heißt, ein Baby zu haben, wenn man über vierzig ist, hält jung. Ich denke, das hat einen ähnlichen Einfluss auf ältere Geschwister. Es erlaubt ihnen, in ihre Kindheit zurückzukehren und verrückt und verspielt zu sein, egal wie alt sie sind.

Eines Nachts saßen Martha und ich im Familienraum, als wir die sechs Monate alte Erin in unserem Schlafzimmer weinen hörten, vermutlich, weil sie gerade aufgewacht war. Als wir die Tür des Schlafzimmers erreichten, sahen wir eine bewegende Szene, die für immer in unserem Gedächtnis bleibt. Unser Fünfzehnjähriger, James, lag neben Erin und kuschelte und tröstete sie. Wir waren glücklich, die Sensibilität dieses Teenagers zu sehen.

13. Lassen Sie Kinder ihre Streitigkeiten selbst klären

In unseren Interviews mit Eltern zu Geschwisterthemen haben wir mehrfach gehört, dass es wichtig ist, die Kinder wann immer möglich ihre Streitigkeiten und Probleme untereinander selbst lösen zu lassen. Dies zu tun bringt den Kindern bei, wie man verhandelt und Kompromisse eingeht. Eltern sollten da sein, um zu helfen, sich aber nicht einmischen. Eine andere Meinung zu haben, ist (bis zu einem gewissen Grad) gesund, und über Meinungsverschiedenheiten zu reden, kann das Band zwischen den Geschwistern stärken.

Wann man eingreifen sollte und wann man nur als Beobachter daneben stehen sollte, ist eine Entscheidung von Fall zu Fall. Lassen Sie Ihr Kind in klaren Worten wissen, dass Sie erwarten, dass in Ihrem Zuhause Harmonie vorherrscht. Der liebste Streitstoppersatz von Martha ist der Ausspruch: »Ihr stört meinen Frieden.« Mischen Sie sich in kleine Streitigkeiten niemals ein. Versuchen Sie, diese gar nicht wahrzunehmen. Wenn größere Ausbrüche elterliche Überwachung benötigen, bereiten Sie sich darauf vor, diplomatisch zu handeln und den Kindern dabei zu helfen, effektiver miteinander zu reden. Tappen Sie nicht in die Falle, herausfinden zu wollen, wer schuld ist: Das ist normalerweise schwer zu sagen, und meistens sind beide Seiten nicht ganz unschuldig. Sich auf die Seite des einen Kindes zu schlagen bringt Kinder eher auseinander als näher zusammen. Manchmal ist das Wertvollste, was Eltern tun können, einzugreifen und eine »Beruhigungs«phase zu verordnen, wenn eines der Kinder so wütend auf das andere ist, dass es nicht vernünftig zuhören kann.

Wir haben immer gewartet, bis sich die Kinder wieder ein wenig beruhigt hatten, ehe wir versuchten, ihre Beziehung zu reparieren. Sich einzumischen und jedem der beiden zu helfen, seinen Standpunkt zu vertreten, während der andere zuhört, ohne zu unterbrechen, war unser erster Schritt hin zu einer Lösung des Streits. Wir wiederholten ihre Gefühle: »Bob, du hast das Gefühl, dass Jim dir unrecht getan hat.« »Jim, du hast das Gefühl, dass Bob unfair war.« Dann ermutigten wir beide, eine Lösung untereinander zu finden: »Ihr seid große Jungs und ihr seid Brüder, und das klingt wie ein Problem, das ihr beide zusammen lösen könnt. Geht in euer Zimmer und redet darüber. Ich erwarte, dass ihr als Freunde rauskommt.« Einen Endpunkt für eine gefundene Lösung vorzugeben, kann hilfreich sein, oder ihnen einfach zu sagen, dass niemand woanders hingeht, ehe sie nicht das Problem gelöst haben.

Meine eigenen Eltern ließen meine Schwester und mich nie kämpfen. In der Minute, in der es irgendeinen Konflikt gab, lösten unsere Eltern das Problem auf ihre Weise und wir wurden in unsere Zimmer geschickt. Jetzt als Erwachsene sind wir immer noch getrennt. Wir haben nie gelernt, wie man miteinander redet. Ich bin bemüht, das bei meinen Söhnen nicht ebenfalls so geschehen zu lassen. Ich schaue immer zu und helfe, wenn das nötig ist, aber ich lasse sie ihren Streit haben. Sie finden immer eine Lösung, und dann spielen die Jungs wieder zusammen.

Körperliche Gewalt wird hier nicht toleriert

Für einige Kinder ist es eine natürliche Reaktion, zu hauen, zu beißen oder um sich zu schlagen, wenn sie frustriert oder wütend sind. Das ist die normale Unreife der Kinder. Zu lernen, wie man diese Impulse kontrolliert, ist ein Teil des Erwachsenwerdens. Kinder müssen beigebracht bekommen, dass jede Art körperlicher Gewalt gegen andere Menschen nicht toleriert werden kann. In diesem Punkt gibt es keinen Raum für Unentschlossenheit.

Ich habe null Toleranz, wenn ein Kind die Sicherheit eines anderen in Gefahr bringt. Wenn ein Kind das andere schlägt, werden die beiden getrennt, um beide in Sicherheit zu bringen, bis der Angreifer fähig ist, einen Plan zu finden oder einem Plan zustimmen zu können, um das Problem anders zu lösen.

Es ist euer Problem, löst es

Problemlösung ist wichtig für den Erfolg im Leben. Tatsächlich folgen kluge Entscheider in Firmen, die Probleme haben, einem japanischen Motto im Management: »Zeig mir deine Lösungen, nicht das Problem.« Bringen Sie Ihren Kindern von Anfang an bei, die Verantwortung für ihre eigenen Probleme schnell zu übernehmen und sie zu lösen. Lassen Sie sie wissen, dass sie nicht in einen Streit zwischen Geschwistern hineingezogen werden möchten und dass Sie keine Energie dafür aufwenden werden, wer recht hat und was falsch lief (auch wenn manchmal diese beiden Punkte Beachtung benötigen). Die beste Botschaft, die Sie Ihren Kindern mitgeben können, ist: »Es ist euer Problem, löst es.« Sehen Sie den Streit oder Kampf Ihrer Kinder als Gelegenheit, ihnen dabei zu helfen, neue Fertigkeiten zu lernen und eine bessere Beziehung aufzubauen.

Eine meiner besten Lösungen war, die beiden kämpfenden Kinder die Hände halten zu lassen, bis sie selbst eine Lösung gefunden hatten. Wenn sie anfingen, mit mir über das andere Kind zu streiten, antwortete ich: »Nein, es tut mir leid, es ist nicht mein Problem. Es ist eures. Wenn ihr eine Lösung habt, lasst es mich wissen.« Ich habe sehr stark versucht, fröhlich zu bleiben und wieder zu gehen. Glauben Sie mir, den sechsjährigen Bruder an den Händen zu halten, wenn man neun Jahre ist, ist ein Killer! Die Probleme werden so recht schnell gelöst.

Kinder müssen von klein auf wissen, dass die Welt ihnen zu Füssen liegt, aber dass sie Teilnehmer sind und nicht Empfänger. Sie müssen lernen, zu geben und anderen den Vortritt zu lassen. So viele Kinder wachsen mit einer konkurrierenden »Ich zuerst«-Einstellung auf. Wie können Familien mit einem Haushalt voller »Ich zuerst«-Menschen umgehen? Jeder im Haus muss den Wert des Gebens erkennen.

14. Freunde kommen und gehen, aber die Familie bleibt

Hier folgt ein wenig mehr PR (Parental Reminders = Elterliche Erinnerung), die Sie mit Ihren Kindern nutzen können. Bringen Sie Ihren Kindern immer wieder die wahre Bedeutung der Worte »Bruder« und »Schwester« nahe. Erinnern Sie sie an die Wichtigkeit der Familie, vor allem der Geschwisterbeziehungen. Sogar Kinder im Schulalter fühlen schon, dass Blut dicker ist als Wasser. Brüder und Schwestern sind ein lebendiges System der Unterstützung. Niemand kennt Sie mit allem Drum und Dran auf die Weise, wie es ein Geschwisterkind tut, und wenige Menschen in Ihrem Leben werden Sie so sehr lieben. Während Familientreffen, am Telefon und in schweren Zeiten und Familienkrisen, lassen Sie Ihre Kinder sehen, wie sehr Sie sich um Ihre Brüder und Schwestern, ihre Tanten und Onkel kümmern, und wie sehr Sie sie brauchen. Lassen Sie sie wissen, dass Freunde – manchmal sogar Ehepartner – kommen und gehen, aber ein Bruder oder eine Schwester ein Freund fürs ganze Leben ist.

6 Gesunde Kinder erziehen

Ein wichtiger Schlüssel zum Erfolg – und einer, den Eltern stark beeinflussen können – ist die Gesundheit. Gesunde Kinder stecken ihre Energie ins Wachsen und Lernen. Sie verpassen weniger Schule, haben mehr Gelegenheiten für normales soziales und emotionales Wachstum und genießen das Leben mehr. Kinder, die krank sind, verpassen viele Lernerfahrungen und Spaß.

In meinen Jahren in der Kinderarztpraxis habe ich bemerkt, dass verbundene Eltern und Kinder gesundheitlich besser abschneiden. Es gibt viele Gründe, warum man erwarten würde, dass Kinder mit Attachment Parenting gesünder sind. Stillen steht ganz oben auf der Liste. Außerdem sind Kinder mit einer starken Beziehung zu Mama und Papa weniger gestresst. Als Baby müssen sie nicht so viel weinen, um ihre Bedürfnisse erfüllt zu bekommen. Als ältere Kinder sind sie mit geringerer Wahrscheinlichkeit im Konflikt mit ihren Eltern. Weniger Stress bedeutet mehr Gesundheit. Diese Kinder profitieren auch davon, wie gut ihre Eltern sie kennen. Wenn eine verbundene Mutter mir sagt, dass etwas mit ihrem Kind nicht stimmt, dann werde ich aufmerksam. Aller Wahrscheinlichkeit nach hat sie recht und ihre detaillierten Beobachtungen führen mich zu einer genauen Diagnose.

Eine Verbindung zu Ihrem Kind aufzubauen ist der erste Schritt, Ihre Kinder gesund zu erhalten und ihnen zu helfen, wieder gesund zu werden, wenn sie krank sind. Hier sind einige Wege, auf denen verbundene Eltern zu einer guten Gesundheit ihrer Kinder beitragen können.

Neun Ernährungstipps für Erfolg

Hippokrates gab den Rat: »Lassen Sie das Essen Ihre Medizin sein.« Über die Jahre habe ich beobachtet, dass Kinder, die die gesündesten Essgewohnheiten haben, oftmals die gesündesten Kinder sind. Sie schneiden in der Schule besser ab, haben weniger Verhaltensprobleme und sind seltener krank. Ich bemerkte dies zuerst in meinen frühen Jahren in der Praxis, als ich das erste Mal die Mütter traf, die ich »pure Mütter« nannte. Sie sind Mütter, die nicht erlauben, dass Junkfood die Gedanken und Körper ihrer Kinder verschmutzen. Ihre Kinder essen Obst und Gemüse, Vollkorn, wenig raffinierten Zucker, mehr Fisch und weniger rotes Fleisch als die meisten Amerikaner. Diese puren Mütter schränkten auch die Zeit ein, in der ihre Kinder anderen »Verschmutzungsquellen« ausgesetzt waren, wie angstmachendem Fernsehen und gewalttätigen Spielzeugen. Ich bemerkte, dass ich diese »puren Kinder« selten in meiner Praxis sah, höchstens für die Vorsorgeuntersuchungen, weil sie selten krank waren. Wenn ihre Kinder in die Schule kamen, waren diese Mütter nicht diejenigen, die einen Termin mit mir ausmachten, um die Beurteilungen der Lehrer mit mir durchzusprechen, die sagten, dass ihre Kinder Verhaltensprobleme oder Lernprobleme hätten. Über die Jahre machten diese »puren Mütter« und »puren Kinder« aus mir einen Gläubigen: Es gibt tatsächlich eine Verbindung zwischen der Art, wie Kinder ernährt werden, und der Art, wie sie sich verhalten und lernen. Eine Ernährungsumstellung ist nicht die Antwort auf jedes körperliche, emotionale oder schulische Problem, das ein Kind haben kann, aber wenn Kinder gesundes Essen zu sich nehmen, dann, glaube ich, sind ihre Probleme weniger ernsthaft und sowohl Eltern als auch Kinder können besser damit umgehen.

In den letzten Jahren wurde ich auch ein wenig ein Gesundheitsapostel, wenn es um Ernährung geht, denn ich weiß, dass gute Ernährung der Schlüssel zu guter Gesundheit und zu einem umfassenden Gefühl des Wohlseins ist. Hier sind die wichtigsten Ernährungstipps für erfolgreiche Kinder und ihre Eltern.

1. Stillen Sie Ihr Kind so lange wie möglich

Das Vorkommen beinahe jeder Krankheit, an der Sie Ihr Kind nicht erkranken sehen wollen, ist geringer bei Kindern, die gestillt werden. Das schließt alles ein, von Ohrinfektionen, Erkältungen und Bauchweh bis hin zu Krebs, Asthma, Allergien, Diabetes und Herzkrankheiten. Muttermilch ist mehr als nur Kalorienträger. Sie ist ein lebendiges Nahrungsmittel, das Ihrem Baby Schutz gegen Krankheiten und die Nährstoffe bietet, die es für eine optimale Entwicklung braucht.

Gestillte Babys sind schlanker und in späteren Jahren mit geringerer Wahrscheinlichkeit übergewichtig. Wie in dem vorhergehenden Kapitel bereits diskutiert, sind sie auch im Durchschnitt klüger als Kinder, die mit Flaschenmilch ernährt wurden. Je länger Ihr Kind gestillt wird, desto mehr profitiert es davon.

Ich hoffte, dass meine Kinder die Wichtigkeit des Stillens erkennen würden, weil ich sie stillte. Eines Tages zeigte ich ihnen in einem Restaurant ein niedliches Baby, dessen Mutter es im Arm hielt, um ihm die Flasche zu geben. Meine Kinder sahen enttäuscht aus. »Was ist los?«, fragte ich sie. Sie sagten beide schnell: »Das Baby hält seine eigene Flasche, und die Mama schaut es nicht einmal an.« Ich bin so erfreut, dass meine Kinder mit elf und 13 Jahren realisieren, wie natürliche Babyernährung sein sollte.

Wie lang sollten Mütter stillen? Die Antwort ist: Wie gesund möchten Sie Ihr Kind haben? Das Ernährungskomitee der Amerikanischen Kinderärztevereinigung rät dazu, das »Stillen für mindestens zwölf Monate fortzusetzen, und darüber hinaus so lange, wie beide es wollen«. Die frühere Generalinspektorin des Sanitätsdienstes der USA, Dr. Antonia Novello, sagte nach Durchsicht der wissenschaftlichen Forschung zu den gesundheitlichen Vorteilen des Langzeitstillens: »Ich glaube, es ist das glückliche Baby, das weiterhin stillt, bis es zwei ist.« Unser Rat: Betrachten Sie das Stillen als eine der besten Investitionen in die Gesundheit Ihres Kindes vor. Wenn Sie in den ersten Wochen Schwierigkeiten haben, holen Sie sich Hilfe, um diese zu lösen. Wenn Sie nach einer Weile wieder zurück in den Beruf müssen und den ganzen Tag außer Haus sind, kaufen oder leihen Sie sich eine qualitativ hochwertige Muttermilchpumpe, damit Sie für Ihr Baby Milch abpumpen können, wenn Sie weg sind, und weiterhin stillen, wenn Sie bei ihm sind. Etwas Einsatz für das Stillen zu zeigen, zahlt sich aus. Sie geben Ihrem Baby den bestmöglichen Ernährungs-, emotionalen und intellektuellen Start ins Leben. Sie genießen ebenfalls die wunderbare Nähe, die bis in die Kleinkind- oder sogar Vorschuljahre andauern kann. (Zu den Auswirkungen des Stillens auf die emotionale Entwicklung lesen Sie Seite 39; zu intellektuellen Vorteilen Seite 126)

Ich bin dankbar, dass ich meine Kinder lang genug in ihre Kindheit hinein stillen konnte, sodass sie sich gut an die Gefühle von Liebe und Sicherheit erinnern können, die damit verbunden sind.

2. Formen Sie den Geschmack

Ihr Kind bildet seine lebenslangen Essgewohnheiten in den ersten drei Lebensjahren aus. Ein Kind, das mit Muttermilch als erster Nahrung aufwächst, das vollständige, frische Nahrungsmittel dazu bekommt, sobald es dafür bereit ist, wird lernen, gesundes Essen vorzuziehen. Dieser Geschmack wird seine Norm, statt der übersalzenen, künstlichen Aromen von hochfettigen, verarbeiteten und abgepackten Produkten. Dieses Kind bevorzugt mit höherer Wahrscheinlichkeit gesundes Essen, weil es das ist, woran sein Körper gewöhnt ist.

Diese Strategie hat auch bei unseren eigenen Kindern gewirkt – tatsächlich waren einige von ihnen in ihren ersten Lebensjahren »Junkfood-unterversorgt«. Als Kleinkinder und Vorschulkinder hatten sie T-Shirts, auf denen stand: »Wenn du mich liebst, gibst du mir kein Junkfood.« Wenn diese »puren« Kinder alleine in die zuckerüberzogene, fetttriefen-

Die Weisheit des Körpers

Das Ernährungsprinzip der »Weisheit des Körpers« besagt, dass der Körper automatisch die Nährstoffe verlangt, die er benötigt. Wenn eine Person einen Mangel an einem bestimmten Nährstoff hat, dann möchte sie Lebensmittel zu sich nehmen, die diesen Nährstoff verstärkt enthalten.

In den 1920ern führte die Kinderärztin Clara Davis eine bahnbrechende Studie zum Konzept der Weisheit des Körpers durch. Sie bot bisher ausschließlich gestillten Kindern, die gerade vor kurzem abgestillt wurden, natürliches, unverarbeitetes, ungewürztes und ungesüßtes Essen an (die Ernährung der »puren Mütter«). Sie bot etwa ein Dutzend Wahlmöglichkeiten an. Sie bemerkte, dass die Kinder instinktiv das Essen auswählten, das ihnen eine ausgeglichene Versorgung an Nährstoffen bot. Sie waren der Weisheit des Körpers gefolgt.

Unglücklicherweise sind so viele Kinder und Erwachsene so vielen nicht-nahrhaften Essensmöglichkeiten ausgesetzt, dass sie diese Weisheit des Körpers verloren haben. Isst man lange genug vor allem Junkfood, legt der Körper das als Norm fest. Er verlangt nach mehr Junkfood statt nach nahrhafteren Dingen. Aber wenn Junkfood nur sehr selten in der Ernährung vorkommt, erinnert die innere Körperweisheit Sie daran, dass Sie auf den richtigen Pfad zurückkommen. »Pure Kinder« haben dieses Geschenk der Weisheit des Körpers – dank der »puren Eltern«, die sich darum kümmern, was sie täglich essen.

de Welt von Geburtstagspartys und Ausflügen zu Fastfood-Restaurants mit Freunden auszogen, aßen sie Pommes und leckten Zuckerguss von ihren Fingern, aber sie aßen nie zu viel von diesem Junkfood. Sie stellten schnell eine Verbindung zwischen Junkfood und Bauchweh her. Diese Junkfood-unterversorgten Kinder wussten: »Wenn ich gut esse, fühle ich mich gut.«

Neben dem Formen des noch jungen Geschmacks können Sie auch die jungen Gelüste formen. Die Ernährungswissenschaft hat gezeigt, dass Gelüste nach Essen eine biochemische Grundlage haben, und dass Essen und Stimmung eine Verbindung haben. Wenn Sie Ihrem Baby in seinen ersten Lebensjahren nahrhaftes Essen geben, wird sein Körper biochemisch darauf programmiert, dieses gute Essen herbeizusehnen und das weniger nahrhafte zu meiden. Wenn Sie eine stetige und abwechslungsreiche Ernährung mit gesundem Essen zu sich nehmen, ist Ihr Körper stets in der Balance, was die Ausschüttung von Serotonin und Endorphinen angeht, Hormonen, die Ihnen das Gefühl des Gutgehens vermitteln. Kinder, die dieses gute Gefühl bereits von klein auf kennenlernen, wollen instinktiv weiterhin dieses gute Essen, um die Hormone im Gleichgewicht zu halten. Wie Sie Ihre Babys und Kleinkinder ernähren, formt also auch ihre Einstellung gegenüber Essenspraktiken.

Wenn Sie den Geschmack Ihrer Kinder so formen, dass sie frische Nahrungsmittel bevorzugen, formen Sie ebenfalls ihr Essverhalten. Wenn Sie diszipliniert sind in dem, was Sie ihnen zu essen geben, werden Ihre Kinder eine bessere Selbstdisziplin lernen, was ihre Auswahl an Nahrungsmitteln in den kommenden Jahren angeht.

3. Erlauben Sie Zwischenmahlzeiten für gutes Benehmen

Wenn Sie viele Kinder haben, haben Sie nicht die Zeit, jedem das zu kochen, was es in diesem Moment gerne haben möchte. Über die Jahre sind wir dazu übergegangen, dass es unsere Aufgabe als Eltern ist, nahrhafte Lebensmittel zu kaufen, sie kreativ zuzubereiten und uns dann zurückzulehnen und unsere Kinder auswählen zu lassen, was davon sie essen. Wir haben bemerkt, dass, ohne Druck durch die Eltern, den Teller leer zu essen, unsere Kinder tagsüber aßen. Sicher, sie aßen auch bei den Familienmahlzeiten, aber sie »grasten« sich auch den ganzen Tag über durch kleine Mahlzeiten. Wir haben ein wenig nachgeforscht und herausgefunden, dass kleine wachsende Körper (und auch erwachsene Körper!) biochemisch besser damit zurechtkommen, über den Tag verteilt viele kleine Mahlzeiten zu sich zu nehmen statt drei große Mahlzeiten zum Frühstück, Mittag- und Abendessen.

Kinder haben winzige Mägen, etwa von der Größe ihrer Faust. Das nächste Mal, wenn Sie einen vollen Teller vor ihr dreijähriges Kind stellen, vergleichen Sie die Menge des Essens mit der Größe seiner Faust und Sie werden wissen, warum es so viel übrig lässt.

Kleine Mahlzeiten verbessern das Verhalten des Kindes. Wenn ein Kind viel auf einmal isst, vor allem Essen mit einem hohen Anteil an raffiniertem Zucker, steigt sein Blutzuckerspiegel stark an. Sensoren im Blut senden eine Botschaft an die Bauchspeicheldrüse: »Wir haben zu viel Zucker hier im Blut, lass uns den loswerden.« Die Bauchspeicheldrüse stößt dann Insulin aus, das den erhöhten Blutzucker aus dem Blutkreislauf in die Zellen transportiert, aber auch den Blutzuckerspiegel senkt. Niedrige Blutzuckerwerte sorgen dafür, dass Stresshormone ausgestoßen werden, die das Verhalten des Kindes beeinflussen und es nach mehr Zucker verlangen lassen. Sowohl der Blutzucker als auch das Verhalten befinden sich auf einer Achterbahnfahrt, die keinem gefällt. Kinder, die den Tag über kleinere Mahlzeiten einnehmen, erfahren nicht diese Hochs und Tiefs im Blutzuckerspiegel und die damit einhergehenden Veränderungen im Verhalten, die davon herrühren, dass Kinder mehrere Stunden nichts essen.

Teenager und ältere Kinder snacken auf natürliche Weise von selbst. (Sollte Ihnen das Geschirr ausgehen, durchsuchen Sie ruhig mal ihre Zimmer.) Für Kleinkinder und Vorschüler versuchen Sie mal einen Snackteller – einen Eiswürfelbehälter, eine Muffinbackform oder einen Teller mit mehreren Einteilungen. Legen Sie kleine Essensportionen von farbenfrohen und nahrhaften Lebensmitteln in jede Unterteilung. Geben Sie ihnen lustige Namen, wie Bananenrädchen, Brokkolibäume, Käsebausteine, Avocado-Boote und Nudelmuscheln. Lassen Sie eine oder zwei Plätze für den liebsten Dip des Kindes frei, wie Joghurt oder zerdrückte Avocado. Stellen Sie den Snackteller auf einen niedrigen Tisch in der Nähe des Spielortes des Kindes oder in ein leicht erreichbares Fach des Kühlschrankes. Kinder sollten auch in der Schule Gelegenheit haben, kleine Zwischenmahlzeiten zu essen (geben Sie ihnen einen nahrhaften Snack für den Morgen mit), und bei Familienausflügen oder Einkaufsfahrten. Verlassen Sie Ihr Zuhause nicht, ohne etwas gegen den Blutzuckerblues dabei zu haben.

Die besten Lebensmittel für Zwischenmahlzeiten haben viele Nährstoffe in wenig Volumen. Die Lieblinge von Kindern sind unter anderem:

- Avocados
- Brokkoli
- Käse
- Scheiben von hartgekochtem Ei
- Fischstückchen (Lachs oder Thunfisch)
- Nudeln
- Erdnussbutter
- Stückchen von gekochtem Hühnchen
- Süßkartoffelstücke
- Kidneybohnen
- Vollkornbrot und Cracker
- Joghurt

4. Halten Sie Ihre Kinder schlank

Schlanke Menschen leben länger und gesünder. Kinder, die zu viel Fett mit sich herumtragen, haben einen emotionalen und körperlichen Nachteil. Studien haben gezeigt, dass übergewichtige Kinder eher ein schlech-

> *Schlank* ist das wichtigste Wort für die Gesundheit.

tes Selbstbild entwickeln, anfälliger für soziale Isolation sind und in sportlichen Wettkämpfen weniger gut abschneiden. Die Forschung hat gezeigt, dass übergewichtige Kinder doppelt so viele Infektionen bekommen wie schlanke Kinder, vermutlich weil das Übergewicht die Fähigkeit der weißen Blutkörperchen reduziert, gegen Infektionen zu kämpfen. Diese Kinder haben mehr Beinschmerzen, wenn sie wachsen, und eine größere Gefahr, später Arthritis zu bekommen. Übergewichtig und körperlich inaktiv zu sein, erhöht auch das Risiko, Diabetes Typ II zu bekommen, vor allem bei Menschen, die eine genetische Veranlagung dafür haben.

Wenn wir *schlank* sagen, meinen wir nicht *dünn* oder *dürr*. Wir meinen, die *richtige* Menge an Körperfett zu haben. Jeder kann schlank sein. Nicht jeder kann, oder sollte, dünn sein. Haben Sie sich je gefragt, warum manche Menschen fast alles essen können und schlank bleiben, während andere weniger essen, aber zusätzliches Fett mit sich herumtragen? Das liegt daran, dass sie verschiedene Körpertypen haben.

Essen Sie richtig für Ihren Körpertyp

Es gibt drei grundsätzliche Körpertypen; wir nennen sie Bananen (groß und schlank), Äpfel (mittelgroß oder stämmig) und Birnen (klein und rund). »Bananen« neigen dazu, Kalorien zu verbrennen. »Äpfel« und »Birnen« neigen dazu, Kalorien zu speichern (und beneiden »Bananen«). Ob Ihr Kind ein Fettverbrenner oder ein Fettspeicherer ist, ist vererbt. Sie können die Gene nicht ändern, aber Sie können Essgewohnheiten ändern. Äpfel und Birnen müssen nahrhaftere Essgewohnheiten haben, um schlank zu bleiben. Sie werden nie Bananen sein, aber sie können ein schlankerer Apfel oder eine schlankere Birne werden.

Wie halten Sie nun Ihr Kind davon ab, fett zu werden? Versuchen Sie, zu kontrollieren, was es alles isst, werden Sie scheitern. Drehen Sie Essgewohnheiten nicht in eine Sache der Kontrolle um – Ihr Kind wird mehr vom Falschen essen, um sich seine eigene Macht zu beweisen. Studien haben gezeigt, dass Eltern, die eine starke Kontrolle über die Essgewohnheiten ihrer Kinder ausüben, dazu neigen, Kinder zu bekommen, die nicht fähig sind, ihre Essgewohnheiten selbst zu kontrollieren, und die mehr fetthaltige Lebensmittel essen. (Es ist interessant zu wissen, dass Kontrolle auch ein Thema bei Essstörungen wie Anorexie und Bulimie ist, bei denen Jugendliche und junge Erwachsene das Nichtessen nutzen, um mehr Kontrolle zu fühlen.)

Bessere Alternativen beginnen damit, selbst gute Essgewohnheiten vorzuleben. Zum Beispiel halten Sie für Snacks sehr nahrhafte, fettarme Lebensmittel auf Vorrat. Das sind Früchte und Gemüse, fettarmer Naturjoghurt gemischt mit Früchten und Honig, und Vollkornbrot und Cerealien. Essen Sie keine fetthaltigen, zuckerhaltigen Lebensmittel als Belohnung und ermutigen Sie Ihr Kind, diese nicht im Übermaß zu essen. Die meisten Kinder erkennen, dass ein zweites Stück Kuchen oder ein weiteres Stück Pizza sie sich unangenehm fühlen lassen wird.

Die beste Art, damit Kinder schlank bleiben, ist, sie zu viel Sport anzuregen. Couchpotatoes, vor allem diejenigen, die Kartoffelchips essen, sind die, die fett werden. Die Kinder, die auf dem Fußballplatz herumrennen, im Pool Runden schwimmen oder mit ihren Fahrrädern die Nachbarschaft durchqueren, verbrennen nicht nur mehr Fett, sondern haben mehr Kontrolle über ihren Appetit und weniger Möglichkeiten, sich mit Snacks vollzustopfen. Scheuchen Sie Ihre Kinder auf und raus – und gehen Sie am besten mit!

5. Geben Sie Ihrem Kind ein Frühstück fürs Gehirn

Ein Powerfrühstück ist nicht nur etwas für einen Wall Street Manager. Das Frühstück sollte »die Erfolgsmahlzeit« genannt werden. Essen Sie ein gutes Frühstück und Ihr ganzer Tag wird besser werden. Proteine beleben das Gehirn und komplexe Kohlenhydrate neigen dazu, es zu beruhigen. Ein Frühstück mit dem richtigen Gleichgewicht aus beidem hilft Ihrem Kind, sich den ganzen Vormittag über gut zu benehmen und zu lernen.

Was sollte man zum Frühstück essen? Hier sind einige Beispiele von Morgenmahlzeiten für das Gehirn, die ein Gleichgewicht aus Proteinen, komplexen Kohlenhydraten und Calcium beinhalten:

- Vollkorncerealien, Joghurt und Obst
- Eier, Vollkorntoast und 100 % Orangensaft
- Vollkorn-Pancakes mit Früchten und ein Glas Milch

Die Wissenschaft sagt:

Das Frühstück beeinflusst, wie Kinder sich verhalten und lernen. Hier ist eine große Schüssel voll von dem, was neuere Forschungen über das Frühstück für das Gehirn gezeigt haben:

- Frühstückesser bekommen generell bessere Noten, sind aufmerksamer und schaffen komplexe akademische Aufgaben besser als diejenigen, die das Frühstück auslassen.
- Wer das Frühstück auslässt, zeigt tagsüber mit höherer Wahrscheinlichkeit unregelmäßige Essmuster, isst weniger nahrhaftes Essen und erliegt Gelüsten nach Junkfood.
- Kinder, die ein Frühstück essen, das aus kalorienmäßig gleichen Mengen komplexer Kohlenhydrate und Protein besteht, neigen dazu, schulisch besser zu sein als Kinder, die ein nicht so ausgeglichenes Frühstück essen.
- Kinder, die viel Calcium zum Frühstück essen (z.B. mit Milchprodukten) zeigen ein besseres Verhalten und Lernen.

Wie Sie sehen, beinhalten all diese Vorschläge Lebensmittel mit vielen Ballaststoffen – den komplexen Kohlenhydraten in Vollkorn und Früchten. Ballaststoffreiche Lebensmittel werden langsamer verdaut und Zucker, der bei der Verdauung entsteht wird langsamer in den Blutkreislauf geschleust. Ein Frühstück aus Donuts, zuckerhaltigen Cerealien oder abgepackten Kuchen führt zu Lernschwierigkeiten später am Morgen, die von einem Abfall des Blutzuckers ausgelöst werden, der auf die schnelle Verdauung und die Ausschüttung von zu viel Insulin folgt. Lehrer werden Ihnen sagen, dass das »Morgentief« zwischen zehn und elf Uhr liegt, was für Kinder eine der schwersten Tageszeiten zum Lernen ist. Ein besseres Frühstück könnte helfen.

Wenn Ihre Rushhour am Morgen so aussieht wie unsere – müde Kinder und geschäftige Eltern – können Sie sich vermutlich nicht vorstellen, dass sich die ganze Familie zu einem ausgeglichenen Frühstück hinsetzt. Hier ist eine Alternative aus der Familienküche der Sears, ein Smoothie, den ich nach Monaten des Experimentierens entwickelt habe. Er hat genau die richtige Balance komplexer Kohlenhydrate, Proteine, Fette, Ballaststoffe und Calcium, schmeckt aber trotzdem so gut, dass Ihre Kinder ihn trinken werden. Wir nennen ihn Schul-Ade, in Anlehnung an das Wort Limonade:

- 500 ml Milch oder Pflanzenmilch, am besten Sojamilch
- 250 ml Joghurt
- 1 TL Leinöl oder 2 TL gemahlener Leinsamen[1]
- 1 Banane
- ½ Tasse Ihres Lieblingsobstes, gefroren (z.B. Papaya, Blaubeeren, Erdbeeren, gemischte Früchte)
- 1 Portion Multivitamin-Multimineral-Proteinpulver (Schoko oder Vanille)
- 1 TL Erdnussbutter

Mixen Sie alles, bis eine glatte Flüssigkeit entsteht. Servieren Sie es sofort nach dem Mixen, während die Flüssigkeit eine schaumige, milchshakeähnliche Konsistenz hat. Das Rezept reicht für einen knappen Liter (genug für einen Erwachsenen und ein paar kleine Kinder). Lassen Sie es sich schmecken!

---

1 Da Ballaststoffe für eine gleichmäßige Aufnahme von Kohlenhydraten sorgen und daher zu einem stabilen Blutzucker beitragen, bietet gemahlener Leinsamen Kalorien aus gesundem Fett plus Ballaststoffe, sorgt aber dafür, dass die Mischung eine grießige Struktur hat, anders als Leinöl, das für eine geschmeidigere Konsistenz sorgt.

Optionale Zutaten:

- 1 Portion Sojaproteinpulver
- 100 g Tofu
- 1 TL Haferkleie oder Weizenkeime
- Was immer Ihr Kind zum Essen braucht, aber nicht mag, kann oftmals in einem Smoothie versteckt werden.

6. Geben Sie Ihrem Kind die richtigen Fette

Eine fettarme Ernährung ist nicht das richtige für Kinder. Die meisten Erwachsenen in unserem Land müssen die Fettmenge in ihrer Ernährung einschränken, aber das heißt nicht, dass Eltern anfangen sollten, jedes Gramm Fett in der Ernährung ihrer Kinder zu zählen. Wachsende Gehirne und Körper brauchen Fett, aber sie brauchen die richtigen Fette.

Wie viel Fett in welchem Alter?
Im ersten Lebensjahr brauchen Säuglinge etwa 40 % ihrer täglichen Kalorien aus Fett. Die Wissenschaft hat das aus Untersuchungen der Muttermilch gelernt, in der 50 % der Energie in Form von Fett enthalten ist. Für die meisten Kinder und Jugendlichen ist es genug, wenn 30 % ihrer täglichen Kalorien aus Fetten stammen. Für Erwachsene sind 20 bis 25 % viel.

Richtige Fette vs. falsche Fette
Die besten Fette für wachsende Körper und Gehirne sind diejenigen, die einen hohen Anteil an Omega-3-Fettsäuren haben. Diese Fette werden in asiatischen Kulturen als gesundes Essen angesehen. Tatsächlich sind die intellektuellen Vorteile des Stillens teilweise auf die Menge dieser gesunden Fette in Muttermilch zurückzuführen, besonders auf die Omega-3-Fettsäure namens DHA. Die Forschung zeigt zunehmend, dass manche Kinder mit Lern- und Verhaltensproblemen einen Omega-3-Mangel haben.

Hier ist eine Orientierungshilfe, welche Fette am besten sind:

Beste Fette
- Fisch (vor allem Kaltwasserfisch wie Lachs und Thunfisch)
- Leinöl und gemahlener Leinsamen
- Pflanzliche Öle (Oliven- und Rapsöl)
- Samen (Sonnenblumen- und Kürbiskerne)
- Nüsse
- Avocado
- Erdnussbutter
- Weizenkeime
- Gemüse

Gute Fette (in Maßen essen)
- Joghurt
- Milch
- Eier
- Mageres Rind und Geflügel
- Kakaobutter

Schlechte Fette (geringer Nährwert, aber viel potentieller Schaden an Ihrer Gesundheit)
- Gehärtete (oder teilweise gehärtete) Fette
- Schmalz
- Talg
- Baumwollsamenöl
- Gehärtete Margarine

Lebensmittel, die die richtigen Fette in die Ernährung Ihrer Kinder bringen
- Fisch, wie Lachs und Thunfisch, mindestens zwei Mal pro Woche
- Thunfischsalat mit Rapsöl, Mayonnaise und hartgekochten Eiern

- Erdnussbuttersandwich auf Vollkornbrot
- Sonnenblumenkerne (für Kinder ab drei – kleinere Kinder können sich daran verschlucken)
- Leinsamen und Nüsse (für Kinder ab drei – kleinere Kinder können sich daran verschlucken)
- Ein Esslöffel Pflanzenöl als Dressing
- Leinöl (auch in Smoothies)
- Avocado und Joghurtdips
- Hummus (ein Aufstrich aus pürierten Kichererbsen und Olivenöl) in Salaten oder als Aufstrich auf Vollkornbrot und Crackern

Dr. Bills Fettrat für Teenager:

Esst mehr Fisch und weniger Fritten.
Aufgrund von Druck und Sorgen um das Körperbild lassen Jugendliche und junge Erwachsene oft das Fett in ihrer Ernährung weg, aber so nehmen sie auch keine gesunden Fette zu sich. Andere Teenager – die Junkfood-Generation – essen zu viele ungesunde Fette und nicht genug von den richtigen Fetten.

7. Nehmen Sie Ihr Kind mit zum Einkaufen

Der Supermarkt ist ein riesiger Klassenraum für die Ernährungslehre. Nutzen Sie das zu Ihrem Vorteil. Unsere Kinder haben es geliebt, Ernährungsspiele im Supermarkt zu spielen, die nicht nur die Kinder beschäftigen, sondern ihnen auch kleine, regelmäßige Häppchen an guten Ernährungsinformationen geben. Hier sind einige unserer Lieblingsspiele:

Farbspiele. Schicken Sie Ihr Kind auf eine Farbfindungsmission durch die Produktregale. Bitten Sie es, zwei gelbe, drei grüne und zwei rote Sachen einzusammeln. Was Obst und Gemüse angeht, gilt: je mehr Variation in den Farben, desto ausgeglichener und gesünder die Ernährung. Bringen Sie Kindern bei, dass mehr Nährstoffe in dem Lebensmittel enthalten sind, je kräftiger die Farbe ist, wie in tiefgrünem Spinat im Vergleich zu blassem Eisbergsalat und pinker Grapefruit im Vergleich zu heller Grapefruit. Reden Sie über den Nährwert von *guten Gelbs* und *großartigen Grüns.*

Finde das fehlende Wort. Unsere achtjährige Lauren liebte es, »finde das fehlende Wort auf dem Etikett« zu spielen. Sie lernte, Brot- und Cerealienverpackungen zu lesen und zu merken, dass das fehlende Wort *Vollkorn* war – wie in Vollkornflocken. Sie suchte dann die Brote oder Cerealien, die Vollkorn an erster Stelle enthielten. Das waren die »guten Worte«.

Finde das schlechte Wort auf der Verpackung. Lauren lernte, dass *gehärtet* ein schlechtes Wort auf Cerealienverpackungen war. Bald merkte sie, dass es ein Regal im Supermarkt gibt, das wir nicht entlanglaufen. Das war das »gehärtete« Regal voller »schlechter Fette«. Sie konnte dann das gehärtete Regal als schlechtes Regal erkennen und das Regal mit den gewachsenen Produkten als das gute Regal. Laufen Sie das Regal mit dem »schlechten Essen« entlang und weisen Sie Ihr Kind auf all die schlechten Fette (teilweise gehärtete Öle) in vielen der abgepackten Sachen hin. Hersteller fügen dieses in Fabriken erzeugte Fett Lebensmitteln hinzu, weil es billig ist, ein langes Regalleben hat und ein öliges Mundgefühl macht, das Kinder »mehr als eines« essen lassen möchte.

> *Im Supermarkt haben wir gelernt, an den äußeren Regalen entlang einzukaufen.*

8. Versorgen Sie das Immunsystem Ihres Kindes

Gute Ernährung kann das Immunsystem eines Kindes fördern, und schlechte Ernährung kann es schwächen. Nährstoffe, die wichtig für das Immunsystem sind, sind unter anderem

- *Vitamin C.* Dieser Nährstoff erhöht unter anderem die Produktion von infektionsbekämpfenden weißen Blutkörperchen und Antikörpern. Gute Quellen von Vitamin C sind Paprika, Guave, Chili, Papaya, Erdbeeren, Kiwi, Orangen und Orangensaft, Cantaloupe-Melone, Grapefruit und Brokkoli. Es ist besser, Vitamin C aus dem Essen zu beziehen als aus Nahrungsergänzungsmitteln, denn wenn man eine große Dosis Vitamin C zu sich nimmt, wird das meiste über den Urin ausgeschieden.
- *Vitamin E.* Gute Quellen sind Sonnenblumenkerne, Pflanzenöle, Mandeln, Erdnussbutter, Weizenkeime, Tomatenpüree, Avocados, Pfirsiche, Haferflocken und angereicherte Vollkorncerealien.
- *Betakarotin.* Gute Quellen sind gelb-orangene und dunkelgrüne Früchte und Gemüse: getrocknete Aprikosen, Süßkartoffeln, Karotten, Cantaloupe-Melone, Pfirsiche, Kürbis, Kohl, Winterkürbis und Mangos.
- *Zink.* Die besten Quellen, die Kinder essen werden, sind zinkangereicherte Cerealien, Meeresfrüchte (wie Krabben und Austern), Rindfleisch, Truthahn (dunkles Fleisch) und Bohnen.
- *Omega-3-Fettsäuren.* Reichhaltige Quellen sind fette Fische (wie Lachs und Thunfisch) und Leinöl.
- *Selen.* Dieses Mineral aus Meeresfrüchten, Vollkorn, Gemüse, Eigelb, Geflügel, Sonnenblumenkernen und Nüssen kann die infektionsbekämpfenden Zellen fördern.

Geben Sie fantastische Pflanzen zum Essen

Pflanzliche Nährstoffe sind die Chemikalien, die für die Farben in Früchten und Gemüse zuständig sind. Wir sagen unseren Kindern, dass die gleichen »Pflanzennährstoffe«, die die Pflanze gesund halten, auch sie gesund halten. Pflanzennährstoffe helfen den Zellen, sich selbst zu reparieren, indem sie die Ausschüttung von schützenden Enzymen anregen. Pflanzennährstoffe bekämpfen Infektionen und tragen zur Gesundheit aller lebenswichtigen Organe bei. Pflanzennährstoffe sind ein weiterer guter Grund, Kinder zu ermutigen, Früchte und Gemüse zu essen. Manchmal fragen wir unsere Kinder: »Hattest du heute schon deine Pflanzen?« – was bedeutet, eine Reihe farbiger Früchte und Gemüse.

Die besten Lebensmittel mit Phyto-Nährstoffen sind Soja, Blaubeeren, Brokkoli, Cantaloupe-Melone, Chili, Leinsamen, Knoblauch, pinke Grapefruit, rote Trauben, Süßkartoffeln, Tomaten und Wassermelone.

Kluges Eisen

Studien haben gezeigt, dass Säuglinge und Kinder, die eine lange, unbehandelte Eisenmangelanämie haben, in Tests mentaler und motorischer Leistung weniger gut abschneiden. Eisen ist ein wichtiger Nährstoff für wachsende Körper und Gehirne. Die besten Quellen für Eisen sind Muttermilch, eisenangereicherte Flaschenmilch, Rindfleisch und Geflügel, Meeresfrüchte, Linsen, Bohnen, Kartoffeln mit Schale, Kürbis, Tomatenpaste, eisenangereicherte Cerealien und Nudeln, Pflaumensaft, Tofu und Trockenfrüchte (Aprikosen, Feigen, Pfirsiche, Rosinen, Pflaumen).

Vermeiden Sie die Überdosierung von Zucker

Weißer Zucker (also z. B. Tafelzucker, in Zuckerguss, Keksen und Füllungen) kann das Immunsystem unterdrücken. Das Essen oder Trinken von 100 Gramm (25 Teelöffeln) Zucker, der Menge, die in zweieinhalb Dosen Limonade ist, kann das Immunantwortsystem eines Kindes abstellen. Komplexe Kohlenhydrate machen das nicht.

Gesundheitsessen

Diese Lebensmittel sind unsere TOP-20-Auswahl für gesundheits-fördernde Nährstoffe:

- Mandeln
- Blaubeeren
- Brokkoli
- Cantaloupe-Melone
- Chilis
- Leinöl, Leinsamen
- Kidneybohnen
- Linsen
- Olivenöl
- Papaya
- pinke Grapefruit
- Meeresfrüchte (Lachs, Thunfisch)
- Soja
- Spinat
- Sonnenblumenkerne
- Süßkartoffeln
- Tomaten
- Truthahn
- Vollkorn
- Joghurt

Reduzieren Sie Stress

Stresshormone unterdrücken ebenfalls das Immunsystem. Haben Sie sich je gefragt, warum ein Kind *nach* einer Phase mit Stress in der Schule oder Familie krank wird? Sein Körper kann Keime nach einer schweren Woche in der Schule oder zu Hause nicht so gut bekämpfen. Fortwährender und ungelöster Stress ist besonders schlecht für das Immunsystem.

9. Etablieren Sie gesunde Essgewohnheiten

Das Essen, das Sie kaufen, werden Ihre Kinder essen. Das Essen, das Sie auftischen, werden Ihre Kinder essen. Und am wichtigsten: Was Sie essen, werden auch Ihre Kinder essen. Sie sind der erste Ernährungslehrer Ihres Kindes, und Sie machen den größten Eindruck mit Ihrem Beispiel. Studien haben gezeigt, dass Kinder dazu neigen, die Essgewohnheiten ihrer Eltern zu übernehmen.

Ich wusste, dass mein Kind viel über gesundes Essen lernte, als sie sich beschwerte, dass die Brote, die ich ihr in die Schule mitgab, so gesund waren, dass keiner ihrer Freunde mit ihr tauschen wollte.

Das »Wir«-Prinzip, das Eltern nutzen, um Werte zu formen, gilt auch für die Ernährung. (Lesen Sie etwas über die Nutzung von »wir« zum Formen von Verhalten auf Seite 473) Wenn Ihr Kind sich beschwert, dass Sie nie weißes Brot kaufen wie die Mütter seiner Freunde, sagen Sie einfach: »Wir essen Vollkornbrot in dieser Familie«, »Wir essen mehr Fisch als Hamburger« oder »Wir essen unseren Salat vor dem Nachtisch«. Das lässt Kinder wissen, was Sie von ihnen erwarten und was die Normen in Ihrem Zuhause sind. Ihr Kind wird in der Schule, in Restaurants und im Zuhause von Freunden weniger nahrhaften Essgewohnheiten ausgesetzt sein. Es mag mit diesem Essen experimentieren, wenn es unabhängiger wird, aber es wird zumindest das Modell an Essgewohnheiten in sich tragen, das es zu Hause gelernt hat. Es besteht die Chance, dass es ihm irgendwann folgen wird.

Wir haben viel aus dem Begriff *angebaute Nahrungsmittel* herausgeholt. Kinder ab dem jungen Alter von vier Jahren können lernen, dass angebaute Nahrungsmittel gut für den Körper sind und dass anderes Essen ihnen nicht so gut beim Wachsen hilft. Der vierjährige Matthew, ein Kind in unserer Kinderarztpraxis und das Kind einer »puren« Mama, die ihr Kind selten Junkfood essen ließ, sagte eines Tages traurig zu seiner Mutter: »Ich mache mir Sorgen um meine Freundin von nebenan«. »Warum?«, fragte die Mutter. »Ich habe Angst, dass sie krank wird, weil sie kein angebautes Essen isst wie wir bei uns zu Hause.«

Lassen Sie Kinder Sport machen

Viele amerikanische Kinder sind überernährt und nicht fit genug. Die National Health and Nutrition Examination Survey NHANES (Anm.d.Ü.: Nationale Gesundheits- und Ernährungs-Untersuchungs-Umfrage) in den Jahren 1988 bis 1994 zeigte, dass ältere Jugendliche zu viel essen und – noch schlimmer –, dass Kinder sich nicht ausreichend bewegen. Die Forscher merkten, dass zu wenig Bewegung ein größerer Risikofaktor für Übergewicht in der Jugend ist als zu viel Essen. Warum sind Kinder weniger aktiv, als sie es früher waren? Viel hat mit der Veränderung zu tun, wie Kinder sich heute die Zeit vertreiben. Fernsehen, Videospiele und Computerzeit verbrennen weniger Kalorien als Baseball oder ein Nebenjob nach der Schule. Tatsächlich hat Fernsehen einen doppelt schlechten Effekt auf das Gewicht und die Fitness von Kindern. Die Verdauung eines Kindes wird langsamer, wenn es fernsieht, daher verbrennt es weniger Kalorien. Es wird auch mehr Junkfood zu sich nehmen, ohne nachzudenken, während es fernsieht, und so nimmt es mehr Gewicht zu. (Wir haben es als hilfreich empfunden, einen Hometrainer und ein kleines Trampolin vor den Fernseher zu stellen.)

Gesündere Körper

Sind fitte Kinder erfolgreicher? Ja, sind sie – auch wenn das keine Überraschung sein dürfte. Bewegung wird auch als die »kluge Droge der Natur« bezeichnet, und wenn man sie aufmerksam ausführt, sind alle Nebenwirkungen gut. Bewegung fördert die infektionsbekämpfenden weißen Blutkörperchen, die man auch »Killerzellen« nennt, und erhöht die Produktion des Körpers von natürlichen Antikörpern, die Keime bekämpfen.

Bewegung hilft Kindern zu wachsen, indem sie verbessert, wie effizient der Sauerstoff durch den Körper und in die Zellen transportiert wird. Wenn der Sauerstoff in den Zellen ankommt, erhöht Bewegung die Effizienz, mit der Muskeln diesen Sauerstoff nutzen.

Bewegung ist einer der besten Wege, um schlank zu bleiben. Bewegung hilft dem Körper, Fett zu verbrennen statt es anzusetzen. Als ob Sie den Leerlauf bei Ihrem Auto einschalten, erhöht Bewegung Ihren Grundumsatz an Kalorien, was dazu führt, dass Ihr Körper mehr Kalorien verbrennt, wenn das Workout schon vorbei ist.

Sie haben vielleicht schon den Spruch gehört: »Gewichte stemmen, um Gewicht zu verlieren«. Hinter dieser Aussage steckt tatsächlich Wissenschaft. Bewegung bildet Muskeln, und Muskeln verbrauchen mehr Kalorien als jedes andere Körpergewebe. Je schlanker Sie sind, desto schlanker bleiben Sie. Um Verletzungen an wachsenden Muskeln und Gelenken zu vermeiden, stellen Sie sicher, dass Ihr Teenager einen professionellen Trainer hat, der sein Sportprogramm überwacht.

Eine der größten Sorgen unter Kinderärzten ist das ansteigende Vorkommen von Typ II-Diabetes (die insulinresistente Form) bei Jugendlichen. Bewegung reduziert das Risiko, diese Form von Diabetes zu entwickeln, da es die Insulineffizienz erhöht und das Körperfett reduziert. Tatsächlich ist Bewegung eines der besten Präventivmedikamente gegen diese Krankheit, auch für Individuen, die eine genetische Veranlagung dazu haben.

Lebendiger Geist

Bewegung ist genauso gut für das Gehirn wie für den Körper. Einen Sinn für das eigene Wohlbefinden zu behalten ist das Kennzeichen erfolgreicher Kinder. Bewegung veranlasst das Gehirn, Endorphine auszuschütten, die Wohlfühlhormone. Diese natürlichen Stimmungsaufheller steuern Druck entgegen und sind für das energiegeladene, aber entspannte Gefühl verantwortlich, das die meisten Menschen nach dem Workout empfinden. Bewegung ist auch eine gute Möglichkeit, Stress zu reduzieren.

Kinder, die fit sind, kommen mit jeder Art Stress besser klar – sie sind glücklichere Kinder.

Mehr Blut ins Gehirn zu pumpen, regt ebenfalls die Ausschüttung von Neurotransmittern an, den biochemischen Botenstoffen, die das Gehirn benutzt, um zu denken. Haben Sie ein Kind oder einen Teenager, dessen Gehirn erst mitten am Morgen aufwacht, Stunden, nachdem es aus dem Bett gekrochen ist? Vielleicht sollte es zur Schule laufen. Dieser zwanzigminütige Ausbruch körperlicher Aktivität könnte seine Leistung in den ersten Schulstunden des Tages verbessern.

Familienfitnessprogramm

Kinder brauchen mindestens dreißig Minuten Bewegung am Tag. Gehen Sie nicht davon aus, dass Ihre Kinder so viel Bewegung während der Pausen und Sportstunden in der Schule bekommen. Eine regelmäßige Bewegungsroutine (mindestens dreißig Minuten am Tag) gewöhnt die Person daran, aktiv zu sein und sich als Ergebnis davon mental gut zu fühlen. Die Weisheit des Körpers beginnt dann, nach Bewegung zu verlangen. Das ist ein gesundes Verlangen – Verlangen nach gesundem Essen und regelmäßiger Bewegung sind die perfekten Gesundheitspartner.

Einer der besten Wege, Ihrem Kind dabei zu helfen, gute Bewegungsgewohnheiten zu entwickeln, ist es, selbst von der Couch aufzustehen und zusammen aktiv zu sein. Machen Sie Spaziergänge mit der Familie, tanzen Sie gemeinsam, fahren Sie zusammen Fahrrad oder machen Sie etwas anderes, das allen gefällt. Sie wollen Ihrem Kind die Botschaft mitgeben, dass fit zu sein ein Spaß ist, und dass etwas aktiv zu tun, besser ist als nichts zu tun. Sie wollen auch, dass Ihr Kind weiß, dass »wir« in unserer Familie uns auf diese Weise um unsere Gesundheit kümmern. Ihre eigenen Bewegungsgewohnheiten sind ein Vorbild für Ihre Kinder, also bewegen Sie sich selbst bitte auch!

Bitte nicht Rauchen!

Nahezu jeder – einschließlich der Raucher selbst – erkennt die Gesundheitsrisiken, die vom Rauchen ausgehen. Aber wussten Sie, dass rauchende Eltern die Gesundheit ihrer Kinder beeinflussen?

Studien an Kindern, deren Mütter in der Schwangerschaft rauchten, haben gezeigt, dass das Rauchen das wachsende Gehirn zerstört. Solche Kinder haben ein größeres Risiko für Lernschwierigkeiten, Hyperaktivität, Verhaltensprobleme, einen geringeren IQ und geringere akademische Leistungen und Noten in der Schule. Obwohl es keine vergleichenden Studien zu den Auswirkungen des Rauchens auf das Gehirn nach der Geburt gibt, kommt es mir so vor, dass das dem Zigarettenrauch Ausgesetztsein in jeder Phase des sich schnell entwickelnden Gehirns das Potential hat, Schaden anzurichten, einschließlich der ersten Lebensjahre eines Kindes. Wir wissen, dass Kinder rauchender Eltern nach der Geburt drei Mal häufiger aufgrund von Atemwegserkrankungen und Ohrinfektionen zum Arzt müssen.

Nehmen wir an, Sie würden mit Ihrem Kind einen Raum betreten, und Sie bemerken ein Schild an der Tür, auf dem steht: »Achtung! Dieser Raum enthält giftige Gase, die ungefähr 4000 Chemikalien enthalten (darunter Kohlenmonoxid, Benzol, Ammoniak, Blausäure, Formaldehyd und Nikotin), von denen einige mit Krebs und Lungenschäden in Verbindung stehen und besonders schädlich für das Wachstum und die Entwicklung von Kindern sind.« »Ich würde mein Kind ganz sicher nicht mit in diesen Raum nehmen«, sagen Sie sicher, während Sie umdrehen und schnell in die andere Richtung laufen. Aber das ist genau das, dem Ihr Kind ausgesetzt ist, wenn es mit rauchenden Erwachsenen in einem Raum ist.

Nutzen Sie das »wir«-Prinzip

Wenn Sie rauchen, hören Sie auf damit. Es ist nicht einfach, aber Sie werden sowohl sich als auch Ihrem Kind das Geschenk besserer Gesundheit machen. Sie werden für Ihr Kind auch ein Beispiel setzen, dem es folgen kann: »Wir rauchen nicht in unserer Familie.« Sie wollen nicht, dass Ihr Kind aufwächst und denkt, dass Rauchen normal ist, oder besonders toll, taff oder cool. Von Anfang an wollen Sie Ihrem Kind beibringen, dass Rauchen schlecht ist (obwohl Raucher selbst nicht schlecht sind!). Kinder werden mit ziemlicher Sicherheit rauchenden Menschen ausgesetzt sein. Nutzen Sie diese Gelegenheiten als Lehrstunde und werden Sie ruhig sehr plastisch in Ihren Ausführungen. Einmal saßen wir im Nichtraucherbereich eines Restaurants (auch wenn es wie der Versuch ist, einen halben Pool mit Chlor zu versorgen, wenn Sie versuchen, einen halben Raum vom Rauch der anderen Hälfte frei zu halten) und bemerkten Raucher im Raucherbereich. Ich nutzte die Gelegenheit, um meinen Kindern zu erzählen, wie der Rauch ihre Körper von Kopf bis Fuß beeinflusst: «Der Zigarettenrauch kommt in die Lunge der Menschen und beschädigt sie und lässt sie verfaulen, was die Raucher häufig husten lässt und schnaufen, sodass sie nicht schnell laufen können. Wahrscheinlich bekommen sie Krebs. Rauchen schädigt auch das Herz und führt zu Herzanfällen. Es zerstört die Blutgefäße, sodass die Raucher schmerzende Beine bekommen und nicht mehr laufen oder schnell rennen können.«

Wenn Sie Kindern gesundheitliche Schäden erklären, setzen Sie diese in Verbindung zu ihren täglichen Aktivitäten. Kinder, vor allem Jugendliche, glauben, dass sie unsterblich sind, daher ist die Möglichkeit, in einer weit entfernten Zukunft Lungenkrebs oder eine Herzkrankheit zu bekommen, nicht ausreichend, um sie jetzt Zigaretten vermeiden zu lassen. Gehen sie auf die eher sofortigen Auswirkungen des Rauchens ein – die Wirkung auf die sportliche Leistung, die Kosten, der schlechte Mundgeruch – um Ihrer Botschaft die höchste Nachdrücklichkeit zu geben.

Setzen Sie Ihr Kind möglichst wenigen anderen Verschmutzungen aus

Tun Sie Ihr Bestes, damit Ihr Kind so wenig wie möglich Autoabgasen ausgesetzt ist; Baustaub von Umbauarbeiten; und Qualm, Haarspray und anderen Chemikalien in der Luft. Während gut bekannt ist, dass diese

Verschmutzungen die Gefahr von Atemwegserkrankungen der Kinder erhöhen, sind die möglichen Auswirkungen auf das wachsende Gehirn kaum bekannt oder bewusst.

Arbeiten Sie mit Ihrem Arzt zusammen

Eltern und Kinderärzte sind Partner dabei, Kinder gesund zu erhalten. Der Arzt Ihres Kindes kann eine wertvolle Ressource sein, wenn Sie Fragen zur Ernährung, zur Entwicklung und den gewöhnlichen und nicht so gewöhnlichen Erkrankungen in der Kindheit haben. Daher ist es eine gute Idee, regelmäßige Untersuchungen für Ihr Kind zu vereinbaren, beginnend in der Säuglingszeit.

Bei Vorsorgeuntersuchungen in den ersten beiden Lebensjahren überwacht Ihr Arzt die körperliche und geistige Entwicklung Ihres Kindes, zusammen mit seinem Wachstum und seiner Gesundheit. Nach dem zweiten Geburtstag Ihres Kindes ist es schlau, bis zum Alter von fünf Jahren weiterhin einmal im Jahr eine medizinische Untersuchung beizubehalten, und danach etwa jedes zweite Jahr. Während dieser Untersuchungen wird Ihr Arzt sicherstellen, dass die Impfungen Ihres Kindes auf dem neuesten Stand sind. Er wird auch die Entwicklung Ihres Kindes mit Ihnen durchsprechen, seine Ernährung und seine gesunden Gewohnheiten. Wenn Ihr Kind bezüglich bestimmter Gesundheitsfragen etwas Zuspruch braucht – Händewaschen, mehr Ballaststoffe essen –, machen Sie das Beste aus dem Einfluss Ihres Arztes. Sagen Sie Ihrem Kind: »Lass uns bei der Untersuchung den Arzt fragen.« Nachdem er mit Ihrem Kind über das Thema geredet hat, können Sie den Spruch »der Doktor hat gesagt« als Erinnerung benutzen, zu Hause bessere Gesundheitsgewohnheiten zu praktizieren.

Es ist wichtig für ein Kind, einen beständigen, vertrauten Gesundheitspartner zu haben. Regelmäßige Untersuchungen bieten die Gelegenheit, eine gut funktionierende Beziehung zwischen Ihnen, Ihrem Kind und Ihrem Arzt aufzubauen. Ihr Arzt wird seinen Job besser machen können, wenn Ihr Kind dann wirklich krank ist, wenn er weiß, wie es ist, wenn es gesund ist. Ärzte erkennen und wertschätzen Eltern, die hart daran arbeiten, gute Kinder zu erziehen.

Viele Kinder haben besondere Bedürfnisse dieser oder jener Art. (Tatsächlich sind alle Kinder besonders, mit ihren ganz eigenen Bedürfnissen.) Wenn Sie in einem Bereich der Entwicklung Ihres Kindes Sorgen haben, reden Sie auf jeden Fall mit Ihrem Kinderarzt darüber. Ein Arzt kann Ihnen Anlaufstellen in Ihrer Umgebung nennen, die Ihnen und Ihrem Kind helfen können. Konsultieren sie Ihren Arzt, wenn Ihr Kind Probleme in der Schule hat. Eine sorgfältige Untersuchung ist ein wichtiger Teil der Diagnose von Lern- oder Verhaltensproblemen.

Wenn ein Kind schwerwiegende Gesundheits-, Lern- oder Verhaltensprobleme hat, sind die Eltern ein wichtiger Teil des Teams von medizinischem Fachpersonal und/oder Erziehern, die sich um das Kind kümmern. Mit all diesen Menschen zusammen zu arbeiten, die so viel zu wissen scheinen, kann auf die Eltern sehr einschüchternd wirken, aber denken Sie daran, dass Sie Ihr Kind besser kennen als jeder von ihnen. Sie mögen die Experten in ihrem Gebiet sein, aber Sie sind der Experte für Ihr Kind. Eingebundene Eltern, die aufmerksam zuhören, Fragen stellen, wichtige Informationen bieten und helfen, Lösungen zu entwickeln, sind der Schlüssel, ein Kind durch harte Zeiten zu bekommen und zurück auf die Straße des Erfolgs. Ich habe bemerkt, dass Kinder von Eltern, die Attachment Parenting praktizieren, alle Arten ernsthafter Herausforderungen überwinden können.

Am Ende des Schuljahres riet uns der Lehrer, unsere Tochter Lauren das letzte Kindergartenjahr wiederholen zu lassen, weil sie immer noch nicht alle Fertigkeiten erlangt hätte, die sie für die erste Klasse brauchte. Das fühlte sich für mich nicht richtig an, aber ich hatte zu Hause bemerkt, dass Lauren die meisten der Aufgaben, die ihre Geschwister in ihrem Alter schon machen konnten, nicht erfüllen konnte. Also bat ich darum, dass sie intensiver getestet wurde. Der Lehrer und der Berater in der Schule waren nicht sicher, ob das notwendig war, da Lauren in der Klasse kein Problem hatte.

Ihr Lehrer und der Berater waren schockiert, als der Test ergab, dass Lauren eine starke Lernbehinderung hatte. Uns wurde gesagt, dass Lauren für den Rest ihres Lebens in eine Sonderschulklasse gehen müsse und vielleicht niemals würde lesen können. Laurens erster Tag in der Sonderschule verlangte von ihr, dass sie mit einem Bus von ihrer bisherigen Schule zu der »besonderen« Schule fahren musste. Als wir zuschauten, wie die Kinder in den Bus stiegen, konnte ich kaum atmen. Was würde mit meiner Tochter geschehen?

Lassen Sie mich Ihnen erzählen, was mit ihr geschah. Lauren schloss die Highschool ab, hatte Erfolg im Schwimmteam und nahm an der Theatergruppe teil, während sie einen Zweiernotenschnitt beibehielt. Sie war durchschnittlich in der Highschool, obwohl sie immer zusätzliche Hilfe benötigte. Sie nahm an der Zulassungsprüfung für die Hochschule teil (mit verlängerter Zeit für behinderte Studenten) und wurde an zwei Colleges angenommen. Sie arbeitet an ihrem Abschluss in Freizeittechnologie.

Die meisten Kinder mit so starken Lernbehinderungen wie Lauren haben aufgrund ihrer vielen Fehlschläge und wenigen Erfolge auch emotionale Probleme. Attachment Parenting half uns, Wege für Lauren zu finden, um Erfolg zu haben und sich zu Hause und in der Schule erfolgreich zu fühlen. Bei jeder Überprüfung (alle zwei Jahre, bis sie 21 Jahre alt war) wurden ihre emotionale Stabilität und Entwicklung lobend erwähnt.

Teil 2

Die Werkzeuge des Erfolges fördern

In Teil 1 haben Sie erfahren, wie Sie eine Verbindung zu Ihrem Kind aufbauen können. Eine verbundene Beziehung aufbauen zu lernen ist ein grundlegendes Werkzeug, das Ihr Kind für seinen Erfolg im Leben braucht. In Teil 2 stellen wir zusätzliche Werkzeuge für den Erfolg vor und sagen Ihnen, wie Sie diese in der Praxis im realen Leben anwenden können. Wenn ein Kind gelernt hat, seinen Betreuern zu vertrauen und sensibel für andere zu sein, folgt daraus ganz natürlich, dass es diese zusätzlichen Werkzeuge lernt. Wir glauben, dass Empathie das wichtigste unter ihnen ist. Ein Kind, das sich damit wohlfühlt, die Welt aus der Sicht eines anderen Menschen zu betrachten und die Gefühle dieser Person in Betracht zu ziehen, ehe es agiert, wird fähig sein, andere Erfolgswerkzeuge geschickter anzuwenden. Es hat einen Vorsprung beim Treffen kluger Entscheidungen, beim Leben als moralisches Kind, darin, ein verantwortungsbewusstes Kind und ein guter Kommunikator zu sein. In diesem Abschnitt diskutieren wir, wie man Kinder mit Charakter erzieht. Das bedeutet, Kindern dabei zu helfen, die Weisheit zu entwickeln, zu wissen, was richtig ist, und auch den Mut, das zu tun, was richtig ist – egal wie hoch die Kosten sind.

Erfolg-reich werden bedeutet nicht, dass Ihr Kind ein problemfreies, fehlerfreies Leben leben wird, aber indem es diese Werkzeuge nutzt, wird es voraussichtlich mehr Erfolg als Fehlschläge erfahren. Auch wenn es Fehlschläge erfährt und Fehler macht, wird Ihr Kind wertvolle Lektionen daraus lernen. Es ist nie zu spät oder zu früh, Wege zu finden, eine Bindung zu ihren Kindern aufzubauen, empathisch ihnen gegenüber zu sein, sodass sie anderen gegenüber empathisch sein können, oder ihnen beizubringen, wie sie besser kommunizieren können und verantwortungsvolle Entscheidungen treffen. Sie werden sich vielleicht wünschen, die Dinge anders gemacht zu haben, als Ihr Kind noch kleiner war, aber versuchen Sie, sich darüber nicht zu sehr zu sorgen. Es gibt viele Wege, Kindern die Werkzeuge zu vermitteln, die sie für den Erfolg im Leben brauchen. Wenn Sie frühere Gelegenheiten verpasst haben, haben Sie die Chance, diese jetzt nachzuholen.

7 Das mitfühlende Kind

Wie man Empathie lehrt: Von klein auf bis in die Jugend

Wir haben immer den Spruch benutzt: »Behandle die Menschen, wie auch du behandelt werden willst.« Wir erinnerten unsere Kinder daran, dass, wenn sie sehen, dass jemand schlecht behandelt wird, das auch sie selbst sein könnten.

Dank Fax, Handys, Sprachnachrichten, E-Mail und dem World Wide Web ist die Kommunikation heutzutage schnell wie der Blitz. Moderne Eltern wollen, dass ihre Kinder mit all diesen elektronischen Wegen der Informationsteilung umgehen können, aber Hightech-Geräte können nicht die wirkliche Arbeit des in Kontakt Bleibens übernehmen. Menschliche Wesen müssen sich mit anderen verbinden und einander verstehen, und wie sie das am besten machen, hat nichts mit dem Drücken von Tasten, mit einem Piepsen oder dem Internet zu tun. Es hat mit Mitgefühl und Empathie zu tun.

Die Worte *Empathie* und *Mitgefühl* haben beide ihre Wurzeln in lateinischen und griechischen Worten, die »leiden mit« bedeuten. Empathie bedeutet, die Dinge aus der Sicht einer anderen Person zu sehen und zu verstehen, warum sie sich so fühlt und warum sie so handelt, wie sie es tut. Mitgefühl zu haben bedeutet, dass Sie jemandem helfen wollen, sich besser zu fühlen, weil Sie verstehen, dass diese Person leidet. Kinder lernen diese Eigenschaften, die für erfolgreiche Beziehungen wichtig sind, zu Hause. Sie sind eine Weiterentwicklung von *Sympathie*, die der Versuch ist, die Gefühle eines anderen zu teilen, während Empathie diese Gefühle versucht zu verstehen.

Egal wie gut ausgebildet oder ausgebufft Kinder am Computer sind, ihr Erfolg als Erwachsene wird nicht durch diese Fertigkeiten bestimmt. Glück kommt aus liebevollen Beziehungen. Es ist schwer, mitfühlende Kinder zu erziehen in einer Gesellschaft wie unserer, die einen hohen Wert auf Individualismus legt und die Menschen dazu ermutigt, so viel wie möglich aus dem Leben herauszuholen, ohne auf andere Rücksicht zu nehmen. Diese »Ich zuerst«-Philosophie beeinflusst sogar die einfachsten persönlichen Interaktionen. Eine Mutter in unserer Praxis erzählte uns, dass ihre siebenjährige Tochter immer erst auf dem Display nachschaute, wer anrief, ehe sie ans Telefon ging. »Molly sagte mir, dass sie das so macht, falls ein Freund anruft, mit dem sie gerade nicht sprechen möchte.« Diese Mutter war zurecht besorgt über die Einstellung ihrer Tochter anderen gegenüber.

Das wirkliche Leben mag Kinder dafür belohnen, dass sie bestimmte Freunde meiden. Dieser unfreundliche Akt mag den Status des Mädchens in der sozialen Hackordnung der Klasse verbessern. Das Ignorieren innerer Anstupser, anderen zu helfen, gibt einem Teenager mehr Zeit zum Lernen oder zum Abhängen mit Freunden. Es ist eine Herausforderung, die Verbundenheit in einer nichtverbundenen Welt zu fördern, vor allem, wenn die Tage der Eltern bereits gefüllt sind mit Kindern, Karriere, Chaos und Verpflichtungen. Obwohl Eltern versuchen, als mitfühlende Erwachsene zu leben, vernachlässigen wir doch oft unsere Ideale in Bezug auf Empathie, sogar innerhalb unserer eigenen Familien. Aber Kinder zu erziehen, die sich kümmern, ist von höchster Wichtigkeit – um einer gleichgültigen Welt willen, die dringend Menschen braucht, die sich mehr um andere kümmern als um sich selbst, und um unserer Kinder selbst willen. Es heißt, wir bestreiten unseren Lebensunterhalt mit dem, was wir bekommen, aber unser Lebensinhalt ist das, was wir geben.

Mitfühlende Ziele setzen

Eltern fragen sich sicher, wie sie diese Eigenschaften von Empathie und Mitgefühl ihren Kindern näherbringen können. Obwohl Kinder immer zeigen, dass sie sich grundsätzlich um andere kümmern, sind sie auch fähig zu überraschend selbstsüchtigem Verhalten. Ein Teil davon kommt aus dem Egozentrismus, der ein notwendiger Teil der Entwicklung eines Selbstsinnes der Kinder ist. Aber was können Eltern tun, um ihre Kinder mehr zu mitfühlenden menschlichen Wesen zu formen, die glauben, dass anderen etwas zu geben wichtig und lohnend ist?

Unsere Interviews mit Eltern erfolgreicher, mitfühlender Kinder zeigten uns, dass Mitgefühl und Empathie Merkmale sind, die Eltern wertschätzen und ihren Kindern anerziehen wollen. Diese Interviews, unsere eigene Erfahrung als Eltern und die Forschung zur Entwicklung von Kindern zeigen alle, dass Eltern die ersten und wichtigsten Lehrer dieser Kernwerte sind, und, dass ihre Grundlage sehr früh im Leben eines Kindes gelegt wird.

Lesen Sie die Geschichte einer Mutter über einen Vorfall auf einer Geburtstagsparty:

Während der Party stolperte meine jüngere Tochter und schlug mit der Stirn auf einen Stein auf dem Gehweg auf. Ihre Stirn blutete und sie war außer sich und weinte. Ich trug sie zu einem Picknicktisch, um sie zu kuscheln und zu stillen, weil ich wusste, dass das das einzige war, was sie in dem Moment beruhigen würde.

Die anderen Kinder hörten mit dem auf, was sie gerade taten und versammelten sich um sie herum. Ich war fasziniert von den verschiedenen Arten, wie die Kinder auf die Situation antworteten. Manche kamen ganz nah heran und streichelten ihren Kopf, hielten ihre Hand und sahen sie an mit Gesichtern, auf denen man Sorgen und ihr Mitgefühl ablesen konnte. Ein Teil der Kinder verließ den Kreis, um Salbe und einen Verband holen zu gehen.

Einen erstaunlichen Kontrast boten ein paar Kinder, die neben ihr standen und sie ausdruckslos ansahen. Sie schubsten einander fast, um möglichst nah heran zu kommen, um das Blut auf ihrer Stirn zu sehen und Kommentare wie »uh« und »krass« abzugeben.

Der Unterschied zwischen ihren Reaktionen und den Antworten der anderen Kinder war verblüffend. Es fühlte sich an wie die Szene bei einem Unfall, wo einige der Kinder nur Gaffer waren, die auf das starrten, was passiert war, während andere die guten Samariter waren, die mit dem aufhörten was sie taten, um der Person zu helfen, die ihre Hilfe brauchte.

Was brachte die Kinder auf der Party dazu, so unterschiedlich auf die gleiche Situation zu reagieren? Welche Arten von früheren Erfahrungen beeinflussten ihre Reaktionen? Lernten diejenigen, die mitfühlend reagierten, dieses Verhalten von ihren Eltern? Vermutlich. Und was ist mit den Kindern, die nur dastanden und gafften? Was hielt sie davon ab, empathischer zu sein? Was hatten sie nicht gelernt oder welche emotionalen Ressourcen fehlten ihnen?

In diesem Kapitel teilen wir, was wir von Eltern gelernt haben, die empathische, mitfühlende Kinder aufgezogen haben. Es gibt kein Geheimnis, wie man diese Aufgabe erfüllt, nur die harte Arbeit, Kindern zu helfen, andere zu verstehen, und ein gutes Beispiel zu sein.

Die Fähigkeit sich zu kümmern einpflanzen: Wie Kinder Empathie lernen

Pflanzen Sie den Samen der Empathie in der Säuglingszeit, nähren Sie ihn während der Kindheit und sehen Sie, wie dieses wundervolle Merkmal in der Jugend und Erwachsenenzeit blüht. Mehr als jedes andere Merkmal, das ein erfolgreiches Kind ausmacht, wird die Fähigkeit zur Empathie auf eine Grundlage gebaut, die in der frühen Kindheit gelegt wird. Kann man wirklich einem Baby Empathie und Mitgefühl beibringen?

Empathie und Mitgefühl lehren

- Antworten Sie auf das Weinen Ihres Kindes mit liebevoller Aufmerksamkeit.
- Lesen Sie die Zeichen Ihres Kindes und antworten Sie angemessen darauf.
- Antworten Sie entsprechend der einzigartigen Persönlichkeit und des Temperaments Ihres Kindes.
- Verstehen Sie, dass Kinder im Spiel die Fertigkeiten für das Leben lernen.
- Zeigen Sie Ihrem Kind, dass die Erfahrungen anderer ähnlich sind.
- Formen Sie fürsorgliches Verhalten.
- Ermutigen Sie Ihr Kind, darüber nachzudenken, wie andere sich fühlen.
- Helfen Sie Kindern, im täglichen Leben anderer Menschen gewahr zu werden.
- Bringen Sie Ihrem Kind bei, dass es in Ordnung ist – sogar erwünscht – gegen eine unfaire Situation etwas Angemessenes zu unternehmen.
- Korrigieren Sie die Fehler Ihres Kindes und seine schlechten Urteile mit Liebenswürdigkeit und Nettigkeit.
- Antworten Sie auf die Gefühle Ihres Kindes mit Empathie und Sensibilität.
- Versuchen Sie Beurteilungen anderer Personen rein aufgrund ihres Erscheinungsbildes zu verhindern.
- Machen Sie Unterschiede zur Normalität, indem Sie darauf hinweisen, dass alle Menschen auf viele Arten ähnlich sind.
- Bringen Sie kulturelle Vielfalt in Ihr tägliches Leben.
- Bringen Sie Ihren Kindern etwas über die sozialen Probleme in der Welt bei.
- Beziehen Sie die ganze Familie – vor allem die Kinder – in freiwilliges Engagement mit ein.

Sie können die emotionalen Grundlagen legen. Säuglinge lernen sich zu kümmern dadurch, wie sich um sie gekümmert wird. Eltern lehren die Fertigkeiten, die für Empathie notwendig sind, durch die Art, wie sie ihrem Baby gegenüber empathisch sind. Eltern, die ihren Säugling als einzigartiges menschliches Wesen betrachten, jemanden mit Gefühlen, die respektiert werden müssen, zeigen ihrem Baby, wie man mitfühlend ist. Wenn sie auf die Bedürfnisse ihres Babys antworten und ihm helfen, seine Gefühle zu interpretieren, bringen sie ihm bei, sowohl seinen eigenen Bedürfnissen gegenüber sensibel zu sein als auch denen anderer gegenüber. Babys lernen etwas über Gefühle in ihrer ersten nährenden Beziehung zu Mama und Papa. Wenn das Baby weint und die Mama mit einer sanften Berührung und einem fürsorglichen »ich bin ja da« antwortet, lernt das Baby, dass auf Stress Beruhigung folgt, dass sich traurig fühlen in Ordnung ist und, dass Gefühle gemeistert und verwandelt werden können. Das Baby lernt, dass die Welt ein mitfühlender, liebender und vorhersehbarer Ort ist.

Unser jüngstes Kind, Connor, ist erst zwei und zeigt schon einen hochentwickelten Grad an Empathie und Mitgefühl anderen gegenüber. Zum Beispiel standen er und sein Freund Christian gemeinsam auf einem Stuhl. Sie fielen beide hinunter und Connor landete auf seinem Freund. Christian fing an zu weinen und Connor nahm ihn sofort in den Arm und sagte »Es tut mir leid, es tut mir leid«. Ich habe niemals ein zweijähriges Kind gesehen, das so viel Sorge zeigte. Ich glaube, dass er so ist, weil er immer Empathie erfahren hat und Liebe, wenn er weinte. Er musste sich nie in einem dunklen Zimmer »ausweinen«. Ihm wurde nie gesagt, er solle »einfach still sein«, wenn er weinte. Seine Verletzungen, seine Schmerzen, seine Ängste wurden mit Sensibilität behandelt. Weil er solche liebevolle Sorge seinen Gefühlen gegenüber erfahren hat, kann er die gleiche Sorge anderen gegenüber zeigen.

Wenn ein Säugling empfängt, lernt er zu geben. Kinder, die auf der empfangenden Seite sensibler Eltern stehen, werden selbst sensibel. Wenn Eltern sensibel auf das Weinen ihres Kindes antworten, ihr Baby tragen und es nah bei sich behalten und die nichtweinende Kommunikation des Babys verstehen und beantworten, lernt das Baby, dass Menschen einander helfen. Das sind die ersten Eindrücke des Babys. Dieser Sinn dafür, wie die Welt funktioniert, wird Teil seines Charakters. Sich kümmern, Geben, Zuhören und Antworten auf die Bedürfnisse werden die Normen der Familie, und diese Qualitäten werden Teil des Kindes. Auf diese Weise lehren Eltern ihre Kinder die erste Lektion in Empathie. Diese Lektionen werden zu einer Zeit gelernt, in der der wachsende Verstand und das wachsende Gehirn des Babys sie auf einem grundlegenden Niveau in seine sich entwickelnde Persönlichkeit einbindet. Mütter (und auch Väter), die Attachment Parenting praktizieren (wie in Kapitel 2 beschrieben), formen ganz natürlich Empathie bei ihren Säuglingen, in einem Prozess namens *Einstimmung*, bei dem Eltern und Baby in emotionaler Harmonie miteinander leben. Sie »fühlen« füreinander.

Eltern, die weniger auf ihre Kinder antworten, erziehen weniger wahrscheinlich empathische Kinder. Wenn eine Mutter oder ein Vater das Kind dazu anhält, sich an Regeln und Pläne zu halten, statt den Signalen des Babys zu folgen, werden die Gefühle des Kindes nicht beachtet oder den Erwartungen der Eltern bezüglich »gutem Verhalten« untergeordnet. Das Baby lernt weder, wie es seine inneren Gefühle interpretieren soll, noch weiß es, was es damit tun soll. Ohne diese Fertigkeiten, die im frühen Leben durch die Interaktion mit beständigen, antwortenden Betreuern gelernt werden, wird das Kind Schwierigkeiten haben, seine eigenen Gefühle und die anderer zu verstehen. Außerdem kommt das Baby so zu dem Glauben, dass die Welt sich nicht wirklich um seine Bedürfnisse kümmert, und dass es sich in Bezug auf Nahrung, Trost oder Begleitung nicht auf andere verlassen kann. Seine Lebenserfahrung sagt ihm, dass es alleine in einer unfreundlichen Welt ist. Um sein eigenes Wohlbefinden zu schützen, fokussiert dieses Baby oder Kind sich darauf, seine eigenen Bedürfnisse unabhängig von anderen zu erfüllen. Seine ersten Eindrücke sind daher die einer egozentrischen Welt, in der es lernt, mit weniger zufrieden zu sein, und sich selbst trainiert, sich um sich selbst zu kümmern.

Das Gefühl, dass Menschen einander helfen und sich umeinander kümmern sollen, wird nicht in die Persönlichkeit dieses Kindes eingebracht. Es mag dieses Prinzip später gezeigt bekommen, aber es wird schwerer sein, es dann auch anzuwenden, weil seine frühesten emotionalen Muster im Gehirn ihm sagen, dass es zuerst nach sich selbst schauen muss. Wenn ein Mannschaftskamerad während eines Fußballspiels verletzt wird, wird es sich nicht für das andere Kind schlecht fühlen. Es wird sich nur darum sorgen, wie dieser Vorfall sich auf es selbst auswirkt – die Verzögerung im Spiel, wie das die Gewinnchancen des Teams beeinflusst. Stellen Sie sich dieses Kind als Erwachsenen vor und sehen Sie, wie es Geschäftsentscheidungen trifft. Es denkt zuerst an seine eigene Karriere oder an den Profit seines Unternehmens und kümmert sich wenig darum, wie diese Einschränkungen seine Mitarbeiter und ihre Familien betreffen. Diese erwachsene Person erntet die Früchte der Selbstsucht, die in seiner Kindheit gesät wurden. Solange sein eigener Job geschützt ist, fühlt sich die Entscheidung richtig an. Schließlich ist das, wie die Welt funktioniert, oder?

Die Beziehung, die ein Kind zur Welt im Allgemeinen hat, weist Parallelen zu den Beziehungen auf, die es zu seinen Eltern hat. In den frühen Monaten sind Eltern die Welt des Babys. Es nutzt die Information, die es über diese Welt sammelt, um die große Welt zu verstehen, in der es später lebt.

Wir stellten immer sicher, dass unsere Babys viel Gesellschaft um sich hatten, und wir ließen sie nie weinen. Wir haben immer gedacht, dass Babys weinen, weil sie nicht reden können, nicht, weil sie versuchen, uns zu manipulieren oder weil sie schlecht sind. Wir wollten, dass sich unsere Kinder in der Welt sicher fühlten.

Sogar Babys unter einem Jahr scheinen rudimentäre neurochemische Anlagen für Empathie zu haben. Ein Säugling fängt oft an zu weinen, wenn er einen anderen Säugling weinen hört oder sieht. Oder ein Baby weint, wenn es seine Mutter weinen sieht. Der hoch empfindsame, schnell reagierende Stil des Attachment Parenting scheint diese Anlagen zur Empathie in dem sich schnell entwickelnden Gehirn des Babys zu verstärken. Wie wir in Kapitel 11 noch sehen werden, ist Empathie die Wurzel moralischen Lebens. Kriminologen glauben, dass einige Psychopathen und Schwerverbrecher tatsächlich in ihren Emotionsschaltkreisen im Gehirn keine Anlagen für Empathie haben – daher auch der Begriff des »kriminellen Gehirns«.

Über die Jahre hinweg habe ich beobachtet, wie die Qualität der Empathie unter AP-Kindern hervorsticht. Eine Gruppe von Müttern in meiner Praxis gründete eine AP-Gruppe und lud eine Überlebende des Holocaust zu ihrem Treffen ein, um ihre Geschichte zu erzählen. Nachdem der Gast eine Weile bei dieser AP-Gruppe war und gesehen hatte, wie diese Eltern sich um ihre Kinder kümmerten und wie die Kinder sich umeinander kümmerten, schloss die Überlebende ihre Ausführungen mit: »Aufgrund von Kindern wie diesen wird diese Tragödie nie wieder geschehen.«

Sehen Sie die Welt aus der Sicht der kleinen Augen, wenn das Baby weint

Als Übung in Empathie versuchen Sie, die Welt aus der Sicht Ihres Babys zu sehen. Versuchen Sie, sich die Gefühle hinter diesem die Eltern nervenden Weinen vorzustellen. Was versucht Ihr Baby Ihnen zu sagen? Wie Ihr Kind lernt, die Welt aus der Sicht einer anderen Person zu sehen, hängt davon ab, wie es erfährt, wie Sie das bei ihm tun. Sensibel zu sein und auf das früheste kommunikative Weinen Ihres Babys zu antworten, ist Ihre erste Lektion in Empathie.

Die Fürsorglichkeit fördern: Empathie gegenüber Kleinkindern und Vorschülern

Die Freundin meines 19 Monate alten Sohnes war zu Besuch und sie nahmen einander das Spielzeug weg, wie alle Kinder es tun. Als das andere Kind weinte, nachdem mein Sohn ihr das Spielzeug weggenommen hatte, gab er es ihr zurück und gab ihr einen Kuss.

Teilen lernen – eine frühe Lektion in Empathie

»Das ist meins!« Das sind die drei Worte, die ein Kleinkind vermutlich am häufigsten verwendet, wenn es mit Freunden spielt. *Meins* ist ein machtvolles Wort, eines, das auch dann angewandt wird, wenn das betreffende Spielzeug jemand anderem gehört. Aber zu verstehen, was »meins« ist und was nicht, ist der erste Schritt dazu, teilen zu lernen.

Kinder wollen ihre eigenen Dinge natürlich schützen, und die klassische Weigerung zu teilen ist eine natürliche Reaktion. Oberflächlich gesehen hat Teilen etwas mit Manieren zu tun; tiefergehend geht es aber auch um die Betrachtung der Bedürfnisse des anderen. Es ist keine leichte Aufgabe für ein Kleinkind, seine eigenen Wünsche und Bedürfnisse zurückzustellen, um die anderer zu respektieren.

Ein kleines Kind ist nicht gewillt, seine Spielzeuge aufzugeben, da die Dinge, mit denen es spielt, beinahe ein Teil seiner selbst sind. Wenn es ein anderes Kind mit seinen Spielzeugen spielen lässt, ist es nicht sicher, dass es danach immer noch seine sind und dass es sie zurückbekommt. Der Prozess des Teilens erfordert neue Arten emotionalen und intellektuellen Bewusstseins.

Jede Entwicklungsstufe, die Ihr Kleinkind oder Vorschüler durchläuft, erweitert seine Fähigkeit zu teilen. Lassen Sie uns alle Elemente betrachten, die an diesem Entwicklungsprozess beteiligt sind:

1. *Es hat Eigentumsrecht. »Das ist meins!«* Das kleine Kind muss zuerst spüren, dass es Dinge besitzt. Diese Besitztümer sind eine Erweite-

rung von ihm. Ein Kind muss dieses Gefühl der Sicherheit haben, persönliche Dinge zu besitzen, ehe der Prozess des Gebens und Teilens beginnen kann.

2. *Seine Welt wird weiter. »Es ist deins.«* Das Kind fängt an zu begreifen, dass nicht alles um es herum ihm gehört. Sie fangen an, es Sätze sagen zu hören wie »Mamas Schlüssel«, »Papas Auto« und »Jennys Skates«. Es versteht, dass einige Dinge »meins« sind und einige Dinge »nicht meins«.
3. *Zeit wird wichtig. »Mama, wie lange?«* Während sein Tag bisher eine Ewigkeit war, fängt das Kind nun an, Begriffe wie «für ein paar Minuten» oder «während ich bis zehn zähle« zu verstehen. Dieses anfängliche Verständnis von Zeit befähigt das kleine Kind, sich für kurze Zeit – manchmal bedauernd – von seinen wertvollen Besitztümern zu trennen, in dem Wissen, dass dieses Ding bald wieder seins sein wird.
4. *Freunde sind wichtig. »Jemand kommt zum Spielen.«* Kleinkinder und Dreijährige neigen dazu, nebeneinander zu spielen (paralleles Spiel genannt) und selten kooperativ zusammen. Ältere Vorschulkinder fangen an, Freundschaften haben zu wollen. Wenn Kinder ihre eigene soziale Welt entwickeln, beginnen sie, die Regeln zu verstehen, die solche Konzepte umgeben, wie fair/unfair, geben/empfangen und richtig/falsch. Sie lernen das Geben und Nehmen in sozialer Interaktion. Das kleine Kind versteht, dass, obwohl das Spielzeug seines ist, sich auch sein Freund darüber freut. Es versteht auch, dass sein Freund das Spielzeug eine Weile nutzt und dass es dieses dann zurückbekommt. Teilen ist auf dieser Stufe Beweis des Bewusstseins anderer. Kinder, deren Bedürfnisse und Persönlichkeiten respektiert werden, wenn sie klein sind, werden weniger selbstzentriert, wenn sie älter werden. Unser vierjähriges Kind hat mehr Freude daran, Freunde um sich zu haben und gemeinsam mit diesen zu spielen, als es daran hat, die Spielzeuge ganz für sich allein zu haben.

Kindern das Teilen beibringen

Sie können ein Kind nicht zum Teilen zwingen, aber Sie können Einstellungen und eine Umgebung bereithalten, die dazu ermutigt, anderen gegenüber großzügig zu sein. Behalten Sie im Hinterkopf, dass Selbstsucht in der Entwicklung von Kleinkindern vor dem Teilen kommt; Kleinkinder brauchen Eltern, die respektieren, was sie meinen, wenn sie sagen »meins«. Aber Sie können die Bühne für das Teilen bereiten, indem Sie Ihrem Kleinkind zeigen, wie es funktioniert.

- *Seien Sie Ihren Kindern gegenüber ein Vorbild für Großzügigkeit.* Was der Affe sieht, tut er auch. Teilen Sie bereitwillig Ihre »Spielzeuge«. Erzählen Sie Ihrem Kind, wie Mama das Kochbuch mit einer Freundin teilt. Teilen Sie mit Ihrem Kleinkind: »Möchtest du etwas von meinem Keks?«
- *Spielen Sie Teilen-Spiele.* Unsere Kinder liebten es, »Papa teilen« zu spielen. Das Zweijährige saß auf meinem einen Bein und das Vierjährige auf dem anderen, so konnten sie beide lernen, mich zu teilen. Ziehen Sie Vorteile aus solchen Snacks, die dafür gemacht sind, in vier oder mehr Stücke gebrochen zu werden. Wenn wir den Snack unserer drei Jahre alten Lauren gaben, ließen wir sie Stücke abbrechen und ihren Brüdern und Schwestern geben.
- *Zeit-Teilen.* Wie Sie Streitigkeiten um Spielzeuge klären, ist eine frühe Lektion dafür, Kindern Mitgefühl und Fairness näherzubringen. Wenn zwei Kinder mit dem gleichen Spielzeug spielen wollen, stellen Sie den Wecker. (Zwei Minuten können dabei das Limit sein, was einige Kinder abwarten können.) Wenn der Wecker klingelt, bekommt das zweite Kind das Spielzeug für die gleiche Zeit.
- *Nutzen Sie ältere Kinder als Vorbild.* Geben Sie Ihrem Fünfjährigen zwei Kekse mit der Bedingung, dass es einen davon dem Dreijährigen gibt. Das jüngere Kind lernt vom älteren, dass Geben und Teilen richtig sind.

Gefühle teilen

Ein Dreijähriger ist weniger egozentrisch als ein Kleinkind, und es versteht, dass es Menschen auf der Welt gibt, die genauso wichtig sind wie es selbst. Diese aufkeimende Sensibilität kann zum Vorteil eines Betreuers arbeiten, wenn es darum geht, das Kind zu dem zu bringen, was von ihm erwartet wird. Während ein Zweijähriger die Gefühle der Eltern bemerkt, ist der Dreijährige in diese Gefühle eingebunden. Ein Eintrag aus Marthas Tagebuch, den sie schrieb, als unser Sohn Matthew drei Jahre alt war:

Ich bat Matt, seine Bausteine aufzuheben als Teil unserer täglichen »Kinder-Aufräum-Zeit«. Matt wehrte sich dagegen, und ich bemerkte, dass er heimlich seine ältere Schwester die ganze Arbeit machen ließ. Irritiert rief ich, dass ich unglücklich damit sei, dass Matt nicht gehorchte, aber dann realisierte ich, dass er Zeit brauchte, um sein Verhalten zu betrachten. Ich zog mich eine Weile zurück und Matthew erledigte dann willig seine Aufgabe. Als er seine Bausteine aufhob, fragte er: »Liebst du mich noch?« Ich versicherte ihm: »Auch wenn du schreist und weinst und nicht gehorchst, liebe ich dich.« Matt beharrte darauf: »Magst du mich noch?« Ich antwortete: »Ja, ich mag dich, aber ich mag es nicht, wenn du nicht zuhörst und nicht hilfst. Ich mag es, wenn du die richtigen Entscheidungen triffst.« Die Aufgabe war erledigt, Matthew kam herüber, umarmte mich und sagte: »Es tut mir leid, Mama.« Ich umarmte ihn ebenfalls und sagte: »Es tut mir leid, dass ich geschrien hab.« Ein paar Minuten später sagte er: »Bist du glücklich mit mir?« Das ist die Tiefe eines emotionalen Austauschs, die man zwischen drei und vier Jahren erwarten kann. Sie wollen einen wirklich glücklich machen. Man wird das Leben mit Kindern viel einfacher finden, wenn man ihnen viele Gelegenheiten gibt, einen zu erfreuen, und wenn man ihre Anstrengungen würdigt.

Empathie lernen im Spiel

Kleinkinder demonstrieren ihr Verständnis menschlicher Beziehungen oftmals im Spiel. Kleinkinder zeigen Großzügigkeit vielleicht zuerst im Spiel mit einer Puppe oder einem Stofftier (ein Begleiter, der weitaus vorhersagbarer ist als ein anderer Zweijähriger). Eltern können diesen Lernprozess fördern, indem sie an diesem Spiel teilnehmen und Wege finden, es zu erweitern. »Der Teddy hat Hunger. Magst du deinen Cracker mit ihm teilen?«

Wenn Kinder anfangen, mit anderen zu spielen, lernen sie zu kooperieren. In der Interaktion mit anderen lernen sie, dass Freundschaft aus Geben und Nehmen besteht – keines der Kinder soll die ganze Zeit der Boss sein. (Wenn Ihr Kind der geborene Anführer ist, stellen Sie sicher, dass er mit anderen Anführern spielt und nicht nur mit Gefolgsleuten.) Sie experimentieren mit Begriffen wie *meins*, *deins* und *unseres*. Das Kind lernt, dass Teilen und Sichgedulden Vorteile haben kann. Es lernt auch, mit Frustration umzugehen, die aufkommt, wenn Situationen nicht so verlaufen, wie es sich diese vorgestellt hat.

Ein Beispiel setzen

Während der Kleinkind- und Vorschuljahre lernt ein Kind weiterhin Empathie und Mitgefühl aus der Art, wie andere ihm antworten. (Sogar als Erwachsene lernen wir weiterhin aus dem Mitgefühl anderer.) Aber dieses Lernen geschieht anders als die Art, wie Babys etwas über Bedürfnisse und Emotionen lernen.

Zwei wichtige Fertigkeiten fangen im Alter von drei Jahren an zu wirken: die Fähigkeit zu *verinnerlichen* und die Fähigkeit zu *generalisieren*. Verinnerlichen bedeutet, dass Kinder den gebräuchlichen Weg, Dinge zu tun, zu einem Teil ihres eigenen inneren Ablaufprogrammes machen. Die Art, wie Familien ihre Werte leben, wird die Art, wie sich das Kind ebenfalls verhält. Generalisieren bedeutet, dass Lektionen, die in der Familie gelernt werden, auch auf andere Beziehungen angewandt werden. Wenn der Lehrer das Kind umarmt und ihm direkt in die Augen sieht, wenn es redet, denkt der Vierjährige vielleicht: »Das ist es, wie mich Mama und Papa behandeln, und sie lieben mich, also muss der Lehrer mich auch lieben.« Wenn die Lehrerin ihn Blätter austeilen oder als Anführer auftreten lässt, denkt er: »Sie denkt, ich bin wichtig, wie Mama und Papa denken, dass ich wichtig bin, wenn sie mir zu Hause Aufgaben geben.« Aufgrund der Fähigkeit zu generalisieren lernt Ihr Kind, anderen fürsorglichen Erwachsenen ebenso zu vertrauen, wie es Ihnen vertraut.

Das Zuhause ist der erste Ort, an dem Kinder ihre Fähigkeit zur Empathie üben. Wie wir unseren Kindern erlauben andere zu behandeln, uns, ihre Verwandten und sogar ihre Haustiere, lässt sie wissen, welches Verhalten wir von ihnen erwarten, das sie als ihr eigenes annehmen sollen. Kinder zu bitten, Mama beim Tischdecken zu helfen, die Legos aufzuräumen, damit das Baby sie nicht verschluckt, oder Essen in den Napf des Haustieres zu füllen, vermittelt die Erwartung, dass es wichtig ist, sich um andere zu kümmern.

Betrachten Sie die Botschaft, die sie Ihrem kleinen Kind vermitteln, wenn Sie ihm erlauben, sein Geschwisterkind anzuschreien, den Familienhund zu schlagen oder Sie anzubrüllen, wenn es die Familienregeln nicht mag. Stellen Sie sicher, dass Sie in diesen Fällen eingreifen, das Kind fest und liebevoll wissen lassen, was angemessen ist und was nicht, und die Wichtigkeit des Füreinandersorgens betonen. Lassen Sie Ihr Kind sehen, dass Sie mitfühlend mit seinen Geschwistern, Ihrem Partner oder den Großeltern umgehen, die eine helfende Hand benötigen. Natürlich können beschäftigte Eltern, die das Essen vorbereiten, das Taxi der Fußballmannschaft fahren, verschütteten Saft aufwischen, Erstklässlern Worte buchstabieren und Anrufe von Schwiegereltern und Nachbarn entgegennehmen müssen, nicht die ganze Zeit der Inbegriff des Mitgefühls sein. Wir alle haben einfach mal zu viel. Denken Sie daran, dass Ihre Kinder von der vorherrschenden Einstellung in Ihrem Zuhause lernen – und sie lernen auch, wie man mit Fehlern umgeht, aus der Art, wie Sie mit Fehlern umgehen.

Empathiespiele

Empathie kommt zu einigen Kindern ganz natürlich, aber andere brauchen ein wenig elterliche Hilfe, um zu lernen, die Welt durch die Augen eines anderen zu sehen. Um Ihrem Kind zu helfen, sich mehr damit wohlzufühlen, die Gefühle anderer zu betrachten, versuchen Sie diese empathiebildenden Spiele:

Plätze tauschen. Eines Tages stritten sich unsere Söhne Jimmy und Bobby. Jimmy sagte zu Bobby: »Du bist dumm!« An dieser Stelle betritt der elterliche Regisseur die Bühne: »Jimmy, setz Bobbys Hut auf [setzt Bobbys Hut auf Jimmys Kopf], und jetzt sage ich zu dir: ‚Du bist dumm!' Wie fühlt sich das für dich an?«

Stell dir vor, dass … Ihr Kind hat eine eigene Geburtstagskarte für die Oma gebastelt. Als es Ihnen diese zeigt, helfen Sie ihm, in die Zukunft zu schauen: »Stell dir vor du bist die Oma und du liest diese nette Karte. Stell dir vor, wie toll Oma sich fühlen wird, nachdem sie sie gelesen hat.«

Gefühle teilen. Um Ihrem Kind zu helfen, das was es tut in das zu übersetzen, was andere fühlen, sagen sie, wenn es sich verletzt schnell: »Autsch!« Wenn es seinen Bruder schlägt, erinnern Sie es daran: »Oh, das muss weh tun…!«

Kindern beibringen, dass auch andere Gefühle haben

Kleine Kinder können anfangen zu verstehen, dass auch andere Menschen Gefühle haben. Wenn Kinder sich das Wissen erarbeiten, wer sie sind, und, dass sie von Mama und Papa getrennte Personen sind, fangen sie an, sich von ihrer selbstzentrierten Existenz wegzubewegen. Sie realisieren, dass andere Menschen sich zu anderen Zeiten traurig, wütend und glücklich fühlen.

Neulich Abend war ich wegen etwas verärgert, und mein zwei Jahre alter Sohn kam zu mir her. Er tätschelte zärtlich meinen Arm und sagte: »Es ist okay, Mama, Thomas ist da.« Er ahmte ganz deutlich all die Momen-

ELTERN-TIPP:

Wenn Sie die Welt mit den Augen Ihres Kindes sehen, wird es lernen, die Welt mit den Augen anderer zu sehen.

te nach, in denen ich ihn getröstet hatte, indem ich sagte: »Es ist okay, Mama ist da.«

»Wie würdest du dich fühlen, wenn …«

Eltern und andere Betreuer können einem Kind helfen, sich in ein anderes Kind hineinzuversetzen und sich vorzustellen, wie es sich fühlt. Ihr Dreijähriger schubst ein anderes Kind und nimmt ihm sein Spielzeug weg. Statt zu sagen: »Sean, gib das zurück und geh in dein Zimmer«, versucht der Papa es mit: »Sean, wie würdest du dich fühlen, wenn Jason dich schubsen und dir dein Spielzeug wegnehmen würde? Du wärst verärgert und würdest nicht mehr spielen wollen.« Wenn ein Freund zu Besuch ist und weint, weil er sein Lieblingsspielzeug zu Hause vergessen hat, können Sie zu Ihrem eigenen Kind sagen: »Weißt du noch, wie traurig du warst, als wir zu Besuch bei Oma waren und du hattest Bunny zu Hause vergessen? So fühlt sich Lindsay gerade.« Die Eltern sind auf diese Weise fähig, dem Kind zu helfen, den Schmerz des Freundes zu verstehen.

Kinder, die Attachment Parenting erfahren haben und eine sichere Bindung zu ihren Eltern haben, scheinen empathischer zu sein, scheinbar folgen sie dem Beispiel ihrer Eltern. Nancy Eisenberg, führende Professorin für Psychologie an der Arizona State University, hat gezeigt, dass Eltern, die auf die emotionalen Bedürfnisse ihrer Kinder mit Akzeptanz reagieren, Kinder haben, die mitfühlenderes Verhalten zeigen. Sie hat auch herausgefunden, dass Eltern, die die mitfühlenden Reaktionen ihrer Kinder verstärken, Kinder haben, die anderen gegenüber sensibel sind und ihnen helfen.

Die Wissenschaft sagt:

Praktizieren Sie empathische Disziplin
Forschungen dazu, wie man Kindern Empathie beibringt, zeigen, dass Kinder von Eltern, die empathische Disziplin praktizieren – also Kindern beibringen, wie ihr Verhalten eine andere Person sich fühlen lässt – mit höherer Wahrscheinlichkeit selbst empathische Personen werden.

Ich war mit unserem Sohn Michael, der damals drei Jahre alt war, zu einem seiner ersten Besuche beim Zahnarzt. Während wir im Wartezimmer saßen, kam eine Zahnarzthelferin und nahm einen kleinen Jungen, etwa in Michaels Alter, für eine Füllung mit in den Untersuchungsraum. Seine Mama winkte ihm zum Abschied und blieb im Wartezimmer sitzen, ihre Zeitschrift lesend. Wir konnten durch die leicht geöffnete Tür sehen, dass der Junge anfing zu weinen und sehr verängstigt aussah. Michael war sichtbar verstört. Er sagte zu mir, dass der Junge Angst hatte und seine Mama mit ihm mitgehen sollte, um für ihn da zu sein. Ich stimmte zu. Michael stand dann auf und ging hinüber zu der Mutter und sagte: »Sie sollten bei Ihrem Sohn sein. Er hat Angst. Sie sollten da reingehen und bei ihm sein.« Michael hatte einen sehr intensiven Blick in seinem Gesicht. Er zeigte auf den Jungen hinter der Tür.
Die Mama des Jungen sagte: »Ihm geht es gut.« Dann las sie weiter in ihrer Zeitschrift. Michael war danach noch verstörter. Er kam zurück zu mir und fragte mich, was wir tun könnten, um dem Jungen zu helfen. Traurig sagte ich: »Nichts.« Ich erklärte Michael, dass nicht alle Eltern ihre Kinder gleich behandeln, dass ich nicht gut fand, was die Mutter machte, und dass ich auch dachte, sie sollte bei ihm sein, um ihn zu unterstützen. Ich sagte ihm, dass unsere Familie diese Dinge anders macht als andere Familien, und was wir tun können, ist, dass wir uns in un-

serer Familie gegenseitig unterstützen. Ich habe das Gefühl, dass unsere Attachment-Parenting-Praxis Michaels Sensibilität in dieser Situation beeinflusst hat.

Schulkindern beibringen, sich zu kümmern

Wir erlauben keine Beschimpfungen in unserer Familie. Wir haben unseren Kindern erklärt, dass es die Gefühle anderer Menschen verletzt, und dass wir uns niemals dafür entscheiden sollten, andere Menschen zu verletzen. Als unser Sohn in seinem ersten T-Ball-Team war (T-Ball ist eine Vorstufe des Baseball), zeigte er sein Mitgefühl eines Tages deutlich in einem Spiel. Ein kleiner Junge war am Schlag, und nach vielen missglückten Versuchen machten sich alle anderen Kinder über ihn lustig. Unser Sohn nahm kein Blatt vor den Mund und sagte den anderen, sie sollten aufhören. Er sagte, dass sie sich nie über ein Mannschaftsmitglied lustig machen sollten. Ich konnte sehen, dass sogar der Trainer überrascht war. Von da an jubelten alle Kinder füreinander, statt über ihre Fehler zu lachen.

Die Fähigkeit eines Kindes, sich eine Weile in einen anderen hineinzuversetzen, wird besser, je älter es wird. Während der Grundschuljahre können Eltern Kinder ermutigen, ihr Denken zu erweitern und sich vorzustellen, wie andere menschliche Wesen denken und fühlen. Sie müssen für diese Übungen nicht weit von zu Hause weg gehen. Tatsächlich ist es schwer für ein Kind, sich vorzustellen, wie es sein muss, in Afrika Hunger zu leiden oder sogar in Amerika obdachlos zu sein. Sie können anfangen, das Bewusstsein des Kindes für andere zu schulen, indem Sie ihm helfen, die Menschen, die Sie treffen, in einem anderem Licht zu sehen.

Verständnis ermutigen

Eine Mitarbeiterin in einem Geschäft, die Sie bedient, ist unfreundlich und ungeduldig. Statt Ihrem Kind eine Ansprache über schlechten Service zu halten, wenn Sie zum Auto zurücklaufen, warum ermutigen Sie nicht zu einer Diskussion über die Gründe, warum dieser Mitarbeiter sich so verhalten hat? War sie vielleicht krank, litt an einer Erkältung oder Kopfweh? Vielleicht ist ihr Kind krank und sie hat letzte Nacht nicht viel geschlafen oder ihr Hund ist gerade gestorben. Wenn wir unseren Kindern beibringen, mitfühlend zu denken, öffnen wir ihnen eine ganz neue Welt, eine Welt voller realer Menschen, die Bedürfnisse haben, Schmerzen und Sorgen. (Stellen Sie aber sicher, zu erklären, dass es nicht immer eine »Entschuldigung« für unangenehmes Verhalten gibt – vielleicht muss die Angestellte auch nur bessere Fertigkeiten im Umgang mit Kunden lernen!)

Wenn sich die Gelegenheit ergibt, versuche ich, die Rolle eines Begleiters einzunehmen, der meinen Kindern hilft, eine Lektion aus den Erfahrungen des Lebens zu lernen, die sie anders nicht bekommen hätten.

Empathie ermutigen

Machen Sie Ihre Kinder auf das aufmerksam, was um sie herum geschieht. Wenn Sie an einem Trupp Bauarbeiter vorbeifahren, die im Regen arbeiten, sagen Sie, wie schwer der Job bei unangenehmem Wetter sein muss. Wenn Sie einen Rollstuhlfahrer sehen, der einen weiten Umweg fahren muss, um in ein Gebäude zu gelangen, erwähnen Sie, wie frustrierend es sein muss, wenn es keine Rampe näher an der Tür gibt. Suchen Sie nach lehrreichen Momenten, nach Lektionen aus Situationen im wirklichen Leben, die einen Eindruck auf Ihr Kind machen können.

Wenn Ihr Kind von der Schule nach Hause kommt und sich über das Verhalten eines anderen Kindes beschwert, bitten Sie es, sich die Situation aus der Sicht des anderen Kindes vorzustellen. »Warum, denkst du, hat sie das gesagt? Was machte sie so ärgerlich?« Ermutigen Sie Ihr Kind, unter die Oberfläche zu schauen. »Ja, mit so und so ist es schwer auszukommen. Die anderen Kinder ärgern ihn so sehr, dass er vergessen hat, wie man freundlich ist. Wie kannst du sein Freund sein?« Es ist nicht immer einfach, sich in Gleichaltrige hineinzuversetzen, aber ein Kind, das Mitgefühl ins Klassenzimmer oder auf den Spielplatz mitbringt, kann einen großen Unterschied machen im Leben eines Klassenkameraden oder in der Art, wie die ganze Kindergruppe mit einem einzelnen Kind umgeht.

Mein Sohn ist vierzehn, und es scheint, als wäre er mit jedem befreundet. Mädchen rufen ihn an, Jungs rufen ihn an, sie alle rufen ihn an, um über ihre Probleme zu reden. Er hört gut zu und scheint jeden zu verstehen. Teilweise liegt das an seiner großzügigen und beobachtenden Natur. Teilweise liegt es daran, wie er behandelt wurde. Ich habe immer versucht, seine Seite der Geschichte anzuhören, aber ich bitte ihn auch, ebenfalls die andere Seite der Geschichte zu sehen. Manchmal, wenn meine Freunde Probleme damit haben, etwas im sozialen Leben ihrer Kinder zu verstehen, gehe ich zu meinem Sohn, für Einblicke, die ich dann mit ihnen teile.

Als mein 17 Jahre alter Sohn bei den Wölflingen der Pfadfinder war, gewann er ein Rennen gegen all die Jungs in seinem Team, von denen die meisten ein wenig jünger waren als er. Als ihm der Pokal überreicht wurde, bemerkte er, dass der zweitplatzierte Junge weinte, weil er nicht gewonnen hatte. Mein Sohn war aufgebracht und wollte dem anderen Jungen den Pokal geben. Er konnte seinen Sieg nicht genießen in dem Wissen, dass dafür jemand anders ein »Verlierer« war. Sie können sich sicher vorstellen, dass er von jedem, den er trifft, gemocht wird.

Mitgefühl ermutigen

Wenn die Oma von der Arthrose in ihren Händen frustriert ist (oder ein Klassenkamerad Kinderlähmung hat), versuchen sie folgende Lerntechnik, um Ihrem Kind verstehen zu helfen, wie die körperlichen Einschränkungen anderer ihr Leben beeinflussen. Binden Sie ein dickes Gummiband über die Finger Ihres Kindes, so dass es den Finger noch knicken kann, ihm das aber schwerfällt. Geben Sie ihm eine Schüssel Cerealien und einen Löffel. Fragen sie es, ob es schwer ist, mit so schlechter Mobilität der Hand zu essen. Dann geben Sie ihm einen Stift und Papier und bitten Sie es, seinen Namen zu schreiben oder ein Bild zu malen. Es ist fast unmöglich! Sagen Sie ihm, dass dies die Einschränkungen sind, die viele Menschen haben. Es wird schnell versuchen, der Oma oder dem Klassenkameraden zu helfen, wo immer es kann.

Ich habe meinen Kindern immer beigebracht, dass, auch wenn Menschen viele Unterschiede haben, sie alle menschliche Wesen sind, die mit Respekt und Fürsorge behandelt werden müssen. Als mein Sohn in der dritten Klasse in einer neuen Schule war, bemerkte er, dass da ein älterer Junge war, der häufig geärgert wurde. Eines Tages kam mein Sohn nach Hause zu mir und sagte: »Mama, da ist ein Junge in der Schule, den jeder ärgert, weil er anders redet.« Ich erklärte, dass manchmal Leute stottern, was es schwer für sie macht, zu reden. Er sagte: »Mama, sein Name ist Shane und ich mag ihn sehr. Er ist wirklich nett. Ich kümmere mich nicht drum, was die anderen über ihn sagen. Er ist mein Freund.« Als er das sagte, stiegen mir Tränen in die Augen. Mein Sohn hat gezeigt, dass er nicht nur verstand, dass alle Menschen mit Mitgefühl behandelt werden sollten, sondern dass er das auch lebte.

Kinder ermutigen, einen positiven Eindruck in der Welt zu hinterlassen
Wenn Kinder das Gefühl haben, dass etwas nicht richtig ist, schauen sie zu ihren Eltern für Aufklärung und für die Erlaubnis, etwas gegen das Gefühl zu tun. Eltern müssen Kindern beibringen, wie sie sich respektvoll in Situationen einmischen, die ihren Sinn für Fairness oder Richtigkeit stören.

Es gab ein Kind in der Klasse unseres Siebenjährigen, der immer Ärger hatte, und der Lehrer schien immer gegen ihn zu sein. Eines Tages machte der Störenfried etwas wirklich Nettes für ein anderes Kind. Mein Sohn bemerkte das, der Lehrer jedoch nicht. Mein Kind scheute keine Mühen, um sicherzustellen, dass der Lehrer bemerkte, dass der Junge, der sonst immer das Falsche machte, das Richtige getan hatte.

Wie die meisten anderen Lektionen über Werte wird auch diese zuallererst zu Hause gelehrt, durch Beispiele, wie die Eltern mit schwierigen Situationen umgehen. Wenn Kinder sanfte Korrekturen erfahren, und wenn Eltern ihnen Höflichkeit und Nettigkeit entgegenbringen, auch wenn sie Fehler machen oder sich falsch entscheiden, lernen sie, dass es taktvolle Wege gibt, andere auf ihre Fehler hinzuweisen. Denken Sie auch daran, dass Kinder zuhören und zuschauen, während Sie eine schwierige Situation mit anderen behandeln. Wenn Sie lachen, wenn ein Freund einen Witz auf Kosten eines anderen macht, lernt Ihr Kind, dass das in Ordnung ist. Wenn Sie die andere Person in dem Gespräch verteidigen, werden Ihre Kinder mit höherer Wahrscheinlichkeit das Gleiche in ihrem Freundeskreis tun.

Bringen Sie Kindern bei, alle Menschen als gleich anzusehen

Schon sehr früh müssen Kinder lernen, dass anders zu sein jemanden nicht zu einem Menschen zweiter Klasse macht. Während der Grundschuljahre werden sich Kinder der äußeren Erscheinung und Unterschiede zwischen sich selbst und anderen bewusst. Zuerst ist das einfach ein Zeichen ihres wachsenden Bewusstseins, aber der nächste Schritt kann sein, dass diesen Unterschieden Bedeutung zugeschrieben wird. Ein Kind, das ein Elternteil oder einen Betreuer abwertende Kommentare über eine Person machen hört, aufgrund dessen Geschlecht, Hautfarbe oder äußerem Erscheinungsbild, kann leicht annehmen, dass *alle* Menschen, die so aussehen, auf diese negative Beschreibung passen. Auf der anderen Seite akzeptieren Kinder bereitwillig Unterschiede bei Menschen, wenn die Eltern ihnen beibringen, dass, auch wenn Menschen äußerlich verschieden aussehen, wir doch alle innerlich gleich sind.

Meine zwei Töchter haben dunkle Haut und schwarzes Haar, ich habe einen sehr hellen Teint und blonde Haare. Daher bin ich gewohnt, dass Menschen mich fragend anschauen. Eines Tages standen wir in der Schlange an der Kinokasse und ein Teenager in der Schlange hinter uns starrte uns an. Schließlich fragte er: »Sind das Ihre Kinder?«. Ich muss mir endlich mal eine kluge Antwort auf diese Frage überlegen, daher sagte ich nur »Ja.« Um meine Überraschung komplett zu machen, antwortete er: »Wow. Sie sehen nicht alt genug aus, um Kinder zu haben.« Ich schätze, er stammt aus einer Generation, die Familien mit unterschiedlicher ethnischer Herkunft besser akzeptiert.

Eine andere Möglichkeit, die Sicht der Kinder auf die Welt zu erweitern, ist es, sie mit Büchern, Spielzeugen, Spielen und Filmen auszustatten, die Menschen verschiedener Rassen, Altersstufen, Geschlechter und Fähigkeiten als fähige Individuen in allen möglichen Aktivitäten darstellen. Sie können die Weltsicht Ihrer Kinder auch erweitern, indem Sie Orte aus verschiedenen Kulturen in Ihrer Gemeinde besuchen, so wie ausländische Lebensmittelgeschäfte, Restaurants und Theater.

Reden Sie über Behinderungen

Wenn ein Kind bei einer Person einen Unterschied bemerkt und Sie darauf hinweist, machen Sie das zu einem lehrreichen Moment. Nehmen wir an, Sie sind mit Ihrer Tochter in einem Supermarkt und Ihre Tochter sagt: »Der Mann hat nur ein Bein.« Bringen Sie sie nicht einfach schnell zum Schweigen und sagen Sie ihr, sie soll da nicht hinstarren. Sagen Sie ihr, dass sie auch gesehen haben, was ihr Kind gesehen hat, und teilen Sie einige Einblicke. »Ja, ich sehe es, und er nutzt einen Rollstuhl, um umherzufahren. Ich wette, das macht das Einkaufen zur Herausforderung, wenn er viel einzukaufen hat.« Sprechen Sie auch die Ängste Ihres Kindes an: Sagen Sie ihr, dass es sehr ungewöhnlich ist, dass jemand ein Bein verliert und dass es Kindern selten passiert. Sie können komische Situationen mit Ihren Einblicken normalisieren und Ihrem Kind wichtige Werte über Akzeptanz und Empathie beibringen: Kinder müssen lernen, dass Menschen mit Behinderungen genauso sind wie der Rest von uns (sie gehen auch einkaufen), aber dass sie sich Herausforderungen gegenüber sehen (sie sitzen im Rollstuhl).

Studien der Ärzte Dr. Janet Strayer und William Robert haben gezeigt, dass Kinder eine Person als sich selbst ähnlicher wahrnehmen, je mehr Empathie sie für diese Person empfinden. »Wenn wir jemandem gegenüber empathisch sind, macht das unsere Unähnlichkeiten ähnlich«, sagt Strayer.

Wie Sie über Menschen reden, die »benachteiligt« oder »behindert« sind, beeinflusst, wie Ihr Kind über diese denkt. Bringen Sie Ihrem Kind bei, dass Menschen mit Behinderungen vor allem Menschen sind. Sie *ähneln* Menschen ohne Behinderungen viel mehr als dass sie sich von ihnen unterscheiden. Vermeiden Sie es, von Menschen mit Behinderungen aufgrund deren medizinischer Diagnose zu reden – »das zurückgebliebene Kind« oder »Omas blinde Freundin«. Das setzt ihren Wert herab. Sagen Sie stattdessen »das Kind mit Down-Syndrom« oder »Omas Freundin Anne, die nicht sehen kann«. Sogar »behindert« ist nicht der beste Begriff. Wenn der Verkehrsbericht im englischen Sprachraum über einen Stau berichtet, hört man oft, dass es dort ein »disabled vehicle« – ein behindertes Fahrzeug – gäbe, als ob »disabled«, also »behindert« gleich funktionsunfähig wäre. Menschen mit Behinderungen sind nicht funktionsunfähig! Versuchen Sie es mit »anders funktionierend«!

Mit einem Menschen reden, der eine Behinderung hat

Viele Kinder fühlen sich unwohl in der Nähe einer Person mit besonderen Bedürfnissen, weil tsie Angst haben, dass sie etwas Falsches sagen oder tun könnten. In dem Büchlein »Tipps zur Wahrnehmung von Behinderungen« bietet die National Easter Seals Society sehr gute Ratschläge, wie man mit Menschen mit Behinderungen reden kann und dabei vor allem von Mensch zu Mensch redet.

- Reden Sie direkt mit der Person mit der Behinderung, nicht über einen Mittler.

- Seien Sie nicht beschämt, wenn *Sie* geläufige Ausdrücke nutzen wie: »Wir sehen uns später«.
- Um die Aufmerksamkeit einer Person zu erlangen, die eine Hörbeeinträchtigung hat, berühren Sie diese Person leicht an der Schulter oder winken Sie mit der Hand. Schauen Sie der Person direkt in die Augen und sprechen Sie deutlich, langsam und ausdrücklich, um festzustellen, ob sie Lippenlesen kann. Stellen Sie sich ins Licht und halten Sie Hände und Essen weg vom Mund, wenn Sie reden. Schreien hilft nicht. Geschriebene Botschaften helfen.
- Wenn Sie länger als ein paar Minuten mit einer Person in einem Rollstuhl reden, gehen Sie auf Augenhöhe mit der Person, um Ihnen beiden ein steifes Genick zu ersparen.
- Wenn Sie eine Person mit starken Sehbehinderungen grüßen, sagen Sie immer, wer Sie sind und wer bei Ihnen ist. Sagen Sie, zum Beispiel: »Rechts von mir ist Penelope Potts.« Wenn Sie mit einer Gruppe reden, geben Sie hörbare Signale, um klarzumachen, mit welcher Person Sie reden. Sprechen Sie in normalem Ton und Lautstärke, sagen Sie, wenn Sie sich von einem Platz zu einem anderen bewegen und lassen Sie die andere(n) Person(en) wissen, wenn Sie das Gespräch beenden.
- Schenken Sie der Person ohne Eile Ihre gesamte Aufmerksamkeit, wenn Sie mit einer Person reden, die Sprachstörungen hat. Behalten Sie eine ermutigende Einstellung statt einer korrigierenden. Wenn notwendig, stellen Sie kurze Fragen, die nur kurze Antworten erfordern oder ein Nicken oder Schütteln des Kopfes. Geben Sie nie vor, zu verstehen, wenn Sie etwas nicht verstehen. Die Reaktion der Person wird Sie informieren und Sie zum Verstehen führen.

Die obigen Tipps zu beherzigen, hilft Ihnen, sich sensibel darauf zu konzentrieren, wer die Person *ist* statt was die Person *hat.*

Mein Sohn Benjamin ist elf Jahre alt. Er liebt Lone Ranger, Eiscreme und Computerspiele. Er hat blondes Haar, blaue Augen und Kinder-

lähmung. Seine Behinderungen sind nur ein kleiner Teil seines Lebens. Wenn ich mich selbst anderen Menschen vorstelle, sage ich ihnen auch nie, dass ich nie eine Primaballerina sein werde. Wie andere auch konzentriere ich mich auf meine Stärken, die Dinge, die ich gut kann, nicht was ich nicht kann. Machen Sie das nicht auch so? Ich sage nicht: »Mein Sohn kann nicht mit einem Stift schreiben.« Ich sage: »Mein Sohn macht seine Hausaufgaben an einem Computer.« Ich sage nicht: »Mein Sohn kann nicht laufen.« Ich sage: »Mein Sohn benutzt einen Rollator und einen Rollstuhl.« Und Benjamin ist nicht »an den Rollstuhl gefesselt«. Wenn er ihn benutzt, hat er die Freiheit, zu gehen, wann und wo er hingehen möchte!

Wir haben festgestellt, dass verbundene Kinder besser fähig zu sein scheinen, das menschliche Wesen im Inneren derjenigen zu sehen, die behindert sind. Unterschiedliche physische Erscheinungen scheinen sie nicht so stark zu stören, oder vielleicht hilft ihnen auch ihre Selbstsicherheit, eine größere Vielfalt von Menschen zu akzeptieren.

Geben Sie keine Vorurteile weiter

Vorurteile sind ansteckend, und Kinder nehmen subtile Abgrenzungen auf. Sie werden es bemerken, wenn Sie den Kontakt zu einer anderen Person, die eine andere Hautfarbe hat, auf einer Party vermeiden oder wenn Sie sich über eine ethnische Gruppe mit herabwürdigenden Zuschreibungen wie »diese Menschen« äußern. Wenn all Ihre Freunde und Bekannten aus einer Rasse und Kultur stammen, klingen Ihre Worte über »alle Menschen sind gleich« nicht wahrheitsgemäß. Wenn Ihre Kinder nie die Gelegenheit haben, sich mit Menschen außerhalb Ihrer ethnischen Gruppe oder Kultur anzufreunden, werden sie die anderen als »Außenseiter« ansehen, Menschen, die nicht wie sie sind. Suchen Sie Gelegenheiten, Menschen aller Rassen und Kulturen kennenzulernen, denn je mehr Sie Ihre Kinder mit anderen Menschentypen in Ihrer Welt in Kontakt bringen, desto eher werden sie diese Unterschiede akzeptieren.

Zehn Wege, Ihrem Kind etwas über Diversität beizubringen

1. Erklären Sie Empathie – die Fähigkeit, die Gefühle anderer zu teilen. Fragen Sie: »Wie möchtest du behandelt werden, wenn du anders wärst als deine Freunde?«
2. Lesen Sie Bücher aus der Bücherei, die die Unterschiede zwischen Menschen zeigen. Reden Sie darüber, wie langweilig die Welt wäre, wenn wir alle gleich wären.
3. Besuchen Sie Menschen in einem Altenheim oder in einem Rehabilitationszentrum. Reden Sie mit diesen Menschen, damit Ihr Kind sieht, wie sehr diese wie es selbst sind.
4. Helfen Sie freiwillig in der Klasse Ihres Kindes und lassen Sie Ihr Kind sehen, wie Sie alle Kinder umarmen und akzeptieren.
5. Überprüfen Sie Ihre Bücher aus der Bücherei nach ethnischen Gebräuchen. Reden Sie darüber mit Ihrem Kind und nehmen Sie einen neuen Brauch in Ihre Feiertagsbräuche auf.
6. Schauen Sie in der Bücherei nach Büchern über Gebärdensprache. Lernen Sie einige Zeichen (versuchen Sie »Ich liebe dich«) und nutzen Sie sie tagsüber.
7. Bei jüngeren Kindern nutzen Sie alltägliche Aktivitäten, um über Ähnlichkeiten und Unterschiede zu reden. Machen Sie zum Beispiel einen Obstsalat und lassen Sie Ihr Kind dabei helfen. Reden Sie über die Farben, den Geschmack und die Textur der Früchte.
8. Lassen Sie Ihr Kind Bilder aus einer Zeitschrift ausschneiden. Reden Sie über die Unterschiede – Größe, Haarfarbe, Hautfarbe, Alter. Versichern Sie ihm, dass es genug Liebe für alle Menschen gibt.
9. Helfen Sie mit Ihrer Familie freiwillig in einer Unterkunft oder einer anderen Einrichtung für diejenigen, die weniger Glück haben. Reden Sie über die Menschen, denen Sie helfen. Vielleicht können

Sie ein oder zwei Familien kennenlernen und mit ihnen in Kontakt bleiben oder sich ab und an zum Essen treffen.

10. Reden Sie über die Unterschiede im Erbe Ihrer Familie. Sie können sagen: »Ich bin teilweise Niederländisch, Deutsch, Schwedisch und Schottisch. Papa ist halb Deutsch und teilweise Schottisch-Irisch und Österreichisch. Du bist teilweise Niederländisch, Deutsch, Schwedisch, Österreichisch und Schottisch-Irisch.«

Mein achtjähriger Sohn, ein blauäugiges, blondes Kind aus der Vorstadt, spielt am Samstagmorgen in einer Basketballmannschaft, die hauptsächlich aus afroamerikanischen Kindern aus der Stadt besteht. Er genießt ihre einzigartigen Qualitäten – der Siebenjährige, der unglaubliche Drei-Punkte-Würfe versenkt, der Sechsjährige, der auffällig gut dribbeln kann. Sie respektieren ihn für seine Fähigkeiten, Abpraller aufzunehmen, und für seine Größe. (Beim Kinderbasketball ist es wichtig, einer der Größten zu sein.) Er fühlt sich sehr wohl in diesem Team. Und alle anderen Eltern jubeln für ihn, was toll für ihn ist.

Wir sind ein wenig umhergezogen und wir hatten immer Freunde verschiedener Rassen und Glaubensrichtungen. Das hat unseren Kindern ein Verständnis dafür vermittelt, dass Menschen unterschiedlich aussehen mögen, aber das bedeutet nichts weiter als das – sie sind einfach Menschen mit Unterschieden.

Fangen Sie mit Empathie zu Hause an

Sie können mit Schulkindern über Mitgefühl und Empathie reden, und sie werden verstehen, was das bedeutet, aber Ihr Beispiel ist immer noch der machtvollste Lehrer. Wenn Sie versuchen, die Welt mit den Augen Ihrer Kinder zu sehen, um zu verstehen, wie sie sich fühlen, bieten Sie ihnen ein Beispiel, dass das die Art ist, wie Menschen einander behandeln sollten. Wenn Sie es zu einer Gewohnheit machen, mit Ihrem Kind darüber zu reden, warum es das tut, was es tut, statt einfach aus der Haut zu fahren, wenn es sich falsch verhält, wird es diese Lektion auch auf andere Beziehungen anwenden. Über Gefühle zu reden, diese zu benennen und zu verstehen, wie sie das Verhalten beeinflussen, sind wertvolle Fertigkeiten für das Leben, die viele Tausend Dollar kosten, wenn man sie sich als Erwachsener in einer Therapie aneignen möchte. Wenn Sie sensibel die Gefühle Ihres Kindes verstehen, helfen Sie ihm dabei, sich selbst zu verstehen. Wenn Ihr Kind sich selbst versteht und weiß, wie es ist, verstanden zu werden, wird es größere Anstrengungen unternehmen, um die Gefühle anderer zu verstehen.

Üben Sie Empathie-Kennzeichen

Dies sind kleine Phrasen, die Ihrem Kind zeigen und sagen, dass Sie seine Gefühle verstehen und sich darum kümmern:

- »Autsch! Das muss wehtun.«
- »Du musst sehr traurig sein, dass dein Goldfisch tot ist.«
- »Es hat wirklich deine Gefühle verletzt, dass dein Freund dich nicht zu seiner Party eingeladen hat.«
- »Wow! Du musst sehr glücklich sein über die Eins in diesem Test.«

Diese kleinen Sätze werden Ihrem Kind helfen, sich in den kommenden Jahren mit anderen zu verbinden. Aus Ihrem Beispiel wird es lernen zu sagen: »Du musst sehr traurig sein, dass deine Mutter gestorben ist« oder: »Das war ein großartiger Einsatz für das Projekt. Du musst sehr stolz sein!« Indem Sie Ihrem Kind beibringen, die Gefühle anderer zu erkennen und zu respektieren, geben Sie ihm ein wichtiges Werkzeug, um seine interpersonellen Beziehungen zu verbessern.

Formen Sie Empathie und Mitgefühl

Zu sehen, wie Sie sich um andere kümmern, vor allem um ihre Geschwister, zeigt Ihren Kindern, wie Menschen sich umeinander kümmern. Eines Tages spielte unser jüngstes Kind, Lauren, die damals drei Jahre alt war, mit ihrem älteren Bruder Stephen, sechs Jahre alt. Lauren verletzte sich am Finger – oder dachte es zumindest. Ihre Reaktion ging weit über die Ernsthaftigkeit ihrer tatsächlichen Verletzung hinaus. Sie hielt mir ihren Finger hin und bettelte: »Papi, küss ihn wieder heil«. Ich realisierte, dass dieser ganz gesund aussehende Finger nicht das Problem war. Obwohl mein erster Impuls war zu sagen: »Komm schon, du bist nicht verletzt«, wusste ich, dass Lauren es anders empfand, und dass ich ihre starken Gefühle anerkennen musste. »Zeig mir, wo es wehtut«, sagte ich in ihre Augen schauend und untersuchte dann vorsichtig ihren Finger.

Stephen schaute diese Szene skeptisch an. Er wusste, dass Lauren nicht schwer verletzt war und dass seine Schwester überreagierte. Nichtsdestotrotz sah er, wie ich empathisch mit ihr umging und eine mitfühlende Antwort anbot. Er lernte von meinem Beispiel, dass wir jedem, der verletzt ist, Mitgefühl anbieten – oder jedem, der sich so fühlt, als sei er verletzt. Wir machen uns nicht über denjenigen lustig oder nennen ihn ein Baby, weil seine Gefühle real sind, auch wenn es die Verletzung nicht ist. »Lass es uns heil machen«, sagte ich, und Lauren und ich gingen in die Küche, um »Boo-boo Bunny« (ein Kühlkissen für Kinder) aus dem Kühlschrank zu holen. Stephen kam mit, um zu helfen.

Zeigen Sie ihnen, dass Entscheidungen Konsequenzen haben

Kinder sind oft egozentrisch und verstehen nicht, dass ihre Taten für andere Menschen außer ihnen Konsequenzen haben. Das ist vor allem richtig für Kinder, die sehr impulsiv sind und die dazu neigen, zu handeln, ohne vorher nachzudenken.

Eines Tages waren mein achtjähriger Sohn und ich im Garten, als wir zwei zehnjährige Jungs am Hang nebenan versteckt sahen, die sich mit Wasserbomben bewaffnet hatten, um diese auf vorbeifahrende Autos zu werfen. Ich schnappte sie, ehe ihre Missetat begann, und setzte mich mit ihnen hin zum Reden. Ich bat sie, sich vorzustellen, wie es wäre, ein Auto zu fahren und plötzlich explodiert eine Wasserbombe auf der Windschutzscheibe. Sie mussten sich selbst in den Fahrersitz eines anderen setzen.

»Jason, was denkst du, was passiert, wenn der Ballon das Auto trifft?«, fragte ich.

»Es spritzt über das ganze Auto«, antwortete Jason.

»Stell dir vor, du bist der Fahrer. Was denkst du, wie du dich fühlst?«, sagte ich.

»Weiß nicht«, murmelte Jason.

»Denkst du, es macht ihm Angst?«, hakte ich nach.

»Ja. Ich glaub schon«, gab Jason zu.

»Er könnte so erschrocken sein, dass er die Kontrolle über sein Auto verliert. Der Fahrer könnte auf den Gehweg geraten und etwas überfahren – oder jemanden. Denkst du nicht?«

»Ich glaube schon.«

»Du würdest dich ziemlich schlecht fühlen, wenn das passiert, oder?«

Ich wollte nicht nur, dass diese Kinder ein besseres Ziel für ihre Wasserbomben fanden, sondern auch, dass sie lernten, ihre Taten durch die Augen eines anderen zu sehen. Sie waren total fokussiert auf ihren eigenen Spaß und hatten vergessen, dass die Autos, auf die sie es abgesehen hatten, richtige Menschen als Fahrer hatten.

Neben meinem Wunsch, vorbeifahrende Autofahrer zu schützen, gab es einen anderen Grund, warum ich mich einmischte. Ich hatte das Gleiche gemacht, als ich in ihrem Alter war. Ich erinnerte mich noch daran, wie einer der Fahrer anhielt und mein achtjähriges Ich mit den potentiellen Konsequenzen meiner Handlung vertraut machte. Weil dieser Fahrer sich die Zeit genommen hatte, mit mir über die Auswirkungen meiner kindischen Streiche zu reden, wusste ich, dass ich für die Nachbarjungs das Gleiche machen musste.

Formen Sie sensibles Zuhören

Zuhören ist eine wichtige Zutat für Empathie. Was die Menschen am meisten brauchen, egal ob sie glücklich, ärgerlich oder traurig sind, ist jemand, der gewillt ist zuzuhören – einfach zuzuhören. Das ist keine passive Aktivität. Gute Zuhörer bestätigen und reflektieren Gefühle, während sie zuhören. Sie stellen Fragen, um besser zu verstehen, was die andere Person meint. Manchmal bieten sie nützliche Informationen an, aber sie übernehmen nicht die Konversation, bieten keinen Rat an und versuchen nicht, das Problem des Redenden für diesen zu lösen.

Ärger überlagert Empathie. Wenn eine Person ärgerlich ist, überlagern die Nervenwege für die Emotion Ärger diejenigen für Empathie. Ehe ein Transfer der Gefühle zwischen zwei Menschen stattfinden kann – sagen wir, einem Elternteil und einem ärgerlichen Kind – ist es erst wichtig, dass beide, sowohl der ärgerliche Redner als auch der ärgerliche Zuhörer, sich beruhigen.

Es ist nicht einfach für Eltern, die älter, weiser und erfahrener sind, einem Kind einfach nur zu zuhören, während es sich Luft macht, aber Zuhören ist die Art, wie Sie Ihrem Kind zeigen, dass Sie seinen Standpunkt respektieren, auch wenn Sie sich zurückhalten müssen, ihm zu widersprechen oder das Problem für Ihr Kind zu lösen. Oftmals befähigt es das Kind dazu, sich selbst zu beruhigen oder sich selbst eine nicht sinnvolle Idee auszureden, wenn Sie es reden lassen. Ehe es nicht die Gelegenheit hatte, seine Gefühle herauszulassen, wird es nicht fähig sein, eine Lösung anhören zu können.

Bei der Planung eines Familienausflugs hatten wir für unsere elfjährige Tochter Erin sorgfältig einen Sitzplatz im Flugzeug ausgewählt, von dem aus sie einen guten Blick auf den Film hatte. Als sie in das Flugzeug kam, begann sie sich zu beschweren, weil sie nicht in unserer Nähe saß. Sie war wirklich erregt. Martha und ich sagten nichts, sondern hörten aufmerksam zu. Als sie sich langsam beruhigte sagten wir: »Du kannst den Film von deinem Sitzplatz aus besser sehen, aber einer von uns kann mit dir tauschen, so dass du auf dem Platz sitzt, auf dem du sitzen möchtest.« Sie betrachtete die Optionen und in Angesicht der Möglichkeit, eine Wahl zu treffen, bei der sie ihr Gesicht bewahrte, entschied sie sich für den für sie ausgewählten Sitzplatz mit dem besseren Blick auf den Film. Sie traf eine gute Entscheidung, weil wir nicht versuchten, mit ihr zu streiten oder ihr unsere Ideen aufzuzwingen.

Nutzen Sie ähnliche Strategien, um Kindern dabei zu helfen, ihre Gefühle zu verarbeiten. Geben Sie Ihrem Kind die Möglichkeit, seine Geschichte loszuwerden. Hören Sie aufmerksam zu und schenken Sie den Gefühlen hinter den Worten Aufmerksamkeit. Springen Sie nicht mit einem Ratschlag oder Geschimpfe dazwischen. Wenn Sie damit beschäftigt sind, Ihre Antwort im Geist zusammenzubauen, während das Kind redet, wird es das Gefühl haben, dass Sie sich nicht wirklich für seine Sicht der Dinge interessieren. Zu wissen, wann man nicht reden muss, ist ein wichtiger Teil guten Zuhörens. Bringen Sie Ihrem Kind bei, anderen auf die gleiche Weise zuzuhören, wie Sie ihm zuhören.

Vermeiden Sie es, zu versuchen, unangenehme Gefühle zu verstecken
Eines Tages starb Erins Hase. Sie war todunglücklich, aber ich hatte gerade zu tun, als sie mir ihre tragische Entdeckung mitteilte. »Wir kaufen dir einen anderen Hasen«, sagte ich, eine lahme Antwort auf Erins Sorgen. Ich wollte mich nicht mit tiefen Gefühlen auseinandersetzen. Ich bot ihr eine schnelle Medizin an, damit ich schnell mit dem weitermachen konnte, was ich gerade getan hatte. Später hörte ich von Martha, dass neben dem traurigen Gefühl, dass ihr Hase gestorben war, Erin sich auch schuldig fühlte, weil der Hase nicht genug Wasser hatte, als er starb. Dem Hasen Wasser zu geben war ihre Aufgabe gewesen. Obwohl ich meine ursprüngliche Gelegenheit verpasst hatte, ihr mit diesen komplizierten Gefühlen zu helfen, redete ich später mit ihr und half ihr, ihre Trauer zu bewältigen.

Die meisten Eltern möchten über einige Themen lieber nicht mit ihren Kindern reden müssen. Tod, Sex, Scheidung und Geld sind nur der Anfang der Liste. Aber es ist wichtig für Kinder, zu lernen, dass Menschen miteinander auch über schwierige Themen reden können und müssen. Um Kinder aufzuziehen, die tief für andere empfinden, müssen Sie sie Erfahrung mit schmerzhaften Emotionen machen lassen, genauso wie mit freudigen. Außerdem fühlen Kinder die Schwierigkeiten und brauchen Hilfe, um zu verstehen, was vor sich geht, wenn Eltern mit finanziellen, ehelichen oder gesundheitlichen Problemen kämpfen. Wenn Ihr Kind sich traurig, schuldig oder ärgerlich fühlt, versuchen Sie nicht, diese Gefühle auszublenden. (Sie werden nicht weggehen.) Bitten Sie Ihr Kind, seine Traurigkeit oder seine Sorgen mit Ihnen zu teilen und hören Sie zu – respektvoll und aufmerksam. Ähnlich, wenn Sie sich ärgerlich oder besorgt fühlen, erklären Sie Ihrem Kind altersgemäß Ihre Gefühle, sodass es sie verstehen kann.

Gefühlsrequisiten

Es wäre großartig, wenn Sie Ihre Kinder fragen könnten: »Wie fühlst du dich?«, und sie würden ehrlich und direkt antworten. In der Realität verschließen sich Kinder oft, wenn sie gebeten werden, über Ängste und Gefühle zu reden.

Jüngere Kinder sind vielleicht gewillter, sich ihrer liebsten Puppe anzuvertrauen, oder einer Handpuppe oder sogar einem Scheinfreund, von dem sie wissen, dass er zuhören, aber nicht antworten wird. Eltern können diese Requisiten als Vermittler nutzen. Spielen Sie mit Ihrem Kind mit seinen Puppen und fragen sie es, in der Stimme der Puppe, um was es sich Sorgen macht oder wovor es Angst hat. Oder bitten Sie das Kind, beide Teile zu spielen und zwei Handpuppen, Puppen oder Stofftiere miteinander reden zu lassen. Kinder drücken in dieser Art des Spiels Gefühle aus, über die sie nicht direkt reden können.

Versuchen Sie Empathie vor Erklärungen

Empathie schließt ein, das Problem aus der Sicht der anderen Person zu sehen. Wenn Sie empathisch reagieren, akzeptieren Sie das Realitätsverständnis der Person. Indem Sie zuerst mit den Gefühlen umgehen, erlangen Sie das Vertrauen Ihres Kindes. Bauen Sie dann auf dieses Vertrauen auf.

Teenagern Empathie und Mitgefühl beibringen

Während der Vorteenager- und Teenagerzeit weiten Kinder ihre Empathie und ihr Mitgefühl auf außerhalb des Zuhauses und auf Freunde aus. Sie können größere Probleme der Welt kennenlernen und bedenken, wie Hunger, Armut und Obdachlosigkeit. Was die Jugendlichen über soziale Themen lernen, formt ihr Denken für den Rest ihres Lebens.

Ich möchte, dass meine Kinder wissen, dass sich um das Wohlergehen anderer zu kümmern und diesen Menschen zu helfen Teil davon ist, ein Mensch in einer fürsorglichen Gesellschaft zu sein. Ich versuche, meinen Kindern diese Werte auf praktischer Ebene beizubringen. Daher haben wir den Kids Care Club gestartet, der Kinder mit wertvollen Gelegenheiten versorgt, anderen in ihrer Gemeinschaft zu helfen. Wir nennen es »praktische Liebe«. Ich glaube, dass die meisten Kinder hungrig darauf sind, sich selbst durch das zu definieren, was sie beitragen können, nicht was sie tragen oder wie sie aussehen sollten, und es liegt an uns Eltern, sie in die richtige Richtung starten zu lassen.

Tun Sie etwas!

Der ausgeprägte Sinn für Richtig und Falsch von Teenagern in Verbindung mit ihrem idealistischen Bild der Welt macht sie oft entschlossen, Dinge zu ändern. »Wir müssen etwas tun!«, sagen sie vielleicht. Ältere und zynischere Erwachsene schütteln den Kopf über so viel jugendlichen Idealismus, aber dieser Enthusiasmus für Fairness sollte nicht nur als eine Entwicklungsstufe angesehen werden, aus der man wieder herauswächst. An der Stelle können Eltern etwas tun, um etwas Entscheidendes zu bewirken. Die Antwort der Eltern auf das Interesse eines Kindes, Dinge zu verbessern, kann dessen Wunsch entweder fördern oder verschwinden lassen.

Als John Holland-McCowan aus Los Gatos in Kalifornien vier Jahre alt war, entdeckte er, dass einige weniger privilegierte Kinder keinerlei

Spielzeug hatten. Er weinte darüber und bestand darauf: »Das ist nicht richtig!« Er stellte seiner Mutter eine machtvolle Frage: »Warum können Kinder nicht anderen Kindern helfen? Kinder können etwas bewirken.« Er begann, sein Taschengeld zu sparen, um Spielzeug für bedürftige Kinder zu kaufen. Seine Mutter Anne arrangierte für ihn ein Treffen mit einem Jungen aus einem Obdachlosenheim, um diesem nicht nur das Spielzeug zu geben, sondern auch mit ihm zu spielen. Als John fünf war, drückte er immer noch seine Sorgen über die Kinder ohne Spielzeug und ohne Freunde aus, also half ihm seine Mutter, die Organisation »Kids Cheering Kids« zu gründen, die junge Freiwillige organisiert, die dann mit Kindern in Heimen oder auf der Kinderstation in Kliniken spielen und die Kindern Nachhilfe geben, die schulische Probleme haben. Die Broschüre von »Kids Cheering Kids« sagt: »Diese Zeiten des Teilens bilden die Grundlage für Beziehungen; sie öffnen Augen und Herzen für besseres Verständnis, nachdenkliche Kommunikation und für die Wichtigkeit selbstloser Beiträge zur Gemeinschaft.«

Die elfjährige Aubyn Burnside aus Hickory in North Carolina stellte fest, dass Pflegekinder, die oft von einem Zuhause in ein anderes umzogen, ihre Sachen in Müllbeuteln tragen mussten. Sie war bestürzt, dass diese Kinder, die so wenig besaßen, nichts hatten, worin sie ihre Sachen transportieren konnten. »Ich dachte, das ist so schrecklich«, sagte sie. »Ich wollte, dass sie sich besonders fühlen, indem ich ihnen etwas gab, was ihnen allein gehörte. Ich versuchte, mich in sie hinein zu versetzen und zu merken, wie ich mich fühlen würde.« Im darauffolgenden Jahr sammelte, reinigte und verteilte Aubyn mit der Hilfe ihrer Familie Tausende Koffer und Taschen. Ein Pflegekind, das zu seiner siebten Pflegefamilie unterwegs war, war ganz außer sich, als es zwei Sporttaschen ganz für sich allein bekam. Das Programm »Suitcases for Kids« ist jetzt auf alle fünfzig Bundesstaaten und Kanada ausgeweitet.

Ausgestattet mit der frischen Sichtweise der Jugend, sehen Teenager manchmal Lösungen für Probleme, die wir Erwachsenen längst nicht mehr bemerken. Aber Bewusstsein ist nicht genug. Ein Kind mag die

Empathie und das Mitgefühl haben, anderen zu helfen, aber nicht das Wissen oder die Fähigkeiten, seine Emotionen praktisch umzusetzen. Das ist der Punkt, an dem Eltern aktiv werden müssen.

Wenn ein Kind sich über ein soziales Thema besorgt zeigt, ist es sicher einfacher für die Eltern, ihre Betroffenheit über die Situation zum Ausdruck zu bringen und dann, ohne einen weiteren Gedanken, zu etwas anderem überzugehen. Eltern, die gewillt sind, etwas Zeit und Energie aufzubringen, können Kindern dabei helfen, positive Aktionen zu ins Leben zu rufen. Für ein Kind, das sich um Obdachlosigkeit sorgt, zu vereinbaren, in einer Suppenküche zu helfen, bringt dem Kind mehr bei, als die Geschichten im Fernsehen, Bücher oder elterliche Schmähreden es könnten. Ein Kind, das sich um die Umwelt sorgt, zu einer Veranstaltung mitzunehmen, bei der der Park aufgeräumt wird, zeigt ihm, dass andere seine Sorgen teilen, dass sie gewillt sind, etwas dagegen zu tun und dass, wenn wir unsere Kräfte mit anderen bündeln, wir eine fühlbare Veränderung bewirken.

Eines Tages fuhr ich mit unserer elfjährigen Tochter Erin im Auto, als wir an einer Person vorbeikamen, die ein Schild hochhielt, auf dem stand: »Brauche Essen«. Ah, ein lehrreicher Moment, dachte ich. Ich diskutierte mit Erin, warum ich glaubte, dass es nicht klug sei, der Person Geld zu geben, und fragte sie, ob sie andere Ideen hätte, wie wir der Person helfen könnten. Sie schlug vor, dass wir ihn fragten, was er gerne isst, und dann in den Laden gehen und ihm etwas zu essen kaufen. Das ist genau das, was wir getan haben, und wir fühlten uns beide gut damit, jemand anderem in seiner Not zu helfen.

Helfen Sie Ihrem Kind dabei, kleine Schritte zu machen

Selten gibt es Kinder (und Familien), die so leidenschaftlich bei einem Thema sind, dass sie eine Organisation gründen wie »Suitcases for Kids«. Ermutigen Sie Ihr Kind stattdessen, sich in einer Vielzahl kleiner Themen zu engagieren, um es daran zu erinnern, dass es die Verantwortung hat, zur Gemeinschaft etwas beizutragen. Ein Kind kann seine alten Jacken zu einer Kleidersammlung bringen, Spielzeug an eine Organisation spenden und an Spendenveranstaltungen in der Schule teilnehmen. All diese kleinen Anstrengungen summieren sich und helfen dem Kind dabei, sich selbst auf eine Art zu definieren, die sagt: »Ich kümmere mich um meine Gemeinschaft und mache Dinge, um zu helfen.«

Zeigen Sie Nächstenliebe zu Hause

Es ist eine Sache, mit einem Kind darüber zu *reden*, dass man in der Welt etwas ändern kann. Diesen Worten Taten folgen zu lassen ist etwas anderes. Wenn Ihre Idee von einem Dienst an der Gemeinschaft ist, *der Tafel* während der Feiertage einige Lebensmittel zu spenden, erweisen Sie Ihrem Kind vielleicht einen Bärendienst. Wir müssen unseren Kindern vermitteln, dass *wirklich* etwas zu geben mehr bedeutet, als ein paar Dosen aus dem Vorratsregal zu zaubern. Wohltätigkeit umfasst das Teilen von Zeit, Energie und Geld. Es bedeutet, involviert zu sein in Gemeinschaftsorganisationen, Schulen, Kirchen und Wohltätigkeitsorganisationen. Eltern, die der Gemeinschaft freiwillig helfen, sollten ihren Kindern erklären, was sie tun und warum. Nehmen Sie sie mit, wenn es etwas zu tun gibt, Teenager mögen es, diese Art von Verantwortung zu übernehmen. (Viele Highschools verlangen von Teenagern, einige Stunden gemeinnütziger Arbeit zu absolvieren, damit sie ihren Abschluss bekommen.) Machen Sie das Helfen zu einer Regel Ihrer Familie. Und nehmen Sie den Beitrag Ihres Kindes ernst – sei es das Wachskreidebild eines Vierjährigen für ein Kind im Krankenhaus oder das Pfadfinderprojekt eines Sechzehnjährigen.

Wir haben immer Möglichkeiten gefunden, als Familie in der Gemeinschaft ehrenamtlich zu helfen. Wir haben versucht, unseren Kindern beizubringen, wie man Mitgefühl für die Bedürfnisse anderer Menschen zeigt. Wir haben gemerkt, was für einen Eindruck wir bei unseren Kindern gemacht haben, als unsere Tochter ihre Geburtstagsgeschenke an die Kinder gespendet hat, die 1994 bei dem Erdbeben in Northbridge alles verloren hatten. Sie wurde von der Heilsarmee als »Kind des Jahres« aus-

gezeichnet, aber ich glaube, ihre größte Belohnung ist, dass sie ein wertvoller, mitfühlender Teil unserer Gesellschaft geworden ist.

Die fünf Geschenke des Ehrenamtes

Sie haben es geschafft. Sie haben Ihre Kinder dazu überredet, etwas Zeit bei der lokalen Suppenküche, bei der Spendenveranstaltung der Schule oder einem Müllsammelprojekt in der Nachbarschaft zu verbringen. Sie sind stolz, dass sie sich für einen guten Zweck engagieren – und der Gemeinschaft etwas zurückgeben. Aber Sie mögen noch nicht komplett realisieren, was ihre Kinder aus dieser Erfahrung zurückbekommen.

- **Die Freude am Geben**. Kinder stimmen einer Mithilfe bei einem Gemeinschaftsprojekt vielleicht zu, weil sie das Gefühl haben, sie sollten es tun, oder weil es lustig klingt. Sind sie aber erst mal engagiert, erfahren sie, wie wundervoll es sich anfühlt, anderen zu helfen.
- **Ein Gefühl von Wert**. Wenn Kinder ihre Fähigkeiten und Talente nutzen, um anderen zu helfen, wächst ihr Gefühl von persönlichem Wert und Selbstbewusstsein.
- **Fertigkeiten fürs Leben**. Während der ehrenamtlichen Arbeit erlangen Kinder Arbeitserfahrungen im richtigen Leben. Sie lernen neue Fertigkeiten und können Leistungen und Aufgaben übernehmen, die ihnen helfen, in anderen Bereichen voranzukommen.
- **Ein Gefühl von Leistung und Teamarbeit**. Wann immer eine Gruppe zu einem guten Zweck zusammenkommt, vereinen sich die Teilnehmer für ein gemeinsames Ziel. Die Gruppe aus Individuen wird ein »Wir«, und jedes Mitglied ist akzeptiert und anerkannt als Teil dieser einzigartigen Familie, die diese Gruppe geworden ist. Seinen eigenen kleinen Beitrag zu einem Projekt zu leisten – ob es

ein kleines Geschenk unter einem Haufen Geschenke für bedürftige Familien ist oder ein Baum, der im örtlichen Park gepflanzt wird – gibt dem Kind ein unvergleichliches Gefühl von Mitwirkung und Erfolg. Es kann sich stolz fühlen, sowohl auf sich als Teil der Gruppe als auch für sich *selbst*, weil es zu dem steht, woran es glaubt.

- **Ein Gefühl von Macht**. Ihr Kind hat bemerkt, dass es Not gibt, Leid oder Verlust. Dann sieht es, dass es die Dinge auf eine bestimmte Art besser gemacht hat. Es realisiert, dass sogar ein einzelner Mensch einen positiven Eindruck in der Welt hinterlassen kann und dass es die Macht hat, diese eine Person zu sein. Psychologen haben die Kontrolle über die eigene Umwelt als einen Schlüsselfaktor für Glück identifiziert; ein Kind, das lernt, dass es Dinge verändern kann, die es als falsch ansieht, erhält den Schlüssel zu lebenslanger Zufriedenheit.

Mein Fünfjähriger erzählt mir Geschichten davon, wie er jemandem hilft, etwas zu tragen, oder seinen letzten Keks an jemanden abgibt, der keinen Nachtisch in seiner Frühstücksbox hat. Er sagt, er hat Tränen in den Augen, wenn er nette Dinge wie diese tut.

Wir betrachten Empathie als das primäre Werkzeug, die Basis für all die anderen Erfolgswerkzeuge. Empathische Kinder neigen dazu, moralischere Kinder zu sein. Kinder, die sich um etwas kümmern, neigen dazu, mehr sozialen und akademischen Erfolg zu erfahren. Empathische Kinder sind die besten Kommunikatoren, weil sie scharfsinnig erkennen, was die Person hinter dem fühlt, was sie sagt. Schließlich werden sie auch bessere Partner. Immerhin bedeutet gegenseitige Liebe, gegenseitig füreinander zu fühlen.

Verbunden bleiben in der Jugendzeit

Teenager versuchen natürlich, ihre Unabhängigkeit von Mutter und Vater zu etablieren. Wenn sie an diesem Prozess der Individualisierung arbeiten, kann es scheinen, als ob sie nicht Ihr Verständnis suchen und sich auch nicht sehr darum kümmern, ob sie es von Ihnen erhalten. Aber natürlich brauchen sie immer noch Eltern, die sie mit Empathie und Respekt behandeln. Wenn Sie die Welt durch die Augen Ihres Teenagers sehen können, werden Sie fähig sein, effektiver mit ihm zu kommunizieren und zu wissen, wenn ihn etwas belastet. Wenn Sie beide eine starke Verbindung haben, kann es sogar sein, dass er Ihnen sein Herz ausschüttet, wenn Sie fragen. »Willst du mit mir über etwas reden?«

Andere Teenager weigern sich vielleicht, direkte Fragen zu ihren Gefühlen zu beantworten. Das gilt vor allem für jugendliche Jungs, die oftmals ihre Gefühle herunterspielen müssen, um ihr maskulines Bild unter ihren Freunden aufrecht zu erhalten. Kinder öffnen sich wahrscheinlicher und reden mit Ihnen, wenn Sie gemeinsam etwas unternehmen, vielleicht während des Kochens oder wenn Sie im Hinterhof mit ihnen ein paar Körbe werfen. Sie fühlen sich wohler, über Freunde und Gefühle zu reden, wenn sie nicht im Mittelpunkt der elterlichen Aufmerksamkeit stehen. Viele Eltern merken, dass ältere Kinder und Teenager mit ihnen über alle möglichen sensiblen Themen reden, wenn sie mit ihnen im Auto unterwegs sind. Sie können diese Momente nicht immer einplanen, aber Sie können sie zu Ihrem Vorteil nutzen, wenn sie passieren!

Kinder haben vielleicht noch nicht die Sprache, um zu beschreiben, was sie umtreibt, oder sie erkennen ihre Gefühle nicht als das, was sie sind. Sie können ihnen helfen, das Verständnis zu erwerben, das sie brauchen, um über Gefühle zu reden und die Gefühle anderer zu verstehen, indem Sie Ihre eigenen Gefühle in verschiedenen Situationen beschreiben, indem Sie die Reaktionen von Charakteren in Filmen und Fernsehsendungen diskutieren und indem sie über die Gefühle von Freunden und Familienmitgliedern reden.

Der Ansatz »Empathie zuerst, Erklärung später« ist vor allem wertvoll für ältere Kinder. Ehe Sie sie dazu bringen, ihr Problem in neuem Licht zu betrachten, müssen sie zuerst glauben, dass Sie ihren Standpunkt komplett verstehen, auch wenn Sie nicht notwendigerweise zustimmen.

Nichts nervt einen Teenager mehr als Eltern, die sie nicht verstehen und die nicht versuchen, sie zu verstehen. Aber wenn Sie wollen, dass Ihr Teenager Empathie und Mitgefühl mit in sein Erwachsenenleben nimmt, müssen Sie ihm diese Qualitäten zeigen, sogar in den ärgerlichsten Momenten seiner Jugendzeit.

8 Die Fähigkeit, kluge Entscheidungen zu treffen

»Es sind unsere Entscheidungen, Harry, die zeigen, was wir wirklich sind, weit mehr als unsere Fähigkeiten.«

– Direktor Dumbledore zu Harry Potter in »Harry Potter und der Stein der Weisen«

Der Direktor von Hogwarts ist in mehr als nur der Zauberkunst weise. Entscheidungen zu treffen – die richtigen Entscheidungen – ist ausschlaggebend für das Glücklichsein und den Erfolg im Leben, und Charakter ist nichts weiter als die Summe der Entscheidungen, die wir treffen. In unserer geschäftigen und stark wachsenden Gesellschaft präsentiert uns das tägliche Leben eine nahezu überwältigende Anzahl an Entscheidungen: Manche davon treffen wir bewusst und manche realisieren wir nicht einmal. Für die meisten Menschen hängt ihr Glück von den Entscheidungen ab, die sie treffen, und von dem Glauben, dass sie tatsächlich die Möglichkeit haben zu entscheiden. Die meiste Traurigkeit im Leben rührt daher, falsche Entscheidungen zu treffen oder überhaupt keine Entscheidungen zu treffen. Eine der wichtigsten Fertigkeiten für das Leben, die Sie Ihrem Kind mitgeben können, ist die Fähigkeit, kluge Entscheidungen zu treffen.

Kinder treffen Entscheidungen – manche davon folgenschwer – jeden Tag, wie sich an diesen alarmierenden Statistiken zeigt:

- Die führende Todesursache bei jungen Menschen zwischen 15 und 24 Jahren sind Autounfälle, Mord und Selbstmord.
- Eine Studie 1999 zeigte, dass 22 Prozent der Achtklässler und 50 Prozent der Zwölftklässler Marihuana rauchten oder geraucht haben.
- 52 Prozent der Achtklässler und 80 Prozent der Zwölftklässler tranken Alkohol.

- 44 Prozent der Achtklässler und 64 Prozent der Zwölftklässler rauchten Zigaretten.
- Annähernd zwei Drittel der amerikanischen Teenager berichteten, dass sie Sexualverkehr hatten, ehe sie ihren Highschoolabschluss machten.

Kluge Entscheidungen, unkluge Entscheidungen und vermutlich in vielen Fällen Entscheidungen, die mit wenig Nachdenken oder Überlegen getroffen wurden – diese Entscheidungen beeinflussen das Leben, Lernen und die Beziehungen des Kindes und werden Teil seiner erwachsenen Identität. Entscheidungen zeigen, wer wir sind, und bestimmen, wer wir werden. Was noch wichtiger ist: Unsere individuellen Entscheidungen beeinflussen kollektiv, in welcher Gesellschaft wir leben. Dieses Kapitel dreht sich darum, wie Sie Ihr Kind für ein Leben voller gesunder Entscheidungen rüsten können.

Alter und Phasen des Treffens von Entscheidungen

Kinder lernen den Prozess, Entscheidungen zu treffen, in Phasen:

- Zuerst lernen sie, dass sie die Fähigkeit haben, Entscheidungen zu treffen, und dass es ihnen das Gefühl von Wichtigkeit gibt, diese zu treffen.
- Wenn sie üben, Entscheidungen zu treffen, entdecken sie die Freude daran, kluge Entscheidungen zu treffen, und die Schwierigkeiten und die traurigen Gefühle, die auf unkluge Entscheidungen folgen.
- Mit Freiheit kommt die Verantwortung, kluge Entscheidungen zu treffen.

Jüngere Kinder können diese sich entwickelnden Fertigkeiten auf einfache, alltägliche Entscheidungen anwenden. Die Erkenntnis, dass sie die Fähigkeit haben zu entscheiden, hilft Kindern, gute Entscheidungen zu treffen. »Willst du das rote oder das blaue T-Shirt anziehen?«, können Sie fragen und dazu dem überlegenden Zweijährigen beide Shirts zeigen.

Die meisten Kinder treffen diese frühen Entscheidungen impulsiv und je nachdem, was sie gerade mehr mögen. Ein Kleinkind hat nicht wirklich die Fähigkeit, diese kleinen Entscheidungen zu durchdenken, aber es übt es. Wenn es älter wird, wird es lernen zu erkennen, wenn es eine Wahlmöglichkeit vor sich sieht, und es wird fähig sein, selbst wichtige Entscheidungen zu treffen. So können Sie Ihrem Kind dabei helfen, gute Entscheidungsfähigkeiten zu entwickeln, wenn es heranwächst.

Respektieren Sie die ersten Entscheidungen eines Babys

Ein Baby, das erst ein paar Tage alt ist, kann eine Vorliebe kommunizieren. Es weiß, dass es jetzt gefüttert werden möchte oder dass es jetzt in Ihrem Arm gehalten werden möchte, statt in seinem Bettchen zu liegen. Wenn Sie die ersten Entscheidungen eines Babys akzeptieren, geben Sie ihm ein positives Feedback zu seiner Fähigkeit, seine Bedürfnisse mitzuteilen. Sie sagen ihm auch, dass es Kontrolle über das hat, was ihm passiert.

Betrachten Sie den Prozess der Beikosteinführung. Sie sitzen mit einer wundervollen kleinen Schüssel voller Reiscerealien und einer anderen voll mit zerdrückten Bananen am Tisch. Die aufgeregte Akzeptanz der Bananen zeigt Ihnen, dass Ihr Baby sie mag. Aber wenn es seinen Kopf wegdreht oder den Reisbrei ausspuckt, sagt es, auf die einzige Art, die es kann: »Danke, aber Nein danke!« Schimpfen Sie Ihr Baby nicht dafür aus, ein Durcheinander zu machen; respektieren Sie sein Recht, zu entscheiden, was es mag.

Gemeinsame Spielzeit ist eine gute Gelegenheit, Ihrem Baby Wahlmöglichkeiten anzubieten. Statt einfach ein Spielzeug *Ihrer* Wahl in seine Hand zu drücken, halten Sie ihm doch mal zwei verschiedene Dinge hin. Beobachten Sie den Gesichtsausdruck Ihres Babys, wo seine Augen hinwandern und welches Spielzeug es zum Lächeln bringt. Auch wenn es zu jung ist, um danach zu greifen, kommuniziert es doch eine Vorliebe. Stellen Sie sicher, dass Sie Ihrem Baby viele Gelegenheiten geben, das Spiel anzuführen, wenn Sie mit ihm spielen.

Respektieren Sie die Entscheidungen des Kleinkinds

Wenn sich die Welt eines Kleinkinds auszuweiten beginnt, fängt es auch an, seine Unabhängigkeit durchzusetzen. Innerhalb seines Zuhauses entdeckt es, dass seine Kleidung, Essen und Gutenachtgeschichten zunehmend von seinen Vorlieben abhängen, obwohl Mama und Papa das letzte Wort haben. Es beginnt zu entscheiden, welche Käfer es jagt, welchen Ball es kickt und in welche Richtung. Wenn es heranwächst, übernimmt es mehr Kontrolle über sein Leben, genießt dabei die Kraft seines freien Willens, auch wenn seine Entscheidungen noch einfach sind. Kluge Eltern erlauben Ihrem Nachwuchs, einige kleine Entscheidungen zu treffen, um seinen wachsenden Wunsch nach Autonomie zu befriedigen. Sie können Ihrem Kind Gelegenheiten für Entscheidungen in vielen Bereichen geben. Milch oder Saft? Toast oder Cerealien? Roter Schlafanzug oder blauer? Machst du es zu oder soll ich? »Gute Nacht, Mond« oder »One Fish Two Fish Red Fish Blue Fish«? Bausteine oder Autos? Rutsche oder Schaukel? Zum Auto laufen oder hüpfen? Indem Sie Ihrem Kind die Auswahl bei diesen kleinen alltäglichen Gelegenheiten anbieten, helfen Sie ihm, zu lernen, kritisch über seine Aktionen nachzudenken. Je mehr Übung es jetzt bekommt, desto einfacher wird es später im Leben sein, große und wichtigere Entscheidungen zu treffen.

Ein anderer großer Vorteil davon, kleinen Kindern Wahlmöglichkeiten anzubieten, ist ganz einfach: Sie lieben es! Kinder, wie auch Erwachsene, gedeihen gut in einer Umgebung, in der sie das Gefühl haben, Kontrolle über ihr Leben zu haben. Sie fühlen sich fähig und wichtig, was Selbstbewusstsein aufbaut. Sogar ein dreijähriges Kind muss Kontrolle über sein Leben spüren; es muss das Gefühl haben, dass es etwas zu dem zu sagen hat, was mit ihm passiert, vor allem bei Körperfunktionen wie dem Toilettentraining.

Treffen Sie Entscheidungen für Ihre Kinder, bis sie fähig sind, die Entscheidungen selbst zu treffen

Offensichtlich können kleine Kinder nicht alle Entscheidungen treffen. Das Ausspucken von Reisbrei ist das Eine, das Ausspucken einer notwendigen Medizin ist das Andere. Aber wenn Eltern die Entscheidung für ein Kind treffen müssen, ist es klug, das *Warum* dahinter zu erklären, damit Kinder von ihren Eltern lernen können. Ruhig, fest, kurz und sanft in diesen Erklärungen zu sein, vermittelt die Bedachtsamkeit hinter einer Entscheidung, auch einem Kind gegenüber, das noch nicht spricht. Kinder erlangen einen Sinn von Sicherheit von vertrauten Autoritätspersonen, die ihnen helfen, kluge Entscheidungen zu treffen. Zu viel Freiheit überfordert ein wachsendes Kind; sie lehrt nicht, kluge Entscheidungen zu treffen. Indem Sie Grenzen aufzeigen und einfache Erklärungen anbieten, lernen Kinder, was richtig ist und was falsch. Bieten Sie Rahmenbedingungen, innerhalb derer Kinder Entscheidungen treffen können, die akzeptabel sind. Indem Sie Entscheidungen für sie und dann mit ihnen treffen, zeigen Eltern ihren Kindern, was sie wissen müssen, um ihre eigenen unabhängigen Entscheidungsfertigkeiten zu entwickeln.

Bei unseren Kindern haben wir *Erinnerungen* als ein Werkzeug genutzt, um ihnen zu helfen, kluge Entscheidungen zu treffen. Diese Signale bringen ein haltloses Kind wieder auf den richtigen Weg. Eine Erinnerung kann etwas so Subtiles sein wie ein Blick, der dem sich davonmachenden Kind sagt: »Du weißt es besser«, oder ein sanfter verbaler Hinweis, der einem Kind seine Aktionen bewusster macht: »Wo gehört das Fahrrad hin?« Erinnerungen bringen das Kind wieder auf den Weg, eine bessere Entscheidung zu treffen. Sie bauen auch ein Assoziationsmuster innerhalb des Verstandes eines Kindes auf, sodass es lernt, sich selbst zu erinnern – und weniger äußere Hilfe braucht. (Siehe auch »Erinnern und Zurückspulen«, Seite 101)

Kleine Kinder, große Ideen

Wenn Sie wollen, dass Ihre Kinder unabhängig sind – oder besser gesagt »selbst-abhängig« – müssen Sie die Entscheidungen respektieren, die sie *treffen*. Kinder haben oft große Ideen, und wenn Mama oder Papa diese Ideen als unmöglich oder dumm niederschmettert, fühlen sie sich ernüchtert, die Magie verschwindet aus ihrer Welt und sie zögern beim nächsten

Mal, wenn sie gebeten werden, kreativ zu sein. Auf diese großen Ideen mit Enthusiasmus zu reagieren und mit Unterstützung, ermutigt zu mehr Kreativität, während es Kindern hilft, ihre Fähigkeit zu denken, zu entwickeln. Die Ideen eines Kindes zu respektieren verstärkt den Glauben, dass es die Welt um sich herum wirklich beeinflussen kann. Kinder müssen das glauben, wenn sie in der Zukunft gute Entscheidungen treffen sollen.

Thomas ist erst drei Jahre alt, aber er kann Dinge durchdenken und wir ermutigen ihn dazu. Er sagt oft zu mir: »Mama, ich habe einen Plan!« Normalerweise ist es dann tatsächlich etwas sehr Vernünftiges, und auch wenn es das nicht ist, behandle ich es mit Respekt und danke ihm dafür, dass er daran gedacht hat.

Entscheidungen für Kinder im Schulalter

Es gibt viele verschiedene *Gebiete*, auf denen Grundschulkinder ihre eigenen Entscheidungen treffen können. Die kleinen, täglichen Aufgaben sind großartige Möglichkeiten, um Kindern zu erlauben, ihre Entscheidungsfähigkeiten zu üben, wie Essen, Kleidung und Spielaktivitäten. Innerhalb dieser Gebiete gibt es eine Menge *Wege*, Kindern Wahlmöglichkeiten zu geben. Sie können einfache Optionen anbieten, von denen beide für Sie akzeptabel sind: »Cerealien oder Toast?« »Was möchtest du zuerst machen, Hausaufgaben oder Spülen?« »Magst du dein Zimmer jetzt oder nach dem Essen aufräumen?« Sie können Möglichkeiten anbieten, *wie* etwas gemacht wird oder *wo* etwas gemacht wird.

Um unseren Kindern zu helfen, kluge Entscheidungen in ihrem Leben zu treffen, haben wir ihnen immer die Freiheit gelassen, sich zu entscheiden. Sie treffen ihre eigenen Entscheidungen bezüglich einer ganzen Reihe von Dingen: Wer ihre Freunde sind, welche Aktivitäten sie außer Haus machen, wie sie die Hausarbeiten erledigen. Wir diskutieren immer über mögliche Konsequenzen ihrer Aktionen und lassen sie wissen, wie wir uns mit dem fühlen, was sie tun. Aber am Ende sind es ihre Entscheidungen. Ebenso sind es ihre Konsequenzen, aus denen sie lernen.

Ignorieren Sie Kleinigkeiten, konzentrieren Sie sich auf das Große

Interessanterweise finden Sie sich, wenn Sie Ihrem Kind die Freiheit zu entscheiden lassen, selbst einigen schwierigen Entscheidungen gegenüber, die Wahlfreiheit Ihres Kindes betreffend. Stellen Sie sich selbst die Frage: Was ist das Schlimmste, was passieren kann, wenn es sich falsch entscheidet? Wenn die Konsequenzen gering sind, etwas womit Sie leben können, dann lassen Sie Ihr Kind seine eigene Entscheidung treffen. Zum Beispiel, wenn Ihr Kind seine eigene Kleidung für die Schule auswählen möchte, was ist das Schlimmste, was passieren kann? Vielleicht entscheidet es sich für eine kurze Hose und ein T-Shirt an einem kalten, regnerischen Tag. Was ist das Ergebnis davon? Kann sein, dass es auf dem Weg in die Schule friert. Können Sie damit leben? Vermutlich ja, also erlauben Sie ihm, die Entscheidung über die Kleidung zu treffen. Wenn Sie mit verschiedenen Optionen leben können und das Ergebnis einer schlechten Entscheidung nicht katastrophal ist, ist es eine gute Zeit, Ihrem Kind zu sagen: »Du entscheidest«.

Wenn er einen wirklich doofen Haarschnitt möchte – lass ihn. (Haar wächst wieder.) Eine schmutzige Socke auf dem Boden bringt Sie nicht um. (In der Schule schmutzige Socken zu tragen wird sie dazu ermutigen, nächstes Mal den Wäschekorb zu nutzen.) Verdientes Geld für etwas Unsinniges auszugeben, lehrt sie eine gute Lektion. (Aber geben Sie nicht einfach mehr Geld.) Nichts davon ist lebensbedrohlich, aber wenn Ihr Kind zu einer Person heranwächst, die als Erwachsener nicht fähig ist, sinnvolle Entscheidungen zu treffen – das wird Ihnen das Herz brechen.

Als Eltern von acht Kindern definieren wir Disziplin teilweise als das zu tun, was immer notwendig ist, um das Leben mit unseren Kindern zu mögen. Eine Sache, die unsere Gesundheit erhält, ist das Unterscheiden der Fehlverhalten unserer Kinder in *Kleinigkeiten*, störende und nervende Dinge, die es nicht wert sind, dass man sich darüber aufregt, und *große Sachen*, Verfehlungen, die z. B. einschließen, sich selbst und andere zu verletzen, Respektlosigkeit und sonstiges Verhalten, das es notwendig macht, dass wir eingreifen. Wir blenden selektiv die Kleinigkeiten aus und betrachten sie als kindische Verfehlungen, die sich mit der Zeit und wenn die Kinder größer werden selbst korrigieren. Das lässt uns genug Energie und Autorität, um uns auf die großen Sachen zu fokussieren, Entscheidungen, die ernsthafte Konsequenzen haben. (Je mehr Sie das selektive Ignorieren in den ersten Lebensjahren Ihrer Kinder üben, desto besser sind sie auf die Herausforderungen der Teenagerzeit vorbereitet, wenn Sie sehr viel werden ignorieren müssen: schlampige Bekleidung, unkonventionelle Frisuren, nervige Musik, launisches Verhalten und ein permanent ans Ohr geklebtes Telefon. Bei einem ansonsten »braven« Kind sind das alles Kleinigkeiten.)

Helfen Sie Ihrem Kind, Entscheidungsfindungsfertigkeiten zu entwickeln

Wenn sie älter werden, werden sich Kinder dessen bewusst, dass sie einen freien Willen haben, welcher ein machtvolles Werkzeug ist – und eine enorme Verantwortung. Freiheit ist wundervoll, aber Kinder müssen lernen, sie klug zu nutzen. Um das zu tun, benötigen sie Entscheidungsfindungsfertigkeiten – und viel Übung. Indem sie als kleine Kinder lernen, Entscheidungen zu treffen, werden Kinder darauf vorbereitet, gute Entscheidungen zu treffen, wenn die Hürden höher liegen, wie bei der Entscheidung über ein College, einen Beruf oder einen Partner. Sie lernen auch Fertigkeiten, die ihnen dabei helfen, kluge Entscheidungen in Bezug auf Alkohol, Drogen und Sex als Teenager und junge Erwachsene zu treffen.

Es ist wichtig, zu verstehen, dass Kinder »in Ausführung befindliche Arbeiten« sind. Sie müssen viel über das Leben lernen, und viele dieser Lektionen können sie nicht selbst lernen. Wenn Kinder wachsen und sich entwickeln, ist es Aufgabe der Erwachsenen in ihrem Leben, ihnen die richtige Richtung vorzugeben. Es ist auch an den Erwachsenen, Kindern beizubringen, ihr eigenes Verhalten zu beurteilen, um herauszufinden, ob sie die besten Entscheidungen treffen.

Als-ob-Entscheidungen

Das ist eine Technik, die Sie Kindern beibringen können, wenn sie Probleme haben, eine wichtige Entscheidung zu treffen. Lassen Sie sie eine »Als-ob«-Entscheidung für die eine oder die andere Möglichkeit treffen und sich vorstellen, mit dieser Entscheidung für eine Weile zu leben. Wenn die Entscheidung sich nach ein paar Tagen weiterhin gut anfühlt, dann können sie diese Entscheidung auch im wirklichen Leben so treffen; ermutigen Sie sie ansonsten, die andere Möglichkeit auszuprobieren.

Zum Beispiel wenn Ihr Kind versucht zu entscheiden, ob es im Sommer den Fußball- oder den Basketballkurs mitmacht. Sie haben ihm geholfen, die Vor- und Nachteile jeder dieser Sportarten herauszufinden, aber es kann sich dennoch nicht entscheiden. Es muss die Entscheidung bis nächste Woche getroffen haben. Es trifft also eine Als-ob-Entscheidung für Fußball. Während der Woche stellt es sich vor, wie es zum Fußballtraining geht, Spiele spielt und all den anderen Spaß mitmacht, den dieser Sport erfordert – und auch die Verpflichtungen. Es ist jeden Tag glücklich mit seiner Entscheidung, daher wird ihm die endgültige Entscheidung sehr viel einfacher fallen, wenn es so weit ist.

Hier sind einige Möglichkeiten, die die Eltern, die wir für dieses Buch interviewt haben, anwenden, um ihren Kindern beizubringen, kluge Entscheidungen zu treffen.

Wir benutzen einen »Stop!Go«-Zettel, um unseren Kindern beizubringen, ihr Verhalten zu überprüfen und mit der Erfahrung zu wachsen. Wenn es eine Situation gibt, aus der sie lernen können, geben wir ihnen einen Zettel, auf dem auf der oberen Hälfte »Stop« steht. Sie schreiben dann eine Beschreibung des Fehlverhaltens in diesen Bereich. Die untere Hälfte ist überschrieben mit »Go«. Hier schreiben sie hin, was sie lernen müssen, stattdessen zu tun. Aus dieser Übung können sie ihre Handlungen verbessern.

Wir haben unseren Kindern beigebracht, eine Entscheidung zu treffen, indem sie die negativen Auswirkungen an der linken Hand und die positiven an der rechten Hand abzählen und dann beide Seiten vergleichen.

Ich habe meinen Kindern geholfen, kluge Entscheidungen zu treffen, indem ich ihnen die Möglichkeit gegeben habe, bei kleinen und großen Sachen zu üben. Manchmal trifft er gute Entscheidungen und manchmal nicht, aber ich denke, je mehr Übung er bekommt, desto wahrscheinlicher ist es, dass er die bessere Entscheidung trifft. Wenn es einen Konflikt gibt, reden wir über die darin enthaltenen Wahlmöglichkeiten, weil das eine Art ist, ihm lernen zu helfen, wie man kluge Entscheidungen trifft. Er kann sehen, dass es in Bezug auf Verhalten immer Wahlmöglichkeiten gibt. Zum Beispiel kann er weiterhin widersprechen, wenn er gebeten wurde aufzuhören, und so eine Situation schlimmer machen; oder er kann den Konflikt noch einmal überprüfen und einen respektvolleren Weg finden, ihn zu lösen. Es ist immer seine Entscheidung, und in den meisten Fällen trifft er kluge Entscheidungen. Ich denke, meinem Kind zu helfen, kluge Entscheidungen zu treffen, ist das Gleiche wie ihm zu helfen, verantwortungsbewusst zu sein.

Ich habe meiner Tochter immer bei Entscheidungen geholfen, indem ich ihr ihre Optionen aufgezeigt habe. Die Jahre in der Mittelstufe gaben uns dazu ein paar wunderbare Gelegenheiten aufgrund des Drucks der

Gleichaltrigen. Viele der Mädchen in ihrer Schule zogen sich sehr gut an und kauften oft sehr teure Kleidung. Unser Budget war nicht unendlich, um all diese neuesten Klamotten ebenfalls zu kaufen. Ich ließ meiner Tochter beim Einkaufen der Kleidung für die Schule die Wahl. Sie bekam ein Budget für Kleidung: Damit konnte sie sich eine wirklich teure Jeans kaufen und hatte dann eben nur eine Jeans oder sie konnte weniger teure Hosen kaufen und hatte dann eben zwei Hosen und noch genug Geld übrig, um noch zwei Shirts zu kaufen. Sie merkte schnell, wie sie gut aussehen konnte und mehr für ihr Geld bekam. Wir haben ihre Entscheidungen immer begleitet. Wir haben die positiven und die negativen Seiten aufgezählt, aber ihr die Wahl gelassen. Manchmal gab ihr unser positiver Ansatz der Möglichkeiten den Raum, schlechte Entscheidungen zu treffen, aber jetzt mit 22 Jahren hat sie gezeigt, dass sie gelernt hat, gute Entscheidungen für ihr Leben zu treffen.

Nutzen Sie das Lösen von Problemen, um Entscheidungsfindung zu lehren

Wenn ein Kind vor einem Hindernis steht oder eine Entscheidung treffen muss, ist das eine großartige Möglichkeit, ihm die folgende formale Prozedur zum Lösen von Problemen beizubringen. Auch wenn es viel einfacher und schneller zu sein scheint, einfach eine Lösung für das Problem anzubieten, bringt die Einbeziehung des Kindes in den Prozess ihm wichtige Fertigkeiten für sein Leben bei. Und so geht es:

- Setzen Sie sich mit Ihrem Kind an einen ruhigen Ort, an dem Sie nicht unterbrochen werden. Haben Sie einen Block Papier, Stifte, Snacks und etwas zu trinken dabei.
- Fangen Sie damit an, das Problem so genau und unemotional wie möglich zu identifizieren.
- Machen Sie ein Brainstorming und finden Sie so viele Lösungen wie irgend möglich. Schreiben Sie sie alle auf – die vernünftigen und auch die nicht so vernünftigen.

- Überprüfen Sie die Optionen und diskutieren Sie das mögliche Ergebnis von jeder.
- Entscheiden Sie sich gemeinsam für den besten Handlungskurs und machen Sie einen Plan.
- Folgen Sie dem Plan, um sicherzustellen, dass er abgearbeitet wird, und dass er so effektiv arbeitet, wie sie beide gehofft hatten.

Wenn unsere Kinder vor einem Dilemma stehen, diskutieren wir das Thema und zeigen ihnen an Beispielen, wie sich die Dinge entwickeln könnten, wenn sie sich für einen bestimmten Weg entscheiden. Wir ermutigen sie, all ihre Optionen zu überprüfen, ehe sie die endgültige Entscheidung treffen. Wir machen ihnen auch bewusst, dass das Leben nicht immer fair ist, und helfen ihnen daher, die Fähigkeit zu entwickeln, es zu akzeptieren, wenn die Dinge nicht immer nach ihrem Plan verlaufen.

Ermutigen Sie Kinder, Fragen zu stellen.
Wenn Kinder das Leben erfahren, werden sie Fragen haben zu dem, was sie sehen und hören. Wenn Eltern Kinder dazu ermutigen, diese Fragen zu stellen, und sich dann die Zeit nehmen, sie zu beantworten, bekommen die Kinder Informationen, die sie brauchen, um in der Zukunft Entscheidungen zu treffen.

Die Fragen der Kinder scheinen oftmals dumm oder unwichtig zu sein, aber jede von ihnen bedeutet etwas für das Kind, das mehr Teile des Puzzles an ihren Platz zu bringen versucht. Wenn Mama oder Papa sagen: »Das ist eine gute Frage«, leuchtet das Kind innerlich auf: Seine Gedanken sind wertvoll und es ist auf dem richtigen Weg, Dinge zu durchdenken. Ehrliche, altersgemäße Antworten versorgen das Kind mit Fakten, die es seiner persönlichen Datenbank hinzufügen kann. All die kleinen Teile und Stücke des Lebens werden zusammengefügt, um das komplette Bild davon zu formen, wer das Kind ist und wie es in die Welt passt. Wenn Kinder mehr Details aufsaugen, sind sie fähig, bessere Entscheidungen zu treffen.

Denken Sie laut

Manchmal stellt das Kind den Eltern eine Frage und die Eltern treffen eine Entscheidung, nachdem sie diese Frage durchdacht haben. Das Kind profitiert davon, den Denkprozess zu hören, den der Erwachsene nutzt, um zu seiner Entscheidung zu kommen. Wenn der Zehnjährige fragt: »Können wir heute Abend auswärts essen gehen?«, antwortet die Mama vielleicht: »Ich weiß nicht. Lass mich drüber nachdenken. Wir waren erst gestern essen und ich habe die Hamburger gekauft, die im Kühlschrank sind. Wenn wir heute Abend auswärts essen, werden die Hamburger vielleicht schlecht und das wäre Verschwendung. Aber ich denke, wenn ich sie in den Gefrierschrank lege, kann ich sie bis Donnerstag aufheben. Hmmm. Aber am Donnerstag ist Oma zum Abendessen da, und ich denke, das Essen wird dann nicht für alle reichen. Vielleicht, wenn wir unterwegs am Laden anhalten und mehr Hamburger kaufen. Okay, lass uns heute Abend auswärts essen gehen.«

Wie Sie sehen können, lernt das Kind, das diesen Monolog hört, viel mehr über die Entscheidung, als wenn der Erwachsene nur antworten würde.

Durchdenke, was du gerade vorhast

Wir glauben, diese fünf Worte umschreiben eine der wertvollsten Lektionen im Leben. Impulsivität ist der Feind guter Entscheidungen, und die meisten Kinder sind impulsiv (zumindest manchmal). Ihrem Kind beizubringen, »zu durchdenken, was es gerade vorhat«, ist, als ob Sie eine Alarmanlage gegen impulsives Benehmen installieren. Zuerst sehen die Kinder die verlockende Handlung – das Streichholz anzünden und ein Stück Papier anfackeln, auf den Schrank klettern und die Kekse aus dem obersten Fach herunterholen, auf der glatten Oberfläche der Straße fahren statt auf dem Gehweg mit seinen Bordsteinen und Beulen. Sie denken nicht darüber nach, was auf diese Aktionen folgt – ein Feuer, das ein Achtjähriger nicht wieder löschen kann, Zerbrechliche Dinge, die von dem Schrank auf den Boden fallen, Autos, die die Kinder auf der Straße nicht sehen. Sie werden nicht immer da sein können, um Ihr Kind davor zu bewahren, diese Verlockung zu versuchen. Sie müssen ihm daher im Voraus beibringen, Dinge zu durchdenken. Sagen Sie Ihrem Kind, es soll »den Pausenknopf drücken, der macht, dass du nachdenkst, ehe du dich selbst zum Narren machst oder eine unkluge Entscheidung triffst.«

Das bedeutet, wenn Sie die Kerzen für eine Party anzünden oder den Grill anheizen, Sie mit Ihrem Sechsjährigen über die Gefahren reden, wenn man mit Streichhölzern spielt. Sie sagen nicht einfach nein, sie geben ihm Gründe, warum Kinder nicht mit Feuer spielen dürfen. Sie reden über das, was Sie machen, um sich selbst und Ihr Haus vor Feuer zu schützen. Sie sagen und zeigen Ihrem Kind, wie es sich selbst verletzen kann, wenn es Streichhölzer oder ein Feuerzeug benutzt. Vielleicht kann es unter Ihrer Aufsicht vorsichtig die Kerzen auf dem Geburtstagskuchen anzünden, wenn es ein wenig älter ist. Irgendwann, wenn eine Gruppe von Kindern versucht, es davon zu überzeugen, in der Einfahrt mit Streichhölzern zu zündeln, wird es sich an alles erinnern, was Sie ihm über die Konsequenzen gesagt haben, und es wird ablehnen. Sie haben ihm die Informationen gegeben, die es braucht, um zu durchdenken, was es gerade vorhat. Sie haben für Ihr Kind wohlüberlegtes Verhalten vorbereitet.

Beispiel ist der beste Lehrer. Wenn meine Kinder dabei sind, eine schlechte Entscheidung zu treffen, frage ich sie: »Was kann passieren, wenn du das machst?« Dann frage ich als nächstes: »Sollten wir das machen oder nicht?« Die meisten Menschen heutzutage scheinen nie darüber nachzudenken, was die Konsequenzen ihrer Handlungen sind. Ich möchte nicht, dass meine Kinder auch so werden.

Stellen Sie sich nun dieses Kind als Teenager vor, dem beigebracht wurde, auf ähnliche Weise über die Versuchungen und Konsequenzen von Drogen nachzudenken. Auf einer Party wird ihm Marihuana angeboten. Obwohl Jugendliche sich meist notorisch auf sofortige Belohnung fokussieren, ist er fähig, abzulehnen, weil er weiß, dass dieses Verhalten Konsequenzen haben wird, die weit über ein paar Minuten Euphorie hinausgehen.

Bringen Sie Ihrem Kind bei, dass Entscheidungen Konsequenzen haben
Einer der dauerhaftesten Wege, Ihr Kind gegen schlechte Entscheidungen zu immunisieren, ist, es die natürlichen Konsequenzen seiner Handlungen erfahren zu lassen. Erfahrung ist der beste Lehrer: Wenn ein Kind unvorsichtig ist, fällt es herunter; es lässt sein Fahrrad draußen stehen und das wird gestohlen; es macht seine Hausaufgaben nicht fertig und kann deshalb seine Lieblingssendung im Fernsehen nicht sehen. Kluge Eltern beschützen ihre Kinder genug, sodass sie nicht ernsthaft verletzt werden, aber sie überbeschützen sie nicht bis dahin, dass sie nicht die Konsequenzen aus ihrem Unsinn lernen.

Ich bekräftige die Entscheidungen, die er trifft, und zeige ihm auf, wenn wir etwas anders gemacht hätten. Zum Beispiel, wenn er versucht, seine Tasse aufzufüllen, und sie überläuft und den Teppich nassmacht, sage ich: »Nächstes Mal sollten wir die Tasse im Bad auffüllen und einen Deckel draufmachen, damit nichts verschüttet werden kann.« Später, wenn er es genau so macht und diese kluge Entscheidung trifft, sage ich ihm, was für eine großartige Idee das war und weise darauf hin, wie und warum er erfolgreich war.

Erwarten Sie, dass Kinder unkluge Entscheidungen treffen auf dem Weg, verantwortungsvolle Erwachsene zu werden. Kinder, wie auch Erwachsene, müssen die Konsequenzen ihrer Handlungen erfahren, um daraus zu lernen. Lassen Sie Ihr Kleinkind erforschen, scheitern, hinfallen und lernen – im angemessenen Rahmen. Einige Beulen und Kratzer sind auf dem Weg sowohl unvermeidbar als auch lehrreich. Erwarten Sie von Ihrem Vorschulkind, dass es hilft, die Sauerei, die es gemacht hat, aufzuräumen. Mischen Sie sich nicht ein, wenn Ihr Schulkind die Strafe dafür ertragen muss, dass es seine Hausaufgaben nicht rechtzeitig gemacht hat. Die natürlichen Konsequenzen seines Verhaltens zu erfahren ist ein effektiver Weg für Kinder, die Bedeutung guter Entscheidungen kennenzulernen. Konsequenzen bringen Kindern bei, für ihr Verhalten verantwortlich zu sein. Nach Jahren kleiner Impfungen mit Konsequenzen erlangen Kinder zumindest ein bisschen Immunität gegen schlechte Entscheidungen.

Kinder lernen aus eigenen Fehlern besser als aus Ihren präventiven Ansprachen. Wenn es ihnen erlaubt ist, ihre eigenen Fehler bei kleineren Dingen zu machen, können sie wertvolle Lektionen lernen, die sie fähig machen, größere Entscheidungen zu treffen. Zu der Zeit, wenn Ihr Kind ein Jugendlicher ist, werden die Konsequenzen falscher Entscheidungen ernsthafter. Das Kind, das aus Fehlern gelernt hat, die es als Achtjähriger gemacht hat, wird mit höherer Wahrscheinlichkeit bei Entscheidungen, die es mit sechzehn trifft, erfolgreicher sein. (Dieses Kind ist auch bereiter, dem Rat verständnisvoller Erwachsener zuzuhören.) Als Eltern müssen Sie versuchen, ein Gleichgewicht zwischen dem Überbeschützen Ihres Kindes und Gleichgültigkeit finden, zwischen dem Anleiten Ihres Kindes und ihm seine eigene Unabhängigkeit zu lassen.

Wir helfen unseren Kindern, kluge Entscheidungen zu treffen, indem wir der Versuchung widerstehen, ihnen den Rücken freizuhalten, wenn sie Fehler machen. Sie lernen viel aus kleinen Fehlern, und ich denke, das hat ihnen geholfen, in ihren Teenagerjahren große Fehler zu vermeiden.

Überbehütete Kinder erreichen die Jugendzeit und sind nicht fähig, mit Frustrationen und Risiken umzugehen, und sie sind zu ängstlich, Entscheidungen zu treffen. Viele Eltern sind so versessen darauf, ihr Kind vor falschen Entscheidungen zu beschützen, dass sie alle Entscheidungen *für* ihr Kind treffen. Das Kind bekommt nie Gelegenheit, seine Entscheidungs-Findungs-Muskeln zu trainieren. Wenn es irgendwann in die Welt hinausgeht, steht es an jeder Ecke vor schwerwiegenden Entscheidungen und ist oft unfähig, damit umzugehen, ohne Fehler zu machen. Wir haben alle von Menschen gehört, die ihr erstes oder ihre ersten beiden Jahre im College aufgrund leichtsinniger Entscheidungen verschwendet haben, von denen einige ihre Collegekarriere komplett beendet haben.

Auf der anderen Seite kann sich ein Kind, dessen Eltern ihm zu früh zu viel Unabhängigkeit geben, fühlen, als ob sich niemand für es interessiert. Manchmal ist die klügste Entscheidung, Ihre Meinung zu sagen und Ihre Hilfe und Unterstützung anzubieten, sich dann aber zurückzuhalten und die natürlichen Konsequenzen Ihrem Kind zeigen zu lassen, ob es die richtige Entscheidung getroffen hat.

Machen Sie das Beste aus lehrreichen Momenten

Wenn Ihr Kind eine falsche Entscheidung trifft, nutzen Sie die Erfahrung als lehrreichen Moment – eine Gelegenheit zum Lernen. Wir nennen diese Erfahrungen lehrreiche Momente, weil Erfahrungen im wahren Leben großartige Gelegenheiten sind, um Lektionen zu lernen, die einen bedeutenden Einfluss auf das zukünftige Verhalten eines Kindes haben werden. Wenn ein Kind etwas vor allem durch Erfahrungen lernt, bekommt es ein tieferes Verständnis davon. Darauf können Eltern bauen, indem sie diese Erfahrung in sein Gedächtnis zurückrufen.

Wie ziehen Sie nun Vorteil aus solch einem lehrreichen Moment? Schimpfen Sie nicht. Widerstehen Sie der Versuchung, zu sagen: »Ich hab es dir ja gesagt«, oder: »Wenn du nur auf mich gehört hättest.« Ansonsten wird Ihr Kind Sie ausschließen, weil Sie es daran erinnern, dass Sie klug und weise durch die Welt gehen und es selbst nicht. Seien Sie stattdessen mitfühlend, wenn Sie über die Situation reden, und zeigen Sie sanft auf (oder fragen Sie Ihr Kind), was es anders hätte machen können.

Wenn unsere Kinder schlechte Entscheidungen treffen – Kleinigkeiten –, spielen wir oft das Spiel »Noch einmal von vorne« oder »Wiederholung«. Zum Beispiel sagen Sie Ihrem Kind, es soll nicht auf dem rutschigen, regennassen Gehweg rennen; es hört nicht auf Ihre Warnung, fällt hin und tut sich am Po und an seinem Ego weh. Nehmen Sie Ihr Kind an der Hand und sagen Sie auf fürsorgliche Art: »Lass uns das nochmal von vorne machen!« oder »Warte kurz! Wiederholung!« (Kinder kennen das Konzept des Noch-einmal-Abspielens oder Wiederholens von CD- und DVD-Playern, die sie benutzen.) Nehmen Sie dann Ihr Kind an der Hand, laufen Sie mit ihm zurück und dann wieder vorwärts, langsam, um die Unfallstelle herum. Sie geben Ihrem Kind die Möglichkeit, seine Entscheidung und deren Konsequenzen mit der Entscheidung zu vergleichen, die jemand vorgeschlagen hat, der älter und weiser ist. Es wird feststellen, welche davon für seinen Körper und es selbst einfacher ist.

Bei anderen Gelegenheiten ist es das Beste, die Konsequenzen für sich selbst sprechen zu lassen: Das Kind verschüttet seine Limonade und es gibt keine mehr; es besteht darauf, den Lieblingspulli anzuziehen, obwohl es draußen sehr warm ist, und es fühlt sich dann unwohl; es ist nicht nett zu einem Freund und der Freund ist ebenfalls nicht nett zu ihm. Die meisten Kinder lernen aus diesen Konsequenzen, ohne dass Sie auch nur ein Wort sagen müssen.

Auswahl vs. Kontrolle

Kontrollierende Eltern können die Fähigkeit eines Kindes, Entscheidungen zu treffen, lahmlegen, aber einem Kind nicht dabei zu helfen, seine Entscheidungsfähigkeit zu entwickeln, ist, als ob man das Kind auf See schickt, in einem Boot ohne ein Ruder und ohne Segelstunden gehabt zu haben. Kluge Eltern denken eher daran, das Verhalten ihres Kindes zu formen, statt ihr Kind zu kontrollieren. Hier ist eine Möglichkeit, den Unterschied zu verstehen.

Kluge Eltern sind wie Gärtner. Der Gärtner kann die Charakteristiken der Pflanzen im Garten nicht kontrollieren – Dinge wie Farben oder wann eine Blume blüht. Aber der Gärtner kann Unkraut jäten, die Pflanze beschneiden und düngen, sodass sie schöner blüht. Es gibt Blumen und Unkraut in jedem Temperament und jeder Persönlichkeit eines Kindes. Im Verlauf dieses Buches geben wir Ihnen »Gärtnerwerkzeuge«, welche Techniken sind, die wir *Former* nennen, die wir gelernt haben in unseren Jahren des Elternseins und aus den Interviews mit Eltern, deren Kinder gut geraten sind. Jahre des Formens helfen Kindern, Selbstkontrolle aufzubauen, die Fähigkeit, eigene kluge Entscheidungen zu treffen.

Mit kontrollierender Disziplin agieren Kinder eher aus Angst vor Bestrafung statt aus dem Wunsch, die Eltern zu erfreuen. Als Ergebnis davon entwickeln sie wenig innere Kontrolle. Wenn erst einmal die Kontrolleure ihnen den Rücken zuwenden, geraten die Kontrollierten außer Kontrolle. Diese Kinder wachsen mit einem Mangel an innerer Disziplin heran, die sie bräuchten, um sich selbst zu motivieren und zu kontrollieren.

Kontrollierende Eltern nehmen einen sensibleren Stil der Disziplin oft als »Kontrollverlust« oder »Gefühl des Manipuliertwerdens« wahr, oder sie reklamieren, dass sie dabei sind, »ihre Autorität aufzugeben«. Diese Eltern verwechseln »das Sagen haben« mit »die Kontrolle haben«. Statt zu versuchen, Kinder zu kontrollieren, formen kluge Autoritätspersonen Situationen, um es für Kinder einfacher zu machen, sich selbst zu kontrollieren. (Lesen Sie auch den zugehörigen Abschnitt über das Setzen von Grenzen und das Anbieten von Struktur, ab S. 96).

Der Ausdruck, den Sie manchmal in einer Überschrift sehen – Kinder außer Kontrolle – bedeutet nicht, dass die Eltern ihre Kinder nicht kontrollieren, sondern dass die Kinder nie gelernt haben, sich selbst zu kontrollieren. Statt zu versuchen, das Kind zu kontrollieren, werden kluge Eltern eher die Auswahl »kontrollieren« oder eher einschränken, die ein Kind hat, während sie dem Kind die Kontrolle über die endgültige Entscheidung lassen. Geben Sie Ihrem Kind eine Liste kluger Entscheidungen und überlassen Sie den Rest Ihrem Kind. Das ist eine Win-Win-Situation.

Positive Konsequenzen hinterlassen ebenfalls ihre Eindrücke. Das Kind, das sehr gut auf sein gebrauchtes Fahrrad aufpasst, bekommt ein neues zu seinem Geburtstag. Das Kind, das seine Hausaufgaben rechtzeitig fertig hat, bekommt ein Sternchen. Stellen Sie sicher, dass Ihr Kind viel angemessene positive Verstärkung bekommt. Positive Konsequenzen hinterlassen normalerweise einen langfristigeren Eindruck als negative. Indem

Sie Ihr Kind sowohl negative als auch positive Konsequenzen für seine Handlungen erfahren lassen, ermutigen Sie es, die Verantwortung für sein Verhalten zu übernehmen.

Ziehen Sie Ihren Vorteil aus den Lektionen, die die Medien bieten

Nicht alles in den Medien ist schlecht. Tatsächlich bieten Zeitungen, Fernsehen und Zeitschriften viele Gelegenheiten und viel Rohmaterial, um Kindern etwas über die Macht guter und schlechter Entscheidungen beizubringen. Wenn Sie einen interessanten Artikel lesen, teilen Sie ihn mit Ihrem Kind. Reden Sie über die Entscheidungen, die die Person in einer Fernsehsendung getroffen hat, und fragen Sie Ihr Kind, warum es denkt, dass dieser Charakter die entsprechende Entscheidung getroffen hat. Reden Sie über die Alternativen und stellen Sie Hypothesen auf, was geschehen wäre, wenn die Person sich anders entschieden hätte.

Wir reden über Nachrichten oder Artikel in Zeitschriften, die schlechte Entscheidungen zeigen. Wir reden darüber, wie die Entscheidung das Leben der Person beeinflussen wird. Ich denke, unsere Kinder sind stolz darauf, zu wissen, dass sie die langfristigen Einflüsse dieser schlechten Entscheidungen kennen, und sind glücklich, zu wissen, dass sie damit umgehen könnten, ehe sie in eine ähnliche Situation kommen. Wir bringen ihnen von Anfang an bei, dass das Leben real ist. Manchmal bedeutet das, dass man ausgeschlossen wird, vergessen, ignoriert, den Preis nicht gewinnt, Letzter wird. Wir bringen unseren Kindern bei, auf die Zukunft zu schauen. Es wird immer andere Zeiten geben, andere Herausforderungen, mehr Möglichkeiten zu üben.

Bringen Sie Ihrem Kind bei, dass schlechte Entscheidungen nicht das Ende der Welt sind

Jeder von uns, egal wie sensibel oder klug wir sind, trifft mal schlechte Entscheidungen. Wenn unsere Kinder schlechte Entscheidungen treffen, fühlen sie sich oft dumm oder lächerlich. Bringen Sie ihnen bei, dass menschliche Wesen nicht unfehlbar sind und dass alle Menschen Fehler machen – und dass wir durch diese Fehler lernen und wachsen.

Ich habe meinen Kindern beigebracht, dass Entscheidungen bedacht werden müssen, aber dass, egal wie sich das Kind entscheidet, jeder Tag eine Lernerfahrung ist. Charakterliche Entwicklung kommt durch Erfahrung. Um das Beste mit seinem Leben zu machen, benötigt man den Willen, Dinge zu verändern und stark zu sein gegen die Massen. Wir ermutigen unsere Kinder, ihren Geist offen zu halten und Entscheidungen nicht zu überstürzen. Jedes Mal, wenn ein Kind auf eine Herausforderung trifft, zeigen wir die tatsächlichen Gefahren auf, vor denen wir sie warnen wollen, und ermutigen sie dann, weiterzumachen und es zu versuchen, wenn sie das Gefühl haben, die richtige Entscheidung getroffen zu haben. Wenn sie scheitern sollten, ist es unsere Aufgabe, ihnen dabei zu helfen, die Stücke aufzusammeln und neu anzufangen. Sie wissen immer, dass wir da sind, wenn sie uns brauchen, aber jeder von ihnen hat innere Ressourcen gefunden und Fähigkeiten, Probleme zu lösen, egal wie schwierig diese waren. Sie behandeln jetzt die nächste Generation auf die gleiche Weise, daher haben wir jetzt ab und an mutige kleine Enkel zu Gast, die ihren Teil dazu tun, die Welt aufzubauen.

Jedes Mal, wenn sie sich irren, senden wir unseren Kindern eine Botschaft über Perfektion. Wenn Sie einen negativen Kommentar abgeben wie: »Warum kannst du nicht vorsichtiger sein?« oder »Ich hab dir gesagt, du sollst das nicht machen!«, sagen Sie Ihrem Kind, dass Fehler schlecht sind, dass es das hätte besser wissen müssen, und dass es nie Fehler machen sollte. Auf der anderen Seite, wenn Sie Ihr Kind ermutigen, seinen Fehler selbst auszubügeln, eine Lösung zu finden und weiterzumachen, senden Sie ihm eine konstruktivere Botschaft der Hoffnung. Sie sagen Ihrem Kind, durch Ihre Worte und Taten, dass es normal ist und dass es durch seine Fehler wertvolle Lektionen lernen kann – Lektionen, die ihm in der Zukunft nützlich sein können.

Ich versuche, immer eine positive Person zu sein, auch angesichts von Missgeschicken, und damit ein Beispiel für meine Kinder abzugeben. Wenn etwas Schlechtes passiert, sage ich ihnen: »Wenn das Leben dir Zitronen gibt, mach Zitronenlimo draus« oder »Wenn sich eine Tür schließt, öffnet sich eine andere«. Ich bringe ihnen bei, zu lächeln und das Problem hinter sich zu lassen. Wenn die Kinder jetzt mit einer Enttäuschung umgehen müssen, sind sie besser fähig, nach dem Regenbogen Ausschau zu halten, statt sich über den Regen zu beschweren.

Bringen Sie Ihren Kindern bei, dass es ein Privileg ist, die Wahl zu haben
Besonders in den Vereinigten Staaten leben wir in einer Welt voller Freiheiten. Viele von uns nehmen die Optionen in unserem Leben als gegeben hin. Wir sollten unseren Kindern beibringen, die wunderbaren Möglichkeiten, die sie haben, zu würdigen.

Ich bin Mutter eines Kindes mit starken Behinderungen, daher habe ich gelernt, dass es ein Privileg ist, die Wahl zu haben. Nicht jeder hat die Wahl. Viele Kinder mit Behinderungen sind eingeschränkt in dem, was ihnen in ihrem Leben zur Auswahl steht.

Die moralische Dimension beibringen

Eltern erfolgreicher Kinder haben uns erzählt, dass sie nicht versucht haben, die Entscheidungen ihrer Kinder zu kontrollieren. Sie haben ihren Kindern eher von klein auf beigebracht, alle möglichen Verläufe ihrer Handlungen zu beurteilen, auf die Konsequenzen zu schauen und die Auswirkungen auf sich selbst und andere zu betrachten. Wenn sie Entscheidungen treffen, sollten Kinder auch ermutigt werden, ihren eigenen sich entwickelnden »moralischen Kompass« zu befragen.

Bringen Sie Ihrem Kind bei, »auf seine innere Stimme zu hören«
Jedes menschliche Wesen hat ein Bewusstsein, das das Verhalten und die Entscheidungen beeinflusst. Manchmal hören wir auf diese innere Stimme, und manchmal entscheiden wir uns, sie zu ignorieren, aber egal was wir tun, sie ist da. Kinder fangen an, diese innere Stimme zu entwickeln, aber sie brauchen Hilfe dabei. Eltern und andere wichtige Menschen im Leben des Kindes üben einen wichtigen Einfluss darauf aus, was diese innere Stimme einem Kind sagt und ob es ihr zuhört oder nicht. (Siehe Kapitel 11: »Ein moralisches Kind aufziehen«.) Ein gut entwickeltes Bewusstsein signalisiert dem Kind, dass es in die falsche Richtung unterwegs ist, solange es die Signale versteht. Vielleicht ist es ein Magenschmerz, vielleicht kalter Schweiß, vielleicht ein vages »komisches Gefühl«. In jedem Fall müssen Kinder lernen, ihre Entscheidungen mit diesen wichtigen Nachrichten zu analysieren.

Stellen Sie sofortige Belohnungen zurück
Wir leben in einer Welt, die sofortige Belohnungen fördert: Fastfood, schnelle Computer, schnelle Reisen, einfache Antworten. Eltern tragen unweigerlich zu diesem Druck bei, wenn sie ungeduldig werden, während das Kind eine Entscheidung abwägt. Zu lernen, seine Entscheidungen bewusst zu treffen, ist ein enormer Vorteil für Kinder, da hastige, impulsive Entscheidungen oftmals zu einem bitteren Ende führen. Das kann bedeuten, zehn Minuten am Spielzeugregal im Supermarkt zu stehen, aber die langfristigen Vorteile sind die dort verbrachte Zeit wert. Wenn Eltern Kindern helfen, zu lernen, erst abzuwägen, geben sie ihren Kindern die notwendige Munition, um gegen den Kampf der kurzfristigen Vergnügungen und deren langfristigen Preis zu kämpfen.

Als meine Tochter fünf Jahre alt war, nahm ich sie mit zum Supermarkt, weil sie von ihrer Oma Geld zum Geburtstag bekommen hatte und dieses natürlich sofort ausgeben wollte. Nachdem ich ein paar Lebensmittel zusammengesucht hatte, stellten wir uns in der Schlange an der

Kasse an und ich sah, dass sie nichts in ihren Händen hatte. »Wolltest du nicht etwas kaufen?«, fragte ich sie. »Ich kann nichts Gutes finden«, antwortete sie niedergeschlagen. »Wie wäre es mit einem dieser Schokoriegel?«, bot ich an in einem Versuch, ihr zu helfen. Sie stimmte zu, dass das eine gute Idee war und suchte sich einen aus. Aber dann setzte sie einen ganz nachdenklichen Blick auf. Plötzlich leuchteten ihre Augen auf, sie legte den Riegel zurück an seinen Platz im Regal und sagte: »Ich bin gleich wieder da!« Kurz darauf kam sie zurück, mit strahlendem Gesicht, und zeigte mir ein Buch, das sie gefunden hatte. »Warum hast du dich für das Buch statt des Riegels entschieden?«, fragte ich. Sie erklärte: »Ich mag Schokoriegel, aber er hätte mich nur eine Minute lang glücklich gemacht. Ich wollte etwas, das mich für eine lange Zeit glücklich macht.« Ich umarmte sie, weil ich feststellte, dass sie sehr gut auf dem Weg war, die ewige Natur wirklichen Glücks zu verstehen. Meine Tochter ist jetzt 15 Jahre alt und ich sehe, wie sie in ihrem Leben kontinuierlich gute Entscheidungen trifft.

Betrachten Sie den Einfluss auf andere

Zu durchdenken, was Sie tun wollen, umfasst auch, wie Ihre Entscheidung andere Menschen außer Ihnen selbst beeinflussen wird. Dazu fähig zu sein, fängt mit Empathie an, die wir in einem früheren Kapitel bereits besprochen haben. Beim Treffen von Entscheidungen bedenken die meisten Menschen (vor allem Kinder) zuerst, wie ihre Wahl sie persönlich betreffen wird. Aber eine moralische Entscheidung zu treffen, muss auch einschließen, darüber nachzudenken, wie die Wahl andere Menschen beeinflussen wird. Ihren Kindern bei der Entwicklung von Empathie zu helfen – der Fähigkeit, sich vorzustellen und zu fühlen, wie andere sich fühlen –, hilft ihm, die Auswirkungen seiner Entscheidungen auf andere zu durchdenken. Diese Fähigkeit ist eine wertvolle Fertigkeit für das Leben, eine, die für den Erfolg in persönlichen und beruflichen Beziehungen benötigt wird.

Beobachten Sie Einflüsse von außen

Kinder legen großen Wert auf die Meinung ihrer Freunde, und viele dieser Freunde treffen schlechte Entscheidungen. In vielen Haushalten sehen Kinder viel fern und sind oft leicht beeinflussbar durch die schlechten Entscheidungen, die so oft und so glamourös dargestellt werden. Daher ist es wichtig für Kinder, zu lernen, dass etwas, das falsch ist, nie richtig wird, nur weil »alle anderen« es auch so machen oder weil »alle anderen« denken, es sei akzeptabel. Kinder müssen ihrem eigenen inneren Wertesystem vertrauen, damit sie lernen können, wie sie die richtigen Entscheidungen treffen, unabhängig von dem, was der Rest der Welt tut. Eltern können ihnen dabei helfen, indem sie gute Entscheidungen loben und Kinder daran erinnern, dass es manchmal Mut und Stärke braucht, um die richtige Entscheidung zu treffen, aber dass es feige und schwach ist, einfach mit der Masse mitzuschwimmen.

Ich erhielt einen Telefonanruf von meinem fünfzehnjährigen Sohn, der bei einem Freund zu Besuch war. Er schien wegen etwas sehr beunruhigt zu sein. Er sagte mir, dass er nicht sofort nach Hause kommen wollte und dass er nicht wisse, warum ich ihn nicht länger dortbleiben ließe. Weil ich gar nichts in der Richtung gesagt hatte, merkte ich sofort, dass etwas komisch war, und fuhr direkt hin, um ihn abzuholen. Im Auto auf dem Weg nach Hause erzählte er mir, dass die Eltern des Freundes nicht zu Hause wären und dass einige seiner Freunde Bier tranken, das sie in der Garage gefunden hatten. Ich war sehr beeindruckt von seiner Fähigkeit, einen Weg aus der Situation heraus zu finden und seine Werte am richtigen Ort zu behalten. Wir machten auf dem Heimweg noch Halt für einen Eisbecher und ich lobte ihn für seine kluge Entscheidung.

Der letzte Test für die Werte eines Kindes sind die Entscheidungen, die er oder sie trifft. Für das heranwachsende Kind ist die Welt ein Dschungel und Moral die Machete, die sich durch alles hindurchkämpft, obwohl sie nicht immer ein einfach oder leicht zu tragendes Instrument ist. Moral ist ein weiteres der notwendigen Werkzeuge, die unsere Kinder benötigen, um kluge Entscheidungen zu treffen. Wir sollten Teenager nicht in die Welt voller riskanter Entscheidungen hinausschicken, wenn sie nur mit ein paar Last-Minute-Anweisungen und einigen düsteren Warnungen bewaffnet sind. Wenn wir von ihnen erwarten, die richtigen Entscheidungen zu treffen, müssen wir ihnen helfen zu beurteilen, was richtig ist und was falsch. Es ist ebenfalls die Verantwortung der Eltern, Kinder mit einem starken moralischen Vorbild zu versorgen.

Lernen, gehen zu lassen

Elizabeth sagt: *Ich erinnere mich an einen Abend, an dem mein Sohn David knapp fünf Jahre alt war. Ich bat ihn wie gewöhnlich an einem typischen Abend: »David, bitte geh und mach dich fertig fürs Bett.« Zehn Minuten später fand ich ihn in seinem Zimmer, wo er ein fantasievolles Lego-Schloss baute. Aus Respekt vor dem kreativen Prozess brachte ich etwas Geduld auf und erinnerte ihn sanft daran: »Liebling, bitte zieh deinen Schlafanzug an und putz dir die Zähne.«*

Zwanzig Minuten später war David immer noch nicht bettfertig, er war im Zimmer seiner Großmutter und redete mit ihr über seinen Tag. Ich wurde laut. »GEH! Mach dich bettfertig!« Er rannte, jetzt motiviert, in sein Zimmer, und ich in meines. Nachdem ich meinen eigenen Schlafanzug angezogen hatte, sah ich auf und fand ihn in meiner Tür stehend, seine fünf Jahre Erfahrung sein Gesicht mit Selbstvertrauen überströmend. Mit seinen winzigen Fäusten auf die ebenso winzigen Hüften aufgestützt holte David tief Luft. Mit bedächtiger, fester Stimme sagte er: »Mama, ich möchte dir etwas sagen. Ich bin der Einzige, der für mich verantwortlich ist!«

Während ich noch versuchte, mich wieder zu sammeln, sah ich die Oma hinter David stehen. An ihrem Blick – halb amüsiert, halb entsetzt – konnte ich erahnen, dass sie seine Ankündigung ebenfalls gehört hatte. Sie kam schneller zur Besinnung als ich es konnte (vielleicht, weil sie Erfahrung damit hatte, meine Mutter zu sein?), und fing an mit der berühmten Oma-Lektion Nummer 124. »Nun, David. Auch wenn du verantwortlich bist für dein eigenes Verhalten, gibt es Zeiten, in denen du auf deine Mama hören musst. Es gibt Zeiten, da musst du Dinge im Leben tun, auch wenn du sie nicht tun willst.«

»Gut gesagt«, dachte ich.

»Wann denn?«, fragte David. »Nun«, fing Oma an und machte eine kurze Pause, während sich ein Beispiel in ihrem Kopf formte, »zum Beispiel, wenn du auf deinem Fahrrad unterwegs bist. Du fährst eine Straße entlang, und plötzlich kommt da ein Abhang. Du musst dann anhalten.«

Davids Gesicht legte sich kurz nachdenklich in Falten, ehe er aufgrund seiner plötzlichen Eingebung anfing zu strahlen. »Nein«, sagte er, »Ich kann mich auch entscheiden, den Abhang hinunter zu fahren.«

Wie der fünfjährige David klar zeigt: Egal, was für ein konsequentes und effektives Elternteil Sie zu sein glauben, *Ihr Kind ist nicht Sie*. Am Ende wird es seine eigenen Entscheidungen treffen. Ihre Aufgabe ist es, jede Gelegenheit zu nutzen, die Sie während seiner Jugend haben, um ihm beizubringen, wie man gute Entscheidungen trifft – und warum. Kindern dabei zu helfen, ihre innere Stimme zu entwickeln, die sie zu fähigen, verantwortungsvollen Menschen macht, ist eine der wichtigsten Aufgaben, die Sie als Eltern haben. Sie bringen Ihrem Kind bei, »für sich selbst verantwortlich zu sein«, auf eine Art und Weise, die bedächtig und weise ist. Das ist die Essenz davon, ein erwachsener Mensch zu sein. Viele Eltern, die wir interviewt haben, zeigten uns, dass die Schlüssel dazu, die Fähigkeit des Kindes zu entwickeln, kluge Entscheidungen zu treffen, Selbstrespekt und Liebe sind: Kinder bestimmen ihre eigene Zukunft und beeinflussen ebenfalls die Zukunft anderer. Ein Kind, das sich selbst liebt und respektiert, wird sich ausreichend um sich selbst kümmern, um bessere Entscheidungen zu treffen.

Denken Sie langfristig

Im täglichen Brummen und Surren des Lebens ist »Erziehen für den Moment« – für Frieden, für Ruhe – eine gefährliche, aber leicht anzuwendende Gewohnheit. Aber kurzfristige Lösungen erzielen nicht die langfristig besten Ergebnisse. Geben Sie einem hungrigen Kind kurz vor dem Essen einen Keks und Sie verhindern vielleicht einen öffentlichen Trotzanfall – zur Erleichterung aller Zuschauer im Supermarkt. Die bessere Langzeitentscheidung ist aber, dem Kind beizubringen, warum es zuerst sein Mittagessen essen sollte (wenn es alt genug ist, diese Lektion zu verstehen) und warum manche Lebensmittel wichtiger für eine gute Gesundheit sind, als es Kekse sind. Sie müssen vielleicht das Geschimpfe aushalten, aber schließlich lernt das Kind, mit Hilfe elterlicher Standhaftigkeit, die richtige Entscheidung zu treffen, auch wenn es die härtere Entscheidung ist.

Wir haben so wenig Zeit, unseren Kindern die Fähigkeiten beizubringen, die für Erfolg wichtig sind – etwa 18 Jahre (oder weniger, wenn man den

Die Berufsentscheidungen des Kindes beeinflussen

Auch wenn viele Faktoren (wie Talent, Kontakte, Ressourcen, Interessen, Lehrer und Geschlecht) die Berufsentscheidung eines Kindes beeinflussen, stehen doch der Rat der Eltern und deren Erwartungen weit oben auf der Liste. So haben wir es in unserer Familie gemacht, als unsere Kinder ihre weitere Bildung und Karriere geplant haben.

Einer der Gründe, warum unsere ersten drei Kinder in die Medizin gingen, war, dass sie gesehen haben, dass es mir Spaß machte. Sie sahen die Aufregung und Befriedigung in meinem Beruf. Tatsächlich habe ich ihnen oft den Rat gegeben: »Mach, was du liebst und worin du gut bist.« Ich habe ihnen auch die Bedeutung persönlicher Befriedigung nähergebracht, am Ende des Tages ein gutes Gefühl zu haben und zu wissen, dass das, was man gesagt und getan hat, das Leben anderer Menschen besser gemacht hat. Das ist, so glaube ich, der beste Test für eine erfolgreiche Person.

Eine andere Botschaft, die wir unseren Kindern mitzugeben versuchen, ist: »Was immer du tust, mach es gut – und stell sicher, dass das, was du tust, wert ist, getan zu werden.« Wir wollen, dass unsere Kinder höhere Ambitionen haben als nur monetäre. Wir wollen, dass sie die Welt zu einem besseren Ort zum Leben machen.

Nichtsdestotrotz ist Geld wichtig, auch wenn wir versucht haben, unseren Kindern beizubringen, dass Geld ein Mittel zum Zweck ist, nicht der Zweck selbst. Wenn man mehr Geld pro Stunde verdient, kann man weniger Stunden für seinen Lebensunterhalt arbeiten und hat mehr Zeit für seine Familie und Hobbys. Andere entscheiden sich vielleicht für einen weniger stressigen Beruf, sodass sie am Ende des Arbeitstages mehr Energie für Familie und andere Interessen übrig haben. Viele Stunden zu arbeiten oder mehrere Jobs zu jonglieren, mag dazu führen, dass man über die Runden kommt, aber es entzieht Ihrer Familie auch Ihre Anwesenheit.

Welche Karriere, welchen Beruf Teenager und junge Erwachsene wählen, ist auch ein entscheidender Faktor für ihren Erfolg. Acht Stunden am Tag, fünf Tage die Woche etwas zu tun, das einem nicht gefällt, trägt nicht zu persönlichem Glück bei. Tatsache ist, dass Kinder, die höheren akademischen und sozialen Erfolg erreichen, als Erwachsene auch ein höheres Einkommen erhalten. Aber auch wenn ausreichend Geld für das Glücklichsein wichtig ist, ist es doch der persönliche Wert, nicht der Wert des Nettoeinkommens, der zu wirklichem Erfolg führt.

Widerwillen von Teenagern, auf den Rat der Eltern zu hören, mit einberechnet), in denen wir ihnen gute Entscheidungsprozesse zeigen können. Wir haben gelernt, dass wir Kinder nicht zwingen können, irgendetwas zu tun, dass sie aber lernen können, für sich selbst zu entscheiden, warum ein vorgegebener Kurs wünschenswerter ist als ein anderer. Aber schließlich müssen wir sie gehen lassen – und hoffen, dass sie sich entscheiden werden, *nicht* über den Abhang zu fahren.

> *Schicksal bedeutet nicht Chance, sondern Entscheidung. Du darfst nicht darauf warten, du musst es gestalten.*
>
> *– William Jennings Bryan*

Aktionsliste für Eltern – Kluge Entscheidungen

- Treffen Sie langfristige Entscheidungen, wenn Sie Ihren Kindern etwas beibringen.
- Respektieren Sie die ersten Entscheidungen Ihres Babys.
- Geben Sie Ihrem Kind jeden Tag einfache Entscheidungsmöglichkeiten.
- Erklären Sie das *Warum* hinter Ihren Regeln.
- Helfen Sie Kindern, Ihr eigenes Verhalten zu überprüfen.
- Sagen Sie Ihrem Kind »du entscheidest«, wann immer Sie mit jeder der möglichen Optionen leben können.
- Stellen sie Fragen, um den Denkprozess Ihres Kindes zu leiten.
- Weisen Sie auf mögliche Auswirkungen der Entscheidung hin, indem Sie Ihrem Kind dabei helfen, sich an vergangene Situationen zu erinnern.
- Bringen Sie Ihrem Kind bei, wie seine Entscheidungen andere Menschen beeinflussen.
- Schaffen Sie Gelegenheiten, um Kinder in Entscheidungen in ihrem Leben einzubinden.
- Helfen Sie Ihrem Kind, eine Pause zu machen, ehe es eine Entscheidung trifft, um die Vor- und Nachteile abzuwägen.
- Lassen Sie Ihr Kind lernen, indem es die Auswirkungen schlechter Entscheidungen erfährt.
- Bringen Sie Ihrem Kind einen formalen Problemlösungsprozess bei.
- Respektieren Sie die Fragen Ihres Kindes und nehmen Sie sich Zeit, diese zu beantworten.

- Reden Sie über das, was sie im Fernsehen, in Filmen oder in der Zeitung sehen.
- Helfen Sie Ihrem Kind, zu wissen, dass Fehler normal sind und dass sie wertvolle Schlüssel zum Lernen sind.

Heimsen Sie nicht den ganzen Ruhm oder den Misserfolg für die Entscheidungen ein, die Ihr Kind trifft. Das Beste, was Sie tun können, ist, Ihrem Kind dabei zu helfen, eine informierte und verantwortungsvolle Entscheidung zu treffen. Der Rest liegt bei ihm.

9 Kindern Kommunikationsfertigkeiten beibringen

Wie jedes Elternteil weiß, ist die Kommunikation mit Kindern nicht immer einfach. Es gibt Tage, an denen Ihr Kind Ihren Erklärungen aufmerksam zuzuhören scheint, sich aber später nicht mehr an ihre Unterhaltung erinnert. Es gibt Tage, an denen Ihr Kind unaufhörlich redet und Sie dann beschuldigt, nicht ein Wort von dem gehört zu haben, was es gesagt hat. Kinder kommunizieren unterschiedlich auf verschiedenen Entwicklungsstufen. Ihr fünfjähriges Plappermaul entwickelt sich vielleicht in ein vierzehnjähriges Kind, das Ihre Fragen nur mit einer Silbe beantwortet: »Wie geht es dir, Schatz?«, fragen Sie. »Gut«, grunzt es zurück. »Was hast du bei deinem Freund gemacht heute?« »Zeug.«

Als Eltern von acht Kindern – manche davon sehr mitteilsam, manche reservierter – wissen wir, dass jede Familie ihre Kommunikationslücken hat. Kinder durchlaufen Stadien, in denen sie sehr offen sind mit ihren Gefühlen, und Zeiten, in denen sie ruhiger sind und ihre Gedanken und Gefühle für sich behalten. Aber mit Kindern zu kommunizieren ist die ganze Zeit wichtig. In Verbindung zu bleiben hängt von guter Kommunikation ab.

Kinder, die gut kommunizieren können, sind mit höherer Wahrscheinlichkeit erfolgreich. Sie reden – und hören – sich ihren Weg in Freundschaften, eine hochwertige Ausbildung, Jobs und die Beziehung. Sie verhandeln sich ihren Weg aus Konflikten heraus und in fruchtbare Beziehungen hinein. Wie Kinder lernen, Informationen mit anderen auszutauschen, beeinflusst, ob sie in der Schule gut abschneiden, ob sie Freunde haben und behalten und ob sie die Verhandlungen abschließen oder es schaffen, dass ihr Traumprinz oder ihre Traumprinzessin »ja« sagt.

Die Art, wie Sie mit Ihrem Kind reden und ihm zuhören, beeinflusst, wie es mit anderen kommuniziert. Eltern von Kindern, die gut geraten, kommunizieren normalerweise gut mit ihren Kindern. Über die Jahre haben wir bemerkt, dass Kinder aus AP-Familien auf eine Art reden, die Aufrichtigkeit und Fürsorge vermittelt. Es ist nicht so sehr, was sie sagen, sondern wie sie es sagen und welche Körpersprache sie benutzen. Sie scheinen sich gut zu fühlen, wenn sie angemessenen Augenkontakt mit Erwachsenen herstellen, und lassen sie fühlen, dass sie wirklich an dem interessiert sind, was Sie zu sagen haben.

Wie diese Kinder beinahe instinktiv wissen, ist Kommunikation mehr als nur die Worte, die aus dem Mund kommen. Kommunikation ist auch die Körpersprache, die diese Worte begleitet. Gute Kommunikation ist, zu wissen, wann es Zeit ist zu reden und wann man besser nichts sagt. Es bedeutet, fähig zu sein zu verstehen, was die eigenen Worte für eine andere Person bedeuten, und ein guter Zuhörer zu sein. Fähig zu sein, gut zu kommunizieren, ist verbunden mit anderen Qualitäten, die wir Kindern, die gut geraten, zuschreiben: Selbstbewusstsein, Empathie, Einfühlungsvermögen, Freundlichkeit. Schlechte Kommunikatoren haben nicht nur Schwierigkeiten, ihre Meinung durchzusetzen, sie verstehen auch oft nicht, warum sie missverstanden werden. »Ich wollte mich wirklich nicht so verhalten«, flehte das Kind, dessen gleichaltrige Freunde es als »rechthaberisch« bezeichnet hatten.

Der Kommunikationsstil hängt größtenteils vom Temperament und der Persönlichkeit des Kindes ab. Für manche Menschen ist Kommunikation eine Ganzkörpererfahrung – sie müssen einfach ihre Hände bewegen, wenn sie reden. Manche Menschen reden ohne Pause mit Freunden, andere sind wählerischer mit dem, was sie sagen. Alle diese Variationen im Kommunikationsstil können effektiv sein. Wie gut Sie kommunizieren, hängt tatsächlich von anderen Faktoren ab. Gute Kommunikatoren

1. hören aufmerksam zu
2. hören empathisch zu
3. denken, ehe sie reden
4. kommunizieren auch mit Körpersprache
5. sprechen angemessen und taktvoll

6. praktizieren Selbstkontrolle, sodass ihre Zunge sie nicht in Schwierigkeiten bringt.

In diesem Kapitel reden wir darüber, wie verbundene Kinder diese wichtigen Kommunikationsfertigkeiten erwerben. Wie bei anderen interpersonellen Fertigkeiten wird die Fähigkeit, zu kommunizieren, zuerst von der Beziehung des Kindes zu seinen Eltern bestimmt. Kommunikationsfähigkeiten werden zu Hause gelernt, beginnend im Säuglingsalter.

Die goldene Regel der Kommunikation:

Reden Sie mit Ihren Kindern so, wie Sie wollen, dass Ihre Kinder mit anderen Menschen reden.

Ihrem Baby bei der Kommunikation helfen

Das englische Wort *infant* für Kleinkind oder Säugling stammt von einem lateinischen Wort mit der Bedeutung: »Kind, das noch nicht redet«. Aber Babys lernen etwas über Kommunikation, lange bevor sie reden können. Attachment Parenting hilft dabei, die Grundlage für gute Kommunikation bereits in der Kleinkindzeit zu legen. Babys, die ihr erstes Lebensjahr in den Armen, an der Brust und in Kontakt mit ihren Eltern verbringen, lernen, dass Kommunikation eine Straße in zwei Richtungen ist. So bereiten einige der Baby-B's des Attachment Parenting das Baby darauf vor, die Komplexität menschlicher Kommunikation zu verstehen.

Glaube an den Signalwert des Weinens eines Babys

Das Weinen eines Babys ist seine früheste Sprache, seine erste Kommunikationsfähigkeit. Wenn die Betreuer das Weinen eines Babys als Kommunikation erkennen, lernt das Baby, dass seine Signale einen Wert haben. Es lernt die grundlegenden Muster der Kommunikation: »Ich gebe ein

Signal, jemand antwortet.« Eine Antwort zu bekommen ermutigt es, wieder zu kommunizieren.

Bedeutet das, dass Babys, deren Eltern auf das Weinen ihres Babys antworten, lernen, mehr zu weinen? Nein. Tatsächlich lernen sie, *besser* zu weinen. Die Antworten der Eltern bringen dem Baby bei, dass sein Weinen gehört wird, normalerweise bereits ehe das Weinen verlangend und anstrengend für die Ohren eines Erwachsenen wird. Die Babys beginnen dann, mit subtileren Signalen zu experimentieren – andere Geräusche, Körperbewegungen, Augenkontakt –, um Mama und Papa zu sagen, was sie brauchen; weil Mama und Papa aufmerksam sind, bekommen auch diese subtilen Signale Antworten. Der Kommunikationsstil des Babys wird vielfältiger, und das passiert auch mit den Antworten der Eltern. Sogar ehe sie Worte benutzen, entwickeln Babys eine reiche und interessante Sprache, in der sie mit ihren Betreuern kommunizieren. Das führt dazu, dass es Freude macht, sie um sich zu haben, was sicherstellt, dass die Eltern weiterhin auf die Bedürfnisse des Babys eingehen.

Manchmal glauben Eltern fälschlicherweise, dass auf das Weinen eines Babys zu reagieren das Baby dazu ermutigt, mehr zu weinen. Ratgeber aus der »Ausweinen-lassen«-Fraktion, die diese Idee weitergeben, billigen dem Baby nicht zu, dass es fähig ist, zu kommunizieren. Babys, deren Weinen oftmals ignoriert wird, lernen, weniger zu weinen, und werden »gute« Babys, aber sie verpassen eine wichtige Gelegenheit, ihre Kommunikationsfähigkeiten zu entwickeln. Weil sie lernen, dass ihre Signale wenig kommunikativen Wert haben, machen sie dicht. Wenn sie mit einer hartnäckigen Persönlichkeit gesegnet sind, versuchen sie vielleicht weiterzumachen und weinen lauter – aber dann werden die Betreuer sauer und blenden das Weinen des Babys komplett aus. Diese Babys lernen nicht, dass Kommunikation in zwei Richtungen funktioniert. Statt ihre Gefühle zu teilen, lernen sie schließlich, diese Gefühle für sich selbst zu behalten.

Elizabeth sagt: *Unser glückliches viertes Kind, Coleton, hat eine ganze Familie um sich, die auf jeden seiner Rufe reagiert. Ich erinnere* *mich an einen Tag, als er ein Neugeborenes war und ich ihn schlafend in seine Wiege legte zum Mittagsschlaf. Ein paar Minuten später kam seine dreizehnjährige Schwester Angela in den Raum, ihn tragend. »Oh, hat er geweint?«, fragte ich. »Nein«, antwortete sie, »er sah einfach nur nicht glücklich aus.« Heutzutage, wo Coleton ein Kleinkind ist, weint er selten. Sogar wenn er nach einem Schläfchen aufwacht, weint er nicht. Wir hören auf dem Babyphon, wie er die Namen aller Familienmitglieder sagt – Mommy, LaLa, DaDa, Nenna –, bis jemand ins Zimmer kommt. Er hat gelernt, dass ihm immer jemand antwortet, daher kann er geduldig warten.*

Wenn Sie auf die Signale des Babys antworten – Weinen, Brabbeln oder Seufzen –, lassen Sie es wissen, dass diese Geräusche mit dem Gefühl in seinem Inneren übereinstimmen. Wie antworten Sie?

- Es weint. Sie kuscheln es.
- Es ist unruhig. Sie beruhigen es.
- Es brabbelt. Sie lächeln.
- Es seufzt. Sie halten es, bis es eingeschlafen ist.

Mütter sind Naturtalente, wenn es darum geht, mit Säuglingen zu kommunizieren, sie nehmen instinktiv den fröhlichen Ton und die Gesichtsausdrücke des »Mutterseins« an. Sie erhöhen ihre Stimme, v-e-r-l-a-n-g-s-a-m-e-n die Geschwindigkeit und V-E-R-S-T-Ä-R-K-E-N die Vokale und Hauptsilben, wenn sie mit dem Baby reden. (»Ohhhh, waaaaas ist loooo-os?«) Ihre Gesichter werden auch ausdrucksstärker. Alle diese Veränderungen helfen dem Baby, sich darauf zu konzentrieren, was die Mutter sagt.

Mütter reden in langsam ansteigenden Crescendos und fallenden Decrescendos mit Brüchen und Pausen und geben ihrem Baby so Zeit, jedes kurze Sprachpaket zu verarbeiten, ehe die nächste Botschaft ankommt. Auch wenn es scheint, als ob beim Reden mit dem Baby eher die Mutter einen Monolog führt, reden Mütter mit ihren Babys, als wären sie Teil eines Dialogs. Videoanalysen der hohen Kunst der Mutter-Baby-Kommunikation zeigen, dass die Mutter sich verhält, als ob sie glaubt, dass das

Baby »antwortet«. Sie verkürzt ihre Aussagen und verlängert ihre Pausen so, dass sie mit der Länge der vorgestellten Antwort des Babys übereinstimmen, vor allem, wenn sie in Frageform mit dem Baby reden. In diesen frühen Sprachlektionen formt die Mutter die Fähigkeit des Babys, zuzuhören und zu antworten. Der Säugling speichert diese Muster und nutzt sie bei zukünftigen Kommunikationen.

Beachten Sie Stoppzeichen. Es ist wichtig, den Babys zuzuhören, zusätzlich dazu, mit ihnen zu reden. Einem Baby zuzuhören umfasst auch das Beachten von Gesichtsausdrücken und der Körpersprache, genau wie Laute des Beachtetwerdenwollens, die das Baby macht. Sogar zwei Tage alte Säuglinge können Ihnen Signale geben, die sagen, dass sie genug gehört haben. Babys schützen sich selbst vor einer Überlastung durch Sinneseindrücke, indem sie ihre Augen schließen oder den Augenkontakt abbrechen. Wenn der Gesichtsausdruck eines Babys anfängt, leer zu wirken oder es seinen Kopf wegdreht, ist es an der Zeit, die Kommunikationsstrategie zu ändern. Es mag dann Zeit sein, damit aufzuhören, das Baby weiter aufzudrehen, und etwas Beruhigenderes zu machen.

Babytragen

Stellen Sie sich alles vor, was ein Baby hört und sieht, wenn es mehrere Stunden am Tag nahe bei der Mutter in einem Tragetuch getragen wird. Es hört alles, was sie sagt; es kann jede Bewegung ihres Mundes beobachten und jeden ihrer Gesichtsausdrücke. Es ist ganz nah dabei, wenn die Mama mit dem Papa redet, mit Geschwistern oder mit Freunden. Wir haben festgestellt, dass Babys in Tragetüchern während erwachsener Unterhaltungen sehr aufmerksam sind, ihr Kopf bewegt sich vor und zurück, als ob sie einem Tennisspiel folgen. Von ganz klein auf lernt das Baby, dass Kommunikation abwechselndes Sprechen und Zuhören bedeutet. Wir haben auch festgestellt, dass Mütter, die ihr Baby in einem Tragetuch tragen, mit ihm reden, während sie ihrem Alltagsgeschäft nachgehen, sie reden über Lebensmitteleinkäufe, während sie durch den Supermarkt laufen, oder darüber, wer welche Kleidung trägt, während sie die Wäsche sortieren. Das Reden der Mutter macht das Unbekannte bekannt und das Bekannte zu mehr Spaß. Es stattet das Baby auch mit seinem ersten Sprachmodell aus.

Als Sprachtherapeutin glaube ich, dass AP und vor allem das Tragen unserer Babys in einem Tragetuch sehr viel zu den Kommunikationsfertigkeiten unserer Kinder beigetragen haben. Als sie aufrecht im Tragetuch sitzen konnten, fingen sie an, die Sprecher dabei zu beobachten, wie sie abwechselnd kommunizierten. Sie lernten etwas über das Ausdrücken von Gefühlen wie Fröhlichkeit, Traurigkeit, Frustration und so weiter durch die Stimmen, die sie hörten. Indem sie den Mund des Sprechers aus der Nähe beobachteten, lernten sie, beim Sprechen die korrekten Bewegungen für akkurate Aussprache auszuführen. Weil sie mit AP aufgewachsen sind, übten unsere Kinder bereits sehr früh Worte und Geräusche. Wenn sich die Sprache früh entwickelt, haben Kinder die Fähigkeit, viel mehr Erinnerungen im frühen Alter zu speichern. Ich glaube, das Tragetuch und andere Komponenten des AP sind der Grund, warum unsere Kinder so gut reden. Unser Sechsjähriger ist zweisprachig und möchte eine dritte Sprache lernen. Er erzählte mir neulich, dass er Französisch lernen möchte, um »mit noch mehr Menschen reden zu können«.

Babys, die getragen werden, verbringen mehr Zeit im Zustand *ruhiger Aufmerksamkeit* (auch genannt *aufmerksame Ruhe*), dem Zustand, in dem Babys ihren Betreuern gegenüber aufmerksamer sind und besser von diesen lernen können. Babys, die getragen werden, weinen auch weniger, was ihnen mehr stressfreie Zeit zum Zuhören und Lernen ermöglicht.

Stillen

Stillen bringt Müttern bei, ihr Baby besser zu lesen, weil sie die Körpersprache des Babys nach Signalen analysieren müssen, ob es hungrig ist oder Trost braucht. Stillen hilft Müttern, besser mit ihrem Baby zu kommunizieren, und die sensiblen Antworten der Mutter ermutigen das Baby, ebenfalls besser zu kommunizieren.

Stillen hat andere Vorteile, die mit der Entwicklung von Sprache und Kommunikation im Zusammenhang stehen. Kinder mit häufigen Ohrinfektionen haben aufgrund der Auswirkungen auf ihr Hörvermögen in kritischen Phasen der Entwicklung oft Entwicklungsverzögerungen beim Spracherwerb. Gestillte Babys haben weniger Ohrinfektionen und daher weniger oft Hörprobleme in der Säuglingszeit. Das Saugen beim Stillen beansprucht mehr Muskeln als das Saugen aus der Flasche und trägt zur besseren Entwicklung von Gesichtsmuskeln, Kiefer und Gaumen bei. Die zungenstoßende Bewegung flaschenernährter Kinder zur Kontrolle der Fließgeschwindigkeit der Flasche kann zu Sprachproblemen in der Kindheit beitragen. Gestillte Babys hören nicht nur mit höherer Wahrscheinlichkeit besser, sie reden auch mit höherer Wahrscheinlichkeit besser.

Die Kommunikationsfertigkeiten wachsen sehen

Die Sprachfertigkeiten des Babys wachsen täglich. Das Verständnis für empfangene Sprache (was sie verstehen) entwickelt sich schneller als für gesendete Sprache (was sie sagen können). Zwischen 18 Monaten und zwei Jahren sagen Kinder vielleicht wenig, aber sie verstehen einen Großteil. Sie können die Kooperation Ihres Kleinkindes fördern, indem Sie ihm erklären, was geschehen wird: »Mama badet dich jetzt« oder »Papa zieht dir jetzt die Jacke an, denn draußen ist es kalt«.

Mit 18 Monaten hat ein durchschnittliches Kleinkind einen Sprachumfang von 50 Worten. Mit 24 Monaten kann das durchschnittliche Kleinkind etwa 200 Worte sagen und fängt an, diese Worte in Sätze mit zwei und mehr Worten zusammenzusetzen. Im Alter von drei Jahren erhöht sich das Vokabular des Kleinkindes auf etwa 500 Worte, und das meiste seiner Sprache ist zusammenhängend und verständlich. Im Alter von vier und fünf Jahren reden Vorschüler klar und können Dinge in langen und detaillierten Sätzen erklären, auch wenn es noch ein paar Laute gibt, die schwierig sind, wie *r* oder *th* im Englischen.

Acht Wege, wie Ihr Baby kommuniziert

1. Weinen, um Angst, Traurigkeit, Schmerz, Unwohlsein, Einsamkeit und Hunger zu kommunizieren
2. Lachen, um Glück, Zufriedenheit, Vergnügen und Freude zu kommunizieren
3. Gurren und Plappern, um Gefühle und Gedanken zu kommunizieren
4. Den Mund schließen, um die Ablehnung eines bestimmten Essens zu signalisieren oder dass es keinen Hunger mehr hat
5. Gähnen oder Seufzen, um Müdigkeit und das Bedürfnis nach einer Pause zu signalisieren
6. Die Arme öffnen, um das Bedürfnis zu kommunizieren, gehalten oder hochgenommen zu werden
7. Unruhe, um Langeweile oder Müdigkeit zu kommunizieren
8. Das Nutzen von Vor-Wein-Signalen (Verzweiflung oder Grimassen), um ein Bedürfnis zu signalisieren

Das Leben aller wird einfacher, wenn die sprachlichen Ausdrucksfähigkeiten von Kleinkindern und Vorschülern wachsen und sie anfangen, Worte zu nutzen, um zu sagen, was sie brauchen. Diese neue Fertigkeit ist unterhaltsam, kann aber auch frustrierend sein, wenn Eltern damit kämpfen, zu verstehen, was »ma-muh!« oder »gu-bah!« wirklich bedeuten! Seien Sie geduldig und versuchen Sie weiterhin, Ihr Kind zu verstehen. Versuchen Sie sich vorzustellen, was Ihr Kind Ihnen sagen wollen könnte, und beobachten Sie genau seine Körpersprache, wenn diese lustigen Kleinkindwortschöpfungen Sie verwirren. Versuchen Sie, sich auf seine Ebene zu begeben, und schauen Sie ihm in die Augen. Seien Sie aufmerksam, nicken Sie mit dem Kopf und stellen Sie Augenkontakt her, wenn Sie nicht genau verstehen, was Ihr Kleinkind Ihnen zu sagen versucht. Ermutigen Sie es: »Sag mir noch einmal, was du möchtest.« Je mehr Sie daran

arbeiten, die Sprache Ihres Kindes zu verstehen, desto mehr Anstrengung legt es in seine Kommunikation mit Ihnen.
Ein Teil des Sprechenlernens ist, verschiedene Geräusche und Intonationen auszuprobieren, um Gefühle auszudrücken. Kleinkinder schreien und kreischen, brüllen und quatschen. Manchmal ist das angenehm in Ihren Ohren, manchmal ist es nervtötend. Sprache gibt Gefühlen Ausdruck. Ein beherztes »Nein« von einem zuvor zustimmenden Kind kann dazu führen, dass Sie Ihre Augenbrauen heben. (Sie fragen sich sicher, wo es dieses Wort gehört hat!) Helfen Sie Ihrem Kind dabei, die Worte zu lernen, die mit diesen Gefühlen einhergehen: »Oh, Sam ist ärgerlich« oder »Du bist so aufgeregt«.

Einfache Anweisungen geben

Wenn Eltern Anweisungen geben und ihre Kleinkinder genau das Gegenteil davon tun, wundern sie sich oft: »Kann es mich wirklich hören oder ist es einfach störrisch oder ignoriert mich absichtlich?« Durchschnittlich kann ein Kleinkind mit etwa 15 Monaten einstufige Anweisungen befolgen wie »Hol den Ball« oder »Bring mir das Buch«. Kleinkinder können definitiv die Bedeutung von »Nein« oder »Stopp« verstehen, aber das Wort allein ist nicht genug, um sie von Ärger fernzuhalten. Eltern müssen ihrem Kind folgen und es physisch von der Gefahr entfernen, in die es sich begeben hat. Fügen Sie eine Erklärung hinzu, warum Sie nein gesagt haben. Wenn das Kind nach einer Tasse mit heißem Kaffee gegriffen hat, sagen Sie: »Nein! Das tut dem Baby weh«, greifen nach seiner Hand und bewegen den Kaffee aus seiner Reichweite weg. Kleinkindern muss man wieder und wieder die gleichen Dinge sagen. Kinder, die jünger sind als zwei Jahre, haben Schwierigkeiten, sich an Regeln zu erinnern und sie auf andere Situationen anzuwenden. In Ihrem Haus sagen Sie Ihrem Kleinkind vielleicht, dass das Badewasser heiß ist, aber erwarten Sie nicht, dass es diese Information auch auf das Badewasser bei der Oma anwendet.

Stellen Sie eine gute Frage

Was ist DIE eine Antwort auf die Frage: »Was hast du heute in der Schule gemacht?«

»Kram.«

Ein-Wort-Antworten sind allen Kindern in allen Alters- und Entwicklungsstufen gemein. Wie Sie die Frage stellen, kann einen Unterschied darin machen, ob Sie eine Ein-Wort-Antwort erhalten oder einen ausgeweiteten, erfreulichen Dialog. Um eine Konversation anzufangen, wählen Sie ein Thema, von dem Sie wissen, dass Ihr Kind aufgeregt wird. Stellen Sie Fragen, die mehr als ein Ja oder ein Nein als Antwort erfordern. Statt zu fragen: »Hattest du heute in der Schule einen guten Tag?«, versuchen Sie es mit »Was war das Lustigste heute in der Schule?« Eine großartige Möglichkeit, Ihr Kind zum Reden zu bringen, ist es, Ihre Frage auf etwas zu basieren, das Sie bereits wissen. Das zeigt Ihr Interesse und Ihre Aufmerksamkeit für das Leben Ihres Kindes und ermutigt es, Ihnen mehr zu erzählen. Eine Frage wie »Hast du heute dein Tier aus Ton fertig bekommen in der Kunststunde?« greift ein bereits bekanntes Thema für Ihr Kind auf und führt mit höchster Wahrscheinlichkeit auch zu anderen Themen.

Kommunikationsfertigkeiten formen

Kommunikationsfertigkeiten sind einfacher zu erwerben als zu lehren. Kinder sind die besten Imitatoren und Nachmacher der Welt. Sie sagen, was sie hören, und gestikulieren so, wie sie es von anderen sehen. Was aus Ihrem Mund kommt, wie Sie Ihre Hände nutzen, Ihr Gesichtsausdruck und Ihre Stimmlage beeinflussen sehr stark die Kommunikationsfertigkeiten Ihres Kindes im Schulalter. Sie sind der erste und wichtigste Sprachlehrer Ihres Kindes.

Erzählen Sie Ihr Leben

Eltern von Kindern, die gut kommunizieren, legen Wert darauf, mit ihrem Kind zu reden – auch ehe das Kind sie versteht. Wickeln Sie Ihr Kind nicht in völliger Stille. Reden Sie mit ihm über das, was Sie machen, und stellen Sie sich vor, dass Ihr Kind Ihnen zuhört. (Es tut das wirklich!) »Jetzt nimmt dir Papa erst mal die Windel ab … und wischt dir den Popo … und legt dir eine neue, frische Windel an.« Sie fühlen sich vielleicht ein wenig sonderbar, mit jemandem zu reden, der nicht antworten kann, aber Sie werden bald merken, dass das Baby Ihr ständiges Kommentieren Ihres eigenen Lebens genießt – und mehr versteht, als Sie denken!

Halten Sie Ihr Kommentieren aufrecht, wenn Ihr Kind größer wird. Reden Sie mit ihm über die Pläne der Familie für den Tag oder über die Aussicht, die Sie bei einem Spaziergang sehen. Reden Sie über das, was Sie zum Abendessen kochen oder was Sie im Haushaltswarenladen suchen. Wenn Ihr Kind älter wird, werden Ihre Konversationen umfangreicher und interessanter. Fragen Sie es, was es über seinen neuen Lehrer denkt oder wo die Familie die Ferien verbringen soll. Eine der Belohnungen dafür, eigene Kinder zu haben, ist, herauszufinden, dass sie sehr erfreuliche Begleiter sind. Je mehr Sie reden und je mehr Sie zuhören, desto mehr werden Sie einander genießen. Die Welt Ihres Kindes wird sich im Laufe dieser Konversationen ausweiten, weil Sie ihm Sachen erzählen und aufgrund der Art und Weise, wie Ihr Zuhören bestätigt, was es Ihnen erzählt. Haben Sie je bemerkt, wie die Kinder einer Familie ähnlich wie ihre Eltern klingen? Sie können darauf wetten, dass diese Kinder mit der erwachsen klingenden Sprache sehr viel Zeit mit Konversationen mit Mama und Papa verbringen.

Nutzen Sie kurze Lautstücke

Je jünger das Kind ist, desto kürzer Ihre Sätze. Versuchen Sie das, was wir die Ein-Satz-Regel nennen: Setzen Sie Ihr Hauptargument in den Anfangssatz. Es ist vielleicht der einzige, den Ihr Kind hören wird. Je weiter Sie ausschweifen, desto wahrscheinlicher entwickelt Ihr Kind »selektives Hören«.

Vor vielen Jahren habe ich (Bill) als Vorbereitung auf einige Fernsehauftritte einen eintägigen Kommunikationskurs besucht. Der Kurs betonte das Reden in kurzen Lautstücken – die Art von Sprüchen, die einfach in eine Geschichte in den Lokalnachrichten eingebaut werden können. Am Ende des Tages dachte ich: »Erstaunlich, das ist genau wie die Kommunikation mit Kindern.« Um die Aufmerksamkeit eines Kindes aufrechtzuerhalten, nutzen Sie kurze Lautstücke und eine angeregte Art zu reden. Kommen Sie schnell zum Punkt. Bitten Sie Ihr Kind, Ihre Bitte für Sie zu wiederholen. Wenn es das nicht kann, war Ihre Bitte zu lang oder zu kompliziert.

Halte es einfach, mach es zu Spaß (KISMIF = Keep it simple, make it fun!)

KISMIF ist eigentlich das Motto der Wölflinge der Pfadfinder. Mit »Keep it simple, make it fun – halte es einfach, mach es zu Spaß« halten sie die Aufmerksamkeit der Kinder während der Treffen. Als Pfadfinderführer fand ich diese Technik wertvoll. Sie ist auch ein nützliches Kommunikationsprinzip. Einfache, kurze Sätze sind am effektivsten. Nutzen Sie nicht große Worte. Schweifen Sie nicht ab. Wenn Kinder diesen abwesenden, uninteressierten Blick in ihren Augen bekommen, sind sie nicht länger aufmerksam für das, was Sie sagen. Außerdem gibt zu viel zu sagen Kindern das Gefühl, dass Sie nicht sicher sind, was Sie sagen wollen. Betrachten Sie das Verständnisniveau Ihres Kindes. Statt einen Dreijährigen zu fragen: »Warum hast du das getan?«, versuchen Sie es mit »Wir werfen kein Essen umher!«

Kinder lieben es, Spaß mit Worten zu haben. Wir haben *Reimregeln* erfunden in unserem Haus; zum Beispiel »If you hit, you must sit.« Um diese Reime einprägsamer zu machen, lassen Sie Ihr Kind diese wiederholen. Es gibt viele Möglichkeiten, Spaß mit Sprache zu haben, wenn Sie mit Ihren Kindern kommunizieren. Versuchen Sie einen lustigen Akzent oder werden Sie eine andere Person.

Komfortabel reden ist wichtiger als korrekt reden

Eine der wichtigsten Lektionen im Sprachenlernen, die Sie Ihrem Kind vermitteln müssen, ist, dass Kommunikation Spaß macht. Ein Kommunikationsanfänger muss fähig sein, natürlich zu sprechen, spontan und aus dem Herzen. Die erste Sprache eines Kindes ist unfehlbar ehrlich. Wie das Sprichwort sagt: »Kinder (und Betrunkene) sagen immer die Wahrheit.« Takt und grammatikalisch korrekte Sätze kommen viel später. Es gibt klare, entwicklungsbedingte Regeln dafür, also unterbrechen Sie das Reden Ihres Kindes nicht, um seine Grammatik zu korrigieren oder sogar eine feinere Art vorzuschlagen, Offensichtliches auszudrücken. Korrekte Sprache wird erworben und nicht gelehrt. Die Feinheiten der Höflichkeit werden am besten am Beispiel der Eltern gelernt – nicht durch elterliche Lektionen. Wie immer Ihr Kind mit Ihnen redet, reden Sie in »Erwachsenensprache« mit ihm. Es wird Ihre Signale aufgreifen, wenn sein sich entwickelndes Gehirn dazu bereit ist. Zu versuchen, ein Kind konsequent richtige Grammatik nutzen zu lassen, kann zu Sprachproblemen wie Stottern führen, oder es kann zu einer allgemeinen Sprachentwicklungsverzögerung beitragen.

Studieren Sie Ihr Kind

Da sind sie wieder, die vier magischen Worte des Elternseins. Wenn Ihr Kind Sie beobachtet und Ihnen zuhört, beachten Sie seine natürliche Art zu kommunizieren, sein »besonderes Etwas« – die Art, wie es gestikuliert, seine Augen bewegt, mit dem Kopf nickt, Gesichtsausdrücke macht. Manche Menschen sind aggressive, Auge-in-Auge-, Hand-aufs-Herz-Kommunikatoren. Andere reden lieber aus der Distanz. Ermutigen Sie Ihr Kind, seinen eigenen, natürlichen Weg der Kommunikation zu entwickeln und zu verfeinern – einen, der seine eigene Persönlichkeit reflektiert –, statt ihm eine Menge Regeln aufzuerlegen. Je mehr Sie es beobachten, desto besser können Sie seine Stimmung erkennen und die Bedeutung hinter seinen Worten und seinem Verhalten erkennen.

Junge Kommunikatoren zeigen gelegentliche Zuckungen, Wackeln und andere schrullige Eigenheiten auf dem Weg, ihre Kommunikationsfähigkeiten zu verfeinern! Wenn Sie eine dieser Eigenheiten sich zum Nachteil Ihres Kindes entwickeln sehen, helfen Sie ihm, diese Marotten wieder aus seinem Repertoire zu streichen, vor allem durch ihr eigenes Vorbild. Aufmerksamkeit auf die Art, wie Ihr Kind immer »so isses« oder »uhhhh« sagt, zu legen, macht es nur befangen.

Sprechen Sie Ihr Kind mit Namen an

Das ist eine gute Kommunikationsgewohnheit, die Sie Ihrem Kind vorleben können: Nutzen Sie häufig den Namen in einer Konversation. Wenn Sie Ihr Kind bitten, etwas zu tun, fangen Sie die Bitte mit seinem Namen an »Lauren, machst du bitte ...« Wenn Sie andere Menschen ansprechen, lassen Sie Ihr Kind hören, dass Sie den Namen der Person am Anfang des Gesprächs und mehrfach währenddessen nutzen. Indem Sie das tun, verhindern Sie, dass Sie sich wiederholen müssen, weil Sie nicht von Anfang an die Aufmerksamkeit Ihres Zuhörers hatten. Den Namen zuerst zu sagen, lässt die Person wissen, dass Sie mit ihr reden werden.

Früh in meiner Kindheit machte mir mein Großvater die Bedeutung davon klar, den Namen einer Person in einem Gespräch zu nutzen, um dem Zuhörer klarzumachen, dass man an ihm interessiert ist und dass er wichtig genug ist, dass man seinen Namen verwendet. Jahre später half dieser Rat mir dabei, einen Ferienjob als reisender Handelsvertreter für Lipton Tea zu bekommen. (Das war die Zeit, in der ich versuchte, die Studiengebühren für mein Medizinstudium zu verdienen.) Ich war einer von einem Dutzend Bewerbern, die meisten davon erfahrene Vertreter. Später fragte ich einen der Interviewer, warum ich, im Grundstudium der Medizin, für einen Verkäuferjob ausgewählt wurde. Er sagte mir: »Weil Sie unsere Namen in dem Interview benutzt haben. Das hinterließ Eindruck.«

Den Namen einer Person zu nutzen, zeigt dieser Person, dass sie wichtig für Sie ist, dass sie es wert ist, dass ihr Name genannt wird. Es ist eine wundervolle Möglichkeit, mit anderen Menschen eine Verbindung aufzubauen. Sie können Ihren Kindern auch beibringen, wie man höflich den Namen eines anderen lernt. Bringen Sie ihnen Sätze bei wie: »Es tut mir leid, ich habe Ihren Namen nicht verstanden.« Viele Menschen lernen diese Technik nicht und vermeiden stattdessen, ihre Gesprächspartner überhaupt beim Namen zu nennen, aus Angst, den falschen Namen zu benutzen.

Üben Sie Geben und Nehmen

Familiengespräche geprägt von Geben und Nehmen und mit gegenseitiger Kompromissbereitschaft lassen Kinder ihre Meinung sagen und für das einstehen, an was sie glauben. Manche Familien nennen diese Art der Kommunikation argumentativ. In unserem Zuhause nennen wir sie ermüdend! Aber wir glauben fest daran, dass die Familie ein sicheres Versuchsgebiet für Kinder sein sollte. Indem sie ihre Meinungen in Familiengesprächen behaupten, können Kinder ihre persönlichen Glaubenssätze testen und lernen, wie sie andere von ihrer Sichtweise überzeugen. Kinder müssen die Erlaubnis haben, ihre Sicht der Dinge in Familiengesprächen darzustellen. Das bedeutet nicht, dass Sie ihnen erlauben müssen, jedem Plan und jeder Meinung, die sie sagen, bis zum Ende zu folgen, aber Sie sollten sich darauf vorbereiten, gute Gründe für Ihre Entscheidung anzugeben. Bringen Sie Ihren Kindern bei, dass es akzeptiert ist, dass sie ihre Meinung äußern, und dann bringen Sie ihnen bei, wie sie das höflich tun können. Es sind oft die Worte, die sie wählen, und der Ton ihrer Stimme, die den Unterschied zwischen Meinung und Streit ausmachen.

Beobachten Sie Gespräche außerhalb der Familie

Erinnern Sie sich, Kommunikationsfähigkeiten sind ansteckend. Ihr Kind greift sie nicht nur von den Eltern auf, sondern auch von anderen wichtigen Personen. Richten Sie es so ein, dass Ihr Kind Kommunikationstechniken anhand von Beispielen lernt, die es wert sind. Beobachten Sie die Botschaften, die Ihr Kind von Gleichaltrigen, Lehrern, Trainern und so weiter bekommt. Fragen Sie sich: »Sind das die Botschaften und Kommunikationsfähigkeiten, von denen ich möchte, dass mein Kind sie in seinem Leben verwendet?« Ein Kind, das oft entmutigende Worte hört;

laute, ärgerliche Stimmen und unbedachte, herabsetzende Bemerkungen, kommt zu dem Schluss, dass das die Art ist, wie die Menschen draußen in der realen Welt reden. Führen Sie Ihr Kind zu besseren Rollenvorbildern und lenken Sie seine Aufmerksamkeit auf das, was falsch ist an dem, was sie von schlechten Vorbildern hören.

Positive Wendung: Die Nutzung von »Ich« und »Wir«-Botschaften

»Du machst das besser so« oder »Du solltest das tun«. »Du«-Botschaften bringen das Kind in eine defensive Position und bringen es dazu, zu streiten oder seine Kooperation zu verweigern. »Ich«-Botschaften beschuldigen weder, noch implizieren sie, dass der Zuhörer nichts weiß. Statt »Du musst den Müll noch rausbringen, ehe du spielen gehst«, versuchen sie es mal mit »Ich möchte, dass du den Müll noch rausbringst.« Statt »Du denkst nie dran, die Tür zu schließen«, versuchen Sie: »Ich bin so glücklich, wenn du die Tür hinter dir zumachst.«

»Wir«-Botschaften (wie detailliert auf S. 473 beschrieben) implizieren, dass das erwartete Verhalten nicht optional ist und dass es die Familiennorm ist oder einfach die Art, wie Menschen sich verhalten. Statt »Du musst den Tisch noch abräumen« sagen Sie: »Wir räumen immer den Tisch nach dem Essen ab.« Statt »Wirf deine Jacke nicht auf den Boden« sagen Sie: »Wir hängen unsere Jacke immer auf.« »Ich«- und »wir«-Botschaften zu verwenden ändert negative Bitten in positive. Statt »Kein Rennen« versuchen Sie: »Drinnen gehen wir, draußen rennen wir.«

Eine andere Möglichkeit, eine negative Botschaft in eine positive zu ändern, ist es, die Idee in den Geist des Kindes einzupflanzen und es den Gedanken zu Ende führen zu lassen, sodass es sich selbst Anweisungen gibt. Statt »Lass deine Fußballsachen nicht im Flur herumliegen«, versuchen Sie es mit »Matthew, überleg dir, wo du deine Fußballsachen haben magst.«

Reden Sie über unerwünschte Sprache
»So reden wir hier nicht!« ist vielleicht Ihre erste Reaktion, wenn Sie angreifende Worte oder Ausdrücke aus dem Mund Ihres Kindes hören. Es ist unvermeidlich, dass Ihr Kind solche Sprachgewohnheiten auffasst, die wenig wünschenswert sind, um es mal so zu sagen. Sie können das Problem auf zwei Arten lösen. Versuchen Sie die »Wir-Botschaften« (beschrieben auf S. 473), sodass Ihr Kind lernt, dass diese Art der Kommunikation nicht die Norm ist und in Ihrem Zuhause nicht toleriert wird.

Eine andere Technik im Kampf gegen angreifende Sprache ist, sie in einen lehrreichen Moment zu wandeln. Wenn Sie und Ihr Kind Zuhörer schrecklicher Sprache sind, ändern Sie diese sonderbare Situation in eine Gelegenheit, einen lehrreichen Moment: »Gefällt es dir, dieser Person zuzuhören? Wie fühlst du dich bei dieser Art Gespräch? Was denkst du von der Person, die so redet?«

Nonverbale Kommunikation verstehen

Körpersprache sagt oft mehr als Worte. Der Ausdruck auf dem Gesicht einer Person, die Spannung in jemandes Körper, seine Haltung, sogar wie jemand atmet vermittelt eine Bedeutung. Was die Körpersprache sagt, kann unterstreichen, was verbal gesagt wird, oder ihm entgegenstehen. Körpersprache ist der Schlüssel zu den Gefühlen hinter der Botschaft. Daher ist sie ein wichtiger Baustein in der Kommunikation.

Familien nutzen alle Arten von Zeichen, Bewegungen, Lächeln und Gesten, um Fürsorge und Liebe auszudrücken. Andere Zeichen und Gesten drücken Misstrauen aus, Missfallen und Ärger. Der Kontext ist wichtig. Ein Lächeln zur falschen Zeit – sagen wir, während einer hitzigen Diskussion mit Ihrem Partner – kann genauso viel Schaden anrichten wie nicht zu lächeln, wenn Sie hätten lächeln sollen.

Eltern und Kinder, die verbunden sind, sind normalerweise sehr gut darin, die Körpersprache des anderen zu lesen. Sie realisieren vielleicht nicht genau, was es ist, was ihnen sagt, dass die andere Person ärgerlich, verängstigt, besorgt oder aufgeregt ist, aber sie erkennen die Botschaft dennoch. Hier sind ein paar Zeichen, die Eltern und Kinder nutzen:

- gesenkte Augen
- zusammengepresste Lippen
- viel oder wenig Augenkontakt
- hängende Schultern
- Ruhelosigkeit
- zuckende Unterlippe
- geballte Fäuste
- glückliches Grinsen
- locker von den Schultern hängende Arme
- den Kopf auf eine Seite geneigt
- nach vorne gelehnt
- sich wegdrückend

Sie werden noch viel mehr Körpersprachesignale erkennen, wenn Sie sich der physischen und visuellen Aspekte der Kommunikation mehr bewusst werden. Albert Mehrabian, Autor mehrerer Bücher zum Thema Körpersprache, hat herausgefunden, dass das gesprochene Wort nur für 7 Prozent der Information steht, die eine Person während einer interpersonellen Konversation erfährt. 55 Prozent der Botschaft wird durch Körpersprache kommuniziert, und 38 Prozent durch die Stimme. Das erklärt, warum Kinder so deutlich durch die Stimmungen und Befindlichkeiten ihrer Eltern, Geschwister und anderer wichtiger Personen beeinflusst werden. Wir haben gelernt, uns zu entschuldigen, wenn wir einen »schlechten Tag« haben, sodass die Kinder unsere Einstellung nicht persönlich nehmen, wie den gestressten Ausdruck auf dem Gesicht der Mutter, der eine Botschaft aussendet, die sie so nicht aussenden möchte.

Reden Sie mit Ihrem Kind über Körpersprache und helfen Sie ihm dabei, zu beurteilen, welche Botschaft es an andere aussendet. Erklären Sie, dass die Art, wie es sitzt oder steht, seine Beine übereinanderschlägt, gestikuliert oder lächelt, während es zuhört, beeinflusst, wie

Mit Kleinen reden

Normalerweise sind sich weder Eltern noch Kinder bewusst, was ihre Körpersprache ausdrückt. Aber weil Kinder so gut darin sind, Erwachsene nachzuahmen, wird Ihr Beispiel beeinflussen, wie Ihr Kind seinen Körper zur Kommunikation nutzt. Hier sind einige Möglichkeiten, Ihre eigene Körpersprache zu verbessern und ein gutes Vorbild für Ihr Kind zu sein:

Gebärden Sie

Babys und Kleinkinder wissen oft, was sie versuchen zu sagen, aber sie sind noch nicht fähig, die notwendigen Laute zu erzeugen, um sich verständlich zu machen. Bringen Sie Ihrem Baby einige einfache, praktische Zeichen bei. Zum Beispiel können Sie Ihrem Einjährigen das Zeichen für trinken (so tun, als ob man einen Becher an den Mund hält und daraus trinkt) oder essen (die Finger geschlossen an die Lippen führen) beibringen. Das ermöglicht es ihm, Ihnen zu sagen, wenn es hungrig oder durstig ist. Es wird etwas über die Macht der Sprache lernen, und es wird sich erwachsener fühlen. Zeichensprache mit kleinen Kindern macht sehr viel Spaß. Um mehr darüber zu lernen, lesen Sie das Buch „Baby-Sprache: Wie Sie sich mit Ihrem Kleinkind unterhalten können, bevor es sprechen lernt“ von Linda Acredolo und Susan Goodwyn.

Verbinden, ehe Sie anleiten

Ehe Sie Kindern eine Anweisung geben, gehen Sie auf Augenhöhe und stellen Sie Augenkontakt her. Indem Sie das tun, erlangen Sie seine Aufmerksamkeit und lassen es wissen, dass das, was Sie ihm gleich mitteilen werden, wichtig ist. Bringen Sie Ihrem Kind bei, wie es sich konzentriert, indem Sie sagen: „Trisha, ich brauche deine Augen“ oder „Samuel, ich brauche deine Ohren“. Bieten Sie den gleichen Augenkontakt, wenn

Sie Ihrem Kind zuhören. Denken Sie daran, dass Augenkontakt normalerweise dann am angenehmsten ist, wenn er nicht zu lange andauert. Wenn wir reden, und vor allem, wenn wir zuhören, neigen wir dazu, von Zeit zu Zeit wegzuschauen und dann wieder zurück. Wenn Sie nie die Augen von Ihrem Kind nehmen, während Sie mit ihm reden, kann es annehmen, dass Sie versuchen, es zu kontrollieren, statt sich mit ihm zu verbinden.

Erst die Beine, dann der Mund

Statt aus der Küche zu rufen: „Mach den Fernseher aus, es ist Zeit zum Essen", gehen Sie ins Wohnzimmer, machen Sie für ein paar Minuten bei der Aktivität Ihres Kindes mit und lassen Sie Ihr Kind dann den Fernseher ausmachen. Ihre Anwesenheit vermittelt dem Kind, dass Sie Ihre Bitte ernst meinen, aber dass Sie auch respektieren, was das Kind macht. Wenn Sie von einem anderen Raum herüberrufen, verbinden Sie sich nicht mit der anderen Person.

Verbinden Sie sich auch körperlich, wenn Sie reden

Eine Hand auf seiner Schulter oder ein Arm um die Taille Ihres Kindes lässt es wissen, dass Sie sich kümmern. Es ist ein handfestes Zeichen Ihrer Aufmerksamkeit und wird ihm helfen, sich zu entspannen und zu sagen, was es sagen muss.

Vergessen Sie nicht zu lächeln

Seien Sie sich Ihres Gesichtsausdrucks bewusst, wenn Sie mit Ihrem Kind reden. Ein Lächeln ist nicht immer die angemessene Begleitung für das, was Sie sagen, aber die meisten Eltern könnten mehr lächeln, als sie es tatsächlich tun. Wir sind oft geschäftig und verwickelt in die alltägliche Konversation (mach das, lass das), meistens mit einem zu ernsten Gesicht. Ein Lächeln vermittelt die Freude, die Sie in Gegenwart Ihres Kindes fühlen. Daran erinnert zu werden, dass die Eltern gerne mit ihnen zusammen sind, lässt Kinder sich gut fühlen.

die andere Person es wahrnimmt. Eine schlechte Körperhaltung lässt es für andere uninteressiert wirken. Zu nahe bei einer anderen Person zu stehen, lässt die andere Person nervös werden. Der Gesichtsausdruck einer Person kann Vertrauen und Überzeugung oder Unsicherheit und Zögern reflektieren. Ein freundliches, zugängliches Gesicht kann eine enorme Bereicherung in der Kommunikation mit anderen sein. Aber wir können unsere Körpersprache nicht immer kontrollieren, unsere Gefühle haben immer eine Möglichkeit durchzukommen, ob wir das wollen oder nicht. Allerdings gibt es Zeiten, in denen ein Bewusstsein über seine Körpersprache Ihrem Kind helfen wird, besser voranzukommen.

Stolpersteine des Gesprächs

Bestimmte Aussprüche und Einstellungen sind dafür geeignet, die Kommunikation zu blockieren. Wenn Sie diese Worte aus Ihrem Mund kommen hören, stoppen Sie und denken Sie noch einmal nach.

Negatives Denken	*Du wirst das nie schaffen.*
Persönliche Vorurteile und Befangenheit	*Das ist die einzige Antwort, die funktioniert.*
Absolutismen	*Immer vergisst du, das zu tun. Niemals machst du …*
Konflikt der Positionen	*Ich bin sicher, dass das der beste Weg ist.*
Strenge Erwartungen und Regeln	*Ich glaube nicht daran.*
Sinnlose Fragen	*Wie oft muss ich dir das noch sagen?*
Automatische Gedanken	*Ich habe genug gehört, lass es jetzt.*
Urteilen, Kritisieren, Schuldzuweisungen	*Ist das nicht typisch für dich?*
Das Schlimmste annehmen	*Ihr zwei kommt nie miteinander klar.*
Moralisieren	*Ich hab dir gesagt, dass das passieren wird.*
Drohen	*Wenn du das noch einmal sagst …*
Lächerlich machen	*Ich wusste, du würdest sowas sagen.*
Vermeiden	*Ich will das nicht weiter diskutieren.*

Über Gefühle kommunizieren

Geben Sie Kindern Zeit, Raum und die Freiheit, ihre Gefühle auszudrücken. Das ist eine kluge Investition Ihrer Erziehungsenergie. Wenn Kinder in frühen Jahren lernen, dass sie mit Ihnen über das reden können, was sie stört, teilen sie mit höherer Wahrscheinlichkeit ihre Probleme auch im weiteren Verlauf der Zeit mit Ihnen. Sie verbringen vielleicht viel Zeit damit, scheinbar triviale Themen zu diskutieren, aber genau das stellt sicher, dass Ihre Kinder auch mit ihren großen, wichtigen Problemen zu Ihnen kommen. Mit Kleinkindern zu reden, braucht Geduld und Kreativität, auch wenn ihre Probleme klein sind. Aber was wirklich frustrierend und emotional zehrend ist, ist ein Teenager, der seine Gefühle nicht mit Ihnen teilt. Sie machen sich Sorgen über etwas, das Sie nicht wissen, und Ihr Teenager hat nicht den Vorteil Ihrer erwachsenen Erfahrung. *Das* ist ein großes Problem – eines, das hätte verhindert werden können, wenn Sie seine Gefühle von klein auf mehr akzeptiert hätten.

Über Gefühle zu reden ist nicht einfach. Manchmal hinterlassen die Antworten der Eltern bei Kindern den Eindruck, dass es besser ist, ihre Gefühle tief in sich zu vergraben, statt sie zu teilen. Wenn Sie auf die Gefühle Ihrer Kinder mit Ärger, Urteilen oder erwachsener Logik reagieren, merken sie, dass Sie nicht mit ihren wirklichen Gefühlen umgehen wollen, daher verschließen sie sich. Das ist eine Situation, in der beide Seiten verlieren. Ihr Kind verpasst die Vorteile, die es hat, seine Gefühle mit einem empathischen Elternteil zu teilen, und Sie verlieren Möglichkeiten, sich mit Ihrem Kind zu verbinden. Langfristig gesehen leidet Ihre Beziehung darunter; Ihr Kind vertraut nicht nur Ihnen nicht, was seine Gefühle angeht, es traut auch sich selbst nicht.

Nehmen wir an, der Goldfisch Ihres Kindes ist gestorben und es kommt zu Ihnen, in der Hand das Aquarium mit dem toten Fisch, der mit dem Bauch nach oben darin schwimmt. Betrachten Sie diese zwei Antworten:

»Was hast du erwartet? Du hast das Aquarium zwei Wochen lang nicht geputzt!«

»Oh, wie traurig. Du wirst Goldie vermissen!«

Welche Antwort ermutigt Ihr Kind, mehr von seinen Gefühlen Ihnen mitzuteilen? Welche sagt aus, dass seine Gefühle nichts wert sind? Unten finden Sie einige Beispiele für Aussagen, die »Gefühlswegpacker« sind, und andere, die »Gefühlsausdrücker« sind, die Ihr Kind dazu ermutigen können, Ihnen mehr darüber zu erzählen, was es erlebt.

Frauen neigen eher als Männer dazu, ihren Gefühlen Ausdruck zu verleihen. Eine Frau mit einem Problem redet darüber bei einem Kaffee mit einer Freundin, während ein Mann mit einem Problem ein Fußballspiel schauen geht oder ein Workout im Fitnessstudio macht. Das ist der Grund, warum Mütter oftmals besser darin sind, mit Kindern über Gefühle zu reden.

Früh in unserer Elternkarriere beantworteten Martha und ich die emotionalen Ausbrüche unserer Kinder unterschiedlich. Wenn ein Kind mit einem »Buh-buh« zu mir gerannt kam, nahm ich sofort meine Arztrolle ein und machte eine objektive Bewertung davon, wie stark das Kind verletzt war. Damit kümmerte ich mich zwar um das medizinische Problem, aber es war weniger effektiv dabei, den Schmerz zu erleichtern und die Tränen zu stillen. Martha hingegen sprach zuerst die Gefühle des Kindes an. Wenn die Not des Kindes auf der »Buh-buh«-Skala eine 10 erreicht hatte, war Marthas Antwort genauso intensiv. Sie holte das Kind da ab, wo es stand, und half ihm dabei, sich wieder zu beruhigen. So, wie Martha ihre Antwortintensität verringerte, verringerte sich auch die Erregung des Kindes, und bald merkte es, dass der Kratzer nicht lebensgefährlich war. Wenn die Verletzung sich in Mamas Augen als geringfügig herausstellte, war sie es nicht wert, dass man Energie darauf verschwendete, und das Kind kehrte zum Spiel zurück und zeigte glücklich sein Pflaster.

Logische Reaktionen ersetzen nicht das Reden über Gefühle. Kinder sind nicht logisch. Sie können sagen, dass es da kein Monster im Schrank gibt, aber solange Ihr Kind denkt, da sei eines, ist Ihre logische Erklärung nicht hilfreich. Behandeln Sie erst die Gefühle und Ihr Kind vertraut Ihnen mit höherer Wahrscheinlichkeit, wenn Sie Ihre logische, erwachsene Weisheit anbringen.

In gesunden Familien erfahren Kinder, wie Sie diese Gefühle, die ausgedrückt werden müssen, mit denen in ein Gleichgewicht bringen, die unterdrückt werden müssen. Nicht jede kleine emotionale Regung muss mit der gleichen Intensität erkundet und bemerkt werden, aber Familien müssen über die großen Themen reden. Ein Zeichen dafür, dass eine Familie nicht gut funktioniert, ist, dass es wichtige Themen gibt, »über die wir nicht reden«. Wenn Kinder ihre Gefühle bezüglich Familienproblemen oder ihrer eigenen Schwierigkeiten unterdrücken, passieren schlechte Dinge. Sie machen sich selbst für Situationen verantwortlich, für die sie nichts können. Sie verlieren den Bezug zu ihren eigenen Gefühlen. Sie machen sich Sorgen und fühlen sich verängstigt und einsam.

»Gefühlsausdrücker«

- »Hast du Angst?«
- »Das muss weh tun, da würde ich auch weinen.«
- »Das muss dich ärgern!«
- »Fühlst du dich heute Abend einsam?«
- »Ein schwerer Verlust. Du musst enttäuscht sein.«
- »Ich wette, du bist aufgeregt.«
- »Autsch! Das muss wehgetan haben!«

»Gefühlswegpacker«

- »Du verhältst dich wie ein großes Baby!«
- »Ich bin nicht in der Stimmung, dich jammern zu hören.«
- »Du bist nicht durstig (oder hungrig, frierst nicht usw.), und jetzt geh ins Bett.«
- »Du benimmst dich wie eine Nervensäge, jetzt sei still.«
- »Du brauchst meine Hilfe nicht.«
- »Hör auf zu weinen, du bist nicht verletzt.«

Mein Mann hat in letzter Zeit sehr mit Depressionen zu kämpfen, und das verwirrt die Kinder. Wenn sie Fragen stellen oder sich darüber beschweren, dass der Papa »sich komisch benimmt«, achte ich darauf, sie ihre Frustration ausdrücken zu lassen. Mein Mann wurde dafür angeschrien und beschämt, dass er als Kind seinen Ärger zum Ausdruck gebracht hat, was es für ihn schwieriger gemacht hat, seine Gefühle als Erwachsener zu verstehen. Ich möchte, dass meine Kinder wissen, dass es in Ordnung ist, ärgerlich oder traurig zu sein. Glücklicherweise vertrauen sie mir, dass ich ihre Gefühle und Meinungen respektiere, was ihnen dabei geholfen hat, in herausfordernden Zeiten emotional gesund zu bleiben. Attachment Parenting ist nicht nur für perfekte Familien und perfekte Eltern. Ich denke, es kann der rettende Strohhalm für Familien sein, wenn die Beziehungen angespannt oder unruhig sind.

Kinder wissen vielleicht nicht, wie sie ihre Gefühle kommunizieren sollen. Wenn ein Kind mit dem Fuß auf den Boden aufstampft oder weinend in sein Zimmer stürmt, wissen Eltern, dass etwas falsch ist, aber es mag ein wenig Nachgraben bedürfen, um herauszufinden, was genau.

»Es ist nicht fair«, schreit der kleine Bruder. »Ich darf nie wo hingehen.«

»Wohin möchtest du denn gehen?«, fragt der Vater.

»Weiß nicht. Irgendwo hin.«

»Dein großer Bruder ist bei seinem Freund zum Spielen. Würdest du auch gerne dort sein zum Spielen?«

»Nein, die sind doof!«, weint der kleine Bruder.

»Aber du bist ganz alleine hier.«

»Ja, und ich hab nix zu tun.«

»Bist du einsam? Vermisst du deinen Bruder?«

»Ja«, jault der kleine Bruder. »Er ist der einzige, der mit mir Autos spielt.«

»Oh«, sagt der Papa. »Möchtest du, dass ich mit dir Autos spiele?«

»Nein, du kannst das nicht.«

»Was ist, wenn wir rausgehen und Fangen spielen? Das könnten wir zusammen machen.«

»Okay«, schnieft der kleine Bruder. »Ich will nur nicht alleine spielen.«

Als dieses Kind schrie »Es ist nicht fair«, hätte der Vater ihn an all die Male erinnern können, als er bei einem Freund zu Hause war zum Spielen. Er hätte ihn darauf hinweisen können, dass er seinen Bruder nicht »doof« nennen soll. Stattdessen stellte er weiterhin Fragen und kommentierte die Situation, indem er aus der Sicht des Kindes zu denken versuchte. Statt seinem Sohn zu sagen, dass er sich nicht so fühlen soll, wie er sich fühlt, half er ihm dabei, seine Gefühle zu erforschen, bis sie herausgefunden hatten, dass er sich einsam und ausgeschlossen fühlte. Kinder können direkte Fragen zu ihren Gefühlen oft nicht beantworten, aber Eltern können ihnen dabei helfen, zu interpretieren, was in ihren Köpfen und Herzen vor sich geht.

Positives Selbstwertgefühl hilft der Ausdruckskraft

Gute Kommunikation fängt mit Selbstwertgefühl an. Kinder müssen fühlen, dass sie wertvoll sind und dass das, was sie sagen, wichtig ist, wenn sie sich selbst gut ausdrücken. Eine der besten Möglichkeiten, wie wir Eltern Kindern helfen können, ihre Gedanken und Gefühle ausdrücken zu lernen, ist, sie wissen zu lassen, dass wir sie lieben und respektieren. Kinder müssen wissen, dass, egal ob sie gesellig oder zurückhaltend sind, sie reale Menschen sind und wichtig für jemanden. Eine junge Mutter in unserer Praxis erzählt, wie entscheidend es für das Selbstwertgefühl ist, sich »echt« zu fühlen.

Ich kam früh zu unserer Spielgruppe und bereitete mich darauf vor, die sechs Kleinkinder und Vorschulkinder zu betreuen. Eine Vierjährige kam mit ihrer Oma in den Raum.

»Guten Morgen«, sagte ich.

Die Großmutter knuffte das kleine Mädchen: »Sag guten Morgen, Kristin, Liebes.«

Kristin blieb mit einem ängstlichen Ausdruck im Gesicht stehen, also versuchte ich weiter, sie ins Gespräch einzubinden.

»Magst du mir dabei helfen, die Spiele auf den Tisch zu stellen?«, fragte ich.

Wieder antwortete die Großmutter für sie: »Oh ja, Kristin ist ein guter Helfer.«

Kristin öffnete die Kiste mit den Spielen und stellte eines auf jeden Platz. Ich entschied mich, das Gespräch noch einmal anzufangen.

»Kristin«, ich sah ihr direkt in die Augen, während ich sprach. »Hast du etwas mitgebracht, was du deinen Freunden heute zeigen möchtest?«

Und noch einmal unterbrach die Großmutter sie, indem sie sagte: »Oh nein, Kristin hat vergessen, heute etwas mitzubringen.«

Aber während die Großmutter sprach, hellte sich Kristins Gesicht auf und sie sagte: »Ich habe etwas mitgebracht.« Sie griff in ihre Tasche und legte ein paar winzige violette Blumen auf den Tisch. Dann schaute sie hoch zu ihrer Großmutter und sagte: »Großmutter, meine Lehrerin denkt, ich bin echt.«

Respektieren Sie den Standpunkt des Kindes

Studien von Dr. Stanley Coopersmith haben gezeigt, dass Kinder mit hohem Selbstwertgefühl Eltern hatten, die erreichbar waren, zuhörten, ohne zu urteilen, und die Meinung ihrer Kinder respektierten. Was am wenigsten wichtig für Ihr Kind ist, ist, ob Sie ihm zustimmen. Warten Sie, bis es zu Ende geredet hat, ehe Sie Ihren Rat anbieten oder eine andere Meinung. Denken Sie eine Weile an die Menschen, mit denen Sie sich gerne unterhalten – Menschen, die Ihre Meinung respektieren und Ihnen erlauben, diese auszudrücken, auch wenn sie ihr nicht zustimmen. Sie hören zu und nicken und erkennen an, dass Sie nicht Unrecht haben. Indem sie das tun, sorgen sie dafür, dass Sie ebenfalls ihre Meinung respektieren und vielleicht zu ihrer Art des Denkens wechseln. Es ist wahrscheinlicher, dass sie die Gedanken eines Kindes ändern, wenn sie seine Gefühle respektieren und als Startpunkt für das Anbieten von Ratschlägen nutzen.

Kinder kurz vorm Teenageralter und Teenager sind besonders sensibel gegenüber Zuhörern, die ihnen ein Urteil aufdrängen, ehe sie alle Fakten kennen. Teenager glauben, dass die meisten Erwachsenen nicht an dem interessiert sind, was sie denken. Ehe Sie zu einem Jugendlichen durchdringen, muss dieser Ihnen erst glauben, dass Sie sicher seinen Standpunkt verstehen, auch wenn Sie nicht notwendigerweise zustimmen.

Sie müssen auf den richtigen Moment warten, um mit Teenagern zu reden. Halten Sie Ausschau nach Öffnern. Wenn Ihr Kind sozusagen herumlungert, während Sie am Computer arbeiten, wartet es vielleicht darauf, ob Sie ansprechbar sind. Bestätigen Sie Ihr Kind. Drehen Sie sich zu ihm herum und geben Sie ihm Ihre ungeteilte Aufmerksamkeit, auch wenn es nur für ein paar Minuten ist. Das zeigt Ihrem Teenager, dass er und das was er sagen möchte, wichtig für Sie sind. Auch wenn Sie in dem Moment keine halbe Stunde für ein Gespräch erübrigen können, nehmen Sie sich etwas Zeit, um sich auf Ihr Kind zu fokussieren.

Lehren Sie Takt

Obwohl Sie möchten, dass Ihr Kind fähig ist, seine Gefühle spontan und ehrlich auszudrücken, müssen Kinder auch lernen, taktvoll zu sein. Takt bedeutet, zu wissen, wie man das Richtige sagt (oder nicht sagt), um einen Angriff auf eine andere Person zu vermeiden. In den Vorschuljahren sagen Kinder, was sie denken, und das soll bis zu einem gewissen Grad auch erlaubt sein, weil sie nicht fähig sind, zu verstehen, dass es mehrere Seiten in einer Situation gibt. Zwischen fünf und sieben Jahren sind Kinder alt genug, nachzudenken, ehe sie etwas sagen, und es liegt an den Eltern, Kindern dabei zu helfen, auf die Gefühle anderer zu achten. (»Wenn du sehr daran arbeiten würdest, Gewicht zu verlieren, wie würdest du dich fühlen, wenn dich jemand fett nennt?«) Da Kinder natürlich lernen, empathischer zu sein, lernen sie normalerweise auch, taktvoller zu sein. Sie werden eine Zeit und einen Ort finden, ihre Gefühle und Gedanken auszudrücken, ohne andere Zuhörer anzugreifen.

Tipps für das Zuhören

Zuhören ist die einzig wichtige Aktivität in der Kommunikation. Sie können nichts Neues lernen, wenn Sie derjenige sind, der redet. Wenn Eltern und Kinder versuchen, zu kommunizieren, müssen sie beide etwas übereinander lernen. Sie als Eltern sollten mindestens genauso viel zuhören, wie Sie dozieren. Die Art, wie Sie Ihren Kindern zuhören, zeigt ihnen, wie sie Ihnen und anderen zuhören sollen.

Hören Sie aufmerksam zu
Geben Sie Ihrem Kind Ihre ungeteilte Aufmerksamkeit. Halten Sie Ihre Augen auf Ihr Kind gerichtet. Nicken Sie angemessen mit dem Kopf, lächeln Sie, wenn es lächelt und lachen Sie, wenn Sie sollen. Nutzen Sie Ihren Gesichtsausdruck, um das Kind wissen zu lassen, dass Sie verstehen, was es sagt, und dass Sie über seine Worte nachdenken.

Hören Sie einfühlsam zu
Gute Zuhörer klinken sich mit kurzen Kommentaren ein, die zeigen, dass sie mitfühlen, was das Kind erzählt: »Ich verstehe«, »Wow, das ist hart«, »Du musst wirklich ärgerlich sein«, »Das ist großartig.«

Hören Sie geduldig zu
Kinder können fühlen, ob Sie wirklich für das aufmerksam sind, was sie sagen, oder ob Sie einfach nur warten, bis sie fertig erzählt haben, damit Sie eingreifen und das ganze Problem mit Ihrem Ratschlag lösen können.

Unterbrechen Sie nicht
Warten Sie stattdessen, bis das Kind Sie zu einer Antwort einlädt. Diese Einladung kann die Form einer direkten Frage haben (»Was denkst du dazu?«) oder ein anderes Zeichen, das anzeigt, dass das Kind für Ihre Antwort bereit ist (»... und das wars«).

Hören Sie auf die hauptsächliche Botschaft

Während jemand anderes redet, unterstreichen Sie im Geist den Hauptpunkt der Botschaft. Fragen Sie sich selbst: »Was ist hier das eigentliche Thema? Was ist das Problem? Wie kann ich helfen?« Das ist vor allem wichtig, wenn Sie mit jemandem reden, der dazu neigt, auszuschweifen, und Sie versuchen Ihr Bestes, herauszufinden, zu welchem Punkt Sie gefragt sind. Wenn Ihr Teenager fertig ist mit Reden, fassen Sie zusammen, was er gesagt hat: »Mir scheint, dass dein hauptsächliches Bedenken ist ...« Sie machen so nicht nur das Thema klar, Sie zeigen auch, dass Sie wirklich verstanden haben. Das verschafft Ihnen Punkte Ihrem Teenager gegenüber!

Erlauben Sie Kindern, Dampf abzulassen

Auch wenn jemand Unrecht hat und Sie das unbedingt klarstellen wollen, müssen Sie aufmerksam, einfühlsam, geduldig und oftmals in Stille zuhören, während die Person ihre Gefühle rauslässt und alles ablädt. Lassen Sie den Trotzanfall Ihres Kleinkindes seinen Lauf nehmen. Nichts dringt zu ihm vor, wenn ein Kind ein emotionales Wrack ist. Tränen ermöglichen es Kindern, in Kontakt mit ihren Gedanken und Gefühlen zu kommen und diese offen in einer unterstützenden Atmosphäre auszudrücken, ohne Angst vor Maßregelungen.

Wenn Ihr Kind schreit, antworten Sie ruhig. Wenn Ihr Kind außer Kontrolle ist, ist es wichtig, dass Sie ruhig bleiben und ihm dabei helfen, seine Gefühle in den Griff zu bekommen. Manchmal hilft es einer Person, sich aus einem lächerlichen Standpunkt herauszureden, indem man sie immer weiter vor sich hinreden lässt, ohne ein Wort zu sagen. In diesem Fall braucht das Kind, das aufgeregt ist, eine beruhigende Berührung und einen fürsorglichen Tonfall mehr als Ihre weisen Worte. Wenn sich der Staub gelegt hat, können Sie zusätzliche Informationen oder eine andere Meinung anbieten. Menschen sind normalerweise nicht bereit zum Zuhören, wenn sie ein emotionales Wrack sind.

Durch Berührung kommunizieren

Die Wissenschaft hat gezeigt, dass menschliche Berührungen für die menschliche Entwicklung wichtig sind. In den 1940er Jahren fanden Forscher heraus, dass obdachlose oder verwaiste Kinder, die weit weg von menschlichem Kontakt in Institutionen aufwuchsen, verkümmerten, auch wenn sie gut ernährt wurden. Forscher fanden auch heraus, dass Reden, den Augenkontakt aufrechterhalten und Streicheln diesen hospitalisierten Babys dabei half, gleich schnell wie die Babys in ihren eigenen Familien zu wachsen und sich zu entwickeln.

Berührung hilft uns, mit unseren Kindern echt und wirklich umzugehen. Extra Streicheleinheiten und Umarmungen, vor allem, wenn ihr Verhalten nicht so liebenswert ist, schicken eine fürsorgliche Botschaft, die sie tief innen fühlen. Ein Schulterklopfen, eine Umarmung, ein fester Händedruck oder andere Formen der Berührung bilden oft ein stärkeres Gefühl von Liebe und Besorgnis als gesprochene Worte allein. Berühren und Umarmen sind die freudvollsten Formen nonverbaler Kommunikation. Genießen Sie diese Tipps:

1. Versuchen Sie, Ihr Kind zu umarmen, nachdem Sie es ermahnt oder getadelt haben. Irgendwie wird der ganze Ärger, den Sie Ihrem Kind gegenüber fühlen, aufgelöst, wenn Sie nah bei ihm sind und Ihre Liebe mit einer sanften Umarmung zum Ausdruck bringen.
2. Manche Kinder scheinen vor Umarmungen wegzulaufen. Weiterhin diese Art der Zuneigung zu empfangen und zu geben, während sie wachsen, kann ihnen dabei helfen, mit ihren wahren Gefühlen in Kontakt zu bleiben. Finden Sie über den Tag verteilt Zeiten, Ihrem Kind eine feste Umarmung zu geben. Heben Sie es hoch! Lassen Sie es wissen, dass es in Ordnung ist, jemanden zu umarmen, den es mag.
3. Küssen und umarmen Sie Ihr Kind regelmäßig den Tag über – wenn Sie es zur Schule losschicken, wenn es nach Hause kommt, wenn es ins Bett geht. Diese Rituale helfen Ihnen, in Kontakt zu bleiben, auch wenn das Leben hektisch wird oder sie älter werden.

4. Genießen Sie andere Formen körperlichen Kontakts mit Ihrem Kind: Kitzeln, Raufen, Rückenmassagen, Haare zu bürsten oder ihre Igelfrisur zu rubbeln. Kuscheln Sie sich aufs Sofa, wenn Sie gemeinsam fernsehen oder lesen.
5. Gruppenumarmungen oder Familienumarmungen schließen jeden ein – auch den Beinahe-Teenager, der von sich aus nie eine Umarmung initiieren würde.

Reden Sie mit Ihren Kindern über die Regeln zu »guten Berührungen und schlechten Berührungen«. Lassen Sie Ihre Kinder wissen, dass niemand sie an Körperstellen anfassen darf, an denen sie das nicht möchten – und erst recht nicht an den Körperstellen, die intim sind, also diejenigen, die ein Badeanzug abdeckt. Vor allem wenn Ihr Kind von Ihnen getrennt ist und von einem anderen Erwachsenen beaufsichtigt wird, muss dieser Punkt angesprochen werden. Geben Sie Ihrem Kind ein Gefühl der Sicherheit, dass es jederzeit zu Ihnen kommen und reden kann, wenn es über dieses Thema besorgt sein sollte.

10 Möglichkeiten für Umarmungen

1. Wenn das Kind aufwacht – Guten-Morgen-Umarmung
2. Nach dem Frühstück – »Ich hab dich lieb«-Umarmung
3. Vor der Schule – »Hab einen guten Tag«-Umarmung
4. Nach der Schule – »Ich hab dich vermisst«-Umarmung
5. Jederzeit – große, überschwängliche Umarmungen
6. Vor dem Abendessen – »Wasch deine Hände«-Umarmung
7. Nach dem Abendessen – »Ich bin froh dich zu haben«-Umarmung
8. Nach den Hausarbeiten – »Dankeschön«-Umarmung
9. Nach den Hausaufgaben – »Ich bin stolz auf dich«-Umarmung
10. Schlafenszeit – »Gute Nacht«-Umarmung

Das Klagen von Kindern

Jammern und Klagen kann an den Nerven beschäftigter Eltern zerren. Aber wenn Ihr Kind ein chronischer Beschwerer ist, entspannen Sie sich. Jammern ist üblich bei Kindern. Natürlich beschweren sie sich. Sie fühlen sich oft machtlos. Sie müssen zu Hause gegen Geschwister antreten und gegen Gleichaltrige in der Schule, um das Wohlwollen der Erwachsenen zu bekommen. Ohne die Möglichkeit, sich zu beschweren, glimmen Ärger und Feindseligkeiten des Kindes innerlich und bilden Hindernisse für die gesunde Kommunikation. Die Art, wie Sie die Klagen Ihres Kindes behandeln, kann dabei helfen, das Jammern in effektivere Kommunikation zu verändern. Ja, es gibt Hoffnung für die Jammerer!

Bleiben Sie ruhig angesichts des Jammernden

Wenn Ihr Kind mit einer Klage zu Ihnen kommt – sei es über einen Lehrer, ein Geschwister oder sogar Sie – bleiben Sie ruhig (auch wenn Sie denken, Sie würden explodieren!) Reagieren Sie nicht über und lassen Sie nicht Ihre Gefühle die Antwort kontrollieren. Denken Sie daran, es ist ein Lernprozess für Kinder; die Tatsache, dass das Kind eine Meinung geltend macht, zeigt sein wachsendes Selbstvertrauen. Kläger wollen denken: »Ich bin wichtig, und ich habe auch Rechte.«

Suchen Sie nach der Wurzel der Klage

Es ist wichtig, dem Kind dabei zu helfen, das Ziel seiner Klage zu bestimmen. Drückt es die sich aufsummierende Feindseligkeit seinem Babybruder gegenüber aus? Oder möchte es eine Änderung der Einstellung seiner älteren, rechthaberischen Schwester erreichen? Klagt es darüber, dass es auf dem Spielplatz mit Gleichaltrigen nicht zum Zug kommt? Vielleicht beschwert es sich, weil die Schulroutine zu einengend ist oder die Lehrer zu streng.

Bringen Sie ihm akzeptable Wege bei, seine Klagen zum Ausdruck zu bringen

Wenn die Klagen von Ärger kommen, bringen Sie Ihrem Kind Wege bei, auf angemessene Weise »Dampf abzulassen«, wie zum Beispiel Fahrradfahren oder im Garten mit dem Ball spielen. Aber wenn es hinter den Klagen Ihres Kindes berechtigte Gründe gibt, hören Sie ihm aufmerksam zu, um seine inneren Bedürfnisse herauszufinden. Helfen Sie ihm, Klagen und Bitten auf eine Weise zu äußern, die beim Zuhörer keine Ablehnung auslöst oder diesen in eine Verteidigungsposition zwingt.

Empathie zu zeigen ist wichtig, um den Kommunikationsstil des Klagenden zu ändern. Welche verborgenen emotionalen Bedürfnisse kommuniziert er? Fühlt er sich zu Hause unwichtig? Ignoriert oder unsicher in Anwesenheit von Gleichaltrigen? Ist die Schule zu schwierig? Wenn Sie diese verborgenen Themen ansprechen können, kann es sein, dass das Klagen von alleine verschwindet.

Nutzen Sie die Goldene Regel

Erinnern Sie sich an die Goldene Regel – *Behandle andere so, wie du behandelt werden möchtest* –, wenn Sie Ihren Kindern etwas über Kommunikation beibringen. Verstehen Sie erst einmal, wie Ihr Kind sich fühlt und woher seine Klagen kommen, verwickeln Sie es in ein Rollenspiel, wenn Sie ihm akzeptablere Kommunikationswege beibringen. Bringen Sie Ihrem Kind bei, seine Klagen mit der Goldenen Regel als Leitfaden vorzubringen. Wie möchte es, dass die Eltern mit ihm reden? Die Geschwister? Gleichaltrige? Lehrer? Kann es die Klage so umformulieren, dass sie eine Aktion hervorruft statt Ablehnung des Zuhörers? Statt zu jammern: »Nie gibt es zum Abendessen etwas, das ich mag!« könnte es sagen: »Ich mag Tacos. Können wir morgen Abend Tacos essen?«

Nachdem Ihr Kind akzeptable Wege geübt hat, eine Meinung ohne negatives Klagen zu äußern, ist es an der Zeit, einen Handel abzuschließen. Sagen Sie Ihrem Kind, dass Sie seine Klagen nur dann anhören, wenn sie vorgebracht werden, ohne jemand anders anzugreifen oder zu bedrohen, dann folgen Sie dieser Regel. Wenn es eine negative Klage hat, sagen Sie: »Kannst du das positiv wiederholen, sodass es nicht jemand anderen schlechtmacht oder ärgerlich werden lässt?«

Wir haben gelernt, dass, wenn Sie auf Ihrer Seite der Verhandlungen geduldig dieser Regel folgen, Ihr Kind mit der Zeit akzeptable, nichtdrohende und effektive Wege lernt, nach dem zu fragen, was es braucht.

Dem schüchternen Kind helfen

Schüchternheit ist ein Persönlichkeitsmerkmal, kein Fehler, und es muss nicht unbedingt ein soziales Handicap sein. Manche Menschen, die schüchtern sind, sind einfach zurückhaltende, ruhige Menschen. Sie sind aufmerksame Zuhörer und strahlen eine willkommene Präsenz aus, ohne ein Wort zu sagen. Die Welt ist voller Menschen, die viel reden. Wir brauchen mehr Zuhörer.

Schüchternheit ist das, was Martha für mich anziehend machte. Wir trafen uns bei einer Party der Studentenvereinigung während meines Abschlussjahres an der medizinischen Hochschule. Sie stand in der Nähe einer Gruppe meiner ausgelassenen Bruderschaftskumpanen. Jeder von ihnen redete, außer ihr. Sie hörte zu. Ihre Augen trafen die von allen anderen. Sie lächelte und ließ die anderen ihre ruhige Anwesenheit spüren. Sie war nicht ausgelassen, aber sie sorgte dafür, dass sich all die Extrovertierten um sie herum wohlfühlten. Ich dachte: »Was für eine nette Person, um sie um sich zu haben.« Ich rief sie am nächsten Tag an, und der Rest ist wunderschöne Geschichte. Nach acht Kindern und 34 Jahren Ehe mit einem hyperaktiven Ehemann ist Martha nicht länger wirklich »schüchtern«. Aber sie ist immer noch eine großartige Zuhörerin, die das Beste in jedem herausbringt, mit dem sie redet. Hier sind einige Wege, wie Sie Ihrem schüchternen Kind helfen können, aufzublühen.

Stellen sie Ihr Kind positiv dar

Vermeiden Sie es, sich für die Schüchternheit Ihres Kindes zu entschuldigen, vor allem, wenn es dabei anwesend ist. Niemand mag es, ein Etikett verpasst zu bekommen, und Ihr Kind wird Ihre Erklärung richtigerweise als Abwertung wahrnehmen. Es gibt bessere Möglichkeiten, Kinder zu beschreiben, die nicht viel reden. Kurz nachdem Matthew in die Schule kam, hatten wir unser erstes Eltern-Lehrer-Gespräch. Die Lehrerin sagte: »Matthew ist ziemlich schüchtern, nicht wahr?« »Matthew ist reserviert«, erklärten wir. Später kam das Thema noch einmal auf: »Matthew ist sehr ruhig.« »Er ist sehr konzentriert«, antworteten wir. Während die Diskussion weiterging, merkte die Lehrerin sehr bald, dass wir Matthews Persönlichkeit als positiv ansahen. Indem wir Matthews Schüchternheit anders ausgedrückt haben, haben wir ihr geholfen, ihn in einem anderen Licht zu sehen, und während des Schuljahres wuchs der Respekt der Lehrerin für seine ruhige Natur.

Die meisten Menschen setzen Schüchternheit damit gleich, ein Problem zu haben. Sie glauben, ein schüchternes Kind leidet unter geringem Selbstwertgefühl. Das ist nicht der Fall. Viele schüchterne Kinder haben ein solides Konzept von sich selbst. Sie versprühen innere Ruhe und ihre ruhige Art hilft ihnen, ihren tiefen Sinn für Wohlbefinden zu schützen. Kinder wie diese sind einige der friedvollsten, glücklichsten Kinder, die je auf dieser Erde gelebt haben. Sie sind vorsichtig in Bezug auf Freundschaften, aber wenn sie einmal Freundschaft schließen, dann fürs Leben. Sie sind zurückhaltend und tauen bei neuen Bekanntschaften nur langsam auf, aber wenn sie sich in Ihrer Gegenwart wohlfühlen, können sie charmant sein. Sie studieren potentielle Freunde, um zu sehen, ob die Beziehung den Aufwand wert ist. Sie sind einfach nette Personen, um sie um sich zu haben.

Wann Schüchternheit in Ordnung ist

Eltern machen sich Sorgen, wenn ihr Kind in Situationen ruhig ist, in denen andere Kinder mehr aus sich herausgehen. »Ist er nur schüchtern oder hat er emotionale Probleme?« So finden Sie das heraus. Das schüchterne Kind mit gesundem Selbstbewusstsein baut Augenkontakt auf, ist höflich und scheint mit sich selbst glücklich zu sein. Es ist einfach ruhig. Sein Verhalten ist generell gut. Es ist ein angenehmes Kind, um es um sich zu haben, und Menschen fühlen sich in seiner Anwesenheit wohl. Kinder, die schüchtern sind, gehen normalerweise mehr aus sich heraus, wenn sie die Menschen um sich herum besser kennenlernen.

Wann Schüchternheit ein Problem ist

Manchmal ist Schüchternheit eine rote Fahne, die anzeigt, dass das Kind innerlich mit Problemen kämpft. Diese Kinder sind mehr als nur einfach ruhig, sie sind verschlossen. Sie vermeiden Augenkontakt und scheinen mehr als nur ihren normalen Anteil an Verhaltensproblemen zu haben. Andere Menschen fühlen sich meist nicht wohl in ihrer Anwesenheit. Diese Kinder sind oft wütend oder ängstlich statt friedlich und vertrauensvoll. Manche Kinder verstecken sich hinter dem Etikett »Schüchternheit«, um zu vermeiden, dass sie ihr Selbst entdecken, welches sie nicht mögen. Sie ziehen sich in ihre schützende Hülle zurück und bauen keine gesunden Beziehungen mit anderen auf.

Versuchen Sie diese Schüchternheits-Bremsen

Sie können ein Kind nicht aus seiner Schüchternheit herauszwingen, aber Sie können eine Wohlfühl-Umgebung kreieren, in der es seine soziale Persönlichkeit entfalten kann. Machen Sie langsam. Ein Kind zu schnell zu weit zu treiben, kann zu Rückschlägen führen und dazu, dass es sich noch weiter in seinen Schutzpanzer zurückzieht.

Geben Sie einem Kind nie das Etikett »schüchtern«. Wenn es das hört, fühlt das Kind, das etwas mit ihm nicht stimmt, und handelt vielleicht sogar noch »schüchterner«. Wenn Sie Worte nutzen müssen, um es zu beschreiben, bezeichnen Sie es als *zurückhaltend, vertraulich, ruhig, nachdenklich* oder *vorsichtig*.

Lassen Sie es mit Fremden ruhig angehen. Wenn ich in meiner Praxis neue Patienten treffe, bin ich vorsichtig, nicht zu schnell zu nah heranzugehen, vor allem, wenn ich sehe, dass das Kind sein Kinn auf die Brust absenkt, den Daumen in den Mund steckt oder sich hinter seiner Mutter versteckt. Ich grüße die Mutter und rede mit ihr. Das Kind bekommt seine Signale von seiner Mutter, und wenn ich erst eine durch Mama abgesegnete Person bin, fühlt es sich schnell wohler und redet mit mir.

Vermeiden Sie es, Kinder ins Rampenlicht zu stellen. Die Großeltern kommen zu Besuch und Sie können es kaum abwarten, dass die fünfjährige Susie Klavier für sie spielt. Auch wenn es gut ist, die Talente Ihrer Kinder zu fördern, geben Sie ihm eine Vorwarnung und holen Sie sich seine Zustimmung, ehe Sie es ins Rampenlicht stellen. Ermutigen Sie es, indem Sie sich darauf konzentrieren, wie sehr die Großmutter sein Spiel genießen wird – nicht auf das Spiel an sich.

Helfen Sie ihm dabei, festzulegen, wer es ist. Wenn Ihr Kind jemand relativ Fremden oder eine recht neue Bekanntschaft besucht, lassen Sie es ein Spielzeug mitnehmen, zum Beispiel sein Lieblingsbrettspiel, welches oft als Brücke für die Kommunikation dienen kann.

Vermeiden Sie es, für das Kind zu reden. Laura, eine zurückhaltende, höfliche und zugängliche Fünfjährige, und ihre Mutter waren zu Lauras Einschulungsuntersuchung in meiner Praxis. »Laura, das ist *deine* spezielle Untersuchung«, fing ich an. »Hast du irgendwelche Schmerzen oder Probleme, von denen du mir erzählen möchtest?« Innerhalb einer Millisekunde und ehe Laura ihren Mund öffnen konnte, unterbrach ihre Mutter »Sie fühlt sich ...« Ich fragte Laura: »Ist es das, was du fühlst?« Wieder unterbrach die Mutter innerhalb einer Millisekunde: »Und sie hat auch ...« Bald wurde es zur Untersuchung der Mutter statt des Kindes. Je mehr die Mutter redete, desto schüchterner verhielt sich das kleine Mädchen. Ihre Mutter sagte: »Jetzt, Laura, sei nicht schüchtern. Sag dem Doktor, was dich bedrückt.« Als Laura mit der Arzthelferin zur Impfung in einen anderen Raum ging, vertraute ihre Mutter mir an: »Doktor, sie ist so schüchtern. Ich weiß nicht, was ich tun soll.« Ich schlug vor, dass, wenn sie sich in Lauras Gegenwart ein wenig mehr zurückhalten würde, ihr Kind vielleicht mehr aus sich herausginge. Während Lauras nächster Untersuchung saß ihre Mutter ruhig hinter ihr und nickte zustimmend, aber ließ Laura über *ihre* Sorgen reden.

10 Ein verantwortungsvolles Kind erziehen

Wenn ich meinen Sohn ansehe, der zu einem jungen Mann herangewachsen ist, muss ich sagen, am meisten stolz bin ich auf die Tatsache, dass er eine verantwortungsvolle Person ist. Er bekommt gute Noten an der Universität, er ist ein wichtiger Mitarbeiter in seinem Teilzeitjob, er gibt ehrenamtlich Nachhilfe an der Grundschule im Ort und er trifft sich mit einer wundervollen jungen Frau. Nach einer scheinbar lebenslangen Führung durch mich kann ich endlich tief Luft holen und weiß, dass er meine Hilfe nicht mehr länger benötigt. Er ist auf dem Weg in ein erfolgreiches Erwachsenenleben.

Verantwortungsvoll handeln bedeutet:

- die richtigen Dinge einfach aus Prinzip machen, nicht, weil jemand anders einen dazu zwingt, sie zu tun
- weise Entscheidungen zu treffen, nach Abwägung aller Optionen
- die Verantwortung für seine Handlungen zu übernehmen
- das eigene Leben als produktives Mitglied der Gesellschaft in die Hand zu nehmen

ELTERN-TIPP:

Das Endziel für all die Anstrengung, die wir in die Erziehung legen, ist es, unsere Kinder zu befähigen, ohne uns zu leben.

Ein Teil davon, verantwortungsvoll zu sein, ist auch, unabhängig zu sein, was bedeutet:

- eigenverantwortlich sein und sich selbst versorgen
- Vertrauen in sich selbst haben, sodass man fähig ist, ohne ständige Anleitung von anderen Entscheidungen zu treffen

Ist es nicht das, was alle Eltern für ihre Kinder wollen? Eltern von Kindern, die gut geraten, erkennen, dass Kinder Verantwortung in kleinen Schritten lernen können und eine gesunde Unabhängigkeit im Erwachsenenalter mit gesunder Abhängigkeit in der frühen Kindheit beginnt. Man bringt Kindern nicht bei, wie man schwimmt, indem man sie kopfüber ins Wasser wirft. Ähnlich lehren Eltern Verantwortlichkeit schrittweise, im Lauf der Zeit, und helfen Kindern, auf ihre Erfolge aufzubauen. Hier lesen Sie, was wir darüber gelernt haben, wie Eltern verantwortungsvolle Kinder aufziehen.

Ein verantwortungsvoller Anfang

Das Wort *verantwortungsvoll* kommt aus der gleichen Wurzel wie *Antwort.* Jemand, der ver-antwort-ungsvoll ist, ist jemand, der verlässlich ist, vertrauenswürdig und das tut, was von ihm erwartet wird. In anderen Worten, jemand, der antwortet, wenn man ihn bittet, etwas zu tun. Wie lernen Kinder, auf verantwortungsvolle Weise zu antworten? Die früheste Lektion für Kinder in Bezug auf Verantwortung kommt von den Eltern, die für ihre Bedürfnisse verantwortlich sind. Hier liegen wieder die Schlüssel zum Erfolg des Kindes in der *Verantwortlichkeit* der Eltern. Diese eine Qualität ist das Herzstück von so vielem, was wir unseren Kindern geben wollen und von ihnen erwarten.

Eltern, die angemessen auf ihre Kinder reagieren, erziehen wahrscheinlich verantwortungsvolle Kinder. Warum? Verantwortlichkeit wird die Norm für ihre Kinder: Menschen sollten andere Menschen auf verantwortliche Weise behandeln. Kinder, deren Eltern ihre Bedürfnisse verstehen und erfüllen, verstehen mit höherer Wahrscheinlichkeit ihre Verantwortlichkeit anderen und sich selbst gegenüber. Um aufzuwachsen und zu lernen, sich gut mit sich selbst zu fühlen, muss man sich verantwortlich verhalten.

Wir haben unsere Babys viel getragen und schnell auf jedes Weinen reagiert. Ungeachtet jedes negativen Kommentars, wir würden auf diese Weise anhängliche, verwöhnte Babys bekommen, akzeptieren wir jetzt stolz jedes Kompliment darüber, wie verantwortungsvoll und unabhängig sie sind. Ich glaube, dass das daran liegt, dass wir ihre Bindungsbedürfnisse immer erfüllt haben, also sind sie jetzt fähig, sich mit absolutem Vertrauen von uns weg zu bewegen. Unsere Kinder haben ein starkes Selbstgefühl. Ich glaube, dadurch, dass wir ihren Signalen vertraut haben und auf sie antworteten, ermöglichte ich ihnen, in voller Blüte zu den einzigartigen Menschen heranzuwachsen, die sie sind, statt meine Ideen davon durchzusetzen, wer sie sein sollten.

Wenn alle grundlegenden Bedürfnisse eines Babys erfüllt werden, fühlt es sich sicher, emotional gefestigt und selbstbewusst. Es ist eine gute Basis, auf der es hinausziehen und die Welt um sich herum entdecken kann. Es wird unabhängig und verantwortungsbewusst nach seinem eigenen Zeitplan.

In den ersten Monaten, wenn Babys nahezu permanente Aufmerksamkeit von ihren Eltern verlangen, scheinen sie alles andere als verantwortungsvoll und unabhängig. Es kann schwer sein, zu verstehen, wie die Abhängigkeit des Kindes den Grundstein für zukünftige Selbstständigkeit legt, vor allem, wenn Freunde und Familie Ihnen sagen, dass »Sie das Baby dazu bringen müssen, dass es alleine einschläft« oder »dass Sie es nicht die ganze Zeit hochnehmen dürfen – Sie werden es verwöhnen, und es wird zu abhängig von Ihnen sein.« Aber wenn Sie auf die Signale und das Weinen Ihres Babys eingehen, helfen Sie ihm, zu lernen, sich selbst zu vertrauen. Sie bestätigen seine Beurteilung seiner Gefühle und Bedürfnisse. Dieses Vertrauen in sich selbst ist die Grundlage dafür, später im Leben vertrauenswürdig zu sein. Verantwortungsvoll den Signalen Ihres Babys gegenüber zu sein zeigt ihm auch, dass seine Handlungen eine Auswirkung auf seine Umwelt haben – es ist nicht hilflos, es kann Dinge geschehen lassen.

Selbstständigkeit von Kleinkindern

»Ich machen!« Diese zwei magischen Worte sind ein Zeichen des wachsenden Bewusstseins des Kindes für seine Individualität und Fähigkeit, sich um sich selbst zu kümmern. Kluge Eltern ziehen ihren Vorteil aus diesem Wunsch nach Autonomie, indem sie ihre Kinder ihre entstehenden Fertigkeiten so oft wie möglich in einer sicheren Umgebung üben lassen. Ihre Rolle als Eltern ist es, als Begleiter da zu sein. Sie sind nicht derjenige, der Dinge geschehen lässt, aber Sie gestalten die Situation, so dass Ihr Kind Dinge geschehen lassen kann. (Zur Definition von »Begleiter« siehe Seite 156.)

Wir ließen unsere Kinder neue Sachen versuchen und übertrugen nicht unsere Ängste auf sie. Wenn die Rutsche hoch war, aber sie es versuchen wollten, ermutigten wir sie den ganzen Weg die Stufen hinauf, während wir bereitstanden, um sie zu retten, wenn das notwendig wäre. Es war ihr Wille, etwas zu versuchen, den wir unterstützen wollten. Wenn sie oben waren und feststeckten, ermutigten wir sie, runterzurutschen. Wenn das nicht funktionierte, kletterten wir die Leiter hinauf, sodass wir gemeinsam runterrutschen konnten, und dann wiederholten wir die Szene von Anfang an! Wir wollten erreichen, dass sie eine »Ich kann das«-Einstellung entwickelten und wussten, dass, wenn sie uns brauchten, wir da wären. Ich habe Kinder, die zu Turnern, Abenteurern, Kletterern herangewachsen sind – und eines, das Fallschirmspringen möchte!

Das Kind zu ermutigen, neue Sachen zu versuchen, (sicher) runterzufallen und dann aufzustehen und es noch einmal zu versuchen, ist eine Lektion in Verantwortlichkeit. Das Kind lernt, dass seine Handlungen Konsequenzen haben. Es klettert spontan und fällt. Mit Ermutigung versucht es weiter, bis es lernt, geschickter und sicherer zu klettern – verantwortungsvoller. Durch Versuch und Irrtum lernt es, dass die Konsequenz unsicheren Kletterns ein Sturz und eine Beule ist, und dass es seine Aufgabe ist, das zu verhindern.

Babys und Kleinkinder machen große Schritte in Richtung Verantwortlichkeit und Unabhängigkeit, wenn sie ihre eigenen Körperfunktionen beherrschen lernen. Sie lernen sitzen, krabbeln, laufen, rennen, hüpfen und sich selbst zu füttern. Sie meistern es, zu lernen sich an- und auszuziehen, wie man sich die Zähne putzt und wie man die Toilette benutzt. Obwohl Sie ein Kind nicht zwingen können, diese Fertigkeiten beherrschen zu lernen, können Sie die Bedingungen schaffen, die Ihr Kind ermutigen, sie zu lernen. Geben Sie Ihrem Kind viele Gelegenheiten, mit diesen Fähigkeiten zu experimentieren, haben Sie angemessene Erwartungen an Ihr Kind und loben Sie es für jede neue Fertigkeit, die es beherrscht. Auf dem Weg, selbstständig zu essen, ihre Zähne zu putzen, sich anzuziehen und die Toilette zu benutzen, werden Kleinkinder viele wenig erfolgreiche Versuche machen. Sie werden Saft verschütten, Zahnpasta auf ihren Schlafanzug schmieren, nackt durchs Haus rennen und ein paar »Unfälle« haben. Eltern von Kindern, die gut geraten, sehen die Entwicklung ihres Kindes als eine aufregende Reise von der Babyzeit zur Kinderzeit zum Erwachsensein. Sie genießen die Schritte – und die Fehltritte – auf dem Weg, weil jede neue Stufe die Kinder auf der Leiter zu Verantwortlichkeit und Unabhängigkeit nach oben bringt.

Kinder brauchen Hausarbeiten

Arbeiten im Haushalt entwickeln den Sinn für Verantwortlichkeit. Wenn wir Eltern zum Lehren von Verantwortlichkeit befragt haben, nannten sie fast alle Arbeiten im Haushalt als einen wichtigen Teil, wie ihre Kinder gelernt haben, zuverlässig und hilfreich zu sein. Die Kinder wurden meist ab den Vorschuljahren in die Hausarbeiten eingebunden. Die Erwartung, dass Kinder für bestimmte Aufgaben verantwortlich sind, hilft ihnen dabei, an sich selbst zu glauben (siehe auch Kapitel 12: »Elf Wege, das Selbstbewusstsein Ihres Kindes zu stärken«), und bringt ihnen frühe Lektionen in Verantwortlichkeit näher. Hier ist ein Ausschnitt aus den vielen Kommentaren, die wir gesammelt haben:

> *Als unsere Kinder klein waren, fingen wir mit kleinen Aufgaben an, wie ihren Teller zur Spüle zu bringen und ihre schmutzige Kleidung in den Wäschekorb.*

> *Im Alter von etwa zwei Jahren fingen die Kinder damit an, ihre Plastikteller zur Spüle zu tragen. Sie kamen kaum hoch genug hinauf, balancierten den Teller aber auf den Rand der Spüle und schubsten ihn hinein. Sie waren verantwortlich für das Abräumen des Tisches von allem, was nicht kaputtgehen konnte.*

> *Ich war immer der Meinung, wenn sie alt genug waren, ihre Spielzeuge aus der Kiste herauszuholen, waren sie auch alt genug, sie wieder in die Kiste einzuräumen.*

Eltern können eine positive Einstellung gegenüber Arbeiten im Haushalt schaffen. Der Begriff hat unangenehme Assoziationen – etwas Langweiliges und ständig Wiederkehrendes, was die Haushaltshilfe oder die Kinder auf einem Bauernhof zu machen haben, aber nicht wirklich machen wollen. Schon früh haben wir gelernt, dass wir mehr Kooperation von unseren Kindern bekommen, wenn wir Hausarbeiten als natürlichen Teil unserer täglichen Routine ansehen: »Wenn du deinen Teller leergegessen hast, trägst du ihn zur Spüle«, »Wenn du mit den Spielzeugen spielst, räumst du sie danach weg.« Auf diese Weise wachsen Kinder auf und sehen diese Aufgaben als normale Sachen an, die man eben im Familienleben tut.

Es braucht jeden von uns, damit dieses Heim fehlerfrei läuft – also sind wir alle verantwortlich dafür, zu helfen.

Die Haushaltsarbeiten aufzuteilen ist auch eine Überlebenstaktik für große oder beschäftigte Familien. Haushaltsaufgaben müssen die Kinder als Teil des Lebens in einer Familie machen. So einfach ist das. Diese Tatsache zu akzeptieren hilft Kindern dabei, zu erkennen, dass Haushaltsaufgaben nicht freiwillig sind. Tatsächlich benutzen wir selten das Wort *Haushaltsaufgaben*, wie bei »Hast du deine Haushaltsaufgaben heute schon gemacht?« Nennen Sie sie einfach *Familienpflichten*, damit Ihr Kind lernt, diesen Begriff wertzuschätzen. Verpflichtet zu sein, hinter sich aufzuräumen, ist ein Teil des täglichen Lebens. Jede Handlung kommt mit Bedingungen daher – mit dem Spielzeug gespielt, dann das Spielzeug aufräumen; ein Bild gemalt, dann den Pinsel auswaschen; den Schlafanzug angezogen, dann die Tageskleidung in den Wäschekorb tun. Sie bilden so gute Gewohnheiten aus. Ein kleines Kind, das ständig ermutigt wird, nach seinen Tätigkeiten aufzuräumen, lernt, dass das ein normales Verhalten ist. Auf der anderen Seite nimmt ein Kind, von dem nie erwartet wird, dass es seine Sachen aufräumt, an, dass es machen kann, was es will, und jemand anders hinter ihm aufräumt.

Einmal, während ich im Krankenhaus meine Handschuhe anzog, bemerkte ich, dass einige der Ärzte, während sie sich nach der Operation umzogen, ihre Handschuhe mit in den Korb für schmutzige Wäsche warfen. Andere ließen sie auf dem Boden liegen. Die Lektionen, die sie in der Kindheit gelernt hatten? Eines Tages war klar, dass jemand genug davon hatte. An der Tür zum Umkleideraum hing ein Schild: *Ihre Mutter lebt nicht hier.*

Die Haushaltspflichten an das Kind anpassen

Wenn Sie nach besonderen Talenten Ihrer Kinder schauen und ihnen helfen, diese besonderen Fähigkeiten auf die Haushaltspflichten anzuwenden, fördern Sie Erfolg, Kooperation und Selbstvertrauen.

Mit drei Jahren hat meine Tochter immer noch Probleme mit Farben; gebe ich ihr einen Stapel Socken zum Sortieren, wirft sie sie hoch in die Luft, um zu sehen, wo sie landen, oder hüpft in den Stapel rein, um zu sehen, welche Form er dann bekommt. Daher ist die Waschküche nicht der beste Ort für sie, um Verantwortung zu lernen. Sie ist fasziniert von Formen, daher ist eine ihrer täglichen Aufgaben das Aufräumen des Bestecks, das Einsortieren in die richtig geformte Abteilung der Schublade. Sie hört zu, wie die Besteckteile verschiedene Geräusche machen, wenn man sie in die Schublade legt, und redet darüber, wie jedes Teil genutzt wird.

Wenn Sie Ihr Kind bei der Arbeit und beim Spielen beobachten, denken Sie daran, wie Sie ihm helfen können, seine Fähigkeiten auf jeder Entwicklungsstufe zu nutzen, um Haushaltsaufgaben zu erfüllen. Ein Kind, das es liebt, seine Spielzeuge zu sortieren, kann lernen, Besteck zu sortieren. Ein Kind, das es liebt, Dinge anzufassen, kann diese abstauben. Entwickeln Sie ihre Fertigkeiten in Situationen des täglichen Lebens.

Ich glaube, dass es sehr wichtig ist, sich Zeit zu nehmen, um zu verstehen, was Kleinkinder und Kinder in verschiedenen Alters- und Entwicklungsstufen wirklich können und was nicht. Ich habe früh gelernt, zu verstehen, was die Fähigkeiten meines Kindes sind, ist die beste Vorsorge vor Disziplinproblemen. Nachdem ich erst einmal angefangen hatte, entwicklungsgerechtes Verhalten zu verstehen, hörte ich auf, zu erwarten, dass sie so sind oder handeln, wie sie nicht können. Disziplin war eher ein Thema des Lernens von uns Eltern über unsere Kinder, als dass wir versuchen, sie zu verändern.

Kinder haben den angeborenen Wunsch, ihre Unabhängigkeit auszudrücken, indem sie Dinge selbst machen. Wenn Eltern diesen Wunsch unterstützen, werden Kinder ganz natürlich immer kompetenter und daher auch verantwortungsbewusster. Indem sie ihre Kinder ermutigen, zunehmend herausfordernde Aufgaben anzugehen, helfen Eltern ihren Kindern, eine »Ich kann das«-Einstellung zu entwickeln.

Als mein Sohn ungefähr sechs Jahre alt war, war er in der Küche und kreierte ein Gemisch aus Eiern, Sojasoße, Ketchup und all meinen Gewürzen. Er genoss das Mischen, das Kreieren und das Durcheinander. Also kaufte ich ihm ein einfaches Kochbuch und erlaubte ihm, mit Essen für unsere Familie zu experimentieren. Seine kreative Seite war befriedigt und er lernte gleichzeitig noch zu kochen.

Die fünf Vorteile von Hausarbeit

1. Hausarbeit ist ein Investment

Kinder, die Hausarbeit erledigen, machen ein *Investment* in das Zuhause der Familie. Anders als Gäste, die den Komfort eines Zuhauses genießen, aber nicht Teil von dem sind, was es funktionieren lässt, sind Kinder, die Hausarbeit erledigen, an ihr Zuhause gebunden. Kinder, die den Abwasch erledigen, den Boden staubsaugen oder das Waschbecken putzen, übernehmen ein reales Gefühl von Besitz, der zu größerem Respekt dem Ort gegenüber führt, an dem sie leben. Kinder, die die Terrasse fegen, laufen vermutlich nicht mit schmutzigen Schuhen darüber.

Unsere Kinder fingen erst mit Hausarbeiten an, als sie etwa acht Jahre alt waren. Wir haben wirklich das Gefühl, in dieser Sache einen Fehler gemacht zu haben. Sie hätten viel früher viel mehr machen sollen. So lange zu warten, machte die Hausarbeiten zu einem unangenehmen Thema in unserem Zuhause; die Kinder fühlten sich ausgenutzt, jedes Mal, wenn wir danach fragten. Sie erwarteten, dass wir alles tun, und sie würdigten nicht wirklich, was wir für sie taten. Es dauerte eine ganze Weile, ehe wir in eine angenehmere Einstellung den Hausarbeiten gegenüber hineinwuchsen, aber auf lange Sicht sind sie mit der richtigen Einstellung sehr hilfreich.

2. Hausarbeiten fördern die Entwicklung von Fertigkeiten

Eltern können schrittweise die Komplexität und Menge der Hausarbeiten erhöhen, für die ihre Kinder verantwortlich sind. Wenn Kinder ein Feld an Aufgaben bewältigen, lernen sie viele neue Fertigkeiten, die ihnen in anderen Lebensbereichen helfen.

Unsere Tochter hat ihren eigenen Gemüsegarten. Sie pflanzte ihn vor Jahren zum ersten Mal. Wir halfen ihr am Anfang ein wenig, aber sie hat so viel gelernt, dass sie sich jetzt ganz alleine darum kümmert. Sie liebt es. Sie entscheidet jetzt, wer das Gemüse daraus bekommt.

Wenn Eltern sich Zeit nehmen, ihren Kindern beizubringen, wie man verschiedene Aufgaben erledigt, *lernen die Kinder, wie man lernt*. Sie finden heraus, dass sie erfolgreich neue und verschiedene Aufgaben übernehmen können. Ein Kind, das lernt, wie man den Geschirrspüler bedient, überträgt einen Teil dieses Wissens auf die Waschmaschine. Ein Kind, das lernt, einen Riss in einer Naht zu nähen, kann auf einfache Weise lernen, wie es seine Jeans säumt. Zu lernen, wie man ein Plätzchenrezept macht, ermöglicht einem jungen Koch auch, ein Rezept für eine Lasagne zu befolgen.

Wir arbeiteten mit unseren Kindern an neuen Aufgaben, bis sie gelernt hatten, diese zu erledigen, dann beobachteten wir noch und leiteten sie an. Einfach zu sagen »Geh dein Zimmer aufräumen« funktioniert nicht, weil Kinder nicht wirklich verstehen, was das für den Erwachsenen bedeutet. Verdammt, selbst einige Erwachsene schaffen das nicht, erst recht nicht ihre Kinder.

3. Hausarbeit fördert einen Sinn für Zielerreichung

Kinder genießen das wunderbare Gefühl, etwas bewältigt zu haben, wenn sie auf eine Aufgabe zurückschauen, die sie gut erledigt haben. Ob es eine frisch gemähte Wiese ist, eine Dose voller Kekse oder ein glänzender, gebohnerter Flur, die Früchte der Arbeit des Kindes sind tatsächlich süß. Wenn Kinder wissen, dass ihr Beitrag an Zeit und Energie ein merkliches Ergebnis hat, sind sie motiviert, mehr zu tun. Kluge Eltern geben ihren Kindern Aufgaben, die sichtbare Ergebnisse haben, und kommentieren diese Ergebnisse dann positiv.

> *Ich habe meinen Kindern immer geholfen, ihre Spielzeuge einzusammeln, und bin mit ihnen zu der Kiste gelaufen, um ihre Sachen nach dem Spielen aufzuräumen. Dann zeigte ich auf den ordentlichen Raum und umarmte sie und sagte ihnen, wie stolz ich auf sie war, dass sie die Spielzeuge aufgesammelt und aufgeräumt hatten. Nach mehreren Monaten der Ermutigung fingen sie an, die Spielzeuge selbst aufzusammeln. Wir glauben, dass Hausarbeiten zu machen ihnen ein Gefühl von persönlichem Wert gegeben hat. Sie wissen, dass ihre Arbeit für die Familie wichtig ist. Es gibt ihnen das Wissen, dass sie zu vielen Dingen fähig sind.*

4. Hausarbeit gibt ein Gefühl von Stolz

Viel Ermutigung und Lob sind wichtig. Kinder brauchen eine lange Zeit, um eine neue Aufgabe zu erfüllen, und sie finden die Ergebnisse vielleicht wenig befriedigend. Aber mit Zeit, Übung und Ermutigung fügen Sie Fertigkeiten zu ihrer wachsenden Liste an Fähigkeiten hinzu. Wenn Eltern auf ihre Erfolge hinweisen, fühlen sie sich stolz und »groß«.

> *Meine Tochter war in meine Aktivitäten eingebunden, auch wenn es auf diese Weise meist doppelt so lang brauchte.*

5. Hausarbeit lehrt, dass von jedem erwartet wird, zum Wohlbefinden der Familie beizutragen

Eine Sache, die auffallenderweise nicht in den Kommentaren von Eltern zu Hausarbeit präsent war: Geld. Kinder zu bezahlen, dass sie Hausarbeiten übernehmen, rückt das Ganze in einen völlig anderen Blickwinkel. Bezahlung neigt dazu, die Illusion zu bilden, dass, wenn Kinder das Geld nicht wollen, sie die Hausarbeiten nicht machen müssten. Die familiären Hausarbeiten sollten, ganz richtig, als der Beitrag eines Kindes zum Familienleben gesehen werden und nicht als Option. Die Belohnung dafür, ein wichtiger Teil der Familie zu sein, sind weit wertvoller als ein paar Euro Taschengeld. Zum flüssigen Ablauf der Familie beizutragen gibt Kindern Selbstwert, Selbstvertrauen, Unabhängigkeit, Stolz, Erfüllung und das Meistern wichtiger Lebensfertigkeiten.

Wir haben unsere Kinder nie dafür bezahlt, dass sie den Abwasch machten, den Müll rausbrachten und ihre anderen Haushaltspflichten erledigten. Ich werde schließlich auch nicht dafür bezahlt, das Abendessen zu kochen und die Wäsche zu machen!

Geben Sie Ihrem Kind Verantwortlichkeiten

Meine Kinder machen Hausarbeiten, seit sie dazu fähig sind. Es gibt ihnen ein Gefühl von Wert für die Familie.

Das Selbstbewusstsein von Kindern wächst, wenn sie Aufgaben erfüllen, die für die Familie wichtig sind. Indem sie zum Betrieb des Haushaltes beitragen, sehen sie sich selbst als wertvolles Mitglied des Familien-«Teams«. Zusätzlich fühlen sie sich kompetent, wenn sie neue Fertigkeiten meistern, und dieses Gefühl der Kompetenz überträgt sich auch in andere Bereiche ihres Lebens. Kinder brauchen Aufgaben. Kindern Haushaltspflichten zu übergeben, hilft ihnen dabei, sich wertvoller zu fühlen, und kanalisiert ihre Energie in erwünschtes Verhalten und Fertigkeiten. (Siehe auch »Kinder brauchen Hausarbeiten«, ab Seite 359)

Um Hausarbeiten alters- und entwicklungsstufengerecht zu gestalten, versuchen Sie diese Tipps:

Wählen Sie Aufgaben, an denen das Kind bereits Interesse gezeigt hat
Unsere zweijährige Lauren war besessen von Servietten, also gaben wir ihr zum Abendessen die Aufgabe, auf jeden Platz eine Serviette zu legen. Eine Mutter in unserer Praxis erzählte uns: »Ich konnte meine Dreijährige nicht vom Staubsauger fernhalten, also gab ich ihr die Aufgabe, das Wohnzimmer zu staubsaugen. Sie war beschäftigt und ein Teil des Putzens war erledigt.« Im Alter zwischen zwei und vier Jahren kann ein Kind das Konzept lernen, für seine eigenen Besitztümer verantwortlich zu sein. Das Kind muss lernen, seine Kleidung aufzuheben, sie auf Bügel oder an Haken zu hängen und Spielzeug an den dafür vorgesehenen Platz im Regal zu räumen.

Kleine Kinder lieben es, zu schrubben
Im Alter von zwei Jahren kann man einem Kind beibringen, Waschbecken und Badewannen mit einem Schwamm zu reinigen. Dreijährige und Vierjährige lieben es, Wäsche nach hell und dunkel zu sortieren. Im Alter von fünf Jahren kann ein Kind beim Abwasch helfen. Zeigen und sagen Sie ihm genau, wie Sie wollen, dass es gemacht wird. Natürlich werden zerbrechliche und wertvolle Teile von einem Erwachsenen gespült. Zwischen sieben und acht Jahren kann ein Kind kochen oder zumindest dabei helfen, eine Mahlzeit zuzubereiten. Ein Supermarkt ist eine großartige Lernerfahrung für ein Kind. Wenn Sie mit ihm einkaufen gehen, helfen Sie ihm dabei, Dinge für eine Mahlzeit auszusuchen, die es selbst zubereiten kann. Als Ernährungsvorteil kann gelten, dass Kinder mit höherer Wahrscheinlichkeit die Dinge essen, die sie selbst zubereitet haben.

Vergeben Sie besondere Aufgaben
Aus dem Begriff *besonders* können Sie sehr viel Nutzen ziehen. Wann auch immer wir ein «besonders» zu einer Bitte hinzufügen, bekommen wir Ergebnisse. Vielleicht weil das Kind annimmt: »Ich muss besonders sein, weil ich eine besondere Aufgabe bekomme.« Um in unserem Haus eine gewisse Ordnung aufrecht zu erhalten, teilen wir eine »Aufräumzeit« zu.

Versuchen Sie, jedem Kind ein eigenes Zimmer zum Aufräumen zu geben, am besten sein Kinderzimmer. Kinder aller Altersstufen leiden ein wenig an Arbeitsscheu, vor allem, wenn Aufgaben nicht spaßig aussehen. Aber um sie auf das wirkliche Leben vorzubereiten, müssen Kinder in frühen Jahren lernen, dass die Arbeit vor dem Spiel kommt. Um Ihre Kinder auf Touren zu bringen, arbeiten Sie mit ihnen.

Gestalten Sie Aufgabenlisten

Listen Sie bei einem Familientreffen auf, welche Aufgaben zu erledigen sind, und lassen Sie jedes Kind die Aufgaben aussuchen, die es machen möchte. Lassen Sie sie die Aufgaben tauschen, wenn sie möchten. Zwischen fünf und zehn können Kinder die Verbindung herstellen, dass mit zunehmenden Privilegien auch wachsende Verantwortlichkeiten einhergehen.

Pflanzen Sie einen Familiengarten

Unser Familiengarten erwies sich als eine großartige Lernerfahrung für unsere Kinder, genau wie als großer Spaß. Kinder lernen, wenn sie die Pflanzen gießen und das Unkraut jäten, wachsen die Blumen und das Gemüse besser.

Machen Sie Aufgaben gemeinsam mit Ihren Kindern

Arbeiten Sie Seite an Seite, indem Sie Aufgaben erledigen wie das Auto waschen, kehren und abstauben.

> **Kinder sagen:** *Eine Sache, die meine Eltern getan haben, die mein Leben wirklich beeinflusst hat, ist, mir den Wert harter Arbeit beizubringen. (19 Jahre alt)*

Wenn Kinder Aufgaben haben, fühlen sie, dass sie etwas beitragen können. Sie fühlen sich nützlich und gebraucht und es gibt ihnen Werkzeuge, die sie eines Tages nutzen können, um sich um ihr eigenes Zuhause zu kümmern.

Von zuständig sein zu verantwortlich sein

Studien mit Kindern, die in Schwierigkeiten geraten, zeigen, dass es ihnen an *Verantwortung mangelt.* Sie verstehen nicht, was es bedeutet, für ihre Taten und die Konsequenzen dieser Taten verantwortlich zu sein. Sie geben den schwarzen Peter schnell weiter und beschuldigen andere für ihre Fehler: »Er hat mich genervt, deshalb musste ich ihn schlagen.«

Wenn ein Kind für seine Taten zur Verantwortung gezogen wird, lernt es mehr als nur die Tatsache, dass sein Verhalten Konsequenzen für es selbst und andere hat. Es lernt auch, dass Menschen von anderen Menschen abhängig sind. Es ist Teil eines sozialen Systems, das größer ist als es selbst, und seine Entscheidungen beeinflussen auch andere als nur es selbst. Verantwortlich zu sein ist ein wichtiger Teil davon, zu einer Familie zu gehören, zu einer sozialen Gruppe und zu einer Gemeinschaft. Kindern beizubringen, dass sie für ihr Verhalten verantwortlich sind, gibt ihnen ein wichtiges Werkzeug dafür, mit anderen zusammen zu leben. Es gibt ihnen auch ein Gefühl der Zugehörigkeit.

Bringen Sie Kindern früh bei, Verantwortung zu akzeptieren

Lehnen Sie es ab, Ausreden zu akzeptieren: »Ich habe es vergessen«, »Ich wollte das nicht«, »Ich wusste nicht, was du meinst«, »Ich kann nicht«, »Ich habe dich nicht gehört«, und ganz generell alles, was mit dem Wort *aber* anfängt. Entschuldigungen sind ein Zeichen der Unreife des Kindes, und Sie werden viele davon hören in Ihren Jahren als Elternteil. Wie Sie darauf reagieren, lässt Ihre Kinder wissen, dass Ausreden nicht akzeptabel sind.

Ein Vierjähriger wirft die Vase mit Blumen um, und wenn Sie ihn danach fragen, sagt er: »Das war die Katze!« Natürlich wissen Sie als Mutter es besser, aber Sie wissen auch, dass es einfach ist, die Katze zu beschuldigen, während es schwer ist, zuzugeben: »Ich hätte im Haus nicht rennen sollen«. Kluge Eltern lassen sich in dieser Situation nicht auf eine Diskussion ein, wer die Vase umgeworfen hat. Stattdessen erinnern sie das ungestüme Vierjährige daran, dass das der Grund ist, warum Regeln zum Thema Rennen im Haus gelten, und helfen ihm dann, ein Tuch zu finden, um die Unordnung aufzuräumen. Das nächste Mal, wenn ihr Sohn zu wild für seine Umgebung ist, erinnert ihn die Mutter an die Vase.

Wenn ein älteres Kind Ausreden für eine schlechte Note findet oder dafür, dass es vergessen hat, zum Fußballtraining zu gehen, lassen Eltern das Kind wissen, dass diese Dinge in seiner Verantwortung liegen und ein Versagen dabei zu Konsequenzen führt. Die neue Regel ist, dass es die Hausaufgaben erledigen muss, ehe es an den Computer darf. Oder, dass es zu seinem Trainer gehen und zugeben muss, dass es keinen guten Grund hat, warum es das Training verpasst hat.

Es ist einfacher für Kinder, Fehler zuzugeben, wenn sie wissen, dass sie ihren Eltern vertrauen können, dass diese mit Fairness und Verständnis reagieren. Ausreden abzulehnen bedeutet nicht, dass die Eltern ihr Kind demütigen oder lächerlich machen, wenn es sagt: »Die Katze war es.« Wenn Sie das Fehlverhalten Ihres Kindes korrigieren, ist Ihr Ziel, ihm bewusst zu machen, was es falsch gemacht hat und was es tun muss, um das zu berichtigen. Zerreißen Sie es nicht. Lassen Sie es wissen, dass Sie wissen, dass es das besser kann – und dann helfen Sie ihm, den gleichen Fehler nicht noch einmal zu machen.

Unsere Kinder lernten von klein auf, dass sie für ihr eigenes Verhalten verantwortlich waren. Wir erlaubten ihnen keine Ausreden für Fehlverhalten. Sie wurden für ihre eigenen Taten verantwortlich gemacht.

Errichten Sie Familienregeln und -routinen

Wenn Kinder die Fertigkeiten entwickeln, die notwendig sind, um für sich selbst verantwortlich zu sein, kann es sehr hilfreich für sie sein, Routinen zu folgen. Wenn bestimmte Aufgaben immer auf eine bestimmte Weise erledigt werden, ist es einfacher für Kinder, sich daran zu erinnern, wie und wann sie zu tun sind. Zum Beispiel, wenn die Routine ist, dass die Hausaufgaben immer sofort nach dem Mittagessen gemacht werden, werden sich Kinder schließlich daran erinnern, ihre Hausaufgaben zu dieser Zeit zu machen, ohne dass Sie sie daran erinnern müssen.

Geben Sie Kindern einfache, vernünftige Regeln zum Befolgen, die ihnen beibringen, für ihre eigenen Taten verantwortlich zu sein.

Erwarten Sie Verantwortlichkeit

Erwartungen sind ein machtvoller Motivator, vor allem die Erwartungen von Eltern und anderen Autoritätspersonen, denen das Kind vertraut. Vermitteln Sie Ihrem Kind von klein auf, dass Verantwortung dafür, das Richtige zu tun, und Verantwortung für die Konsequenzen von Fehlern nicht freiwillig ist. Das ist es, was Sie erwarten; es ist die »Art, wie wir die Dinge in unserer Familie machen«. Kinder übertragen diese Einstellung auf ihr Agieren in der Gesellschaft. Die Erwartungen ihrer Eltern werden Teil ihrer selbst.

Ich hatte ganz sicher eine Menge Erwartungen an meine Kinder. Ich glaube, dass Kinder die Dinge erfüllen möchten, die von ihnen erwartet werden. Ich erwartete von ihnen, sich zu benehmen, wenn wir nach draußen gingen – sie taten es. Ich erwartete, dass ihre Zimmer ordentlich waren – und sie taten es. Es wurde von ihnen erwartet, dass sie höflich waren und sich benahmen – sie taten es. Ich erwartete von ihnen, dass sie zu guten Menschen heranwachsen – das sind sie.

Mein Sohn ist knapp über zwei Jahre alt. Seit er es schafft, sie zu erfüllen, habe ich ihm Aufgaben übergeben. Er hilft mir mit den Arbeiten im Haus, räumt auf, wenn er kann, und weiß, dass er wegräumen muss, womit er gespielt hat (aber es steht ihm immer frei, uns um Hilfe zu bitten), ehe er mit dem nächsten Ding spielt. Es geht nicht um strikte Regeln, es ist einfach die »Art, wie es ist« in unserem Haus. Es gab nur wenig Grund, in unserem Zuhause Regeln aufzustellen, weil die Routi-

nen verantwortlichen Verhaltens immer wichtig waren. Wir erwarten von unserem Sohn, dass er seine Verantwortlichkeiten erfüllt. Sie sind einfach Teil seines Lebens.

Erwischen Sie Kinder dabei, wenn sie etwas richtig machen
Wenn Ihre Kinder verantwortungsvolles Verhalten lernen, zeigen Sie ihnen, dass Sie Dinge bemerken, die sie richtig machen. Lob und Ermutigung wird Ihre Kinder motivieren, ihre positiven Handlungen zu wiederholen. Darauf hinzuweisen, was Ihr Kind richtig gemacht hat, und es wissen zu lassen, wie erfreut Sie über sein Verhalten sind, garantiert Ihnen, dass Sie mehr von diesem Verhalten sehen werden.

Auch wenn mein Sohn seine Hausarbeiten erledigen musste, sagte ich trotzdem jedes Mal Danke.

Kinder sind glücklich, wenn sie sich im warmen Glanz elterlicher Zustimmung sonnen können, den sie immer suchen. Sie lehnen es vielleicht manchmal ab, zu kooperieren, aber zu wissen, dass ihr gutes Verhalten bemerkt und gelobt wird, erlaubt es ihnen, sich stolz zu fühlen. Dieser Stolz ist es, der Kindern hilft, ihre eigenen hohen Standards für sich selbst zu entwickeln.

Kindern beibringen, vorauszudenken und vorauszuplanen

Warte ist ein Wort, das zu hören Kinder hassen. »Ich will es, jetzt!« Welches Kind hat nicht schon mit dem Fuß aufgestampft und diese Worte gesagt? Aber Teil des sich beim heranwachsenden Kind entwickelnden Sinnes für Verantwortlichkeit ist, das Warten zu lernen und die Grundlagen zu legen, die notwendig sind, um am Ende des Tages die reichere Ernte zu pflücken.

Die Fähigkeit, die Dinge langfristig zu sehen, ist von entscheidender Bedeutung im Leben. So viele Dinge erfordern enorme Anstrengung und Hingabe, ehe Ergebnisse sichtbar sind: viele Jahre im College zu verbringen, ehe man einen Abschluss bekommt, die Anzahlung für ein Auto oder Haus zusammenzusparen, auf einer niedrigen Stufe zu arbeiten, um aufzusteigen. Wir müssen unsere Kinder befähigen, vorauszuschauen und in der Gegenwart Opfer zu bringen, um eine bessere Zukunft zu bekommen.

Hier sind einige einfache Wege, diese Geduld zu fördern:

- Wenn ein Kind eine Buchvorstellung oder ein großes Projekt in der Schule hat, haben Sie die Möglichkeit, ihm *vorausschauendes Denken* beizubringen. Setzen Sie sich mit Ihrem Kind hin und zeigen Sie die verschiedenen Schritte auf, die notwendig sind, um das Projekt rechtzeitig zu beenden. Machen Sie einen realistischen Zeitplan, was wann fertig sein muss. Das bringt Kindern bei, dass erstrebenswerte Ergebnisse Planung und Vorausdenken brauchen. Wenn das Projekt sich im Zeitplan entwickelt, sehen Kinder die konkreten Vorteile dieses Ansatzes: ein erfolgreich beendetes Projekt, ohne in der letzten Minute herumhetzen zu müssen.
- Das nächste Mal, wenn Ihr Kind sich in das Nächste-große-tolle-muss-ich-haben-Dingsbums verliebt, widerstehen Sie dem Drang, es zu kritisieren. Helfen Sie ihm dabei, einen Finanzplan aufzustellen, um das Geld zu verdienen und zu sparen, damit es sich das Objekt seiner Begierde selbst kaufen kann.

Lehren Sie Zeitmanagement und Organisationsfähigkeiten

Die meisten Erwachsenen haben eine Art Tagesplanungssystem (ein Computerprogramm, einen Tagesplaner, eine geschriebene To-Do-Liste usw.), das ihnen dabei hilft, an alles zu denken, was sie zu erledigen haben. Interessanterweise erwarten viele genau dieser Menschen, dass sich ihre Kinder ohne Hilfsmittel an ihre Hausarbeit, Hausaufgaben, Sport und außerunterrichtliche Aktivitäten erinnern. Auch wenn die Liste der Sachen, die das Kind zu tun hat, unkompliziert aussieht, kann es das Kind dennoch überfordern sich an all das zu erinnern. Ein Kind hat das Gefühl von mehr Kontrolle über sein Leben, wenn es seine eigenen, geschriebenen To-Do-Listen hat. Sie können so einfach sein wie eine Übersicht der Aufgaben im Haushalt und ein Ort, an dem die Hausaufgaben notiert werden, oder so kompliziert wie ein richtiges Tagesplanungsbuch. Die Wahl des Systems hängt von der Persönlichkeit des Kindes ab und von den Aktivitäten, die es verfolgen muss. Unabhängig von seiner Form kann ein organisiertes Erinnerungssystem einem Kind gute Zeitmanagement-Gewohnheiten für sein Leben beibringen.

Als unsere Kinder klein waren, hängten wir einen großen Kalender an die Wand in ihrem Zimmer. Wir trugen dort alle wichtigen Ereignisse ein: Geburtstage, Ferien und besondere Anlässe. Als sie älter wurden, fügten wir Schulverpflichtungen und Sportereignisse hinzu. Sie haben gelernt, sich auf ihre Kalender zu verlassen, um sich selbst zu organisieren. Unser Ältester ist jetzt im College, und eines der ersten Dinge, die er sich für sein College-Leben gekauft hat, war ein großer Wandkalender.

Mit Privilegien kommen Verantwortlichkeiten

Wenn Ihr Kind wächst, lassen Sie seine Verantwortlichkeiten mit ihm wachsen. Kinder im Schulalter (vor allem Kinder kurz vorm Teenageralter) sollten lernen, wenn sie größere Privilegien bekommen, wird von ihnen auch mehr Verantwortlichkeit erwartet. Wenn sie alleine in den Park dürfen, wird von ihnen erwartet, dass sie zur abgesprochenen Zeit wieder zu Hause sind. Wenn sie den Computer von Mama und Papa benutzen dürfen, sind sie damit vorsichtig, damit die Dateien von Mama und Papa nicht kaputtgehen.

Teenager erwarten, dass ihre Eltern sie in die Verantwortung nehmen, und sie werden verwirrt und verlieren ihren Respekt vor Eltern, die ihre Erwartungen zu lasch formulieren. Ein Teenager braucht ein klares Verständnis von dem, was Sie erwarten: Sie erwarten, dass er Ihnen sagt, wo er ist, mit wem er unterwegs ist, was sie machen und wann er wieder zu

Hause sein wird. Wenn es Potential gibt, Ihre Erwartungen zu missverstehen, schreiben Sie sie auf, für Sie beide. Sie können dieses Schreiben brauchen, wenn Ihr Teenager eine Stunde zu spät nach Hause kommt und sagt: »Aber ich dachte, du hast Mitternacht gesagt.«

Wir haben positives Verhalten mit zusätzlichen Privilegien belohnt. Wenn unsere Kinder rechtzeitig nach Hause kamen, wurden sie damit belohnt, dass sie mehr Mitbestimmung hatten, wann sie zurück zu Hause sein mussten. Auf der anderen Seite resultierte Zuspätkommen darin, dass sie früher zu Hause sein mussten, bis sie wieder bewiesen hatten, dass sie selbst verantwortlich sein können.

Rüsten Sie Ihre Kinder mit Fertigkeiten für ihr Leben aus

Zu der Zeit, wenn die Kinder von zu Hause ausziehen, sollten sie die Fertigkeiten haben, die sie brauchen, um sich eigenständig versorgen zu können. Aber sie werden diese Fertigkeiten niemals lernen ohne eine Gelegenheit, sie zu üben. Eltern fähiger Teenager haben die Geduld gehabt, den Lernprozess zu ertragen, der zu den Kompetenzen ihrer Kinder führt.

Unsere Kinder wissen beide, wie man kocht, putzt, die Wäsche macht, einkauft und andere Haushaltstätigkeiten macht. Wir wissen, dass sie ans College gehen oder ihr erwachsenes Leben anderswo anfangen werden, mit den Fertigkeiten, die sie brauchen, um einen Haushalt zu versorgen.

Eltern lehren die Fähigkeiten fürs Leben eine nach der anderen über viele Jahre hinweg, jede gelernte Fertigkeit bringt das Kind näher an eine erfolgreiche Unabhängigkeit. Wenn Sie Ihren Tag in Angriff nehmen, achten Sie auf die vielen Aufgaben, die Sie tun, oft ohne viel darüber nachzudenken, von denen Ihre Kinder profitieren würden, sie zu lernen: das Auto betanken, eine Glühbirne wechseln, eine herausgeflogene Sicherung wieder anschalten, die Regenrinne reinigen, neue Tinte in den Drucker füllen, eine Bestellung aus dem Katalog machen, eine Batterie wechseln oder einen Reifenwechsel durchführen. Die Liste ist endlos; Sie haben nahezu täglich Möglichkeiten, Ihren Kindern Fertigkeiten für ihr Leben beizubringen.

Die Wissenschaft sagt:

Impulskontrolle sagt Erfolg voraus

Eine klassische Studie der Stanford-Universität zur Impulskontrolle – genannt die Marshmallow-Studie – zeigte, dass kleine Kinder, die aufgeschobene Belohnung trainieren, mit höherer Wahrscheinlichkeit erfolgreiche Teenager werden. Einer Gruppe Vierjähriger wurden zwei Möglichkeiten von Marshmallows als Belohnung gegeben. Die Forscher sagten, dass sie jetzt sofort einen Marshmallow haben können, oder sie könnten zwei Marshmallows bekommen, wenn sie zwanzig Minuten warten würden. Dieses Experiment teilte auf natürliche Weise die Kinder in zwei Gruppen: manche nahmen sich den Marshmallow sofort, die anderen warteten auf den zweiten Marshmallow als Belohnung für das Warten. Diese zwei Gruppen von Kindern, diejenigen, die aus einer Laune heraus handelten und diejenigen, die warten konnten, wurden bis zum Ende der Highschool begleitet. Die Kinder, die es schafften, ihren Impuls mit vier Jahren zu unterdrücken, neigten dazu, sozial und akademisch erfolgreicher zu sein. Die Forscher schlossen daraus, dass schlechte Impulskontrolle ein Risikofaktor für weniger Erfolg im späteren Leben ist.

Wir fangen jedes Jahr mit unseren Kindern an, indem wir eine Liste mit Zielen machen – Dinge, die sie lernen wollen. Dann konzentrieren wir uns darauf, diese Fertigkeiten zu ihrer langen Liste an bereits erworbenen Fertigkeiten hinzuzufügen. Wenn unsere Kinder ihr Zuhause verlassen, nehmen sie die Fertigkeiten mit, die sie brauchen, um zu kochen, zu putzen, die Finanzen im Griff zu haben, einen Brief zu schreiben, zu nähen, einfache Reparaturen durchzuführen, zu gärtnern, einzukaufen und die Wäsche zu machen. Wir haben immer geglaubt, dass diese Lebensfertigkeiten zu Hause gelernt werden sollten, ehe man in die Welt hinauszieht.

Leben Sie Verantwortlichkeit vor

Wenn Eltern ihre Verantwortlichkeit ernst nehmen – wenn sie Hingabe zu ihrer Arbeit und ihrer Familie zeigen – senden sie ihren Kindern eine wichtige Botschaft. Wie Sie Ihre Verantwortlichkeiten in Ihrem Leben ansehen hat einen gewaltigen Einfluss darauf, wie Ihre Kinder ihre Verantwortlichkeiten erfüllen.

Wir versuchen, ein gutes Beispiel zu geben, da Kinder Dinge schnell nachmachen.

Viele Eltern reden ohne Absicht zu viel in Anwesenheit der Kinder über Frustrationen bei der Arbeit und Ärger in der Familie. Kinder, die zu viel von diesem negativen Reden hören, nehmen an, dass es schwierig und unangenehm ist, die Verantwortlichkeiten eines Erwachsenen zu haben. Aber wenn die Konversation der Eltern sich auf die positiven Aspekte ihrer Rollen konzentriert, sehen Kinder Verantwortlichkeit als normalen, akzeptablen Teil des Lebens eines Erwachsenen an – sogar als etwas, auf das man sich freuen kann.

Wir betreiben ein Familienunternehmen, daher war unsere Arbeit unseren Kindern immer bewusst. Sie haben durch unser Beispiel gelernt, dass harte Arbeit sehr lohnend sein kann. Jeder von ihnen hatte die Gelegenheit, bei verschiedenen Aufgaben in unserem Druckladen mit uns zusammen zu arbeiten, vom Sortieren bis zu Rechnungserstellung, Bearbeitung und Schriftsatz.

Teenager zum Arbeiten bewegen: Warum, wann, wie viel?

Obwohl ich (Bill) in meinem Leben viele Jobs hatte, nehmen doch diejenigen, die ich als Teenager ausgeführt habe, einen besonderen Platz in meinem Gedächtnis ein. Eine Sache, die ich besonders in Erinnerung habe, ist, dass von mir erwartet wurde, von klein auf einen Teil meiner Ausgaben selbst zu finanzieren. Beinahe ein Teenager startete ich als Jung-Unternehmer, als Rasenmäher in der Nachbarschaft. Schnell lernte ich, dass es effizienter – und besser bezahlt – war, einen elektrischen Rasenmäher zu haben. Also sparte ich genug Geld, um einen Rasenmäher zu kaufen (was vor 50 Jahren ein Luxus war), der es mir erlaubte, mehr Rasenfläche in weniger Zeit zu mähen. Vielleicht versuchten meine Verwandten ein wenig umgekehrte Psychologie, als sie mir einen weniger glamourösen Sommerjob beim städtischen Bauamt besorgten, und in Glasfabriken und Stahlbaufirmen. Nach ein paar Sommern harter Arbeit konnte ich es nicht erwarten, mich in die Reihe der Studienbewerber zu stellen und ans College zu gehen. Aus diesen Erfahrungen lernte ich, wie wichtig es war, spezialisierte Fertigkeiten oder einen ordentlichen Beruf zu lernen. Bis heute bewahre ich einen besonderen Platz in meinem Herzen für die Menschen, die ihren Unterhalt mit harter körperlicher Arbeit verdienen.

Sollten Teenager arbeiten? Diese einfache Frage hat eine komplizierte Antwort. Die wichtigsten Ziele der Kindheit sind gesunde Entwicklung und Bildung. Aber geschätzt 85 % der amerikanischen Jugendlichen haben irgendwann in ihrer Zeit an der Highschool einen Teilzeitjob. Wie passen diese Jobs zu diesen Zielen?

Verschiedene Studien haben starke Beweise dafür gefunden, dass eine Beschäftigung in der Jugend positive *und* negative Auswirkungen auf die Leben der jungen Menschen hat. Daher führt die Frage, ob Teenager Jobs haben sollten, tatsächlich zu weiteren Fragen. *Warum* arbeiten Teenager, und warum *sollten* sie arbeiten? Wie beeinflusst die Arbeit ihr Lernen?

Welche Art von Arbeit sollten Teenager machen? Wie entscheiden Sie, ob Arbeiten das Richtige für Ihr Kind ist?

Warum arbeiten sie?

Wenn Ihr Kind das erste Mal mit der Bitte um Erlaubnis auf Sie zukommt, arbeiten zu dürfen, sollten Sie zuerst herausfinden, warum es arbeiten möchte. Nahezu 90 % der amerikanischen Teenager arbeiten, um Geld für Kleidung und persönliche Ausgaben zu haben. Diese Erkenntnis stützt die wachsende Sorge älterer Erwachsener bezüglich des Materialismus jüngerer Menschen und ihrem Wunsch nach sofortiger Belohnung. Das durchschnittliche Kind wird mit Fernsehwerbung bombardiert, die ausgeklügelte und machtvolle Strategien nutzt, um den Wunsch nach materiellen Statusgütern zu wecken und aufrechtzuerhalten. Wenige Teenager arbeiten, um zum Familieneinkommen beizutragen. (Teenager von Familien mit mittlerem Einkommen arbeiten mit höherer Wahrscheinlichkeit als diejenigen aus Familien mit niedrigem Einkommen.) Der zweithäufigste Grund, aus dem Teenager sagen, dass sie arbeiten möchten, ist, um Unabhängigkeit zu erhalten. Eine überraschend kleine Anzahl nannte Sparen für die Ausgaben für ein Auto oder das College als Hauptgrund zu arbeiten. Sehr wenige sagten, sie arbeiteten, um Fertigkeiten fürs Leben zu lernen.

Warum sollten sie arbeiten?

Wenn Materialismus der Grund ist, warum Teenager arbeiten, kann die Erfahrung niemals vorteilhaft sein. In städtischen und vorstädtischen Umgebungen sind wenige Kinder über oberflächliche Hausarbeiten in die täglichen Aufgaben einbezogen, die notwendig sind, um einen Haushalt zu führen. Einen Job zu haben erlaubt Teenagern, sich Fertigkeiten anzueignen und zu trainieren, die zu ihrer Produktivität innerhalb der Gesellschaft beitragen. Eine positive Arbeitserfahrung kann einem Kind viel über Verantwortung, Pünktlichkeit, Teamarbeit, Problemlösungsfertigkeiten, die Komplexität des Kundenservice und die Realität des Umgangs mit einem Budget und Finanzmanagement beibringen.

Wenn Vierzehn- oder Fünfzehnjährige sich für ihren ersten Job bewerben, fangen sie am wahrscheinlichsten mit sich wiederholenden Routinearbeiten an. Sie müssen realistisch sein. Ich persönlich glaube, dass das keine schlechte Sache ist. Wenn erst einmal das Neue, einen Job zu haben, ein wenig verblasst ist und es langweilig wird, gibt es dennoch ein paar Vorteile:

1. Es wird eine gute Möglichkeit für die Eltern, die Wichtigkeit einer akademischen Ausbildung deutlich zu machen. Da entsteht Druck … also kann das Argument wirklich Wirkung zeigen. Diese Erfahrung kann mit der Motivation zum Setzen von Zielen helfen. Wer will schließlich für immer bei McDonalds den Boden wischen und die Toiletten putzen?

2. Es muss etwas über das Lernen aus erster Hand gesagt werden, wie man »die Karriereleiter erklimmt« oder »seine Ausgaben zahlt«. Wir alle müssen irgendwo anfangen. Das kann demütigend sein und uns helfen, das Leben aus der richtigen Perspektive zu sehen. Außerdem wird das »da gewesen zu sein« diese Kinder hoffentlich daran erinnern, wie es ist, der Unterste in einer Hierarchie zu sein, und sie werden netter zu anderen Menschen sein, die in der gleichen Position sind, in der sie einmal waren.

3. Der Lohn davon, »ganz unten anzufangen« und sich den Weg zu einer Beförderung (egal wie klein diese ist) zu erarbeiten, kann stärkend sein. Das ist auch eine gute Gelegenheit für Eltern, zu betonen, sein Bestes zu tun, egal welchen Job man hat. Das hilft dabei, eine gute Arbeitsethik anzuerziehen.

Erinnern Sie sich daran, wie toll es war, einen Job zu bekommen, den Sie mögen (auch wenn er nicht perfekt war), nachdem Sie einen Job aufgegeben hatten, den Sie hassten? Und wie sehr Sie dann diesen neuen Job gewürdigt haben?

Wie beeinflusst die Arbeit ihr Lernen?
Alle Berichte über arbeitende Jugendliche stimmen darin überein, je mehr Zeit Jugendliche auf der Arbeit verbringen, desto weniger Zeit wird für die Schule aufgewandt. Schüler, die mehr als 20 Stunden pro Woche arbeiten, zeigen hohe Stressniveaus und kümmern sich weniger um ihre Bildung.

> *Zu oft hatte ich Kinder, die um 10.30 Uhr in die Schule kamen und sagten, dass sie in der Nacht zuvor bei der Arbeit abschließen mussten. Schüler finden es schwerer, zu ihren Chefs »nein« zu sagen als in der Schule. Müdigkeit und verpasste Aufgaben sind aber nicht das Schlimmste. Zu viele Kinder verpassen so die Qualitätszeit mit ihrer Familie. Wenn die Eltern nach Hause kommen, geht das Kind zur Arbeit. Wenn das Kind nach Hause kommt, schlafen die Eltern schon.*
>
> *– A Week in the Life of a High School,*
> *Time Magazine, Oktober 1999*

Während Arbeiten für mehr als 20 Stunden pro Woche vermutlich zu viel ist, zeigen Studien, dass Teenager, die zwischen fünfzehn und zwanzig Stunden pro Woche arbeiten, höhere Notendurchschnitte haben als ihre nicht arbeitenden Mitschüler. Es ist unklar, ob diese Erkenntnis in Beziehung zum Schülertyp steht, der einen Job annimmt, oder zum resultierenden Sinn für Verantwortlichkeit, die ein Job erzeugt, oder ob es der lebendige Beweis für das Sprichwort ist: »Wenn du willst, dass etwas erledigt wird, bitte eine beschäftigte Person darum.«

Welche Art von Arbeit sollten Teenager machen?
Nach Aussage des National Institute for Occupation Safety and Health (NIOSH), dem Nationalen Institut für Arbeitssicherheit und Gesundheit in den USA, sterben etwa 70 Jugendliche jährlich in den USA bei Arbeitsunfällen. Rund 70.000 werden schwer genug verletzt, sodass ein Besuch in der Notaufnahme notwendig ist. Die Verletzungsraten sind bei Jugend-

lichen ungefähr doppelt so hoch wie bei Erwachsenen. Teenager werden oft im Job verletzt, weil sie kein angemessenes Sicherheitstraining und keine Aufsicht erhalten. Teenager haben auch noch nicht die Weisheit, die mit dem Alter kommt, und sie machen Fehler aufgrund von Fehleinschätzungen. Teenager werden mit höherer Wahrscheinlichkeit verletzt, wenn sie in Jobs arbeiten, die das Gesetz für sie verbietet, in denen sie aber dennoch eingesetzt werden. Offensichtlich beeinflusst die Art des Jobs, den der Teenager hat, die Risiken und den Nutzen des Arbeitens. Eine wichtige Betrachtung bei der Entscheidung, ob ein Teenager arbeiten sollte oder nicht, ist daher die Arbeit, die der Jugendliche machen wird.

Wie viele Stunden sollten sie arbeiten?

Die Bundes- und Landesgesetze schützen Teenager davor, zu viele Stunden zu arbeiten, zu spät am Tag zu arbeiten oder zu früh am Morgen. Aber auch wenn Teenager und ihre Eltern diese Gesetze kennen, wird ihr Kind dennoch oft gefragt, ob es außerhalb dieser gesetzlichen Grenzen arbeiten möchte.

Nach Aussage des US-Ministeriums für Arbeitssicherheit und Gesundheitsstandards für nicht-landwirtschaftliche Jugendarbeit (Dezember 1999):

- Jugendliche im Alter zwischen vierzehn und fünfzehn Jahren dürfen in nicht-herstellenden, Nicht-Bergbau-, nicht-gefährlichen Jobs für nicht mehr als drei Stunden an einem Schultag, achtzehn Stunden in einer Schulwoche, acht Stunden an einem Nicht-Schultag oder 40 Stunden in einer Nicht-Schulwoche arbeiten. Sie dürfen nicht vor 7 Uhr am Morgen anfangen und nicht nach 19 Uhr am Abend arbeiten, außer von 1. Juni bis Labour Day, da sind die Zeiten auf 21 Uhr abends ausgedehnt. (Genehmigte Programme zur Arbeitserfahrung haben separate Regeln.)
- Jugendliche im Alter von 16 und 17 Jahren dürfen Jobs, die vom Arbeitsministerium als nicht-gefährlich eingestuft sind, für unbeschränkte Zeit ausführen.

Die Gesetze für 14 und 15 Jahre alte Jugendliche stehen im Einklang mit der Forschung, die zeigt, dass Schüler, die mehr als 20 Stunden pro Woche arbeiten, negative Auswirkungen spüren, die von schlechten Leistungen in der Schule und Absentismus bis hin zu schlechter Ernährung, zu wenig Bewegung, unregelmäßigem Schlaf, hohem Stress und erhöhter Wahrscheinlichkeit, an einer kriminellen Aktivität teilzunehmen, sexuell aktiv zu werden oder Drogen zu konsumieren, reichen.

Die Forschung zeigt, dass Schüler, die 15 bis 20 Stunden in einer Schulwoche arbeiten, diesen Gefahren weniger ausgesetzt sind, auch wenn sie immer noch ein Thema sind; es hängt alles von der Arbeit und dem Kind ab. Eine gesunde Arbeitserfahrung, die ein Gleichgewicht zwischen Schule, Arbeit und Freizeitaktivitäten erlaubt, kann positive Auswirkungen haben, einschließlich einer gesünderen Beziehung von Eltern und Kindern; guter Leistungen in der Schule; gesunder Essens-, Bewegungs- und Schlafgewohnheiten und einem gesunden Selbstvertrauen.

Meine Tochter Sarah arbeitet 16 Stunden pro Woche, und wir denken, das ist genau richtig für sie. Manchmal denke ich, sie hätte gerne ein wenig mehr Zeit mit ihren Freunden, aber sie mag arbeiten und sie mag ihre Arbeit. Aber, wissen Sie, auch gute Entscheidungen, die auf lange Sicht von Vorteil sind, brauchen eine gewisse Menge an Verzicht. Es ist natürlich ihre Entscheidung, zu arbeiten oder nicht, und sie hat sich für diesen Weg entschieden. Wir haben ihr gesagt, als sie angefangen hat, dass, wenn ihre Noten leiden oder wir das Gefühl haben, dass sie zu sehr in Stress geriete, sie aufhören müsste, aber bisher laufen die Dinge sehr gut. Wir haben auch verschiedene Zeitmanagement-Systeme besprochen und das Setzen von Prioritäten, und wir helfen ihr mit Ideen, wie sie diese Dinge handhaben kann, bis sie »ihren eigenen Rhythmus gefunden hat«. Sie bekommt das alles inzwischen sehr gut hin. Weil wir eine vorsichtige, überdachte Entscheidung getroffen haben, erweist sich das als großartige Erfahrung als ihr erster Schritt in die weite Welt.

Ein Punkt, den die Forschung zu den Arbeitszeiten von Teenagern vermissen lässt, ist eine Analyse dazu, wie die Teenager ihre Freizeit verbringen, wenn sie keine Arbeit haben. Studien zeigen uns, dass der durchschnittliche amerikanische 12- bis 15-Jährige im Durchschnitt 17 Stunden pro Woche vor dem Fernseher verbringt. Andere favorisierte Aktivitäten von Teenagern, wie in Einkaufszentren mit Freunden herumzuhängen, belegen ebenfalls Nicht-Schulzeiten. Klar ist, wenn Fernsehzeiten und unstrukturierte Freizeiten wegfallen, wenn der Teenager einen Job hat, dann ist der Job tatsächlich eine gute Sache.

> *Obwohl viele Hürden und Enttäuschungen vor ihr lagen, hat sie sich nicht unterkriegen lassen und weitergearbeitet. Statt zu jammern, erhält sie sich eine positive Einstellung in dem Wissen, dass sich harte Arbeit am Ende auszahlt – und das tut sie immer.*

Lehren Sie sie früh und vertrauen Sie ihnen dann

Verantwortungsbewusste Kinder zu erziehen, erfordert eine hohe Dosis Geduld und Hingabe, aber es ist eine der besten Investitionen, die Sie je machen werden. Sie stecken an der einen Seite der Kindheit Ihre Zeit hinein oder an der anderen, entweder indem Sie Ihr Kind auf das Leben als Erwachsener vorbereiten oder indem Sie sich permanent sorgen, wenn es da draußen alleine ist. Vertrauen Sie uns, als Eltern vieler Kinder, wenn wir sagen, dass Sie deutlich weniger angsterfüllte Nächte haben werden, wenn Sie von Anfang an in die Erziehung verantwortungsbewusster Kinder investieren.

Arbeiten oder nicht arbeiten – Ihrem Teenager bei der Entscheidung helfen

Wie entscheiden sie, ob Arbeiten das Richtige für Ihr Kind ist?
Jedes Kind ist anders und jede Arbeitsmöglichkeit ist einzigartig. Das ist eine Situation, die einen aufmerksamen Ansatz sowohl von Eltern als auch Kind braucht. Betrachten Sie, was Ihr Kind aufgeben wird, um zu arbeiten und was es durch den Job gewinnen kann, wie sein Tagesablauf sein wird und welche Auswirkungen auf sein Schulleben und seine Freizeit mit Familie und Freunden es geben wird. Ist es bereit für diese Art der Verpflichtung? Nutzen Sie diese Fragen als Richtlinie, um die richtige Entscheidung zu treffen:

1. Was gibt der Teenager für die Arbeitszeit auf?
Die Antwort auf diese Frage kann so verschieden sein wie »seine liebste Fernsehsendung« oder »seinen Schach- und Debattierclub«. Klar, die Antwort ist eine wichtige Komponente in der Entscheidung.

2. Ist der Job in allen Belangen sicher?
Das kann einen Besuch am Arbeitsplatz und eine umfassende Beurteilung des Jobs bedeuten. Auch wenn ein Hauswart im lokalen Bowlingcenter gut klingen mag, kann es sein, dass Sie herausfinden, dass Ihr Kind mit giftigen Reinigungsmitteln arbeiten muss und dass es das Gebäude öffnet, alleine und im Dunklen am Samstagmorgen.

3. Wie beeinflusst der Job die Schularbeit des Teenagers?
Das Versprechen Ihres Kindes: »Mach dir keine Sorgen, ich krieg das alles hin« zu akzeptieren, ist keine angemessene Antwort auf diese Frage. Das ist der Punkt, sich gemeinsam mit Stift und Papier hinzusetzen und einen Zeitmanagement-Plan zu schreiben. Schreiben Sie alle Tage der Woche auf und alle Stunden des Tages, und machen Sie einen realistischen Plan für alle Aktivitäten.

4. Wie beeinflusst der Job die Schlaf- und Essgewohnheiten des Kindes?
Muss Ihr Kind früher als normal aufstehen? Später ins Bett gehen? (Wenn es am Morgen sowieso schon schwer aus dem Bett kommt, sollte das eine Rote Karte sein!) Wird genug Zeit für regelmäßige Mahlzeiten sein oder muss es direkt von der Arbeit zur Schule gehen, ohne eine Pause für eine gesunde Mahlzeit zu haben? Wie werden Sie mit all diesen Details umgehen?

5. Wie beeinflusst der Job die Familienbeziehungen des Kindes und seine Freizeit?
Ersetzt der Job Zeit mit Familie und Freunden? Bleibt genug Zeit für Aktivitäten außerhalb von Schule und Arbeit? Mit wem wird Ihr Kind arbeiten? Das ist eine wichtige Frage, denn die Menschen, mit denen Ihr Kind seine Zeit bei der Arbeit verbringt, werden vielleicht sein neuer Freundeskreis. Was wird deren Einfluss auf Ihr Kind sein?

6. Versteht Ihr Kind die Verpflichtung?
Ein Job ist eine erwachsene Verantwortlichkeit ohne Raum, sich krank zu melden, um auf die Party eines Freundes zu gehen, oder müde von der letzten Nacht im Kino arbeiten zu gehen. Über leichtsinnige Aktionen hinaus bedeutet das Aufrechterhalten eines Arbeitsplanes auch, spaßige Aktivitäten sausen zu lassen, um zu Hause zu bleiben und die Hausaufgaben zu erledigen. Einem Job außer Haus nachzugehen sollte Ihrem Kind nicht erlauben, sich aus den Haushaltsarbeiten herauszuhalten; schließlich ist es immer noch ein produktives Mitglied der Familie. Ist Ihr Kind wirklich bereit für diese neue Reihe an Verpflichtungen?

7. Was sind die Vorteile dieses bestimmten Jobs?
Wenn Sie einmal festgelegt haben, dass einen Job zu haben das Richtige für Ihr Kind ist, schauen Sie frisch auf die sich bietende Gelegenheit. Ist Ihr Kind bereit, zu springen, weil der Job angeboten wird? Schauen Sie sich um und stellen Sie sicher, dass es der richtige Job ist. Was hat es

von diesen Erfahrungen? Welche beruflichen Fertigkeiten und Ausbildungen erlangt es? Wenn der Job größtenteils sich wiederholende Routinearbeit ist, kann der Glanz schnell weg sein und der Job langweilig werden. Ist Ihr Kind darauf vorbereitet? Welche Vorstellungen gibt es hinsichtlich der Dauer der Beschäftigung oder von Aufstiegsmöglichkeiten?

Wenn Sie beschlossen haben, Ihrem Jugendlichen für einen Job grünes Licht zu geben, zeigen Sie ihm, dass Sie ihn unterstützen – und lassen Sie ihn wissen, dass Sie daran glauben, dass er Erfolg haben wird.

11 Ein moralisches Kind erziehen

Das Hobby der Sears-Familie ist das Segeln. Mit den Kindern über die Wellen zu gleiten bietet viele Gelegenheiten für lehrreiche Momente. Die Wichtigkeit, die Segel ordentlich zu setzen und einzuholen, kann verglichen werden mit dem Vorhandensein von Regeln für ein gutes Leben. Wir können den Wind und die Wellen nicht ändern, aber wir können unser Ziel bestimmen. Wir müssen die Segel so setzen, dass wir dort hinkommen, und wenn wir in einen Sturm geraten, ankern wir und warten, bis er vorüber ist. Ohne diese einfachen Regeln treibt das Boot ziellos, dem Wind und den Wellen ausgeliefert. Es kann sein, dass wir Glück haben und das Boot sicher in die richtige Richtung treibt; wahrscheinlicher ist jedoch, dass wir auf einen Felsen auflaufen. Innere Regeln, die wir Moral nennen, halten unsere Segel richtig gesetzt und sorgen dafür, dass unser Lebens-Boot in die richtige Richtung unterwegs ist. Diese Regeln verankern uns auch in rauen Zeiten. Wenn wir diesen Regeln folgen, haben wir eine bessere Chance, glücklich zu sein. Wenn wir unsere Segel genau richtig setzen, bewegt sich das Boot in Einklang mit Wind und See. Wenn wir unser inneres Leitsystem richtig setzen, werden wir uns in Einklang mit uns selbst fühlen. Unser Weg durchs Leben wird gradliniger sein, wenn wir die richtigen Entscheidungen treffen.

Wie Kinder lernen, moralische Entscheidungen zu treffen

Paula und ihr Mann Jeff diskutierten, was Kinder dazu brachte, auf ihre Eltern zu hören. Sie hatten drei Kinder, die normale, unaufgeräumte Zimmer hatten und sich gegenseitig piesackten und ärgerten. Aber im Allgemeinen machten sie, was ihre Eltern und Lehrer von ihnen erwarteten. Sie waren gute Kinder.

Jeff bestand darauf, dass das daran lag, dass sie wussten, was passieren würde, wenn sie sich nicht benehmen würden: sie würden bestraft und würden bestimmte Privilegien verlieren. Das zu wissen, dachte er, war es, was ihn als Kind und Jugendlicher auf dem richtigen Weg hielt, und er erwartete, dass seine Kinder den gleichen Weg des Denkens einschlagen würden. Warum schließlich fuhr er auch die zugelassene Höchstgeschwindigkeit und hielt am Stoppschild an? Damit er keine Strafzettel bekam, richtig?

Aber Paula hatte andere Ideen, basierend auf ihrer eigenen Erziehung. Sie wuchs in einem Zuhause auf, in dem Kinder selten, wenn überhaupt, bestraft wurden. Es war nicht so, dass ihre Eltern sich nicht um sie und ihre Schwestern kümmerten, noch ließen sie die Kinder machen, was diese wollten. Paula und ihre Schwestern hatten einfach nie den Wunsch, sich falsch zu verhalten oder gegen ihre Eltern zu kämpfen, wie viele Gleichaltrige das taten. Wenn sie sich so verhielten, wie ihre Eltern das nicht wollten – sagen wir, sie waren nicht freundlich zueinander oder vernachlässigten ihre Pflichten –, redete normalerweise einer ihrer Eltern mit ihnen, meist der Vater. Wenn er damit fertig war, über die Angelegenheit zu reden, wollten sie nichts so sehr, wie seinen hohen Ansprüchen an sie zu genügen. Paula dachte, dass ihre eigenen Kinder aus ziemlich genau den gleichen Gründen ehrlich und verantwortungsbewusst waren.

Das war für Jeff schwer zu verstehen, aber er musste zugeben, dass alle drei ihrer Kinder verlässlich den Regeln folgten, ihre Hausaufgaben machten (normalerweise) und von der Art von Ärger wegblieben, die ihn als Teenager herausgefordert hatte. Sie verloren selten ihre Privilegien, und wenn sie in ihrer Einschätzung Fehler machten, tat es ihnen jedes Mal leid und sie arbeiteten hart daran, das Vertrauen ihrer Eltern zurückzubekommen. Er musste auch zugeben, dass, wenn seine Kinder älter würden, es schwer werden würde, sie effektiv zu bestrafen.

Paula erinnerte ihn daran, dass, wenn ihre Kinder erwachsen wären, sie von alleine das Richtige würden tun müssen. Ja, das Rechtssystem würde bestimmte Arten von Fehlverhalten bestrafen, aber verantwortungsvolle Erwachsene sind vor allem sich selbst und ihrer Familie Rechenschaft schuldig. Paula beobachtete auch, dass Jeff die Verkehrsregeln einhielt, auch wenn keine Polizeistreife in Sicht war. Die Sicherheit aller hängt davon ab, dass die Fahrer den Verkehrsregeln folgen.

Das zu tun, was richtig ist, weil es richtig ist, ist das Kennzeichen einer moralischen Person. Kinder sind erfolgreich, wenn sie Verantwortung dafür übernehmen, ihre eigenen moralischen Entscheidungen zu treffen. Das ist nicht die herkömmliche Definition von Erfolg: Es beinhaltet nicht Reichtum, Status oder Macht. Aber zusammen mit Empathie und Mitgefühl ist die Fähigkeit, moralische Entscheidungen zu treffen, eine Qualität, die Eltern ihren Kindern mitgeben möchten – für das Beste ihres Kindes und das Beste der Welt.

Wie lernen Kinder, richtig und falsch zu unterscheiden? Und was bringt sie dazu, sich für das Richtige zu entscheiden? Kinder bilden nicht von selbst starke moralische Werte. Sie lernen ihre Werte von ihren Eltern und von Gleichaltrigen, in der Schule, in der Kirche und auf dem Spielplatz, durch Diskussionen und Lektionen vor Ort. Moral wird genauso »erworben« wie gelehrt, und ein Kind, das moralisch ist, zeigt es durch Taten genauso wie durch Worte.

Paula und Jeff in der obigen Geschichte waren auf einem guten Weg, ihre Kinder zu verantwortungsbewussten, moralischen Erwachsenen zu erziehen. Sie hatten über die Jahre starke Bindungen mit ihren Kindern aufgebaut, und die Kinder vertrauten ihnen. Sie hatten ihren Kindern auch eine starke spirituelle Grundlage mitgegeben. Wenn diese Kinder das Richtige taten, fühlten sie sich innerlich richtig. Wenn sie zugaben, das Falsche getan zu haben, fühlten sie sich unwohl. Wie sich Paula aus ihrer eigenen Kindheit erinnerte, gab es bestimmte Dinge, die einfach »in unserer Familie« nicht gemacht wurden. Ihre Kinder taten ihr Bestes, um die Erwartungen ihrer Eltern zu erfüllen.

Moral und Werte werden nicht getrennt von anderen Qualitäten gelernt, die Kinder brauchen, um erfolgreiche Erwachsene zu sein. Empathie ist ein wichtiger Teil davon, moralische Entscheidungen zu treffen, weil die Fähigkeit, Situationen aus der Sicht eines anderen einschätzen zu können, der Kern ist, warum manche Entscheidungen richtig sind und andere falsch. Selbstvertrauen und ein Sinn für Verantwortlichkeit haben ebenfalls einen Bezug zu moralischem Verhalten. Und all diese Dinge lernen Kinder zuerst aus der Beziehung zu ihren Eltern.

Dieses Kapitel hilft Ihnen, zu verstehen, wie Ihr Kind in verschiedenen Entwicklungsstufen über Richtig und Falsch denkt. Es gibt Ihnen auch die Werkzeuge, die Sie brauchen, um Kinder zu erziehen, die das Richtige tun wollen, einfach, weil es richtig ist.

Moralische Kinder sind Kinder, die sich kümmern

Empathie und Mitgefühl bilden die Grundlage für Moralität. Die Goldene Regel (Behandle andere so, wie du selbst behandelt werden möchtest.) basiert auf Empathie. Ehe Ihr Kind andere so behandeln kann, wie es selbst behandelt werden möchte, muss es fähig sein, die Sichtweise der anderen Person einzunehmen und zu verstehen, wie seine Aktionen andere beeinflussen. Dazu ist Mitgefühl notwendig, ebenso wie die Fähigkeit, eine Aktion und ihre Konsequenzen bis zum Ende zu durchdenken.

Erziehen Sie ein verbundenes Kind

Empathie basiert auf *Sensibilität*, für andere und für sich selbst. Das verbundene Kind entwickelt auf Grund des gegenseitigen Vertrauens zwischen ihm und seinen Betreuern einen Sinn für Wohlbefinden, einen inneren Sinn für Richtigkeit. Weil seine Betreuer seinen Bedürfnissen gegenüber sensibel sind, lernt es, sensibel gegenüber seinen inneren Gefühlen zu sein, auf seine innere Stimme zu hören. Es lernt auch, sensibel dafür zu sein und auf das zu vertrauen, was seine Betreuer ihm über es selbst sagen, und über das, was es tun sollte. Ihre Aktionen und Tugenden werden Teil von ihm, sodass Sensibilität und Vertrauen nicht so sehr Qualitäten sind, die das Kind hat oder erwirbt, sondern einfach das, was es ist. Vertrauen macht Grenzen und Begrenzungen – andere Bausteine einer moralischen Person – bedeutungsvoller für ein Kind.

Manche Kinder lügen ihre Eltern an, wenn sie Ärger haben, und andere sagen die Wahrheit. Warum ein Kind lügt und das andere nicht, hängt von der Entwicklungsstufe und dem Temperament des Kindes ab, aber auch von der Verbindung zwischen Eltern und Kind. Für das verbundene Kind wäre Lügen ein *Vertrauensbruch*. Das Kind weiß das und wird nicht das Wohlgefallen seiner Eltern riskieren. Das gegenseitige Vertrauen zwischen Eltern und Kind ist so stark, dass das Kind ein Fehlverhalten zugeben kann. Klar, auch das best-verbundene Kind wird sich ein paar Geschichten ausdenken, vor allem in den Vorschuljahren, aber wenn sein eigener Sinn von Richtig und Falsch sich entwickelt, wird es geplagt, wenn es etwas Falsches tut, weil es weiß, dass das nicht das ist, was seine Eltern von ihm wollen. Konfrontiert mit einer Situation, die eine schnelle Entscheidung erfordert, werden Kinder immer das tun, was am einfachsten ist. Unverbundene Kinder hängen weder vom Vertrauen und Ansehen ihrer Betreuer ab, was ihr Wohlbefinden angeht, noch sind sie daran interessiert, wie ihre Aktionen andere beeinflussen. Für das verbundene Kind ist es einfacher, die Wahrheit zu sagen, denn der Schmerz, die vertrauensvolle Beziehung zu den Eltern zu verletzen, wäre weniger erträglich als der Schmerz, ein Fehlverhalten zuzugeben. Das vertrauensvolle Kind wird mit höherer Wahrscheinlichkeit ein wahrheitsliebendes Kind.

Kinder, die keine sensible Betreuung erfahren, sind eventuell nicht fähig, Reue zu empfinden oder Verantwortung für die Auswirkungen ihrer Handlungen auf das Leben anderer zu übernehmen. Verbundene Kinder, die sich sorgen, kümmern sich darum, wie ihre Taten andere beeinflussen. Sie scheuen davor zurück, etwas falsch zu machen, weil ihnen bewusst ist, dass diese Taten das Gefühl von Reue mit sich bringen. Sie bevorzugen die guten Gefühle, die sie haben, wenn sie sich richtig verhalten. Auch wenn sie einmal von ihrem Weg abweichen – was auch verbundene Kinder manchmal tun –, haben sie es leichter, wieder zurückzufinden, weil sie wissen, wie es ist, sich gut zu fühlen, und sie dieses Gefühl bevorzugen.

Wir haben beobachtet, dass AP-Kinder – verbundene Kinder – mit höherer Wahrscheinlichkeit moralisch denken und handeln. Sie sind nicht die Kinder, die Graffiti auf die Wände des Spielplatzes sprühen oder fast alles versuchen, um ihre Eltern während der Teenagerzeit zu ärgern. Der interne Sinn für Richtigkeit und Wohlbefinden, der sich bei einem Baby entwickelt, das in den Armen, an der Brust und mit erfüllten Bedürfnissen aufwächst, wird ein inneres Leitsystem, das es befähigt, die richtigen Dinge aus den richtigen Gründen zu tun. In anderen Worten: Das AP-Kind mag den Weg, auf dem es ist, und bleibt mit höherer Wahrscheinlichkeit auf ihm.

Wie Kinder Moral und Werte entwickeln

Wie andere Qualitäten, die wir in diesem Buch beschreiben, entwickelt sich die Fähigkeit, einem moralischen Kodex zu folgen, während die kognitiven und emotionalen Fähigkeiten wachsen. Die Ideen eines Dreijährigen darüber, warum eine Sache richtig ist und die andere falsch, sind anders als die eines Zehnjährigen. Die moralischen Begründungen eines Jugendlichen sind besser ausgeprägt als in der Zeit kurz vor dem Teenager-

Alter, aber immer noch nicht vollständig ausgereift. Was Sie von Kindern erwarten und wie Sie ihnen Moral beibringen, hängt davon ab, was und wie sie auf jeder Entwicklungsstufe denken.

Ein Baby hat keinen abstrakten Sinn für Richtig und Falsch, so, wie es auch keinen Sinn dafür hat, dass es ein eigenes Ich hat. Es weiß nur, was es sich sicher und umsorgt fühlen lässt und was es ängstigt. »Gut« bedeutet getröstet, gefüttert und zufrieden. Selbstbewusstsein und Vertrauen sind die Tugenden, die in der Babyzeit gelernt werden, und sie sind wichtig dafür, fähig zu sein, später in der Kindheit das Richtige zu tun.

Mach es, wie ich es sage

Hier kommt das Kleinkind ins Spiel, dessen moralische Werte direkt von seinen Eltern kommen. Aufgrund der Bindung, die es in der Babyzeit aufgebaut hat, weiß das Kind, dass, egal was die Eltern sagen, es diesen vertrauen kann. Und wenn das Kleinkind anfängt, seine Welt zu entdecken, haben Eltern jede Menge zu sagen. Der Papa sagt, Schlagen ist falsch, also ist es falsch. Die Mama sagt, fass das Kabel nicht an, also ist es verboten. Das Kleinkind lernt, dass es im Leben Jas und Neins gibt. Es verinnerlicht diese noch nicht oder erinnert sich sehr gut an sie. Es muss permanent bei Mutter oder Vater nachfragen, und sie müssen übervorsichtig sein, damit sie es von Ärger fernhalten. Sie müssen auch Versuchungen aus seinem Leben entfernen, indem sie Zerbrechliches wegstellen, das es nicht anfassen soll, und die Steckdosen sichern, die es nicht untersuchen soll. Kleinkinder lernen auch, dass sie manchmal warten müssen. Sie können vor dem Abendessen keinen Keks haben. Mama und Papa kaufen nicht jedes Spielzeug, das sie im Supermarkt sehen. Wenn Eltern und Kleinkinder verbunden sind, vertraut das Kind darauf, dass das, was die Eltern sagen, richtig ist. Kleinkinder lernen, Autoritäten zu respektieren und ihnen zu vertrauen, indem sie üben, den Eltern zu vertrauen, die sie lieben. Sie lernen auch, dass es im Leben Grenzen gibt – sie können nicht alles tun oder haben, was sie möchten.

Eine andere, unverzichtbare moralische Lektion, die in den ersten Lebensjahren gelernt wird, ist, dass andere ebenfalls Bedürfnisse haben, Gefühle und Rechte. Babys und Kleinkinder sind egozentrisch: Alles in ihrer Welt dreht sich um sie. Andere Menschen existieren nur in Relation zu ihnen. Aber wenn sie als Vorschüler unabhängiger werden, sind sie bereit, die Gefühle anderer zu verstehen. Jetzt folgt das, was wir Transferzeit nennen: Eltern helfen dem Kind dabei, die Einfühlsamkeit, die es von seinen Betreuern erfahren hat, auf andere zu übertragen. Ihre Dreijährige schubst ein anderes Kind im Spielkreis. Sie sagen: »Katie, wie würdest du dich fühlen, wenn Mary dich schubsen würde?« Ein jüngeres Geschwisterkind ist krank und die Fünfjährige wird ermutigt, bei ihrer Pflege zu helfen: »Susie fühlt sich krank und möchte nicht aufstehen. Kannst du ihr ein Glas Wasser bringen?«. Aufgrund dessen, was Mama sagt, was zu tun ist, und aufgrund dessen, wie Mama und Papa das Kind selbst behandelt haben, ist das Kind fähig, sich um die Verletzungen anderer zu kümmern. »Wir schlagen nicht, wir umarmen uns«, »Die Puppe gehört Mary«, »Billy weint, lass uns ihm dabei helfen, dass er sich besser fühlt«. Stellen Sie sich vor, wie Ihr kleiner Schwamm mehrere Jahre lang täglich ein halbes Dutzend solcher moralischen Lektionen aufsaugt. Diese positiven Lektionen werden sein Muster für das Leben mit anderen.

Mach es, wie ich es mache

Zwischen drei und sechs Jahren wächst die Fähigkeit des Kindes, Anleitungen zu *verinnerlichen*. Als Ihr Kind zwei Jahre alt war, mussten Sie solche anleitenden Worte wie »Streichel die Katze, zieh sie nicht am Schwanz« jedes Mal, wenn Ihr Kind die Katze sah, wiederholen. Die Katze lernte vermutlich schnell, sich fernzuhalten. Ein Dreijähriger erinnert sich an Ihre Ermahnung von einem Mal Streicheln bis zum nächsten. Im Alter von drei bis sechs Jahren verinnerlichen Kinder auch die Werte ihrer Betreuungspersonen. Was für Sie richtig ist, wird auch für das Kind richtig. Aus diesem Grund beginnen kluge Eltern und Vorschulpädagogen ihre Morallektionen mit »wir«: »Wir schlagen nicht, wir umarmen uns«, »Wir sitzen auf Stühlen, wir stehen nicht darauf«, »Wir sagen Bitte und Danke«. Kinder wollen dazugehören, wollen Teil dieses Wir sein, also folgen sie den Regeln der Familie oder der Klasse. Es kann sein, dass Sie Ihren Sechsjährigen zu einem Freund sagen hören: »In unserer Familie machen wir das und das.« Wenn diese Normen Teil des inneren Selbst des Kindes werden, fangen diese inneren Regeln an, das Verhalten des Kindes zu bestimmen – mit häufiger Verstärkung, Erinnerung und gelegentlicher Umleitung durch die Betreuer. Mit seiner inneren Kontrolle am richtigen Ort macht das Kind jetzt das Richtige, weil es sich richtig anfühlt – und, weil Mama und Papa zustimmen.

»Wenn ich das mache, dann ...«

Der moralische Kodex kleiner Kinder entwickelt sich auch mit ihrer Fähigkeit, Konsequenzen zu verstehen. Sie können eine logische Verbindung herstellen zwischen *wenn* und *dann*: »Wenn ich unerlaubt auf der Straße Fahrrad fahre, dann wird mir das Fahrrad für eine Woche weggenommen«, »Wenn ich jemanden schlage, dann bekomme ich eine Auszeit«. Das verbundene Kind mag die Konsequenzen nicht, weil sie dazu führen, dass es daran erinnert wird, dass es seinen inneren Sinn von Richtigkeit verletzt hat. Die Wurzeln gesunder *Schuld* bilden sich, verstärkt durch die Konsequenzen von Fehlverhalten. Das ist auch eine andere Art, wie das Kind lernt: »Ich fühle mich gut, wenn ich mich richtig verhalte, und ich fühle mich schlecht, wenn ich etwas falsch mache«. Dieses innere Gefühl der Reue und Schuld ist es, was das moralische, verbundene Kind von dem Kind unterscheidet, dass keine Reue empfindet oder glaubt, dass »was immer ich mache, ist okay, solange ich nicht erwischt werde«.

Das innere Gewissen fängt in der Kleinkindzeit und frühen Kindheit an zu wachsen, aber es übernimmt erst in den mittleren Jahren die Führung über die Aktionen des Kindes, wenn Kinder anfangen, bewusster über Richtig und Falsch nachzudenken. Gewissen ist das, was die inneren Gefühle des Kindes mit seinen äußeren Aktionen verbindet. Es gibt sogar eine psychologische Basis für dieses Gewissen. Betrachten Sie die Voraussetzungen für einen Lügendetektortest: Menschen erfahren physiologische Veränderungen, wenn sie eine Lüge erzählen. Ein Kind mit einem Gewissen hat die Fähigkeit, herauszufinden, ob eine Tat richtig oder falsch ist – in seinen Gedanken und vielleicht sogar in seinem Körper. Diese inneren Gefühle von Richtigkeit, die während der Baby- und Kleinkindzeit genährt wurden, leiten das Verhalten von älteren Kindern, Teenagern und Erwachsenen. Verbundene Kinder verinnerlichen die Werte wichtiger Personen in ihrem Leben als das Gewissen, das sie durch das Leben leiten wird.

Das Pinocchio-Prinzip

Hier ist eine Möglichkeit, wie Sie Ihrem Kind das Konzept des Gewissens erklären können. So habe ich es dem sechsjährigen Matthew erklärt.

Du hast zwei Stimmen in dir, eine »Mach es richtig«-Stimme und eine »Mach es falsch«-Stimme. Manchmal ist der »Mach es falsch«-Stimme leichter zu folgen. Was sie vorschlägt, scheint viel spaßiger zu sein. Aber wenn du auf diese »Mach es falsch«-Stimme hörst und machst, was sie sagt, wirst du dich in dir drin nicht richtig fühlen. Hör stattdessen auf die Stimme, die dir sagt, das Richtige zu tun. Das ist diejenige, die dich glücklich macht.

Als er etwa sechs Jahre alt war, konnte ich erkennen, dass Matthew die Anfänge eines leitenden Gewissens entwickelte. Als ich ihn dabei erwischte, eine Unwahrheit zu fabrizieren, trafen seine Augen meine und er hielt inne. Als unsere Augen sich trafen, fing er an zu lächeln (ich ebenfalls), als ob er sagen wollte: »Nein, Papa, das stimmt nicht wirklich.« Wegen des Blicks, den Matthew mir zuwarf, glaube ich, dass er fühlte, dass zu lügen unser gemeinsames Vertrauen und unsere Verbindung stören würde.

Umgeben Sie das heranwachsende Kind mit Menschen, die gesunde Entscheidungen treffen

Sie wollen, dass diese Eindrücke so sehr Teil Ihres Kindes werden, dass, wenn es vor ungesunden Entscheidungen steht – und das wird es –, diese es stören. Das Kind, das ohne eine innere Referenz in das Alter der Gewissensbildung kommt, hat einen Nachteil, wie ein Gärtner, der zu lange gewartet hat, um zu pflanzen. Sie werden feststellen, dass auch die Werte, die erst später in der Kindheit vermittelt werden, Wurzeln schlagen, aber die Wurzeln sind nicht so tief, als wenn sie zur richtigen Zeit gepflanzt worden wären.

Die großen Augen und der beeinflussbare Geist eines heranwachsenden Kindes untersuchen fortwährend die Umgebung, um herauszufinden, was normal ist, was real ist. Die ersten fünf bis sieben Jahre sind sehr wichtig für das Formen moralischer Eindrücke. In diesen frühen Jahren betrachtet das Kind das, was es hört und sieht, automatisch als »die Norm« oder »richtig«. Wenn es sieht, wie Sie jemanden schlagen, nimmt es an, dass das richtig ist, weil Sie seine Eltern sind. Kinder speichern die Eindrücke aller ihrer wichtigen Personen als Modellverhalten, das es wert ist, nachgemacht zu werden. Weil sie in den ersten Lebensjahren so beeinflussbar sind, betonen wir fortwährend die Bedeutung der ersten Jahre als unglaublich entscheidend, ob Kinder gut geraten oder nicht.

Suchen Sie nach lehrreichen Momenten, um Ihrem Kind zu zeigen, dass Menschen mit gutem Charakter die tatsächlich wichtigen sind. Schlagen Sie diese Beispiele vor, um Ihr Kind zum Nachdenken darüber anzuregen, was es bedeutet, wichtig zu sein:

- »Das war nett von dem Verkäufer, uns anzubieten, die schwere Kiste zu tragen. Hilfsbereitschaft ist ein Kennzeichen einer guten Person.«
- »Es war nett von dem jungen Mann, aufzustehen und der schwangeren Frau seinen Sitz im Bus anzubieten. Es ist wichtig, so etwas zu machen, weißt du.«
- »Hast du gesehen, dass der Spieler der anderen Mannschaft herübergekommen ist, um dem Werfer zu seinem Wurf zu gratulieren? Das ist guter Sportsgeist.«

Charakter zählt

Wenn Sie andere für ihre freundlichen Taten oder ihre einfachen Gefallen loben, lassen Sie Ihr Kind wissen, welches Verhalten Sie von ihm erwarten und welche Qualitäten Sie an einer Person wertschätzen.

Ein anderer Grund, aus dem es wichtig ist, Ihrem Kind die Botschaft mitzugeben, dass der Charakter zählt, ist, dass jede Person eine Person mit einem guten Charakter sein kann. Manche Menschen werden aufgrund der Talente berühmt, mit denen sie geboren wurden, dem Unternehmen oder Vermögen, das sie besitzen, oder einfach aus Glück. Aber Ihr Kind sollte realisieren, dass es einen nicht zu einem wertvollen menschlichen Wesen macht, ein Star zu werden oder eine machtvolle Person in einem Unternehmen. Der Charakter ist es, was am wichtigsten ist – und es steht in der Macht Ihres Kindes, zu jemandem mit einem guten Charakter heranzuwachsen.

Das Alter des moralischen Begründens

Im Alter zwischen sieben und zehn formen Kinder abstraktere Ideen darüber, was richtig und falsch ist. Sie nutzen moralische Begründungen, um herauszufinden, wie sie auf schwierige Situationen reagieren sollten. Der Schlachtruf von Kindern, die diese Fähigkeit entwickeln, sind die berühmten Worte der mittleren Kindheit: »Es ist nicht fair!« Der starke Sinn von Kindern für Fairness hilft ihnen, die Notwendigkeit von Regeln zu verstehen, und führt sie dazu, an der Gestaltung der Regeln mitzuwirken. Auch wenn sie immer noch nach ihren Eltern schauen zwecks der Führung, was richtig und falsch ist, fangen sie auch an, zu verstehen, wie etwas aus ihren eigenen Gründen richtig oder falsch sein kann, ohne Vorgaben von Autoritätspersonen. Tatsächlich stellen Kinder zwischen sieben und zehn in Frage, ob Eltern und andere wichtige Personen wie Lehrer, Trainer und Pfarrer bei einem Thema richtig liegen. Wenn Kinder anfangen, selbst über Moral nachzudenken, erscheinen Autoritätspersonen nicht länger unfehlbar.

Wenn ihre Fähigkeit, zu beurteilen, ob etwas richtig oder falsch ist, heranreift, bekommen Sie eine zweite Chance, Ihren Kindern Werte beizubringen. Kinder, die im Vorschulalter gesunde Vorbilder hatten, sind auf dieser Stufe urteilsfähiger. Aber auch wenn Ihr Kind in den ersten Jahren nicht die besten Vorbilder hatte, haben Sie jetzt die Möglichkeit, Ihrem Kind aktiv moralische Entscheidungen beizubringen.

Preteens und Teenager

Wenn Kinder zu Jugendlichen werden, suchen sie nach Akzeptanz bei Gleichaltrigen. Das ist auch die Zeit, in der sie sortieren, welche Werte sie zu ihren eigenen machen wollen. Sie probieren vielleicht verschiedene Wertesysteme aus, um herauszufinden, welche zu ihrem Leben zu passen scheinen und ihr Selbstbild fördern. Ältere Kinder und Teenager riechen sehr schnell Scheinheiligkeit bei Älteren und stellen Vorstellungen von Richtig und Falsch in Frage, die für sie keinen Sinn ergeben. Sie nutzen fortgeschrittenere moralische Begründungen, wenn sie älter werden, und sind fähig, mehrere Seiten einer Frage zu betrachten. Während Kinder zwischen sieben und zehn dazu neigen, schwarz-weiß zu denken, verstehen ältere Kinder und Teenager, dass moralische Fragen nicht immer eine einfache Antwort haben. Sie sind fähig, für das Wohl der Gesellschaft über ihre eigenen Interessen hinaus zu denken, und sie können sehr idealistisch sein.

Ältere Kinder und Teenager schauen für Bestätigung und für Ratschläge auf ihre Eltern, aber sie sehen Eltern nicht mehr länger als die allmächtigen Autoritätsfiguren an. Statt ihnen Anweisungen zu geben und zu erwarten, dass diese erfüllt werden, müssen sich Eltern von Teenagern darauf vorbereiten, als Berater zu fungieren. Damit Sie ein vertrauenswürdiger Ratgeber sind, der einen positiven Einfluss auf seine moralischen Entscheidungen hat, müssen Sie daran arbeiten, mit Ihrem Teenager verbunden zu bleiben. Erklären Sie die Gründe hinter den vielen Entscheidungen, die ihn und den Rest der Familie betreffen. Hören Sie auf seine Meinungen und seine Tiraden über unfaire Lehrer und nicht mitfühlende

Die Wissenschaft sagt:

Kinder aus Familien mit offenen Diskussionen sind moralisch reifer
Studien zeigen, dass Menschen, die aus Familien kommen, die zu offenen Diskussionen über kontroverse Themen ermutigen, »moralisch reiferes« Denken zeigen. Eine Studie aus Kalifornien betrachtete die Beziehung zwischen dem Niveau der moralischen Begründungen eines Schülers und der vorhergehenden Erziehung. Schüler, die bei moralischen Begründungen viele Punkte erzielten, stammten aus Familien, die Themen offen diskutierten. Andere Studien haben gezeigt, dass Eltern, die viel erlauben und keinen direkten Gehorsam von ihren Kindern fordern, und die sie gelobt haben, auch wenn sie es nicht verdient hatten, Kinder hervorbrachten, die »ich zuerst« dachten und deren einzige Gedanken es waren, ihre eigenen Bedürfnisse zu befriedigen. Studien haben auch gezeigt, dass das andere Extrem – stark kontrollierende Eltern – konformistische Teenager hervorbrachte, die nicht selbst denken konnten. Familien, die ihren Kindern bei Entscheidungen eine Stimme zugestanden, brachten Teenager hervor, die fähig waren, moralisch zu argumentieren. Es scheint, dass Kindern die Möglichkeit zu geben, für sich selbst zu reden, die beste Art ist, ihnen bleibende moralische Lektionen zu erteilen.

Freunde, und wenn Sie ihm helfen, Situationen aus der Sicht eines anderen zu interpretieren, stellen Sie sicher, dass Sie auch versuchen, seinen Standpunkt zu verstehen.

Das Fernsehprogramm mit Kindern zu diskutieren ist eine großartige Möglichkeit, über moralische Entscheidungen zu reden. Zum Beispiel, wenn Sie Ihr Kind dabei beobachten, wie es eine Fernsehsendung schaut, die einen Lebensstil zeigt, der sich von den Werten Ihrer Familie unterscheidet. Schauen Sie eine Weile gemeinsam mit Ihrem Teenager, dann reden Sie über das, was da vor sich geht: »Was bringt den Charakter dazu, das zu tun?«, »Was würdest du in dieser Situation machen?«, »Was denkst du, wäre das Richtige?« Sie können auch aktuelle Nachrichten und soziale Themen mit Ihrem Teenager diskutieren. Es gibt in den Schlagzeilen viel Material über kontroverse öffentliche Personen mit fragwürdigem Privatleben und finanziellen Interessen, um moralische Begründungen zu üben. Ermutigen Sie Ihre Kinder, ihre Meinungen zum Ausdruck zu bringen und an lebendigen, ergebnisoffenen Familiendebatten teilzunehmen. Respektieren Sie den Standpunkt Ihres Kindes, auch wenn Sie ihm nicht zustimmen.

Moralische Normen

Auf allen Stufen moralischer Entwicklung suchen Kinder nach Normen: »Wie soll ich mich verhalten?«, »Was wird von mir erwartet?«, »Was glauben meine Eltern und Freunde, was richtig ist?« Das verbundene Kind ist fähig, Antworten auf diese Fragen zu finden. Es ist fest verwurzelt in den Normen seiner Eltern – »Das ist es, was wir glauben und wie wir uns in unserem Zuhause verhalten.« Es kennt das Verhalten, das von ihm erwartet wird, und kann die Konsequenzen von Fehlverhalten sehen, weil seine Eltern diese klar dargestellt haben. Weil es seinen Eltern vertraut, ist es nicht durcheinander oder besorgt darüber, was richtig ist und was falsch. Mit diesen sicheren Begrenzungen ist es fähig, moralische Fragen abzuwägen und gültige Antworten zu finden. Begrenzungen zu kennen, bringt große Freiheit und Geborgenheit.

Das nicht-verbundene Kind hat mehr Probleme damit, zu verstehen, was richtig, was falsch ist und was normal ist. Wenn es versucht, herauszufinden, was von ihm erwartet wird, können seine richtigen Entscheidungen unerkannt und unbelohnt bleiben, und seine falschen Entscheidungen bringen ihm viel Aufmerksamkeit, wenn auch negative. Das nicht-verbundene Kind wird vielleicht ein wütendes Kind, weil die Art, wie es behandelt wird, seinen Sinn für Fairness und Vertrauen verletzt. Es hat keinen, den es erfreuen möchte, und keine Begrenzungen, aber es weiß, dass es sie haben *sollte*. Oftmals, wenn ich einen nicht-verbundenen Zehnjährigen in meiner Praxis sehe, kann ich nicht anders, als zu denken: »Das ist ein böses Kind.«

Alternative Werte

Kinder, die über moralische Normen unsicher sind, weil sie sie nicht zu Hause gelernt haben, können Probleme damit haben, auf dem richtigen Weg zu bleiben, wenn sie mit alternativen Werten konfrontiert werden. Kinder aus Familien, in denen Werte und Tugenden nicht diskutiert und gelehrt werden, werden mit Leichtigkeit durch die Werte Gleichaltriger ins Wanken gebracht oder durch was auch immer sich gut anfühlt. Ohne inneren Sinn des Wohlbefindens, der sie leitet, sind sie wie ein Boot ohne Ruder oder Anker, im Meer moralischer Unsicherheit treibend. Sie springen auf das auf, was ihres Weges kommt, was immer sie sich für den Moment gut fühlen lässt. Auf der anderen Seite hat das verbundene Kind einen inneren moralischen Kodex, der Teil seines *Selbst* ist. Verhalten, das diesem entgegengeht, verärgert seinen Sinn für Fairness und Wohlbefinden. Das moralisch verbundene Kind wird ein moralisch selektives. Es übernimmt die Werte, die zu seinem Wohlbefinden beitragen, und meidet diejenigen, die es nicht tun.

Es mag so scheinen, als wäre das moralisch nicht-verbundene Kind freier, aber tatsächlich ist es das nicht. Weil es moralisch nicht verwurzelt ist, wird es sehr leicht von Menschen beeinflusst, die ihren Vorteil aus ihm ziehen, und durch Trends, die wenig mit dem zu tun haben, was es wirklich glücklich macht. Das moralisch verwurzelte Kind auf der anderen

ELTERN-TIPP:

Geben Sie Ihren Kindern ein moralisches Erbe mit. Es ist das lebenslange Vermögen, das sie am wenigsten wahrscheinlich verlieren werden.

Seite ist tatsächlich freier. Weil es weniger Energie darauf verschwendet, danach zu suchen, was richtig, falsch und wichtig ist in seinem Leben, ist es frei, seine Energie dafür aufzuwenden, seine Ziele im Leben zu erreichen. Es springt nicht von Weg zu Weg, weil es weiß, wohin es möchte und warum.

Kontrollieren Sie Einflüsse auf die moralischen Normen Ihres Kindes
Wenn Kinder anfangen, mehr Zeit weg von zu Hause zu verbringen, in der Schule oder anderen Programmen, müssen Sie aufmerksam sein, welche Werte ihnen aktiv beigebracht werden und welche Werte sie aus dem Beispiel anderer lernen. Manche verbundenen Kinder fühlen sich durcheinander, wenn sie in die Schule kommen und mit Gleichaltrigen aus Familien mit anderen Werten und anderen Graden elterlichen Schutzes reden. Viele Kinder, die sicher an ihre Betreuer zu Hause gebunden sind, kommen mit genug Selbstvertrauen gerüstet in die Schule, sodass sie nicht durch das andere Verhalten der Kinder in der Schule gestört werden. Andere fragen sich, warum ihre Klassenkameraden machen, was sie machen, und warum der Lehrer ein Kind anders behandelt als das andere. Das verbundene Kind kommt mit einem hohen Standard an Erwartungen in die Schule und wird, mit kontinuierlicher Kontrolle seiner Eltern, die Einflüsse von Gleichaltrigen heraussuchen, die mit diesen Erwartungen zusammenpassen.

Wie steht es damit, Ihre Kinder verschiedenen moralischen Normen auszusetzen, sodass sie lernen, toleranter zu werden? Oberflächlich scheint das logisch zu sein, sogar politisch korrekt, aber es gibt Probleme mit diesem Ansatz. Manche Eltern fühlen, dass es gesünder für ihre Kinder ist, viele verschiedene Wertesysteme kennenzulernen, während sie aufwachsen, sodass sie als Erwachsene aufgeschlossener sind, aber Ihr Kind in einem zu jungen Alter in einen Schmelztiegel verschiedener Werte zu werfen, ehe seine eigenen moralischen Werte gut ausgebildet sind, kann ein Kind hervorbringen, das so verwirrt ist, dass es kein tiefes Wertesystem entwickelt oder eines, das auf dem Falschen basiert.

Sollten Sie Ihr Kind stattdessen vor allen äußeren Einflüssen und allen Ideen beschützen, die anders sind als die Ihrer eigenen Familie? Es birgt Risiken, ein Kind in einer abgeschotteten Atmosphäre aufzuziehen. Eltern, die übermäßig beschützend sind, können mit einem Kind enden, das nicht für sich selbst denken kann, das aus diesem Grund anfällig ist für alle Arten von Gefahren und Versuchungen. Oder dieses Kind wird sehr voreingenommen und verurteilt automatisch jeden mit anderen Ansichten.

Irgendwo zwischen diesen beiden Extremen ist der richtige Weg für Ihr Kind. Irgendwo in der Mitte sind die Eltern, die dem Kind helfen, ein stabiles Wertesystem zu bilden, und es leiten, während es andere Wertesysteme entdeckt. Diese Eltern lehren und formen Toleranz, sogar während sie das Kind wissen lassen, was ihre eigenen Werte sind. Das Kind formuliert schließlich ein Wertesystem, das dem seiner Eltern ähnlich ist, mit einem Spritzer an alternativen, aber kompatiblen Werten, die es von Gleichaltrigen und anderen Personen von Wichtigkeit übernimmt.

Minimieren Sie schlechte Eindrücke

Kinder werden, wer sie sind, basierend auf den Eindrücken, die sie erhalten, während sie aufwachsen. Obwohl sie ihr Kind nicht in einer Blase aufwachsen lassen können – und sollten –, sollten Eltern ihr Bestes tun, um gute Einflüsse auf ihre Kinder zu fördern und schlechte zu minimieren.

Kontrollieren Sie die Medien

Forscher, die die Auswirkungen von Medien auf das Verhalten von Kindern untersuchen, haben herausgefunden, dass negative Bilder länger andauernde Eindrücke hinterlassen als positive. Kinder erinnern sich mit höherer Wahrscheinlichkeit an gewalttätige Szenen und kopieren diese, als an freundliche Taten. Der sich entwickelnde Geist eines Kindes ist wie eine riesige Videothek, wo es bei all diesen Szenen, die es gespeichert hat – positiv und negativ – auf »sofort abspielen« klicken kann. Wenn das Kind in Filmen und im Fernsehen wiederholt grausame Bilder von Gewalt, sexueller Gefühllosigkeit und beleidigenden Worten hört und sieht, erhalten diese Bilder eine Menge Regalplatz in der Gedankenbibliothek des Kindes. Stellen Sie sich den Zehnjährigen vor, der gerne Polizeishows im Fernsehen schaut. Er sagt seinen Eltern: »Macht euch keine Sorgen, Mama und Papa, das macht mir nix aus.« Es macht ihm nichts aus? Es sollte ihm etwas ausmachen. Dieses Kind wurde desensibilisiert. Spulen wir das Leben dieses Kindes in die späte Jugend oder junge Erwachsenenzeit vor. Er gerät in einen Streit mit einer Freundin und beleidigende Worte strömen aus seinem Mund. Oder er lässt nicht von seinen Annäherungsversuchen ab, wenn ein Mädchen nein sagt, weil Filme mit männlichen Helden ihm beigebracht haben, dass Mädchen ja meinen, wenn sie nein sagen. Wenn er in eine ähnliche Situation gerät, wie er sie schon einmal im Fernsehen gesehen hat, spielt er aus Reflex ab, was er vom Fernsehen als Norm gelernt hat. (Mehr über den Einfluss von Medien lesen Sie in Kapitel 16.)

Verbundene Kinder, deren Eltern ihren Medienkonsum einfühlsam und wählerisch kontrolliert haben, stören sich daran, wenn sie Gewaltdarstellungen sehen. Wenn ihre Moralvorstellungen aus dem realen Leben in ihrem Zuhause kommen, beunruhigen das Blut und die Eingeweide einer Mordszene diese Kinder genauso wie eine derbe Sprache und Unsensibilität. Eine Art interner Sensor für »nicht richtig« springt an, und das Kind fühlt sich nicht richtig, wenn es das schaut. Sich an schlechten Eindrücken zu stören ist ein gutes Zeichen. Wir sollten uns an dieser Art Müll stören.

Überprüfen Sie wichtige Personen

Nicht nur den Bildschirm des Kindes sollten Sie überprüfen, sondern Sie sollten auch wählerisch sein bei den Personen, mit denen Ihr Kind in Kontakt kommt: Freunde, Lehrer, Trainer, Pfadfinderleiter, Kinderbetreuer, Pfarrer. Je mehr Kontakt und je mehr Vertrauen in die Beziehung eingebunden sind, desto mehr sollten Sie ein Auge darauf haben. Manche Kinder sind leichter zu beeinflussen als andere. Wenn Sie Ihr Kind gut kennen, sind Sie fähig zu spüren, sobald jemand ein schlechter Einfluss wird.

Kennen Sie die Freunde Ihres Kindes
Neben dem Wissen, dass sich Ihr eigenes Kind moralisch entwickelt, ist es wichtig zu wissen, wo seine Freunde stehen, weil Freunde einen bleibenden Eindruck bei Ihrem Kind hinterlassen – gut und schlecht. Sie werden Kinder treffen, die fast alles tun, um die Aufmerksamkeit anderer Kinder zu bekommen, sie versuchen, diese dazu zu bringen, einen verbotenen Film zu schauen, bei jeder Gelegenheit Grenzen auszutesten, und formen jeden negativen Wert, den Sie von Ihrem Kind würden fernhalten wollen. Reden Sie mit Ihrem Kind über das Verhalten der »schlechten Äpfel«, ehe deren Verhalten Ihr Kind beeinflusst: »Was hältst du von Stuarts Verhalten heute Abend?« Nähern Sie sich Ihrem Kind, ohne urteilend daherzukommen. Sie wollen zuerst herausfinden, was Ihr Kind denkt. Das ist ein Hinweis, wo Ihr Kind moralisch steht. Sie können bei Ihrem Kind punkten, indem Sie darauf hinweisen, dass das Verhalten des anderen Kindes dazu führt, dass sich alle unwohl fühlen und dass es nicht wirklich beliebt ist.

Einer der Gründe, aus dem wir die Bedeutung davon betonen, die Werte des Kindes in den Vorschuljahren zu formen, ist, dass dies Sie dazu befähigt, Ihr Kind moralisch gebildet in die Schule zu schicken. Wenn es unter den Einfluss von Gleichaltrigen gerät, hat es eine Karte innerer Überzeugungen, die über viele Jahre aufgebaut wurde. Werte bleiben nicht bestehen, wenn sie dem Kind in letzter Minute aufgedrückt werden wie eine Feiertagsdekoration, oder wenn sie wie ein Kleidungsstück nach der aktuellen Mode verändert werden. Kommen Kinder erst einmal in die Schule, werden sie zu Empfängern des gewaltigen Drucks durch Gleichaltrige. Wenn das Kind kein inneres Leitsystem hat, das ihm sagt, welche Wahl es treffen soll, wird es leichter ein Opfer dieses Drucks. Schulkinder suchen nach Führung, und sie wollen auch dazugehören. Ihre Aufgabe als Eltern ist es, diese Antriebe zu kanalisieren, sodass sie Ihr Kind zu guten Einflüssen leiten, nicht zu schlechten.

Auch wenn Sie nicht die Freunde Ihres Kindes auswählen können, können Sie Ihr Kind doch veranlassen, sich mit den Kindern anzufreunden, deren Moral Ihren Standards entspricht. Wenn Sie Kinder entdecken, die gut geraten sind, schaffen Sie Gelegenheiten für Ihre Kinder, diese besser kennenzulernen. Als eine neue Familie mit tollen Kindern neu in unserer Kirchengemeinde war, luden wir diese Familie zum Mittagessen und einem Spielnachmittag zu uns nach Hause ein. Wir machten weiter mit zusätzlichen Einladungen, die unseren Kindern die Möglichkeit boten, Zeit zusammen zu verbringen, und sie wurden beste Freunde. Freunde, die Ihre Werte für Ihre Kinder vorleben, verstärken, was Sie ihnen beigebracht haben. Das ist wichtig, wenn Kinder die Stufe erreichen, auf der sie anfangen, die Werte ihrer Eltern zu hinterfragen. Wert-volle Freunde agieren dann als Auffrischung der Werte, die Sie Ihren Kindern in den ersten Jahren beigebracht haben.

Ihrem Kind dabei helfen, moralisch zu denken und zu handeln

Kinder müssen lernen, *zu durchdenken, was sie vorhaben zu tun*. Das ist der Schlüssel zu moralischem Verhalten. Bringen Sie Ihrem Kind bei, zu denken, ehe es handelt. In den Vorschuljahren konditionieren Sie Ihr Kind, auf bestimmte Weise zu handeln, statt dass Sie ihm beibringen, moralische Entscheidungen zu treffen. Im Alter zwischen fünf und zehn Jahren konditionieren Sie es darauf, moralisch zu denken. Zusätzlich dazu, zu wissen, dass Stehlen falsch ist, kann das ältere Kind anfangen, darüber nachzudenken, wie schlecht sich der Besitzer des Fahrrades fühlen wird, wenn es ihm gestohlen wird.

Geben Sie Ihrem Kind »Denken vor dem Handeln«-Übungen

Kinder sind impulsiv, manche mehr als andere. Bringen Sie Ihrem Kind bei, »bis zehn zu zählen, wenn du versucht bist, auszuholen und jemanden zu schlagen«. Helfen Sie ihm dabei, sich die Konsequenzen einer Tat vorzustellen, ehe es etwas tut. Bringen sie Ihrem Kind bei, sich vorzustellen, was die andere Person fühlen wird: »Stell dir vor, jemand nimmt dir deinen Ball weg. Wie würdest du dich fühlen? Was denkst du, wie Sean sich fühlt, wenn du ihm seinen Ball wegnimmst?« Die häufigen verbalen Erinnerungen (»zähl bis fünf«, »stopp und nachdenken«, »warte kurz«) werden ein Teil von ihm, seiner Art zu denken, seiner moralischen Begründung. Zehn oder 15 Jahre später ist Ihr Kind auf einer Party, auf der es Alkohol gibt. Er ist der Fahrer, derjenige, der nicht trinken wird, sodass alle sicher nach Hause kommen. Zwei verschiedene Arten von Begründung ermöglichen ihm, an dem Plan festzuhalten: Er wurde darauf konditioniert, dass man nicht betrunken Auto fährt, und er ist fähig, sich die Konsequenzen einer solch dummen Tat vorzustellen. Er ist daran gewöhnt, zu denken, ehe er handelt, weil ihm das in seiner Kindheit so beigebracht wurde.

Leben Sie moralisches Denken vor

Lassen Sie Ihr Kind hören, wie Sie Fragen von Richtig und Falsch durchdenken. Eines Tages gingen Matthew und ich aus dem Supermarkt hinaus und ich bemerkte, dass mir der Kassierer zu viel Wechselgeld zurückgegeben hatte. Ich teilte diese Information mit Matthew, als ich entschied, was ich als nächstes tun wollte: »Der Kassierer hat uns zu viel Wechselgeld zurückgegeben. Dieses Extra-Geld gehört uns nicht, deshalb wäre es nicht richtig, es zu behalten.« Matthew hörte zu, dachte eine Minute nach und nickte zustimmend.

Solche lehrreichen Momente zum Vorteil zu nutzen, gibt Eltern die Chance, die »Aber jeder macht es«-Art des Denkens zu bekämpfen, die eine Aktion rechtfertigt. Sie beide zeigen und sagen Ihrem Kind, dass Sie von ihm erwarten, das Richtige zu tun, unabhängig davon, ob jemand zuschaut, unabhängig davon, ob jemand herausfinden würde, dass es das Geld behalten hat, das nicht seins war. In dieser Art von Situation können Sie Ihrem Kind sagen: »Viele Menschen würden das Extra-Wechselgeld behalten. Was denkst *du*, ist das Richtige zu tun? Wie, denkst du, würdest du dich fühlen, wenn du das Geld behalten hättest, das dir nicht gehört?«

Wenn Kinder älter werden, können Sie komplexere moralische Entscheidungen mit ihnen teilen. Reden Sie darüber, warum Sie Geld für bestimmte Zwecke ausgeben, warum Sie glauben, dass bestimmte Taten falsch sind, und warum andere Entscheidungen schwierig sind, aber moralisch korrekt. Wenn Sie mit schweren Fragen konfrontiert werden (»Sollten wir Oma in ein Pflegeheim bringen?«, »Sollten wir den Nachbarn sagen, dass ihre Teenager eine laute und heftige Party hatten, als sie am Wochenende weg waren?«), erklären Sie Ihrem Kind die Gründe hinter Ihrer Entscheidung. Kinder, vor allem Teenager, müssen wissen, dass das Richtige zu tun nicht immer einfach ist, aber nichtsdestotrotz wichtig.

Übernehmen Sie Verantwortung für Ihre Taten

Ein moralisches Vorbild für Ihre Kinder zu sein bedeutet nicht, dass Sie vorgeben müssen, perfekt zu sein. Wir alle versagen ab und an. Es ist okay für Kinder, das über ihre Eltern zu wissen. Tatsächlich können Sie sehr viel aus Ihren Fehlern herausholen. Stellen sie sich vor, Sie verlieren die Geduld, knallen die Tür zu und sagen Ihrem Partner oder Ihrer Partnerin, dass er oder sie wertlos und gefühllos ist. Sie hinterlassen ein geschocktes Kind und einen aufgebrachten Partner in Ihrem Windschatten. Setzen Sie sich hin, holen Sie tief Luft, kühlen Sie sich ab, und nachdem Sie sich bei Ihrem Partner oder Ihrer Partnerin entschuldigt haben, reden Sie mit Ihrem Kind. Entschuldigen Sie sich für Ihren Ausbruch und lassen Sie es wissen, dass Sie auf diese Art falsch gehandelt haben. Wir alle machen Fehler. Wenn Eltern etwas falsch machen, können sie ihren Kindern zeigen, wie man Verantwortung für seine Aktionen übernimmt und diese korrigiert. Ihrem Kind diese Lektion beizubringen ist wichtiger als sie glauben zu lassen, Sie hätten immer recht.

Seien Sie aufrichtig

Kinder hassen Heuchelei. Kinder merken, wenn Sie nicht das praktizieren, was Sie predigen, und sie werden Ihre moralischen Lektionen nicht ernst nehmen, wenn Sie diese nicht mit Ihrem Verhalten unterstützen. Ich erinnere mich an Matthew, wie er auf die Geschwindigkeitsanzeige schielte und bemerkte, dass ich 10 km/h zu schnell fuhr. Ich konnte sehen, dass er durcheinander war. Ich sagte ihm immer, dass man das Richtige machen sollte, und hier war ich nun und machte das Falsche. Ich erwischte mich selbst: »Hoppla, Papa hält sich nicht ans Gesetz.« Ich wurde langsamer. Ich war versucht, mein zu schnelles Fahren zu rechtfertigen: »Naja, wir haben es eilig«, aber das zu tun, wäre moralisch falsch gewesen. Ich wollte nicht, dass Matthew den Eindruck bekam, dass jemand sich nur dann an das Gesetz hält, wenn es angenehm und zweckdienlich ist.

Vermeiden Sie auf Macht basierende Moral

»Wenn ich dich noch einmal beim Klauen erwische, versohl ich dir den Hintern noch fester«, schrie ein Vater, der entschlossen war, seinem Kind beizubringen, Richtig von Falsch zu unterscheiden, indem er Angst und Macht benutzte. Diese Art moralischer Lektion macht es wahrscheinlicher, ein wütendes, rebellisches Kind zu erhalten, als eines, das einem inneren moralischen Kodex folgt. Dieses Kind versucht mit höherer Wahrscheinlichkeit, herauszufinden, wie es vermeiden kann, erwischt zu werden, statt zu betrachten, ob seine Taten moralisch richtig oder falsch sind. Außerdem sendet die Drohung des Vaters die Botschaft, dass Macht etwas richtig macht – dass ältere, größere Menschen jemand anders ihre Werte aufzwingen können, indem sie diejenigen, die weniger Macht haben unterdrücken. Das bringt keine Kinder hervor, die das Richtige tun, einfach weil es richtig ist.

Helfen Sie Ihrem Kind, ein Anführer zu sein

Die Familie ist ein Mini-Modell der Gesellschaft, in der Kinder lernen, Autoritäten zu respektieren und moralische Bürger zu werden. Kinder sollten Autoritätspersonen respektieren, aber die Werte anderer Menschen nicht akzeptieren, ohne sie zu hinterfragen. Sie wollen, dass Ihr Kind ein moralischer Anführer wird, kein Mitläufer. Sie wollen ein Kind aufziehen, das die Führung übernimmt, indem es Gesetzgeber rauswirft, die nicht die besten moralischen Interessen der Menschen vertreten, und die daran arbeiten werden, bessere Anführer zu wählen. Wenn Kinder zu Hause mit einem starken Leitsystem leben, machen sie auch mit höherer Wahrscheinlichkeit die Werte ihrer Eltern zu einem Teil ihrer Selbst. Sie tragen dann dieses Leitsystem in Interaktionen mit anderen mit sich. Statt im Strom der Anerkennung Gleichaltriger unterzugehen, werden sie ihren eigenen Kurs setzen, ihn einhalten und sogar gegen den Strom schwimmen, wenn Gleichaltrige Entscheidungen treffen, die sie nicht akzeptieren wollen.

Üben Sie mit Ihrem Kind, ein Anführer zu sein

Führungsqualitäten sind an das Temperament und die Persönlichkeit eines Kindes gebunden, aber Eltern spielen auch eine Rolle dabei, Kinder so zu formen, dass sie Anführer statt Mitläufer werden. Echte Anführer haben starke Überzeugungen. Sie sind keine moralischen Jammerlappen. Anders als einige der Politiker heutzutage, deren Grundsätze und Versprechen von den letzten Umfragen abhängen, folgen verbundene Kinder ihren eigenen, tiefen Überzeugungen darüber, was richtig ist, was falsch ist und was fair ist. Ihre Einfühlsamkeit nötigt sie dazu, sich gegen Dinge auszusprechen, von denen sie denken, dass sie falsch sind.

Bedeutet das, dass Kinder, die stark in den Werten ihrer Eltern verwurzelt sind, »null Toleranz« für Ideen haben, die sich von dem unterscheiden, was sie zu Hause gelernt haben? Verbundene Kinder haben solche starken Überzeugungen, dass sie sich sehr stark an sozialer Ungerechtigkeit und dem Fehlen von Werten in der Gesellschaft stören. Moralische Leidenschaft kann manche Menschen intolerant machen. Aber einer der Werte des elterlichen Vorbilds für ihre Kinder ist Toleranz und Verständnis für die Standpunkte anderer. Kinder, denen beigebracht wurde, moralisch zu denken, betrachten auch den Standpunkt anderer und halten nicht blind an ihren Überzeugungen fest oder folgen den Überzeugungen anderer ohne Nachzudenken.

»Aber mein Kind ist zu schüchtern, um Anführer zu sein«, denken Sie vielleicht. Sie können ihm ein wenig Hilfe geben. Versuchen Sie diese Tipps, um Ihrem Kind zum Erfolg zu verhelfen.

- Ermutigen Sie es, Ihr Zuhause als Treffpunkt für Schulgruppen anzubieten. Ein Treffen als Gastgeber auszurichten, gibt dem Kind ein Gefühl von Wichtigkeit und bereitet den Boden für zukünftige Anführer.
- Ermutigen Sie Ihr Kind, Teil der Schülermitverwaltung seiner Schule zu sein.
- Helfen Sie als Eltern oft freiwillig bei Projekten oder Veranstaltungen mit, kann das der Antrieb sein, den ein Kind braucht, um sich selbst mehr einzubringen.
- Wenn Ihr Kind bei einem Thema leidenschaftlich wird, ermutigen Sie es, sich einzubringen und zu tun, was es kann, um die Welt besser zu machen. Kinder und Teenager sind sehr idealistisch. Unterstützen Sie sie – seien Sie nicht zynisch oder entmutigend ihren Anstrengungen gegenüber.

Bringen Sie sich in die Werteerziehung der Schule ein

Die Antwort darauf, Schulen sicher und moralisch zu machen, sind nicht Metalldetektoren und mehr Sicherheitspersonal. Schulen müssen neben Sozialkunde, Mathe und Englisch Empathie lehren, Mitgefühl und Gerechtigkeit. Das US-Bildungsministerium gibt Millionen Dollar an Schulbezirke aus, um Programme zu entwickeln, mit denen Werte gelehrt werden.

Es ist verständlich, dass Eltern ein aufmerksames Auge auf die Werte haben wollen, die die Schule unterrichtet, weil Schulen in diesem Bereich bisher nicht wirklich gut gearbeitet haben. Ausbildern wurde gesagt, dass sie nicht ihre eigenen Werte oder religiösen Glaubenssätze auf Schüler übertragen sollen, was zu Verwirrung darüber geführt hat, welche Werte man vermitteln *soll*. Schulen haben einen Ansatz der »Werteerklärung« versucht, was bedeutet, dass Kinder herausfinden mussten, was ihre eige-

Kinder, die nicht gut geraten – was die Regierung nicht getan hat

Lesen Sie die Schlagzeilen: WIEDER EIN AMOKLAUF! JUGENDARREST WEGEN GEWALTTATEN UM 50 % GESTIEGEN! Warum diese alarmierenden Schlagzeilen? Viele Kinder heutzutage sind gefühllos. Kindern ist es egal. Kriminologen haben gezeigt, dass den meisten Kriminellen Mitgefühl fehlt. Es kümmert sie nicht, wie sich ihre Opfer fühlen. Sie handeln, ohne vorher nachzudenken. Höchstwahrscheinlich sind sie nicht-verbundene Kinder, die nicht-verbundene Teenager und gleichgültige Erwachsene wurden.

Die Antwort der Regierung war, Milliarden Dollar auszugeben, damit mehr Polizei auf der Straße ist, und mehr Gefängnisse zu bauen. Aber die Regierung finanziert das falsche Ende des Problems.

Was würde passieren, wenn die Regierung diese Milliarden für Eltern-Bildungsprogramme nutzen würde, die Eltern helfen, etwas über die wichtigen Arten zu lernen, wie sie ihre Kinder für das Leben erfolgreich machen können? Was, wenn benachteiligte Mütter großzügige finanzielle Unterstützung bekommen würden, um länger zu stillen (wie bei dem erfolgreichen Programm in Quebec, Kanada, bei dem Mütter, die sich qualifizierten, einen finanziellen Anreiz für das Stillen erhielten)? Stellen Sie sich vor, alle Eltern würden Kurse zum Tragen und Stillen des Babys besuchen, zur Entwicklung von Kindern und zu Disziplin. Was, wenn die Regierung es finanziell möglich gemacht hätte, dass alle Mütter die ersten beiden Jahre mit ihren Kindern zu Hause bleiben könnten?

Sicher, es gibt viele sozioökonomische Faktoren, die zu den hohen Kriminalitätsraten beitragen. Aber wenn wir weniger nicht-verbundene Kinder auf den Straßen hätten und sie durch verbundene Kinder ersetzen könnten, die sich kümmern, wären Amerikas Städte ein sichererer und einfühlsamerer Ort zum Leben.

nen Werte sind, ohne die Leitung moralischer Normen. Werte werden ein Thema dessen, was sich gut anfühlt.

Aber Schulen unterrichten jetzt die Werte, die die meisten Kulturen und Religionen gemeinsam haben: Ehrlichkeit, Respekt gegenüber Autoritäten und Mitgefühl. Stellen sie sicher, dass Sie wissen, was gelehrt wird und wie das Ihre Kinder beeinflusst. Fragen Sie sie. Wenn Botschaften übermittelt werden, mit denen Sie nicht einverstanden sind oder von denen Sie denken, dass sie anders unterrichtet werden könnten, diskutieren Sie diese mit Ihrem Kind, dem Lehrer Ihres Kindes oder Angestellten der Schule. Es ist wichtig, dass Eltern sich nicht nur der Werte bewusst sind, die aktiv unterrichtet werden, sondern auch derer, die durch Lehrer, Administratoren und andere Schüler durch Vorbild vermittelt werden. Stellen Sie sicher, dass die Schule sich diesen Programmen wirklich verpflichtet fühlt. Wenn Kinder sehen, dass Lehrer entgegen der von der Schule aufgestellten Werte handeln, schließen sie daraus, dass die Übermittlung der Werte unaufrichtig ist – nur Worte, die gut klingen, nicht Worte, nach denen man sich richten sollte. Schulen, die Charakter und Werte verinnerlicht haben, sowohl in das Leben der Schüler als auch in den Lehrplan, haben eine Abnahme der Gewalt und Disziplinprobleme festgestellt.

Viele Kinder verbringen mehr Zeit mit ihren Lehrern und Klassenkameraden als mit ihren Eltern, und daher lernen sie viele Lektionen des Lebens von diesen wichtigen Personen. Eine Sache, die Kinder besser in der Schule als zu Hause lernen können, ist, dass Menschen bestimmte Grundwerte gemeinsam haben, auch wenn sie verschieden aussehen, verschieden reden und verschiedene Hintergründe haben. Aus der Perspektive verschiedener Kulturen allgemeine Werte kennenzulernen hilft Kindern dabei, andere besser zu akzeptieren, und kann ihnen helfen, Vorurteile zu überwinden, die sie zu Hause aufgeschnappt haben können.

Spirituelle Werte

Die Werte und Moral vieler Familien basiert auf religiösem oder spirituellem Glauben. Was Sie Ihren Kindern über Gott, den Tod, die Seele und Engel erzählen sollten, würde den Rahmen dieses Buch sprengen. Aber wir haben das Gefühl, dass erfolgreiche Kinder spirituell bewusst sind, und dass Eltern ihren Kindern zusammen mit moralischen Werten und den anderen Fertigkeiten für das Leben, die wir in diesem Buch beschreiben, auch spirituelle Werte beibringen müssen.

> **Kinder sagen**: *Als ich anfing, an Gott zu glauben, so, wie es meine Eltern tun, merkte ich plötzlich, dass ich eine Aufgabe im Leben habe. (Jim, 15 Jahre)*

Viele Erwachsene kehren zu ihren eigenen religiösen Wurzeln zurück, wenn sie Kinder bekommen, oder sie suchen andere spirituelle Traditionen. Ihr eigenes spirituelles Wachstum zu fördern, bereitet Sie darauf vor, auf die Fragen zu antworten, die Ihre Kinder Ihnen stellen werden. Es gibt Ihnen auch die innere Ruhe, die Sie brauchen, um die Herausforderungen zu meistern, die damit einhergehen, Eltern zu sein. Wie Sie Ihren Glauben praktizieren, beeinflusst, wie Ihre Kinder ihren Glauben praktizieren. Auf diesem Gebiet, wie auch auf anderen, lehren Eltern mehr durch das Beispiel als durch Worte. Ein Kind, das seinen Eltern vertrauen kann, vertraut mit höherer Wahrscheinlichkeit auch auf Gott.

Ein spirituelles Kind aufziehen

In den Jahren, in denen wir Familien beobachtet haben, haben wir bemerkt, dass Erwachsene und Kinder, die spirituell verwurzelt sind, erfolgreicher sind. Denken Sie daran, dass wir Erfolg nicht in den Begriffen Geld, Macht und Status definiert haben, sondern als Verbundenheit mit anderen, das Genießen gegenseitig abhängiger Beziehungen und ein Gefühl von Zufriedenheit und Glück. Diese Art Erfolg hängt ab von einer spirituellen Grundlage. Egal, ob die spirituellen Glaubensvorstellungen Ihrer Familie auf der Bibel basieren, der Thora, dem Koran, den Lehren von Buddha oder einer anderen spirituellen Tradition, Ihren Kindern ein Gefühl zu geben, dass sie mit etwas weit Größerem als sie selbst verbunden sind, bringt Tiefe und Reichtum in ihr Leben und ihre Beziehungen. Viele Eltern verwenden einen Großteil ihrer Anstrengungen darauf, die intellektuelle, emotionale oder physische Entwicklung ihrer Kinder zu formen, aber sie scheuen sich davor, Spiritualität zu lehren. Sie lehnen ein wichtiges Erfolgswerkzeug ab.

In unseren Familien bedeutet Spiritualität die Hingabe zum Weg von Christus und dem Christentum, aber für den Zweck dieses Buches nutzen wir den Begriff *Spiritualität* in einer breiteren Bedeutung: ein inneres Leben und Glauben an ein höchstes Wesen, größer als man selbst, zu haben, und diesen Glauben die täglichen Gedanken und Taten eines jeden leiten zu lassen.

Während Spiritualität und Moralität sich ergänzen, sind sie doch kein Synonym. Moralität dreht sich um Richtig und Falsch in menschlichen Beziehungen und Taten. Spiritualität beschreibt eine tiefere Dimension der Erfahrung, eine, die nach Bedeutung und Zweck im Leben schaut und eine Beziehung mit etwas Größerem sucht. Spiritualität ist nicht das Gleiche wie Religion, aber viele Menschen finden spirituelle Bedeutung in den Lehren, Ritualen und der Gemeinschaft, die mit einer organisierten Religion verbunden sind.

Warum Spiritualität für Erfolg wichtig ist

Menschen haben das Bedürfnis, an etwas zu glauben, das größer ist als sie selbst. Unsere eigenen, unbedeutenden Sorgen und unsere kurze Lebensspanne im Vergleich zur unvorstellbaren Größe des Universums lassen uns nach Führung, einer Bedeutung im Leben und einer Aufgabe im Leben suchen. Kinder stellen diese Fragen schon in jungem Alter: »Wo war ich, ehe ich in Mamas Bauch anfing zu wachsen?« »Wo ist Ur-Oma jetzt? Wohin gehen Menschen, wenn sie sterben?« Wenn sie anfangen, über diese Fragen klarer nachzudenken, sind sie mit Erklärungen nicht mehr zufrieden, die ihnen sagen, dass ihr Leben irgendwo als Laune der Natur anfing und ohne Bedeutung enden wird. Spiritualität ist vor allem in der Hightech-Welt um uns herum notwendig, in der schnelle Antworten und sofortige Belohnung mit einem Mausklick erreichbar sind, sich aber unter Umständen als unbefriedigend erweisen.

Ohne Unterstützung und Ermutigung für spirituelles Wachstum wachsen Kinder ohne Berührung mit ihrem inneren Selbst auf, und unverbunden mit der spirituellen Realität. Kinder, die ohne Spiritualität aufwachsen, unterliegen der Gefahr, zu denken, dass ihr Leben ohne Bedeutung oder Aufgabe ist. Ohne das Ruder spirituellen Glaubens treiben sie in einem Meer der Unsicherheit, durch die Massen oder Modeerscheinungen gerade aktuellen Glaubens mitgerissen. Der Theologe und Autor Thomas Moore benutzte den Begriff der *Seelenkrankheit*, um die Leere, Bedeutungslosigkeit, Desillusion und den Hunger nach Spiritualität zu beschreiben, die die heutige Jugend fühlt. Weil Spiritualität etwas ist, das Kinder nicht sehen oder messen können oder auf das sie sich mit einer Fernbedienung einstellen können, brauchen sie Führung, wenn sie diese wichtige Dimension des Lebens nicht verpassen sollen. Kinder verbringen mehr Zeit als wir denken damit, in sich zu gehen, um den tieferen Sinn des Lebens zu finden: »Wie bin ich hierhergekommen?« »Wo gehe ich hin?« »Welchen Weg nehme ich?« Spirituelle Führung stärkt Kinder. Sie gibt ihnen einen Plan und eine Karte, um ihnen dabei zu helfen, diese Fragen zu beantworten. Sie gibt ihnen auch ein Gefühl der Sicherheit, der Freiheit und des Selbstwertes.

Als Arzt war ich oft beeindruckt davon, dass spirituell verwurzelte Menschen schneller gesund werden. Ich erinnere mich lebhaft daran, wie einer meiner neunjährigen kranken Patienten mich fragte: »Dr. Bill, beten Sie für mich?« Das Kind war gut unterwegs auf seinem Weg zu spirituellem Erfolg.

Zwölf Arten die spirituelle Entwicklung Ihres Kindes zu führen

Wir haben bemerkt, dass Kinder ohne einen Kern spirituellen Glaubens sich unvollständig oder alleine fühlen und eher durch Depression und Gefühle geringen Selbstwertes gefährdet sind. Aus diesem Grund neigen spirituell sensibilisierte Kinder dazu, verantwortungsvoller zu sein, und treffen eher kluge Entscheidungen. Spirituell geerdete Kinder glauben, dass ihr Leben eine Bedeutung hat.

Die Wissenschaft fragt:

Ist das Gehirn für Gott vernetzt?
Neurowissenschaftler, die das neue Werkzeug der SPECT-Kamera nutzen (das Akronym steht für »single photon emission computed tomography« = Single-Photon-Emissionscomputertomographie) können Bilder von radioaktiven Kontrastmitteln machen, die durch das Hirn kreisen, um zu zeigen, welche Teile davon bei verschiedenen Arten mentaler Aktivität genutzt werden. Studien der Hirne von Menschen während verschiedener spiritueller Übungen zeigen, dass spezifische Teile des Hirns für spirituelle Aufgaben genutzt werden. Das deutet mit Sicherheit darauf hin, dass die Biologie des Gehirns das menschliche Bedürfnis nach Spiritualität unterstützt. Wir würden hinzufügen, dass die frühen Erfahrungen eines Kindes die Entwicklung dieser Verknüpfungen beeinflussen.

1. Fangen Sie früh an

Das spirituelle Training Ihres Kindes beginnt tatsächlich mit der Art, wie Sie es erziehen. Spiritualität erfordert, dass die Kinder sich selbst vertrauen und in Beziehungen außerhalb ihrer selbst vertrauen, und Vertrauen wird durch zugängliche Eltern gelernt. Das Konzept der Kinder von Gott entspricht ihrer Beziehung zu ihren Eltern. Kinder müssen lernen, wie sie ihren Eltern vertrauen können, die sie sehen und fühlen können, ehe sie jemandem vertrauen können, den sie nicht sehen können. Kinder, die ihre Eltern als kalt erleben, als gefühllos und nicht zugänglich, werden diesen Mangel an Ansprechbarkeit auch in anderen Beziehungen erwarten, einschließlich ihrer Beziehung zum Universum. Kinder, die Attachment Parenting erfahren, lernen ihrer Umgebung und ihren Eltern zu vertrauen – und infolgedessen ihrer spirituellen Sehnsucht. Wie der hebräische Psalmenschreiber im Gebet beobachtet hat: »Du warst meine Zuversicht, da ich noch an meiner Mutter Brüsten war.« (Psalm 22:9) Kinder, die lernen, von Anfang an richtig zu vertrauen, werden fähig sein, ihren spirituellen Bedürfnissen einfacher zu vertrauen. Attachment Parenting flößt dem Kind auch die *Fähigkeit, sich zu verbinden* ein, und Verbundenheit ist das Herz von Spiritualität.

Warum Spiritualität nicht warten kann. Manchmal hören wir moderne Eltern sagen: »Wir wollen, dass unsere Kinder für viele Religionen offen sind, statt ihnen nur etwas über eine Religion beizubringen. Deshalb werden wir warten und ihnen nichts Spezifisches beibringen. Wir wollen, dass sie sich selbst eine Meinung bilden, wenn sie älter sind.« Bei einigen Eltern reflektiert ihre Verzögerung vielleicht ihre eigene Rebellion gegen die streng religiöse Erziehung in ihrer Jugend. Die Wahrheit ist, dass es Ihren Kindern einen Bärendienst erweist, wenn Sie die spirituelle Führung aufschieben. Wie auch bei Moral oder intellektuellen Werten folgt das Lernen spiritueller Werte einem Entwicklungsprozess. Verpassen Sie die Gelegenheitsfenster in den verschiedenen Stufen der Kindheit, wird es schwer, spirituelle Werte als Erwachsener aufzuholen.

Die Idee, dass Kinder frei sein sollten, ihren eigenen moralischen Kurs ohne äußere spirituelle Einflüsse zu bestimmen, ist nicht neu. Samuel Taylor Coleridge, der große englische Poet, redete einmal mit einem Mann, der ihm sagte, dass er nicht daran glaubte, seine Kinder religiös zu erziehen. Die Theorie des Herrn war, dass der Geist des Kindes nicht in eine bestimmte Richtung vorbestimmt werden sollte. Kindern sollte erlaubt werden, ihre eigenen religiösen Meinungen komplett selbst zu wählen. Coleridge sagte nichts, aber nach einer Weile fragte er seinen Besucher, ob er seinen Garten sehen wollte. Der Mann sagte ja und Coleridge nahm ihn mit hinaus in den Garten, in dem nur Unkraut wuchs. Der Mann sah Coleridge überrascht an und sagte: »Das ist ja gar kein Garten. Da ist nichts außer Unkraut.« »Nun, sehen Sie«, sagte Coleridge, »ich wollte mich nicht in die Freiheit meines Gartens einmischen auf irgendeine Art und Weise. Ich habe meinem Garten die Möglichkeit gegeben, sich selbst auszudrücken und seine eigene Produktion zu wählen.«

Beziehung des Kindes zu den Eltern	Spirituelle Werte des Kindes
• Vertrauen: Das Kind weiß, dass die Eltern auf seine Bedürfnisse eingehen	• Vertrauen in einen zugänglichen Gott
• Trost: Eltern trösten in der Not	• Trost in Gott, in der Natur, in anderen
• Verbundenheit: Das Kind fühlt sich zugehörig	• Verbindung mit anderen, zu etwas Größerem als man selbst
• Liebe: Das Kind fühlt, dass es wichtig ist und anderen Freude bringt	• Liebe für sich selbst, für andere, für Gott
• Wunsch zu gefallen: Eltern sind die Autoritäten	• Wille, für sich selbst und andere verantwortlich zu sein
• Vergebung: Meine Eltern vergeben mir	• Akzeptanz seiner selbst und anderer

2. Erkenne dich selbst

Der Widerwille mancher Eltern, ihren Kindern spirituelle Werte beizubringen, stammt aus ihrer eigenen Unsicherheit darüber, was sie selbst glauben. Als Teenager in einer spirituell-philosophischen Klasse in einer katholischen Schule lernte ich das Prinzip *nemo dat quod non habit* (niemand gibt, was er nicht hat). Das Gefühl, dass sie ihren Kindern spirituelle Führung anbieten sollten, nötigt Eltern oft dazu, ihre eigenen spirituellen Werte zu untersuchen. Das fängt vielleicht damit an, Teil des Wunders der Geburt zu sein und die Verantwortung des Elternseins zu übernehmen. Wenn junge Erwachsene Eltern werden, schütteln sie oft ihre spirituelle Bequemlichkeit ab, verbinden sich wieder mit den spirituellen Werten, die sie als Kinder gelernt haben, und suchen nach neuen Wegen, Spiritualität in ihrem Leben auszudrücken. Eltern fangen an, mehr Aufmerksamkeit auf ihr eigenes spirituelles Leben zu richten, wenn ihre Kinder in die Schule kommen oder anfangen, schwierige Fragen über Gott und den Tod zu stellen.

Wenn Sie selbst immer noch nach Antworten suchen, seien Sie Ihren Kindern gegenüber ehrlich. Versuchen Sie nicht, Überzeugung vorzutäuschen. Was wichtiger ist, ist, dass Sie erkennen, dass Spiritualität für Sie wichtig ist, und dass Sie Ihr Kind wissen lassen, dass sie Ihnen wichtig ist. Auch wenn Sie sich Ihres eigenen Glaubens unsicher sind, geben Sie Ihrem Kind eine ehrliche Antwort aus Ihrem Herzen. Sie müssen kein Theologe sein, um mit Familie und Freunden über Spiritualität zu reden. Sagen Sie Ihrem Kind, was Sie denken und fühlen, und hören Sie ihm dann zu, was es denkt. Sie werden überrascht sein, herauszufinden, dass die Bemerkungen Ihres Kindes Sie vielleicht auf die Antworten hinweisen, die Sie suchen. Die Erklärungen Ihres Kindes zum Sinn des Lebens und zum Tod werden ihre eigenen Erklärungen bereichern.

3. Spirituelle Werte sind für den Alltag

Kindern etwas über Spiritualität beizubringen ist keine Verpflichtung für ein Mal pro Woche. Sie können diese Arbeit nicht an einen Rabbi, den Lehrer in der Sonntagsschule oder an Oma und Opa delegieren. Kinder müssen im Alltag spirituelle Werte sehen und darüber reden. Um Ihrem Kind dabei zu helfen, den Geist »einzufangen«, müssen Sie Spiritualität als wichtigen Teil des täglichen Lebens betonen. Spiritualität ist nicht getrennt vom täglichen Familienleben; sie *ist* Familienleben. Bewundern Sie den Himmel, die Wolken und die Bäume zusammen und reden Sie mit Ihrem Kind darüber, wie alles entstanden ist und wer es gemacht hat. Teilen Sie mit ihm, wie Ihr Glaube Ihnen durch Herausforderungen und schwere Zeiten hilft, und zeigen Sie Ihrem Kind, wie es sich in Momenten der Bedürftigkeit und Traurigkeit mit seiner eigenen Spiritualität verbinden kann. Teilen Sie auch, wie dieser Glaube zu Freude und Freiheit in Ihrem Leben beiträgt. Es ist wichtig, dass Kinder lernen, dass es eine spirituelle Dimension im täglichen Leben gibt.

Ich erwähne oft Sonnenuntergänge als die Gemälde Gottes.

4. Hören Sie auf Ihr Kind

Sie werden sehr viel darüber lernen, wo Ihr Kind spirituell steht, aus den Fragen, die es stellt, und den Bemerkungen, die es macht. Wenn Kinder Fragen über Leben und Tod haben, erwarten Sie eine durchdachte Antwort. Auch wenn Sie glauben, Sie haben nicht alle Antworten, diskutieren Sie zumindest Ihre Ideen und die Ihres Kindes in dem Ausmaß, in dem Ihr Kind erkennt, dass dies ein Thema ist, das es wert ist, darüber nachzudenken.

Wenn Vorschulkinder durch die normale Stufe magischen Denkens gehen, erfahren sie oft Heilige, Propheten oder Engel als reale Personen in ihrem Leben. Manchmal kann eine verwunderte Frage (»Wie kann Gott genug Augen haben, um alle zu sehen?«) zu einer interessanten Diskussion mit Ihrem Kind führen, vor allem, wenn Sie nicht zu schnell mit oberflächlichen Antworten bei der Hand sind. Die Fragen und Geschichten, die ein Ergebnis des phantasievollen Denkens eines Kindes sind, sind Zeichen spiritueller Recherchen und Wachstums. Die Worte und Bilder, die sie nutzen, um die spirituelle Dimension des Lebens zu beschreiben, sagen

Ihnen etwas darüber, was sie denken und fühlen. Vorschulkinder stellen sich Gott vielleicht als eine Art Superhelden vor. Kinder können sich den Himmel als einen Ort voller Süßigkeiten und Spielzeuge vorstellen. Es ist wichtig für Eltern, Lehrer und religiöse Führer, diese normale Stufe magischen Denkens nicht zu unterdrücken. Verstärken Sie stattdessen, was Ihr Kind durch seine Vorstellungskraft herausfindet. Nutzen Sie diese Möglichkeiten als lehrreiche Momente und stellen Sie eine Beziehung von den Ideen Ihres Kindes zum Glauben Ihrer Familie her.

5. Halten Sie Ausschau nach Öffnern

Wenn Ihre Kinder Fragen über Gott oder den Tod oder die Entstehung stellen, ergreifen Sie den Moment und reden Sie mit Ihnen auf ihrem Grad des Verstehens. Eine Diskussion, die durch das Kind ausgelöst wird, hat mehr Potential zum Lernen, als wenn ein Elternteil das Thema einführt. Wenn Sie Nachrichten schauen oder über die Tragödien oder Ungerechtigkeiten in der Welt reden, werfen Sie Bemerkungen über die spirituellen Aspekte solcher Geschehnisse ein. Die meisten Kinder haben einen spirituellen Hunger, der gefüttert werden muss, und werden Chancen, mit Ihnen über spirituelle Themen zu reden, willkommen heißen.

6. Genießen Sie tägliche spirituelle Ereignisse

In unseren Familien haben Gebete und Segnungen zu Mahlzeiten und zur Bettgehzeit wichtige Bedeutung dafür, unseren Glauben an unsere Kinder zu vermitteln. Unsere Kinder hören unseren Gebeten zu, wenn wir Gott sowohl um Gefallen und Vergebung bitten als auch um die Weisheit, die wir brauchen, um die Herausforderungen unseres Lebens zu meistern. Wir ermutigen unsere Kinder auch, darüber zu reden, was in ihrem Leben vor sich geht, in der Schule, beim Spielen und zu Hause, und Gottes Segen dafür zu erbitten. Diese Rituale helfen Kindern dabei, tröstliche Muster aufzubauen, auf die sie sich ihr ganzes Leben lang verlassen können, um ihre eigene Spiritualität aufrecht zu erhalten.

Unsere Kinder hören sehr viele »Gott sei Dank«-Hinweise während des Tages.

7. Machen Sie Familienrituale besonders

Ein anderer Weg, sich auf spirituelle Werte in Ihrem Familienleben zu fokussieren, ist es, Familienrituale zu planen und zu genießen. Rituale kennzeichnen eine spirituelle Verbindung. Beginnen Sie sie, wenn Ihre Kinder noch klein sind, und führen Sie sie bis in die Teenagerzeit fort. Rituale müssen nicht formell oder kompliziert sein, um einen Eindruck zu hinterlassen.

Ziehen Sie diese Vorschläge in Betracht:

- Ein Familienritual kann so einfach sein wie jeden darum zu bitten, etwas zu nennen, wofür er oder sie dankbar ist, ehe Sie das Festtagsessen beginnen.
- Feiern Sie die vielen heiligen Feiertage Ihrer eigenen religiösen Tradition. Das hilft Kindern, zu sehen, was an Ihrem Glauben heilig ist und wie Sie diesen zum Mittelpunkt Ihres Lebens machen.
- Nehmen Sie Ihr Kind zu Hochzeiten und Beerdigungen mit, zu bürgerlichen Zeremonien und jahreszeitlichen Festen in Ihrer Gemeinde. Die religiöse Feier eines Freundes zu besuchen, hilft Ihrem Kind, die religiösen Praktiken anderer Menschen zu respektieren.
- Manche christliche Familien feiern jährlich die Taufe ihres Kindes genauso wie seinen Geburtstag. Sie können andere spezielle Tage im Leben Ihres Kindes finden, derer Sie von Jahr zu Jahr gedenken.

All diese Aktivitäten zeigen Ihrem Kind, dass Menschen in ihren Freuden und Sorgen verbunden sind, und dass unsere Leben eine Bedeutung haben, die wir nicht immer sehen können.

8. Echte Kerle tun es

Umfragen haben gezeigt, dass Mütter eher in Gebete mit Kindern eingebunden sind als Väter. Das vermittelt Kindern, vor allem Jungs, die Botschaft, dass Spiritualität vor allem eine weibliche Domäne ist, oder dass es nicht für beide Eltern wichtig genug ist, damit sie sich einbringen. Lesen Sie nur die Schlagzeilen und Sie werden sehen, dass die Jungs heutzutage spiritueller Werte bedürfen.

9. Treten Sie einer spirituellen Gemeinschaft bei

Sowohl Eltern als auch Kinder gedeihen in der Unterstützung, die eine Glaubensgemeinschaft ihnen bieten kann. Ein Teil eines spirituellen Netzwerkes zu sein, wie einer Kirche, Synagoge, Gebetsgruppe oder Religionsunterrichtsklasse, wird Ihnen helfen, Ihre eigenen spirituellen Praktiken zu entwickeln, während Sie die Entwicklung Ihrer Kinder begleiten. Teil einer religiösen Gruppe zu sein gibt Kindern auch ein Gefühl der Zugehörigkeit. Das Kind fühlt, dass es und seine Familie mit ihrem spirituellen Glauben nicht alleine sind, weil es andere Menschen kennt, die auch auf diese Weise leben und glauben. Kinder profitieren davon, eine Vielzahl von Menschen außerhalb ihrer Familie kennenzulernen, die gute Vorbilder sind. In einer spirituellen Gemeinschaft lernen sie auch, sich um andere zu kümmern und das Gefühl zu genießen, dass man sich um sie kümmert. Einsamkeit ist sehr verbreitet unter Kindern, vor allem unter Teenagern. Teil einer Gruppe von Menschen zu sein, die ähnliche spirituelle Werte teilen, ist ein gesundes Mittel gegen Einsamkeit. Es kann Teenagern (und ihren Eltern) helfen, die konfliktgeladene Phase oranger Haare und Nasenpiercings und andere befremdliche Verhaltensweisen von Jugendlichen zu überstehen, und hilft Kindern, schlussendlich gut zu geraten.

10. Lesen Sie etwas darüber

Ermutigen Sie Ihr Kind, Bücher mit spiritueller Dimension zu genießen. Bilderbücher, traditionelle Geschichten aus verschiedenen Kulturen, Lieder und Filme übermitteln spirituelle Botschaften, die Sie mit Ihren Kindern teilen können. (Es gibt sehr viel Theologie in den *Star Wars*-Filmen.) Romane wie *Die Chroniken von Narnia* von C.S. Lewis enthalten Lektionen über Liebe und Verzicht, neben viel Nervenkitzel und Abenteuer. Das

Alte Testament ist voll von Action-Geschichten. Was könnte aufregender sein als die Flucht der Kinder Israels und die Teilung des Roten Meeres?

11. Lehren Sie Toleranz

Sie wollen, dass Ihre Kinder den Glauben anderer respektieren und offen sind für neue Wege, über das Leben und Spiritualität nachzudenken. Eine Art, die vielen Religionen der Welt zu erklären, ist es, etwas in der Art zu sagen wie: »Die Menschen sprechen mit Gott in verschiedenen Sprachen.«

Kinder andere Glaubensrichtungen erfahren zu lassen, schwächt die Botschaft nicht ab, die Sie vermitteln wollen. Stattdessen lernen Kinder, dass Spiritualität für viele Menschen wichtig ist, und dass »jeder glaubt, sie glauben nur unterschiedlich«. Es ist auch wichtig, zu lernen, dass jeder seinen Glauben anders praktiziert, und dass der Glaube und die Praktiken eines jeden respektiert werden sollten. Manche Menschen zünden Kerzen an, manche singen Loblieder, manche heben ihre Arme, manche neigen ihre Köpfe, manche fallen auf die Knie. Verwenden Sie Ihre Energie darauf, Ihr Kind im Glaubenssystem Ihrer eigenen Familie zu verankern und zu erden, statt die Ideen anderer schlechtzumachen.

12. Lass Worten Taten folgen

Kinder identifizieren intuitiv, was wirklich ist, was wichtig ist, was zählt. Kinder lernen mehr davon, wie sich Ihr Glauben in Ihr Leben übersetzt, als von dem, was Sie sagen, was Sie glauben. Ihre Kinder spirituell zu führen ist sehr ähnlich wie ihnen Ernährungsgewohnheiten beizubringen. Zeigen Sie, anstatt zu erzählen. Kinder lernen durch Ihr Beispiel. Kinder folgen nicht dem Glauben ihrer Eltern, wenn sie ihn nicht in Aktion sehen.

Ältere Kinder und vor allem Teenager können durch das dürftige Glaubenssystem ihrer Eltern hindurchschauen. Wenn Kinder älter werden, müssen Eltern davon abrücken, zu diktieren, wie Kinder sich verhalten sollen, und zur Grundlage kommen, das zu praktizieren, was sie predigen. Kinder, vor allem Teenager, halten wenig von Heuchlern. Eltern allerdings sind bekannt dafür, Kinder jede Woche in den Gottesdienst zu schleppen oder sie in den Religionsunterricht einzuschreiben, weil sie denken, dass dies ihre Kinder auf dem rechten Weg hält. Kinder müssen wissen, dass die Verpflichtung der Eltern der Spiritualität gegenüber wirklich ist – nicht nur ein paranoider Versuch, Kinder von Sex, Drogen und Alkohol fernzuhalten. Religion ist keine Pille zum Schlucken, um einen Menschen durch eine schwere Phase in seinem Leben zu bekommen, auch wenn manche Kinder diese Sichtweise von den Erwachsenen um sie herum lernen. Eine reife Spiritualität zu entwickeln ist ein fortlaufender Prozess. Für die meisten von uns ist es eine Reise statt eines Ziels.

Unwilligen und dafür nicht bereiten Kindern Religion aufzuzwingen, ohne sie selbst zu praktizieren, bringt Teenager dazu, verbittert über den spirituellen Glauben der Eltern aufzuwachsen und nicht gewillt zu sein, selbst spirituelle Verpflichtungen einzugehen. Wenn Kinder sehen, dass Eltern aufgrund von Zweckdienlichkeit oder Mangel an Verpflichtung im Gegensatz zu ihren eigenen spirituellen Werten handeln, schließen sie daraus, dass der Glaube ihrer Eltern nicht wirklich ist. Sie spielen nur Theater vor Ihren Kindern. Sie wollen Sie sehen, wie Sie Herausforderungen Ihres Glaubens überwinden und Ihre spirituellen Werte verteidigen und praktizieren.

Durch dieses Buch hindurch haben wir die Wichtigkeit davon betont, dass Kinder Vertrauen lernen und Verbindungen aufbauen, zuerst mit ihren Eltern und dann mit anderen außerhalb der Familie. Geteilte Spiritualität hilft dabei, Vertrauen und Verbundenheit aufzubauen. Es gibt Kindern auch Integrität und erdet ihre Moral in bleibenden Prinzipien statt in der intellektuellen Mode des Tages. Ihre Kinder zu spiritueller Reife zu führen, gibt ihnen ein vertrauensvolles Erbe mit, das eine Ewigkeit überdauern kann.

Wenn wir darin versagen, unsere Kinder in Gerechtigkeit, Religion und Freiheit zu unterrichten, überlassen wir sie einer Welt ohne Wert, einem Leben im Zwielicht einer Zivilisation, in der die großen Wahrheiten vergessen wurden.

– Präsident Ronald Reagan

12 Elf Wege, das Selbstvertrauen Ihres Kindes zu fördern

Was Kinder von sich selbst glauben, ist das Herz dessen, was sie werden. Ein Kind, dessen Ansicht von sich selbst positiv ist, wertschätzt die Person, die es sieht, wenn es in sich hineinschaut. Es sieht sich selbst als wertvolle Person, und weil es sich in sich selbst richtig fühlt, verhält es sich auch auf wertvolle Weise.

Es gibt viele Begriffe für positive Ansichten von sich selbst: *Selbstbewusstsein, Selbstrespekt, Selbstwert, Stolz, eine Anpackmentalität.* Wir bevorzugen die Begriffe *Selbstvertrauen, Selbstwert* oder *Glaube an sich selbst*, welche ein tieferes Vertrauen in sich selbst vermitteln als die Begriffe *Selbstbild* oder *Selbstbewusstsein.* Ein Kind mit einem gesunden Glauben an sich selbst fühlt sich innerlich gut. Es trägt ein *Gefühl des Wohlbefindens* in sich und strebt danach, dieses Gefühl aufrechtzuerhalten. Wenn das Kind vom Weg abkommt – was alle Kinder manchmal tun –, sagt eine innere Stimme »Das ist nicht richtig«. Das Kind arbeitet dann daran, sich wieder richtig zu fühlen und dieses Gefühl des Wohlbefindens wiederzuerlangen.

Der Glaube an sich selbst schützt Kinder vor Menschen, die sie kleiner machen oder ihren Sinn für Wohlbefinden bedrohen. Den Glauben ihrer Kinder an sich selbst aufzubauen, ist ein effektiver Weg, sie vor schlechten Beziehungen zu schützen und vor Menschen, die sie nicht respektieren. Kinder mit gesundem Selbstvertrauen können Gleichaltrigen die Stirn bieten, die sie mit Drogen oder Alkohol in Versuchung bringen wollen. Sie können nein sagen zu verbalem Missbrauch durch einen Lehrer oder Trainer. Sie erhalten sich in einer Familien- oder persönlichen Krise mit höherer Wahrscheinlichkeit ihre innere Balance. Ein Kind mit einem gesunden Glauben an sich selbst akzeptiert und wertschätzt seine eigenen Gefühle und kann sich mit anderen und ihren Gefühlen verbinden. Selbstbewusste Kinder können spüren, was sie selbst brauchen, und sie wissen, wie sie danach fragen können.

Ein Kind mit einem positiven Glauben an sich selbst trägt nicht notwendigerweise immer ein glückliches Gesicht zur Schau. Aber es fühlt sich gut als die Person, die es ist, und genießt seine Fähigkeiten, das Auf und Ab des Lebens zu handhaben, mit einem grundlegenden Gefühl der »Richtigkeit«. Es sieht sich selbst als wertvoll und lohnenswert an. Weil Kinder, die sich in sich selbst richtig fühlen, dieses Gefühl in ihrem Verhalten ausdrücken, neigen sie dazu, dass man einfacher mit ihnen zurechtkommt, dass sie bessere Entscheidungen treffen und dem Druck durch Gleichaltrige besser standhalten. Kinder mit einem gesunden Satz an Ansichten über sich selbst können ihre Stärken und Schwächen realistisch einschätzen und sich damit selbst ermächtigen, auf ihre Stärken aufzubauen und sich zu befähigen, ihre Problemgebiete zu bearbeiten.

Ein Kind, das sich nicht richtig fühlt, handelt nicht richtig. Ein schlechter Sinn für Selbstwert lässt ein Kind fühlen, dass es von den Menschen um es herum nicht bekommen kann, was es braucht, und dass es für niemanden von Wert ist, nicht einmal für sich selbst. Dieses Gefühl führt zu Wut, Stress und Verhaltensproblemen. Weil das Kind glaubt, es sei nicht gut in irgendwas, vertraut es sich nicht. Es jammert und weint, um zu bekommen, was es braucht, oder es schreit und schikaniert. Seine Eltern und seine Freunde mögen sein Verhalten nicht und reagieren darauf, indem sie schimpfen, es meiden, ärgerlich werden oder es bestrafen, was es nur noch ärgerlicher macht – oder passiver. Sein Verhalten wird sogar schlimmer anstatt besser. Am Ende erwartet niemand mehr, dass es sich benimmt, also macht es das auch nicht.

Positiver Glaube an sich selbst führt zu hohem Selbstvertrauen, nicht auf narzisstische oder arrogante Art und Weise, sondern realistisch. Das Selbstvertrauen eines Kindes wurzelt im Vertrauen in seine betreuende Umgebung. Wenn es darauf vertrauen kann, dass seine Bedürfnisse erfüllt werden, fühlt es sich wert, dass seine Bedürfnisse erfüllt werden. Selbstvertrauen bedeutet »vertrauen auf«, und wenn Babys und Kleinkinder sich ihrer betreuenden Umgebung sicher fühlen, fühlen sie sich auch sicher in sich selbst.

> **Kinder sagen:** *Eine Sache, über die ich froh bin, dass meine Eltern sie nie getan haben, ist, mich schlecht fühlen zu lassen, weil ich ich bin. (Chris, 22 Jahre)*

Der Glaube an sich selbst ist ansteckend. Betrachten Sie Ihre Freunde und Bekannten. Warum sind einige Ihrer Freunde eine Freude, sie um sich zu haben, während Sie andere nicht um sich haben wollen, weil sie Sie nach unten ziehen? Wie oft versuchen Sie, jemanden zu meiden, weil »er so eine negative Person ist«?

Versuchen Sie so viele dieser elf Verstärker für den Glauben an sich selbst, wie Sie können.

1. Den Glauben an sich selbst fördern statt brechen

Manchmal scheint es, als sei das Selbstvertrauen eines Kindes einfach eine weitere Sache, um die man sich als Eltern Gedanken machen muss: Ist mein Kind gesund? Isst es gut? Passt seine Winterjacke noch? Und, nebenbei, wie entwickelt sich sein Selbstvertrauen? Sie müssen das Selbstvertrauen Ihres Kindes nicht täglich messen, so wie Sie sein Fieber messen: »Das Selbstvertrauen von Billy ist heute niedrig, seine Fußballmannschaft hat verloren. Ich finde besser etwas, was ihn aufbaut.« Selbstvertrauen ist stabiler als die Aufs und Abs einer Fußballmannschaft oder die guten oder schlechten Noten auf dem Zeugnis. Selbstbewusstsein ruht sich nicht auf Komplimenten, Lob, guten Beurteilungen, Erfolgen im Sport oder Eis essen zur Belohnung aus – auch wenn diese Dinge den Selbstwert beeinflussen können. Der Glaube eines Kindes an sich selbst basiert größtenteils auf der Art, wie es von den Menschen, die ihm wichtig sind, behandelt wird. Wenn Sie als Eltern aufmerksam sind für die Bedürfnisse Ihres Kindes, legen Sie die Grundlage für seinen Glauben an sich selbst und seine Fähigkeit, Dinge zu verändern.

Während seines Lebens wird Ihr Kind Menschen und Ereignissen ausgesetzt sein, die zu seinem Selbstwert beitragen, und anderen, die es reduzieren. Wir nennen diese *Verstärker* (positive Einflüsse) und *Brecher* (negative Einflüsse). Ihre Rolle als Eltern ist es, ein Baumeister zu sein, jemand, dessen positive Ansichten Ihres Kindes ihm dabei helfen, gut von sich zu denken. Sie müssen keinen Abschluss in Psychologie haben, um ein selbstbewusstes Kind zu erziehen. Sehr viel in der Erziehung ist einfach und spaßig. Halten Sie Ihr Baby viel, umarmen Sie Ihr Kind oft, antworten Sie sensibel auf die Bedürfnisse Ihres Kindes, behandeln Sie Ihr Kind so, wie *Sie* behandelt werden möchten. All diese Dinge helfen Kindern, zu glauben, dass sie wichtige Menschen sind, und wert, geliebt und respektiert zu werden. Wenn Sie sich selbst an die Stelle Ihres Kindes versetzen können und mit seinen Ohren die Botschaften hören, die Sie ihm senden, konzentrieren Sie sich ganz natürlich darauf, ein Baumeister zu sein, und merken, wenn gelegentlich ein »Brecher« Ihrem Mund entschlüpft.

Ich glaube, dass gesundes Selbstvertrauen sehr früh entwickelt wird, indem man Kinder wissen lässt, dass sie einen guten Job machen, indem man sie wissen lässt, dass sie wertgeschätzt werden, und indem man ihnen hilft, ihre Stärken zu sehen – auf welcher Stufe auch immer sie stehen mögen. Es ist wichtig, sich über das Endergebnis klar zu sein und sich nicht über die kleinen Misserfolge auf dem Weg dahin zu ärgern. Für mich ist das Leben eine Reise, kein Rennen, und ich möchte, dass meine Kinder jeden Schritt des Weges genießen.

2. Bauen Sie das Selbstvertrauen Ihres Babys auf

Die Wurzeln des Glaubens an sich selbst werden in der Babyzeit gelegt. Was denken Sie, glaubt ein Attachment-Parenting-Baby von sich selbst? Seine Bedürfnisse werden angemessen und regelmäßig erfüllt. Es verbringt viele Stunden des Tages damit, in den Armen einer Person gehalten zu werden, in einem Tragetuch getragen, nach Bedarf gestillt und getröstet zu werden, wenn es sich aufregt. Seine Umgebung gibt ihm ein ruhiges, glückliches, sicheres Gefühl, das ein Teil von ihm wird. Aufgrund der responsiven Betreuung wächst dieses Baby in dem Gefühl auf, dass es *der Aufmerksamkeit wert* ist. Waren Sie je in einer Situation, in der Sie von jemandem sehr gut umsorgt wurden? Gab Ihnen das nicht das Gefühl, dass Sie etwas Besonderes sind? So fühlen sich AP-Babys die meiste Zeit über.

Babys lernen, wer sie sind, durch die Art und Weise, wie sich um sie gekümmert wird. Der erste Baumeister von Selbstbewusstsein in der Babyzeit ist das Schlüsselwort *Ansprechbarkeit.* Das Baby weint vor Hunger oder Stress. Die Betreuer antworten, und das Baby entdeckt, dass seine Aktionen Dinge geschehen lassen können, die ihm helfen, sich besser zu fühlen. Wenn das Baby und die Betreuer dieses Signal-Antwort-Muster tausende Male im ersten Lebensjahr wiederholen, lernt das Baby, dass seine Signale eine Bedeutung haben. Wenn es die Idee formt, dass es eine eigenständige Person ist, baut es auch einen Glauben über seinen Wert ein: »Jemand hört mir zu, hebt mich hoch, füttert mich ... Ich bin wertvoll.« Es lernt zu bemerken, wenn es sich richtig fühlt und wenn es sich falsch fühlt. Es lernt, was es dafür tun kann.

Wenn die Bedürfnisse eines Babys nicht regelmäßig erfüllt werden, lernt es, seinen eigenen Signalen nicht zu vertrauen und sich selbst nicht zu vertrauen. Es fühlt sich vielleicht durcheinander und glaubt, dass seine Signale wenig oder gar keine Bedeutung haben, weil es nie sicher ist, ob es eine Antwort bekommt. Während es in der Realität nicht sein Fehler ist, dass niemand auf seine Signale antwortet, schließt dieses Baby nichtsdestotrotz daraus, dass es selbst machtlos oder wertlos ist. In der egozentrischen Sicht des Babys ist das, was mit seiner Welt falsch ist, auch das, was mit ihm falsch ist.

Diese frühen Eindrücke wurzeln tief im schnell wachsenden Gehirn des Babys. Das verbundene Baby tritt mit einem sicheren Sinn für Wohlbefinden in die Kindheit ein – einem, das ein ihm innewohnender Teil seines Selbst ist. Dieser Glauben an sich selbst ist schwer zu verdrängen; das Kind passt sein Verhalten an, um dieses Gefühl des Wohlbefindens aufrecht zu erhalten. Sicher straucheln diese Kinder manchmal, und einige sehen sich in ihrer Kindheit beträchtlichen Herausforderungen gegenüber, sei es durch die Umstände oder die Eigenarten ihrer eigenen Persönlichkeit. Aber mit einem positiven Glauben an sich selbst, der frühzeitig im Leben aufgebaut wurde, kommen diese Kinder höchstwahrscheinlich wieder auf die Beine. Kinder, denen es an diesem sicheren Sinn des Selbstwertes mangelt, haben größere Schwierigkeiten, nach dem zu fragen, was sie brauchen und wollen, wenn sie heranwachsen, und sie fühlen sich nicht in Kontrolle über ihr Leben und ihre Ziele.

Unsere Theorie Nummer 1 mit all unseren Kindern war, ihnen in den ersten sechs Monaten ihres Lebens das Gefühl einer sicheren, liebevollen Welt zu vermitteln, in dem Wissen, dass die Realität noch früh genug auf sie zukommt.

Elizabeth bemerkt: *Wenn ich meinen fünf Monate alten Sohn Coleton betrachte, bin ich wahrlich überwältigt von der Tatsache, dass er so von anderen abhängig ist, was sein Überleben betrifft. Die einfache Tatsache, dass er kaum seinen Kopf oben halten kann, geschweige denn seinen Körper dahin bewegen, wo er hinmöchte, lässt mich realisieren, was für eine unglaubliche Verantwortung wir unseren Babys gegenüber haben. Er ist hungrig; er kann nicht essen. Er ist nass; er kann seine Windeln nicht selbst wechseln. Er hat Angst; er kann sich nicht von dem wegbewegen, was ihm Angst macht. Er möchte gehalten werden; er kann seine Wünsche nicht klar zum Ausdruck bringen. Zu keiner anderen Zeit wird das*

Leben meines Kindes so von anderen abhängig sein, um seine grundlegendsten, ja lebensnotwendigen Bedürfnisse zu erfüllen.

Indem wir auf die Bedürfnisse unseres Babys antworten, fangen wir an, seinen positiven Glauben an sich selbst aufzubauen, indem wir es wissen lassen, dass seine Bedürfnisse wichtig sind und dass es für uns von Interesse ist. Babys sind nur für eine unglaublich kurze Zeit jung – verschwenden Sie diesen Moment nicht.

3. Spiegeln Sie positive Botschaften

Kinder sehen sich weiterhin durch die Augen ihrer Eltern, wenn sie aus der Babyzeit herauswachsen, in die Kindheit hinein und darüber hinaus. Der Glauben eines Kindes an sich selbst – im Guten wie im Schlechten – hängt von den Botschaften ab, die es von seinen Eltern erhält. Während ihres ersten Jahres erhalten die meisten Babys vor allem positive Botschaften. Sie lernen, dass sie geliebt werden, wertgeschätzt und umsorgt, vor allem diejenigen, die viel Zeit im Arm und an der Brust verbringen und sensible, aufmerksame Eltern haben.

Kinder wertschätzen die Botschaften, die sie von Erwachsenen bekommen, denen sie vertrauen. Attachment Parenting am Anfang des Lebens rüstet das Kind mit sehr viel Vertrauen aus, sodass die Botschaften, die es von seinen Eltern bekommt, während es heranwächst, einen großen Eindruck auf es machen. Sie sind bedeutungsvoll, weil sie von Menschen kommen, mit denen es zutiefst verbunden ist. Die Botschaften von Liebe und Bindung, die das Baby im ersten Jahr oder den ersten zwei Jahren so häufig bekommt, müssen sich durch die Kindheit fortsetzen, obwohl diese Botschaften verschiedene Formen annehmen, wenn das Kind durch verschiedene Entwicklungsstufen hindurchgeht. Es gehört mehr dazu, ein vertrauensvolles Kind aufzuziehen, als nur den Baby-B's Stillen, Tragen und Bonding zu folgen.

Welche Botschaften spiegeln Sie Ihrem Kind? Sind sie überwiegend positiv oder negativ? Lassen Sie es wissen, dass es Spaß macht, mit ihm zusammen zu sein, dass Sie es wertschätzen, dass seine Meinung zählt, dass sein Verhalten Sie erfreut? Es gibt viele Wege, auf denen Sie Kindern diese Art positive Botschaft über sie selbst übermitteln können. Während Lob und Komplimente sicher eine Art sind, wie Ihr Kind positive Ansichten über sich selbst aufbaut, sprechen Ihre Taten mindestens genauso laut wie Ihre Worte.

Wir loben Thomas, weil wir glauben, dass positive Etiketten einen großen Beitrag dazu leisten können, dass das Kind Selbstvertrauen entwickelt, und dass sie tatsächlich sich selbst erfüllende Prophezeiungen sein können. Ich sage: »Wow! Schau dir dein Zimmer an! Du hast jedes einzelne Spielzeug in seine Kiste gepackt! Was für ein ordentlicher Junge du bist!« Er erinnert sich an die Idee des »ordentlichen Jungen« und verhält sich mit höherer Wahrscheinlichkeit wieder so. Oftmals lobt er sich sogar selbst. Er sagt Sachen wie »Kluger Thomas!«, wenn er etwas Schlaues tut.

4. Spielen Sie mit Ihrem Kind

Sowohl Kinder als auch Erwachsene lernen viel, wenn sie zusammen spielen. Wenn Sie sich Zeit nehmen, um mit Ihrem Kind zu spielen, sagen Sie: »Du bist mir meine Zeit wert. Ich möchte mit dir zusammen sein.« Das ist ein wichtiger Weg, Ihrem Kind zu sagen, dass die Dinge, die ihm wichtig sind, auch Ihnen wichtig sind. Wenn Sie zusammen Spaß haben, wächst das Selbstbewusstsein Ihres Kindes.

Aus Ihrer Erwachsenenwelt herauszutreten und in die Welt Ihres Kindes hinein, ist nicht immer einfach. Als geschäftige Person hatte ich es schwer, das unstrukturierte und scheinbar unproduktive Spiel mit meinen Kindern genießen zu lernen. Meine Gedanken wanderten zurück zu den »wichtigeren« Dingen, die ich zu tun hatte, und ich wurde ruhelos.

Brecher in Verstärker umwandeln

Ihr Kind wird nicht seine gesamte Kindheit umgeben von positiven Botschaften verbringen, die sein Selbstvertrauen stärken. Ihr Kind wird das Ziel von Herabsetzungen sein. Hier lesen Sie, wie Sie das Problem in einen lehrreichen Moment umwandeln.

Sie hören Ihre beiden Kinder sich streiten. »Du bist dumm«, sagt der große Bruder Aaron zu Chris, und Chris fällt in sich zusammen. »Das ist eine Beleidigung«, sagen Sie. Kinder brauchen uns, um ein Verhalten ohne viele Worte zu identifizieren. Aaron braucht ganz klar eine Lektion in Empathie und eine Erinnerung, wie sehr sein kleiner Bruder ihn liebt und ihm vertraut. Aber zuerst müssen Sie Chris wiederaufbauen.

Sie könnten darauf hinweisen, dass sogar die besten Freunde und Brüder manchmal unfreundliche Sachen sagen, die sie nicht so meinen und die ihnen im Nachhinein leidtun. Sie erinnern Chris auch an all die klugen Sachen, die er macht. Sie sagen ihm, dass nur der jüngere Bruder zu sein ihn nicht dumm macht, und dass es jede Menge Dinge gab, die Aaron nicht sehr gut konnte, als er in seinem Alter war.

Als nächstes nehmen Sie Aaron beiseite und helfen ihm, sich vorzustellen, wie er sich fühlen würde, wenn er das Ziel von »du bist dumm« wäre. Machen Sie ein kleines Rollenspiel. Schlüpfen Sie in Aarons Rolle und spielen Sie ihn und er ist Chris: »Stell dir vor, du bist Chris, und ich schau dir ins Gesicht und sage dir, dass du dumm bist. Wie würdest du dich fühlen? Du bist der ältere Bruder, und Chris liebt dich und vertraut dir. Er glaubt das, was du sagst. Stell dir vor, ich sage dir, dass du dumm bist, und weil du mich liebst und mir vertraust, denkst du wirklich, dass du dumm bist. Wie fühlst du dich dabei?«

Ich hatte das Gefühl, ich sollte »etwas tun« (wie ein Buch über Kinder schreiben), statt mit meinem eigenen Kleinkind Bauklötze aufzustapeln oder einen Ball hin und her zu rollen. Aber als ich realisierte, wie wichtig diese Zeiten für meine Kinder waren, wurde das Spielen mit ihnen für mich bedeutungsvoller. Spielen wurde für mich sogar therapeutisch. Es zwang mich dazu, meine erwachsene Beschäftigung hinter mir zu lassen und mich auf das einfache Vergnügen zu fokussieren, mit meinem Kind zu spielen, welches mich, ohne es zu wissen, lehrte, mich zu entspannen. Hier sind einige Wege, wie Sie die Spielzeit mit Ihrem Kind genießen können.

Geben Sie Ihrem Kind konzentrierte Aufmerksamkeit

Wenn Ihr Körper bei Ihrem Kind ist, aber Ihr Geist ist anderswo, wird Ihr Kind spüren, dass Sie lieber woanders wären. Das ist eine Situation, in der Sie beide verlieren. Ihr Kind bekommt eine negative Botschaft (»Papa will nicht hier bei mir sein.«) und schließt daraus, dass es nicht wichtig ist. Sie verlieren die Gelegenheit, sich zu entspannen und mehr über Ihr Kind zu lernen. Fähig zu sein, innezuhalten und den gegenwärtigen Moment zu genießen, ist eine wertvolle Fähigkeit im Leben, und sie zu lernen ist einer der größten Vorteile davon, Zeit mit Kindern zu verbringen. Eine meiner liebsten Spiel-Erinnerungen ist der Spaß, den ich in unserem »Spielkreis« mit dem sechs Monate alten Matthew hatte. Ich setzte ihn mit dem Gesicht zu mir auf den Boden, mit ein paar unserer Lieblingsspielzeuge, und machte mit meinen Beinen einen Kreis um ihn herum – eine Position, die uns auf den anderen konzentriert hielt und ihm Unterstützung bot für den Fall, dass er umkippte. Das war der Beginn vieler Stunden Spiel von uns beiden. Er hatte meine ungeteilte Aufmerksamkeit. Er fühlte sich besonders und ich auch.

Nehmen Sie sich Zeit

Ein Freund fragte mich einmal, wie ich Zeit finden würde, die Sportmannschaften meiner Kinder zu trainieren, ihren Aufführungen zuzusehen, ihnen Skaten und Segeln beizubringen, und auch noch Zeit zu haben, mit ihnen herumzuhängen. Ich sagte ihm, dass ich mir die Zeit nehme, weil es mir wichtig ist. Es ist einfach eine Frage der Prioritäten. Und von sehr früh an merken Kinder, wo sie in Ihre Prioritäten reinpassen. Während der Zeit gemeinsamen Spielens geben Sie Ihrem Kind die Botschaft: »Es gibt nichts, was ich jetzt lieber machen würde, als Zeit mit dir zu verbringen.«

Während ich dieses Buch schrieb, bekam unsere Familie einen neuen Tischtennistisch, und der fünfzehnjährige Matthew interessierte sich wirklich für dieses Spiel. Häufig kam er zu mir, wenn ich arbeitete, und fragte mich: »Papa, möchtest du mit mir eine Runde Tischtennis spielen?« Beachten Sie, dass er nicht sagte: »Lass uns eine Runde Tischtennis spielen.« Er wollte, dass ich mit ihm spielen *wollte*. Als ich das realisierte, achtete ich darauf, seine Bitte sofort zu beantworten, egal, wo ich in meinem Zeitplan für das Buch gerade stand. »Sicher, Matt, das möchte ich«, sagte ich, während ich meinen Stift hinlegte und mich auf mein Kind einstimmte. Ein Fünfzehnjähriger, der möchte, dass sein Papa mit ihm spielt, hat Priorität. Die Zeit, die Sie mit Ihren Kindern haben, vergeht so schnell, und es ist, als spielten Sie ein Band ab, das Sie nicht zurückspulen können. Genießen Sie diese wertvollen Momente, so lange sie dauern.

Lassen Sie Ihr Kind das Spiel bestimmen

Manche Erwachsene haben das Gefühl, wenn sie Zeit mit Kindern verbringen, dass es ihre Aufgabe ist, die Spielzeit wertvoll zu machen. Sie entscheiden, welches pädagogisch wertvolle Spiel gespielt wird, welche Geschichte vorgelesen, oder wie man am besten einen Turm aus Bausteinen baut. Das Kind macht mit, weil es den Erwachsenen erfreuen möchte, aber wessen Selbstwert wird damit verstärkt?

Aktivitäten, die durch das Kind initiiert werden, halten seine Aufmerksamkeit länger als diejenigen, die ein erwachsener Spielpartner vorschlägt. Ein Kind lernt mehr durch das Spiel, wenn es die Entscheidungen treffen darf, was passieren soll. Wenn Sie Ihr Kind die Aktivität auswählen lassen, sagen Sie ihm: »Ich mag es, die Dinge zu tun, die du tun möchtest.« Das ist ein Baustein des Selbstvertrauens für Kinder. Es lässt sie sich besonders und respektiert fühlen. Auch wenn Sie denken, Sie können *eventuell* nicht *noch ein weiteres* Mal mit Ihrem Sechsjährigen Dame spielen, ist es wichtig für ihn. Wenn Sie breit lächeln können und sagen: »Okay, Champion, hol das Spielbrett!«, sorgen Sie nicht nur dafür, dass er sich großartig fühlt, Sie bringen ihm auch bei, dass es in Ordnung ist, um das zu bitten, was es will.

Und wenn Sie *wirklich* nicht lächeln können, während Sie noch einmal Dame spielen, fragen Sie Ihr Kind nach einem anderen Vorschlag. Mit ihm gemeinsam daran zu arbeiten, eine Aktivität auszusuchen, die Sie beide genießen, sendet ihm auch eine positive Botschaft. Kinder merken, ob Sie das Spiel wirklich mögen oder nur aus Pflichtgefühl statt aus eigenem Wunsch mit ihm spielen. Legen Sie los und fügen Sie Ihren eigenen, persönlichen Stil zu der Zeit hinzu, die Sie mit Ihrem Kind verbringen. Es ist einfach, gelangweilt zu sein, wenn Sie das zwanzigste Mal gebeten werden, *Ein Kater macht Theater* vorzulesen. Halten Sie inne und reden Sie über die Geschichte, und fügen Sie Ihren eigenen Stil hinzu, wie zum Beispiel: »Was würdest du machen, wenn der Kater hier zu uns käme?« Ihr Kind zu fragen, was es denkt, verstärkt seinen Glauben an sich selbst.

5. Zeigen und sagen Sie Ihren Kindern, dass sie wichtig sind

Es mag für Sie offensichtlich sein, aber Kinder realisieren oft nicht, wie wichtig sie für uns sind. Eltern können mit dem täglichen Leben so beschäftigt sein, dass sie außer Acht lassen, ihren Kindern geradeheraus zu sagen, wie sehr sie sie lieben und wie wichtig sie sind. Wir denken so oft wundervolle Dinge über unsere Kinder, aber denken nicht daran, diese Gefühle auch auszusprechen, wenn unsere Kinder sie hören müssen.

- »Ich möchte heute nichts lieber tun, als Zeit mit dir verbringen.«
- »Ich bin so stolz, dass du meine Tochter bist.«
- »Ich bin froh, dass du zu mir gekommen bist. Es macht so viel Spaß, mit dir zusammen zu sein.«

Gesunden Glauben an sich selbst aufbauen bei farbigen Kindern

Als wir in unsere Nachbarschaft zogen, gingen mein Sohn Andrew und ich auf den Spielplatz über die Straße. Er fing an, mit den anderen beiden Kindern Fangen zu spielen. Sie wollten nur mit ihm spielen, wenn er ständig der Fänger war. Er musste die anderen fangen, auch wenn er einen von ihnen gefangen hatte, oder sie ignorierten ihn einfach. Ihre Mutter saß da und beobachtete das, als wäre es ganz normal, das Spiel so zu spielen. Nach einer Weile merkte ich, dass Andrew frustriert und traurig war. Es tat mir natürlich weh zu sehen, dass die Gefühle meines Sohnes auf diese Weise verletzt wurden. Ich rief ihn zu mir her und sagte ihm: »Du willst nicht mit ihnen spielen, Andrew. Sie spielen nicht fair.« Als wir nach Hause liefen, redete ich mit Andrew über das, was passiert war und warnte ihn, sich niemals so von jemandem zu dessen Vorteil ausnutzen zu lassen.

Das ist nicht nur eine Geschichte über Kinder, die nicht fair spielen. Sehen Sie, mein Sohn ist schwarz und die beiden anderen Kinder waren weiß. Spielten sie auf diese Weise, weil sie nicht nachdachten oder weil sie Vorurteile hatten? Es ist bedauernswert, dass die Rasse unsere Wahrnehmung von Situationen und von uns selbst in so starkem Maß einfärbt, aber wenn es um das Selbstbild von farbigen Kindern geht, scheint es mir, als sei es töricht, wenn nicht sogar schädlich, das zu ignorieren. Die drei Strategien, die ich nutze, um sicherzustellen, dass mein Sohn ein gesundes Konzept davon hat, wer er ist und was er im Leben erreichen kann, sind Bestätigung, Affirmation und ein positives Erleben verschiedener Erfahrungen.

Es ist wichtig, unsere Geschichte und Kultur anzuerkennen, beide im Kontext der größeren Gesellschaft und getrennt davon. Eltern müssen ergänzen, was ihre Kinder in der Schule über ihre Geschichte lernen.

Ich habe Gemeinschaftsaktivitäten, kulturelle Veranstaltungen, Kunstausstellungen, Besuche in anderen Städten und Erkundungen rund um Philadelphia genutzt, wo es sehr viele historische Orte gibt und ein reiches afro-amerikanisches Erbe, um meinem Sohn etwas über seine »Wurzeln« beizubringen. Ich zeige ihm auch die afro-amerikanischen Beiträge zur gesamten Kultur, indem ich sicherstelle, dass Beispiele kreativen Ausdrucks von schwarzen Künstlern, Schreibern, Darstellern, Musikern und Erfindern in unserem Zuhause erkennbar sind.

Ich habe immer auf die Interessen meines Sohnes geachtet und sie bekräftigt. Von früh an zeigte Andrew eine Neigung zur Wissenschaft, vor allem zur Raumfahrt und Naturwissenschaft, einschließlich Tieren. Jahrelang hatten wir eine Dauerkarte in unserem Museum für Naturgeschichte und für den Zoo, und wir besuchen diese Orte heute noch oft. Es dauerte nicht lange, bis mein Sohn anfing, das Gebiet der Wissenschaft als sein Expertengebiet anzusehen. Er freute sich darauf, schwierigere Themen für seine Wissenschaftsausstellungsprojekte auszusuchen, vermutlich teilweise, weil er wusste, dass er sich meiner Aufmerksamkeit und Unterstützung sicher sein konnte. In der zweiten Klasse war er neugierig auf Computer, und ich führte ihn an Bildungssoftware heran. Jetzt, mit elf Jahren, nutzt er das Internet, um Nachforschungen für seine Hausaufgaben zu machen, aber am meisten liebt er Computerspiele. Ich überprüfe die Spiele, die er spielt, und ich rede mit ihm über die Art des Denkens, das Grafikdesign und die technischen Fertigkeiten, die man braucht, um ein Computerspiel zu gestalten. (Jemand muss diese Dinge ja entwickeln und macht damit vermutlich gutes Geld!) Am Ende der fünften Klasse brachte er stolz eine Urkunde für außerordentliche Computerfertigkeiten mit nach Hause. Er fühlt sich jetzt sehr sicher in seiner Fähigkeit, Computer zu nutzen und zu reparieren.

Fachkenntnisse auf diesem und anderen Gebieten zu haben, bestätigt die Identität meines Sohnes als schlauer Junge mit vielen Möglichkeiten für eine sichere Zukunft. Ich glaube, sie bieten eine Art Sicherheit gegen das Internalisieren des negativen Bildes, der zerstörerischen Einflüsse und der Diskriminierung, die er mit hoher Wahrscheinlichkeit als heranwachsender, junger schwarzer Mann erfahren wird.

Ich möchte sicherstellen, dass die Erziehung meines Sohnes eine Reihe an Erfahrungen beinhaltet, die ihn bereichern und auf das Arbeiten und Leben in einer multikulturellen, globalen Gesellschaft vorbereiten. Ich habe Vorteile aus den zahlreichen und unterschiedlichen Attraktionen in der Gegend gezogen, in der wir leben, um Vielfalt in unsere Familienausflüge zu bringen. Ich betone, dass als Bürger und Steuerzahler all die öffentlichen Orte in unserer Stadt genauso unsere sind, vom Kunstmuseum über den Japanischen Garten bis zum Wettbewerb im Pferdespringen. Wir werden nur durch unsere Vorstellungen eingeschränkt. Ich denke, es ist sehr wichtig für uns, mit unseren Kindern über ihre Zukunft zu reden. So lernen sie unsere Erwartungen an sich kennen, und so fangen sie an, ihre Optionen zu visualisieren. Ich nutze jede Gelegenheit, meinen Sohn mit anderen Menschen bekannt zu machen, vor allem farbigen Menschen, die in der Arbeit, die sie sich ausgesucht haben, erfolgreich sind, wie der Vorstand einer Firma, mit der ich arbeite, oder ein Verwandter, der Bürgermeister wurde und nun in der Landespolitik aktiv ist. Ich habe Andrew mitgenommen, als ich einen führenden Astronomen für einen Artikel in einem Magazin interviewte, und über die Jahre hinweg hatte Andrew viele interessante Gespräche mit unserem Tierarzt, wenn wir unsere Tiere dort zur Versorgung hingebracht haben – ein Beruf, von dem er sagt, er wäre daran interessiert, ihn zu lernen. Ich stelle sicher, dass positive Rollenvorbilder, afro-amerikanische Menschen, die produktiv sind und wertvolle Arbeit machen, ein Teil der Welt meines Sohnes sind.

Valerie Harris, Herausgeberin und Redakteurin
Magazin »Black Parenting Today«
www.blackparentingtoday.org

Die Taten der Eltern sagen Kindern auch, dass sie uns wichtig sind. Jedes Mal, wenn Sie am Auftritt des Chores Ihres Kindes, an seinem Baseballspiel oder seinem Klassenfest teilnehmen, senden Sie ihm eine Botschaft, die sein Selbstvertrauen aufbaut. Sie sagen ihm, dass die Dinge, die ihm wichtig sind, auch für Sie wichtig sind.

Sie müssen nicht auf ein großes Ereignis im Leben Ihres Kindes warten, um ihm diese Botschaft zu senden. Genauso wichtig sind Mini-Zutrauens-Verstärker – Interesse an einem Bauwerk zeigen, das Ihr Kind gerade gebaut hat, die neue CD Ihres Teenagers mithören, sie nach etwas fragen, was in ihrem Leben vor sich geht. All diese scheinbar geringfügigen Momente addieren sich zu einer Botschaft in Werbetafelgröße, die sagt: Du bist eine wertvolle Person.

Wir wollen, dass unsere Kinder sich immer geliebt und unterstützt fühlen. Ein Weg, dies zu erreichen, ist, ihnen kurze, aufmunternde Notizen an unerwarteten Orten zu hinterlassen, wie zum Beispiel in eine Mütze reingelegt. Das bringt immer ein Lächeln in ihr Gesicht.

6. Respektieren Sie die Meinungen Ihres Kindes

Wenn Sie nach der Meinung Ihres Kindes zu etwas fragen oder aufmerksam zuhören, wenn es seine Meinung sagt, dann fühlt es sich wichtig. Wenn Ihr Kind Ihre gesamte Aufmerksamkeit hat und merkt, dass sie wirklich an dem interessiert sind, was es sagt, fühlt es sich wertgeschätzt. Ihm zu vermitteln, dass Sie seinen Standpunkt wertschätzen, baut nicht nur seinen Selbstwert auf, sondern öffnet auch Kommunikationswege. Sie geben Ihrem Kind die Chance, sich selbst auf taktvolle, respektvolle Weise auszudrücken.

- »Welches Kleid sieht an Mama am schönsten aus, was denkst du?«
- »Was denkst du, welchen Film die Familie am meisten mögen wird?«
- »Was sollten wir deiner Meinung nach für deinen Bruder zum Geburtstag kaufen?«

Wenn Sie die Meinung Ihres Kindes vorsichtig betrachten, nach seinen Gründen fragen und es wissen lassen, dass sein Beitrag Ihnen geholfen hat, eine bessere Entscheidung zu treffen, belohnen Sie es für sorgfältiges Denken und lassen es wissen, dass Sie sein Urteil respektieren. Es wird sich als Ergebnis davon selbstbewusster fühlen.

Kinder sagen: *Ich denke, eine Sache, die für gute Eltern wirklich wichtig ist, ist, sich Zeit zu nehmen, dem Kind zuzuhören. Schreien Sie sie nicht immer gleich an, wenn sie etwas tun, was Sie für unpassend oder respektlos halten. Sehen Sie Dinge aus ihrer Sicht, ehe Sie die Geduld verlieren und anfangen, die Bande von etwas zu kappen, das ansonsten eine wirklich gute Beziehung hätte sein können, indem Sie denken, dass etwas nur dann richtig ist, wenn es auf Ihre Weise getan wird. Sie können so regelrecht die Mauer in der Beziehung von Eltern und Kind aufbauen, die die meisten Eltern versuchen abzubauen. (Amy, 21 Jahre)*

7. Merzen Sie Herabsetzungen aus

Auch wenn Sie Ihr Kind nicht von allen Selbstbewusstseins-Brechern, die es außerhalb seines Zuhauses antreffen wird, abschirmen können (und vermutlich sollten), können Sie Ihr Zuhause zu einem sicheren Ort machen, in dem Kinder ermutigt werden, positive Dinge über sich selbst zu glauben. Bannen Sie Herabsetzungen aus Ihrem Zuhause, vor allem die Art, die ältere Kinder ihren jüngeren Geschwistern gegenüber sagen. Seien Sie ebenso wachsam gegenüber Freunden und Kindern aus der Nachbarschaft. Und es ist selbstverständlich, dass Eltern selbst besonders vorsichtig sein sollten, um Herabsetzungen ihren Kindern gegenüber zu vermeiden.

Eine Herabsetzung, auch eine, die im Spaß gemeint ist, kann ein Kind sich innerlich klein fühlen lassen. Ein wenig gut gelauntes Necken ist zwischen Brüdern und Schwestern in Ordnung, aber offensichtliche Herabsetzungen (»Du bist so dumm« oder »Alle wissen, dass deine Handschrift schrecklich ist«) sind verboten. Bringen Sie Ihrem Kind bei, dass Sie erwarten, sich gegenseitig zu unterstützen, statt sich gegenseitig niederzumachen. Geschwister haben einen großen Einfluss auf das Selbstwertgefühl des jeweils anderen. Wenn Sie solche herabsetzenden Worte wie »Du bist dumm!« oder »Du bist komisch!« hören, benennen Sie sie sofort, wenn Sie sie hören. »Das ist eine Beleidigung.«

Eine Mutter in unserer Praxis erzählte ihren Kindern, wie zerstörerisch Herabsetzungen sind, vor allem für jüngere Kinder. Sie erklärte, dass, wenn man einem Kind Schimpfnamen gibt, dies das Kind wütend werden und erst recht das Verhalten weiterführen lässt, das zu dem Schimpfnamen geführt hat. Sie sagte ihren Kindern: »Statt zu deinem Bruder zu schreien ‚Du bist dumm', schau ihm direkt in die Augen und sage ‚Das war etwas Dummes, was du da getan hast und ich weiß, dass du schlauer als das bist.' Dann hilf ihm, das Durcheinander aufzuräumen oder was immer getan werden muss.« Das ist ein guter Rat für Geschwister und Eltern. Denken Sie daran, dieses Verhalten beim nächsten Mal selbst zum Vorbild zu nehmen, wenn Sie verschüttete Milch sehen oder eine matschige Spur durch die gesamte Küche. Sie bekommen eine viel positivere Reaktion, als Sie bekommen würden, wenn Sie anfangen zu schreien.

Beleidigende Namen auszumerzen, kann auch eine Lektion in Empathie sein. »Du Schwachkopf!«, schrie die vierzehnjährige Jennifer ihrem nervenden siebenjährigen Bruder Alex zu. Alex wusste nicht, was ein Schwachkopf ist, aber durch den Ton in Jennifers Stimme wusste er, dass er keiner sein wollte. Das ist eine Situation, die kluge Eltern in eine Lektion in Empathie verwandeln können und Jennifer sagen: »Stell dir vor, du wärst sieben und Alex wäre vierzehn Jahre alt und würde dich den Schwachkopf nennen. Wie würdest du dich fühlen?« Appellieren Sie an die normale Einfühlsamkeit älterer Kinder und sie ändern ihr Verhalten ohne lange Predigt. Auf diese Weise unter vier Augen mit Jennifer zu reden, wenn sich ihr Ärger gelegt hat, zeigt bessere Ergebnisse.

8. Schützen Sie das Selbstvertrauen Ihres Kindes

In den Vorschuljahren hat die häusliche Umgebung naturgemäß den meisten Einfluss auf das Selbstbewusstsein eines Kindes; idealerweise sollte das Zuhause während der gesamten Kindheit der wichtigste Eindruck sein. Aber wenn Kinder heranwachsen, werden sie auch immer mehr in Aktivitäten mit Menschen außerhalb des Zuhauses eingebunden, die ebenso beeinflussen, was Ihr Kind von sich selbst denkt.

Je tiefer die Wurzeln selbstangepflanzten Bewusstseins sind, desto besser ausgestattet sind Kinder, in die Schule zu kommen und mit Gleichaltrigen auf eine Weise zu agieren, die ihren Selbstwert eher aufbaut als ihn runterzieht. Tatsächlich haben wir festgestellt, dass verbundene Kinder in sozialen Gruppen aufblühen. Aufgrund ihrer Sensibilität und Fähigkeit mitzufühlen, kommen sie mit den meisten anderen Kindern sehr gut aus. Weil verbundene Kinder sich mit sich selbst wohl fühlen, können sie sich auch mit anderen wohl fühlen. Ihr inneres Gefühl von Richtigkeit und ihr Sinn für Wohlbefinden leitet ihre Wahl der Freunde. Aufgrund dieses inneren Führungssystems werden sie weniger durch Gleichaltrige mit nicht-kompatiblen Werten beeinflusst. Verbundene Kinder sind oftmals sehr anspruchsvoll in ihren Freundschaften. Statt viele oberflächliche Freundschaften mit möglichst vielen Kindern zu schließen, haben sie vielleicht weniger, dafür bedeutungsvollere Beziehungen.

Überprüfen Sie die Freunde Ihres Kindes

Haben Sie ein achtsames Auge auf die Freunde Ihres Kindes. Obwohl Kinder ihre eigenen Freunde auswählen müssen, sollten Eltern die Beziehungen überwachen. In den meisten Fällen ist es so, dass verbundene Kinder von selbst passende Spielgefährten auswählen; sie mögen es nicht, mit Freunden zusammen zu sein, die ihr Gefühl des Selbstwertes bedrohen. Schauen Sie darauf, wie sich Ihr Kind am Ende der Spielzeit mit einem Freund fühlt. Ist es glücklich und zufrieden oder widerspenstig und verärgert? Teilen Ihr Kind und sein Freund eine gleichberechtigte Beziehung des Gebens und Nehmens oder dominiert einer den anderen? Wenn Sie das Gefühl haben, dass ein bestimmter Freund einen positiven Einfluss auf Ihr Kind hat, unterstützen Sie diese Freundschaft. Wenn nicht, dann halten Sie Ihr Kind davon ab.

Einmal hatte meine Tochter Emma eine ältere Freundin zu Besuch, die sie sehr verehrte. Die beiden malten. Ihre Freundin, die künstlerisch sehr begabt ist, malte ein Bild von einer Strandszene, und dann fing Emma ihr Bild an. Ihre Freundin sagte: »Nein, so malt man doch keinen Strand!« Ich war schon bereit einzugreifen und zu sagen, dass es in Ordnung ist, Dinge anders zu machen, aber ehe ich in den Raum hineinkam, hörte ich Emma sagen: »Das ist schon in Ordnung, ich mag es so, wie ich es mache!« Das zeigte mir wirklich, wie selbstsicher und zufrieden sie mit ihren eigenen Fertigkeiten ist und dass sie nicht von der Meinung der anderen mitgerissen wurde.

Machen Sie Ihr Zuhause kinderfreundlich

Ihr Zuhause für die Freunde Ihrer Kinder einladend zu gestalten, gibt Ihnen die Gelegenheit, Ihr Kind in sozialen Situationen zu beobachten. Sicher, Kindergruppen um sich zu haben kann auch bedeuten, dass Sie mehr Unordnung zu beseitigen haben und eine höhere Rechnung für Lebensmittel, aber die Sicherheit, die Freunde Ihrer Kinder zu kennen und zu wissen, wie es mit ihnen zurechtkommt, ist die Umstände wert. Das Zuhause in Ihrer Nachbarschaft zu sein, in dem die Kinder sich versammeln, verschafft Ihnen einen Vorteil, indem es Sie in die Position hebt, die disziplinarisch eingreift, sowohl in der privaten Zeit mit Ihrem Kind als auch in der Gruppentherapie, wenn das ganze Rudel außer Kontrolle gerät.

Wenn Ihre Kinder selbstständiger werden, machen sie oft zwei Schritte vorwärts und einen zurück. Richten Sie sich darauf ein, dass Ihr Kind in regelmäßigen Abschnitten in die Sicherheit des Zuhauses und der Familie zurückkehrt, nachdem es sich in den sozialen Dschungel hinausgewagt hat. Sogar verbundene Kinder, die fähig sind, in neuen Situationen und Beziehungen ihrem eigenen inneren Kompass zu folgen, brauchen eine regelmäßige Dosis hausgemachten Selbstvertrauens.

Helfen Sie Kindern dabei, Ihren eigenen Körper zu mögen

Unglücklicherweise und fälschlicherweise legt unsere Welt hohen Wert auf das Erscheinungsbild einer Person. Die heißesten Stars heute sind gewöhnlich jung, körperlich attraktiv und sehr dünn. Fernsehwerbung konzentriert sich darauf, wie Frauen und Männer gleichermaßen umwerfender und attraktiver werden können. Diese gesellschaftlichen Botschaften verfälschen nicht nur den Eindruck unserer Kinder, wie »echte« Menschen aussehen, sie kreieren auch unmöglich hohe Standards, an denen unsere Kinder sich selbst messen.

Um des Selbstbildes und der guten Gesundheit unserer Kinder willen müssen wir Eltern diesen Botschaften in den Medien entgegenwirken und unsere Kinder auf die Realität fokussieren, dass menschliche Schönheit nichts mit einem bestimmten Standard der Verpackung zu tun hat. Aber was ein Kind im Spiegel sieht, beeinflusst sehr stark seinen Selbstwert. Hier sind einige Wege, wie Eltern ihren Kindern helfen können, zu mögen, was sie sehen.

- *Seien Sie ein Vorbild für gesunde Ess- und Sportgewohnheiten in Ihrer Familie.* Ein Kind, das gut ernährt und körperlich fit ist, ist glücklicher mit seinem Körper. (Lesen Sie dazu Kapitel 6 über Fitness und Ernährung in der Familie.)
- *Sagen Sie Ihrem Kind, dass Sie seinen Körper mögen und was es damit tun kann.* »Ich mag es, dich rennen zu sehen!« »Du tanzt so grazil!« »Du siehst toll aus!«
- *Vermeiden Sie Vergleiche*, wie »Deine Schwester hat tolle lange Beine« oder »Dein Bruder ist so stark.«

- Ärgern Sie Ihr Kind nie wegen seines Körpers. Erlauben Sie Ihren Kindern nicht, andere Kinder wegen ihres Körpers zu kritisieren. Seien Sie mit diesem Verhalten selbst Vorbild. Vermeiden Sie beschreibende Worte mit negativen Nebenbedeutungen wie »dürr«, »winzig«, »plump«, »stämmig« und »trampelig«.
- *Denken Sie daran, dass, Ihr Kind jetzt nicht so aussieht, wie es als Jugendlicher oder Erwachsener aussehen wird.* Die meisten Kinder gehen durch eine schlampige Phase, in der sie scheinbar nicht auf ihre Erscheinung oder ihre Hygiene achten. Das geht vorbei, vor allem, wenn sie Reinlichkeit als Vorbild vorleben statt zu predigen. Viele ältere Kinder, auch Kinder, deren Eltern selbst schlank sind, gehen durch eine moppelige Phase. Wenn die jugendlichen Wachstumshormone ihren Dienst antreten, streckt sich der Körper und das gespeicherte Fett verschwindet. Die Bilder eines Zehnjährigen und eines Vierzehnjährigen sehen nicht einmal aus wie das gleiche Kind. Wenn Ihr Kind während dieser Phase nicht glücklich ist mit seiner Erscheinung, zeigen Sie ihm Bilder von sich selbst im gleichen Alter oder lassen Sie es einfach wissen, dass es bald wachsen und sich strecken wird wie seine Schwester oder sein Freund.

Beobachten Sie andere Einflüsse

Das Selbstvertrauen eines Kindes hängt nicht nur von den Botschaften ab, die es von seinen Eltern und Freunden bekommt, sondern auch von denen, die es von anderen vertrauten Betreuern erhält – sogenannten *wichtigen Personen* im Leben eines Kindes, wie Trainer, Lehrer, Jugendgruppenleiter, Pfarrer und Verwandten. Vor langer Zeit einmal kamen diese wichtigen Menschen im Leben eines Kindes aus der erweiterten Familie, aber in der heutigen mobilen Gesellschaft ist ein Kind einer breiteren Vielfalt von Einflüssen ausgesetzt. Heutzutage müssen Eltern mit den Rollenvorbildern ihres Kindes besonders vorsichtig sein. Tatsächlich ist es so, dass, je mehr Ihr Kind eine bestimmte Person mag und ihr vertraut, Sie umso sorgfältiger mit den Botschaften sein müssen, die diese Person Ihrem Kind sendet. Fragen Sie sich selbst: »Bekommt mein Kind gute, angemessene Botschaften von dieser Person?« Manchmal müssen Sie sich einfach auf Ihr Bauchgefühl gegenüber dieser anderen Person verlassen. Wenn Sie sich mit einem bestimmten Lehrer oder Trainer als Einfluss auf das Leben Ihres Kindes nicht wohlfühlen, arrangieren Sie einen Wechsel. Ihr Kind verbringt täglich sechs bis acht Stunden in der Schule – so viel Zeit, wie Erwachsene auf ihrer Arbeit verbringen. Ein Lehrer, der Schüler kleiner macht oder mit Ihrem Kind ständig aneinandergerät, hat einen großen Einfluss. Wir haben immer nach dem Prinzip gehandelt: »Im Zweifelsfall wechsle ihn aus.«

9. Benennen Sie die Eigenarten Ihres Kindes positiv

Sie können die Erscheinung von Fotos ändern, indem Sie ihre Umgebung ändern. Kinder mit speziellen persönlichen Eigenheiten oder herausforderndem Temperament werden oft mit unfairen Etiketten versehen. Je öfter ein Kind dieses Etikett hört, desto mehr glaubt es daran und verhält sich auch entsprechend. Ihre Aufgabe ist es, entmutigenden Etiketten schnellstens zu widersprechen und sie durch ermutigende zu ersetzen. Dieses sogenannte Framing ist ein machtvolles Instrument der Ermutigung, wie Sie in diesen Beispielen merken werden:

Ihr Kind in positivem Licht darzustellen, schaltet nicht nur die Kritiker Ihres Kindes aus, sondern führt auch dazu, dass Sie in den Augen Ihres Kindes gut dastehen. Wenn Sie als die Person, der es am meisten auf der gesamten Welt vertraut, glauben, dass es diese positiven Eigenschaften hat, glaubt Ihr Kind das wahrscheinlich auch von sich selbst. Außerdem erwarten Ihre Kinder, dass Sie als Eltern durch ihre äußerlichen Verhalteneigenarten hindurchschauen und die Person innendrin erkennen.

Kinder mit schwierigem Temperament werden, weil sie sowohl herausfordernd als auch unbequem sind, mit nicht netten und nicht fairen

Etiketten versehen wie »schwierig«, »ermüdend«, »erschöpfend« »unkooperativ«. Durch Verhaltensformung, Förderung und positives Framing erweisen sich diese früh erworbenen Belastungen im Temperament Ihres Kindes häufig als Vorteile der Persönlichkeit. Viele solcher Kinder geraten gut und entwickeln starke Führungsqualitäten, Empathie, Durchsetzungsvermögen und sehr hartnäckige Persönlichkeiten, die sie dazu bringen, für ihr eigenes Glaubenssystem aufzustehen.

Jemand sagt	Sie antworten
• »Er ist sicher dickköpfig.«	• »Er hat eine hartnäckige Persönlichkeit.«
• »Er scheint so aufgedreht.«	• »Er ist sehr neugierig.«
• »Sie weint sicher leicht.«	• »Sie ist sehr sensibel.«
• »Sie ist sicher schnell gelangweilt.«	• »Sie ist sehr mitfühlend.«
• »Er ist sicher sehr ermüdend.«	• »Er ist sehr herausfordernd und interessant.«

Schrullige Kinder

Framing ist vor allem wichtig für Kinder, die Verhaltensprobleme haben oder raue Kanten in ihrer Persönlichkeit, die etwas Glättung brauchen. Sich auf das Negative zu konzentrieren und Ihr Kind immer in negativem Licht darzustellen, lässt Ihr Kinder sicherlich noch schwieriger und negativer werden. Statt reparieren zu helfen, was an Ihrem Kind »falsch« ist, unterstützen Sie lieber, was richtig ist. Betonen Sie die angenehmen Seiten seiner Persönlichkeit mehr, als Sie die schwierigen Gebiete kommentieren. Kinder mit schwierigem Temperament erfahren die meisten negativen Kommentare und sind dabei diejenigen, die am meisten Ermutigung bräuchten.

Benennen Sie Ihre eigene Einstellung positiv. Lassen Sie Ihr Kind sehen, dass Sie angesichts von Rückschlägen cool bleiben: »Ich bin froh, dass ich mich nicht verbrannt habe«, wenn Sie Ihren heißen Kaffee verschütten. Einstellungen sind ansteckend. Personen voller Freude, die wir befragt haben, führen ihre positive Einstellung auf das Vorbild der positiven Einstellung ihrer Eltern und anderer Betreuer zurück.

Die erfolgreichsten Menschen sind normalerweise diejenigen mit der positivsten Einstellung. Als unsere Kinder das Alter von sieben oder acht Jahren erreichten (das Alter, in dem die Lektionen des Lebens langsam einsickern), hatte ich ein Gespräch über Einstellungen mit ihnen, das in etwa wie folgt ablief: »Du kannst oft die Umstände nicht kontrollieren, aber du kannst deine Einstellung ihnen gegenüber kontrollieren. Während des Lebens wirst du Zeiten erfahren, in denen die Dinge einfach nicht so laufen, wie du es möchtest – du triffst das Tor nicht, du wirst nicht zu einer Party eingeladen oder du wirst krank. Manchmal zerreißt dich deine Reaktion, auf das was passiert, innerlich und ist wirklich schlimmer als das, was tatsächlich passiert ist. Sich eine positive Einstellung zu bewahren und deinen Geist mit positiven Gedanken zu füllen (»Ich bin immer noch ein guter Spieler«, »Ich hätte viel schlimmer verletzt werden können«), kann dir dabei helfen, innerlich nicht mehr so gestresst zu sein. Sobald du das Gefühl hast, dass negative Gedanken in deinen Geist kommen, sag dir ganz schnell selbst: »Geh da nicht hin«. Stattdessen schalte sofort positive Gedanken ein.« Eines der wichtigsten Erfolgswerkzeuge, das Sie Ihrem Kind beibringen und vorleben können, ist, eine positive Einstellung zu behalten, auch angesichts von Widerständen.

10. Helfen Sie Kindern dabei, ihr besonderes Etwas zu entdecken

Erfolg erzeugt Erfolg. Über die Jahre haben wir ein Phänomen bemerkt, das wir das Übertragungsprinzip nennen: Erfolg auf einem Gebiet verstärkt das Selbstvertrauen eines Kindes, was dann in Erfolg in anderen Bestrebungen übertragen wird. Zum Beispiel ist einer unserer Söhne ein geborener Sportler, aber war überhaupt nicht interessiert an der Schule, als er klein war. Da wir nach dem Übertragungsprinzip arbeiteten, ermutigten wir ihn bei seinen Erfolgen im Sport. So wie sein allgemeines Selbstbewusstsein anstieg, stiegen auch seine Noten. Wenn Kinder sich in einem Bereich auszeichnen, lernen sie, wie es sich anfühlt, Herausforderungen zu überwinden und eine Fertigkeit zu meistern. Sie mögen dieses Gefühl und wollen es auch in anderen Gebieten wiederholen. Menschen, die bei einer Sache erfolgreich sind, neigen dazu, auch in vielen anderen Dingen erfolgreich zu sein.

Kinder sagen: *Ich denke, Eltern sollten ihre Kinder immer daran erinnern, dass sie ihnen wichtig sind. Sie sind auf ihre ganz eigene Weise wunderschön. (Rachel, 16 Jahre)*

Die Ruhmeshalle

In unserer Galerie der Errungenschaften der Sears-Familie zeigt unsere Wand Jims Trophäen im Segeln, Bobs Fußball-Foto, Bilder, auf denen Pete Fußball spielt, Haydens Trophäen im Cheerleading, Erins Schleifen von Reitwettbewerben, Matthews Fotos aus der Jugendliga, Stephens Posen im Baseball und Laurens Fotos vom Fußball. Jedes Kind ist gut in etwas. Entdecken Sie es und fördern Sie es. Rahmen Sie es ein, zeigen sie es und machen Sie Ihre Kinder berühmt – zumindest in Ihrem Zuhause. Ältere Kinder können ihre Jahre der Erfolge auf einen Blick sehen. Das gibt ihnen Auftrieb, vor allem zu Zeiten, in denen ihr Selbstwertgefühl eine Verstärkung braucht.

Jedes Kind hat ein besonderes Etwas, ein Talent, das, wenn es ermutigt und gefördert wird, zu Fertigkeiten erblüht, die dem Kind viel Freude bringen und zu seinem Selbstbewusstsein beitragen. Ein besonderes Gebiet der Expertise zu haben, ist vor allem wertvoll für Kinder in großen Familien, in der die Individualität eines Kindes leicht übersehen werden kann. Wenn Ihr Kind etwas wirklich versuchen möchte, finden Sie einen Weg, dass es das tun kann. Es bleibt wahrscheinlicher bei etwas hängen, für das es eine Leidenschaft hat. Jedes Kind ist ein VIP, eine sehr wichtige Person, aber Kinder sind auf verschiedene Arten wichtig.

Ich ermutigte meine Tochter, alles auszuprobieren, bis sie etwas fand, in dem sie nicht nur gut war, sondern was zu tun sie liebte. Das war schlussendlich in der Welt der darstellenden Kunst – schauspielern, singen und tanzen. Ich ermutigte sie, indem ich sie zu Vorsprechen, Vorsingen und Aufführungen begleitete. Wenn sie Probleme oder Misserfolge hatte, hörte ich ihr zu und hatte Mitleid mit ihren Tränen.

Sport, Musikunterricht – meine Tochter versuchte diese Dinge, aber fing nie so richtig Feuer. Dann wollte sie unbedingt Eiskunstlauf ausprobieren. Es müssen die Kostüme sein, dachte ich, und wir gingen zum Eiskunstlauftraining. Ich dachte, auch das würde vorübergehen, aber stattdessen arbeitete sie wirklich hart an ihrem Können und wurde richtig gut. Dann sagte sie, sie würde Unterricht in Irish Dance haben wollen (wieder die Kostüme!), also meldete ich sie an. Sie liebte es und gewann vor kurzem einen ersten Preis bei einem Festival. Im Alter von 16 Jahren wird sie dafür bezahlt, Eiskunstlaufunterricht und Tanzunterricht für Jüngere anzubieten. Sie sagt jetzt, sie möchte am College auf jeden Fall Archäologie studieren. Wenn sie das wirklich, wirklich will, denke ich, dass es ein Erfolg werden wird.

Wenn Sie Schwierigkeiten haben, das besondere Etwas Ihres Kindes herauszufinden und Ihr Kind zu motivieren, dieses in eine Fähigkeit zu entwickeln, versuchen Sie eine Pfadfindergruppe oder ein ähnliches Programm, in dem jeder hart arbeitet und in dem die harte Arbeit von jedem mit Abzeichen belohnt wird. Pfadfindergruppen führen Ihr Kind an viele verschiedene Aktivitäten heran, von denen eine das besondere Etwas Ihres Kindes freisetzen kann.

Sport als besonderes Etwas

Einige der glücklichsten Zeiten in der Kindheit kommen durch die Teilnahme an Mannschaftssportarten. Neben dem Bilden von glücklichen Erinnerungen bildet eine Beteiligung an Sport tendenziell ein gesundes Selbstvertrauen. Untersuchungen zeigen, dass, je länger Kinder Sport machen, sie umso wahrscheinlicher in der Schule bleiben, bessere Noten bekommen, ein höheres Selbstbewusstsein und weniger Verhaltensprobleme haben. Positive Interaktion mit Eltern ist einer der Hauptgründe, warum Kinder weiterhin Sport machen. (Lesen Sie *It's Just a Game! Youth, Sports & Self Esteem: A Guide for Parents* von Darrell Burnett.)

An Sport teilzunehmen, hat viele Vorteile für das Selbstvertrauen eines Kindes. In einer Mannschaft zu spielen, erfüllt das Bedürfnis des Kindes, zu etwas Größerem als es selbst zu gehören; die gleichen Uniformen, die Anfeuerungsrufe und das gemeinsame Ziel helfen, eine bestimmte Art des Schutzes unter Kindern zu bilden. Sie treten dem Team als nicht-verbundene Individuen bei, verbinden sich dann aber und arbeiten zusammen für ein gemeinsames Ziel. Einbindung in Sport gibt Kindern auch eine Gelegenheit, Fertigkeiten zu lernen und zu beherrschen, ein weiterer Weg, der das Selbstbewusstsein fördert.

Teilnahme am Sport zeigt aber auch Gefahren für das Selbstbewusstsein Ihres Kindes. Ich hatte das Privileg, verschiedene Kindermannschaften zu trainieren, und habe aus meiner Trainererfahrung mehr über Kinder gelernt als in den Psychologiekursen während meines Medizinstudiums. Die meisten Kinder spielen nur so gut, wie es von ihnen erwartet wird. Wenn Eltern oder ein Trainer einem Kind fortwährend sagen, es sei nicht gut in einer Sportart, dann spielt es auch genauso. Die meisten Kinder vertrauen den meisten Trainern. Sie sind wichtige Menschen im Leben des Kindes – im Guten wie im Schlechten. Überwachen Sie die Botschaften, die von den Trainern kommen. Während Wettbewerb einige Kinder motiviert, macht er für andere Kinder das Leben in einer Mannschaft schwierig. Immer auf der Ersatzbank zu sitzen oder das Kind zu sein, das als letztes aufgerufen wird, kann für den Selbstwert eines Kindes hart sein.

Hier finden Sie, was Sie machen können, damit die sportliche Beteiligung Ihres Kindes einen positiven Einfluss auf sein Selbstbewusstsein hat.

- **Passen Sie Kind und Sport aneinander an**. Ein Teil davon, Ihr Kind zu kennen, ist, seine Fähigkeiten zu kennen. Finden Sie heraus, in welcher Sportart es gut ist, und ermutigen Sie es, diese zu versuchen. Aber lassen Sie es selbst wählen, an was es teilnehmen möchte.
- **Passen Sie Kind und Position aneinander an**. Als ich Kinder mit eingeschränkter Aufmerksamkeitsspanne in meinem Baseballteam hatte, versuchte ich, diese Kinder als Werfer oder Fänger einzusetzen. Sie mussten aufmerksam sein oder sie bekamen den Ball an den Kopf. Interessanterweise können Kinder, die Aufmerksamkeitsprobleme haben, in einen Status der totalen Konzentration eintauchen, wenn sie auf einer Position spielen, die intensive Konzentration erfordert, so wie als Torwart beim Hockey oder Fußball.
- **Passen Sie Kind und Trainer aneinander an**. Wenn Sie ein sensibles Kind haben, dessen Selbstbewusstsein leicht durch Härte, Schreien und Herabsetzungen untergraben wird, vermeiden Sie Mannschaften mit einem Trainer, der sie drillt.
- **Zeigen und sagen Sie es dem Coach**. Erzählen Sie dem Trainer etwas über Ihr Kind und was Sie gelernt haben, mit welchen Ansätzen man es am besten motiviert. Ein kluger Trainer wird zuhören.
- **Erinnern Sie sich daran, dass der Sport für Ihr Kind ist, nicht für die Eltern**. Ihre Aufgabe als Mannschaftseltern ist es, mit ihrem Kind und dem Rest der Mannschaft zu jubeln und sie anzufeuern, den Trainer zu unterstützen und Ihr Kind rechtzeitig zum Training und zu Spielen zu bringen. Ihr Kind ist nicht in der Mannschaft, um Ihre Erfolge als Highschool-Athlet nachzuspielen oder um Sie für die Erfahrungen in der Jugendliga zu entschädigen, die Sie als Kind verpasst haben. Es ist einfach für Eltern, in die Leistung eines Kindes auf dem Spielfeld emotional involviert zu werden, aber wenn Sie dies tun, lasten Sie Ihrem Kind zusätzlichen Druck auf, gut zu spielen. Wenn Sie ein sportlicher Vater sind und Ihr Kind eher eine Begabung im

künstlerischen Bereich hat als als Sportler, akzeptieren Sie die Einzigartigkeit Ihres Kindes und ermutigen Sie es auf dem Weg, den es gehen sollte, nicht auf dem Weg, den Sie auswählen.

- **Seien Sie ein vorbildlicher Zuschauer**. Beschimpfen Sie den Trainer nicht für fragliche Strategien; verspotten Sie nicht die Spieler der anderen Mannschaft; schimpfen Sie bei schlechten Entscheidungen nicht über den Schiri. Kinder entwickeln eine Einstellung gegenüber einem bestimmten Sport nicht nur durch die Trainer auf dem Feld, sondern auch durch die Eltern auf den Zuschauerrängen. Wie ein Trainerveteran mit mir teilte: »Ich liebe es, die Kinder zu trainieren. Es sind die Eltern, die problematisch sind.«
- **Denken Sie an den Grund, aus dem Ihr Kind Sport macht**. Kinder machen Sport, um Fertigkeiten zu lernen, weil sie es genießen, ihren Körper zu trainieren, und um Spaß zu haben. Nebenbei lernen sie ein paar Lektionen für ihr Leben, wie Teamarbeit, wie man mit Sieg und Niederlagen umgeht, und, dass sich harte Arbeit auszahlt. Es ist unwahrscheinlich, dass sie den neuen Tiger Woods oder die neue Michelle Kwan auf die Welt gebracht haben. Entspannen Sie sich einfach und genießen Sie das Spiel.

Das unmotivierte Kind begeistern

Was ist mit dem Kind, das Sie kennen, das ein bestimmtes Talent hat, aber nicht motiviert ist, daran zu arbeiten, dass dieses Talent eine Fertigkeit wird? Wenn Sie eine Fähigkeit in einem Kind erkennen, die es selbst nicht erkennt, ermutigen Sie es. Stellen Sie sicher, dass Sie wirklich die dem Kind eigenen Talente und Interessen erkennen – nicht nur eine Fertigkeit, von der Sie wünschten, es hätte sie, oder noch schlimmer, von der Sie wünschten, *Sie* hätten sie.

Schauen Sie sich das Dilemma mit dem Klavierunterricht an. Ist es klug, ein Kind zu ermutigen, Klavierunterricht zu nehmen, wenn es ablehnend ist? Madisons Eltern, die spürten, dass sie Musik liebte, ermutigten sie dazu, ein Instrument zu spielen. Madison lehnte dies ab. »Ich möchte nicht«, sagte sie. »Ich möchte nicht üben. Ich möchte lieber draußen spielen.« Schließlich stimmte Madison den Klavierstunden zu, verweigerte es aber, zu üben. Schließlich merkten ihre Eltern nach ein paar Monaten des Unterrichts, dass sie ein natürliches Talent fürs Klavierspielen hatte. Madison war immer noch nicht begeistert. Sollten ihre Eltern ihr erlauben, die Klavierstunden fallen zu lassen, um nicht zu fordernd zu sein, oder sollten Sie weiterhin darauf bestehen?

Madisons Eltern beharrten klugerweise darauf. Sie glauben, dass die Entwicklung von Fertigkeiten wichtig für das Selbstbewusstsein eines Kindes ist, und sie wollten, dass Madison ihre musikalischen Fertigkeiten entwickelt, für ihr eigenes Selbstbewusstsein. Sie ermutigten sie: »Madison, wir lieben es, dich spielen zu hören.« Sie hörten ihr wirklich zu, wenn sie spielte, und fragen oftmals nach einer Zugabe von Lieblingsstücken. Sie belohnten sie mit einem neuen Kleid für ihr Klaviervorspiel. Um sie in die Gewohnheit des Übens zu bringen, machten sie eine Regel: Kein Klavier, kein Fernsehen. Nach sechs Monaten Klavierstunden meisterte Madison ein paar längere Stücke und spielte sie häufig. Sie mochte es, wie sie ihre Zuhörer erfreute, und am wichtigsten, sie mochte es, wie sie sich fühlte, wenn sie Klavier spielte. Jetzt genießt sie das Klavierspielen und übt freiwillig. Sie ist selbst-motiviert und ihre Eltern können sich jetzt zurücklehnen.

Manchmal macht es den Unterschied, wie Sie eine Bitte anbringen, und führt dazu, dass ihr Kind sich einfach fügt. Wir hatten Schwierigkeiten, Matthew dazu zu bringen, Klavier zu üben, aber wir wollten ihn dazu ermutigen, sein natürliches musikalisches Talent zu entwickeln. Ein ermutigendes Wort wie »Matthew, wie wäre es mit etwas großartiger Musik ...« motivierte ihn oft dazu, sich hinzusetzen und Klavier zu spielen. Auf diese Weise spielte er, weil er es wollte oder weil er uns erfreuen wollte, statt sich dazu verpflichtet zu fühlen.

Jedes Kind hat ein besonderes Talent für etwas. Diese Talente zu entwickeln, hilft dem Kind dabei, wertvolle Fertigkeiten zu lernen – nicht nur, wie man Geige spielt oder einen Baseball schlägt, sondern wie man hart arbeitet, um besser zu werden. Oft müssen Sie den Boden mit Ermutigung und konkreten Belohnungen bereiten, um an den Punkt zu gelangen, an dem es von selbst läuft. Diese ersten Schritte auf der Lernkurve bei einem Musikinstrument oder beim Schwimmen oder der Gymnastik sind schwer, und Kinder, die oft eine Aktivität in dem Glauben anfangen, dass sie darin sofort gut sind, können entmutigt werden. Das ist der Punkt, an dem kluge Eltern ihr Kind wissen lassen, dass sie von ihm erwarten, dass es dranbleibt. Wenn das Kind erst einmal über die Stufe des »meine Mutter will, dass ich das mache« hinaus ist und anfängt, die Fertigkeiten zu genießen, wird es fähig sein, sich selbst besser zu motivieren. Es denkt vielleicht sogar daran, Ihnen zu danken, wenn es erwachsen ist.

11. Wert hängt nicht von Leistung ab

Während es ein Verstärker für das Selbstbewusstsein sein kann, das Kind zu ermutigen und hohe Erwartungen zu haben, ist es wichtig, dass Kinder merken, dass ihr Wert als menschliches Wesen nicht an ihre Leistungen oder an die Erfüllung unserer Erwartungen gebunden ist. Von ihnen zu erwarten, Leistung zu erbringen, um geliebt und akzeptiert zu werden, ist ein schwieriger Auftrag für ein Kind, einer, gegen den die meisten Kinder rebellieren werden. Zu versuchen, unrealistischen elterlichen Erwartungen zu entsprechen, stellt das Kind darauf ein, zu versagen, und diese Gefühle des Versagens werden Teil seines Glaubens über sich selbst, vielleicht für den Rest seines Lebens. Stellen Sie sicher, dass Ihre Worte und Taten Ihr Kind wissen lassen, dass Sie es so lieben, wie es ist, nicht, weil es etwas tun kann. Lassen Sie es wissen, dass Sie erwarten, dass es ein Bestes gibt, nicht mehr und nicht weniger, und dass Sie es lieben, egal was kommt.

Kinder messen ihren eigenen Wert daran, wie sie wahrnehmen, wie andere sie wertschätzen. Und in dieser Mess-und-Test-Gesellschaft, in der die Noten und Fertigkeiten von Kindern vom Vorkindergartentest bis zum Abitur quantifiziert werden, gibt es viele Gelegenheiten für Kinder, sich selbst und andere gegeneinander zu messen. Ihr Kind schlägt vielleicht einen persönlichen Rekord von .400 in dieser Saison im Softballteam, fühlt sich aber vielleicht immer noch unzureichend, wenn die Mannschaftskameraden .500 schlagen. Mit all den Gelegenheiten, an andere nicht heranzukommen, ist es wichtig, dass Kinder fähig sind, sich darauf zu verlassen, dass ihre Eltern sie um ihrer selbst willen lieben, ihre Errungenschaften feiern und es vermeiden, sie an anderen zu messen.

Was ist überhaupt wichtig?

Kinder – und übrigens auch viele Erwachsene – neigen dazu, die Bedeutung einer Person anhand ihrer Prominenz oder ihres Reichtums zu messen. Wenn Kinder in die Schule kommen und mehr mit Gleichaltrigen zu tun haben, werden sie sich bewusster, wessen Familie ein größeres Haus hat oder ein moderneres Auto, wessen Eltern den Job mit dem höheren Status haben oder welche Kinder teureres Spielzeug. Es liegt an Ihnen, Ihren Kindern beizubringen, sich selbst und andere aufgrund ihres Charakters wertzuschätzen statt anhand von Titeln oder dem, was sie besitzen. Charakter diktiert schließlich die wirkliche Wichtigkeit in der Welt, wie Sie Ihr Kind sie sehen lassen wollen.

Anders sein bedeutet nicht, weniger wichtig zu sein

Alle menschlichen Wesen haben Einschränkungen und Unvollkommenheiten, und diese machen uns nicht weniger wertvoll. Niemand ist perfekt, und niemand sollte erwarten, perfekt zu sein. Ein Kunstlehrer sagte einmal einem angehenden Künstlerfreund, der Schwierigkeiten hatte: »Lassen Sie Unvollkommenheit drin.« Warum? Menschen sind einzigartig und interessant aufgrund, nicht trotz ihrer Verschiedenheiten und Schwachstellen. Wie das Lied sagt: »Everything is beautiful in it's own way – Alles ist schön auf seine eigene Art«. Das ist eine besonders wichtige Botschaft für Eltern, um sie ihren Kindern mitzugeben, denn Kinder können miteinander grausam ehrlich sein und zögern nicht, auf Unterschiede hinzuweisen. Eltern sollten sicherlich nicht verleugnen, dass diese Unterschiede bestehen. Tatsächlich hilft es, Unterschiede über Behinderungen zu erklären, dabei zu entmystifizieren, warum manche Kinder einen Rollstuhl benötigen und andere Schwierigkeiten beim Lesen lernen oder Sprechen haben. Wenn Sie diese Dinge Ihrem Kind erklären, sollten Sie auch darauf hinweisen, dass, egal, wie verschieden die Menschen scheinen mögen, wir alle auf viele Arten bemerkenswert ähnlich sind. Kinder mit Behinderungen spielen gerne mit Freunden, schauen Fernsehen, hören Musik und haben Spaß mit ihren Familien.

Wenn Ihr Kind eine Behinderung hat, helfen Sie ihm dabei, Erfolg zu haben, indem es die Fertigkeiten und Talente entwickelt, die es hat. Seien Sie sein Begleiter. Gestalten Sie die Bedingungen so, dass es Ihrem Kind leichter fällt, Dinge selbst zu tun. Denken Sie an ein schüchternes Kind oder eines, das Schwierigkeiten hat, Freunde zu finden, oder einige körperliche Einschränkungen hat, die dazu führen, dass es von Gleichaltrigen als »anders« angesehen wird. Schmeißen Sie eine Klassenparty bei sich zu Hause. Laden Sie die von Ihrem Kind ausgewählten Freunde zu einem besonderen Ausflug ein. Bitten Sie einen Freund oder zwei, am Wochenende bei einem besonderen Kunst- oder Kochprojekt zu helfen. Bringen Sie Ihr Kind zum Leuchten, lassen Sie es in den Augen seiner Kameraden einen besonderen Moment haben. Es bekommt so einen Anschub für sein Selbstvertrauen, und seine Kameraden werden eine Seite an ihm sehen, die sie in der Schule nicht sehen.

Kinder sind widerstandsfähig

Ärgern Sie sich nicht über Ihre Erziehung in der Vergangenheit. Es ist nie zu spät, daran zu arbeiten, das Selbstbild Ihres Kindes aufzubauen. Kinder sind widerstandsfähig und fähig, sich nach einem schwierigen Start wieder aufzurappeln. Kein Elternteil macht von Anfang an die ganze Zeit alles richtig; und in vielen Familien halten finanzielle Umstände, medizinische Probleme oder die persönlichen Kämpfe der Eltern mit ihrem Selbstwert diese davon ab, die Eltern zu sein, die sie sein wollen. Aber Kinder sind fähig, die maßgeblichen Botschaften in der Familie herauszupicken und darauf basierend anhaltende Eindrücke zu formen. Anhaltende Glaubenssätze über sich selbst werden nicht an einem Tag gebildet, in einem Monat oder in einem Jahr. Wie mit jeder anderen Facette des Elternseins auch erwartet Ihr Kind von Ihnen, dass Sie das Beste tun, was Sie im Angesicht der momentanen Umstände tun können.

Zu der Zeit, als unser Kind vier Jahre alt war, realisierte ich, dass ich in einen distanzierteren Erziehungsstil gerutscht war und mein Kind und ich nicht mehr verbunden waren. Ich merkte, dass ich die Entfernung zwischen mir und meinem Kind wieder verkürzen musste und ihr eine hohe Dosis von viel konzentrierter Aufmerksamkeit geben musste. Wir verbrachten viel Zeit damit, einfach Spaß miteinander zu haben. Auf gewisse Weise war dieser Prozess des Wiederverbindens, als wären wir ein Jahr lang mit unserem Kind campen, und das zahlte sich aus.

13 Zehn Wege, Ihr Kind zu ermutigen

Jim Fassel, der Trainer des Super Bowl Finalisten 2001, der New York Giants, gab früh in der Football-Saison der Giants bekannt: »Wir kommen in den Super Bowl. Das garantiere ich!« Obwohl sie weit weg davon waren, die Favoriten zu sein, und trotz eines weniger als verheißungsvollen Saisonstarts, kamen sie tatsächlich in den Super Bowl. Warum? Was machte das Durchschnittsteam zu einem großartigen Team? Der Trainer glaubte an seine Spieler, also glaubte jeder Spieler an sich selbst. Niemand sonst dachte, dass sie es so weit wie bis zum Super Bowl bringen würden, aber ihr 41 zu 0 Sieg über die Minnesota Vikings in den Playoffs überzeugte NFL-Fans, dass sie Gewinner waren. Das ist die Macht von Ermutigung und hohen Erwartungen!

Ermutigung bedeutet, Kindern das Selbstvertrauen zu geben, das sie brauchen, um all das zu sein, was sie sein können. Denken Sie daran, was es bedeutet, zu er-*mut*-igen. Es bedeutet, Kindern zu helfen, den Mut zu haben, es zu versuchen, zu glauben: »Ich kann das schaffen«. Ermutigung ist viel mehr als Lob, das einfach nur etwas anerkennt, was ein Kind tut (»Gut gemacht, dein Zimmer aufzuräumen!«). Ermutigung hilft einem Kind, an etwas weiterzuarbeiten. Es hält es im Prozess des Lernens und Versuchens eingebunden. Kinder gedeihen durch Ermutigung, Botschaften, die ihnen sagen, dass sie alles sein können, was sie sein wollen, und die ihnen helfen, ihren Fortschritt und ihr Potential zu erkennen. Indem Sie Kinder ermutigen, befähigen Sie sie, sich selbst positives Feedback zu geben, wie in *Thomas die kleine Lokomotive*. Die »Ich denke, ich kann das«-Einstellung stimuliert Kinder, an sich zu glauben und es weiter zu versuchen, bis sie ihre Ziele erreichen.

Kinder sagen: *Meine Eltern waren Selbstvertrauens-Aufbauer. Sie erkannten unsere Stärken schon früh und bestätigten und ermutigten die Entwicklung dieser Qualitäten. Häufig nahmen sie sich während Familienessen speziell Zeit, um ein bestimmtes Familienmitglied zu bestätigen. Das waren sehr wichtige Zeiten, nicht nur, um Liebe und Anerkennung auszudrücken, sondern auch, um Selbstvertrauen aufzubauen. (Marcy, 20 Jahre)*

Eltern sind normalerweise die ersten Fans ihrer Kinder. Sie jubeln bei Fußballspielen; applaudieren, wenn ihr Kind beim Baseball oder Softball einen Treffer landet, und nehmen an Bandkonzerten, Chorauftritten, Theaterstücken, Buchstabierwettbewerben, Turnertreffen und Schulauszeichnungsveranstaltungen teil. Die akademischen, künstlerischen und sportlichen Errungenschaften von Kindern zu feiern ist wichtig, aber Sie können mehr für Ihre Kinder tun, als nur dabei zu sein.

Ich sage meinen Kindern, sie können alles sein, was sie sein wollen, wenn sie sich darauf konzentrieren. Es ist eine große Welt da draußen, und sie haben einen wichtigen Platz darin.

Kinder, die gut geraten, haben Eltern, die hohe Erwartungen in sie setzen und sie auf besondere, ehrliche Weise ermutigen. Hier ist, was wir über das Ermutigen von Kindern gelernt haben, sich selbst zu strecken, zu lernen und zu wachsen.

1. Bauen Sie eine starke, vertrauensvolle Beziehung auf

Ermutigung fängt mit Vertrauen an. »Betrachte die Quelle« ist ein guter Rat, um sowohl Kritik als auch Komplimente zu untersuchen. Worte der

Ermutigung sind am wertvollsten, wenn sie von einer vertrauenswürdigen Quelle stammen. Darum ermutigen wir Sie, Attachment Parenting zu nutzen, um eine starke, vertrauensvolle Beziehung mit Ihrem Kind aufzubauen. Wenn Ihr Kind Ihnen vertraut, ist alles, was Sie als Eltern machen, effektiver. Denken Sie für einen Moment daran, wie Sie sich fühlen, wenn Sie ein Lob oder Kompliment bekommen. Ermutigende Worte bedeuten mehr, wenn sie von jemandem kommen, dessen Meinung Sie vertrauen. Wenn Ihre Kinder gelernt haben, dass Sie darauf vertrauen können, dass Sie sie respektieren und ihre Bedürfnisse erfüllen, glauben sie Ihnen auch, wenn Sie sagen: »Du kannst das.« Wenn Kinder darauf vertrauen, dass Sie an sie glauben, glauben sie auch mit höherer Wahrscheinlichkeit an sich selbst.

Kinder sagen: *Ich denke, Eltern sollten immer sicherstellen, dass ihre Kinder wissen, dass sie stolz auf sie sind. (Bill, 15 Jahre)*

2. Merzen Sie entmutigende Worte aus

»Where seldom is heard a discouraging word ... – Wo selten ein entmutigendes Wort gehört wird ...« heißt es im Lied *Home on the Range*. Denken Sie einen Moment darüber nach, was ent-mut-igen beinhaltet – einem Kind den Mut wegnehmen, sein Vertrauen unterwandern, seine Erwartungen herunterschrauben. Entmutigende Worte, die dem Kind sagen, dass es etwas nicht tun kann oder nicht gut genug ist, werden selbsterfüllende Prophezeiungen. Ihr Kind nimmt wahr, dass Sie nicht glauben, dass es etwas tun kann, also warum sollte es selbst dann glauben, dass es das kann? Geläufige Entmutiger schließen die folgenden ein:

Verallgemeinern

»*Immer* vermasselst du das Spiel.« »*Nie* räumst du dein Zimmer auf.» Niemand ist die ganze Zeit schlecht, aber Aussagen wie diese sagen einem

Kind, dass Sie überkritisch sind. Beim Kind kommt an: »Ich bin grundlegend inkompetent.« Es wäre besser, ein ermutigendes Wort anzubieten, wenn Ihr Kind Fehler macht, wie: »Auch tolle Kinder treffen mal eine unkluge Entscheidung« oder »Du bist zu klug, als dass ich dir erlauben würde, dumme Entscheidungen zu treffen.« Indem Sie die Diskussion auf das aktuelle Problem beschränken und Ihr Kind daran erinnern, dass es normalerweise nicht so ist, geben Sie ihm die Kraft, es das nächste Mal besser zu machen.

Ermutigende Worte

Füllen Sie Ihre Einstellung und Ihr Zuhause mit Worten ehrlicher Ermutigung, wie diese:

- »Du kannst das!«
- »Gut gemacht!«
- »Jawoll!«
- »Weiter so!«
- »Ja, das kannst du!«
- »Wow!«
- »Ich wusste, dass du das kannst!«
- »Unglaublich!«
- »Du kriegst das hin!«
- »Mach weiter so!«
- »Du hast es fast!«
- »Du bist fast da!«
- »Du hast es!«

Vergleichen

»Warum kannst du keine Einser schreiben wie deine Schwester?« Das Kind versteht: »Ich bin nicht so gut wie meine Schwester. Meine Eltern lieben mich nicht so sehr wie sie.« Ein Kind auf diese Weise klein zu machen, gibt ihm das Gefühl, dass es wirklich nicht so gut ist wie seine Schwester. Ein besserer Ansatz wäre, zu sagen: »Glaubst du wirklich, dass eine Drei das Beste ist, was du erreichen kannst?« oder »Wir erwarten, dass du dein Bestes gibst, also schauen wir eher nach der Anstrengung als nach der Note.«

Wiederholen
»Das ist das dritte Mal, dass du ...« Ein Kind versteht: »Papa zählt mit«, oder dass »Mama glauben muss, dass ich meistens schlecht bin.« Wieder nehmen Sie den Fokus weg von der aktuellen Situation und lassen das Kind sich wertlos fühlen. Auch wenn Sie wissen wollen, ob Ihr Kind ein Muster von Fehlverhalten entwickelt, das für sein Alter unangemessen ist, hilft es doch nicht, vergangene Vergehen ans Licht zu holen, um damit zukünftiges Fehlverhalten zu vermeiden. Reden Sie mit Ihrem Kind über das aktuelle Vergehen und die Gründe dafür. Finden Sie heraus, wie Sie ihm helfen können, sein Verhalten besser zu kontrollieren.

3. Schreiben Sie Ermutiger

Unsere Kinder lieben kleine Liebesnotizen, die wir verteilen, um sie zu motivieren und zu ermutigen.

- Ein zeitlich gut passender Post-it am Badezimmerspiegel, der sagt: »Du schaffst das!«, ermutigt das Kind, das später am Tag an den Cheerleader-Proben teilnimmt.
- Platzieren Sie ein kleines Post-it oben auf einem Stapel fertiger Hausaufgaben, auf dem steht »Erledigt!«
- Eine animierte E-Mail, die Sie an die Mailbox Ihres Kindes schicken, ist ein netter Hightech-Ansatz.
- Legen Sie eine kleine Notiz auf das Kopfkissen Ihres Kindes, nachdem es sein Zimmer aufgeräumt hat, auf der steht: »Gute Arbeit!«
- Ein grinsendes Gesicht in der Frühstücksdose Ihres Kindes ermutigt für einen guten Nachmittag.

- Wenn Ihr Kind in der Schule sein Buch an der Stelle öffnet, an der es am Abend vorher so hart gearbeitet hat, findet es eine kleine Botschaft mit einem Smiley und einem aufbauenden Satz: »Wir denken an dich« oder »Wir beten für dich«, wenn es seinen Test anfängt.

Zeichen der Ermutigung

Ihr Kind zu ermutigen, muss nicht immer Worte einschließen. Nutzen Sie die Körpersprache. Geben Sie Ihrem Kind das Daumen-hoch-Zeichen, wenn es aufs Spielfeld geht oder sich darauf vorbereitet, an einem Turnwettkampf teilzunehmen. Heben Sie Ihre Augenbrauen und öffnen Sie Ihren Mund für ein »Wow!«, wenn Sie ein Gemälde Ihres Kindes bewundern. Stellen Sie Augenkontakt her und lächeln Sie, wenn der Bandauftritt Ihres Kindes anfängt. Halten Sie inne und hören Sie zu, wenn Ihr Kind Geige übt. Wenn Ihr Kind nett zu jemand anderem ist, greifen Sie hinüber und drücken Sie fest seine Hand. Manchmal sagen Ihre Taten mehr, als Ihre Worte sagen können.

4. Spielen Sie das Radiererspiel

Kinder müssen regelmäßige Botschaften von wichtigen Menschen darüber bekommen, was wichtig ist und was erwartet wird. Hier ist ein Weg, Ihren Kindern die Botschaft mitzugeben, dass es wichtig ist, sich gegenseitig zu ermutigen, und dass Sie das auch tatsächlich erwarten. Wenn Sie hören, dass ein Geschwister das andere beleidigt, wedeln Sie mit Ihrer Hand vor dem Gesicht des Sprechers in einer Geste, als würden Sie etwas wegwischen. Sagen Sie: »Stopp« oder »Wegradieren.« Kinder bekommen sofort die Botschaft, dass entmutigende Worte nicht akzeptabel sind und nicht toleriert werden. Zögern Sie nicht, machen Sie keine Witze darüber oder geben Sie Ihrem Kind eine andere ambivalente Botschaft, dass diese

Worte in Ordnung sind. Kinder suchen nach Gelegenheiten, zu testen, ob Sie bei Familienprinzipien standhaft bleiben. Bringen Sie ihnen bei, dass Sie das sind. Die meisten Kinder werden mit ihren Gleichaltrigen, nennen wir es mal so, eine farbige Sprache nutzen. Aber Sie können diese Tendenz ausbalancieren, indem Sie von ihnen erwarten, zu Hause eine bessere Sprache zu nutzen.

5. Nutzen Sie »Wir«-Botschaften

Wir haben sehr von der angemessenen Nutzung des Wortes »wir« in unserer Familie profitiert.

- »Wir üben Klavier.«
- »Wir putzen jeden Abend unsere Zähne.«
- »Wir gehen jeden Sonntag in die Kirche.«
- »Wir sagen Danke, Entschuldigung und es tut mir leid ...«
- »Wir stehen nicht auf Stühlen.«

»Wir«-Botschaften sind viel bedeutungsvoller für das Kind als »Ich«-Botschaften (»Ich möchte, dass du dein Zimmer aufräumst«). »Wir« übermittelt eine Erwartung, die Norm der Familie, eine Art des Glaubens, dass »jeder das macht«, durch den Kinder im Schulalter oft motiviert werden. Es profitiert vom natürlichen Wunsch des Kindes, herauszufinden, was wichtig ist. »Wir« sagt ihm das. Es drückt aus, dass einige Verhaltensweisen nicht optional sind. »Wir« zu nutzen, beseitigt auch das Bedürfnis nach unangemessenem Lob und gibt Ihrem Kind die Botschaft, dass es genau tut, was Sie von ihm erwarten, und dass es nicht erwarten sollte, dafür gelobt zu werden, das zu tun. Sie können erwartetes Verhalten bemerken, zum Beispiel mit: »Ich bin froh, dass du dir früh die Zähne geputzt hast, damit wir mehr Zeit für Geschichten haben«, aber Sie müssen es nicht loben für dieses erwartete Verhalten.

Die Wissenschaft sagt:

Schüler entsprechen den an sie gestellten Erwartungen
In ihrem Buch *Pygmalion im Unterricht - Lehrererwartungen und Intelligenzentwicklung der Schüler* beschreiben der Psychiater Robert Rosenthal und die Schuldirektorin Lenora Jacobson eine Studie, die sie mit Kindern vom Kindergarten bis zur fünften Klasse durchgeführt haben. Sie sagten den Lehrern der Kinder, welche Schüler in ihrer Klasse »hervorragende Lernfähigkeiten« hätten. Aber die Lehrer wussten nicht, dass die Forscher diese »herausragenden« Schüler zufällig ausgesucht hatten. Als die Schüler am Ende des Schuljahres getestet wurden, hatten diejenigen Schüler, von denen die Lehrer dachten, dass sie besonders gute Lernfähigkeiten hätten, einen viel größeren Lernfortschritt gemacht als ihre Kameraden. Im Wesentlichen wurden die Lehrer darauf programmiert, von bestimmten Schülern mehr zu erwarten, und diese Schüler erwarteten daher mehr von sich selbst und lieferten das auch ab.

6. Zeigen Sie große Erwartungen

Kinder werden sehr oft den Erwartungen ihrer Eltern gerecht – im Positiven wie im Negativen. Loben Sie ein Kind dafür, dass es nett ist, und es wird nach mehr Gelegenheiten suchen, nett zu sein. Sagen sie ihm, es ist vermutlich nicht besonders gut im Softball, und es wird vielleicht anfangen, einfache Bälle nicht fangen zu können. Kinder wissen, was ihre Eltern von ihnen erwarten, auch wenn die Erwartungen unausgesprochen bleiben. Die Erwartungen der Eltern werden Teil des Glaubens der Kinder über sich selbst. Hohe Erwartungen an Ihre Kinder zu haben, hilft ihnen, zu glauben, dass sie fähig, talentiert und liebenswert sind.

Wir nutzen häufig Begriffe wie »scharfe Augen«, »besonders hilfreich« und »sehr gut mitgedacht«, um unsere Kinder zu loben. Das sind die Begriffe, von denen wir das Gefühl haben, dass sie die Gaben unserer Kinder betreffen, von denen wir wollen, dass die Kinder sie entwickeln.

Setzen Sie hohe Ziele
Die Erwartungen der Eltern sind ein sehr machtvoller Motivator für Kinder. Lassen Sie Ihre Kinder wissen, dass Sie erwarten, dass sie ihr Bestes geben. Sie wünschen nicht oder hoffen – Sie erwarten, dass sie ihr Bestes tun können und werden. Wenn Ihr Kind nach Regeln sucht, nach denen es sein Leben leben kann, stellen Sie sicher, dass das Beste zu geben keine Option ist: Es ist die Norm, die Art, wie das Leben ist.

Natürlich ist es wichtig, dass Ihre Erwartungen an die Talente und die Lebensrichtung Ihres Kindes realistisch sind. Sie wollen, dass Ihre Kinder all das sind, was *sie* sein können, nicht was Sie wollen, dass sie sind. Wir werden oft gefragt, was wir getan haben, um zu erreichen, dass unsere ältesten drei Söhne Ärzte werden. Manchmal beantworte ich diese Fragen mit einem Witz: »Es war ihre freie Entscheidung – sie konnten frei entscheiden, wo sie Medizin studieren.« Aber tatsächlich waren unsere Kinder mehr beeinflusst durch das, was ich tat, als durch das, was ich sagte. Sie beobachteten, dass ich mich dabei gut fühlte, anderen Menschen zu helfen, sich besser zu fühlen. Sie hatten Gelegenheiten, mich bei der Arbeit zu sehen, da ich außerhalb der Sprechzeiten immer ein kleines Büro für kranke Kinder zu Hause hatte. Ich nahm sie auch mit zu Visiten im Krankenhaus und ließ sie zuhören, wenn ich am Telefon Ratschläge gab. Sie sahen, dass ich liebte, was ich tat, und natürlich sind Kinder spaßorientiert. Sie sahen den Spaß in der Medizin, ehe sie realisierten, dass sie sehr viel arbeiten mussten, ehe es anfing, Spaß zu machen. Als sie älter wurden, ließ ich sie ebenfalls wissen, dass, egal was man tut, ob man ein Arzt oder ein Konzertpianist wird, es immer eine Stufe der »Routinearbeiten« gibt, die Durchhaltevermögen erfordert, und dass man oft Arbeit machen muss, die man nicht machen möchte, um zu dem zu kommen, wo man hin möchte. Und ich ließ hier und da ein paar Hinweise fallen: »Weißt du, Bob, ich glaube, du wärst ein guter Arzt ...«

Eine ermutigende Fisch-Geschichte

Michelle Borba berichtet in ihrem Buch *Parents Do Make a Difference* die folgende Geschichte:

> *Ein einheimischer Fischer erzählte uns von einem Einwohner vor ein paar Jahren, der genug von seinen Fischen im Aquarium hatte und sie in den See schüttete. Die Fische, japanische Karpfen, waren damals nicht mehr als 7,5 cm groß. Der Fischer erklärte ein faszinierendes Prinzip der Rasse: Die Länge der Karpfen wird von der Größe des Gefäßes beeinflusst, in dem sie sind. Er erzählte uns, dass Karpfen, die in einem kleinen Aquarium gehalten werden, auf sieben bis 15 cm heranwachsen. Wenn man die gleichen Fische in einen größeren Behälter gibt, wachsen sie und werden 15 bis 25 cm lang. Wenn sie in einem kleinen Teich sind, können sie fast 30 cm lang werden. Weil die Fische in einen großen See geworfen wurden, wuchsen sie auf mehr als 60 cm Länge heran ... Es scheint, die Fische wuchsen größer, weil sie die Gelegenheit dazu hatten.*

»Sei gut.«

Eine ermutigende Botschaft, die wir unseren Kindern mitgegeben haben, ist: Egal, was du entscheidest zu tun, mach es gut. Von Marv Levy, dem früheren Trainer des viermaligen Super Bowl Teams Buffalo Bills, wurde erwartet, dass er seine Ausbildung in Harvard nutzt und in einem Unternehmen oder der akademischen Welt brilliert. Stattdessen verfolgte er seinen Traum, Football-Trainer zu sein. Als er seinem Vater bekanntgab, dass er beschlossen hatte, Trainer zu werden, antwortete sein überraschter Vater: »Sei gut darin.«

7. Treiben Sie an, statt Druck auszuüben

»Wann übe ich zu viel Druck aus?«, fragen besorgte Eltern oft. Es gibt eine feine Grenze zwischen Ermutigen und Druck. Ermutigung motiviert das Kind, etwas erreichen zu *wollen*, basierend auf seinen angeborenen Talenten – mit ein wenig Hilfe von denjenigen, denen es vertraut. Ermutigung wird zu einem Antreiben, wenn Eltern versuchen, das Kind dazu zu bekommen, etwas zu tun oder eine Fertigkeit zu entwickeln, die es nicht wirklich möchte, vielleicht, weil es glaubt, dass es das Talent dazu nicht hat. Antreiben wird zu Druck, wenn Eltern versuchen, ein Kind zu etwas zu zwingen, was es nicht wirklich möchte – und das kann sich rächen. Ermutigung schwingt mit den inneren Glaubenssätzen und Wünschen des Kindes mit. Es ist eine positive Kraft.

Für kluge Eltern stimmt das, was das Kind tun möchte und fähig ist zu tun, mit den Wünschen der Eltern für ihr Kind überein. Aber es gibt Zeiten, in denen die Eltern von gut geratenen Kindern, darauf bestanden haben, dass die Kinder bestimmte Fertigkeiten in einem bestimmten Alter lernten, egal ob sie es wollten oder nicht. Nehmen Sie zum Beispiel Klavierstunden. Wie viele von uns erinnern sich an ihre Mutter, die sie »zum Üben angetrieben« hat, wenn sie eigentlich lieber draußen sein und Fußball spielen wollten? Aber viele von uns wünschen sich, dass unsere Eltern uns stärker angetrieben hätten, musikalische Fähigkeiten zu lernen; als Erwachsene bedauern wir jetzt, dass wir die Fähigkeit, ein Instrument zu spielen, nicht entwickelt haben. Wie eine Mutter von drei Kindern, die gut geraten sind, uns erzählte:

Für 20 Minuten am Tag Klavier zu üben wird kein Kind umbringen. Wir lassen unsere Kinder einfach wissen, dass das in unserer Familie die normale Erwartung ist, es ist das, was wir tun, eine Art Routine wie das Zähneputzen. Sie hatten nie das Gefühl, dass das Üben eine Option sei. Es war eine Erwartung. Jetzt, als Erwachsene, spielt jedes unserer Kinder ein Instrument, so wie ihnen ihre Mutter gesagt hatte, dass es sein würde.

8. Gestalten Sie eine »Ich kann das«-Einstellung

Ob du denkst, du kannst es, oder ob du denkst, du kannst es nicht, du hast Recht.

– Henry Ford

Motivationstrainer verkünden: "Success comes in cans, not in cannots!" (Ein Wortspiel, das sich leider nicht wirklich übertragen lässt. Anm. d. Ü.) Ihre Einstellung neuen Herausforderungen gegenüber ist ansteckend. Lassen Sie Ihre Kinder wissen, wenn Sie einen harten Job annehmen, dass es die «Ich kann das«-Einstellung ist, die den Erfolg möglich macht. Oftmals, wenn ich mit meinen Verlegern über Abgabetermine für Bücher gesprochen habe, haben meine Kinder mich sagen hören: »Ja, wir können das bis dahin fertig haben.« Sie hörten einen Ton der Begeisterung und des Vertrauens in meiner Stimme, der sagte: »Ich nehme diese Herausforderung an.« Dann, in den nächsten paar Wochen, sahen sie, wie ich mich darauf konzentrierte, die Arbeit fertigzustellen. Sie lernten, dass es Zeit und Anstrengung braucht, gemeinsam mit Selbstvertrauen, herausfordernde Projekte fertigzustellen. Dieses Vorbild hat ihnen dabei geholfen, herausfordernde Projekte in der Schule und anderswo anzugehen.

Kinder sagen: *Sie verbreiteten eine Einstellung der Unterstützung, die mir half, zu glauben, dass ich alles machen könnte und es zumindest versuchen sollte. Sie haben meinen Zeitplan nicht zu voll gepackt, aber mich an Sport, Musik und Kunst schon früh herangeführt. (Marcy, 20 Jahre)*

»A« steht für Anstrengung

Eine der ermutigendsten Botschaften, die Sie Ihren Kindern mitgeben können, ist, dass Sie erwarten, *ihr persönliches Bestes zu geben*. Ermutigen Sie Anstrengung, nicht nur die Ergebnisse. Es ist einfach, sich Sorgen über all die verschiedenen Bereiche zu machen, in denen wir in unserer Gesellschaft mithalten müssen – Noten, Sporterfolge, Prozente bei standardisierten

Tests – und die Anstrengung außer Acht zu lassen, die das Kind gemacht hat. Ermutigen Sie zu Anstrengung; loben Sie Durchhaltevermögen.

Durchhaltevermögen ist weit oben auf der Liste der Merkmale von Kindern, die Erfolg haben. Es ist wichtiger als Talent oder IQ. Menschen, die weniger begabt sind, sei es körperlich oder intellektuell, arbeiten sich nichtsdestotrotz hoch, wenn sie durchhalten. Härter an etwas zu arbeiten ist ein großartiger Ausgleich in einer an Errungenschaften orientierten Gesellschaft. Eine weniger begabte Person kann genauso viel Erfolg erreichen, wie eine, die begabt ist, aber weniger diszipliniert – und sogar mehr.

Durchhalteworte

»Du kannst das schaffen.«
»Du kannst dein Ziel erreichen.«
»Gib nicht auf.«
»Versuch es weiter, du schaffst das.«
»Bleib dran.«
»Halte durch.«
»Versuch es weiter.«
»Lass nicht locker.«
»Nicht verzagen.«

Ein klassisches Beispiel einer erfolgreichen Person, die mit Durchhaltevermögen zum Erfolg kam, ist Winston Churchill, den wir ausführlich in unserem *The A.D.D. Book* (Das Buch zu ADHS) diskutieren. Nach heutigen Standards wäre bei Churchill ADHS diagnostiziert worden und er hätte seine Misserfolge in der Schule wiederholt. Aber er machte weiter und wurde einer der größten Anführer der Welt. Warum? Aufgrund seines Durchhaltevermögens, das am besten durch sein Moto bekannt wurde: «Niemals aufgeben.« Für Churchill war Durchhaltevermögen der wichtigste Schlüssel zum Erfolg.

Erfolgsgeschichten

Das Folgende sind Geschichten, die wir über Menschen gehört haben, die erfolgreich waren, weil sie Hindernisse und entmutigende Rückschläge überwunden haben. Sie hielten durch und glaubten daran, dass sie ihre Ziele erreichen können.

- Michael Jordan flog mal aus seiner Basketballmannschaft in der Highschool.
- Walt Disney wurde von einer Stelle bei der Zeitung gefeuert, weil er keine großartigen Ideen hatte. Er war mehrmals bankrott, und ihm wurde geraten: »Werden Sie die Maus los, denn da steckt kein Potential drin.«
- Thomas Edison und Winston Churchill wurden in der Schule als Versager angesehen.
- Albert Einstein redete nicht bis zum Alter von drei Jahren und las nicht bis zum Alter von neun Jahren. Er war nicht gut in der Highschool und fiel durch die Aufnahmeprüfung für das Studium.
- Abraham Lincoln wurde vom Rang eines Captains auf einen Private heruntergestuft.
- Beethoven wurde von seinem Musiklehrer gesagt, dass er als Komponist niemals Erfolg haben würde.

Thomas Edison ist eine andere historische Person, die wir in *The A.D.D. Book* porträtieren und der ganz sicher, würde er heute leben, als »hyperaktives Kind« bezeichnet werden würde. Aber durch Durchhaltevermögen machte er weiter und wurde ein großer Erfinder und verdient wirklich die Bezeichnung einer erfolgreichen Person, da die Leben vieler Menschen dank der Erfindungen von Edison im wahrsten Sinne des Wortes heller sind. Wie bei Churchill auch war Durchhaltevermögen der Schlüssel zu seinem Erfolg, wie das Zitat der Familie Edison beweist: »Genie ist 1 % Inspiration und 99 % Schweiß.«

Liebe sie, egal was kommt
Auch wenn Ermutigung und hohe Erwartungen ein Verstärker für das Selbstvertrauen sein können, ist es wichtig, dass Kinder spüren, dass ihr Wert als menschliches Wesen nicht an ihre Leistungen oder an die Erfüllung Ihrer Erwartungen geknüpft ist. Wenn erwartet wird, dass man Leistung bringt, um geliebt und akzeptiert zu werden, ist das eine schwere Aufgabe für Kinder, eine, gegen die die meisten Kinder rebellieren. Unrealistische elterliche Erwartungen erfüllen zu wollen, führt ein Kind zu Misserfolg, und dieses Gefühl des Versagens wird ein Teil seiner Ansichten über sich selbst, vermutlich für den Rest seines Lebens. Stellen Sie sicher, dass Ihre Worte und Ihre Taten Ihr Kind wissen lassen, dass sie es lieben, weil es ist, wie es ist, und nicht aufgrund dessen, was es kann. Lassen sie es wissen, dass Sie erwarten, dass es sein Bestes gibt, nicht mehr und nicht weniger, und dass Sie es lieben, egal was kommt.

9. Lernen Sie aus Fehlern

Wir alle wissen, dass Babe Ruth einmal den Rekord für die meisten Homeruns in einer einzelnen Saison gehalten hat. Aber wussten Sie, dass er im gleichen Jahr, in dem er die meisten Homeruns geschlagen hat, auch den Rekord für Fehlschläge hielt? Menschen, die dranbleiben, die versuchen etwas zu schaffen und auf vielen Gebieten etwas wagen, machen mit höherer Wahrscheinlichkeit Fehler. Sie wollen, dass Ihre Kinder lernen, dass es in Ordnung ist, Fehler zu machen. Die eigentliche Frage ist, was man aus Fehlern lernt, sodass man nicht wieder und wieder die gleichen macht.

Kinder sagen: *Meine Eltern haben sich nicht immer eingemischt, sondern mich aus meinen Fehlern lernen lassen, solange es nicht zu gefährlich war. (Madison, 17 Jahre)*

Kinder müssen lernen, dass es in Ordnung ist, etwas nicht zu schaffen und dass es normal ist, nicht perfekt zu sein. Aber sie sollten auch beigebracht bekommen, Verantwortung für ihre Fehlentscheidungen zu übernehmen. Eigentlich haben wir durch die Beobachtung unserer Kinder gelernt, dass ein fehlerfreies Leben nicht nur unmöglich ist, sondern auch ungesund. Unser sechstes Kind Matthew war sehr hart sich selbst gegenüber, wenn er etwas nicht perfekt hinbekam, und wir bemerkten, dass er die Tendenz seiner Eltern aufnahm, uns über unsere eigenen Fehler zu ärgern. Perfektionismus tat Matthew nicht gut, und wir schlussfolgerten daraus, dass er vermutlich auch für Mama und Papa nicht gut war. Also begannen wir, lockerer mit uns selbst zu werden; als Konsequenz daraus lernte auch Matthew, mit seinen Fehlern zu leben. Wenn jetzt jemand in unserer Familie einen Fehler macht, sagen wir: »Was lernen wir daraus?«

Alle Kinder machen Fehler. Unsere Aufgabe als Eltern ist es, diese Fehler in Gelegenheiten zum Lernen umzuwandeln. Unglücklicherweise ist die erste Reaktion von Eltern, wenn ein Kind einen Fehler macht, emotional, eine Reaktion, die die Botschaft sendet, dass Fehler schrecklich sind. Reaktionen wie: »Wie kannst du nur so ungeschickt sein?« oder »Was ist nur los mit dir?« machen Fehler zu Zeichen persönlicher Unzulänglichkeit. Bessere Antworten fokussieren auf die Tatsache, dass das Kind eine fähige Person ist, die, wie alle fähigen Personen, ab und an einen Fehler macht. Versuchen Sie beim nächsten Mal, wenn Ihr Kind einen Fehler macht, eine dieser Antworten: »Du hast es fast richtig gemacht«, »Das ist in Ordnung, versuch es nochmal« oder »Hoppla, da ist ein Lappen.«

Gestalten Sie Fehlerkorrekturen

Eine Art, wie Sie Ihrem Kind helfen können, Fehler zu akzeptieren ist, Ihre eigenen Fehler zuzugeben und dann die Verantwortung dafür zu übernehmen, sie zu korrigieren. Werden Sie lockerer mit sich selbst. Wenn Sie ein Glas Saft verschütten, sagen Sie: »Ich schätze, ich gewinne heute den Chaos-Preis der Familie.«

Stellen Sie sicher, dass Ihr Kind merkt, dass Sie eine akzeptierende Einstellung Fehlern gegenüber haben. Wir haben einen Handel mit unseren Kindern abgeschlossen. »Wenn du uns die Fehler erzählst, die du machst, egal wie groß sie zu sein scheinen, versprechen wir, dass wir nicht ärgerlich werden auf dich – vorausgesetzt, du erzählst uns auch die Lektion, die du daraus gelernt hast, und was du tun wirst, um deinen Fehler zu korrigieren.«

> **Elizabeth sagt:** *Als Vanessa etwa drei Jahre alt war, versuchte sie, ein Glas Saft einzuschenken. Die Flüssigkeit ging am Glas vorbei und lief über den Boden. Sie sah zu mir auf mit Angst in den Augen, aber ich sagte nur: »Oh oh, du holst besser ein Handtuch.« Sie wischte ihr Durcheinander auf und bat mich, ihr den Saft einzuschenken. »Du kannst das«, versicherte ich ihr. »Versuch es noch einmal.« Sie tat es, und wieder floss das meiste vom Saft am Glas vorbei und landete auf dem Boden. Ich half ihr, das zweite Durcheinander aufzuwischen, und sie nahm an, dass ich dann den Saft einschenken würde. Stattdessen half ich ihr, indem ich die Packung mit meiner Hand ruhig hielt, und sie goss sich erfolgreich das Glas voll. Die Freude in ihrem Gesicht sagte alles: »Ich habe es geschafft!«*

Wir haben versucht, unseren Kindern beizubringen, sich mehr auf die Lösungen als auf das Problem zu konzentrieren, was, zufällig, einer der Schlüssel für Erfolg in der Geschäftswelt ist. Zu lernen, Probleme in Gelegenheiten umzuwandeln, hilft einem Kind, sich von Fehlern zu erholen und eine zweite Chance zu bekommen. Tatsächlich ist die Angewohnheit, ein Problem zu nehmen und es in eine Möglichkeit zu verwandeln, ein Merkmal von einigen der erfolgreichsten Geschäftsleute. Kinder im Computerzeitalter denken, dass Fehler ein normaler Weg des Lebens sind. Wenn der Computer einen Fehler macht, nennen wir es nicht einmal einen »Fehler«, wir nennen es eine »Panne«.

10. Helfen Sie Ihrem Kind, eine Eins für seine Einstellung zu bekommen

Warum ist es in Gegenwart einiger Menschen angenehmer als in Gegenwart anderer? Eine Erklärung ist ihre Einstellung. Das ist es, was mich an meiner Frau Martha anzog. Ihre positive Einstellung machte sie zu einer netten Person zum Zusammensein. Ich mochte es, bei ihr zu sein, und wollte die ganze Zeit um sie herum sein. Einstellungen sind ansteckend, und Marthas Einstellung zum Leben und zu Menschen verbesserte meine eigene.

Eine positive Einstellung kann den Unterschied machen, eine Beförderung zu bekommen oder den Partner dazu zu bekommen, »ja, ich will« zu sagen. Einstellungen beeinflussen unser Leben auf konkrete Weise. Studien haben gezeigt, dass Optimisten generell glücklicher, gesünder, länger und erfolgreicher leben als Pessimisten. Eltern formen den Ausblick des Kindes auf sein Leben. Hier sind ein paar einfache Wege, wie Sie Ihrem Kind helfen können, eine positive Person zu werden.

Setzen Sie ein glückliches Gesicht auf

Kinder nutzen Eltern als Spiegel. Sie suchen bei Ihren Eltern nach Zeichen zu deren eigenen Gefühlen und Reaktionen. Wenn Sie Ihren Kindern eine fröhliche Einstellung zeigen, nehmen sie an, dass positiv und hoffnungsvoll sein die Norm ist. Auch wenn Sie sich besorgt oder gestresst fühlen, versuchen Sie, Ihre Kinder mit einem Lächeln und mit einer positiven Einstellung zu begrüßen. Eine fröhliche oder einfach ruhige Unterhaltung mit Ihrem Kind kann Ihre Sorgen wieder in die richtige Perspektive rücken und Ihre Aussichten aufhellen. Ein mürrischer Gesichtsausdruck auf Ihrem Gesicht kann Ihr Kind besorgen oder ängstigen, auch wenn Ihr Blick nichts mit seinem oder ihrem Verhalten zu tun hat.

Sehen Sie die angenehme Seite

Zeigen Sie Ihren Kindern, wie sie aus schlechten Situationen das Beste machen können: »Aber Mama, wir haben das Spiel verloren!« »Ja, das ist hart, aber deine Mannschaft wird immer besser. Und du hast dein erstes Tor geschossen!«

»Der viele Regen bedeutet, dass wir nicht in den Park gehen können. Lass uns stattdessen in die Bücherei gehen. Das ist ein toller Ort für einen regnerischen Tag!«

Programmieren Sie das Positive

Ich erinnere meine Kinder oft daran: »Du kannst die Umstände nicht immer kontrollieren, aber du kannst kontrollieren, wie du auf sie reagierst.« Das stimmt von Moment zu Moment und auch langfristig. Tatsächlich glaube ich (und die Wissenschaft fängt an, das zu bestätigen), dass das wachsende Gehirn eines Kindes mit mehrheitlich positiven oder negativen Einstellungen programmiert ist, basierend auf den Erfahrungen des Kindes. Die Aussagen »Sie ist so eine positive Person« oder »Er scheint immer so negativ zu sein« können ihre Wurzeln sowohl in der Biologie des Gehirns haben als auch in der Psychologie. Wenn Sie Ihr Kind sehen, wie es bei einem Fehler oder Missgeschick verweilt, helfen Sie ihm dabei, einen Weg aus diesem Trott zu finden. Erkennen Sie seine traurigen oder beschämten Gefühle an, aber helfen Sie ihm dann, eine neue Art zu finden, die Dinge zu betrachten. Wenn Ihr Kind es nicht in die Basketballmannschaft geschafft hat oder die Saison gerade nicht besonders gut läuft, bringen Sie ihn dazu, an die kommende Fußball- oder Gymnastiksaison zu denken. Oder erinnern Sie es daran, dass nicht zum Basketballtraining zu müssen bedeutet, dass es mehr Zeit für anderes hat, was es gerne macht.

Rappeln Sie sich auf, wenn Sie am Boden sind

Helfen Sie Ihrem Kind, zu lernen, herauszufinden, was es braucht, um negative Gefühlszustände in positive zu verwandeln. Ihr eigenes Beispiel wird lehrreiche Momente mit sich bringen. Wenn Ihrem Kind klar ist, dass Sie einen schlechten Tag haben (und Kinder sind sehr gut darin, die Stimmung ihrer Eltern zu spüren), halten Sie inne und legen Sie den Gefühlsschalter von negativ zu positiv um. Sagen sie: »Ich werde mich selbst nicht auf diese Art fühlen lassen. Was kann ich machen, um mir zu helfen, mich besser zu fühlen?« Denken Sie an einige Optionen: »Lass uns uns anziehen und ausgehen und Spaß haben«, »Es ist ein schöner Abend, warum setzen wir uns nicht raus und schauen den Mond an?«, »Etwas Leckeres zu kochen führt immer dazu, dass ich mich besser fühle – lass uns Kekse machen!«

Verwandeln Sie Probleme in Möglichkeiten

Edison sah die Dunkelheit als eine Möglichkeit, die Glühbirne zu erfinden. Wann immer Ihr Kind mit einem Problem konfrontiert ist, versuchen Sie, ihm dabei zu helfen, es in etwas Positives zu verwandeln oder wenigstens in eine Lernerfahrung. Zum Beispiel:

Soziales Problem: Ihre Achtjährige kommt zu Ihnen, weil sie traurig ist, dass ihre beste Freundin wütend auf sie ist.

Soziale Möglichkeit: Helfen Sie Ihrem Kind, eine Möglichkeit zu finden, sich wieder mit seiner Freundin zu vertragen: »Erinnerst du dich noch, dass du und deine Freundin gute Eisläufer seid? Lass uns fragen, ob sie am Samstag mit uns ins Eisstadion geht.«

Wann immer unsere Kinder sich selbst in Schwierigkeiten gebracht haben, haben wir ihnen gesagt: »Denke nicht über das Problem nach; suche nach Lösungen.«

Strahlen Sie gute Gefühle aus

Eines Tages hatten wir einen Gast in unserem Haus, dessen Körpersprache von Kopf bis Fuß aussagte, dass sie eine sehr negative Person war. Nachdem der Gast gegangen war, fragten wir unsere Kinder, wie es sich angefühlt hat, diese Person um sich zu haben. Sie fühlten sich nicht gut. Wir wiesen darauf hin, dass ihre Einstellung alle um sie herum beeinflusst hatte. Dieses Kommunikationsphänomen ist bekannt als *emotionale*

Versuchen Sie die Sandwich-Taktik

Es gibt Zeiten, in denen Sie Ihre Kinder auf ihre Fehler hinweisen müssen, aber manche Kinder sind auf einigen Entwicklungsstufen sehr empfindlich gegenüber Kritik. Versuchen Sie, die schlechte Nachricht zwischen ermutigende Worte zu packen:

»Trevor, du bist ein kluger Junge. Wir wissen und du weißt, dass du gute Noten schreiben kannst. Und du bist nicht faul. Wir erwarten, dass du von deiner Vier in Rechtschreibung wieder wegkommst. Wir wissen, dass du die Fähigkeit hast, besser zu sein. Wie fühlst du dich mit der Vier? ... Ich bin sicher, du fühlst dich nächstes Schuljahr besser, wenn du die Note verbesserst.« Konstruktive Kritik zwischen Komplimente zu verpacken, wie bei einem Sandwich, ist ein wertvolles Kommunikationswerkzeug, das Sie auch mit Erwachsenen nutzen können. Es macht den Zuhörer empfänglicher für Ihre Kritik. Tatsächlich kann die Unterhaltung eher als Ermutigung empfunden werden statt als Herabsetzung. Und es bringt die Ergebnisse, die Sie wollen – das Kind gibt sein Bestes und bekommt die Noten, zu denen es fähig ist.

Übertragung. Wir wiesen unsere Kinder auch darauf hin, dass, eine positive Einstellung zu zeigen, jeden um einen herum sich besser fühlen lassen kann, auch in schwierigen Situationen.

Eine unserer liebsten Geschichten, die wir unseren Kindern erzählen, handelt von der kleinen Auster, die ein Sandkorn unter ihre Haut bekommen hatte. Der kleine Fleck störte sie, aber so sehr sie es auch versuchte, sie konnte das Sandkorn nicht loswerden. Also sagte sie zu sich selbst: »Wenn ich es nicht wegmachen kann, sollte ich versuchen, es zu verbessern.«

Als die Jahre vergingen, wuchs das kleine Sandkorn, das die Auster so sehr gestört hatte, zu einer wunderschönen Perle.

Während meiner 15 Jahre als Baseball-Trainer vieler Sears-Sportler in der Jugendliga habe ich bemerkt, dass in unserer jährlichen Aufnahmesaison einer meiner Mit-Trainer Jahr für Jahr die erfolgreichsten Spieler aufnahm. Ich fragte ihn nach seinem Erfolgsgeheimnis. Er sagte: »Ich nehme nach Einstellung auf.«

14 Freundlichkeit und Manieren

»Er ist so ein nettes Kind!« »Sie ist so eine nette Person, wenn man sie um sich hat!« Das sind die Worte, die Eltern gerne über ihr Kind hören wollen. Wo kommen diese Qualitäten her? Obwohl angenehme Persönlichkeiten in den Genen verwurzelt sind, werden Freundlichkeit und Höflichkeit im Zuhause gelernt. Würden Sie Ihren Sechzehnjährigen in ein Auto setzen und davonfahren lassen, ohne ihm die Regeln des Straßenverkehrs zu erklären? Höflichkeit, Respekt und Freundlichkeit sind die Regeln auf der Straße des Lebens, und sie unseren Kindern beizubringen, verschafft ihnen eine sichere und genussvolle Reise – für die Kinder selbst und auch für die Menschen, mit denen sie die Straße teilen. Sie wollen, dass gute Manieren eine Gewohnheit werden, ein Teil des Selbst Ihres Kindes. Kinder, die nett und rücksichtsvoll sind und gute Manieren haben, werden leichter akzeptiert als diejenigen, denen es an diesen Qualitäten mangelt.

Eines Tages, als ich durch eine Schule ging, lief ein achtjähriges Mädchen aus Versehen in mich rein und trat mir auf den Fuß. Innerhalb einer Millisekunde drehte sie sich um und sagte: »Es tut mir leid.« Sie schaute mir in die Augen, mit einem besorgten Ausdruck auf dem Gesicht. Was mich an ihrer höflichen Antwort traf, war, dass sie so schnell erfolgte; wie in einem Reflex wiederholte sie ein Muster der Assoziation, das von früher Kindheit an in sie eingepflanzt und hundertfach wiederholt wurde. Höflichkeit war so ein natürlicher Teil ihrer Antwort, dass sie nicht darüber nachdenken musste, ehe sie handelte. Das ist ein Kind mit guten Manieren!

Zehn Arten, Kindern Freundlichkeit und Manieren beizubringen

Mein Sohn ist ausgesprochen höflich, und andere Menschen kommentieren das sehr oft. Ich denke, seine guten Manieren sind ein Ergebnis seines angeborenen Wunsches, ein guter Mensch zu sein. Ich denke, dass er zu einem gewissen Grad realisiert, dass Menschen auf sein gutes Verhalten antworten, und daher macht er weiter damit.

1. Bringen Sie früh Manieren bei
Wie früh? Versuchen sie es in der Babyzeit! Von dem Moment an, in dem Ihr Baby in Ihrem Bauch existiert, fangen Sie an, ihm beizubringen, wie man Menschen behandelt. Wenn Ihr sechs Monate altes Baby all die Dinge entdeckt, die es mit seinen Händen tun kann, greift es nach einer Hand voll Haare und zieht daran – fest! Sie schreien nicht. Stattdessen öffnen sie seine kleinen starken Fäuste und bitten es ruhig, »vorsichtig zu sein«. Es lernt von Ihrem Beispiel, vorsichtig zu sein, lange bevor es das Wort selbst versteht.

Von Anfang an war ich aufmerksam, wie ich mit meinen Babys kommuniziert habe, sei es ein sanftes Wort oder eine sanfte Berührung.

Die Wurzel für gute Manieren ist der Respekt anderen Menschen gegenüber, und die Wurzel für Respekt ist Einfühlsamkeit. Das Merkmal von Attachment Parenting ist einfühlsames Antworten auf die Bedürfnisse des Kindes. Einfühlsamkeit ist ansteckend, und mit weitergeführtem, einfühlsamem Erziehen wird Ihr Kind eine empathische kleine Person, die sich um die Gefühle anderer kümmert. Auch schon Zweijährige können »bitte« und »danke« sagen. Auch wenn sie noch nicht die genaue Bedeutung der Worte kennen, schließen Kleinkinder bald, dass »bitte« gebraucht wird, um nach Dingen zu fragen und man mit »danke« eine

Interaktion beendet. Je öfter ein Kind ein Wort oder einen Satz wiederholt hört, desto mehr Wichtigkeit heftet es diesem Wort an und desto früher lernt es dieses Wort. Wenn Sie Ihr Kleinkind bitten, Ihnen etwas zu geben, fangen Sie mit »bitte« an, und hören Sie mit »danke« auf. Das Kind lernt, dass dies wichtige Worte sind, weil Mama und Papa sie häufig verwenden und immer so einen netten Ausdruck im Gesicht haben, wenn sie das tun. Kleinkinder ahmen diese Begriffe nach und verstehen ihre Nützlichkeit, lange bevor sie ihre Bedeutung verstehen.

Im Alter von etwa drei Jahren fangen Kinder an, sich von einer rein selbstzentrierten Existenz wegzubewegen, hin zu einer, in der sie sich mehr um die Menschen um sie herum kümmern. Sie verstehen, dass, wenn sie einem Baby ein Spielzeug wegnehmen, das Baby deshalb weint. Sie fangen an, die Beziehung zwischen Ursache und Wirkung zu verstehen – dass sie verantwortlich sind für das Unglück des Babys. Kinder können auch sehen, dass, wenn sie lustige Grimassen schneiden, das Baby lacht – dass sie verantwortlich sind für die Freude des Babys. Sie erkennen auch, dass nett zu anderen zu sein ihnen ein Gefühl der Wärme und der Freude verschafft, Gefühle, die sie mögen und die sie motivieren, öfter nett zu sein. Kinder finden auch heraus, dass »bitte« und »danke« zu sagen anderen Menschen zeigt, dass sie sie schätzen, und dass diese Worte andere glücklich machen.

2. Gestalten Sie Manieren

Im Alter zwischen zwei und fünf Jahren ist die beste Zeit, um Manieren zu gestalten. Während dieser Zeit ist das, was Mary hört, auch das, was Mary sagt. Lassen Sie Ihr Kind »bitte«, »danke«, »gerne geschehen« und »Entschuldigung« den Tag über möglichst oft aus Ihrem Mund hören. Nutzen Sie die gleichen höflichen Manieren mit Ihrem Kind, die Sie mit einem anderen Erwachsenen nutzen würden. Kinder lernen, was sie leben, vor allem in diesem jungen Alter, also wird ein Kind mit Eltern mit guten Manieren vermutlich auch gute Manieren haben. Einmal war ich in einem Taxi unterwegs und bemerkte, wie höflich der Taxifahrer sprach.

Als ich ihn fragte, wo er gelernt hatte, so höflich zu sein, antwortete er: »Mama und Papa waren meine Lehrer.«

Scheuen Sie keine Mühen, ein gutes Vorbild für Ihr Kind zu sein. Der Hund Ihrer Nachbarn entwischt von seinem Grundstück. Beschweren Sie sich: »Da läuft er wieder davon«? Oder fangen Sie den Hund ein und bringen ihn nach Hause? Sie stehen an der Kasse hinter einem älteren Menschen, der Schwierigkeiten hat, seine Einkäufe aus dem Wagen zu bekommen. Murmeln Sie eine Beschwerde über die Verzögerung vor sich hin oder fragen Sie, ob Sie helfen können? Rasen Sie durch die Straßen oder lassen Sie geduldig einen anderen Autofahrer aus der Seitenstraße einbiegen? Ihre Kinder schauen immer zu!

3. Erzwingen Sie nichts

Auch wenn es in Ordnung ist, ein Kind ab und an daran zu erinnern, »bitte« zu sagen, wenn es nach etwas fragt, behandeln Sie Manieren nicht wie einen neuen Trick für Ihren Hund: »Jetzt sag das Zauberwort und ich gebe dir dein Leckerli.« Sie riskieren so, dass Ihr Kind dieser höflichen Worte müde wird, ehe es sie noch versteht. Manieren sind eine Fertigkeit zum Genießen, nicht zum Erzwingen. Wenn Sie ein Kind daran erinnern, »bitte zu sagen«, machen Sie das höflich, auf bedeutungsvolle Weise: »Weißt du, wenn du wirklich möchtest, dass ich aufhöre, am Computer zu arbeiten, und aufstehe und mit dir gemeinsam den Teddybären suche, dann, denke ich, wäre es hilfreich, wenn du bitte sagst.» Sie wollen, dass Ihr Kind es mit der Höflichkeit ehrlich meint und versteht, warum es wichtig ist, bitte und danke zu sagen.

Mein Sohn spielte Basketball mit einer Gruppe Jungs, als ein Kleinkind über das Spielfeld lief. Mein Kind gab dem Kleinkind den Ball und ließ es einmal werfen, ehe er es vom Platz begleitete. Er war so nett, daran zu denken, was das kleine Kind wollte.

Komplimente machen und erhalten

Einer der vielen Schlüssel zu sozialem Erfolg ist die Kunst des Machens und Erhaltens von Komplimenten zu meistern. Ehrliche, aufmerksame Komplimente lassen sowohl den Geber als auch den Empfänger sich wohlfühlen. Gestalten Sie diese Kunst für Ihr Kind: »Oh, du siehst heute so gut aus!« oder »Ich mag deinen neuen Haarschnitt!« Zeigen sie Ihrem Kind, dass es gut ist, sich auch selbst auf die Schulter zu klopfen. (»Ich habe heute mein Projekt auf Arbeit rechtzeitig fertig gestellt.«)

Kinder mit geringem Selbstwert haben Schwierigkeiten, Komplimente zu geben und zu empfangen. Sie fühlen sich nicht wert, ein Kompliment zu bekommen, und können so starke Komplexe darüber bekommen, wie andere mit ihren Komplimenten umgehen, dass sie dichtmachen. In diesem Fall ist ein wenig elterliche Führung an der Reihe. Austins älterer Bruder hat gerade sein Wissenschaftsprojekt für die Schule beendet. Sie flüstern Austin zu: »Geh rüber zu David und sag ihm, dass sein Projekt sehr gut aussieht.« Wenn Ihr Kind mit einem unerwarteten Kompliment zu Ihnen kommt: »Wow, Mama, du siehst gut aus in dem neuen Kleid!«, dann stellen Sie sicher, dass Sie dieses Kompliment gut entgegennehmen und es anerkennen: »Danke, Schatz, wie lieb, dass du das sagst.« Das Selbstbewusstsein Ihres Kindes bekommt eine Verstärkung dadurch, dass es sieht, wie glücklich Sie gemacht hat, was es gesagt hat.

4. Erwarten Sie Manieren

Elterliche Erwartungen sind einer der machtvollsten Wege, Kinder zu motivieren. Kinder, die in einer Umgebung aufwachsen, in der gute Manieren erwartet werden, werden gute Manieren annehmen. Eines Tages bemerkten wir eine Familie, die ein Hotel betrat. Der Vater sah zu seinen beiden Söhnen, fünf und sieben Jahre alt, und sagte: »Nun, Jungs, haltet der Dame die Türe auf«, was sie auch taten. Als ich sagte, was seine Kinder für gute Manieren hätten, antwortete er: »Wir erwarten das.«

5. Tischmanieren lehren

Ihr Kind wird fast 20.000 Mahlzeiten essen, bis es 18 Jahre alt ist – was den Tisch zu einem guten Ort macht, um alle Arten von Lektionen zu lehren, einschließlich, wie man an einem Gespräch teilnimmt. Ihr Familiengespräch beim Abendessen wird Ihrem Kind zeigen, wie es sich verhalten sollte, wenn es ein Gast im Zuhause von anderen ist. Bringen Sie Ihrem Kind bei, andere Personen anzuschauen, wenn es mit ihnen redet, deutlich zu sprechen und Fragen in ganzen Sätzen zu beantworten, nicht in gemurmeltem Grunzen. Gestalten Sie das Geben und Nehmen eines Gesprächs bei einer Mahlzeit. Sie bekommen eine Gelegenheit zu reden, aber es gibt auch Zeiten, in denen Sie zuhören müssen und nicht unterbrechen dürfen. Kinder können beim Essen normalerweise nicht so lange stillsitzen wie Erwachsene, daher ist es eine gute Idee, ihnen beizubringen, zu fragen: »Darf ich bitte aufstehen?«, wenn sie mit dem Essen fertig sind und anfangen, unruhig zu werden. Kinder können dann spielen gehen, während die Erwachsenen sich weiter unterhalten.

6. Schreiben Sie Danke-Notizen

Ein handgeschriebenes Dankeschön sagt dem Empfänger »Du bist wichtig genug für mich, mir die Zeit zu nehmen und diese Notiz zu schreiben«. Stellen Sie sicher, dass Ihr Kind sich mit einer solchen Notiz für Geschenke, nette Gesten und besondere Gefallen bedankt. Sie können diese Gewohnheit in frühen Jahren einpflanzen, indem Sie Kinder bitten, ein Bild als Dankeschön zu malen, oder indem sie Ihnen die Dankesbotschaft diktieren und Sie sie aufschreiben.

Auch wenn wir glauben, dass handgeschriebene Dankeschöns nie aus der Mode kommen werden, sehen sich unsere Kinder doch fast sicher neuen Fragen der Etikette gegenüber, wenn sie mit anderen per E-Mail oder Instant Messaging über das Internet kommunizieren. Das sind aufregende neue Welten für uns alte Eltern, aber die Eltern des 21. Jahrhunderts werden ihren Kindern sicher »Netiquette« beibringen müssen, um im Cyberspace zurechtzukommen.

7. Lehren Sie ihnen Telefonmanieren bei

Die meisten Kinder lieben es, ans Telefon zu gehen, stellen sie also sicher, dass Sie sich die Zeit nehmen, ihnen beizubringen, wie man deutlich spricht und was man sagt. Es ist herzerwärmend, wenn ein Kind den Anruf entgegennimmt und sagt: »Hallo, hier ist Kyle. Ja, sie ist da. Einen Moment bitte« oder »Nein, sie ist nicht da. Soll ich etwas ausrichten?«

8. Bringen Sie ihnen Respekt bei

Da die meisten Menschen es mögen, mit ihrem Namen angesprochen zu werden, sollten Kinder schon früh beigebracht bekommen, anderen Menschen in die Augen zu schauen und sie mit Namen anzusprechen. Das ist sowohl ein Zeichen von Respekt als auch ein Weg, die Aufmerksamkeit eines anderen zu bekommen.

Aber welchen Namen nutzt man? Verschiedene Familien haben verschiedene Vorlieben. Manche Eltern bringen ihren Kindern bei, alle Erwachsenen außerhalb der Familie als Herr oder Frau anzusprechen. In anderen Kreisen steht es Kindern frei, die Freunde ihrer Eltern beim Vornamen anzusprechen. Manche Familien nutzen immer »Tante« oder »Onkel«, wenn sie solche Verwandten ansprechen. Manche machen das nicht. Was auch immer in der Familie oder einer sozialen Gruppe bevorzugt wird, bringen Sie Ihren Kindern bei, was in verschiedenen Situationen von ihnen erwartet wird. Wenn Kinder den Namen einer Person nicht wissen, können Sie immer noch höfliche Anreden nutzen.

Wir haben unseren Kindern beigebracht, Erwachsene als Herr und Frau anzusprechen, es sei denn, sie bekommen etwas anderes gesagt. Wir sagen ihnen, dass das ein Zeichen von Respekt ist.

Wenn die Person einen Titel hat, bringen Sie Ihren Kindern bei, ihn zu nutzen: »Doktor«, »Hochwürden«, »Professor«. Ich erinnere mich daran, wie eine Flughafenmitarbeiterin mich einmal als »Herr Sears« ansprach, wogegen aus meiner Sicht nichts spricht. Aber sie verbesserte sich schnell: »Entschuldigung, ich meinte Doktor Sears. Schließlich haben Sie sich das verdient.« Das waren schnell mitgedachte Manieren.

Respektvolles Zuhören ist eine andere soziale Fertigkeit, die für Kinder wichtig zu lernen ist. Erinnern Sie Ihr Kind daran, nicht zu unterbrechen und auf eine passende Gelegenheit zu warten, um etwas zum Thema zu sagen. Bringen Sie Kindern bei, die Person, die mit ihnen redet, anzuschauen und zu bestätigen. Seien Sie auch selbst ein respektvoller Zuhörer. Wenn Ihr Kind zu Ihnen kommt, um Sie in ein Gespräch zu verwickeln, schalten Sie den Fernseher aus, drehen Sie sich weg vom Computer, stellen Sie Augenkontakt her und hören Sie interessiert zu.

9. Nutzen Sie PR (Parental Reminders = Elterliche Erinnerungen)

Während ihrer Vorschuljahre bringen Sie Ihren Kindern gute Manieren und höfliches Reden durch Ihr Vorbild zu Hause bei. Wenn das Kind in die Schule kommt, ist es anderen Verhaltensweisen ausgesetzt, von denen es einige übernehmen wird, die Sie nicht leiden können werden. Kinder brauchen häufige Erinnerungen von ihren Eltern, dass »*wir* so reden«. Schimpfen Sie nicht, nutzen Sie PR – elterliche Erinnerungen, die so gesagt werden, dass der Rat, den Sie geben, sanft ankommt. Betonen Sie das »Wir« in der Erinnerung: »So reden und handeln wir in unserem Haus«, »Das erwarten wir.« Eine andere machtvolle Formulierung ist »in unserer Familie ...« Das betont die Normen, die Sie Ihren Kindern in der Kindheit beigebracht haben, und macht gute Manieren zu einem erwarteten Teil davon, zu Ihrer Familie zu gehören. Zugehörigkeit ist wichtig für Kinder, und Sie wollen, dass dieser Sinn dafür, zur Familie zu gehören, wichtiger ist, als das zu tun, was notwendig ist, um zur Gruppe der Gleichaltrigen zu gehören.

Eine andere Gelegenheit, eine elterliche Erinnerung loszuwerden, ist direkt vor einem sozialen Ereignis. Zum Beispiel, wenn Ihr Kind dabei ist, ein

Haus voller Gäste für seine Geburtstagsfeier zu begrüßen, sehen Sie voraus, was von ihm erwartet wird: »Denk dran, jede Person an der Tür zu begrüßen und zu sagen: ›Danke fürs Kommen‹«, »Wenn du deine Geschenke öffnest, schau die Person an, die dir das Geschenk gegeben hat, und sage etwas Nettes darüber.« Kinder wollen nett sein, aber viele sind sich des richtigen Weges dazu nicht bewusst oder wissen nicht, was sie sagen sollen. Helfen Sie ihm dabei, sich ein Repertoire freundlicher Aussagen anzulegen, das sie abspulen können, wenn sie verschiedene soziale Situationen erleben. Bringen Sie Ihrem Kind einen vielseitig einsetzbaren Ausdruck bei, den es nutzen kann, um die Aufmerksamkeit eines anderen zu erhalten, sich an einer anderen Person vorbeizudrücken oder nachdem es ein Körpergeräusch von sich gegeben hat. »Entschuldigung« oder »Könnten sie das bitte wiederholen?« klingt viel angenehmer in den Ohren als das gewöhnliche »Was?« oder das grobe »Häh?«. Üben Sie diese Ausdrücke zu Hause, sodass Ihre Kinder sich immer noch daran erinnern, was sie sagen und tun können, wenn sie außerhalb der Reichweite elterlicher Erinnerungen sind.

10. Erklären Sie das Warum von Manieren

Gute Manieren kommen natürlicher, wenn Sie Ihrem Kind beibringen, warum sie genutzt werden sollten. »Gute Manieren sind einfach nur gute menschliche Beziehungen«, sagt Letitia Baldridge in ihrem Buch *More Than Manners! Raising Today's Kids to Have Kind Manners and Good Hearts*. Sie bezieht sich auf Manieren als Taten des guten Willens anderen gegenüber. Helfen Sie Ihren Kindern, ihre eigenen guten Gefühle zu erkennen, wenn andere nett und höflich zu ihnen sind. »Als Hannah dir beim Aufräumen geholfen hat, wie hast du dich da gefühlt?« Kinder, die Freundlichkeit und Höflichkeit empfangen, genießen das Gefühl und sind motivierter, es anderen gegenüber genauso zu tun.

Kinder verstehen vielleicht nicht ganz, wie wichtig es ist, anderen die Hand zu schütteln und zu sagen: »Herzlichen Glückwunsch« oder »Ihr Verlust tut mir leid«. Es liegt an Ihnen, Ihren Kindern realisieren zu helfen, dass diese Gesten Menschen dabei helfen, verbunden zu bleiben, und dass ein nettes Wort oder eine Umarmung mehr bedeuten können, als das Kind realisiert.

Wenn Kinder verstehen, warum sie nett und höflich sein sollen, werden ihre guten Manieren ehrliche Ausdrücke ihrer Rücksichtnahme und Empathie, nicht nur ein Nachplappern höflicher Phrasen, die Eltern erfreuen. Unhöflichkeit ist respektlos. Ein Mensch, der sensibel für andere ist, wird gute Manieren benutzen. Respekt für andere Menschen ist einfach eine Erweiterung der Sensibilität und Empathie, die auf natürliche Weise ein Teil verbundener Kinder sind.

Höfliche Korrekturen

Eltern tadeln die schlechten Manieren ihrer Kinder manchmal, indem sie sie barsch und unfreundlich korrigieren: »Gib deinem Bruder das Spielzeug zurück, jetzt!« »Wo sind deine Manieren, junger Mann?« Manchmal ist der Ansatz »ich meine es ernst« notwendig, um Ihren Standpunkt deutlich zu machen. Aber nicht immer. Bei anderen Gelegenheiten versuchen Sie einen sanfteren und höflicheren Ansatz, zum Beispiel mit diesen Sätzen anfangend:

»Es wäre nett, wenn du ...«
»Das nächste Mal wäre es besser, wenn du ...«
»Was ich dich sagen hören wollte, ist ...«
»Denkst du, es gibt eine bessere Möglichkeit, damit umzugehen?«
»Erinnerst du dich daran, als wir darüber geredet haben?«
»Ich habe bemerkt, dass du gesagt hast ...«

Die Kunst des Entschuldigens beibringen

»Es tut mir leid!« »Es ist mein Fehler!« »Entschuldige mich!« Entschuldigen hilft Ihrem Kind, die Verantwortlichkeit für sich selbst zu akzeptieren, und bringt es auf den Weg, die Dinge wieder in Ordnung zu bringen.

Entschuldigungen und Vergebung heilen kaputte Beziehungen. Zu wissen, wann und wie man sich entschuldigt, wird Ihrem Kind dabei helfen, im Leben erfolgreich zu sein. Versuchen Sie die folgenden Tipps:

Fangen Sie früh mit dem Entschuldigen an
Bringen Sie Kleinkindern bei, sich zu umarmen, um »es besser zu machen«, wenn sie jemanden verletzt haben. Führen Sie Umarmungen bei Verletzungen zu Hause ein, sodass Ihr Kleiner weiß, was zu tun ist. Gestalten Sie eine einfache verbale Entschuldigung für ein Kleinkind und helfen Sie ihm dabei, diese mit einer Umarmung zu sagen.

Gestalten Sie das Entschuldigen
Wenn Sie etwas falsch machen, geben Sie es zu. »Es tut mir leid, dass ich dich angeschrien habe. Du hast diesen Ausbruch nicht verdient. Ich hatte einen harten Tag, aber ich sollte das nicht an dir auslassen.« Wir haben diese Worte, oder ähnliche, sehr oft zu unseren Kindern gesagt. Wenn Eltern sich entschuldigen, lernen Kinder, dass wir alle Fehler machen – es ist normal und wird erwartet –, und dass die Verantwortung für unsere Fehler zu übernehmen und sie zu korrigieren ebenso normal und erwartet ist. Kinder, die damit aufwachsen, ehrliche Entschuldigungen von vertrauten Autoritätspersonen und wichtigen Menschen zu hören, werden durch das Beispiel lernen, wie sie sich selbst entschuldigen können. Schauen Sie Ihrem Kind fürsorglich in die Augen, berühren Sie seine Schulter und sprechen Sie ehrlich aus Ihrem Herzen. Ihr Kind wird von Ihnen lernen, wie es anderen sagen kann, dass es ihm leidtut.

Vergeben und vergessen
Es ist nicht nur wichtig für Kinder, zu lernen, wann und wie sie sich entschuldigen, sondern auch, wie man eine Entschuldigung annimmt. Vergeben vervollständigt den Heilungsprozess. Der Angreifer fühlt sich besser, wenn der Angegriffene »die Anschuldigungen fallen lässt«. Bringen Sie Ihrem Kind bei, als Antwort auf eine Entschuldigung zu sagen:

»Ich vergebe dir« oder »Das ist in Ordnung«. Ein Handschlag, eine Umarmung oder eine freundliche Berührung an der Schulter verstärkt die Botschaft, dass alles vergeben ist.

Zeigen Sie Ihrem Kind, wie man das macht, indem Sie Ihrem Kind vergeben, wenn es sich für einen Fehler entschuldigt. Zu hören, dass Sie vergeben, ist wichtig. Viele Kinder sind nicht bereit, »Ist okay« zu sagen, nachdem ihnen Unrecht geschehen ist. Sie müssen lernen, dass Vergebung erwartet wird und den Heilungsprozess antreibt und die Beziehung weitergehen lässt. Alexander Pope prägte den berühmten Satz: »Irren ist menschlich, vergeben ist göttlich.« Kinder müssen lernen, ihren Groll nicht festzuhalten. Vergebung reinigt die Luft.

Eines Tages nannte ich aus Ärger eines unserer Kinder ein »Balg«. Ich fühlte mich sehr schlecht, dass solch ein Ausdruck aus meinem Mund gekommen war (auch wenn sie an diesem Tag wirklich sehr schwierig war). Ich wusste, ich muss mich entschuldigen, also nahm ich sie in den Arm und sagte, dass es mir leidtut, aber ich fühlte mich immer noch schlecht. Als sie in ihrem kindlichen, ernsten Ton sagte: »Ist okay, Papa«, fühlte ich mich so erleichtert – und ich bin ein Erwachsener. Sie können sich vorstellen, wie Kinder sich fühlen, wenn Mama oder Papa ihnen sagen, dass sie ihm vergeben.

Entschuldigen und vergeben ist besonders wichtig zwischen Geschwistern. Es ist die Aufgabe der Eltern, sicherzustellen, dass die Entschuldigung geschieht, sodass beide Kinder mit guten Gefühlen zwischen ihnen neu anfangen können. Ein Ausdruck, den wir in unserer Familie benutzen, um Geschwisterstreit zu schlichten, ist: »Frieden miteinander schließen«.

Der Lohn dafür, nett zu sein

Kinder sollten nicht lernen, Lob für jede höfliche Tat zu erwarten. Schließlich erwarten Sie von ihnen, nett zu sein und gute Manieren zu haben, und wirklich liebenswürdige Menschen, die Gutes tun, wollen nicht viel

Aufmerksamkeit haben. Aber es schadet nie, ein positives Feedback zu geben oder einem Kind zu sagen, dass Sie stolz auf es sind. Zögern Sie nicht, den Ausspruch »Ich bin stolz auf dich« zu nutzen. Und natürlich können Sie hinzufügen: »Du musst so stolz auf dich sein!«

Mein fünfjähriger Sohn ist bekannt dafür, nett zu sein. Er hilft oft seinen Mitschülern, Dinge umherzutragen oder ihre Sachen aufzuräumen. Er hat sogar seinen letzten Keks an einen Klassenkameraden abgegeben, der keinen Nachtisch in seiner Frühstücksdose hatte. Eines Tages, als wir über seine freundlichen Taten redeten, sagte er mir: »Wenn ich solche Sachen mache, bekomme ich Tränen in die Augen.«

Dr. Chuck Wall, Professor für Management und Human Relations am Bakersfield College in Kalifornien, hörte wieder einmal einer Nachrichtensendung im Radio zu, die »eine erneute Tat sinnloser Gewalt« beschrieb. In seinem Ärger über dieses permanente Ausschlachten schlechter Nachrichten, veränderte er ein Wort in diesem Ausspruch und ging am nächsten Tag in seine Klasse mit einer Aufgabe: Jeder Student musste »eine zufällige Tat sinnloser Freundlichkeit begehen«. Seine Aktionen starteten eine Graswurzelbewegung für mehr Aufmerksamkeit, die sich zur »Act of Kindness Awareness Week« entwickelte, der Woche der Aufmerksamkeit für freundliche Taten, die vom Abgeordnetenhaus der USA begründet wurde. Als wir Dr. Wall für dieses Buch interviewten, war er aufgeregt, zu hören, dass wir die Kunst, Kindern Freundlichkeit beizubringen, in dieses Buch aufnehmen würden. Er sagte uns: »Auch wenn uns selbst dem Konzept einer freundlichen Tat zu verschreiben nicht das Heilmittel für alles Böse in der Welt ist, müssen wir doch irgendwo anfangen.« Er sagte weiter: »Eine Tat, die das Leben sowohl des Gebenden als auch des Nehmenden positiv beeinflusst, ist eine Freundlichkeit. Sie muss kein Geld kosten oder schwierig sein. Sie kann spontan sein oder vorher überlegt. Sie kann so einfach sein wie ein Lächeln oder ein ›Dankeschön‹ oder so kompliziert wie das Starten einer Nonprofit-Organisation, um denjenigen zu helfen, die in Not sind.« Nach Dr. Wall »hat Freundlichkeit vier wichtige Teile: Würde, Respekt, Mitgefühl und Bescheidenheit. Wenn Sie alle diese Dinge in sich haben, dann werden Sie fähig sein, sie mit anderen zu teilen.« Dr. Wall fuhr damit fort, vorzuschlagen, dass Menschen nach dem Motto leben: »Heute werde ich eine Tat sinnloser Freundlichkeit begehen.«

Ab und an hat man die Gelegenheit, Zeuge eines Moments mit seinen Kindern zu werden, der einen merken lässt, dass man etwas richtig macht. Meine vier kleinen Kinder und ich besuchten eine Tierklinik, bei einem Ausflug mit ungefähr sechs anderen Familien, die wir nicht kannten. Es gab die Gelegenheit für die Kinder, durch ein kleines Fenster bei der Operation eines Pferdes zuzuschauen. Ein kleines Mädchen, das etwa drei Jahre alt war, war nicht groß genug, um durch eines der Fenster zu schauen, und zupfte an ihrem Bruder und sagte: »Ich kann nichts sehen«, aber er ignorierte sie. Dann ging sie zu ihrer Schwester und wiederholte ihren Appell: »Ich kann nichts sehen, ich kann nichts sehen«. Die anderen Mütter redeten miteinander und schienen es nicht zu bemerken. Ich stand an der Seite mit einem schlafenden Baby in meinem Arm. Als die Rufe des kleinen Mädchens weiterhin nicht gehört wurden, trat sie zurück und sagte in sehr traurigem Ton noch einmal: »Ich kann nichts sehen.« Meine Tochter Katie, die damals sechs Jahre alt war, trat von ihrem Sichtfenster weg und sagte: »Ich heb dich hoch, damit du etwas sehen kannst.« Und das tat sie auch. Ich war so überrascht, dass sie, obwohl sie so jung war, schon Mitgefühl für ein Kind hatte, das nicht ihr Bruder oder ihre Schwester war. Sie hielt sie, bis die Kleine runter wollte und wegrannte. Es ist nicht notwendig, zu erwähnen, dass ich ihr sagte, wie stolz ich auf sie war, und sie ermutigte, weiterhin an andere zu denken, und daran, wie sie sich fühlen. Sie ist jetzt 19 Jahre alt und immer noch eine sehr freundliche und mitfühlende Person, die immer versucht, daran zu denken, wie es sich anfühlt, in den Schuhen eines anderen Menschen zu gehen.

15 Erfolgreiche Sexualität aufbauen

Eine gesunde Einstellung zu Sex und sich selbst als sexueller Person ist ein Teil dessen, was notwendig ist, um im Leben glücklich und erfolgreich zu sein. In diesem Buch haben wir *Erfolg* vor allem in Bezug auf Beziehungen definiert, und für die meisten Menschen ist ihre wichtigste Beziehung die intime Beziehung, die sie zu ihrem Partner oder ihrer Partnerin haben. Zusätzlich ist es Teil des Selbstbildes eines Kindes, wie es sich in Bezug auf seine eigene Sexualität fühlt. Positive Gefühle darüber, ein Junge oder ein Mädchen zu sein, sind Teil der grundlegenden Struktur eines positiven Glaubens an sich selbst.

Wie bringen Eltern von Kindern, die gut geraten, ihren Kindern etwas über Sex und Sexualität bei? Schulen bringen Kindern etwas über Sex bei, im Guten wie im Schlechten; Familien sind ein Vorbild für Sexualität, was bedeutet, Kindern nicht nur die »Fakten des Lebens« beizubringen, sondern auch Einstellungen. Die wichtigsten Lektionen sind nicht diejenigen, die in großen Reden über »Bienchen und Blümchen« geliefert werden. Das sexuelle Selbstbild Ihres Kindes hängt mehr von dem Beispiel ab, das Sie bieten, und den Einstellungen, die Sie vorleben, als davon, wie gut Sie die Fakten des Lebens erklären können. Ja, mit Ihrem Kind über Sex zu reden und sicherzustellen, dass er oder sie die richtigen Fakten erhält, ist wichtig für Eltern, vor allem, wenn Sie die Unsicherheit des Stotterns in diesen Gesprächen überwunden haben. Aber Tatsachen können die Kinder auch aus einem Buch oder einem Vortrag in der Schule bekommen. Was sie mit ihrer Sexualität anfangen können, wie sie als Jungs und Mädchen leben und dann als Männer und Frauen, ist ein weitaus wichtigeres Werkzeug für Erfolg.

Sexualität schon früh nahebringen

Wie so viele andere Qualitäten auch wird Sexualität zuerst in der Babyzeit gelernt. Ihr Kind lernt etwas über sein körperliches Ich aus den Botschaften, die Sie über Ihre liebevollen Berührungen senden. Wie Sie sich um Ihr Kind kümmern und seinen winzigen Körper liebkosen, sagt ihm, dass Berührung sich gut anfühlt und dass es tröstend und beruhigend ist, nahe bei einem anderen Körper zu sein. Wenn Sie seinen Rücken rubbeln, es in Ihren Armen tragen oder im Tragetuch an Ihrem Körper, es an die Brust legen oder in seine Augen schauen, sprechen Sie von Liebe in einer Sprache, die selbst ein winziges Baby verstehen kann.

Sexualität ist das Geben und Empfangen von Berührung

Ihr Baby lernt, dass Menschen Liebe ausdrücken durch die Art, wie sie sich berühren, und dass es gut ist, jemanden zu berühren und von Menschen berührt zu werden, die einen lieben. Babys empfinden menschliche Berührung als sehr beruhigend. Studien an Frühgeborenen haben gezeigt, dass diese Babys besser atmen, einen besseren Herzrhythmus haben und ruhiger schlafen, wenn sie Hautkontakt an der Brust ihrer Mutter haben. Wenn das Baby nach dem Stillen mit der Wange an der Brust seiner Mutter einschläft oder wenn es sich gemütlich an die Brust seines Papas kuschelt, lernt es, körperliche Nähe zu genießen. Babys, die Attachment Parenting mit viel Berührung empfangen, lernen ihre früheste Lektion in Sexualität: berühren und berührt werden zu genießen.

Sexualität ist sensibel sein

Eine andere Lektion über Sexualität, die Babys bereits ganz früh lernen, ist Sensibilität. Babys, deren Eltern einfühlsam auf ihre Bedürfnisse eingehen, wachsen heran und sind selbst ebenso einfühlsam. Sie werden ihre Gefühle besser verstehen und fähig sein, sich mit den Emotionen anderer zu identifizieren. Sie werden als Ergebnis Beziehungen höherer Qualität haben. Sie können bezüglich ihrer eigenen Bedürfnisse und Grenzen ehrlich sein, und vermutlich respektvoller denen anderer Personen gegenüber. Wie in Kapitel 7 dargestellt, wird romantische Liebe oftmals »gegenseitige Empathie« genannt.

Sexualität ist Vertrauen

Vertrauen ist ein anderer Teil gesunder Sexualität, der bereits in der Babyzeit beginnt. Das verbundene Kind lernt Vertrauen von seinen Eltern und trägt dieses Vertrauen in seine späteren Beziehungen. Fähig zu sein, jemandem zu vertrauen, ist essentiell für Intimität, und den gesunden Menschenverstand zu nutzen, um herauszufinden, wem man vertrauen kann, ist wichtig für ein glückliches Leben. Wenn ein Baby oder Kind ständig die Botschaft erhält, dass seine Eltern auf das reagieren, was es stört, vertraut es mit höherer Wahrscheinlichkeit dem Rat seiner Eltern zu Beziehungen und Sexualverhalten in der Teenagerzeit. Eltern, die ihren Kindern vertrauen und auf deren Ausdruck von Bedürfnissen reagieren, ziehen Kinder groß, die lernen, sich selbst zu vertrauen. Sie werden weniger wahrscheinlich vom Druck der Gleichaltrigen mitgerissen oder lassen sich zu Sex hinreißen, wenn sie eigentlich auf der Suche nach Liebe und Nähe sind.

Sexualität beginnt mit Neugier

Kinder fangen bereits in der Babyzeit an, ihre Körper zu erforschen. Alles zu entdecken, was der Körper tun kann, ist ein Teil der Sexualität. So beginnen Kinder zu lernen, sich als ein »er« oder eine »sie« wohlzufühlen. Kinder verstehen, dass Körper aus Beinen und Armen, Bäuchen, Zehen, Kinn, Knöcheln und Genitalien gemacht sind. Im Alter zwischen zwei und fünf Jahren erforschen Kinder all die Arten, auf die Männer anders sind als Frauen, Väter anders als Mütter und Brüder anders als Schwestern. Als Babys haben sie bereits gelernt, dass, obwohl Mama diejenige mit den Brüsten und der Milch ist, auch Papa eine Quelle für Trost und definitiv eine Quelle für Spaß ist. Babys patschen auf Brüste und reiben Bärte.

Viel Lernen über Sexualität findet in den Jahren statt, ehe Kinder in die Schule kommen. Kinder fangen an, sich mit dem Elternteil des gleichen Geschlechts zu identifizieren, und werden neugierig auf die Körper anderer. Was könnte faszinierender sein als die Unterschiede zwischen Jungs und Mädchen? In diesem Alter findet man Kinder manchmal im Bad oder ihrem Schlafzimmer, wo sie gegenseitig ihre Körper erforschen. Diese Aktivität befriedigt eher die Neugier, statt sexuelle Stimulation zu sein. Wie Eltern reagieren, kann jedoch eine bleibende Auswirkung auf die Akzeptanz von Kindern bezüglich ihrer eigenen Sexualität und der anderer haben.

Was machen also verbundene, zugewandte, nüchterne Eltern, wenn sie ihr Kind und einen Freund dabei erwischen, wie sie nackt zusammen »Doktor spielen«? Beruhigen Sie sich und achten Sie darauf, nichts zu sagen, was die Kinder beschämt. Sagen Sie ihnen nicht, dass sie »schmutzig« oder »schlecht« oder »beschämend« sind oder dass ihr Verhalten schockierend ist. Versuchen Sie, die Sache mit den Augen Ihres Kindes zu sehen, das vermutlich nur wissen wollte, wie die Genitalien anderer Kinder aussehen. Behandeln Sie die Situation sachlich, denn dies ist tatsächlich ein lehrreicher Moment, eine Möglichkeit, über die Unterschiede zwischen Mädchen und Jungs zu reden und ein paar Ideen über Privatsphäre und den Intimbereich loszuwerden.

Sexualität braucht Privatsphäre

Erklären Sie Kindern, dass der Intimbereich die Teile des Körpers sind, die normalerweise durch einen Badeanzug bedeckt werden. Sie können Ihrem Kind sagen, dass es normal ist, auf die Körper anderer neugierig zu sein, aber dass es nicht richtig ist, den Intimbereich anderer anzuschauen oder anzufassen. Ebenso ist es nicht richtig, wenn andere den Intimbereich Ihres Kindes anschauen oder anfassen. Das ist ein Schlüsselkonzept, das Kinder in frühem Alter lernen sollten, weil diese Grenzen zu verstehen nicht nur in ihrer Beziehung zu Gleichaltrigen wichtig ist, sondern auch, um sie vor sexueller Belästigung zu schützen. Hier ist der Aufbau einer vertrauensvollen Beziehung mit Ihrem Kind von der Babyzeit an und durch die Kindheit hinweg entscheidend. Die Zahl sexuell missbrauchter Kinder, oftmals durch Personen, die sie kennen, ist alarmierend hoch. Kinder, die ihren Eltern vertrauen, werden bereitwillig verstehen, dass es nicht gut ist, Geheimnisse vor Mama und Papa zu haben – es sei denn, es ist ein gutes Geheimnis, zum Beispiel ein Geburtstagsgeschenk. Sagen Sie Ihrem Kind, dass es Ihnen sagen muss, wenn jemand seinen Intimbereich angefasst hat. Wenn Kinder aus Erfahrung wissen, dass sie auf angenehme, nichtbedrohliche Art mit Mutter und Vater über ihren Intimbereich reden können, sind sie vermutlich besser fähig, sich gegen Menschen zu wehren, die sie verletzen können.

Privatsphäregrenzen innerhalb der Familie sind eine Möglichkeit, zu verstärken, was Sie Ihren Kindern über die Privatheit ihres Körpers beibringen. Verschiedene Familien haben verschiedene Grenzen, und viel davon hängt auch vom Alter der Kinder ab. Ihrem Kind beizubringen, an geschlossenen Schlafzimmer- oder Badezimmertüren anzuklopfen, ist eine Möglichkeit, ihnen verstehen zu helfen, dass man fragen muss, ehe man den privaten Bereich eines anderen Menschen betritt. Kindern die Kontrolle über ihren eigenen Körper zu erlauben stärkt ebenfalls ihr Konzept persönlicher Grenzen. Fragen Sie: »Kann ich dich umarmen?«, ehe Sie Ihre Arme um ein Kind schlingen, das sich ansonsten verpflichtet fühlen könnte. Zwingen Sie Kinder nicht, Verwandte und Freunde zu küssen oder zu umarmen. Kitzeln Sie ein Kind nicht oder toben Sie nicht weiter mit ihm, wenn es darum bittet, dass Sie aufhören.

Lassen Sie Ihr Kind wissen, wann Sie selbst berührt werden wollen und wann nicht. Wenn Sie am Abend auf dem Sofa sitzen, nach einem langen Tag voller Arbeit, Kinder abholen, Essensvorbereitung und Putzen, und Sie wirklich für ein paar Minuten Ihre Ruhe haben wollen, bringen Sie Ihrem Kind bei, das zu respektieren. Kinder mit drei und vier Jahren können lernen, das zu tun, vor allem, wenn Sie darauf vorbereitet sind, sie zu umarmen und mit ihnen zu spielen, nachdem Sie ein wenig Ruhe und Frieden hatten.

ELTERN-TIPP:

Es ist sicher, es zu sagen!
Kinder haben oft Angst, ihren Eltern etwas über sexuelle Themen zu sagen, wenn jemand sie berührt (oder belästigt) hat, weil sie die Reaktion ihrer Eltern fürchten. Wir gingen proaktiv vor, indem wir unseren Kindern versicherten, dass wir niemals böse mit ihnen werden würden, solange sie Probleme uns gegenüber ehrlich zugeben würden, egal, wie schlimm die Situation auch ausschauen mochte.

Wo kommen die Babys her?
Wann halten Sie für Ihre Kinder die große Ansprache über Babys, die in Mamas Bauch wachsen und (schluck!) wie Papas dabei helfen, dass Babys anfangen zu wachsen? Achten Sie auf die Signale Ihres Kindes. Beantworten Sie Fragen, wenn sie auftauchen. Kluge Eltern geben diese Informationen nicht alle auf einmal an ihr Kind weiter, genauso wie sie nicht erwarten, dass ihre Kinder das Konzept von Zeit, Erdanziehungskraft oder wie sich die Erde um sich selbst dreht nach einem einzigen Gespräch verstehen. Schauen Sie nach lehrreichen Momenten: »Wusstest du, dass Colins Mama ein Baby in ihrem Bauch hat? Da ist ein besonderer Ort namens Gebärmutter.« Vorschulkinder sind normalerweise interessiert an kurzen Antworten. Ältere Kinder haben vielleicht Folgefragen. Wenn Sie wollen, dass Ihr Kind Ihnen vertraut und zu Ihnen kommt, wenn es als Teenager Informationen über Sex und Beziehungen haben möchte, beginnen Sie dieses Gespräch in der frühen Kindheit. Versetzen Sie sich in Ihr Kind hinein und stellen Sie sich vor, was es braucht oder wissen möchte. Kinder mit neun oder zehn Jahren, vor allem Mädchen, müssen etwas über die Veränderungen ihres Körpers wissen, die mit der Pubertät einhergehen. Kinder, die Nachrichten über AIDS oder Homosexualität hören, müssen vielleicht diese Themen in altersgemäßer Sprache erklärt bekommen. Of-

fene Diskussionen über Sexualität und sexuelles Verhalten sind in jedem Alter wichtig, sodass Ihr Kind versteht, dass Gespräche über Sexualität nicht »schlecht« sind, und dass es Ihnen vertrauen kann, seine Gefühle zu verstehen und ihm die Information zu geben, die es sucht.

Gesunde Geschlechtsidentität fördern

Die Ansichten darüber, was es heißt, männlich oder weiblich zu sein, haben sich im letzten halben Jahrhundert ziemlich deutlich geändert. Nichtsdestotrotz bestehen immer noch Stereotypen über kleine Mädchen und kleine Jungs, die von den Werbeleuten gefüttert werden, die den riesigen Markt und die Kaufkraft von Kindern, älteren Kindern und Teenagern erfassen wollen. In einer Welt, in der Eltern und Lehrer Kindern sagen, dass Mädchen auch Rechtsanwälte und Feuerwehrleute werden können, und dass Jungs lernen können, genauso sensibel und fürsorglich wie stark und unnachgiebig zu sein, ist es herausfordernd für Kinder, herauszufinden, welche Art von Frau oder Mann sie sein wollen.

In den 1960er und 1970er Jahren argumentierten Sozialwissenschaftler und Menschen, die sich in der Frauenbewegung stark machten, dass Unterschiede in der Art, wie sich männliche und weibliche Personen verhalten, gelernt wurden. Die Kultur schrieb vor, dass Jungs grob und taff sind, und dass Mädchen weich und süß sind, und Kinder passen sich diesem Verhalten an, basierend auf den Botschaften, die sie von Eltern und Lehrern, den Medien und anderen Einflüssen aus der Umwelt erhalten. Das Problem damit ist, dass Mädchen oftmals in dem Glauben aufwuchsen, dass sie auf nahezu jedem Gebiet außer der Erziehung von Kindern, der Krankenpflege und der Hausarbeit zu weniger fähig seien als Jungs. Und von Jungs wurde erwartet, taff zu sein und niemals zu jammern oder zu weinen.

Die Einstellungen haben sich geändert, und Mädchen machen jetzt in der Grundschule und der weiterführenden Schule jede Sportart mit, sie wachsen auf und werden Geschäftsführerinnen und Ärztinnen, und Eltern legen großen Wert darauf, ihren Töchtern beizubringen, durchsetzungsfähig und unabhängig zu sein. In der Theorie haben sich auch die Erwartungen an Jungs verändert und erlauben es ihnen nun, ihre fürsorgliche, mitfühlende Seite zu zeigen und mehr Gewicht auf die Familie zu legen als auf ihre Karriere. Die Realität ist, dass Frauen in der Geschäftswelt immer noch an unsichtbare Barrieren stoßen, sie werden eher Kinderärztinnen als Chirurginnen, und Unternehmen, die allen Mitarbeitern Elternzeit anbieten, merken, dass es von Männern selten genutzt wird, mehrere Monate Auszeit zu nehmen, um sich um ein neues Familienmitglied oder einen pflegebedürftigen Angehörigen zu kümmern. Mädchen und junge Frauen steigern sich immer noch in ihr Aussehen und ihre Körper hinein, ermutigt durch unmöglich dünne und schöne Models in Fernsehen und der Werbung. Jungs definieren Männlichkeit vielleicht mehr als je zuvor durch Macht, und viele unterdrücken immer noch ihre Gefühle, abgesehen von Ärger.

Die Forschung fängt an aufzudecken, dass die Gehirne von Frauen und Männern unterschiedlich arbeiten. Unsere traditionellen Erwartungen an Jungs und Mädchen lagen vielleicht in der Biologie verwurzelt. Mädchen sind oft geschickter bei Aufgaben, bei denen es um Sprache und Interpretation sozialer Zeichen und Gefühle geht. Jungs tun sich leichter mit räumlichem Denken und mathematischen Fertigkeiten. Sie sind für gewöhnlich sportlicher und aggressiver.

Klar, sowohl die Natur als auch die Erziehung arbeiten, wenn Kinder lernen, was es bedeutet, männlich oder weiblich zu sein. Es gibt große Variationen im Verhalten innerhalb eines Geschlechts. Jungs können genauso erfinderisch Vater-Mutter-Kind spielen wie Mädchen. Mädchen können komplexe Gebilde aus Bausteinen bauen oder im Sport sehr geschickt werden. Eltern müssen ihr Kind in seinen oder ihren individuellen Interessen ermutigen, sodass das Kind sich zu der besten Person entwickeln kann, die es sein kann. Wenn das bedeutet, dass Ihre Tochter sich für Ballett entscheidet und Ihr Sohn für Baseball, gut. Wenn Sie herausfinden, dass Ihre Tochter die Sportlerin in der Familie ist, ermutigen

Sie sie. Wenn Ihr Sohn Malen und Zeichnen dem Hockey- oder Basketballspiel vorzieht, dann besorgen Sie ihm die Materialien und Kurse, die er braucht, um hervorragend zu werden. Allem voran seien Sie sensibel für die gesamte Bandbreite an Gefühlen und Ambitionen, die Ihr Kind ausdrücken kann. Spielen Sie nicht den Wunsch eines Mädchens herunter, als Präsidentin einer Studentenvereinigung zu kandidieren oder einen traditionell männlichen Beruf zu lernen. Seien Sie offen, wenn Ihr Sohn Verlust und Frustration ausdrückt, genauso wie Ärger und Triumph.

Der Tipp einer Tochter für Väter:

Eines Tages, als ich Material für eine Rede vor einer Gruppe neuer Väter vorbereitete, fragte ich unsere 22-jährige Tochter Hayden, ob sie irgendwelche Tipps für mich hätte, die ich diesen Männern dafür geben könnte, ihre Töchter zu erziehen. Sie riet mir: »Sag ihnen, sie sollen sich wie der Mann verhalten, den sie ihre Tochter heiraten lassen möchten.«

Eine gute Partnerschaft vorleben

Eltern sind eine erste Informationsquelle für Geschlechterrollen für ihre Kinder. Ihr eigenes Verhalten einander gegenüber und Kindern des gleichen und des anderen Geschlechts gegenüber sendet wichtige Botschaften darüber, was es bedeutet, männlich und weiblich zu sein. Es ist zum Beispiel wichtig, dass Kinder lernen, dass Mama und auch Papa sowohl faire Disziplinierer als auch liebevolle Betreuer sind. Kinder brauchen den Beitrag beider Eltern zu Beziehungen, Sport, Karriere und Schule. Sie müssen auch sehen, dass Mutter und Vater einander respektieren – dass jeder von ihnen einzigartige Talente hat, manche vielleicht, weil sie ein Mann oder eine Frau sind, manche aus sich selbst heraus.

Die Beziehung zwischen Mutter und Vater zeigt Kindern, wie Erwachsene sich umeinander kümmern. Es ist absolut angemessen, dass Kinder sehen, wie sich Mama und Papa umarmen und küssen, so wie auch andere Gesten der Zuneigung. Genauso wichtig ist es, dass Mutter und Vater einander mit Empathie und Freundlichkeit behandeln. Eines Tages war unsere Achtjährige, Erin, unverschämt Martha gegenüber. Ich nahm sie beiseite und sagte: »Erin, ich dulde nicht, dass du so mit der Frau redest, die ich liebe.« Zehn Jahre später erinnerte sich Erin immer noch an diese Lektion, und ich hatte bei meiner Frau Punkte gesammelt. Es ist nicht angemessen für ein Elternteil, das andere Elternteil in Gegenwart eines Kindes schlechtzumachen. Das führt nicht nur eine schlechte Einstellung zu Geschlechterrollen vor (Frauen sind »unlogisch« oder Männer sind »faul«). Es zeigt Kindern auch, dass sich über andere zu beschweren, andere zu beschuldigen und verbal zu missbrauchen in Ordnung ist. Wenn Sie nicht wollen, dass Ihre Kinder andere außerhalb Ihres Zuhauses respektlos behandeln, achten Sie darauf, wie Sie mit Ihrem Partner oder Ihrer Partnerin reden.

Erinnern Sie sich immer daran, dass Sie den zukünftigen Partner oder die zukünftige Partnerin von jemandem erziehen. Ihre Partnerschaft ist ein Modell dafür, wie die Partnerschaft Ihrer Kinder sein wird. Auch wenn keine Partnerschaft perfekt ist, wollen Sie, dass Ihre Kinder die Schlüsselwerte aus der Beziehung zu Ihrem Partner lernen – respektvolle Möglichkeiten der Interaktion, Hilfsbereitschaft, die Anwesenheit des anderen zu genießen und Zufriedenheit in der Rolle als Partner und Eltern.

Meine Schwiegermutter hat mir oft erzählt, dass sie ihrem Sohn (meinem jetzigen Mann) oft sagte: »Es tut mir leid für die Frau, die dich heiratet«. Und sie hatte guten Grund, das zu sagen. Indem sie alles für ihn getan hat, hat sie meinem Mann und seinem Bruder beigebracht, nahezu hilflos zu sein. Ich bin entschlossen, dass, wenn meine Söhne sich entscheiden, wen sie heiraten wollen, meine Reaktion sein wird: »Was für ein glückliches Mädchen!«, weil ich sie darauf vorbereitet habe, sensible und hilfsbereite Ehemänner zu sein.

Sexualität bei Teenagern

Wenn Kinder die Pubertät erreichen, treten Fragen zu Sexualität und sexueller Identität in den Vordergrund. Ihre Körper reifen heran und sie werden fortpflanzungsfähig, lange bevor sie emotional bereit sind, Ehemänner, Ehefrauen und Eltern zu werden. Freundschaften mit Gleichaltrigen werden sehr wichtig, und der Einfluss der Eltern scheint in den Hintergrund zu rücken.

Wenn Teenager sich mehr Unabhängigkeit wünschen, müssen Eltern die Zügel lockerer lassen, aber es ist wichtig, in das Leben Ihres Teenagers eingebunden zu bleiben. Treffen Sie seine Freunde, bieten Sie sich freiwillig als Fahrer an, wenn sie eine Fahrgelegenheit brauchen, und heißen Sie andere Kinder in Ihrem Zuhause willkommen. Erkennen Sie an, dass Ihr Teenager sexuelle Gefühle und Bedürfnisse hat, und reden Sie darüber. Kinder sind überall Sex und Sexualität ausgesetzt – auf Werbetafeln für Zigaretten und Bier, im Fernsehen und im Kino, in der Musik, die sie hören, und in den Leben der Berühmtheiten, zu denen sie aufschauen. Helfen Sie ihnen dabei, den Unterschied zu sehen zwischen den Werten, die Sie ihnen immer beigebracht haben, und denen der Kultur um sie herum.

Am meisten helfen Sie Teenagern, sich selbst zu verstehen. Das Vertrauen und die Fürsorge, die Sie Ihrem Kind in den Jahren vor der Pubertät gezeigt haben, sollten es sensibler machen, seinen eigenen Gefühlen und Reaktionen und den Gefühlen anderer gegenüber. Wenn es sich nach Intimität und Beziehung sehnt, helfen Sie ihm, zu erkennen, dass es diese Bedürfnisse eher mit engen Freundschaften als mit sexueller Aktivität erfüllen kann. Helfen Sie Teenagern, sich auf die langfristigen Ziele im Leben zu konzentrieren – College, eine gute Ausbildung, die Karriere, feste Freundschaften und schließlich Heirat, Sex und Kinder. Bleiben Sie Ihrem Kind nahe. (Teenager sind wirklich faszinierende Menschen.) Schütteln Sie nicht nur Ihren Kopf und geben Sie auf.

Kinder sagen: *Eine Sache, bei der ich froh bin, dass meine Eltern sie nie gemacht haben, ist, mir freie Hand zu lassen, was meine Freunde in der Highschool anging. Damals dachte ich, sie seien so unfair, aber tatsächlich waren sie einfach gute Eltern und ließen einfach den Hormonen keine Gelegenheit, unkontrolliert zu toben. (Maria, 17 Jahre)*

Sexualität ist ein wichtiger Teil des Lebens. Hauptsächlich wollen Sie Ihrem Kind die Botschaft übermitteln, dass es großartig ist, ein Mann zu sein, und dass es großartig ist, eine Frau zu sein. Keines der Geschlechter ist besser oder schlechter, und Sexualität führt zu glücklichen, erfüllten Partnerschaften. Gehen Sie dieses Thema mit der gleichen Fürsorge und Offenheit an, die Sie aufbringen, um Ihrem Kind Empathie oder Verantwortlichkeit nahezubringen, und Sie werden Ihrem Kind eine weitere Möglichkeit für Erfolg mit auf den Weg geben.

16 Wie man den Einfluss von Medien und Technologie überwacht

Es ist wahrscheinlich, dass das Durchschnittskind jeden Tag mehr Zeit vor einem Bildschirm verbringt als mit seinen Eltern, wer hat also den wichtigeren Einfluss? Ob Bildschirme (Fernsehen, Filme, Videospiele etc.) zum Erfolg eines Kindes beitragen oder ihn gefährden, hängt davon ab, wie angemessen Eltern und Lehrer diese elektronischen Einflüsse überwachen. Hier sind unsere Sorgen, zusammen mit praktischen Wegen für Eltern, die Medien zu überwachen.

Den Fernseher zähmen: Warum und wie

Würden Sie einen Fremden auf Ihr Kind aufpassen lassen? Würden Sie Ihrem Kind erlauben, mit Gleichaltrigen herumzuhängen, die Werte befürworten, die denen, die Sie Ihrem Kind vermitteln, entgegenstehen? Das ist es, was passiert, wenn Sie das Fernsehen unüberwacht in Ihr Zuhause lassen.

Betrachten Sie diese beunruhigenden Statistiken
Nach Daten von Nielsen sieht das durchschnittliche amerikanische Kind 21 bis 23 Stunden pro Woche fern, also ungefähr drei bis dreieinhalb Stunden am Tag. Ein anderer Report zeigt, dass, wenn man Computer, Videospiele und Filme zu der Fernsehzeit hinzuzählt, Kinder bis zu 40 Stunden pro Woche vor den Bildschirmen sitzen, genauso viel wie eine Vollzeitstelle. Berichten zufolge haben Kinder, wenn sie die weiterführende Schule verlassen, etwa 11.000 Stunden im Klassenzimmer verbracht, verglichen mit 20.000 Stunden vor allen möglichen Bildschirmen: Fernseher, Videos, Filme, Videospiele, das Internet.

Denken Sie über diese beunruhigenden Forschungen nach

In der Ausgabe vom Januar 2000 des *Journal of the Archives of Pediatrics and Adolescent Medicine* berichten Forscher der Stanford-Universität, dass eine Verringerung der Zeit, in der Kinder fernsehen und Videospiele spielen, zu einer Abnahme aggressiven Verhaltens führt. Dritt- und Viertklässler in einer Schule wurden ermutigt, ihre normale Fernseh- und Videospielzeit einzuschränken, während Dritt- und Viertklässler einer anderen Schule weiter so viel schauten wie bisher. Sieben Monate später verglichen die Forscher die beiden Gruppen und fanden heraus, dass Schüler, die ihre Fernseh- und Videospielgewohnheiten eingeschränkt hatten, Gleichaltrigen gegenüber weniger aggressiv waren.

Im Juli 2000 trafen sich die Führer von Organisationen wie der American Academy of Pediatrics, der American Psychological Association, der American Academy of Adolescent Psychology und der American Medical Association mit öffentlichen Gesundheitsvertretern in Washington, D.C., um dreißig Jahre Forschung zu den Auswirkungen von Medien zu besprechen. Sie schlussfolgerten, dass es bei Kindern zu einem Anstieg an aggressiven Einstellungen, Werten und Verhaltensweisen kommen kann, wenn diese Kinder gewalttätige Szenen anschauen. Gewalt in den Medien zu sehen, führt eher dazu, dass Kinder Gewalt als eine effektive Art ansehen, Konflikte zu lösen. Kinder, die gewalttätigen Programmen ausgesetzt sind, haben auch eine stärkere Tendenz zu gewalttätigem Verhalten. Eine andere Erkenntnis – und das ist unsere größte Sorge – ist, dass Gewalt in den Medien dazu führen kann, dass Kinder gegenüber Gewalt im echten Leben emotional desensibilisiert werden. Forscher schätzen, dass Kinder im Alter von 16 Jahren 200.000 gewalttätige Taten auf Bildschirmen gesehen haben, darunter 40.000 Ermordungen. Aufgrund der Sorge über den wachsenden Einfluss der Technologie auf die Entwicklung von Kindern rät die American Academy of Pediatrics dazu, dass Ärzte während Schuluntersuchungen eine »Mediengeschichte« erheben.

Diese verstörenden Statistiken sind kein Rezept für Erfolg. Es wurde auch berichtet, dass schulisch erfolgreiche Kinder deutlich weniger Zeit vor einem Bildschirm verbringen. Betrachten Sie die folgenden potentiell schädlichen Auswirkungen auf die emotionale und körperliche Gesundheit heranwachsender Kinder:

Vermittelt Kindern eine verzerrte Erwartung an das wirkliche Leben
Erinnern Sie sich daran, ein Weg, Ihrem Kind dabei zu helfen, im Leben erfolgreich zu sein, ist es, ihm eine gesunde Erwartung davon mitzugeben, was die Norm ist und was wichtig ist. Bildschirme machen das Gegenteil. Das Fernsehen betont das Unnormale. Kinder, die sehr viel fernsehen, haben einen verzerrten Sinn für die Realität. Sie können glauben, dass die Welt ein gemeinerer und angsteinflößenderer Ort ist, als sie tatsächlich ist. Kinder, die jünger sind als acht Jahre, haben nicht die geistige Fähigkeit, Phantasie und Realität zu trennen, vor allem wenn die erfundene Geschichte im Fernsehen so dargestellt wird, als sei sie das wirkliche Leben.

Viele der Programme im Fernsehen, einschließlich der Nachrichten und der Reality-Shows, nähren die Erwartung, dass die Welt ein gewalttätiger und gemeiner Ort ist. Diese Sichtweise ist nicht der Weg zu Glück und Zufriedenheit als Erwachsener. Kinder müssen, um emotional gesund aufzuwachsen, lernen, dass das Leben zum größten Teil friedlich ist, und dass glücklich zu sein nicht ständige Stimulation und viele materielle Güter voraussetzt. Dieser Glaube steht im Gegensatz zu den Werten, die durch schnelle Actionfilme gefördert werden, die Kinder an den Bildschirm fesseln, und durch Sitcoms, die familiäre Beziehungen bagatellisieren.

Schnelle Autos, biertrinkende Muskelpakete und zuckerüberzogenes, fettiges Essen, das von dünnen, glücklichen Menschen gegessen wird, drohen, die Auffassung von Kindern darüber zu zerstören, was gut und »cool« ist. Das Fernsehen präsentiert auch falsche Vorbilder davon, wie Männer und Frauen in Beziehung miteinander sein sollten. Väter werden als linkisch und schwächlich dargestellt, und Mütter werden porträtiert, als würden sie nichts anderes tun, als sich um die Kinder zu kümmern.

Fördert geistiges Abschalten

Beobachten Sie einen Fünfjährigen, wie er »geistesabwesend« vor einem Fernsehprogramm sitzt. Das Gehirn des Kindes wird ein passiver Empfänger dessen, was auch immer auf dem Bildschirm ist. Wenigstens sind die meisten Video- und Computerspiele interaktiv. Augenärzte sind ebenfalls besorgt über die Auswirkungen auf die gesunde Entwicklung des Sehvermögens. Ein Fernsehbildschirm ist nur zweidimensional, daher haben eifrige Fernsehschauer nicht ausreichend Gelegenheit, eine dreidimensionale Tiefenwahrnehmung zu entwickeln. Augenärzte sind besorgt, dass exzessives Fernsehen die Entwicklung guter Augenmechanik einschränken kann. Während sie fernsehen, neigen Kinder dazu, einen Punkt für lange Zeit zu fixieren, was sie daran hindert, die Augen beim Lesen von links nach rechts zu bewegen. Exzessives Fernsehen, fürchten Augenärzte, kann die normale Verknüpfung des Sehsystems behindern.

Nicht nur die Entwicklung des Sehvermögens ist eine Sorge; auch das Hören ist es. Fernsehen ist mehr ein visuelles als ein auditives Medium. Sie müssen nicht gut zuhören, um den meisten Fernsehprogrammen zu folgen. Sprachpathologen sind besonders besorgt über die Auswirkungen, die das Fernsehen darauf hat, wie Kinder Sprache lernen. Eines der Kommunikationswerkzeuge für Erfolg, das wir im gesamten Buch immer wieder darstellen, ist aktives Zuhören, was zu ideenreichem Zuhören wird. Kinder müssen es üben, dem Sprecher Aufmerksamkeit zu schenken und dann ihre eigenen geistigen Bilder zu dem zu formen, was sie hören. Wenn Kinder mit Fernsehbildern bombardiert werden, kann ihre eigene Fähigkeit, phantasievolle Bilder zu formen, beeinträchtigt werden.

Fördert Fettleibigkeit

Studien deuten darauf hin, dass Fettleibigkeit in der Jugend in direktem Zusammenhang mit der Zeit steht, die vor dem Fernseher verbracht wird. Fernsehen kann auf drei Arten zu Fettleibigkeit beitragen: Der Stoffwechsel der Kinder wird langsamer, wenn sie vor dem Fernseher sitzen, daher verbrennen sie weniger Kalorien. Zweitens neigen sie dazu, gedankenlos

Junkfood in sich reinzustopfen, während sie fernsehen, damit nehmen sie unnötige Kalorien auf. Wenn sie sich auf den Fernseher konzentrieren, blenden Kinder die Körpersignale für die Hungerkontrolle aus. Kinder können eine ganze Tüte Chips in sich reinstopfen, ohne es zu merken. Drittens ist die Werbung im Fernsehen voll mit ungesunden Botschaften zum Thema Essen.

Der größte Anteil von Werbung für Essen während des Kinderprogramms ist für Produkte mit geringem Ernährungswert, wie stark zuckerhaltige und fetthaltige Snacks. Diese Werbung zahlt sich aus; daher geben die Werbungsmacher das Geld aus. Kinder, die dieser Essenswerbung ausgesetzt sind, wählen häufiger Junkfood.

Folgendes haben wir in unserem Zuhause getan, um die Fernseh-Fettleibigkeit-Verbindung zu durchtrennen. Wir haben Übungsgeräte in den Fernsehraum gestellt (ein Minitrampolin, einen Heimtrainer und Springseile), um die Kinder zu ermutigen, sich zu bewegen, während sie fernsehen. Wir erlauben keine Snacks, sondern nur frisches Obst und Gemüse während des Fernsehens. Schließlich lassen wir die Fernsehwerbung nicht unsere Auswahl im Supermarkt bestimmen. Stattdessen nutzen wir Junkfood als Gelegenheit, mit unseren Kindern darüber zu reden, warum dieses Essen kein »gutes Essen für Wachstum« ist.

Verursacht Schlafprobleme

Studien zeigen, dass Kinder, die zum Fernsehen lange aufbleiben, eher unter Schlafstörungen leiden, was am nächsten Tag in schlechten Leistungen in der Schule und unaufmerksamem Verhalten resultieren kann. Gewalttätige Programme können ebenfalls zu Schlafschwierigkeiten beitragen. In meiner Kinderarztpraxis merke ich häufig, dass angsteinflößende Fernsehprogramme ein Grund für Alpträume bei Kindern sind.

Fördert eine kurze Aufmerksamkeitsspanne

Aufmerksamkeitsprobleme werden zu einer Epidemie unter Schulkindern. Sehen sie sich nur die langen Schlangen vor dem Büro der Schulkrankenschwester an, wenn Kinder mit ADHS (Aufmerksamkeits-Defizit-Hyperaktivitäts-Syndrom) ihre »Konzentrationspillen« abholen. Bildschirme verlangen nur kurze Aufmerksamkeitsspannen, genau das Gegenteil von dem, was für Lesen, Lernen und Zuhören im Klassenzimmer notwendig ist. Studien sowohl von Kinder- als auch von Erwachsenengehirnmustern während des Fernsehens bestätigen, dass die Gehirnaktivität sich von Beta- (Alarm und Aufmerksamkeit fördernde Gehirnwellen) zu Alphawellen ändert. Alphawellen sind die Art von Gehirnaktivität, die man bei jemanden findet, der gelangweilt ist oder gerade einschläft. Eines der erfolgversprechendsten Forschungsgebiete, das Kindern mit Aufmerksamkeitsstörungen hilft, ist das Neurofeedback, eine Therapie, die Kindern hilft, ihre Gehirnwellen in genau die andere Richtung zu fokussieren, als es das Fernsehen tut. Gibt es eine Verbindung zwischen zu viel Bildschirmzeit und der Epidemie von Aufmerksamkeitsproblemen? Wir glauben, da könnte es eine geben.

Fördert ungesunde sexuelle Einstellungen

Forschungen zeigen, dass der durchschnittliche junge Fernsehzuschauer mehr als 14.000 unpassende sexuelle Referenzen pro Jahr ausgesetzt ist. Die Charaktere, Geschichten und sogar die Kostüme fördern oft sexuelle Werte, die sich von denen unterscheiden, die Eltern ihre Kinder lernen lassen möchten.

Desensibilisiert die Jugend

Als Vater von acht Kindern und Kinderarzt seit 30 Jahren bin ich am meisten besorgt darüber, wie die elektronischen Medien die Jugend desensibilisieren. Erinnern Sie sich daran: Sensibilität und Empathie sind die Schlüssel zu gesunden Beziehungen und Erfolg. Zeichentricksendungen desensibilisieren Kinder gegen Gewalt. Genauso machen es Videospiele. Werbung für Spielzeuge ist voller Geschlechterstereotypen. Sitcoms, die für Erwachsene gedacht sind, schlagen vor, dass Erwachsene als Teil des Sich-Kennenlernens miteinander ins Bett gehen. Einmal kam ich

Schlechte Eindrücke

In diesem Buch haben wir Vorbilder als einen der ersten Einflüsse auf den Erfolg eines Kindes betont. Eine unglückliche Tatsache des psychologischen Lebens ist, dass negatives Verhalten (z. B. Ärger oder Gewalt) für ein Kind leichter zu kopieren ist, und sowohl die Forschung als auch die Erfahrung haben gezeigt, dass Kinder eher dazu neigen, sich an schlechte Beispiele zu erinnern als an gute. Positives Verhalten (z. B. Humor und Nettigkeit) sind schwieriger zu imitieren, weil sie mehr Kreativität erfordern. Eltern sollten nicht in ein falsches Gefühl von Sicherheit eingelullt werden, weil ihr Kind »nur ein paar Morde« im Fernsehen sieht oder »nur in ein paar gewalttätigen Filmen« war. Sättigen Sie den Geist Ihres Kindes mit Beispielen gesunden Verhaltens in den Medien, sodass es weniger Raum für schlechte gibt.

an einer Videospielhalle vorbei und entschloss mich, hineinzugehen und zuzuschauen. Zwei ältere Kinder spielten ein Videospiel mit zwei Snowboardern, die einen Berg hinunterrasten. Klingt harmlos? Die Snowboarder fingen an, sich gegenseitig zu schlagen. Was für eine Art Sportsgeist ist das? Auf dem nächsten Bildschirm pulverisierten sich Charaktere gegenseitig. Dann kamen Schwertkämpfe und verschiedene Shooterspiele. Das machen ältere Kinder zum Spaß? Machen Sie mal folgenden Test. Das nächste Mal, wenn Sie sehen, dass Ihr Kind Gewalt im Fernsehen sieht oder ein gewalttätiges Videospiel spielt, fragen Sie es: »Stört dich das?« Wenn die Antwort nein ist, nehmen Sie das als rote Karte. Schlägereien und Schießereien *sollten* Kinder stören, es sei denn natürlich, sie sind so desensibilisiert, dass sie sie nicht einmal bemerken.

Wie dieser Desensibilisierungsprozess geschieht, erklärt sehr gut die klassische Analogie des Froschs in kochendem Wasser. Wenn man einen Frosch in kochendes Wasser wirft, springt er sofort heraus, um sein Leben zu retten. Aber wenn man einen Frosch in warmes Wasser setzt und es langsam zum Kochen bringt, springt er nicht heraus. Die Veränderung geschieht so langsam, dass die Frösche sich an die neue Umgebung anpassen und nicht versuchen zu fliehen. Das ist genau das, was passiert, wenn Kinder gegenüber Gewalt desensibilisiert werden. Sie realisieren nicht, was passiert, bis es zu spät ist.

Fernsehen und Vorschulkinder

Kleine Augen und Seelen können noch nicht zwischen Phantasie und Realität unterscheiden. Eltern und andere Betreuer müssen besonders sorgsam auswählen, welchen Medieneinflüssen Vorschüler ausgesetzt sind.

Seien Sie vorsichtig mit Zeichentrick

Vorschulkinder von zwei bis fünf verbringen durchschnittlich 1,5 Stunden pro Tag damit, Fernsehsendungen oder Videos zu schauen. Sie haben oft keinen Betreuer neben sich, der mit ihnen über das redet, was in der Geschichte passiert, wenn es eine Schießerei, eine Schlägerei oder andere Gewalt gibt. Sie müssen diese Informationen alleine verarbeiten. Angsteinflößende Dinge geschehen in Zeichentrickfilmen. Schauen Sie sich den Tod des Vaters Mufasa in *König der Löwen* an. Realistischerweise sollte jeder Zeichentrickfilm eine Einstufung in PG bekommen, was »parental guided = unter Begleitung der Eltern« bedeutet.

Kein Fernsehen für Knirpse unter zwei?

Im Jahr 1999 gab die American Academy of Pediatrics eine strittige Erklärung ab, die sagte, dass kein Kind unter zwei Jahren fernsehen sollte. Vor allem, weil Kinder oft vor den »elektronischen Babysitter« gesetzt werden, ohne einen Betreuer als Aufsicht, Erklärer oder um ungesunde Botschaften auszusortieren. Die AAP war auch besorgt, dass Fernsehen zu passiv ist und Kleinkinder davon abhält, gesündere Aktivitäten zu genießen, die wichtig für ihre Entwicklung sind. Der großartige Architekt Frank Lloyd

Wright schreibt sehr viel von seinem Bau-Genie seinem frühen Spiel mit Bausteinen zu. Vorschüler lernen mehr durch Knete als durch das Drücken von Knöpfen.

Es ist ungesunde Zeit des Stillsitzens
Ja, Kinder in jedem Alter brauchen Zeit zum Erholen, aber es gibt bessere Möglichkeiten, als vor dem Fernseher dahinzuvegetieren. Tatsächlich sind die sich schnell verändernden Bilder auf einem Fernsehbildschirm eher dazu geeignet, den Geist eines Kindes aufzudrehen statt zu entspannen. Während eine nicht-gewalttätige, lustige Sendung für Erwachsene und Kinder eine gemeinsame Entspannung sein kann, ist Fernsehen grundsätzlich zu schnell für ein Kleinkind. Es ist besser, bei den Umarmungen eines Betreuers und bei Schlafliedern und dem Schaukelstuhl zu bleiben.

Wie Eltern den Fernseher überwachen können

Bedeutet all das, dass Sie Ihren Kindern einfach nicht erlauben sollten, fernzusehen, im Netz zu surfen oder Videospiele zu spielen? Nein, aber Sie müssen Ihren Kindern beibringen, klug fernzusehen, und Sie müssen überwachen, was und wie sie fernsehen. Hier sind einige Wege, den Fernseher in ein harmloses Haushaltsmitglied zu verwandeln, und manchmal in einen gesunden Einfluss.

Sagen Sie einfach nein!
Es gibt Zeiten, in denen Sie einfach Ihren Willen durchsetzen müssen. Auch wenn die Kinder darauf bestehen, dass sie den Unterschied zwischen Phantasie und Realität im Fernsehen kennen, ist die Grenze weniger definiert als sie denken. Wenn sie sagen: »Oh Papa, es stört mich nicht«, antworten Sie: »Woher weißt du das?« oder »Es sollte dich aber stören.« Einmal, als ich den achtjährigen Matthew einen Zeichentrickfilm sehen sah, der jeden Wert, den wir ihm beibringen wollten, mit Füßen

trat, sagte ich: »Matthew, dieser Kram verseucht deinen Geist. Weißt du, was verseuchen bedeutet?« Er antwortete: »Schlechte Sachen in etwas machen?« Er hatte die Botschaft verstanden. Wenn die Werte, die Ihr Kind im Fernsehen aufnimmt, diejenigen bedroht, die Sie beizubringen versuchen, beziehen Sie Stellung. Erlauben Sie nicht, dass diese Programme geschaut werden. Sagen Sie Ihrem Kind: »Weil ich dich liebe und mich darum kümmere, zu welcher Art Person du heranwachsen wirst, kann ich dich nicht deinen Geist verseuchen lassen, indem du dieses Programm schaust.« Kinder werden das verstehen und Sie dafür respektieren. Das ist wieder eine dieser Zeiten, in denen es hilfreich ist, mit »In unserer Familie ...« anzufangen.

Schauen Sie förderliche Unterhaltung

Es gab einmal förderliche Unterhaltung für Familien, aber dank Special Effects, Stuntdoubles und Hollywoods Weg, in Actionfilmen noch eins draufzusetzen, langweilt das, was einmal als förderlich angesehen wurde, Kinder heutzutage. Manche Programme, die als entspannende Flucht aus der Wirklichkeit vermarktet werden, können Kinder sogar aufregen und fördern eher Chaos statt Ruhe. Wenn Ihr Kind bereits süchtig nach Filmen und Videos ist, die mit Schießereien und schnellen Spezialeffekten überladen sind, müssen Sie Ihr Kind vielleicht neu programmieren. Versuchen Sie es mit Familien-Filmnächten, für die Sie einige alte Klassiker wie *Susi und Strolch* oder *Wilbur und Charlotte* ausleihen und sie zusammen anschauen. Oder noch besser, versuchen Sie, sich als Familie gemeinsam vorzulesen. Robert Louis Stevensons *Entführt. Die Abenteuer des David Balfour* zum Beispiel, oder die Harry Potter-Bücher, haben viel Action, aber der Leser oder Zuhörer muss die Bilder in seinem eigenen Kopf entstehen lassen.

Schauen Sie heimlich das Programm vor

Wenn Ihr Kind darauf besteht, ein Video oder ein Fernsehprogramm anzuschauen, von dem Sie denken, dass es unpassend ist, lassen Sie es Ihre

Familienregel wissen: Dass Sie jedes fragliche Programm vorher schauen müssen. Normalerweise wissen Sie innerhalb der ersten zehn Minuten, ob das Programm von Ihnen abgesegnet werden kann. Schauen Sie auch auf diesen Webseiten nach der Bewertung des Programms: www.kids-in-mind.com und www.screenit.com.

Merken Sie, wie das Programm Sie selbst beeinflusst

Wenn Sie nicht den ganzen Film oder das ganze Programm vorher sehen, stellen sie sicher, es gemeinsam mit Ihrem Kind zu schauen. Wenn das Programm Sie stört, gehen Sie davon aus, dass es auch Ihr Kind stört (oder stören sollte). Reden Sie darüber, was vor sich geht und warum es unangenehm ist. Nutzen Sie Ihre eigenen Gefühle als Barometer und wählen Sie das Familienprogramm danach aus. Fragen Sie sich selbst: »Würde ich wollen, dass mein Kind diese Charaktere nachahmt?« Wenn Ihre Antwort nein ist, schalten sie ab oder schauen Sie zumindest gemeinsam mit Ihrem Kind und reden Sie über das, was Sie sehen.

Überprüfen Sie auch das Fernsehen bei Ihren Nachbarn

Sie haben sehr viel Kontrolle über das, was Ihre Kinder in Ihrem Zuhause sehen, aber es ist schwieriger zu überwachen, was sie im Haus eines Freundes die Straße runter schauen. Wenn Sie nicht wissen, dass ähnlich denkende Eltern in dem Haus leben, stellen Sie die Regel auf, dass Ihr Kind nicht fernsehen darf, ehe Sie nicht mit den Eltern des Freundes geredet haben. Wenn Sie nicht zu Hause sind, sollte der Sie vertretende Betreuer die Fernsehregeln der Familie durchsetzen. Ehe Sie weggehen, sagen Sie ihm – in Anwesenheit der Kinder – welche Fernsehprogramme oder Videos angeschaut werden dürfen, während Sie weg sind.

Verbannen Sie Fernseher aus den Schlafzimmern

Eltern, die Kindern erlauben, ihren eigenen Fernseher im Schlafzimmer zu haben, tun ihren Kindern keinen Gefallen. Wenn die Röhre außerhalb der Sichtweite ist, ist sie außerhalb der Kontrolle. Wenn Ihr Kind die

Nacht bei einem Freund verbringt, der einen Fernseher in seinem Zimmer hat, reden Sie vorher mit den Eltern des Freundes darüber, wie viel und welche Art von Programmen Ihr Kind schauen darf.

Auch wenn ich mit der Aussage der American Academy of Pediatrics übereinstimme, dass Fernsehen generell nicht für Kinder unter zwei Jahren geeignet ist, denke ich doch, dass es Wege gibt, wie Eltern mit ihren Knirpsen fernsehen und dabei Spaß haben können. Interagieren Sie mit Ihrem Kleinkind, während Sie Programme für kleine Kinder schauen. Machen Sie die Gesichter der Figuren gemeinsam nach. Auf diese Art wird der Fernseher als Requisit für die Unterhaltung von Eltern und Kindern genutzt, und nicht als elektronischer Babysitter. Vor allem während der ersten zwei Jahre brauchen Babys und Kleinkinder direkte Interaktion mit ihren Betreuern, um ihr volles Potential zu entwickeln. Durch den Fernseher passiv unterhalten zu werden, kann die Entwicklung beeinträchtigen. Trotzdem kann eine halbe Stunde interaktives Familienfernsehen mit ihrem Knirps der ganzen Familie Spaß bringen.

»Der Fernseher muss jetzt schlafen gehen ...«

Aber nicht mit dem Kind. Seien Sie vorsichtig damit, den Fernseher als elektronische Einschlafhilfe zu nutzen. Auch die förderlichsten Zeichentricksendungen und anderen Programme können Bilder enthalten, die Alpträume auslösen. Aber es gibt Zeiten, in denen erschöpfte Eltern froh sind, sich vor ein Video setzen zu können und zu wissen, dass das Kind eingeschlafen sein wird, ehe es vorbei ist. Ich kann mich noch immer daran erinnern, wie ich den dreijährigen Matthew zu *Susi und Strolch* in den Schlaf geschaukelt habe. Es ist nicht die beste Art für Kinder, um einzuschlafen. Sagen Sie den Kindern, dass »der Fernseher schlafen gehen muss« und begleiten Sie Ihr Kind stattdessen mit einer Geschichte in den Schlaf.

Legen Sie die grundlegenden Regeln früh fest

»Wie viel Fernsehen ist zu viel?«, fragen Sie sich vielleicht. Es ist einfacher, Fernsehsucht zu verhindern als sie zu heilen, aber Kinder wurden schon auf den »kalten Entzug« vom Fernseher gesetzt und leben noch. Als generelle Regel:

- Geburt bis zwei Jahre: 15 Minuten pro Tag
- Zwei bis fünf Jahre: eine halbe Stunde pro Tag
- Fünf Jahre und älter: eine Stunde pro Tag. Nehmen Sie an Schultagen sehenswerte Programme auf und schauen Sie sie an den Wochenenden oder in den Ferien.

Manchmal ist es einfacher für Eltern, »kein Fernsehen« zu sagen, als Zeitbeschränkungen beim Fernsehen durchzusetzen. Denken Sie daran, dass Sie das elektronische Monster kontrollieren – Sie können es immer vom Strom trennen.

Versuchen Sie Gruppentherapie

Einer der effektivsten Wege, um Ihre Kinder vom Fernsehen abzulenken, ist, ihnen jede Menge andere Dinge zu tun zu geben. Laden Sie häufig Freunde ein. Nehmen sie die Kinder jeden Tag nach der Schule oder im Sommer für eine Stunde oder mehr mit in den Park. Ermutigen Sie sie, draußen zu spielen, in der Auffahrt ein paar Körbe zu werfen, Rad zu fahren, Dinge zu machen, Ihnen beim Kochen zu helfen, Bücher anzuschauen, interaktive Spiele auf dem Computer zu spielen. Melden Sie sie für Sportmannschaften an oder für Musikunterricht. Gehen Sie zusammen als Familie Orte anschauen. Manche Kinder sind besser darin, sich selbst zu unterhalten, als andere. Wenn Sie ein Kind mit der Neigung zur Couchpotatoe haben, müssen Sie vielleicht ein wenig Zeit und Energie investieren, um es vom Fernsehen weg zu bekommen, aber es ist ein Investment, das es wert ist.

Fernsehen kann informativ sein

Natürlich gibt es eine positive Seite am Fernsehen. Dokumentationen und andere Bildungsprogramme bringen die Welt in Ihren Familienraum und vermitteln Ihrem Kind interessante Eindrücke und Geräusche, die sie ansonsten vielleicht nie sehen würden: Giraffen, die durch die Wildnis von Afrika rennen, einen Blick aus der Luft auf den Grand Canyon, Liveberichte von Nachrichten und Sport. Stimulierende Bildungsprogramme können Familiengespräche zu allen möglichen Themen eröffnen und Kinder dazu inspirieren, mehr erfahren zu wollen. Verfolgen Sie eine politische Debatte oder einen Wahlkampf mit Ihren Kindern. Hören Sie ihren Meinungen zu und geben Sie ihnen Ihre. Auch wenn Sie vorsichtig damit sein müssen, die Kinder die Abendnachrichten sehen zu lassen, weil sie oft angefüllt sind mit Sensationslust und Gewalt, können andere Programme lehrreiche Momente anbieten. Aktuellen Ereignissen mit Ihren Kindern zu folgen, gibt Ihnen eine Möglichkeit herauszufinden, wie es um ihre moralischen Werte und ihr Verständnis von der Welt bestellt ist. Es gibt Ihnen auch die Gelegenheit, Ihre Werte zu bestärken.

Wie bei vielen anderen Themen in der Erziehung von Kindern benötigen auch Entscheidungen zum Thema Fernsehen einen ausgewogenen Ansatz. Eine angemessene Dosis Fernsehen, vor allem Bildungsfernsehen, kann Kinder über ihre direkte Gemeinschaft hinaus über die Welt aufklären. Den Fernseher als elektronischen Babysitter zu nutzen, während die Eltern das Abendessen vorbereiten oder sich von einem anstrengenden Tag erholen, ist Teil des realen Lebens. Einen förderlichen Film gemeinsam zu schauen, kann ein großer Spaß sein. Aber Sie können die Kontrolle über das übernehmen, was Ihr Kind sieht und wie oft. Legen Sie sich eine Bibliothek sehenswerter Filme zu, die Sie mit der Persönlichkeit Ihres Kindes und seinen einzigartigen Sensibilitäten im Hinterkopf vorausgewählt haben. Genießen Sie das Gute am Fernsehen als Familie, aber stellen Sie sicher, dass Sie auch andere Aktivitäten zusammen genießen.

Da ist ein Computer in meinem Haus ... im Klassenzimmer ... in meiner Hand!

Übernimmt die Technologie unser Zuhause, wie es schon Millionen andere übernommen hat? Das Wissen im Umgang mit dem Computer steht weit unten auf der Liste der Werkzeuge für Erfolg. Das mag einige überraschen und manche Eltern stimmen vielleicht nicht zu. Aber, wie wir immer wieder betont haben, sind es *Beziehungen*, nicht Technologie, die Erfolg und Glück in unserem Leben bestimmen. Computerfertigkeiten zu erlangen ist in jedem Alter relativ einfach. Es gibt wichtigere Lernaufgaben, die Kinder meistern sollten: Lesen, Denken, Mitgefühl und Empathie für andere erwerben. Wenn Kinder damit aufwachsen, dass sie sich mit Maschinen wohler fühlen als mit Menschen – Eltern, dann haben wir ein Problem!

Die gute Nachricht ist, dass Computer die Effizienz nahezu jedes Unternehmens verbessert haben. Sie bringen Enzyklopädien von Wissen und Interessen auf einer einzelnen CD-ROM in das Zimmer des Kindes. Computer optimieren Hausaufgaben, vereinfachen das Schreiben und Neuschreiben und machen Arbeiten repräsentativer. E-Mail hat kostengünstig Menschen in der ganzen Welt miteinander verbunden. Kinder – und Erwachsene – empfinden Computer als einen großen Spaß. Aber, Käufer pass auf! Stellen Sie sicher, dass der Computer in Ihrem Haus eine Bereicherung für den Erfolg Ihres Kindes wird statt einer Belastung.

Sorgen über das Thema Computer

Pädagogen, die wir befragt haben, haben Angst, dass zu viel Technologie zu früh nachteilige Auswirkungen auf die Entwicklung der Lernfähigkeit eines Kindes haben kann. Hier ist die Zusammenfassung ihrer Sorgen und der Konsens ihrer Meinungen.

Kann für die optimale Gehirnentwicklung unangemessen sein

Manche Bildungsexperten glauben, dass, ein Kind zu früh zu lange einem Computer auszusetzen, für seine Entwicklung nicht angemessen ist, nicht nur, weil es verbale und soziale Fähigkeiten stört, sondern, weil es die Fenster normaler neurologischer Entwicklung stören kann. Kinder, die zu früh zu viel elektronischem Lernen ausgesetzt sind, entwickeln eine eher visuelle als auditive Intelligenz. Pädagogen glauben, dass es fest etablierte Fenster für Lerngelegenheiten im wachsenden Gehirn gibt, aber solch ein Fenster existiert nicht für das Computerlernen.

Zwei Lehrmeinungen

Es scheint unter Pädagogen zwei einander entgegenstehende Lehrmeinungen zu geben. Wir nennen Sie technophob und technophil. Technophile argumentieren, dass die frühe und intensive Computernutzung Kinder auf die »wirkliche Welt« vorbereitet. Da die Welt von der Technologie dominiert wird, hat das Kind größere Chancen auf dem Arbeitsmarkt, je früher es etwas über Technologie und den Umgang mit Programmen lernt. Technophobe argumentieren, dass die sofortige Belohnung und der Multimedia-Hype der Technologie ein Kind auf eine »unwirkliche« Welt vorbereiten, denn es spielt das Leben auf dem Bildschirm, statt mit es mit anderen Kindern zu erleben. Technophobe ermutigen eine entwicklungsgerechte Einführung von Computerfertigkeiten im Zuhause und der Schule. Sie fürchten, dass wir eine Generation gefühlloser Technonerds heranziehen, die in Bezug auf Maschinen kompetent sind, auf Kosten der Kompetenz gegenüber Menschen. Sie glauben, Kinder müssen erst durch Entwicklungsstufen gehen, in denen sie hüpfen, tanzen, Bauklötze stapeln, fangen, singen, rennen und zusammen spielen, weil Kinder für die optimale Gehirnentwicklung all ihre Sinne benutzen müssen.

Dr. Jane Healy, Autorin von *Failure to Connect: How Computers Affect Our Children's Mind – and What We Can Do About It* fasst die Sorgen der Technophoben zusammen: »Die heutigen Kinder sind die Subjekte eines riesigen und optimistischen Experiments.« Dr. Healy warnt weiter: »Kinder dazu zu ermutigen, zu lernen, indem sie in einer farbenfrohen Multimedia-Welt herumflattern, ist ein Rezept für einen desorganisierten und undisziplinierten Geist ... Die Jüngsten mit einfachen und amüsierenden Belanglosigkeiten zu überschwemmen, macht sie eher zu Idioten statt zu klugen Menschen.« Die Technophilen sind eher besorgt darüber, die Kinder auf die Zukunft vorzubereiten. Technophobe wollen eine Bremse an den Technologiezug anlegen und Kinder Kinder sein lassen. Zumindest gewinnen die Technophilen in einem Punkt: Tastaturen bringen Kindern das Tippen bei.

Edutainment vs. Bildung

Professionelle Pädagogen sind besorgt über den wachsenden Trend, den sie »Edutainment« nennen, der Software beschreibt, die Kinder hauptsächlich unterhält unter dem Vorwand, ihnen etwas beizubringen. Technophobe sorgen sich, dass Kinder das so sehr lieben und von den Grafiken und Spezialeffekten überwältigt sind, dass sie Schwierigkeiten haben können, einem logischen Schritt-für-Schritt Denkmuster zu folgen. Pflichtbewusste Lehrer, die ihnen die reinen Fakten beibringen müssen, finden es schwer, damit zu konkurrieren. Sie haben auch Sorge, dass Computer Kindern einen unrealistischen Sinn für sofortige Belohnung und sofortigen Zugang zu Informationen vermitteln, statt hart dafür arbeiten zu müssen und nachzudenken, um ein Problem zu lösen. Lehrer fürchten, dass, weil sie ständig Materialien in lebendigen und sich ständig verändernden Farben ausgesetzt sind, Schüler schrittweise Lehrbücher als unaufregend und Lehrer als langweilig empfinden werden. In gewisser Weise müssen Lehrer mit der Software konkurrieren, indem sie genötigt sind, Material zu liefern, dass das Kind eher »unterhält«, statt es zu lehren.

Die wirkliche Sorge hierbei ist, dass diese Unterhaltungsform der Technologie die Tatsache vertuscht, dass Problemlösung, beim Lernen und im Leben, einfach mit harter Arbeit anfängt. Daher ist die frühe Nutzung von Computern zu Hause und in der Schule ein Szenario guter/schlechter Nachrichten. Die möglichen guten Nachrichten sind, dass die Beschäftigung mit Computern einem Kind die Informationen schneller nahebringt und, aufgrund von interessanten visuellen und auditiven Spezialeffekten, die Unterhaltung und die Grafiken auf Computerbildschirmen die Aufmerksamkeit der Kinder länger halten. Die schlechten Nachrichten sind, dass Kinder alles Lernen mit Spaß gleichsetzen und daher weniger motiviert sind, durch harte Arbeit zu lernen.

Macht hyperaktive Kinder noch hyperaktiver

Lehrer sorgen sich, dass die zunehmende Anzahl hyperaktiver Kinder noch hyperaktiver werden wird und die zunehmende Anzahl gewalttätiger Kinder noch gewalttätiger. Die schnellen, sich permanent verändernden Grafiken zum Draufzeigen und Klicken machen das Sehen zu mehr Spaß für das Kind als das Hören. Für einen zusätzlichen Effekt kann es schießen, schlagen oder seine Kreation in die Luft jagen. Ein Kind, das bereits Schwierigkeiten hat, seinen Geist zu nutzen, hat kein Bedürfnis, sich phantasievolle Szenen in seinem Gehirn vorzustellen, weil das der Computer für es übernimmt. Aber Technokraten entgegnen, der Computer könne für Kinder mit Lernschwierigkeiten und kurzen Aufmerksamkeitsspannen ein Segen sein, da visuelles statt auditivem Lernen Kindern mit bestimmten Lerneinschränkungen helfen kann. Auf der anderen Seite warnen Technophobe, dass Kinder mit Hyperaktivität und schlechter Aufmerksamkeit weiter geschädigt werden, weil das Zeigen und Klicken ihre Impulsivität fördert und die sofortige Belohnung bietet, die viele ADHS-Kinder verlangen. Pädagogen warnen, dass die entwicklungsunangemessene Nutzung von Computern und Videospielen moderne Probleme noch verstärken kann, die viele Schulkinder plagen, wie ADHS, Autismus, Depression und geringes Selbstbewusstsein, weil diese Kinder Maschinen den Menschen vorzuziehen scheinen.

Fördert Schauen statt Lesen

Pädagogen streiten, ob Kinder besser durch Lesen oder Schauen lernen. In Forschungsstudien gewinnt das Lesen. Schüler zeigten im Vergleich nach dem Lesen vom Bildschirm schlechtere Erinnerungen und schlechteres Verständnis des Gelesenen als diejenigen, die die gleiche Information in einem Buch gelesen hatten. Pädagogen fürchten, dass die Technikknirpse aufwachsen und Lesen im Vergleich mit den Multimedia-Präsentationen auf dem Bildschirm sehr langweilig finden werden. Eine ähnliche Theorie ist, dass das zufällige Zeigen und Klicken beim Surfen im Internet die Kinder lehrt, zufällig zu denken, anders als das Material, das in aufeinander aufbauender und organisierter Form in einem Buch präsentiert wird. Aber die Technophilen argumentieren, dass Multimedia-Präsentationen sich permanent verändernder Bilder und Geräusche, die Schüler länger aufmerksam sein lassen, und sie nutzen sehr oft das Schlagwort *interaktiv* als Verkaufsargument. Technophile argumentieren, dass Zeigen und Sagen (Grafik plus Text) mehr Lernwert hat als nur Sagen oder Text allein. Forschungen haben gezeigt, dass Kinder tatsächlich weniger Aufmerksamkeit zollen (und daher das Gehirn weniger aktiv ist und weniger Verknüpfungen bildet), wenn sie eine Geschichte auf Video erzählt sehen, im Gegensatz dazu, wenn sie zuhören, wie sie ihnen vorgelesen wird, oder wenn sie sie selbst in einem Buch lesen.

Studien haben gezeigt, dass Schulkinder, die eine Lesesoftware nutzten, 50 % weniger Kreativität erreichten. Aber die Studie fand auch heraus, dass kein solcher Abfall passierte, wenn die Computer in reguläre Lehrplan- und Kreativitätsaufgaben integriert wurden.

Die größte Sorge, die von Pädagogen ausgedrückt wird, ist, dass zu früh zu viel Technologie in den normalen Ablauf der Gehirnkreise für die Sprachentwicklung eingreifen kann. Neurowissenschaftler glauben, dass es ein bestimmtes Timing oder Zeitfenster für verschiedene Sprachwege gibt, wie einen Weg für visuelles Lernen und einen Weg für das Sprachlernen. Neurowissenschaftler sind besorgt, dass Kinder, die verbunden mit einem Computer aufwachsen statt mit Menschen, die Wege für visuelles Lernen zu einer Zeit entwickeln, zu der eigentlich die Entwicklung der Wege für die Sprache sich entwickeln sollten. Weil Computer die rechte Gehirnhälfte (die Seite, die für die traurigen Gefühle zuständig ist) mehr als die linke Gehirnhälfte ansprechen (die Seite, die für die glücklichen Gefühle zuständig ist), fürchten Neurowissenschaftler, dass das Technikkind zu einem computer-kompetenteren, aber weniger emotional und sozial kompetenten Menschen aufwachsen wird. Zu viel Stimulation der rechten Gehirnhälfte kann ein Kind auch für eine Depression oder eine Angststörung anfällig machen. Technik-Erziehung wird oft als künstliche Intelligenz (AI für artificial intelligence) bezeichnet und sorgt dafür, dass

Pädagogen sich Gedanken machen, dass die übermäßige Benutzung von Technologie die natürliche Entwicklung der menschlichen Intelligenz negativ beeinflusst. Sie sorgen sich, dass Schule eher gute Informationssammler hervorbringt statt guter Denker.

Besser spät als früh

Warum warten? Das wachsende Gehirn und die Persönlichkeit eines heranwachsenden Kindes brauchen responsiven menschlichen Kontakt. Von vier bis sieben Jahren (das erste Zielalter für Computermarketing) müssen Kinder lernen, sich Sachen vorzustellen, zu erforschen, zu lernen und Sprache zu üben; ihre Impulse zu kontrollieren und zu denken, ehe sie handeln; und lernen, wie sie sich selbst fühlen und wie andere sich fühlen (Empathie), und ihre eigenen Gefühle zu erkennen und damit vertraut zu werden. Bildschirmzeit stiehlt etwas von der Zeit, die in diesem Lernfenster für emotionale Entwicklung genutzt werden kann. In den Jahren vor der Teenagerzeit (neun bis zwölf Jahre) – ein weiteres Hauptziel für das Computermarketing – fangen Kinder an, ein höheres moralisches Verständnis zu entwickeln. Sie suchen nach Werten, ringen mit ethischen Bedenken und entwickeln ein soziales Gewissen und Kompetenz. Zeit damit zu verbringen, gewalttätige Computerspiele mit sofortiger Belohnung zu spielen, behindert diese Entwicklung.

In diesem Alter sollten Kinder lernen, mit Menschen statt mit Maschinen Beziehungen einzugehen. In diesem Alter müssen Kinder auch lernen, sozial zu sein statt mit einer Maschine isoliert in ihrem Zimmer zu sein, was zu antisozialen Einstellungen beitragen kann. Kluge Eltern und Pädagogen schlussfolgern, dass es besser ist, Kindern mit ihren wachsenden Gehirnen zu helfen und sie menschlich zu machen, ehe sie sie übermäßig den Computern und Videospielen aussetzen. Wie mit so vielen Dingen im wirklichen Leben ist alles eine Frage des Gleichgewichts. Helfen Sie Ihrem Kind, zuallererst zu einem Menschen mit sozialen Beziehungen zu werden und pflanzen Sie ihm die Liebe zum Lernen ein. Dann, als eine Art Zuckerguss auf dem Kuchen des Lebens, helfen Sie Ihrem Kind, auch

Computerkenntnisse zu erlangen. Wie Dr. Healy zusammenfasst: »Nicht zu viel, nicht zu früh, nicht zu unmenschlich.«

Stiehlt wertvolle Zeit

Eine letzte Sorge ist, dass Computer- und Videospiele wertvolle Zeit stehlen können, die das Kind nutzen könnte, um soziale und körperliche Fertigkeiten zu entwickeln. Diese Spiele sind dafür konstruiert, das Kind mit dieser Art von Unterhaltung zu fesseln (lies: süchtig zu machen), indem es sofortige Belohnungen erhält, wenn es das Spiel weiterspielt. Das Problem ist, dass das Kind oftmals etwas in die Luft jagen oder jemanden umbringen muss, um »das nächste Level zu erreichen«. Zumindest sind diese Spiele interaktiver als Fernsehen.

Was Eltern und Lehrer tun können

Wie oben dargelegt, ist es wichtig, dass Kinder, um eine gut-gebildete und ausgewogene Person zu werden, eine Liebe zum Lernen, Problemlösungsfertigkeiten, soziale Fertigkeiten, Empathie und interpersönliche Beziehungen entwickeln – und, nebenbei, Computerfertigkeiten. Alle sind notwendig, um eine rundum gebildete Person zu werden, nicht nur eine Person mit Computerwissen. Betrachten sie die folgenden Punkte, um Ihrem Kind zu helfen, Computerfertigkeiten zu entwickeln, aber in einer erforschten, geistig angemessenen Art.

Fühlen Sie sich nicht unter Druck gesetzt

Fühlen Sie sich nicht unter Druck gesetzt, Ihrem Kind Computerkenntnisse auf Kosten sozialer Kenntnisse beizubringen. Die gesamte Technologieindustrie zielt auf Knirpse und ihre Eltern mit der Botschaft ab, dass Computerwissen das Ticket für Erfolg ist. Aber Eltern müssen immer im Hinterkopf behalten, dass Beziehungen, nicht Maschinen, das Ticket für Erfolg sind. Es ist weit wichtiger, Ihrem Kind wertvolle Beziehungen mit anderen Menschen mitzugeben, statt jedes Mal Ihren Computer aufzurüsten, wenn die Technologieindustrie einen schnelleren, effizienteren Chip baut.

»Wird mein Kind in der Schule nicht hinterher hinken, wenn wir ihm nicht schon früh beibringen, wie es den Computer nutzt?« Forschungen haben den Mythos aufgedeckt, dass Kinder schulische Nachteile haben, wenn sie nicht schon früh an Computerwissen herangeführt werden. Kinder, die mit zehn Jahren lernen, den Computer zu bedienen, meistern diese Fertigkeit genauso gut wie Kinder, die mit fünf begonnen haben. Es gibt keinen wissenschaftlichen Beweis, der frühes Computertraining mit späterem Computerwissen verbindet. Aber es gibt wissenschaftliche Beweise, die frühe verbale und soziale Fertigkeiten mit späterem Wissen in diesen Gebieten verbinden. Obwohl Pädagogen glauben, dass der Computer in der akademischen und der Unternehmenswelt ein wertvolles Werkzeug ist, weisen sie auch darauf hin, dass zu häufiges und zu frühes Nutzen von Computern die Aufmerksamkeitsspanne reduzieren und die Vorstellungskraft dämpfen kann. Lernen findet am besten in einem sozialen Kontext statt, nicht in einer Eins-zu-eins-Beziehung mit einer Maschine. Fühlen Sie sich daher nicht unter Druck gesetzt, Ihr Kleinkind zu früh »zu hightech« zu machen.

Setzen Sie ebenfalls nicht Ihre Schule unter Druck, in einen Wettbewerb mit anderen Schulen einzutreten, wer den letzten-neuesten-besten Computerraum hat. Schulen, vor allem private, bemerken, dass manche Eltern ihre Schulen danach aussuchen, wie hochtechnisch orientiert sie sind, und andere Bildungs-, Sport- und Kunstprogramme opfern, um auf einem der obersten Plätze zu landen in Bezug auf die Hightech-Ausstattung. Denken Sie daran, es sind vor allem die Lehrer, die die Schule großartig machen, nicht die Maschinen.

Seien Sie bildschirm-klug

Wie beim Einschränken der Fernsehzeit ist auch hier Gleichgewicht der Schlüssel. Beschränken Sie die Zeit Ihres wachsenden Kindes vor Bildschirmen aller Art, damit es nicht süchtig wird. Wenn Sie einen Computer im Zimmer Ihres Kindes erlauben, überwachen Sie, wie es diesen nutzt. Während der Bildschirmzeit nutzen Sie den Computer interaktiv und nehmen Sie an der Computerentdeckung Ihres Kindes teil. Warten Sie mit Baby-Software und halten Sie Ihr Baby stattdessen lieber, und Sie geben Ihrem Kind einen besseren Start.

Setzen Sie Geist vor Maschine

Stellen Sie sich zwei Erstklässler vor, denen die Aufgabe gegeben wurde, zu zeichnen, was sie in ihrer Familie am liebsten haben. Der Computerzauberer zieht Cliparts aus dem »Geist« der Festplatte des Computers und fabriziert eine technisch perfekte Zeichnung. Das andere Kind beginnt mit einem leeren Blatt. Es formt das Bild von dem, was es zeichnen möchte, in seinem Geist und nutzt seine Sinne, um das, was es im Geist sieht, auf das Papier zu übersetzen. Während es bei beiden Ansätzen einen gewissen Lernwert gibt, muss das Kind, das einfach mit einer Handvoll Stifte und einem leeren Blatt Papier anfängt, mehr Verknüpfungen im Gehirn anlegen, um seine Kunst zu erschaffen.

Warum warten?

Die Frage ist nicht, ob Kinder Computerwissen bekommen sollten oder nicht. Die Frage ist, wie viel Computerzeit sie bekommen und in welchem Alter. Es gibt eine wachsende Anzahl an Pädagogen, die glauben, dass es besser für das Kind ist, zuerst auf »althergebrachte« Weise zu lernen – mit Lehrer-Schüler-Interaktion und Schüler-Schüler-Interaktion – und bis zum Alter von sieben oder zehn Jahren zu warten, ehe die Technologie in Angriff genommen wird. Im Ergebnis glauben einige Bildungsexperten, dass es nicht entwicklungsgemäß sein könnte, Computer in Schulen zu verwenden, ehe die Kinder sieben Jahre alt sind, weil Computer das visuelle statt dem auditiven Lernen fördern. Auf diese Weise bringen Sie Ihrem Kind bei, sich mit Menschen zu verbinden, ehe sie sich mit Dingen verbinden, und sie wachsen heran und werden die Meister der Technologie, nicht ihre Diener.

Videogewalt – Bald auch auf einem Bildschirm in Ihrer Nähe

Warnung: Videospiele können für die emotionale Gesundheit Ihres Kindes schädlich sein.

Es klingt wie eine Warnung auf einem Zigarettenpäckchen, und das berechtigterweise. Irgendwann einmal wurde das Fernsehen beschuldigt, an einer Reihe von psychischen und physischen Beeinträchtigungen bei Kindern schuld zu sein, von Fettleibigkeit bis Aggression. Gerade als Eltern lernten, den Fernseher zu bändigen, kam ein anderer elektronischer Einfluss daher, der den Erfolg eines Kindes weit mehr unterwandern kann als das Fernsehen. Hier steht, warum.

Verstörende Statistik

Videospiele werden das zweitgrößte Segment der Unterhaltungsindustrie, direkt hinter dem Fernsehen. Etwa die Hälfte aller Kinder hat ein Videospielgerät oder einen Computer, auf dem sie spielen können, in ihrem eigenen Zimmer. Eine Studie, die elterliche Regeln für Fernsehen und das Spielen von Videospielen verglich, zeigte, dass Eltern nur halb so oft Regeln für Videospiele setzen wie für das Fernsehen, und die Mehrheit der Eltern die Art der Spiele, die ihr Kind spielte, nicht einschränkte. 80 % der beliebtesten Videospiele drehen sich hauptsächlich um Aggressivität oder Gewalt, und in 20 % dieser Spiele ist die Aggressivität oder Gewalt gegen Frauen gerichtet. Umfragen halten fest, dass an einem typischen Tag einer von vier amerikanischen Jungs ein extrem gewalttätiges Videospiel spielt. Und die Verkaufszahlen dieser extrem gewalttätigen Spiele steigen. Wenn amerikanische Jugendliche das Alter von 18 Jahren erreichen, haben sie etwa 200.000 Gewalttaten und etwa 40.000 Morde auf irgendeiner Art von Bildschirm gesehen.

Verstörende Forschung

Viele Studien haben eine feststehende Korrelation zwischen dem Grad der Gewalt in Videospielen und dem Grad aggressiven Verhaltens bei den spielenden Kindern gezeigt. In seinem Buch *Wer hat unseren Kindern das Töten beigebracht?* weist Lieutenant Colonel David Grossman, ein Psychologe der Arkansas State Universität und früher bekannt als »Killologe«, darauf hin, dass der Wille, eine andere Person zu töten, kein natürliches Verhalten ist, sondern eines, das durch wiederholte Desensibilisierung und Erleben von Gewalt gelernt wurde. Er fährt fort damit, aufzudecken, dass ein Teil der Soldatenausbildung im Töten eine gelernte Antwort erfordert, sodass das Abfeuern einer Waffe automatisch wird. Laut Colonel Grossman nutzt das Marine Corps modifizierte Versionen stark gewalttätiger Videospiele (wie diejenigen, die vermutlich das Attentat in Columbine motivierten), um Rekruten beizubringen, wie man tötet. Sie werden genutzt, um den »Willen zu töten« zu lehren, indem sie die Tat wiederholt durchführen, bis sie sich natürlich anfühlt. Offensichtlich ist diese Technologie in der Hand von Kindern weitaus gefährlicher als bei Soldaten und der Polizei. Grossman bezieht sich auf gewalttätige Videospiele als »Mordsimulationen«.

Betrachten Sie die folgenden Wege, wie unbeobachtetes Videospielen den Erfolg Ihres Kindes im Leben beeinträchtigen kann:

Konditioniert Kinder zu Gewalt

Kinder werden nicht gewalttätig geboren, sie werden gewalttätig gemacht. Sie werden darauf konditioniert, Gewalt mit Spaß zu verbinden, als Teil des »normalen Lebens«. Ziehen wir eine Generation von Soldaten auf oder ziehen wir Kinder auf? Das Endergebnis unüberwachter Videogewalt ist, dass wir eine Armee von Kindern ausbilden. Es gibt ein psychologisches und physiologisches Prinzip namens »operante Konditionierung«, ein Reiz-Reaktions-Training, bei dem eine Person darauf konditioniert wird, in einer stressigen Situation zu handeln, nicht zu denken. So werden Piloten im Flugsimulator trainiert, und die U.S. Army trainiert auf diese Weise ihre Soldaten. Könnte der Videospiel-Abhängige konditioniert werden, zu schießen oder zu schlagen, wann immer er provoziert wird? Könnten diese Videospiele das auslösen, was wir eine »sofortige Wiederholung« nennen, sodass der Spieler darauf konditioniert ist, einen Abzug zu ziehen, wenn er sieht, wie jemand anders seine Freundin anspricht? Wir sind besorgt, dass diese erschreckende Technologie das verletzliche und empfängliche Gehirn eines Kindes mit einer ganzen Bibliothek angsteinflößender Wiederholungen füllen könne, sodass es im Reflex eine dieser gewalttätigen Szenen abspielt, wenn es mit einem Problem im realen Leben konfrontiert ist.

Desensibilisiert Kinder gegenüber Gewalt

Kinder werden zunehmend von Gewalt angezogen und empfindungslos gegenüber ihren Auswirkungen. Sie bauen eine Immunität gegenüber Gewalt auf und brauchen daher höhere Gewaltstufen als »Auffrischung«. Da Gewalt tatsächlich unnatürlich für Kinder ist, machen Videospiele sie zu einem Spaß für sie, was das Kind schrittweise darauf konditioniert, zu glauben, dass Gewalt natürlich ist. Colonel Grossman nennt dieses Phänomen AVIDS – acquired violence immune deficiency syndrome = erworbenes Gewaltimmunitätsmangelsyndrom. Da die Gewalt weiterhin Kinder desensibilisiert, nehmen Kinder Gewalt als »cool« wahr. In sehr jungem Alter lernen Kinder, Gewalt mit Vergnügen und Aufregung zu assoziieren, eine gefährliche Verbindung für eine zivilisierte Gesellschaft. Wenn der Desensibilisierungsprozess weitergeht, sollten Eltern solche Worte wie: »Es ist nur ein Spiel« oder das Beunruhigendste: »Es stört mich nicht« wahrnehmen. Es *sollte* sie stören.

Es ist falsch für die Entwicklung

Kinder ahmen instinktiv das Verhalten von Erwachsenen nach, und gewalttätige Bildsprache wird viel einfacher in den Erinnerungen gespeichert als weniger gewalttätiges Verhalten. Aber viele Kinder vor dem Teenageralter haben noch nicht gelernt, komplett zwischen Phantasie und

Realität zu unterscheiden. Sie sehen, interagieren mit und werden eingebunden in ein Videospiel, aber es mangelt ihrer Entwicklung noch an der moralischen Urteilskraft, die Richtigkeit oder das Falschsein einer Tat zu beurteilen. Es mangelt ihnen an Einsicht. Gewalttätige Bilder auf dem Bildschirm pflanzen zur falschen Zeit die falschen Botschaften in die verletzlichen Hirne von Kindern ein.

Sofortige Wiederholung

Der sich entwickelnde Geist eines Kindes ist wie eine gigantische Video-Bibliothek. Es speichert alles, was es sieht, für die spätere Suche. Wenn ein Kind wiederholt plastische Bilder vom Töten, Schlagen, Schreien oder sexueller Dominanz sieht, bekommt dieses Thema sehr viel Raum in seiner Bibliothek. Jahre später, wenn es mit ähnlichen Umständen konfrontiert ist, wie einem Konflikt mit einem Klassenkameraden oder seiner Freundin, kann der Teenager oder Erwachsene eine ähnliche Szene aus seiner Videobibliothek sofort wiederabspielen und die Person niederschießen, die ihm seine Freundin weggenommen hat. Wir fragen uns, ob die Kriminellen, die Berserker werden (Übersetzung: »vorübergehend geisteskrank«) und abscheuliche Verbrechen begehen, im Reflex abspielen, was unterbewusst bereits programmiert war.

Es ist physiologisch verstörend

Die »Hype-Hormone«, die durch gewalttätige Spiele hervorgerufen werden, lassen Kinder ernsthafte Konsequenzen erleiden, wie Alpträume, Bauchschmerzen, Kopfschmerzen, Magersucht und Fettsucht. Einige Studien haben sogar Anfallsaktivitäten mit gewalttätiger Bildschirmzeit in Verbindung gebracht. Gewalttätige Spiele verursachen nachweislich Stress im kardiovaskulären System, wie einen erhöhten Blutdruck und schnelles Atmen, das eine charakteristische Reaktion auf physiologische Stresssymptome ist. Eine Studie hat sogar von einem Anstieg des Stresshormons Adrenalin berichtet. Eine Studie aus dem Jahr 1998 zeigte, dass Kinder während des Spielens von Videospielen eine starke Ausschüttung von Dopamin erfuhren, was als das Hype-Hormon bezeichnet werden kann.

Es ist gefährlicher als Fernsehen

Während des Fernsehens sind Kinder einfach passive Zuschauer von Gewalt auf dem Bildschirm, aber mit Videospielen können sie interagieren. Mit dem Drücken eines Knopfes oder dem Klick einer Maus zielen und schießen sie, töten und schlagen – und sie bekommen mehr Punkte für mehr Tötungen. Es gibt keine elterliche Überwachung, und die Joysticks sind mehr wie Gewehre, die die Kinder dazu befähigen zu zielen und zu schießen. In manchen gewalttätigen Programmen im Fernsehen werden zumindest die negativen Folgen der Gewalt dargestellt, und der Böse verliert häufig. Bei Videospielen ist es das Gegenteil, der Böse gewinnt häufig oder erreicht zumindest ein »höheres Level«. Tatsächlich werden die gewalttätigen Charaktere in Videospielen häufiger verherrlicht als im Fernsehen. Beim Fernsehen schalten sich viele kleine Gehirne einfach aus, aber bei Videospielen drehen Teenager oft auf. Statt die Tötungen nur zu sehen, führt der Spieler sie durch.

Es bildet Gewohnheiten

Mehr als 60 % der Kinder berichten, dass sie länger Videospiele spielen, als sie eigentlich wollten. Wenn sie erst einmal in ein Spiel vertieft sind, werden sie vom Hype an den Haken genommen und wollen länger spielen. Die Spiele passen zum natürlichen Wunsch von Kindern, Kontrolle über ihr Leben zu bekommen, und Videospiele geben Kindern ein Gefühl von Kontrolle, das sie in anderen Bereichen ihres Lebens nicht haben. Gewalttätige Videospiele zu spielen, ist wie eine Droge. Erreicht ein Kind erst einmal ein bestimmtes Level an Gewalt und ist davon gelangweilt – was psychologisch bekannt ist als daran gewöhnt – will das Kind mehr von der »Droge«, um das hohe Level der Aufregung aufrechtzuerhalten.

Beeinträchtigt das Selbstbewusstsein

Die am meisten verstörende Tatsache ist, dass Kinder, die das geringste Selbstvertrauen und die wenigste Kontrolle über ihr Leben haben, diejenigen sind, die am meisten von Videospielen angezogen werden. Nach Dr. Jane Healy in ihrem Buch *Endangered Minds* haben Jungs, die gewalttätige Videospiele spielen, mit höherer Wahrscheinlichkeit ein geringeres Selbstwertgefühl in der Schule und sind weniger erfolgreich in persönlichen Beziehungen. Studien haben auch gezeigt, dass bei Mädchen längere Zeit an Computer- oder Videospielen damit einhergeht, dass sie ein geringeres Selbstwertgefühl haben. Diese Spiele geben Kindern einen Ausweg, wenn sie mit anderen Gruppen nicht zurechtkommen.

Es ist ein schlechtes Rollenvorbild

Rollenspiele (RPGs) erlauben Kindern, die Rolle gewalttätiger Charaktere zu spielen. Die Rollen dieser Charaktere werden attraktiver für Kinder, vor allem, wenn sie ihre Rolle im wirklichen Leben nicht mögen. Kinder lernen, dass gewalttätige Charaktere cool sind, mächtig und, auf schräge Art, erfolgreich. Während des Videospielens bekommen Kinder sofortige Belohnungen und können ihre Rolle manipulieren. Aber in der wirklichen Welt müssen sie warten, und das macht nicht immer Spaß.

»Es ist eine angstvolle Welt.«

Es ist die Natur eines heranwachsenden Kindes, die Welt als freundlichen und sicheren Ort zum Leben anzusehen. Gewalttätige Videospiele verzerren die Wahrnehmung der realen Welt als gewalttätig und angstvoll. Medienforscher fürchten, dass Kinder heranwachsen werden und die Welt als gewalttätig und gefährlich ansehen – eine Sichtweise, die als das *Syndrom der gemeinen Welt* bekannt ist.

Es ist angsteinflößend

Viele Kinderärzte stufen Gewalt auf dem Bildschirm als Problem der öffentlichen Gesundheit ein, auf der gleichen Stufe wie Rauchen und Krebs.

Tatsächlich rät die American Academy of Pediatrics Ärzten dazu, eine »Mediengeschichte« in die jährlichen Untersuchungen von Kindern im Schulalter aufzunehmen. Hier ist ein bildhaftes Beispiel. Angsteinflößende Technologie erlaubt Spielern jetzt, die Gesichter ihrer Gegenspieler umzuwandeln in die Gesichter von Kindern oder Lehrern, die sie nicht mögen, um deren Köpfe abzuschießen.

Vorschläge für elterliche Begleitung

So wie sie auch vorbeugende Maßnahmen dagegen ergreifen, dass Ihr Kind Alkohol oder Drogen zu sich nimmt, müssen Sie Schritte unternehmen, um das Erleben von Videospielen Ihres Kindes zu überwachen, für die Ihre Kinder nicht einmal einen Ausweis benötigen. Versuchen Sie diese Vorschläge.

- *Sagen Sie einfach nein.* Entwickeln Sie eine Liste mit Neins: Nein zu Fernsehen und Videospielen im eigenen Zimmer, Nein zu gewalttätigen Spielen und Nein zu unbeaufsichtigten Videospielgeräten.
- *Bieten Sie weniger gewalttätige Alternativen an.* Je mehr Ihr Kind in Sport, Kunst und soziale Gruppen eingebunden ist, desto weniger wird es Videospiele brauchen. Finden Sie das spezielle Talent Ihres Kindes heraus – das besondere Etwas, das jedes Kind hat – und fördern Sie es. Geben Sie ihm Gelegenheiten, sein Selbstbewusstsein abseits des Bildschirms aufzubauen.
- *Überwachen Sie den Bildschirm.* So, wie Sie das Fernsehprogramm oder Filme im Voraus anschauen, schauen Sie das Spiel mit Ihrem Kind an und diskutieren Sie über die gewalttätigen Teile und warum Gewalt in Videos Ihrem Kind schadet. Wie eine Mutter in unserer Praxis zu ihrem Kind sagte: »Ich lehne es ab, dich als ein Idiot aufwachsen zu lassen.« Ihr Kind hat es verstanden. Reden Sie darüber, welche Gefühle das Spiel bei Ihrem Kind auslöst. Vor allem, lassen Sie Ihr Kind nicht desensibilisiert werden von dem, was es sieht. Wenn sie sagen, es stört sie nicht, sagen Sie einfach: »Es sollte aber.«

- *Leihen Sie Spiele, statt sie zu kaufen.* Das erlaubt es Ihnen, sie vorher anzuschauen, ehe Sie eine finanzielle Verpflichtung eingehen. Schauen Sie sich das gesamte Spiel im Voraus an, da in vielen Videospielen die Gewalt in Richtung des Endes ansteigt oder wenn Ihr Kind höhere Level erreicht. Reden und laufen Sie mit Ihrem Kind durch das gesamte Spiel.
- *Richten Sie ein Bildschirm-Budget ein.* Erlauben Sie Ihrem Kind eine bestimmte Zeit vor dem Bildschirm pro Woche, sagen wir eine Stunde am Tag, und setzen Sie das auch durch.
- *Überprüfen Sie die Einstufung – sorgfältig.* Lassen Sie nicht Ihre Schutzschilde herunter, weil es eine Alterseinstufung gibt. Die USK (= Unterhaltungssoftware Selbstkontrolle) stuft Videospiele ein in USK 0 (freigegeben ohne Altersbeschränkung), USK 6 (freigegeben ab 6 Jahren), USK 12 (freigegeben ab 12 Jahren), USK 16 (freigegeben ab 16 Jahren) und USK 18 (Keine Jugendfreigabe). Die Spiele in USK 18 sind nicht zum Verleih oder Verkauf an Personen unter 18 Jahren freigegeben. Auch Videospielautomaten sind meist nicht für Personen unter 18 Jahren freigegeben. Achten Sie auf die Etiketten auf den Spieleverpackungen oder den Automaten. Auch wenn diese Einstufungen ein guter Ausgangspunkt sind, sollten Sie Spiele der verschiedenen Altersstufen noch einmal überprüfen, da die Inhalte dennoch für Ihr Zuhause nicht angemessen sein können. Für mehr Informationen über die Einstufung von Videospielen schauen Sie nach auf http://www.usk.de.
- *Ermutigen Sie zu Teamspielen.* Ermutigen Sie Ihr Kind dazu, Videospiele zu spielen, die mehr als eine Person einbinden, sodass sie zumindest ein wenig soziale Interaktion lernen. Und suchen Sie natürlich Spiele aus, die weniger gewalttätig sind.

Gewalttätige Videospiele in Ihrem Zuhause zu erlauben, sollte als eine Form des Kindesmissbrauchs angesehen werden. Tatsächlich ist es visueller Missbrauch. Die beste Medizin dagegen, dass Ihr Kind nach gewalttätigen Videospielen süchtig wird, ist es, Ihr Kind gegen solche Gewalt zu immunisieren, sodass es sich durch Gewalt weiterhin »gestört« fühlt. Die beste Art, das zu tun, ist, Attachment Parenting zu praktizieren. Videospiele werden bleiben, und Eltern können dieses Technologierennen nicht stoppen. Das Beste, was wir tun können, ist, Kurven gegen die hohe Geschwindigkeit einzubauen, und Boxenstopps, um es langsamer zu machen. Es gibt eine gute Seite an der Technologie, die Eltern erlauben sollten, und eine schlechte Seite, die wir einschränken müssen.

Ausgabe: 4/19
€ 6,90
unerzogen
Institutionelle Gewalt
Wenn die Seele bricht
Tabubruch!
Reden über strukturelle Gewalt in Kita und Schule
Fridays for Future
Streiken fürs Klima ist kein Kinderspiel
Der Souverän
Wer entscheidet was an Demokratischen Schulen
www.unerzogen-magazin.de
ISSN 1865-0872

Family Cycling in West Cheshire and Wirral

LYN GOODKIN

Hobbyhorse Books

ISBN 0 9523681 0 2

By the same author - *Family Cycling in North Cheshire and around its borders*

First Published in 1994 by Hobbyhorse Books
The Old Post Office, Chester Road, Daresbury, Warrington, Cheshire, WA4 4AJ

Although every effort has been made to ensure that the details are correct at the time of going to press the author and publisher cannot accept any responsibility for any inaccuracies or omissions. While potentially dangerous junctions have been indicated by '**with care**' in the text, all cycling is potentially dangerous with the increased traffic at the present time. The author and publisher cannot be held responsible for accidents to anyone following the routes described in this volume. It is especially important for parents and guardians to be responsible for the safety of their children when cycling.

Opening times and entrance charges change as do landmarks and even the names of pubs. The author would be grateful to hear from any cyclist who spots any changes or with helpful suggestions for future updates of this work.

Cover picture - *Cycling in Delamere Forest*
Photos on pages 37, 60 and 75 by Alan Goodkin
All other photographs by the author
Illustrations by Janet Goodkin
Illustrations on pages 18 and 19 by James Fisher

Maps produced with permission from the Ordnance Survey

Printed by Manchester Free Press

FOREWORD

In this her second book of family bike rides, Lyn Goodkin brings together fourteen new rides which appeal not just to the family cyclist but to anyone with a bike who enjoys the countryside.

Each ride has been carefully planned to provide a number of alternative routes, short-cuts and extensions to suit people with different kinds of bikes and different levels of fitness and ability. The route guides are impressively detailed and full of useful hints about safety at junctions, traffic and gradients and even how the weather might affect the ride. Information on local hostelries is so comprehensive that the book could almost double as a good pub guide! As well as everything you need to find your way around, the book offers a wealth of information on local history and wildlife and places of interest as well as a lively mixture of anecdotes, folklore and cartoons.

The Cycling Project for the North West exists to promote cycling as a healthy and environmentally friendly activity and we are keen to help people of all abilities get the most out of their bikes, whether they use them for recreation, sport or simply as a practical way of getting around. This book encourages just the kind of safe and responsible cycling the Cycling Project wants to promote and provides perfect opportunities for both local people and visitors to combine the fun and excitement of cycling with the delight and inspiration of discovering beautiful and fascinating countryside at first hand.

Peter Attwood
Secretary, Cycling Project for the North West

ACKNOWLEDGEMENTS

Many thanks to the following for all their help:

Cheshire County Council for information on cycleway proposals for the county and the city of Chester and especially Anna Geroni and the Highways Department for information and for taking cyclists' interests seriously.

Jen Darling of Alfresco Leisure for all her help with *Family Cycling in North Cheshire* and encouragement with this volume.

Julie Solomons, David Bardell, the Cottam/Glendon, Jagan, Doolan and Roscoe families for trying out some of the instructions.

Ruth Goodkin for proof reading.

James Fisher for the illustrations on pages 18 and 19.

Janet Goodkin for all the other illustrations.

And last but not least Alan Goodkin for the design, help with the puncture mending notes, the computing, the cycling and recycling and coping with the drop-outs (on the bikes of course!)

CONTENTS

On the Shropshire Union Canal

KEY TO MAP SYMBOLS

	Motorway or dual carriageway	*	place of interest
	A road	PH	public house
	other road or lane	P	car park
	Bridleway, Road Used as a Public Path, By-way Open to All Traffic, or cycle lane		river or canal
			lake or mere
	footpath	+	church or chapel
	railway line and station	→	direction of main route

INTRODUCTION

The gentle countryside and the attractive villages of Cheshire and Wirral are ideal for a day out cycling at a leisurely pace. Some of the slightly hillier routes at the edge of Wales also provide for more exhilarating rides in outstanding scenery. 'Get on your bike' has become a familiar phrase! If you haven't recently done so then you have missed a lot. I thoroughly recommend pottering along for pleasure interspersed with some more strenuous cycling to keep you fit and some speedy glides downhill just for fun! There are plenty of different types of route in this guide with alternatives in nearly every one so you can tailor your outings to the interests and abilities of your group. A few ideas for commuting especially in Chester are also included.

The routes are aimed mainly at the **less athletic** amongst us and those with **younger cyclists** 'in tow' (even literally!). Short cycle tours can make an ideal family outing and children can often keep up or even outpace the adults on a bike (particularly when they have the newer bikes!) although they ususally find a day's walking more difficult in terms of stamina.

In tow

The instructions are very detailed so that, with the help of the maps, there shouldn't be a problem finding the way. The routes avoid long straight A roads and so there are lots of turns and twists down lovely country lanes. If you haven't done much cycling you may think the mileages are long when you first read them but, with practice and as you inevitably become fitter, then you will no doubt opt for the longer routes. The **experienced cyclist** will also find plenty of suitable routes here especially by linking rides together and by joining the routes from home.

This guide should help when introducing **children** to cycling; the short-cut alternatives are best for them. If children (or adults for that matter) get cold, tired, wet or bored it is best to opt out at the first suitable opportunity and hope for better things next time, otherwise they won't want to come again! Children may become bored if there are long distances without stops at interesting places or if there are long, straight stretches of road. This guide could be used for cycling treasure hunts provided the participants had not seen the relevant text. They would have to look out for names of places or interesting items en route. Shops selling ice creams and soft drinks get a special mention—as do pubs which cater for families!

This book isn't primarily intended for the trainee racer eating up large mileages at speed, but it could prove helpful to newcomers to this type of cycling or to the county. The racing bike wouldn't be the right vehicle for the optional bridleways but would be fine if you stay on the road routes.

The idea for writing these guides started from noting details of cycle tours we had enjoyed so we could recommend them to friends and re-cycle them ourselves! I had found that much of Cheshire wasn't covered by touring guides aimed at the family or leisurely cyclist. Also as a biology teacher with an interest in wildlife and the countryside I would like to encourage cycling for **environmental reasons** and in the hope that if children's early experiences of cycling are enjoyable it may promote the idea of using the bike as a means of transport as well as for greater leisure use.

There is a huge increase of interest in cycling amongst teenagers, and many older people are coming back to the pleasures of cycling forgotten since riding a bike as a child. More bikes than cars are being sold in Britain. However, the car is still being used for many short and unnecessary journeys. I am not against the car: for some purposes it is better than the bike but for many it is worse!

Chris Boardman's recent Olympic Gold Medal has brought another surge of interest in cycling. Chris was born on the Wirral and his bike was designed in Britain by Mike Burrows. The achievements of a Cheshire cyclist should encourage us all. And you never know, some of the innovations seen on his Lotus Mavic may one day be incorporated into the touring bike!

Riding on a towpath

Owners of **mountain bikes** are keen to have some suitable **off-road** cycling. Many of the routes have details of alternative or extra loops on **bridleways**. Rights of way may change and off-road enthusiasts should check with recent maps, eg Ordnance Survey ones, which show bridleways as red dashes. Please remember that cycling is not pemitted on footpaths (shown as red dots on OS maps). The designation **RUPP**—*Road Used as a Public Path*— is being phased out at present, but push bikes are legally entitled to use them. On OS maps they are shown as red dash-dot lines. The more recent maps have the newly designated **BOAT**—*Byway Open to All Traffic*, which of course includes the bicycle! My abbreviation **b.way** stands for bridleway or byway but could safely be misinterpreted as **BIKE WAY!**

In the **Other Information** sections are details of places to visit on or near the routes. This is mainly for newcomers and visitors and to help those 'sightseeing by cycle' rather than by car! Especially for the younger explorers, unusual or local information, old sayings and origins of place names are included, which I hope will provide interest or amusement. Viewing the countryside and the villages by bike gives time for more of a feel for the history of the area.

If your only cycling recently has been short commuting or shopping trips then be warned that after your first 15 to 20 mile cycle tour you will probably be saddle sore next day! Don't worry—it soon wears off and it isn't as bad next time! If it is no better after several rides then think about buying a new, more comfortable saddle, a saddle cover or the specially designed padded cycling shorts! Or, as one cyclist recommended, always take a banana: eat it for energy but don't throw away the skin, line the saddle with it as an emergency—but rather a slippery—cushion!

The design of the book is primarily aimed at practicality and is similar to guide books for ramblers. The clear print and the design of the maps are for quick and easy reading. The size of the book is for convenient carriage on a bike, eg in a plastic wallet such as a map carrier. It would be fine to photocopy individual routes for your own personal use to take just the one set of instructions out on the bike and leave the book at home to cut down on weight or in case of rain.

The first book in the series was ***North Cheshire and around its borders***. The next will be ***Central and South Cheshire***. Some of the rides are planned to link with the routes in this volume. A similar guide to Anglesey is also in preparation.

Finally, the philosophy underlying the idea of writing a cycle touring guide is four-fold. Firstly, cycling fits in with the present concern for the environment. It surely must be one of the most environmentally friendly of all forms of transport (aptly nicknamed 'the Green Machine'!) as, apart from during its manufacture, it needs no fuel and causes no noise or air pollution. The more people cycling, hopefully, the fewer cars there may be on the roads. Secondly, as the cycling fraternity grows public pressure may increase and stimulate the authorities to provide for safe cycling. Thirdly, it is a very good way to stay fit and healthy and last, but not least, the idea is to promote cycling for enjoyment. The style of all these routes is that they are full of local interest and they should be fun for all ages to do!

DESIGN OF ROUTES

Location of the Rides

Several rides interlink, mainly in the groupings below. They are mostly in Cheshire but as county boundaries are fairly irrelevant to the cyclist some go across into other areas on the Wirral and into the Welsh Marches. Some interlink with rides in *North Cheshire*, for example, the Delamere to Norley one links with the Acton Bridge to Kingsley Ride. Also some will link with routes in the next volume *Central and South Cheshire*, such as Beeston and Wrenbury which are near to the Malpas routes here for cyclists wanting longer rides.

Many rides should be accessible directly from home as they are quite near to centres of population, as follows:-

West Central	Rides 1-4 and Chester City from Chester, Tarvin, and Tarporley.
Far West	Rides 5-6 from Chester, Dodleston, Pulford, Bangor and Malpas.
North West	Rides 7-8 from Frodsham, Helsby, Kelsall and Tarporley.
Deep South	Rides 9-10 from Malpas and possibly Whitchurch.
Wirral	Rides 11-13 from Hoylake, West Kirby, Moreton, Wallasey, Heswall, Neston, Willaston, Bromborough, Birkenhead and Ellesmere Port.

Many of the rides are near or pass a railway station and most also have a public car park at the recommended start for anyone bringing bikes in or on the car.

Several **alternatives** make for complicated sounding instructions, but they are not really so difficult to follow since on each occasion you will only be following one set of instuctions for the chosen alternative. I think that it is essential for recommended cycle touring routes to have shorter and longer possibilities as peoples' abilities, especially children's, vary. This also provides emergency short cuts and variety for different days' outings and allows for progress in distance travelled.

Ascents are given in feet as well as metres. Total ascents added together sound worse than they are since they are spread out in separate hills with flat places and downhills in between!

Distances are given in kilometres as well as miles. Distances are provided for the whole route, short-cuts and separate loops.

Laid back cycling

Individuals' **speed** will vary. It is useful to time your own group to help planning, for example to make sure you get back in the light, to plan the time of arrival at places with definite closing times—the tourist attractions and shops as well as the pubs! We sometimes only do a laughable 5 miles an hour but that is in total and includes a lunch stop, touristy visits, photos, bird watching and note taking. It is almost impossible to cycle as slowly as that! Without stops you can expect to do about 8-10 miles an hour. Fast cyclists can easily do 12 miles or more an hour. If you want to visit a certain place at a certain time, you might be able to change the starting point, as most of these are circular tours.

Off-Road

Safe and suitable off-road routes are hard to find in this area but whatever is available at the present has been included. Cycling on **towpaths** owned by British Waterways is allowed for permit holders. Write to British Waterways, Lighterage Yard, Chesterway, Northwich, Cheshire. Include £3 per person and each individual's name and address. The conditions of use are given on the permit. The area relevant for the canals in this volume is 'Northwich'. **North Wirral Coastal Park** is Ride 12 and is suitable for young children. It uses the embankment and promenade between Moreton, New Brighton, Egremont and Seacombe. **Wirral Country Park** which uses the disused railway line is included as an alternative for parts of Rides 11 and 13. Cyclists are only allowed to use the bridleway part of this and not the footpath but at the present the surface is poor. **Delamere Forest Park** is Ride 4, where cycling is allowed on hard gravelled tracks in the forest. I have made Ride 4 a longer circular route by doing a loop outside the forest on a mixture of lanes and bridleways to Norley, but for young children it would be safer to return on the forest loop as described.

Short sections of **bridleway** are included in other rides, mostly with a road alternative for those with racing bikes. Although there are other bridleways (especially in the Aldford and Farndon area) I haven't included them as they are across fields which can be difficult sometimes depending on whether they have been ploughed, have pasture or have crops growing. Some may be suitable at certain times. Stiles can be a problem: to cyclists as well as horses!

Hazards

Unavoidable crossings of main roads and a few roundabouts are marked '**with care**' in the text. If there are too many of these in a particular Ride then don't do this route with younger or less experienced children. It may be necessary to accompany children individually across such roads as common sense dictates at the time. There are cycle lanes around roundabouts and along some roads in Chester. As well as recommending and enthusing about certain routes in this area I have also pointed out any problems that we have found. Although this may seem negative I feel it is just as important in this sort of guide.

Bike Hire is available at Groundwork Trust at Delamere Station (Ride 4), Manley Mere (Ride 7), Davies Bros. Cycles, Cuppin St, Chester (Chester City Ride), and at South Cheshire Cycle Hire, Meadow View Farm, Crewe Lane South, Farndon (Ride 6).

Ordnance Survey Maps
Although simple route maps are given for each ride it is recommended to refer to the relevant Landranger series OS maps (scale 1:50 000, 2cm = 1km) as these will also provide the route from your home base, other alternatives and other information, eg the extent of built up areas and contours. The main one to accompany this book is **Landranger Sheet 117, *Chester, Wrexham and Surrounding Area*.** Ride 9 uses Sheet 126, *Shrewsbury and Surrounding area* for a short distance and the Wirral Rides also use Sheet 108, *Liverpool*.

Abbreviations
There are only a few abbreviations on maps and in directions. They are explained the first time they are used in the text. They include:

BW	British Waterways	NWCP	North Wirral Coastal Park
CCC	Cheshire County Council	RUPP	Road Used as a Public Path
CTC	Cyclists' Touring Club	SSSI	Site of Special Scientific Interest
CWT	Cheshire Wildlife Trust	SU	Shropshire Union (Canal)
FC	Forestry Commission	WI	Women's Institute
NT	National Trust	WCP	Wirral Country Park

SAFETY FIRST

I looked at the accident statistics to see when and where, and, if possible, why accidents occur so that with forewarning rides can be planned to avoid the danger points. The Cheshire County Council Highways Service publishes accident statistics. They are clearly trying to implement road safety measures and to raise public awareness of the problems.

SAFETY RECOMMENDATIONS

- Avoid rush hours on weekdays
- Weekends are safer than weekdays
- Given a choice of Saturday or Sunday opt for the latter
- Rural roads are safer than urban ones
- Avoid A roads
- Be careful at junctions especially when turning right
- Avoid roundabouts but if you can't then be very cautious
- Winter days can make for safe as well as relatively traffic free roads compared with summer
- If possible avoid planning rides for Fridays as more accidents occur on this day (sounds like the latest superstition!)
- Be especially careful on wet roads
- And lastly, as the accident rate is higher in this age group, if you are 15-19 grow older carefully!

No doubt much, if not all, of this is common sense, but if a few reminders help prevent accidents then it is worth thinking about these ideas.

Other safety measures to consider include:

- Wear reflective armbands and/or sashes/vests at least at night and in the dusk if not all the time.
- Read, learn and adhere to the *Highway Code*. (When was the last time you looked at it?!)
- Wear brightly coloured clothes (and be trendy!).
- Maintain the bike, especially the brakes.
- Consider the safety of pedestrians.

- Keep any children with you in control and encourage safe and sensible cycling.
- Remember human error is involved in 95% of all accidents.
- Check both front and rear lamps are working properly if there is even the slightest chance that you will still be on the road in dim light conditions. Switch on early.
- Carry your belongings in a well balanced saddle bag, pannier or handlebar basket not on your back or in your hands. Make sure nothing can catch in the wheels or chain.
- Safety helmets. There is much debate about the pros and cons of helmets. I think it should be left to personal choice but it does seem a good idea at least for children, provided it does not give them a false sense of security. One can only hope that motorists will respect the safety of cyclists, the most vulnerable of all road users even when wearing a helmet.

BE SEEN, BE HEARD AND BE ALERT!

Psychedelic clothes (or is it cycledelic?)

PUNCTURES AND WHAT TO TAKE

Most punctures on Cheshire lanes seem to be due to the thorns from hawthorn hedges. Our experience is that this is mainly a problem in autumn and sometimes also in spring after hedgecutting. It is well worth avoiding riding over hedge cuttings lying at the side of the lanes provided this can be done safely without riding too far out into the centre of the road. Mountain bike or 'hybrid' tyres are much thicker and resist all but the longest thorns. Anti-puncture tape can help but we found it eventually causes chafing at the edges followed by punctures! There may be better tape available now.

EASY AND INFALLIBLE GUIDE TO PUNCTURE REPAIR

1. Remove the wheel, making a note of which side of the frame the washers go. If a rear wheel on a derailleur bike, change to a high gear, pull the changer back against its spring, remember where the axle goes in relation to the chain and lift wheel out. If a Sturmey-Archer unscrew the gear cable.
2. Take dust cap and nut off valve.
3. Lever off the tyre from the rim.
4. Remove the inner tube, noting which way round it is.
5. Inflate inner tube until you can hear or feel air coming out of puncture (if necessary, immerse in water or spit on it and look for bubbles).
6. Mark the hole with pen or wax.
7. Deflate the remaining air from the tyre.
8. Dry the area and rub down with sand paper.
9. Apply rubber solution to an area slightly bigger than the patch.
10. Leave it to become dry and tacky—don't be impatient.
11. Peel backing paper off the patch (some also have foil which needs removing with a pen knife after the patch has stuck).
12. Stick patch on firmly and don't try to lift its edges up again. Grate a little chalk over the patch to stop the glue sticking to the tyre. It is easier to use sandpaper for this than the inadequate grater on the tin!

13 Feel and look around the inside of the tyre to find the cause of the puncture. Remove any thorns etc.
14 Check for a second puncture but do not over inflate the inner tube while it is not protected by the tyre.

Beware of over inflation

15 Partially inflate the inner tube.
16 Put the valve in its hole first and put the inner tube back into the rim. Make sure that the rim tape is still in place.
17 Starting near the valve push the tyre back into the rim making sure that the inner tube is not trapped. You should be able to do this using your thumbs only and not the tyre levers. Check that the tyre is evenly seated all the way round on both sides.
18 Inflate a little more, but not too much, or you won't be able to get it past the brake blocks.
19 Reseat the wheel in the forks or drop-out.
20 Tighten the wheel nuts thumb tight, spin the wheel to make sure that it does (ie that it isn't skewed)!
21 Tighten with a spanner.
22 Fully inflate the tyre.

Even better, replace the punctured inner tube with the spare one you have brought and mend the puncture in comfort and at leisure at home! Don't forget to remove the cause of the puncture first!

WHAT TO TAKE

this book!	puncture repair kit	tools
tyre levers	pump	spare inner tube
old rag	allen keys	waterproofs
spare warm clothing	OS map	drink
first aid kit	helmet	money

food: light high energy foods such as fruit cake, dried fruit, bananas and chocolate (omit the chocs in hot weather!)

Travel light, but don't forget the kitchen sink!

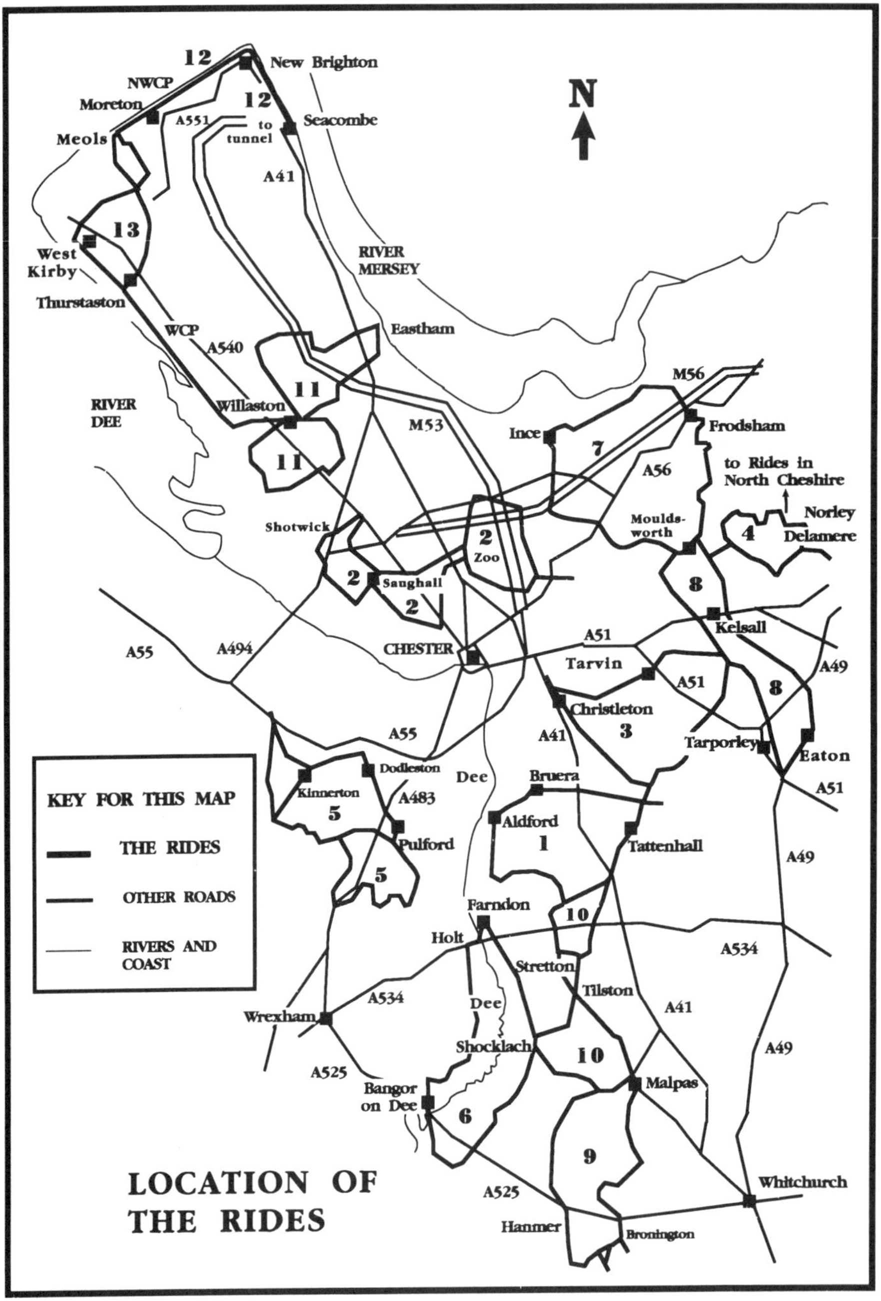
N
New Brighton
Seacombe
NWCP
Moreton
Meols
A551
to tunnel
A41
West Kirby
Thurstaston
WCP
A540
RIVER MERSEY
Eastham
RIVER DEE
Willaston
M53
M56
Frodsham
Ince
A56
to Rides in North Cheshire
Norley
Delamere
Shotwick
Zoo
Mouldsworth
Saughall
A55
A494
CHESTER
A51
Kelsall
Tarvin
A49
Christleton
A41
Tarporley
Eaton
Dodleston
Dee
Bruera
KEY FOR THIS MAP
THE RIDES
OTHER ROADS
RIVERS AND COAST
Kinnerton
A483
Aldford
Pulford
Tattenhall
Farndon
Holt
Stretton
A534
Tilston
Wrexham
Dee
Shocklach
A41
A49
A525
Bangor on Dee
Malpas
Whitchurch
A525
Hanmer
Bronington
LOCATION OF THE RIDES

CHESTER CITY CENTRE

DISTANCE	2 miles/2 km (+ 5 miles for Excursion to Upton)
ASCENT	15 metres/50 feet
MAP	A to Z Steet Plan of Chester, O.S. Landranger 117 Chester & Wrexham
START	Hoole Lane bridge or junction of Russell Street and Canalside.
ROUTE	Canal—Northgate—City Centre— St Mary's Centre—Bridgegate—River Dee— Grosvenor Park—Canal

GETTING THERE

BY ROAD If using a car, Hoole Lane long-stay car park (closed Sundays). Reach the canal along Hoole Lane to the Hoole Lane bridge. Or use the Little Roodee car park and cycle along Castle Drive and join the ride at Bridgegate. If cycling in from the south use the Old Dee Bridge from Handbridge as it has traffic lights.
BY RAIL Chester station. From Station Road, down City Road, right into Crewe Street, left into Egerton street and straight down Seller Street to reach the canal.

COMMENTS

The idea for this ride is based on the potential cycleway route outlined in Cheshire County Council's publication *Chester at the Crossroads*. However at the time of writing work has not started to implement these welcome proposals. Improvements to the canal towpath are also much needed. Since it is narrow in places it is

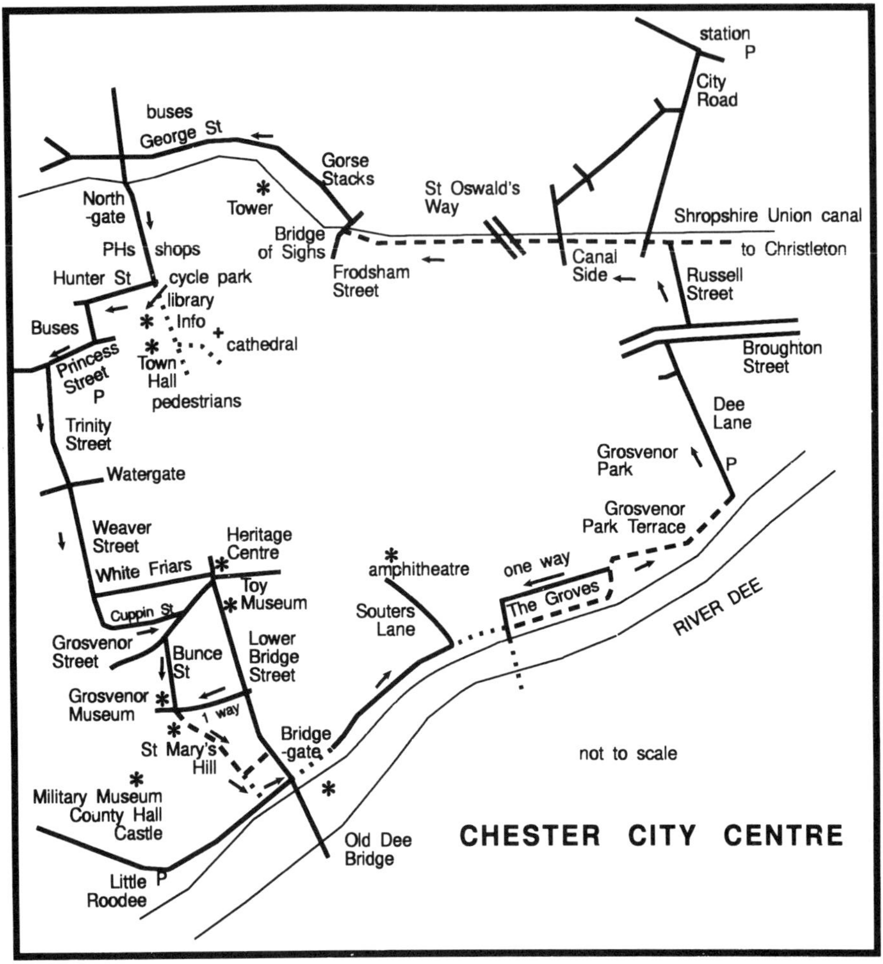
station
P
City Road
buses
George St
Gorse Stacks
Tower
St Oswald's Way
Shropshire Union canal
North -gate
Bridge of Sighs
PHs
shops
to Christleton
Canal Side
Frodsham Street
Russell Street
Hunter St
cycle park
library
Info
Buses
cathedral
Broughton Street
Princess Street
Town Hall
P
pedestrians
Dee Lane
Trinity Street
Grosvenor Park
P
Watergate
Grosvenor Park Terrace
Weaver Street
Heritage Centre
amphitheatre
one way
White Friars
Toy Museum
The Groves
Souters Lane
RIVER DEE
Cuppin St
Grosvenor Street
Bunce St
Lower Bridge Street
Grosvenor Museum
1 way
St Mary's Hill
Bridge -gate
not to scale
Military Museum
County Hall
Castle
Old Dee Bridge
CHESTER CITY CENTRE
Little Roodee
P

essential to give way to walkers and anglers and to warn children to be careful not to fall in!

The place where you join the road at Frodsham Street needs care until a safer junction is designed with cyclists in mind. **Cycling is not allowed** at present in the pedestrianised area in the city centre nor along a short stretch by the river at Bridgegate. It is such a pleasant spot by the river that cycle tourists are likely to prefer to walk anyway.

Designated cycle lanes for commuters would be welcomed and would do much to encourage leaving the car at home and using the bike instead. The medieval centre of Chester was obviously not designed for the car and there must be a case for further restrictions and calming measures to promote more safety, pollution control and peace in such an historic city.

Cycle parking in Chester

The bicycle provides an ideal way to explore, shop, and commute through the city but until the provision for cyclists is improved you need to take care and I would only suggest bringing children on a

Sunday, when the traffic is less busy.

Many children cycle through the park in Handbridge on the south side of the river between the Old Dee and the Queens Park Bridges. This is a safe place for young children. Hopefully soon a separate cyclepath and pedestrian path will be made.

THE PUBS
Too many to list—an historic pub spotter's paradise! They are mentioned in the text.

THE RIDE

MAIN ROUTE 2 miles
The safest way to ride into the city seems to be along the towpath of the Shropshire Union canal (for BW permit holders). You can join the towpath by the Hoole Lane bridge on the other side from the pub called Lock Vaults provided you lift your bike over the low fence. There is a real cycle lane here on the slip road into Richmond Court. Ride under the bridge below the lock.

At the junction of Russell Street with Canalside there are two pubs, the Steam Mill (converted mill) and the Old Harkers Arms. You can cycle along the road here which runs right alongside the canal rather than on the narrow towpath. Go under the bridge carrying City Road and on the far side the Chester Mill Euro-Hotel can be seen with its restauraunt barge, "L'eau 'T Cuisine" (what a dreadful pun)! It is necessary to go back onto the towpath for a short distance as far as the Evergreen pub (Tetley's) which has an outdoor seating area by the canal. Just behind it is a Greenalls pub, The Oddfellows Arms.

Leave at the next bridge: it is 123E, Cow Lane bridge. Turn right, **with care**, and cross the bridge on Frodsham Street (passing the Slow Boat Chinese restaurant) and turn first left (before the roundabout) into Gorse Stacks which becomes George Street. The traffic is busy in the next section.

Go straight up to the end. You have a good view of the walls and

King Charles Tower to your left. At the traffic lights turn left after the Clipper pub into Northgate street and go through the gate into the city. Pass the Liverpool Arms, Red Lion and the Pied Bull in quick succession. The Pied Bull has an interesting sign giving the mileages to London, Worcester, Ludlow, Bristol and Bath—useful for cyclists planning a round Britain trip!

Where the road bends sharply to the left, one can dismount and walk into the pedestrianised area straight ahead. There is cycle parking by the telephone. This gives access on foot to the town hall, library, cinema, cathedral, information office and shops.

To continue, follow the road round the bend into Hunter Street. Turn left immediately after the Bus Station. Then turn first right, **with care**, across the traffic into the bus and cycle lane. Turn first left under the huge archway of the Moat House Hotel. Continue to the end into the very narrow Trinity Street (cycle slowly and give way to pedestrians in the alleys).

Pass the Guildhall and Ye Olde Customs House Inn, cross Watergate Street, **with care**, and continue into another alley. This widens into Weaver Street. Bend left into Cuppin Street and pass the Franciscan Friary. Pass the Francs restaurant (Les Routiers) and next to it is Davies Brothers' cycle shop. On the right is What's Cooking (American Brasserie). Turn right, **with care**, across the main Grosvenor Road, and turn immediately first left by the Chester Bells into Bunce Street. This is very narrow and paved. It emerges alongside the Golden Eagle pub.

Either turn left and **dismount** and walk along Castle Street—one way the other way—and turn right, **with care**, down Lower Bridge Street to reach the river.

Or continue straight across, signed St Mary's Centre, and pass the lovely old church which houses this centre. Then **dismount** and walk down the steep cobbled alley to the bottom and walk along the footpath through the gate and to the riverside.

Cross the bottom of Lower Bridge Street, **with care**, beside

The bandstand

Bridgegate. **Dismount** and walk the very short section where cycling is forbidden. It is a very busy pedestrian area. One can cycle again along The Groves and this is a delightful but busy spot beside the river. There are benches which make a good picnic spot. There is another short section where it would be advisable to walk by the bandstand (public toilets here). By the (traffic free) Queens Park Bridge one could either carry on beside the river, or if it is very busy turn left and immediately right along a narrow back street. It is not as interesting but is better if you are in a hurry. Continue along Grosvenor Park Terrace until you reach the Boathouse pub (Ale Taster) where the road bends left. Climb up away from the river in Dee Lane passing Grosvenor Park on the left. There are excellent views up the river from the small car park on this road.

At the top is a very hazardous crossing of the main Broughton Road. It is a dual carriage way with a narrow central reservation where it is possible to cower half way! **Dismount** to walk across as there is no right turn allowed, and turn right, **with extreme care**, and immediately left (by a take-away) into Russell Sreet. This short road goes through a small industrial area to the canal at the end. This completes a circuit of the city.

TOWPATH TO CHRISTLETON 1½ miles
If you have a BW permit the SU towpath could be used to cycle to and from Chester and it makes a link with the Christleton Ride. Care is needed as the path is narrow and has a poor surface in places. Cycling under some of the bridges is awkward. There may be anglers and pedestrians. It is very pleasant though and safely away from traffic. Leave the canal after passing under the new A56 bridge and turn left into Pepper Street to reach Christleton.

EXCURSION TO UPTON 5 miles
This goes through residential areas in north Chester, Hoole, Newton and Upton and serves to link with the Chester Zoo Ride.

From the Hoole Lane Bridge over the SU canal follow the one way system, over the railway, right into Lightfoot Street, pass the hospital and left into Hoole Lane. Turn next left into Canadian Avenue and pass the Hoole Alexandra Park. Turn right, **with care**, into the main Hoole Road and second left into Fairfield Road.

At the end is a foot and cycle bridge across the disused railway (hopefully one day a cycleway). Continue along the (lit) track across the playing fields and emerge onto Kingsway opposite a church and pub in the Newton area. Turn left and pass the high school. Turn right, **with care**, into Newton Lane, third left into Wealstone Lane which goes to Upton. Pass a primary school, playing fields and library.

At the cross roads with Mill Lane in **Upton**, there are several choices:
Go across, **with care**, into Church Lane to visit Upton Church.

OR Turn right into Heath Road to join the Chester Zoo Ride.

OR Turn left into Mill Lane to return. Take the fourth turning on the left—a sharp left into Bache Drive, continue along Thornton Drive and turn left at the end into Well Lane. Turn right into

Newton Lane pass the playing fields, cross the disused railway and turn left by Oaklea Avenue onto a track which runs between rear gardens of houses. **Dismount** to negotiate a badly designed stile and again for the stile back onto Fairfield Road. Children's bikes go under this easily but adults' bikes need to be tilted forwards to get the handlebars under. Ride down Fairfield Avenue, turn right, **with care**, into Broughton Road, left into Canadian Avenue, and right into Hoole Lane. Continue down Hoole Lane where it becomes one way. Between the two railway bridges a cycleway joins on the left from the housing estates nearby. It is only a few yards from here to the canal at the Hoole Lane bridge.

OTHER INFORMATION

CHESTER

Chester Cathedral

Chester is a fascinating historic city. It would be impossible to do it justice in a short description here. So much has been written about it in other guide books that it is unnecessary for me to add more—and I don't want to add even more weight to this book for the cyclist to carry! The following list just gives brief essential details of the main places to visit.

Between St Mary's Hill and Castle Drive is the St Mary's Centre, County Hall, the Military Museum and the remains of the Castle. St Werburgh's Cathedral is just off Northgate.

Chester Heritage Centre is in

St Michael's church, Bridge Street Row (tel 0244 317948). It houses exhibitions on Chester's history. Open 11am-5pm.

Chester Toy Museum is at 13A Lower Bridge Street (tel 0244 346297). It has an extensive toy collection.

Chester Visitor Centre is in Vicars Lane (tel 0244 318916). This is an information centre and houses a reconstruction of a Victorian street.

Grosvenor Museum is in Grosvenor Street (tel 0244 321616). It houses the Roman remains from Chester, exhibitions on the history of Holt and some natural history.

King Charles' Tower. This is a branch of the Grosvenor Museum with exhibits about the Civil War. Open weekends only.

RIVER DEE

At the weir there are always plenty of birds to be seen, especially gulls, swans and the occasional cormorant. It is a favourite place for canoeing in the summer and the Chester charity raft race has been held here annually. Steamers operate regular pleasure cruises up the river and rowing boats can be hired.

The River Dee

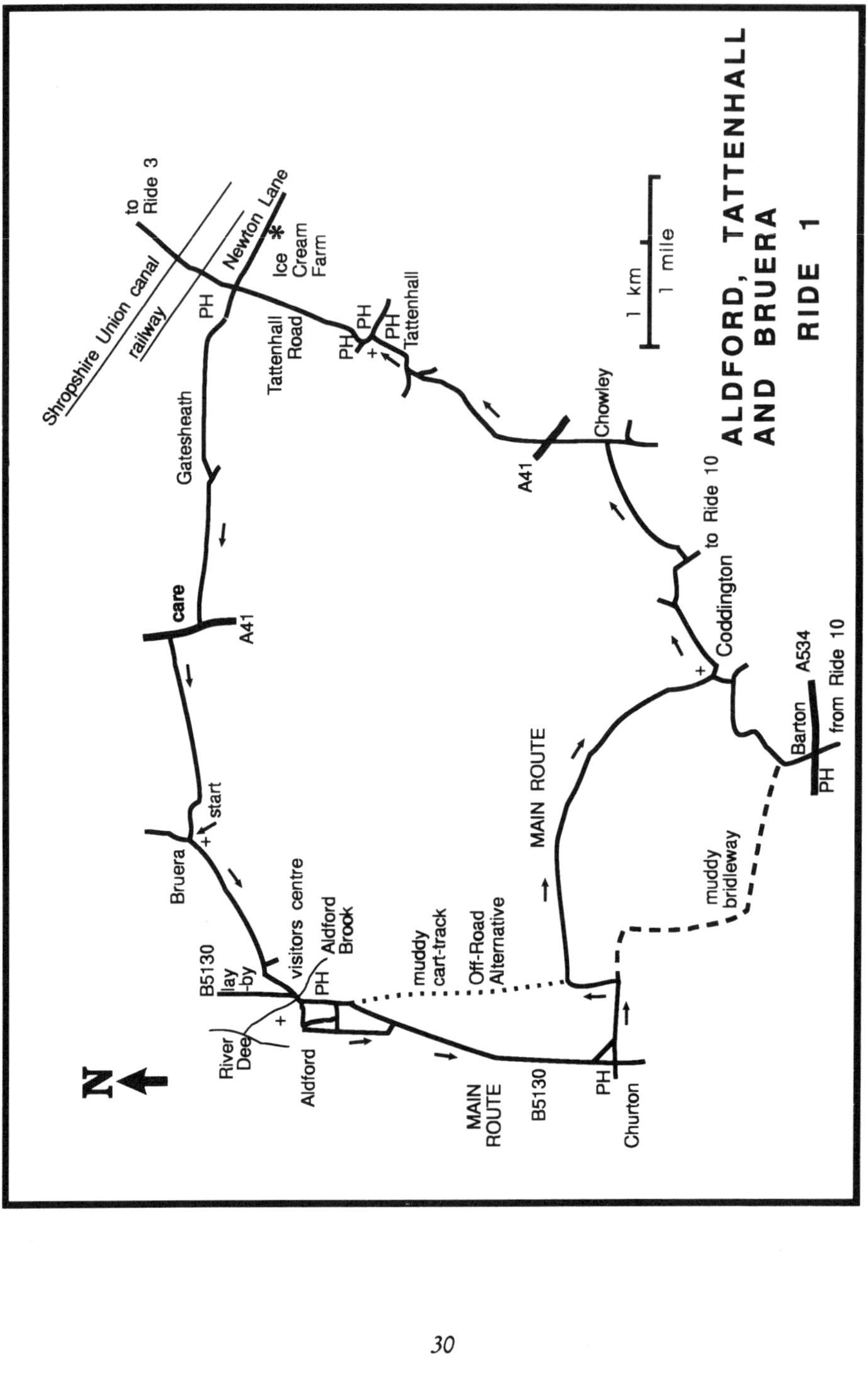
ALDFORD, TATTENHALL AND BRUERA
RIDE 1
1 km
1 mile
N
to Ride 3
Shropshire Union canal
railway
Newton Lane
Ice Cream Farm
PH
Tattenhall Road
PH
PH
PH
Tattenhall
Gatesheath
care
A41
Chowley
A41
to Ride 10
Coddington
A534
from Ride 10
Barton
PH
start
Bruera
visitors centre
Aldford Brook
B5130
lay-by
PH
River Dee
Aldford
muddy cart-track
Off-Road Alternative
MAIN ROUTE
muddy bridleway
MAIN ROUTE
B5130
PH
Churton

27/7/96

RIDE 1

ALDFORD, TATTENHALL AND BRUERA

DISTANCE	13 miles/21 km
ASCENT	65 metres/215 feet. Fairly flat.
MAP	O.S. Landranger 117 Chester & Wrexham
START	Bruera or Aldford
ROUTE	Bruera—Aldford—Churton—Coddington—Tattenhall—Bruera

GETTING THERE

BY ROAD Follow the A41 south from Chester signed Whitchurch. In about 2 miles at a staggered junction turn right, signed Bruera. Through Saighton, keep left signed Bruera. Parking is a problem; it has to be sensible roadside parking. It is easier to park at Aldford as there are 3 laybys on the B5130 on the Chester side of Aldford just afer a wooden bridge and just before the Aldford sign, or at the Visitors Centre with permission.

BY RAIL Chester is the nearest but is 4 miles from Bruera. This is allowed for as this is one of the shortest rides. Take the B5130 via Huntingdon and the left fork after the bridge over the A55. It is a pleasant minor road through Saighton. Turn right for Bruera.

COMMENTS

Idyllic! It is all flat apart from a tiny hill at Tattenhall. It explores the Marches, some quiet lanes and peaceful countryside and passes through attractive villages including the Grosvenor estate village of Aldford. Most of the cottages here are architect designed in the same style—some are dated, eg 1897 and 1863, and a couple have frescoes. All the signs in the village have a little animal picture which looks like a cross between a lion and a dog! The promise of a stop at the Cheshire Ice Cream Farm is a good incentive to urge on both younger and older cyclists!

The Off-Road Alternative is only for the dedicated rough-stuff enthusiast preferably on a mountain bike. This cart-track continuation of Lower Road only has footpath status at present. It obviously an old green lane and is well used by both local horse riders and tractors. The alternative, although on a B road, is recommended as it is fairly quiet. There are many other bridleways in this area across farmland. I haven't tried most of them as they are probably all too muddy.

THE PUBS

The Bear and Ragged Staff (Greenalls), the Letters Inn (Whitbread) and the Sportsmans Arms (Free House) are all in Tattenhall and serve food.

The Grosvenor Arms (Free house) is in Aldford.

The White House (Bass) is in Churton. It serves meals at lunch times and in the evening and has a beer garden.

THE RIDE

MAIN ROUTE 13 miles

There is a little roadside parking on rough ground by the T-junction in **Bruera** just before the church. Go past Bruera church on your left and down the lane. It is one mile to the village of **Aldford**, passing a 'Christmas tree' plantation and the outskirts of the Eaton Hall estate. Hill Cottages on the right have beautiful gardens and on the left is the Aldford Visitors Centre (by Backyard Farm). It has a car park and it might be possible to park here with permission.

At the main road, the B5130, turn left and cross the Aldford Brook. The Grosvenor Arms is visible to the left. Turn immediately right, **with care**, into Church Lane. There are some attractive estate houses along here, one has an old pump in the garden and Pear Tree Cottage has a pear tree—what a surprise! The parish church of St John the Baptist has a lovely spire and clock tower.

Turn left, just beyond the post office and village store, down School Lane. Pass the school on the right and a thatched cottage with interesting topiary in the garden. At the junction with Rushmere Road decide whether to do the **Off-Road Route** or not.

MAIN ROUTE continued

The Main Route continues down School Lane and bends left by the farm. After ½ mile at the B5130 turn right, **with care**, and follow this road for 1 mile to Churton (It does have a pavement). Turn left at the cross roads into New Lane. Go to the end and turn left at a T-junction by the old Churton Hall Farm. In ½ mile bend left (where a track goes straight on to a bridleway).

OFF-ROAD ALTERNATIVE *Not recommended—see Comments*

Turn left down Rushmere Lane. Continue to the main road and turn right, **with care**. Take the first left (this has a sign 'Lower Road, Dead End, Unsuitable for Motors'), go down the single track lane past the cottages and continue straight down the cart-track, through the gate. Give way to any pedestrians. It is well used by horse riders and can be very muddy in places, especially after rain, but is safely away from cars! It is lined with some magnificent old oak, ash and poplar trees. There are pleasant views over fields and towards woodland on the left.

Continue straight on by Grange Farm. After the gate the surface becomes more uneven and there are lots of pickly burdock plants so be careful not to fall off! Just before the road the track becomes more like a switchback and no doubt the aspiring rough stuff enthusiasts will enjoy it, but it is very muddy in winter. At the end it meets a road where you should turn left (or right for a short detour there and back to visit the village of Churton). You could Rejoin the Main Route here or follow a muddy bridleway to Barton and rejoin the Main Route later at Coddington (see map).

MAIN ROUTE continued...
At the right bend, the **Off-Road Alternative** rejoins from the left. It is a pleasant 2½ mile ride along the lane to Coddington between fields and with distant views of Peckforton Hill. Turn left at a T-junction, signed Chowley and Aldersey, into Coddington. The next mile is in common with the Stretton Mill Ride and links with the Cheshire Cycleway. In the tiny village of **Coddington** there is a telephone, a parish room which used to be the school and the attractive parish church of Saint Mary. Continue straight on for ¾ mile and then turn first right, (the sign is broken) just before the massive gateposts surmounted by stone balls which guard the entrance to Aldersey Park. After a few yards pass Yew Tree Farm, which is dated 1654, and then an enormous old oak tree on the left. Keep left round the bend where a cart track (and Ride 10) leaves on the right. It is now one mile to Chowley on a narrow lane.

Turn left at the T-junction and in ¼ mile go straight across the main road, the A41, **with great care**; this is a very busy road. It is signposted Tattenhall, Huxley, Ice Cream Farm and Candle Workshop. It is uphill at first to a large house at the top called The Righi and then downhill through a sandstone cutting. Go straight down this road (Frog Lane) into the village of Tattenhall.

At the T-junction by the Beehive Stores (which sells ice creams and soft drinks) turn right into High Street. Cycle up through the village, passing a cross on the right and a cottage dating from 1601. One chapel is now a scientific centre. For a short there and back detour to see the church, turn left along Church Bank passing the black and white NatWest bank and the old cottages to reach the delightful church of St Alban.

The pub called the Bear and Ragged Staff is on the right, then the post office and another hostelry, the Letters Inn and just beyond the junction is a third, the Sportsmans Arms. Turn left (signed Ice Cream Farm, Huxley and Chester) and then go straight on round the right hand bend, still following the signs for Huxley in Tattenhall Road. You pass some open space with oak trees before coming to a modern housing estate and then leaving Tattenhall.

DIVERSIONS

A visit to the Cheshire Farm (Ice Cream Farm) is a must! It is a ½ mile there and back diversion. Turn right, **with care**, at the cross roads, towards Newton along Newton Lane. Follow the signs for the Farm. (This is also the link to Burwardsley on the Beeston Castle Ride in the next volume.)

Or, for a mere ½ mile detour from the same cross roads, if you go straight on you reach a Banks's pub, the Aldersey Arms and the Shropshire Union canal, which would make a good picnic spot, and a possible link with Ride 3, near to Huxley.

MAIN ROUTE continued...

And now after any diversions return to the same tiny cross roads. From the Tattenhall direction turn left at the cross roads to continue, signposted Gatesheath and Chester. After one mile cross the bridge over the disused railway. This looks as though it would make an ideal cycle path!

After ¼ mile you will reach the small hamlet of Gatesheath where you turn right at the T-junction, signed Chester. After a mile at the busy main road, the A41, turn right, **with extreme care**. (It would be safer if children were allowed to use the footpath on the right hand side of this road, but even then care will be needed for the eventual crossing.) After only 200 yards turn first left, signed Bruera, Saighton and Aldford. It is a quiet country lane again. This is the winding 'home straight' as it is just 1¼ miles back to Bruera and the roadside parking, or turn left at the church to return to Aldford.

OTHER INFORMATION

BRUERA

This was originally The Heath and was later named the same thing from the Latin *Brueria* meaning the heath!

ALDFORD

The name means old ford. It is an attractive village on the

Grosvenor estate. The cottages were designed by the architect John Douglas and include interesting features such as barley twist chimneys, patterned brickwork and gardens big enough for a cow, a pig and a few hens! There is a Visitors Centre at Backyard Farm but it has never been open when I have visited! There are two craft workshops: one is 'The Silver Linings' and the other is a furniture workshop.

CODDINGTON
Was called Cotintone in the Domesday Book, ie The Tun of Cotta's people. It is now a very quiet farming community but in Roman times was apparently an important staging post en route to Wroxeter. The church is on an ancient site. In the field opposite the church is a mound which is believed to be an ancient tumulus, possibly dating to the 7th century and the time of the kingdom of Mercia. Like most villages it once had a mill. Where the Mill House stands today was the village green, where the market and fair were held.

TATTENHALL
The name comes from Old English Tata's Halh and the village dates from Roman times. Roman coins were found during the building of Park School. The church stands on an ancient site and is well worth a visit. Tudor Cottage along Church bank is dated 1760. There used to be a belief that the ghost of a headless woman sat at night by the gate of the Pool Head Field giving rise to a local old saying

coom thou yarly, coom thou leet
be ware of the buggin at the Poo Yed Geet

There is a sports pavilion and war memorial on the Flacca field, which is where the Tatenhall Wakes used to be held in June, including a grand procession and an unusual style of tug of war—instead of people pulling the ropes it was between teams of shire horses. Tatenhall's population increased as a result of the coming of the canal and then the railway. There were two stations here but both are closed. Olympus House in the centre is now offices but in the past it has been a school and a home for waifs and strays.

The Cheshire Ice Cream Farm is a working dairy farm where you can look through a viewing window to watch the cows being milked (1.30 to 3.30pm). Ice cream is manufactured on the premises and on weekdays some of the final stages of the process can sometimes be seen. Also, not surprisingly popular, is the free ice cream sampling (but you only get a spoonful!). There is a cafe set in farmhouse kitchen style and on summer weekends it is a busy destination for family outings. There is free entry to see many farm animals, eg rabbits, ducks, hens, pygmy goats and rare breeds of pigs and cattle. It has a range of home made food and also cheese and ice cream for sale. It is open from 10 to 5.30 in summer and 10.30 to 5 in winter, but is closed for two weeks in January. Tel 0829 70995.

Waiting while the cows come home!

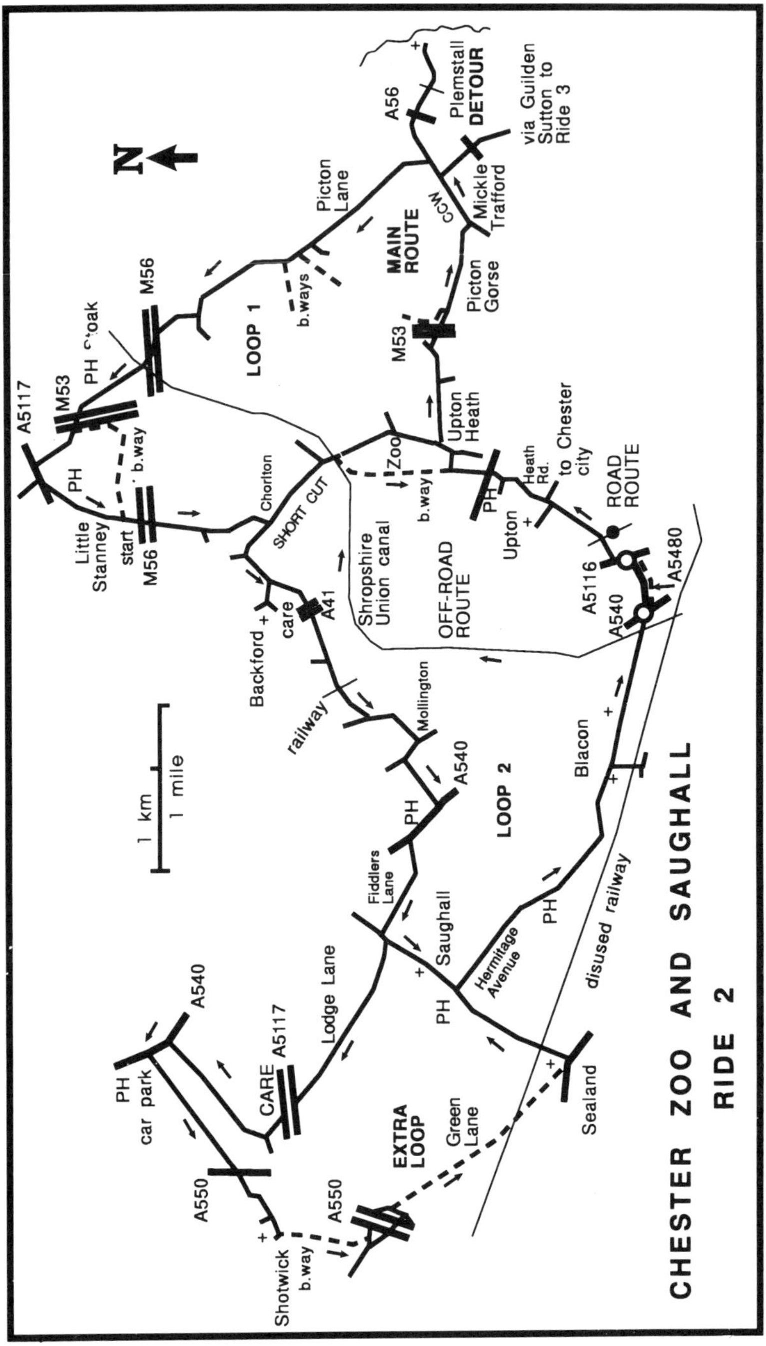

CHESTER ZOO AND SAUGHALL
RIDE 2

RIDE 2

CHESTER ZOO AND SAUGHALL

DISTANCE	17 miles/27 km (+ Plemstall detour 2 miles + Extra Loop to Shotwick 7 miles), or Loop One 8 miles/13 km, Loop Two 10 miles/16 km
ASCENT	55 metres/185 feet + Shotwick 20 metres/70 feet.
MAP	O.S. Landranger 117 Chester & Wrexham
START	Little Stanney or Chester Zoo
ROUTE	Little Stanney—Backford—Mollington—Saughall—(Woodbank—Shotwick—Sealand)—Blacon—Shropshire Union Canal—Chester Zoo—Mickle Trafford—Plemstall—Picton—Stoak—Little Stanney

GETTING THERE

BY ROAD On a minor road in Little Stanney off the A5117. The area where cars can park is ½ mile south of Rake Hall, just past the pylons.
OR The zoo is well signed from the A41 (Chester ring road).
BY RAIL Bache station on the Road Loop, or Chester station and join the ride at the zoo or SU canal.

COMMENTS

If 17 miles is too far, especially with the Detour and Extra Loop, the Main Route can be done as two separate rides—Loop 1 and Loop 2—see map. This route is ideal for residents of Chester, Saughall and south Wirral to join from home. It is somewhat mixed—on the plus side there are some attractive lanes and a section of the lovely SU canal, some interesting villages with long histories and ancient churches and a chance to glimpse the animals from the bridleway through the zoo. On the minus side: in places there are smells from the Shell Oil Refinery and there is the noise of traffic in the distance. There is an unavoidable stretch on a busy road through a built up area in Blacon.

The extra loop to Shotwick unfortunately crosses the A5117. To avoid this with children it would be possible to go both in and out of Shotwick the same way—on the bridleway from the Sealand direction. However there are road improvements scheduled for this area and it seems likely that access to and from Shotwick may be impractical for cyclists during the works. Afterwards the facilities for cyclists will be much improved.

Apart from the detour to Plemstall the route is circular so one could join anywhere convenient. There is a mile on the CCW near Mickle Trafford so cyclists on this ride can link with it.

THE PUBS

The Yacht Inn is in Woodbank.

The Greyhound (Whitbread) and the Egerton Arms (Bass) are in Saughall.

The Bunbury Arms (Boddingtons) is in Stoak and serves some food.

Rake Hall (Burtonwood) is in Little Stanney. It is a very large pub serving food and has picnic tables.

The Wheatsheaf (Brewers Fayre) is in Mollington and families are welcome.

The Wheatsheaf (Brewers Fayre) is in Upton by Chester, is open all day Mon-Sat, and has a garden.

THE RIDE

MAIN ROUTE 17 miles

In **Little Stanney** ½ mile along Rake Lane from the A5117, straight after some pylons, there is a small area of rough ground, where cars can park on the left, by the start of a bridleway back to Stoak. This would be the best place to **start** if not patronising the zoo. Turn left onto the lane. In less than a mile turn first left to Chorlton. At the T-junction turn right, signed Backford and Mollington. **Or see Short-Cut.**

SHORT-CUT AND LOOP ONE 8 miles
At the T-junction by Chorlton Hall turn left, signed Upton. Go to the T-junction and turn right. Cross the hump-back bridge over the canal and turn first right onto the bridleway which climbs and then runs through the zoo. Then follow instructions from this point in the Off-Road Route on page 44.

MAIN ROUTE continued...
In ¼ mile at the T-junction turn left signed Backford and Mollington. (Backford is also not worth a visit—no ice cream shop!) At the A41 cross the dual carriageway **with care** by the Happy Eater, signed: Mollington, Weight Limit 7.5 tons (any overweight cyclists?!). Follow Station Road down and then uphill and enter Lea by Backford. Mollington post office is a welcome sight as it sells ice creams! Keep left into Well Lane and pass some rather imposing houses and a village pump. At the T-junction turn right into Townfield Lane. Turn left into Overwood Lane and follow it to the main road. After ¼ mile turn right **with care** onto the A540 and pass the Wheatsheaf pub.

Turn first left into Fiddlers Lane and follow it for ¾ mile to the outskirts of Saughall. At the end is a village store selling ice creams, soft drinks and take-aways. Turn left onto Church Road.

Decide here whether to do the Extra Loop to Shotwick. For instructions see below. It is NOT advised when the road improvement works commence. Afterwards there should be proper cycle lanes and bridges over the main roads giving safer access.

To omit Shotwick, continue along Church Road into Saughall village passing the parish church and a few shops. Turn left immediately beside the clocktower into Hermitage Road, opposite the Greyhound pub.

EXTRA LOOP TO SHOTWICK 7 miles

For Shotwick turn immediately right out of Church Road into the delightful Lodge Lane. Follow it to the end where there is at present (Feb '94) a very dangerous crossing of the A5117. Go straight across the dual carriageway, **with extreme care**, where there is a gap through the central reservation. This road is very straight and the traffic is heavy and fast. It is **not** suitable for children until after the improvements.

You are now in another peaceful narrow country lane, which becomes Woodbank Lane. Turn right at the junction and in a mile at the end turn left onto the A54 signed Hoylake. In ¼ mile turn first left or continue a few yards to the layby (with a telephone) just past the Yacht Inn. This would make an alternative **start** for people from the Wirral or those definitely doing the Extra Loop.

From this layby turn right and first right **with care** into a lovely lane with trees and plenty of flowers on the verges. After a mile you reach the main road, cross it **with care** following the sign, Shotwick, No Through Road.

Shotwick Church

In ½ mile you reach the old world village of **Shotwick** and pass the church. Continue on the cart-track, bear left following the main track and cross the stream by a tiny hump back bridge. On the straight section is a fairly dry stream by a hedge which is the original river Dee and therefore the border! Continue for ½ mile on

Green Lane East to the main road. Turn right **with care** and immediately left, signed Industrial Estate. Cross the A550 dual carriageway, thankfully by a bridge.

Turn immediately right (don't go down onto the A550!) onto Green Lane and follow the track past the industrial estate and RAF Sealand. In 1 mile cross the railway and in ½ mile in Sealand by the church turn right **with care**. Cross the railway again and after 1 mile just before reaching the town of Saughall you will see the Cheshire sign and thus cross back over the border into England. Entering **Saughall**, ride along Seahill Road and pass the Greyhound pub. Turn first right, **with care**, into Hermitage Road and rejoin the Main Route.

MAIN ROUTE continued...
For the next mile along Hermitage Road the route is pleasant with a mixture of scattered houses and farms in a predominantly farming area. Pass the Egerton Arms and continue along Saughall Road.

The route then unavoidably enters Blacon along Blacon Avenue and is through a built up area, passing shops. Care is needed if cycling during the rush hours. After a mile pass St Theresa's church, the Lord Byron pub (Greenalls) and West Cheshire College. Go up onto the canal bridge and if you have a BW Permit go down the steps on the far side and onto the SU canal towpath. Bikes can be wheeled carefully down these steps. Residents of Chester could join here. **OR See Road Loop**

OFF-ROAD ROUTE Towpath and zoo bridleway 4 miles
This is an alternative part of the ride provided you have a BW permit. Some of the towpath is difficult to cycle as it is narrow, unsurfaced and muddy but it is beautiful, away from traffic and is good for picnics.

Turn right away from the bridge and cycle slowly along avoiding other users! After ½ mile go under bridge 130 carrying the A540. (This has a ramp and a few steps on the far side.) After another ½ mile go under bridge 131. This area is best for picnics. It is a mile to the railway bridge where there is a delightful strip of woodland and a further ½ mile to the A41 bridge. After 1 mile leave the canal at bridge 134 carrying the minor road to the zoo. (To complete **Loop 2** follow the Short-Cut backwards.)

Oh, what lovely handlebars!

Go under this bridge, up onto the road and left onto it. **The Short-Cut and Loop 1 rejoin here.** Turn almost immediately right onto a bridleway, signed Upton. It is uphill to the **zoo** and then goes under the overhead monorail. It is possible to do some animal spotting through the hedges and fencing at the rear of the animals' enclosures. Emerge onto Flag Lane North.

ROAD ROUTE (to avoid the Off-Road Route) 2 miles
I don't think this route is as suitable for children but it does have some stretches of cyclepath to avoid the roundabouts. It is well worth obtaining the BW Permit for the canal route.

Continue to the end of Blacon Avenue. Pass West Cheshire College and cross the canal. At the new roundabout for the Chester western bypass follow the cycletrack round onto the wrong side of Countess Way the A5480. It is demarcated by red tarmac and a white line.

Pass the Eight Rights pub, and at the next roundabout turn left onto the A5116, Liverpool Road, signed Ellesmere Port. There is a short cyclepath on both sides but stay on the right side. It ends by the garage. Dismount and wheel the bike a few yards to the right turning, signed Bache Station and Upton, by The Bache.

Pass shops and a post office and go under the railway bridge by the **station (alternative start)**. Continue up Mill Lane passing the old mill and a war memorial. Go straight across the cross roads, signed The Zoo, or detour briefly to the left down Church lane to see the parish church of the Holy Ascension Upton by Chester. It has a sandstone spire with a weather cock on top. This cross roads is the link point with the Chester City route.

Mill Lane becoomes Heath Road and continues through a built up area. Pass the Wheatsheaf then turn left by the pump into Flag Lane South. At the main road go straight across into Flag Lane North passing some open space and rejoin the Main Route by turning right into Oakfield Drive.

MAIN ROUTE continued...

From Flag Lane North turn left into Oakfield Drive (by a post box). Turn left at the end and second right, signed Picton Gorse and Mickle Trafford. There is a huge free **car park** about 600 yards up this road for visitors to the zoo. It is also used some weekends before Christmas for the park and ride scheme into Chester.

(If using the zoo **car park** turn right out of it and first right signed Chester. In 100 yards turn left signed Picton Gorse and Mickle Trafford.)

Follow Acres Lane for ¾ mile and turn second right signed Picton and Mickle Trafford (MT). Go straight across the staggered cross roads signed MT. At the T-junction turn left and you are now on part of the CCW for a short distance. (A visit to MT down School Lane was found not to be worth the effort.) Continue along the Street and turn first left (leaving the CCW) into Picton Lane (or see detour to Plemstall instructions below).

DETOUR TO PLEMSTALL 2 miles
On entering the residential area continue (left) on the Street even where it is labelled 'Dead End' as cyclists can use this old road. Turn left onto the A56 and immediately cross it, **with care**, turning right into the lane signed Plemstall Church.

After the farm on the left there is an old stone marker post with a very worn inscription saying 'Mickle Trafford cart road' on one side and 'Parish cart road & footpath to ...Morley'? on the other. The church is in an isolated position at the end of the lane. Return up the lane and again take **great care** when crossing back over the main road, retracing the route between the bollards and onto the Street. Turn right at the T-junction to rejoin the main route.

MAIN ROUTE continued...
After 1 mile pass through **Picton** and after another very rural mile you come to Stoak. Go straight across the motorway and SU canal bridges and into the village passing the Bunbury Arms.

Continue to the main road via Little Stanney Lane to **Little Stanney**. Turn left onto the A5117. (It would be safer if children were allowed to use the footpath for this short stretch of main road.) Turn first left into Rake Lane signed Chorlton and soon pass Rake Hall. After ½ mile just after the pylons, return to the small area of rough ground to end the ride.

OTHER INFORMATION

CHESTER ZOO
This is Britain's largest zoo with 110 acres of landscaped gardens. It is open all year from 10 am till last admissions at 3.30 to 5.30 pm, depending on season. It has all the usual animals including penguins, chimps, elephants and a large bird collection. There are cafes, snack bars and a shop. Picnics are allowed in the grounds. The gardens are very colourful. There are water bus trips to see the waterfowl, and a fairly new overhead railway. Telephone 0244 380105—recorded message. Adults £6.50, pensioners and children under 15 £4 and under threes are free.

SHOTWICK

Shotwick lies on an old Roman road which probably ran from Chester to Meols via Saughall. It is called Sotowiche in the Domesday book, the 'wich' possibly indicating that it was one of the Cheshire salt towns. It seems more likely that the salt here was obtained by evaporating the nearby sea water than by mining. An alternative explanation for the name is from Old Norse *wik* meaning a creek.

There was a castle at Shotwick which guarded the Welsh border and also the fords across the Dee. The fords were used until the eighteenth century. Shotwick castle was also the place where people (including kings) embarked for sea journeys. This is an ideal village for a cyclist to visit as there is no through way for motorists but there is a bridleway leading out beside the churchyard towards the ancient ford. Shotwick is very quiet and unspoilt by any modern developments. This also means that there are no amenities. The old sandstone church of St Michael dates from Norman times and still has a Norman south doorway, an unusual three decked pulpit and old box pews. But perhaps its most interesting feature is an iron ring, to which, it is said, boats once moored. It is found in the SW corner of the churchyard wall in a capping stone (and is rather overgrown with brambles). This gives us another reminder that Shotwick was once a port on the river Dee.

Shotwick Hall was built in 1662 by Joseph Hockenhull (from an old Shotwick family). It is Elizabethan in style with interesting windows and is found a little way along the lane from which runs the footpath to Puddington.

BLACON RAILWAY

This is disused and would make a good cycleway for the future; an ideal alternative to cycling down Blacon Road. It is unsuitable for cycling at present.

A5117-A550 DEESIDE PARK TO LEDSHAM ROAD

Road works are scheduled soon, after a public enquiry, and are likely to make cycling difficult to and from Shotwick during the works but easier afterwards. It is worth checking on possible changes in this area before embarking on this ride in the future.

PLEMSTALL

The name derives from Plegmundstowe, meaning Plegmund's hermitage. Plegmund was a hermit here until becoming Archbishop of Canterbury in the 10th century. This parish includes Mickle Trafford and Picton. A church has stood on the site of the present one since the seventh century. This one dates from the fifteenth century and like Shotwick has a three decked pulpit. The church is usually locked. There is a story about the naming of the church that a fisherman who was shipwrecked during a storm made a promise that if he was saved he would build a church to St Peter. The stream here was tidal and the story goes that he found his safe haven on the rock where the church now stands. The more likely origin is from the Benedictine Abbey of St Peter and St Paul in Shrewsbury which was its mother church. There is a tomb in the churchyard with carvings of skeletons. This belongs to the Hurleston family who once owned Picton. There is a renovated watermill on the Gowy with an undershot waterwheel.

STOAK AND LITTLE STANNEY

The name Stoak may come from 'stockade' as there was an outpost of the Roman camp at Cestria here. The original medieval church of St Lawrence was rebuilt in the nineteenth century. Its three bells are early seventeenth century. (It has very old memorial panels inside but the church is usually locked.) The Bunbury family lived at Stanney Old Hall. This medieval house has since been demolished, it was on the site of the present Old Hall Farm. Rake Hall hotel and pub is worth a visit as many old features remain. Behind the garage in Little Stanney is Shop Farm which is 300 years old and was once an inn. Apparently there are remains of the Roman road to Stoak underneath it. An old proverb from the area makes the unlikely assertion that

In Stoak there are but few good folk
In Stanney hardly any.

RIDE 3

CHRISTLETON, HOCKENHULL PLATTS AND TARVIN

DISTANCE	17 miles/27 km, or short loops 11-12 miles/18-19 km
ASCENT	80 metres/265 feet. Gently undulating.
MAP	O.S. Landranger 117 Chester & Wrexham
START	Little Heath, Grid Ref SJ443659, or Waverton by the canal.
ROUTE	Little Heath—Christleton— Hockenhull Platts—Tarvin—Oscroft— Willington—Clotton—Huxley—Hargrave— Waverton—Shropshire Union Canal— Christleton—Little Heath

GETTING THERE

BY ROAD From Chester take the A41 and at the roundabout with the A55 stay on the A41, signed Whitchurch. In ½ mile turn left, crossing the Shropshire Union canal bridge, and in ¼ mile reach the church in the centre of Christleton. Turn left into Little Heath Road and the car park is ¼ mile on the right down the track beside the mere. Go past the British Legion and park by the playground at the end.

BY RAIL Chester station. Follow the A41 as above or possibly the Shropshire Union canal as far as The Old Trooper.

COMMENTS

The route is circular so locals could join at any convenient point.

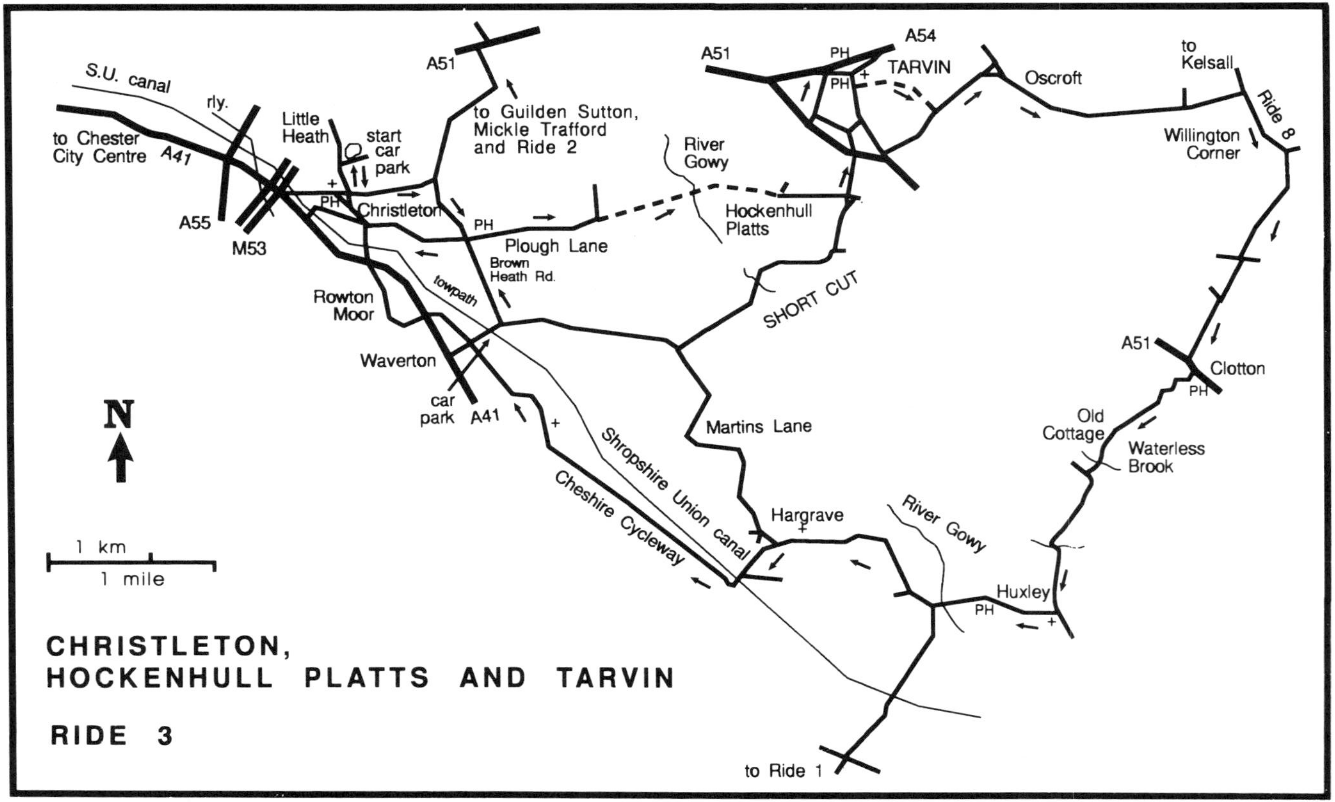

S.U. canal
rly.
to Chester City Centre
A41
A55
M53
Little Heath
start car park
PH
Christleton
A51
to Guilden Sutton, Mickle Trafford and Ride 2
PH
Plough Lane
Brown Heath Rd.
towpath
Rowton Moor
Waverton
car park
A41
River Gowy
Hockenhull Platts
SHORT CUT
A51
PH
A54
TARVIN
PH
Oscroft
to Kelsall
Ride 8
Willington Corner
Martins Lane
Shropshire Union canal
Cheshire Cycleway
Hargrave
River Gowy
Huxley
PH
A51
Clotton
PH
Old Cottage
Waterless Brook
to Ride 1
N
1 km
1 mile
CHRISTLETON,
HOCKENHULL PLATTS AND TARVIN
RIDE 3

For those arriving by train or car the best place to start is Little Heath. This has a small car park and a delightful small mere. It is also the nearest point to Chester railway station.

Although the 17 miles may seem long for families it is mostly flat and easy cycling and there are various shorter loops which can be seen on the map. A 10 mile short loop is possible by starting in Christleton or Waverton and using the Short-Cut Route shown on the map, or if starting in Tarvin to do an 11 mile route using the Short-Cut described. There are no obvious hazards on these quiet lanes. Another alternative for Chester residents or to link with the Chester City Ride could be to use the SU canal towpath, with permission, to reach Christleton.

For the experienced cyclist this ride can easily be linked to either the Kelsall Ride as it has a short section in common with it or the Tattenhall Ride to make a longer day's outing. It also links with the CCW on Plough Lane. There is a good selection of country pubs en route and several ice cream and soft drinks shops. It is mainly through pleasant farmland and attractive villages. The small town of Tarvin adds plenty of interest.

For the off-road enthusiast there are two short sections on bridleways and the option of a short ride along the SU canal. Young children would find it too tiring to ride all the way back from Hargrave to Christleton along the towpath. I prefer to use the road which runs parallel and lies just to the south of the canal to Waverton and then a only short stretch on the towpath. This is only for holders of a British Waterways licence and it is more suitable for mountain bikes than tourers. The towpath may be busy in summer and cyclists should ride slowly and give way to other towpath users. A Road Route is given as an alternative.

THE PUBS

The Plough (Greenalls) is in Brown Heath. It serves bar snacks.

The George and Dragon (Banks's) and Red Lion (Greenalls) are in Tarvin.

The Bulls Head (Bass) is in Clotton.

The Farmers Arms (Greenalls) is in Huxley. It has a beer garden, a good variety of home-made food and a Chinese restaurant.
The Ring O'Bells (Bass) is in Christleton.
The Old Trooper (Whitbread) is between the A41 and the canal outside Christleton and serves a Beefeater menu.

THE RIDE

MAIN ROUTE 17 miles

From the car park in Little Heath cycle back along the lane, passing the attractive almshouses on the left. Turn left by the small mere towards **Christleton** along Little Heath Road. In the village, turn left into Birch Heath Lane. In ½ mile at the end, turn right into Rake Lane, signed Waverton. In ½ mile at the cross roads, turn left into Plough Lane, passing the Plough Inn.

Hockenhull Platts

After ¾ mile where the road bends sharply left, turn right, **with care**, into the minor road which goes straight on, following the sign of a yellow arrow with a green spot. Continue straight on at the turn off for Cotton Farm onto the bridleway to **Hockenhull Platts**.

This is a medieval trackway called Bakers Way. The surface is now a mixture of gravel, mud and cobbles and it soon becomes single file. Pass the Nature Reserve fields, a huge old willow tree and a small pond. Cross the three packhorse bridges. The middle one crosses the River Gowy and makes a delightful picnic stop (2½ miles from start). Then continue straight on. Children may want to wear gloves in summer to protect their hands against overhanging nettles. (The bridleway to the left which goes more directly to Tarvin is too muddy in winter). At the road turn left and on reaching the Tarvin bypass dismount and cross, **with care**. This route (Broomheath Lane) into Tarvin is quiet as there is no crossing here for cars.

Enter the outskirts of **Tarvin** and at the T-junction turn left into Heath Drive and pass the school (or turn right into Broomheath Lane and follow the map if you prefer to omit Tarvin). At the end turn right into Hockenhull Lane (the continuation of the muddy bridleway). At the main road turn right into the centre of Tarvin and pass Tarvin Hall. There are some old cottages and a fascinating Tropical Fish shop. Pass shops and the George and Dragon and the Red Lion pubs. Follow the main road to the right, Church Road, and pass the church of St Andrew.

There is now a short (½ mile) off-road section. Turn first left after the bus stop (opposite Langford Court). It is OK for mountain bikes and for tourers in dry weather. Do not go through the gate facing you down the track: the way bends to the right and continues along a lane, which is muddy in wet weather, to the road. Turn left and in ½ mile you will reach the tiny settlement of **Oscroft**. (To omit this track, continue along the main road for ½ mile and turn left into Cross Lanes for Oscroft, which is a further mile down the lane.)

In Oscroft bear right, past the village green and telephone, and right again. It is 1½ miles very slightly uphill from here to Willington. Continue straight on for another ½ mile to a T-junction at **Willington Corner**. Turn right, signed Utkinton. The next ½ mile is in common with the Kelsall ride. This shady road is part way up a lovely wooded hill with old sandstone walls and bracken. In ½ mile follow the main road round to the right (leaving the Kelsall Route) by Willington Hall Hotel. There are impressive trees and shrubs in the park-like grounds.

Most of the climbing is now over and we can glide gently downhill for about 1½ miles! Pass an attractive black and white farmhouse just before reaching the main road, the A51 in **Clotton**. Turn left, signed Tarporley, and immediately first right, **with care**, signed Hoofield, Huxley and Tattenhall, passing the Bulls Head. It is 1 mile from Clotton to the 'Waterless Brook' and the Old (medieval) Cottage on the right, which formerly had a garden centre. Turn left at the next T-junction, signed Huxley and Tattenhall and pass the old Hoofield Hall farm. After 1 mile turn right, signed Hargrave, Tattenhall and Chester, by the **Huxley** Methodist Chapel and follow the CCW.

In ¼ mile is the Farmers Arms (also worth a visit!). It has an interesting sign board. The farmer's arms must be strong to hold all those animals! After crossing the River Gowy turn right, signed Hargrave and Chester (Turning left here would link with the Tattenhall Ride at Newton Hall). In 100 yards turn first right, signed Hargrave.

There is a post office in ½ mile and a private track on the right which leads to the moated Lower Hall. Continue round the left bend and pass the sandstone church of St Peter in **Hargrave** where there is a bus shelter which has proved useful when caught out in the rain, and a church garden with a seat for use in fine weather.

The route from here is a delightful lane following the south west side of the Shropshire Union canal and then the choice of a short ride along its towpath or a lane back to Christleton. A **Short-Cut** is possible for those who started at Tarvin, via lanes to the north of the canal. After the church continue straight down to the canal bridge, turn right and cross over (**with care**, as it is narrow and oncoming traffic uses the middle of the road).

SHORT-CUT TO TARVIN 12 miles

Follow these directions in reverse for a short loop, of 11 miles, from Christleton (see map).

After the church in Hargrave turn first right, signed Tarvin and Waverton. This minor road (Martins Lane) winds round the fields for 1½ miles. At the T-junction turn right, signed Tarvin, Duddon and Tarporley. After ¾ mile cross the River Gowy near a sluice and in ½ mile turn left, signed Tarvin and Oscroft, by a large farm. After ½ mile, where Broomheath Lane becomes Cross Lanes turn left, signed No Through Road, to rejoin the Main Route where it emerges onto this lane by the bridleway on the left from Hockenhull Platts.

MAIN ROUTE continued...

Follow the road over the bridge and round the sharp right bend. The road runs close to the canal and provides much easier cycling than on the towpath for this section. NB there is a big ditch between the road and towpath, so beware if you decide to swap from one to the other! There are usually many decorated canal boats here. It is about 1½ miles along this lane. Pass sandstone cottages dating from 1865 and St Peter's church (Waverton). Continue for another mile to the cross roads in Waverton. Turn right out of Common Lane, **with care**. Chose here between the **Short Towpath Route** and the **Road Route**.

SHORT TOWPATH ROUTE

In a few yards cross the road just before the canal bridge to go onto the canal towpath. There is a small **car park** here which would make a good alternative **starting point**. Turn left and follow the towpath under the road bridge. There are some lovely gardens on the canalside and there are often mallards with ducklings paddling along on the water. The path is mainly narrow and a bit bumpy but there are some wider places for picnic stops. Be careful when going under the bridges.

After two bridges leave the towpath via the Old Trooper car park as the access directly to the road is too difficult with a bike. Turn right, (it would be safer if children were allowed to use the footpath here) and first right over the canal bridge. Pass Christleton Hall College of Law and continue along Pepper Street to the centre of **Christleton**. Pass the church and turn left by the Manor House with an unusual sundial. The Ring O'Bells pub can be seen beyond the village green. To return to the start turn left into Little Heath Road.

ROAD ROUTE

Go over the bridge and turn second left into Brown Heath Road, signed Christleton. In ½ mile turn left onto the Cheshire Cycleway (CCW) into Plough Lane. In ½ mile enter Christleton, pass the High School and turn right. The village smithy is on the right and the Ring O'Bells pub on the left. Pass the charming village green with its old pump beside the attractive sandstone church. Then continue along Little Heath Lane back to the starting point.

OTHER INFORMATION

CHRISTLETON and LITTLE HEATH

Christleton means Christ's little town. St James's church is on an ancient site and has a 15th century tower. The mere has swans and ducks which are fed regularly and can easily be watched from the roadside. A tiny island was made specially for the birds so they can breed safely. There are old almshouses on the left.

HOCKENHULL PLATTS

The three stone packhorse bridges date from medieval times. The name comes from three Welsh words; the first probably meaning to peddle (no, not to pedal!), the second is *hen* meaning old and the third *heol* meaning paved path. Platt is Old English for a plaited or woven hurdle type of bridge, and occurs in several Cheshire place names. Thus, there is little doubt that the route is even earlier than the 14th century when the stone bridges were built. So, Hockenhull probably means the 'pedlars' old path'. However, the path is marked as 'Bakers Way' on the OS map.

The River Gowy was once the boundary between Wales and England. Its level is now lower than formerly and the bridges are unfortunately supported on concrete. The marshes have largely disappeared but the existence of the three bridges indicates that they were once a problem to the trains of packhorses carrying goods. The surface on the bridges is mainly original being cobbles and setts, but even these have had to be restored.

Hockenhull Platts Nature Reserve is managed by the CWT and access is by permit. However, it is possible to see over the fields quite well from the bridleway. They are lovely wet meadows with prolific wildflowers including the yellow kingcups, fleabane, ragged robin and great burnet. The song of several species of warblers can be heard in the summer. Dragonflies and damselflies breed in the ponds and can be seen darting over the water.

TARVIN

The name comes from the Welsh *terfyn* for boundary. The two pubs were both old coaching houses. The old black and white cottages are built straight on the rock. The sandstone church of St Andrew has a 15th century tower with battlements and opposite is the old manor house. Most of the centre was rebuilt after a fire in 1752. Watch out at Duddon near Tarvin for the local ghost 'the Headless Woman'. She was a maid from Hockenhull Hall who was beheaded by Cromwell's soldiers for refusing to give them her mistress's jewellery. Legend has it that she walks the lanes carrying her head under her arm!

WILLINGTON HALL

This was built in 1829 in Elizabethan style for Colonel Tomkinson. It has been converted into a country hotel.

BATTLE OF ROWTON MOOR

The battle was fought between the Roundheads (the Parliamentarians) and the Cavaliers (the Royalists) in 1645 during the Civil War. Christleton Old Hall was the Roundheads' base for their attack on Chester. The Royalists burnt down most of Christleton. The troopers of the Civil War are commemorated in the name of the Trooper Inn.

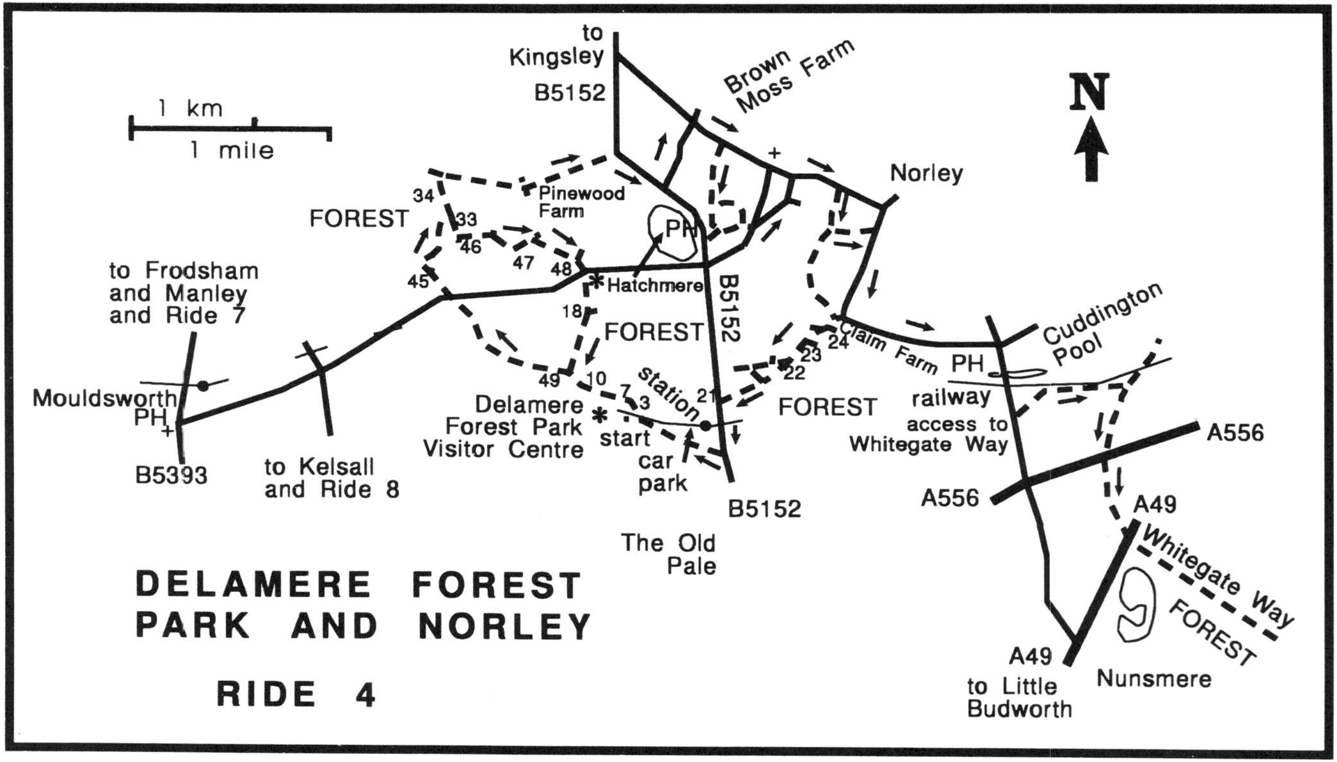

DELAMERE FOREST
PARK AND NORLEY
RIDE 4
1 km
1 mile
N
to Kingsley
B5152
Brown Moss Farm
Norley
Pinewood Farm
FOREST
34
33
46
47
48
45
PH
Hatchmere
B5152
18
FOREST
49
10
7
3
station
21
22
23
24
Claim Farm
PH
Cuddington Pool
railway
access to Whitegate Way
FOREST
Delamere Forest Park Visitor Centre
start
car park
B5152
The Old Pale
to Frodsham and Manley and Ride 7
Mouldsworth
PH
B5393
to Kelsall and Ride 8
A556
A556
A49
Whitegate Way
FOREST
A49
to Little Budworth
Nunsmere

RIDE 4

DELAMERE FOREST PARK AND NORLEY

DISTANCE	6 miles/9 km + links to other rides, or Short Loop 5 miles, Forest Loop 4 miles.
ASCENT	20 metres/70 feet. Flat.
MAP	O.S. Landranger 117 Chester & Wrexham or Pathfinder SJ 47/57 Ellesmere Port (East) or Forestry Commission map
START	The car park at Linmere by Delamere Railway Station, Grid Ref SJ 555703.
ROUTE	Delamere Forest Cycleway—Flaxmere—Norley—Forest—Delamere (+ link to Mouldsworth station) (+ link to Whitegate Way)

GETTING THERE

BY ROAD From Frodsham take the A5152 for about 5½ miles (pass Hatchmere). Turn right down the lane past Delamere Station. Use either the CCC Linmere car park or the FC Visitor Centre one a little further on.
BY RAIL Delamere Station (or Mouldsworth)

COMMENTS

This ride is ideal for those who want to hire bicycles and is a short one for newcomers to cycling. It is mainly off road and so can be tiring and muddy but it is mainly away from traffic. Different length loops are possible. The section in the forest is delightful. The

Cycling Project for the North West and the FC have recently designed two new cycle routes which are complete circles in the forest. It would be wiser for families with very young children to do one of these or the Forest Loop which I have described. I have used the original cycleway route. The lanes and bridleways round Norley are through pleasant farmland and by the forest edge. Privatisation of the FC is causing anxiety about the possible loss of rights of access. It may be worth lobbying for continued access for walkers and cyclists.

For those wanting a longer ride, Norley is the link with the Acton Bridge Ride in *Family Cycling in North Cheshire* and also with the CCW. The link to Mouldsworth station gives access to the Kelsall to Mouldsworth Ride and via Manley to the Frodsham Marshes Ride. If, in the future, the disused railway line here is made into a cycleway then it would open up a safe off road route to Helsby! There is also a link with the Whitegate Way (a disused railway which has been given bridleway status for part of its length).

THE PUBS

The Carrier's Inn (Burtonwood) can be recommended for its excellent homemade food.

The Forest View (Greenalls) serves bar snacks and has a beer garden and children's play area. Behind it is a caravan and campsite. It is on the Link to the Whitegate Way.

The Goshawk (Greenalls) in Mouldsworth is on the link to the station. It serves bar meals and has a family room and play area.

THE RIDE

MAIN ROUTE 6 miles

It is best to park by the station or toilets and to cycle down towards the Visitor Centre. (NB use the road not the footpath which peters out!) Assuming you visit this first, turn back down the lane and turn left to cross the bridge over the railway (by red and green arrow and two trees symbol).

Please note that bikes are not allowed on any unsurfaced tracks in the forest (even though many mountain bikes do use other paths, it is not permitted and may cause erosion to the sandy soil and probable annoyance to walkers). The original cycleway used to be marked at all junctions but isn't at present. The track is good and wide although it does have a few potholes. It is gently undulating and quite varied, being partly at the edge of the forest and partly through it.

Beneath the towering trees

Keep on the main gravelled track unless stated otherwise and ignore all footpath signs into the forest. Keep on by post **10**, go straight across the Sandstone Trail at post **49** and keep on at post **44**. Just over half way through the forest (about 1½ miles) the route crosses Ashton Road. Take **care** as it can be very busy, and go straight on into the forest again.

OR See the **Link to Mouldsworth** on page 64.

Turn right at post **45**, follow the main track and bend left (near post **33**—not visible). The Sandstone Trail leaves to the right. Go down and then up a hill and keep on at post **34**. Turn right at the T-junction of tracks (by the sign saying 'no cycling' to the left). At the end of the forest the route emerges at a little cross-roads of tracks near Pinewood Farm.

Here go straight across onto the potholed lane (by a sign facing the other way saying 'CCC Private road No unauthorised vehicles'). After ½ mile, at the T-junction with the main road by Forestgate Farm decide on the Forest Loop, Short Loop or Main Route.

FOREST LOOP

If cycling with young children you could turn round at the farm and avoid roads by cycling back through the forest as follows. Return the same way to the bottom of the hill past post **34**. On the bend fork left uphill and pass post **33**. Bend left at post **46.** At the T-junction by a clearing turn left. Turn right at post **47** and fork right at **48**. Cross the road, **with care**, at **Barnsbridge Gates** and go through the car park (toilets, ice cream van and good bird and squirrel watching). Keep on at **18**, left at **49** to rejoin the outward route passing posts **10**, **7** and **3**. Go over the railway bridge and either right for the Visitor Centre or left for the station car park.

SHORT LOOP 5 miles

Turn right **carefully** onto Delamere Road, the B5152, and follow it for a mile back to Hatchmere and the Carriers Inn. Go straight on at the cross-roads down Blakemere Road (**care**—busy road at weekends) through the forest for 1 mile back to Delamere station. Take **care** when turning right back to the station car park.

MAIN ROUTE continued...

Turn right **carefully** onto Delamere Road. It is only ½ mile along the B5152, which can be busy. Turn first left into Forest Lane. It is about 1 mile down this quiet lane with a landscaped pond on the left to a T-junction at the end where you turn right, **with care**. This is the link with the Acton Bridge Ride.

It is less than ¼ mile to the first farm on the right, Brown Moss Farm. Turn right onto the bridleway for 'Hatchmere and School Lane'. Follow it through the concrete farmyard (there may be horses to be seen here) and straight onto a green track. Go through the gate and into a field which may have donkeys, horses or sheep. Keep to the right side of the field (the bridleway is now fenced off from the rest of the field) and go straight on to its bottom right corner. Here there is a signpost: Hatchmere straight on, School Lane left, Norley Road behind.

(A **short-cut** from this point would be to return via Hatchmere and the short loop. Or do a detour to the Carriers Inn or the Forest

Cafe and return to this route by retracing the first 600 yards. Then take the bridleway round the south side of Flaxmere, also signed School Lane, rejoining the Main Route at School Lane.)

Take the sharp left turn to School Lane. The track goes round the north side of Flaxmere. Blue arrows continue to indicate the way. There is an almost immediate right fork (if you miss it you come to a large white gate into a private garden). The path narrows and is under overhanging trees but is good. It emerges after about ¼ mile at Bell House where it becomes a cart-track. At the junction turn left, signed School Lane. At the next junction go down Post Office Lane (effectively straight across), **with care**.

Pass the Old Post Office in ¼ mile and at the end turn right, **with care**, into Norley Road, signed Cuddington and Oakmere. This road through the village of **Norley** is also on the CCW and another link with the Acton Bridge Ride. In only ¼ mile, just after the 'road narrows' sign turn right, **with care**, signed Breech Moss. It is a gravelled bridleway with potholes. Go straight on at the house following the blue arrow.

Ignore two tracks to the left, climb up and just over a brow, then turn left (before gathering too much speed) onto the bridleway, signed **Gallowsclough Lane**. This is narrow, very muddy after wet weather and well used by horses. It goes beside a mixed wood on the right with birch, sycamore and pine. It has a very noisy jay colony. Go forward onto the surfaced track marked with both blue arrows and yellow ones with a green dot. At the surfaced lane turn right, **with care**, passing a field on the left which now has red deer and continue, mainly downhill, for ½ mile to a sharp left bend. If you don't want the Whitegate Way, continue on the **Main Route**.

LINK TO WHITEGATE WAY 1¼ miles

Continue on this lane for another ½ mile. At the T-junction is the Forest View pub. Turn right, **with care**, onto the main road and ride downhill and over a bridge with small lakes (with swans) on either side called Cuddington Pools. Cross the railway bridge. Almost immediately on the left is a sign for the Whitegate Way (see

Whitegate Way Ride in the next volume).

MAIN ROUTE continued...
Turn right on the bend onto the track (no access for vehicles) past Claim Farm. It has large puddles after rain. After the bridleway leaves to the right (alternative way from Norley) walk steeply uphill on next short section of footpath for only 200 yards and enter the **forest** by an opening, well designed for horses.

Go straight down a short sandy slope and follow the main sandy track (immediately right). The surface soon becomes better. Pass posts **24**, **23**, and **22**. Follow the main track right and shortly arrive at a large open space. This is the Christmas Tree selling area and car park, so avoid it on the weekends preceding the festive season! Turn sharp left across the top of this area and then round a right bend, continuing on the main track. When you reach the main road (near post 21) turn left onto the B5152, cross the railway and turn first right, **with care**, to return to the station.

LINK TO MOULDSWORTH 1½ miles
Turn left onto Ashton Road, aptly nicknamed 'the Switchback'. pass the Outdoor Education Centre and go under the railway. At the cross roads go straight across, **with care**. (The road crossing here is the link with the Kelsall Ride.) It is now gently downhill on a quieter road. At the T-junction turn right, **with care**, and go up into Mouldsworth, passing the Goshawk. The station is a few yards further on the right. (Hopefully in the future there may be a new cycleway on the disused railway line to Helsby.) To link with the Frodsham Marshes Ride continue over the railway bridge and then turn second left for Manley or first left into Moss Lane following the Motor Museum sign to visit this.

From Mouldsworth station to the forest (or for the return from the detour by the same route) turn left out of the station and first left after the Goshawk. Straight on at the cross roads by Brines Brow picnic area into Ashton Road. After 1 mile turn left in the forest onto the track (signed for walkers, Frodsham 5 and Kingsley 4).

OTHER INFORMATION

THE FOREST

The forest is managed commercially for timber. The mature trees are finally clear felled, the ground is cleared and then replanted, mainly with Corsican pine, but Scots pine, Weymouth pine and Western Hemlock can also be seen.

The plantations appear quite different according to the age of the trees; the densest and darkest woods being the middle-aged ones (like cyclists?!). After thinning, the older plantations have more light coming through to the forest floor so there are more flowering plants. Sometimes the older trees already look like telegraph poles! The verges beside the paths have been left wide so here many wild flowers, butterflies and other insects can be seen. Look out for the Evening Primrose with its spectacular yellow flowers, and in the Autumn a great variety of fungi including occasionally the obnoxious smelling Stinkhorn! There has been some good amenity planting with many Sweet Chestnut, Silver Birch, Sessile Oak, and Sycamore. There are usually birds to be seen or heard such as green and great spotted woodpecker, thrushes, finches, tits, nuthatches, redpolls, kestrels, sparrowhawks, and even little owls. The grey squirrels, although charming to watch, are considered a pest in the forest as they eat the bark.

Delamere means forest of the meres. It is well named because there are several meres and mosses. They were created by the action of glaciers in the last ice age which scooped out deep holes, called 'kettle holes'. These filled with water and are now in various stages of colonisation and succession by plant communities. There are floating rafts of vegetation mainly made by the bog moss Sphagnum, but with other interesting plants eg cranberry, cottongrass and the insectivorous Sundew. Two of these areas are SSSIs and are managed for their wildlife by the FC and the Cheshire Wildlife Trust. I have taken many students on field trips to the forest (and to the Fox Howl OE Centre) and can recommend the area for anyone interested in natural history.

HISTORY

The forest now covers 970 hectares (2400 acres) which is only a tiny remnant of the once great forests of Mara and Mondrum. They covered a large part of Cheshire in Norman times. Delamere became a Royal Forest in the 14th century and was used extensively for hunting. By the time of Charles I all the deer had disappeared. Over the years most of the forest has been destroyed by the expanding human population and its requirement for agricultural land. A parallel can be drawn with the situation today in the developing countries. In 1816 planting of oak and pine started for the needs of the navy for wooden ships. The oaks didn't thrive so at the start of this century replanting was started with Scots pine (pink bark), Corsican pine (greyer bark) and Weymouth pine (with longer needles). Nowadays it is mainly Corsican pine which is planted as it grows faster.

There is an Iron Age camp on Kelsbarrow Castle, and an Iron Age fort on Eddisbury Hill. At Oakmere is the remains of a promontory hill fort. Crabtree Green was the site of the Tarporley Steeplechase from 1775.

DELAMERE FOREST PARK VISITOR CENTRE

Groundwork Trust operate cycle hire here. At the Visitor Centre, tel 0606 889792, there is a shop, toilets and a hot drinks machine. The centre is open every day, from about 10.15 am to 4.15 pm or longer at weekends. Leaflets will be available here for the two new routes (4 and 7 miles) designed by the Cycling Project for the NW. These routes will also have to cross the main roads. They are not waymarked at present. You can also buy a Forest Map for 80p with all the forest 'roads' marked on which you may cycle and the post numbers. For further information phone the Ranger on 0606 882167 or the Visitor Centre on 0606 888792. There are also toilets and a cafe at Delamere station.

RIDE 5

DODLESTON, KINNERTON AND PULFORD

DISTANCE	Main Route 16 miles/25km, Short-cut Route 11miles/18km, Extra Loop + 3 miles, Off-road Route + 3 miles
ASCENT	175 metres/580 feet. Hilly in parts.
MAP	O.S. Landranger 117 Chester & Wrexham
START	The car park by Dodleston Church, Grid Ref SJ362610.
ROUTE	Dodleston—Gorstella—Lower Kinnerton—Warren Mountain—Penymynedd and Penyffordd (outskirts)—Lower Mountain—Golly—Llay (outskirts)—Singret—Marford—Trevalyn—Darland—Pulford—Dodleston

GETTING THERE

BY ROAD From the Chester ring road (A55) turn onto the A483 signed Wrexham. Go round the next roundabout and return up the A483. Turn first left and it is 2 miles with 2 left turns along minor roads to Dodleston. Pass the Red Lion and turn left into Church Croft. There is a public car park in front of the church.

BY RAIL Chester station. Join the route via the A483 (Wrexham road). Immediately after the large roundabout junction with the A55 turn right for Dodleston by crossing through the central reservation with great care.

OR Coming out of Chester at the junction between the A483 and the A549 take the middle minor road through the built up area. It

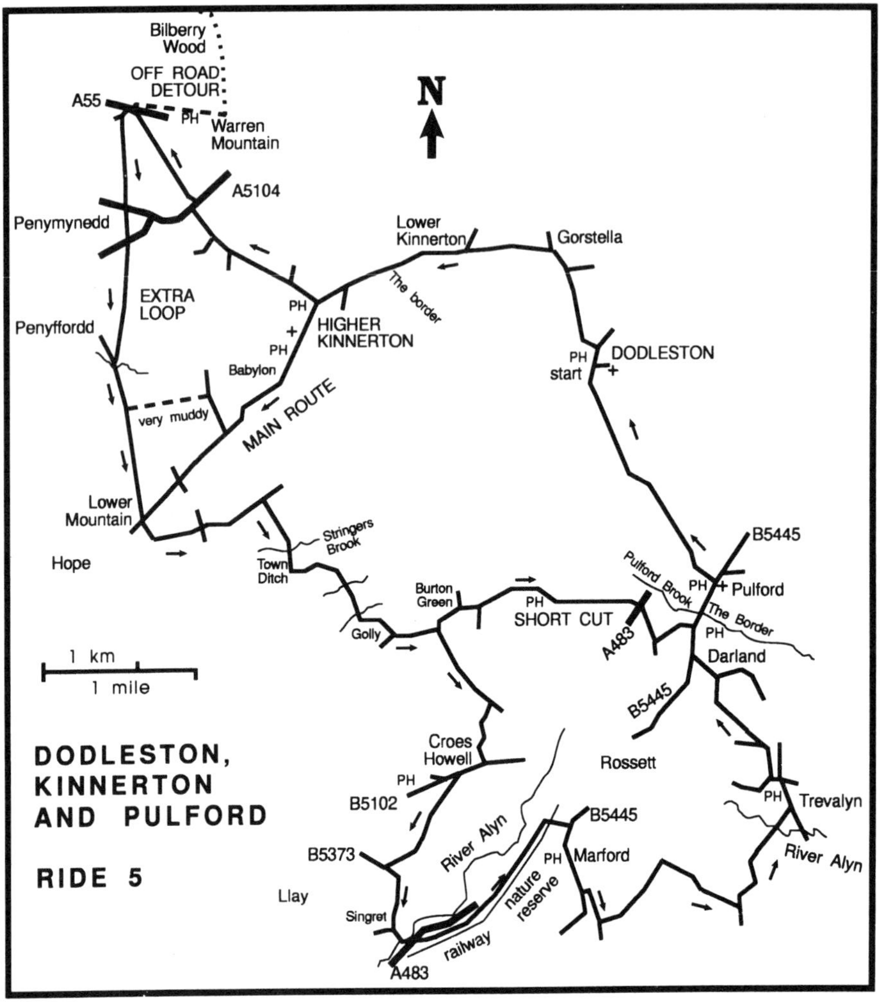

Bilberry Wood
OFF ROAD DETOUR
A55
PH
Warren Mountain
N
A5104
Penymynedd
Lower Kinnerton
Gorstella
EXTRA LOOP
PH
HIGHER KINNERTON
The border
Penyffordd
PH
Babylon
PH
start
DODLESTON
MAIN ROUTE
very muddy
Lower Mountain
Hope
Stringers Brook
Town Ditch
B5445
Pulford Brook
PH
Pulford
Burton Green
PH
SHORT CUT
A483
The Border
PH
Golly
Darland
1 km
1 mile
B5445
Croes Howell
Rossett
DODLESTON, KINNERTON AND PULFORD
PH
B5102
PH
Trevalyn
B5445
River Alyn
PH
Marford
River Alyn
B5373
RIDE 5
Llay
nature reserve
Singret
railway
A483

is 3 miles by a quieter, more direct route to Dodleston. This lane goes under the A55.

COMMENTS

This ride is in Cheshire for only about a quarter of the distance. It straddles the border country and explores some splendid countryside of the Welsh Marches. It is hillier than most of the other rides but this does have the advantages of good views and some gentle and some rather more exciting downhill glides. It would be as well to check the brakes beforehand! The scenery is very varied as there are woods, hills, gently undulating stream valleys and the wide valley of the River Alyn.

The route goes through two lovely Cheshire villages, Dodleston and Pulford. The Welsh villages have, to English ears, some amusing sounding names. Gorstella, Babylon, Singret and Golly conjure up some wonderful images!

The Short-Cut from Burton Green to Pulford shortens the main route by 5 miles (from 16 to 11) and would be more suitable for younger children in terms of distance as well as avoiding the steep climb up on a main road towards Llay and the steep descent in Singret.

For the off-road enthusiast there is the mile long track from Warren Mountain to Bilberry Wood (NB although a wide cart-track used by tractors, it only has footpath status). In this area there is also (so far untried) a bridleway from Trevalyn to Poulton and then a very pleasant wooded lane to rejoin the main route at Pulford. This would be 3 miles instead of 1½ miles direct.

On joining the B5102 after crossing Cook's Bridge just outside Trevalyn it is only 3 miles, by turning right, to Holt. This is on the Farndon to Bangor on Dee Ride. From Holt it is only a few miles to make links with two other Rides: Tattenhall to Aldford near Coddington and Malpas to Stretton Mill at Stretton.

THE PUBS

The Red Lion in Dodleston (Bass) serves bar food (lunch and

evening).
The Royal Oak (Greenalls) in Higher Kinnerton (on the Extra Loop) is a very attractive, small, old pub. It serves bar food and has a small beer garden.
The Swan (Greenalls) in Higher Kinnerton/Babylon is on the Main Route. It serves bar food.
The Spinning Wheel Tavern on Warren Mountain is on the Off-Road Route. It is a free house and does bar meals.
The Trevor Arms Hotel (Greenalls) is in Marford. It serves bar meals.
The Griffin (Marstons) in Trevalyn has small beer garden and camp site.
The Nag's Head (Whitbread) is in Pulford.
The Grosvenor Arms Hotel (Tetleys) in Pulford is a formal style hotel with a restaurant.

THE RIDE

MAIN ROUTE 16 miles
From the car park come out of Church Croft, turn right into Church Road and pass the Red Lion. Fork first left, signed Kinnerton and Bretton into Kinnerton Road and pass the post office on the left, which sells ice creams and soft drinks. Pass the Old Post House on the left. After a mile at the T-junction, by Gorstella farm, turn left, signed Kinnerton.

After 100 yards follow the road left and through Lower Kinnerton. On the right is the Old School House with an ornamental telephone box in the garden. Can you spot the old milestone on this road? Cross the border into Wales. Go straight on where the road to Rossett goes off to the left. At the Royal Oak decide whether to do the Extra Loop or not. See * for Main Route continued on page 72.

EXTRA LOOP 3 miles
By the Royal Oak turn right, signed Mold, Corwen and Penyfordd, out of Main Road into Kinnerton Lane. After 1 mile cross the main road, the A5104, at a staggered junction: turn right, **with care**, and

immediately left into Kinnerton Old Road. Go up the narrow lane and through the woods on Warren Mountain. A roadside picnic would be quite pleasant here. The woods have a mixture of birch, beech, sycamore, elder, oak, and sweet chestnut as well as the pine and larch. It is about 1 mile to the end of this wooded lane. It joins the old road (originally the A5104, but no longer an A road since the construction of the Wrexham by-pass).

DETOUR WITH SOME OFF-ROAD 3 miles
This is an extra there and back detour to Bilberry Woods. At the sharp bend cross the footbridge over the Wrexham by-pass, via the special cyclists' stile. Turn right downhill along the lane running parallel to the dual carriageway and through another stile. Here there is a public car park (which would make an **alternative start**). To visit Bilberry Woods continue on past the houses and turn left signed 'Footpath, Cherry Orchard Farm'. To reach a walk in the woods or for a pleasant picnic spot would be a mile along this potholed track. Return by the same route. Climbing back up the road you pass The Spinning Wheel Tavern and a house with a very life-like model of an owl on the porch. Return through the stile and then left to cross via the footbridge and right onto the road to rejoin the Extra Loop.

EXTRA LOOP continued...
Take the first turning on the left into Old Hope Road. There is a gentle climb up to the crest of the hill, passing an aerial, then a glide downhill, leaving the woods behind, and down to the main road. Be ready to stop! Go straight across, **with care,** and after ¼ mile at the staggered junction turn right, **with care,** and immediately left into Lower Mountain Road. The villages of Penymynedd and Penyffordd are off to the right.

This lane has good open views to Hope Mountain. After 1 mile cross Black Brook. There are also good views to the left towards the Beeston and Peckforton hills in the distance. The fields in this area have sheep and cattle (The muddy RUPP mentioned on the Main Route joins on left just before the houses). After a mile at the end of the lane there is a staggered junction. Turn left and immediately right, signed Shordley, into Sandy Lane.

MAIN ROUTE continued...

* At the Royal Oak continue straight on along Main Road through **Kinnerton** and **Babylon**. There is a shop opposite the church of All Saints and a then a pub, the Swan. (Bramley Lane on the right has a RUPP on its left after ¼ mile which is ½ mile long and joins Lower Mountain Road on the Extra Loop. It was found to be too muddy and grassy for cycling though, and is not recommended at present.) It is 2 miles from the Royal Oak to the staggered cross road at Lower Mountain. Turn left, signed Shordley, into Sandy Lane. (NB Not first left, signed Shordley, at a minor cross-road.)

EXTRA LOOP rejoins the main route here...

Go downhill, round a left hand bend and in ½ mile at a minor cross roads go straight across for Golly (the new yellow signpost is not necessarily believable). Continue downhill and pass Wood Farm on the left, with an impressive avenue of lime trees. Then in 100 yards turn first right. This lane undulates for 1¼ miles over three streams and past isolated farmsteads intriguingly named Town Ditch and Golly! Continue to the T-junction at the end and turn left, signed Burton Green. After ¼ mile decide whether to do the Short-cut or to continue.

SHORT-CUT TO PULFORD *This is better for children.*

At Burton Green carry straight on, signed Pulford, along the narrow lane. After ½ mile pass the delightful old inn, the Golden Grove. It is a black and white 13th century coaching house. After about ½ mile cross the by-pass and then the railway by a level crossing. Ignore the 'Risk of Grounding' sign! Follow signs for Pulford, turning left at the A483 to rejoin the Main Route, crossing the border and entering **Pulford**.

MAIN ROUTE TO PULFORD continued...

Turn first right into Rosemary Lane. Then in ¾ mile turn first right, just before the telephone, into Croeshowell Lane, signed Llay. The next ½ mile is through a built up area and passes a shop. At the main road, the B5102, turn right, **with care,** and go up the very steep hill. It is only for about 200 yards but it is a main road with double white lines so care is needed. There is a pavement on the right and it might be safer if children were allowed to use this.

Turn first left and the lane thankfully soon flattens off. It is nearly a mile, passing a vast sand pit, to the T-junction. Turn left onto the B5373, Gresford Road, and freewheel for a mile steeply downhill through the area called **Singret**. Cross the River Alyn and the new road by a large bridge. Then turn first left, just before the railway onto a narrow lane (with a height restriction of 13 feet).

Beware of oncoming 'traffic' in the centre of the road

It is 1 mile along this lovely lane. It has the wooded embankment of the railway (out of sight) on the right and pleasant riverside meadows on the left. However the tranquillity of this valley has been somewhat spoilt by the noise of the traffic on the new road. Go under the railway bridge. The footpath immediately on the right gives access to Marford Quarry (North Wales Wildlife Trust). It makes a pleasant place to leave the bikes secured and to go for a short stroll or picnic.

Continue along Springfield Lane to the main road in **Marford.** (Another short-cut if needed, would be to turn left onto the A483 via Rossett to Pulford.) Turn right, **with care,** onto the A483 and pass the attractive old houses. Go uphill, passing the Trevor Arms Hotel on the right. Turn first left into Hosely Lane, signed Hosely. After ¼ mile, turn first left into Cox Lane, signed Trevalyn. It is a flat, winding lane for a mile. At the T-junction turn left, signed Trevalyn and Rossett. After ½ mile go straight on over the River Alyn at Cook's Bridge.

At the T-junction turn left to **Trevalyn** on the B5102. Pass the Griffin pub on the left. After 200 yards fork second right to Darland into Gamford Lane. It eventually joins Darland Lane. Go through **Darland** to the main road. Turn right, **with care**, onto the B5445 by the chapel (1889) and the garage. It is ½ mile to **Pulford (where the Short-cut rejoins)**.

The Pulford Brook is the crossing point back into England. You pass an antique shop, a cafe, a garden centre, the refurbished Nag's Head pub and the very large Grosvenor Arms Hotel. There is an attractive sandstone church with a clocktower in Pulford, the parish church of St Mary.

Turn left down the lane towards Dodleston. It is about 1½ miles back to Dodleston. It becomes Pulford Lane in Dodleston and passes the huge Moat Farm. To visit the church (also St Mary's) turn right into Church Croft. There are just visible remains of a motte and bailey which you can reach by walking through the church grounds and a little gate on the right by the trees. The ride ends back at the car park in front of the church.

OTHER INFORMATION

DODLESTON

This was Dodestune in the Domesday Book meaning Duddel's tun. It had a castle which was one of the many watch towers along the border. From the back of the churchyard a slight mound can be seen. In the village are a few Grosvenor estate cottages where the workers used to live. They have a W in the bricks and no front door! The shop was once a Methodist chapel.

PULFORD

This is another obvious name meaning ford by the pool. It had a border castle and again disappointingly all that is left is a mound next to the church in the field. The Duke of Westminster rebuilt the church with a tower and a spire which has recently been rebuilt again. It had six bells. The Grosvenor Arms used to be the Talbot Inn. It was the first post receiving station. It moved to the smithy, now no more and then to a 17th century farmhouse called Greve Farm. This was then divided into 3 cottages. The old pump is outside the middle one. Next door is the present post office and village store selling ice cream. Poulton near Pulford had an abbey in the medieval period.

Racers set the fashion for cycling gear

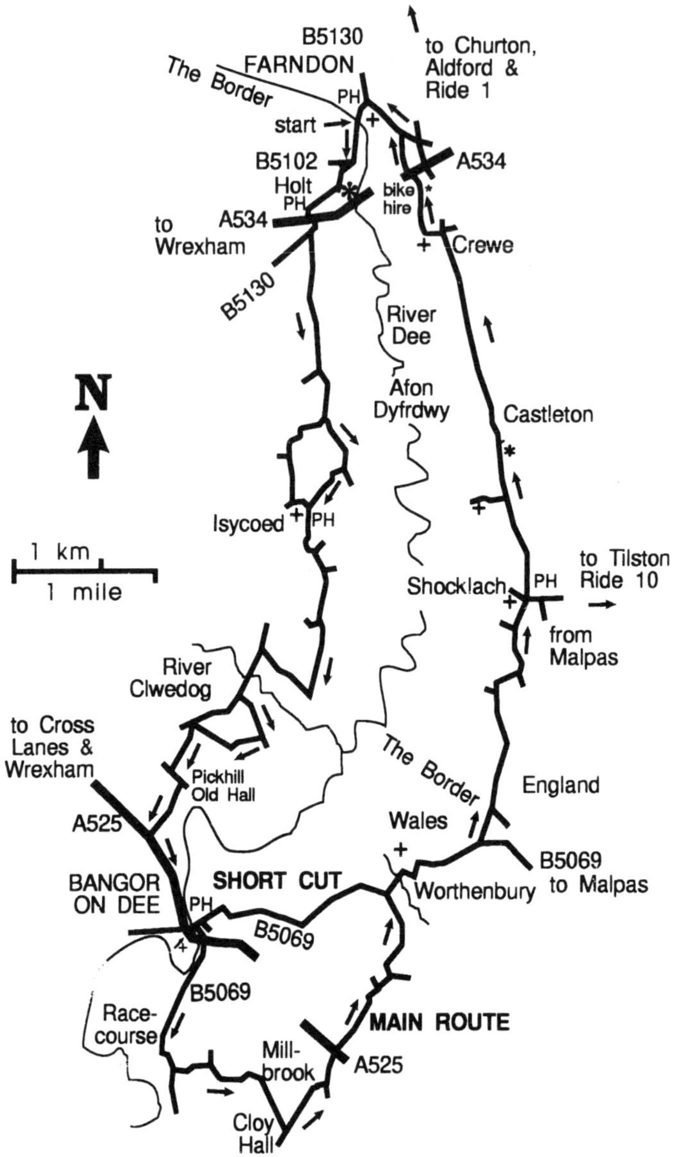

FARNDON TO BANGOR ON DEE
RIDE 6

RIDE 6

FARNDON TO BANGOR ON DEE VIA SHOCKLACH

DISTANCE	19 miles/30 km or 17 miles/27 km
ASCENT	85 metres/280 feet. Fairly flat.
MAP	O.S. Landranger 117 Chester & Wrexham
START	Farndon picnic area by the Dee, Grid Ref SJ 413545.
ROUTE	Farndon—Holt—Isycoed—Bangor on Dee—Millbrook—Worthenbury—Shocklach—Farndon

GETTING THERE

BY ROAD From Chester take the B5130 south to the centre of Farndon. The car park is at the bottom of the hill on the left just before the river.

BY RAIL The nearest station is Wrexham. It is 5 miles along the A534 to Holt.

COMMENTS

Although it isn't realistically posible to shorten this route from 17 miles, as there are no bridges across the Dee between Farndon and Bangor, it is all on easy roads and there is no tiring off-road cycling. The route explores the Welsh Marches and is an ideal way for Cheshire cyclists to make an excursion onto some pretty and (for Wales) fairly level lanes. For a longer ride cyclists could link with either of the Malpas rides from Shocklach. It is only 4 miles to Malpas from Shocklach.

Places of interest include the castle at Holt and the unspoilt villages of Isycoed, Shocklach and Worthenbury. Bangor on Dee, at roughly the half way point, provides lovely picnic places on the river and a good choice of pubs. From the huge list of hostelries it would seem as though the route was designed as a pub crawl! In fact, I recommend picnics as this ride has some beautiful, quiet spots. Touring bikes can be hired in the village of Crewe.

THE PUBS

The Farndon Arms (Bass) and the Nags Head (recommended) (Marstons) are both in Farndon and serve food. The Greyhound (Greenalls) is also in Farndon.
The Golden Lion, Credington Arms and White Lion (children welcome) all serve Bass and are in Holt.
The Hand and Heart (Burtonwood) is in Holt and serves food.
The Plough Inn (free house) is a tiny old pub in Isycoed.
The Royal Oak (Bass), which serves food and has a beer garden, and Buck House (free house) are both in Bangor on Dee.
The Emral Arms (Marstons) is in Worthenbury and serves food.
The Bull Inn (Burtonwood) is in Shocklach and is recommended for its home cooked lunches (children's room).

THE RIDE

MAIN ROUTE 19 miles

Start at the pleasant picnic area on the Farndon side of the River Dee (it has a sign for the Boat House Restaurant). Turn left and cross the old bridge over the river. It is single track and has traffic lights which may not 'see' cyclists. The river here is the border between England and Wales. Continue along Bridge Street, which becomes Church Street, to **Holt**.

Pass the Golden Lion and the attractive sandstone church of St Chad's on the left. It was founded in 1287 and has a large tower. Just after the old post office on the left is a narrow left turning called Castle Gardens. It is only a few yards past a couple of houses to some bollards at the end of the tarmac. A footpath here leads to a few ruins of an old castle and a potentially nice picnic spot by the

Dee, although the river may be somewhat smelly!

Returning by the same route to the road turn left through the pleasant small town of Holt. There are two pubs in the centre, the Credington Arms and the White Lion as well as shops selling ice creams and soft drinks. Continue in Church Street and pass the Hand and Heart pub and leave Holt by the sign which gives Holt's dates as 1606 to 1884.

At the T-junction with the A534 turn left and immediately right, **with great care** onto the B5130. Turn immediately left opposite a new bungalow into a narrow lane (with a sign for Cross Lanes). There is now a mile along a pleasant country lane. Continue past a right turn and after ¼ mile go straight on past another right turn (which also goes to Isycoed). In ½ mile turn right on a bend into an unnamed lane which has white line down the middle at first and pass the large Lower Farm. In ½ mile you come to the hamlet of **Isycoed**. Turn left at the T-junction. There is a small unspoilt village pub, the Plough Inn, and opposite is the parish church of St Paul. Continue for ½ mile and by the post box and the white railings turn first right along another unnamed lane.

Pass a large farm and continue straight on for a further ½ mile. The road is now unfenced passing through rough pasture and marshy ground. On the right is a very attractive thatched cottage with a peacock made of thatch. At the T-junction turn right and after ½ mile you reach the main road.

Turn left onto the B5130 and cycle down to cross the River Clywedog. Then turn first left, signed Pickhill, and after ½ mile make a very sharp right turn into a narrow lane lined with massive old oaks. In ¾ mile, at the main road, do not go onto it, instead turn sharp left onto another country lane. Continue straight on at a right turning and then bend right (where Pickhill Old Hall is staight on) and pass a large dairy complex.

In ½ mile turn left at the main road, the A525, **with care**. Cycle to the left of the white line. After 1 mile you reach **Bangor-on-Dee**.

Keep first left down the old road to cross the Dee by the most attractive old stone bridge (recently restored). It is well worth a stop here. There are picnic spots by the river, with splendid views of the imposing church on the opposite bank and of the bridge. In summer there is a profusion of white flowers on the water weed and plenty of young fish in the river.

Just over the bridge on the left is an ice cream shop, the attractive Royal Oak pub and the Buck House. Opposite is the lovely old church. At this point decide whether to follow the main route or the short cut which is about 3 miles shorter and rejoins the main route in Worthenbury.

SHORT CUT 3 miles shorter
Continue on the B5069 through Bangor. After leaving the town it is 2 miles to the outskirts of Worthenbury where you rejoin the main route.

Time trials at the racecourse?

MAIN ROUTE continued...

Turn sharp right by the church into Overton Road, the B5069 to Overton and the Racecourse. The road goes under a bridge carrying the A525 and then runs alongside the river Dee. After ½ mile it passes the Racecourse on the right. After the Racecourse turn first left, signed Millbrook/Nant-y-felin. The next ½ mile is uphill so giving time to admire the wild flowers on the verges! At the T-junction turn right, signed Millbrook and Cloy. It is a mile along this undulating lane, crossing Millbrook. Immediately after passing Cloy Hall farm turn left, signed Hollybush and Wrexham.

After ½ mile at another T-junction turn left and in 200 yards you come to the main road, the A525. Go straight across, **with care**, following the sign Worthenbury and Tallarn Green. After 1 mile along this pleasant country lane continue straight on where a lane joins on the left and then turn next left in 100 yards, signed Worthenbury. After ½ mile you reach the B5069 where you turn right, signed Malpas.

The **SHORT CUT** rejoins the main route here...

Cross the Emral Brook by a humpback bridge and enter the village of **Worthenbury**. Pass the Emral Arms and continue following the signs for Malpas and Farndon. The church and village hall are off to the left. After a mile turn first left by a cypress hedge, signed Shocklach and Farndon. In ½ mile you return to England. Look out for the small white boundary post marking the border. It is at the bottom of the stream valley on the bridge. Continue for a mile to **Shocklach**, ignoring other turnings. Go straight through the village towards Farndon, passing an attractive pub, the Bull.

About ¾ mile from Shocklach there is a narrow lane turning off on the left beyond the pylons. It is only a ¼ mile detour downhill to visit the old St Edith's church. Return up the same lane and turn left back on the road towards Farndon. After about ½ mile, by the farm track on the right to Castletown House Farm, you can just see a mound in the field corner. This is the site of the castle. There may also be some traces of it hidden in the impenetrable wood on the other side of the road. Continue for a further 1½ miles to the tiny hamlet of **Crewe**, so small that you probably won't notice it, unlike its namesake!

Turn left into Crewe Lane South and pass the chapel. Continue along the lane which is very quiet as it is a dead end for cars. Meadow View Farm (**cycle hire, alternative start**) is the last building on the right before the main road (A534). At the end is a gate, embankment and pedestrian crossing of the new road where **care** is needed. Go through the gate on the other side. It is ½ mile into **Farndon**. Turn left at the T-junction and ride through the town, passing houses in a variety of styles. A short diversion would be necessary to the left down Church Lane to visit the church. At the main road turn left and pass several pubs: the Farndon Arms (formerly the Raven), the Nag's Head and a few yards further the Greyhound. This last section of the ride is downhill to the river and the car park on the left.

OTHER INFORMATION

SHOCKLACH

Shocklach is in the Domesday Book as Socheliche. The name means either 'such slutch/mire' or 'goblin stream' according to different sources! I wonder which is correct? There is a pub and a primary school (my grateful thanks to one of the teachers for her help with some of this information). St Edith's Church is in a very isolated spot and is 12th century. It is a small attractive sandstone church with two bells and an impressive Norman carved stone doorway. It is on the Marches Way footpath.

There are barely visible remains of a motte and bailey castle at CASTLETOWN. It was built in Norman times. Motte is a mound and wooden palisade. Bailey is a courtyard with palisade and ditch.

FARNDON

Farndon is in the Domesday Book as Ferendon. There was probably a ferry across the Dee before a bridge. The stone bridge was built in 1345. It has 9 arches with pointed butresses and cut-waters. Two sons of Prince Madoc were thrown into the river here and drowned so their guardians could steal their inheritance. The ghosts are said to haunt the bridge. The Barnston Monument is an obelisk to a major who fought in the Crimean War but who was killed in the Indian Mutiny. Its 4 guardian lions seem to be sleeping on duty! There are 3 pubs and several attractive half timbered houses on High Street and Church Lane. Near the Italian restaurant are some craft workshops. Farndon used to be famous for its strawberries. Many of the buildings were destroyed in the Civil War and the village was then rebuilt.

HOLT

The name is from old English *holt*, wood. There are some remains of a sandstone castle down by the river. The Church of St Chad is named after a 7th century bishop of Lichfield called Chad. There are 3 pubs, several shops and an attractive village green in the centre. Holt was once in Cheshire and there was a saying 'Holt lions, Farndon bears, Churton greyhounds and Aldford hares'. The origin of the nickname 'lions' for people from Holt is something of a mystery but it has been suggested (Pennant) that the Roman name for Holt was Castra Legionis and in Welsh, Castell Lleon, or the castle of the legion, because it was garrisoned by a detachment of the legion at Chester. The English probably mistook Lleon for lion. (Chester was also called Caerlleon.) Another old saying from the area was 'Go to Holt to see Farne races' implying you are on the wrong side of the river—you are going the wrong way about something. Let's hope that doesn't apply to cyclists following instuctions on this ride!

BANGOR ON DEE / BANGOR-IS-Y-COED

There is a beautiful old packhorse bridge, a wider newer stone bridge and some very attractive old houses. There are 2 pubs and a church called Bangor Monachorum (on the site of a monastery).

WORTHENBURY

The name is from *worth* for enclosure. This small village has a pub called the Emral Arms, a church, post office and a brook. It is on the English side of Dee but on the Welsh side of the border.

The old bridge at Bangor on Dee

THE RIVER DEE

This is referred to in literature as the 'Wizard Stream', the wizard being Merlin. It is said that Merlin visited old Timon whose home was near the source of the Dee beyond Bala and entrusted Arthur to his care. Tennyson also refers to 'the sacred Dee' in his *Idylls of the King*. The river Dee has probably also seen much bloodshed in the past, being the boundary between England and Wales.

CYCLE HIRE

South Cheshire Cycle Hire, Jill Harper, Meadow View Farm, Crewe Lane South, Farndon, tel 0829 271242 (not mountain bikes).

RIDE 7

FRODSHAM MARSHES, INCE AND MANLEY

DISTANCE	15 miles/24 km
ASCENT	160 metres/530 feet. One hill and some very flat parts.
MAP	O.S. Landranger 117 Chester & Wrexham
START	Castle Park in Frodsham
ROUTE	Frodsham—New Pale—Manley Common—Mouldsworth—Manley—Dunham on the Hill—Elton Green—Ince—Ince Marshes—Frodsham Marshes

GETTING THERE

BY ROAD A56 Warrington to Helsby. After the railway bridge past Frodsham town centre turn first left signed Vale Royal District Council into the Castle Park car park. Grid Ref SJ 513775. This is easy to miss as it isn't well signed.

BY RAIL Frodsham station. Come out onto A56 Main Street, turn left and it is ½ mile through the centre of the town to the Castle Park as above.

COMMENTS

I have cycled this route in both directions. Normally I give directions for routes in an anti-clockwise direction so that there are fewer right turns across traffic. However this route is more enjoyable and safer in a clockwise direction. The main reason is Frodsham Hill. I think it is better to have a short steep uphill pull

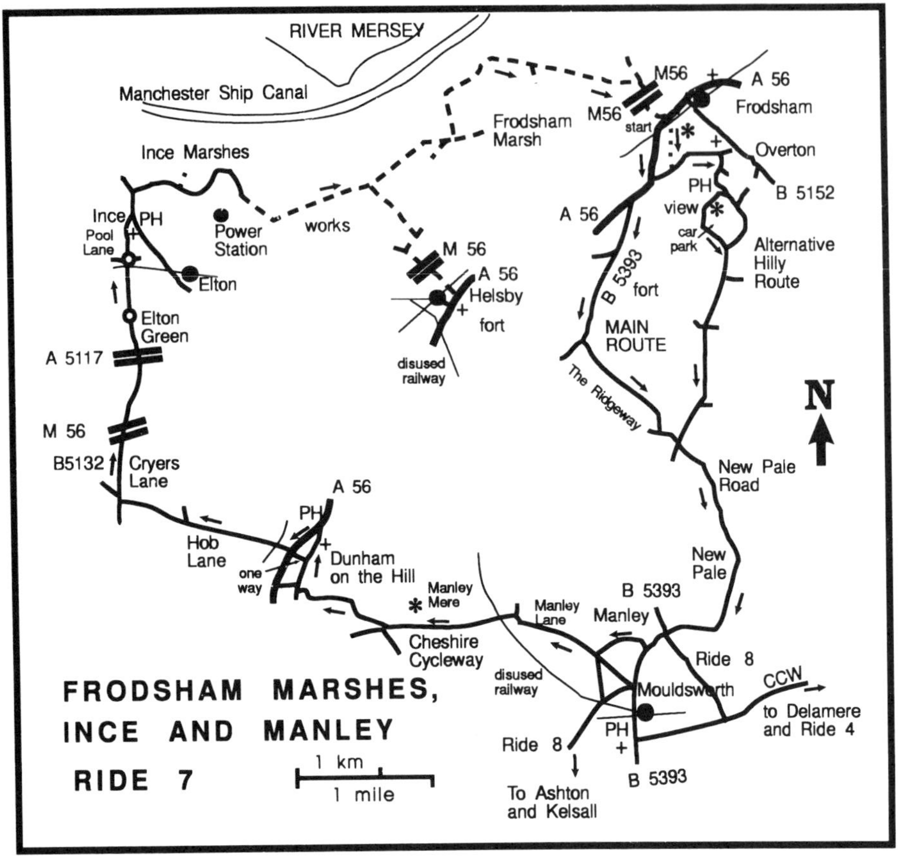
RIVER MERSEY
Manchester Ship Canal
Frodsham Marsh
M56
A 56
Frodsham
start
Overton
B 5152
Ince Marshes
Ince
PH
Pool Lane
Power Station
works
Elton
Elton Green
A 5117
M 56
B5132
Cryers Lane
M 56
A 56
Helsby
fort
disused railway
A 56
PH
view
car park
Alternative Hilly Route
B 5393
fort
MAIN ROUTE
The Ridgeway
N
New Pale Road
A 56
PH
Hob Lane
one way
Dunham on the Hill
Manley Mere
Manley Lane
Cheshire Cycleway
New Pale
B 5393
Manley
Ride 8
disused railway
Mouldsworth
CCW
to Delamere and Ride 4
PH
Ride 8
To Ashton and Kelsall
B 5393
FRODSHAM MARSHES, INCE AND MANLEY
RIDE 7
1 km
1 mile

at the beginning of the ride, when everyone has plenty of energy, and then a pleasant long gentle glide down New Pale. Otherwise there is a seemingly endless slow grind uphill towards the end of the ride, when younger cyclists with less stamina than the adults complain! Also, the turns on and off the A56 are safer this way.

It is one of the shorter rides so even with the hills it should present no problems. There is a long stretch of off-road cycling across the marshes. It is not totally traffic free, as people come here to shoot and there are works vehicles on weekdays. It links with the Kelsall and Delamere Rides in Mouldsworth. The area around Manley, Dunham and Frodsham is a very popular with cyclists as the lanes are quiet and command extensive views. The village of Ince presents some incongruous contrasts. It is very old and unspoiled itself but is surrounded by heavy, noisy and smelly industries. I think it is interesting for a bike ride despite this and is the key access point to the marshes.

The 'Hilly Route through Overton for Masochists!' is given as an alternative to the first 2 miles of the Main Route for super fit cyclists or those in training to be so! It involves the steepest hill in this guide book but also the most rewarding views from the top of Frodsham Hill by the Mersey View. It crosses the Sandstone Trail.

THE PUBS

Netherton Hall (Tetleys) is in Frodsham and serves food.
The Cheshire Cheese (Greenalls) is a tiny pub in Frodsham.
The Duke of Wellington (Greenalls) is in Ince, serving food. It has a beer garden.
The Wheatsheaf (Miller's Kitchen) is in Dunham on the Hill.
The Belle Monte (Sam Smith's) which serves lunchtime food and has a beer garden, the Bull's Head and the Ring O'Bells (both Greenalls) are all on the Overton alternative.

THE RIDE

MAIN ROUTE 15 miles

At first unfortunately there is a short stretch on the main road. Turn left out of Castle Park onto the A56, pass Netherton Hall pub, and after ½ mile turn diagonally left onto the B5393 signed Tarvin, Alvanley and Manley. It is a pleasant mile around the edge of the wooded Frodsham Hill with views of Helsby Hill to the right. Pass Fox Hill Centre and turn first left on the next bend onto The Ridgeway. This narrow lane climbs gently uphill for a mile through very pleasant countryside—at least it gets all the climbing over quickly! At the T-junction turn left and in ¼ mile go straight across the cross roads, **with care**, into New Pale Road. This is the top of the hill. (The Route through Overton rejoins here.)

HILLY ROUTE THROUGH OVERTON FOR MASOCHISTS!
Turn left out of Castle Park and after ¼ mile first sharp left into Howey Lane. Howey Lane goes uphill only gently at first! The imposing Frodsham parish church of St Laurence is on your left and commands a good view. At the junction, opposite the church, turn right, **with care**. Go very steeply uphill in Bellemonte Road, passing the Ring O'Bells and still very steeply up, passing the Bull's Head and the Belle Monte. Those without low gears may prefer to walk! You are rewarded with extensive views from the top of Frodsham Hill. There is a welcome bench on the right just before the back of the Mersey View car park. Continue and pass the Beacon Hill car park for the Sandstone Trail. (Alternative Start—but one would have the climb at the end of the ride!) After only a short glide down turn right, **with care**, at the T-junction. The road stays high (and there may be some 'free range' pigs in the fields on the left), and then descends. After 1½ miles turn left into New Pale Road, and rejoin the Main Route.

MAIN ROUTE continued...
Follow New Pale Road and pass Delamere Manor Nursing Home. The road stays high for a while with good views over the fields and down to the River Mersey and then to the left over Delamere Forest before giving a very pleasant glide down the hill (New Pale). At the cross roads go straight across, **with care**, into Tarvin Road, signed Tarvin, B5393. The signpost here isn't always believable; it seems to be turned round regularly! The next ¼ mile is in common with the Kelsall Ride. At the first junction turn right into Moss

Lane opposite a derelict chapel (or go straight on for an excursion there and back into **Mouldsworth** village; church, pub, railway station, and possible future cycleway. It also links with the Delamere Ride).

Give horses a wide berth

Continue through the small village of **Manley**. Turn right into Manley Lane at the fork shaped junction by a wall. Pass Manley post office (ice creams etc). Continue gently downhill in Manley Lane with good views for 1½ miles, ignoring all side turnings. The road goes under a disused railway (possible future cycleway?) Pass Manley Mere, **Alternative Start for those hiring bikes**.

At the T-junction turn right into Barrow Lane, signed Dunham Hill and immediately right again at the green triangle. Continue through the village of **Dunham on the Hill** passing the village hall, the old pump, cottages and Dunham Hall. At the end of the village turn sharp left, **with care**, at the T-junction onto the A56, opposite the pub called The Wheatsheaf Inn. In only a few yards turn first right, **with great care**, past a derelict pub into Hob Lane.

Go over a narrow railway bridge and continue for 1½ miles, through pleasant farmland. Turn first right at a cross roads into Cryers Lane, the B5132 and follow it for 1 mile, crossing the M56. Stanlow Refinery looms ahead. Go straight across the A5117 at the traffic lights, **with care**. Continue for 1 mile through **Elton Green** being careful of the traffic. Go straight on at the two roundabouts, **with care**, following signs for Ince. Shell's Thornton Research Centre is at the first roundabout. Enter the attractive village of **Ince** along the pleasant Pool Lane.

Go past the church of St James the Great with its imposing sandstone tower. There are views through the trees on the left over the marshes here. At the Square, with a Coronation lamp post commemorating the coronation of Edward VII in 1902, turn left into Marsh Lane just after the telephone. (There is a tiny shop to the right selling drinks and sweets.) Pass the old Duke of Wellington pub with stocks opposite and the ancient ruined sandstone priory. Straight ahead are distant views over the marshes to the Mersey, Hale lighthouse and the Runcorn-Widnes bridge. Ride downhill past the village pump onto the marshes.

Follow the main track, which is surfaced only at first, and take the first fork right onto Lordship Lane. The 'free range' pigs of Holme Farm are sometimes in the fields on the left. Ignore all side tracks and continue straight on, passing Ince B Power Station and a fertiliser works to cross **Ince Marshes**. After 1½ miles from Ince cross Hornsmill Brook. (A quick escape route back to Helsby would be to turn right just after this stream onto Rake Lane.)

After bending left (onto Cross Lane) the track's surface deteriorates and crosses a low lying area with interesting scrub. After ¾ mile turn left on the track (the rerouted Moorditch Lane), signed 'single track road with passing places' over a narrow bridge and between two bunds. Climb up onto the top of the bund, bear to the right and follow the track, newly surfaced with limestone chippings, straight on for over a mile. There are streams, ponds, hedges and reedbeds of **Frodsham Marshes** to the right and many birds to be seen at present but no doubt the landscape will change when this area is used for receiving more Ship Canal dredgings. The raised land to the left has been reclaimed for farming after being used to receive dredgings. Views to Frodsham Score and the river are impeded by the banks of the Ship Canal. At the end of the new section of track go over the bund and down onto the original track by bearing left. Then turn right at the T-junction onto the track which eventually becomes surfaced. This is Marsh Lane and it crosses the M56. (A detour to the left and back eventually brings you down to the River Weaver but the surface is rather variable and only suitable for mountain bikes.)

Turn right at the end of Marsh Lane (or you could go straight across into Fountain Lane and so into the rear entrance of Castle Park to omit the main road) in **Frodsham** onto the A56, **with great care**. There is a pavement on the right and it might be safer if children were allowed to use this. Pass the Cheshire Cheese pub, go under the railway bridge, and in 200 yards turn left into the car park.

OTHER INFORMATION

FRODSHAM

A castle was built here by the Norman Earls of Chester but was destroyed in the 17th century. There is a market in the wide and attractive main street on Thursdays. There is a cycle shop on the main road.

The Castle Park has a small Arts Centre and a coffee shop in the converted stables. It is closed on Mondays, tel 0928 735832. Apparently the clock is kept 3 minutes fast at the previous owner Edward Abbott Wright's request! Castle Park had a large house called Park Place built in the 18th century by the engineer Joseph Stubbs. He developed the gardens. In 1861 it was bought by E.Wright the cotton manufacturer who called it Castle Park. It was given to Runcorn council in 1932 and at present it is used as offices by Vale Royal and Frodsham councils. There is ***no cycling*** through the park grounds. At the end of the main ride, from Fountain Lane opposite Marsh Lane, it would be possible, by keeping to the right and leaving the tennis courts to your left, to cycle on the track which skirts the edge of the park, and thus to see the various gardens, exhibition centre, and offices and miss the 200 yards on the main road. NB cars can also use this. There are many pedestrians so it is essential to ***walk*** through the park itself. There are often quite tame squirrels keen on the odd morsel of cyclists' butties here!

FRODSHAM, INCE AND LORDSHIP MARSHES

These cover 3000 acres and were drained by prisoners of war using powerful pumps in the Second World War to provide extra land for agriculture. Bridges made by the POWs carry their inscriptions. The marshes and especially the Weaver bends provide a habitat for wildfowl but they are also used for shooting. The tracks across the reclaimed marshes are RUPPs and only have names on the large scale maps of the area.

Stanlow and Ince Banks and Frodsham Score are beyond the Ship Canal and are vital saltmarsh and mudflat habitats. Despite the pollution this part of the Mersey estuary is internationally important as feeding grounds for birds such as shelduck, wigeon, teal, pintail and dunlin and nationally important for great crested grebe, curlew and grey plover. It is a SSSI and as a wetland is a specially protected area. There are various saltmarsh plants including a regionally rare grass and the area is also a nursery for young fish. In terms of a huge wilderness area it is rare in this part of Britain. It would be difficult to recreate wetlands such as these if they were lost. At present the Mersey Barrage scheme and the suggested motorway sevice area have been shelved. It is important to guard against further threats from development, overgrazing, pollution and too much disturbance by people.

Historically the actual marshes used to reach from Ince and Elton right up to Frodsham and Helsby as recorded on a map from 1770 but a map from 1829 shows some drainage channels and thus some loss of marsh. Then in 1894 on completion of the canal the area on the landward side was gradually dried out and used mainly for rough grazing. There are two sluice gates for the passage of water in channels beneath the canal so flooding or drainage of the area can be controlled. The whole area would benefit from a a warden and good management to conserve its wildlife and to promote appropriate recreational uses such as walking, horse riding, bird watching and of course cycling. It is difficult to visit Frodsham Score as it is necessary to cross the canal by ferry (If especially interested contact either Shell or the Manchester Ship Canal Company).

INCE

Ince is Inise in the Domesday Book, from the Welsh *ynys* meaning island. This is very apt as Ince stands out surrounded by low land, which was once the sea. An old Cheshire saying 'Go to Ince' illustrates its insularity as, although only 8 miles from Chester, Ince was considered a very inaccessible village. Ince has been surrounded and engulfed more recently by a sea of industry but the village itself still has old world charm. There is a sandstone church and the remains of a Benedictine priory.

DUNHAM ON THE HILL

This is Doneham in the Domesday Book, meaning the ham on the hill. It is interesting because when the meaning of *dun* was forgotten it was named the ham on the hill on the hill! The village street used to be the main Warrington to Chester road and had several coaching inns such as the Wheatsheaf. In those days it was a thatched inn in front of the present one. There used to be an Old Hall. Its entrance is still there as wide sandstone steps and gateposts in front of Old Hall Cottages. The villagers obtained their water from the old pump which can be seen in the centre of the village.

MANLEY

This is Menlie in the Domesday Book, meaning 'common wood'. The small village has a long established team of morris dancers.

MANLEY MERE, LOWER FARM

The centre hires mountain bikes (£15 for half a day in 1994). It has a mountain bike track, windsurfing and canoeing. Tel 0928 740243.

MOULDSWORTH

The Motor Museum is open from March to October on Sundays and Bank holidays from 12am to 5pm. It has some bicycles as well as cars and motor bikes. Adults £2.50, children over five £1. Tel 0928 731781.

HELSBY

Helsby has one of the three Iron Age forts in north Cheshire, probably built by the Carnovii, who were the local tribe of Celts. Helsby Hill is popular with rock climbers but watch out for clouds on Helsby Hill as an old weather lore has it that

As long as Helsby wears a hood,
The weather's never very good!

Always leave your bike locked!

RIDE 8

KELSALL, MOULDSWORTH, TARPORLEY AND EATON

DISTANCE	Main route 18 miles/29 km, or Loop One 12 miles, Loop Two 7-9 miles.
ASCENT	Loop One 140 metres/465 feet. Loop Two 130 metres/430 feet. A few hills.
MAP	O.S. Landranger 117 Chester & Wrexham
START	Kelsall, public car park opposite the Post Office in Church Street, or Oulton Mill Pool car park, or Mouldsworth Station
ROUTE	Loop One: Kelsall—Willington Corner—Utkinton—Tarporley—Eaton—Cotebrook—Quarrybank—Kelsall Loop Two: Kelsall—Woodside—Mouldsworth—Ashton—Kelsall Main route: both loops as above (it doesn't climb the hill in Kelsall twice!)

GETTING THERE

BY ROAD From Chester take the A51 to the Tarvin by-pass. Turn left onto the A54. After 2 miles turn right to Kelsall. It is 1 mile to the Morris Dancer pub and ¼ mile uphill to turn first right after a footbridge into Church Street, signed Willington and Utkinton. The small car park is immediately on the left.
BY RAIL Mouldsworth station (on Loop 2).

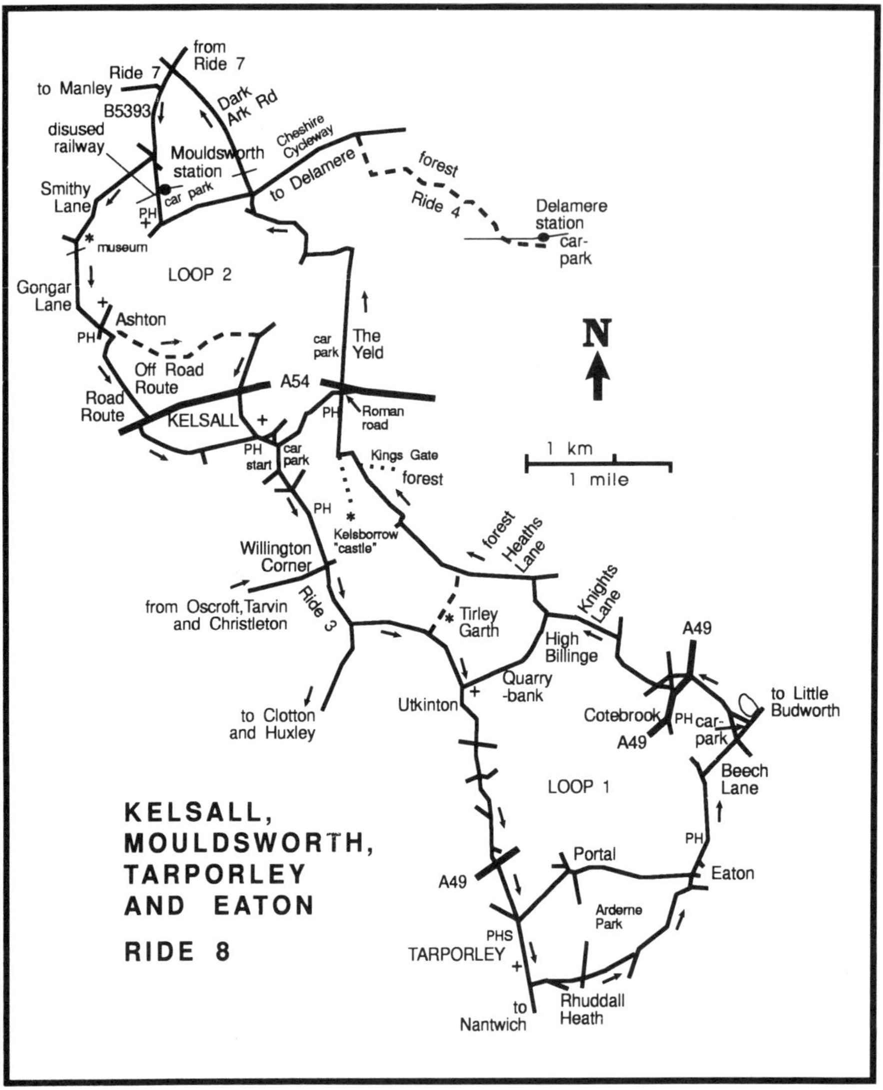

KELSALL, MOULDSWORTH, TARPORLEY AND EATON

RIDE 8

COMMENTS

This route is not as hilly as you might think. It mainly keeps to the mid-Cheshire sandstone ridge and commands wonderful views over the Cheshire plain below. It is all on quiet lanes and there are no roundabouts to worry about. One potentially dangerous crossing is on the road route into Kelsall for anyone who doesn't want off-road cycling. I imagine that family groups will have children on mountain bikes who will want to do the off-road route and this will prove a much safer way into Kelsall as it goes under the new Kelsall bypass. Loop 1 crosses the A49.

This ride can either be done as two separate short circles or as a large circle (oval!). Kelsall was the easiest place from which to start the description but there are several other suitable starting points.

The ride skirts round the edge of Delamere Forest and has several lovely wooded sections, with footpaths leading off into the forest. The villages of Kelsall, Willington Corner, Cotebrook, Ashton, Utkinton and especially Eaton are very attractive. It is recommended to ride through the pleasant small town of Tarporley if you require any of its amenities but it is easy to omit the town if it is a busy time or if you consider it wiser with children to avoid the traffic.

If you enjoy a rest from the bike and a pleasant stroll round gardens, Tirley Garth Gardens are open to the public at certain times and Manley Knoll garden is open once a year. This ride will also link with the Delamere Forest, Christleton and Frodsham Rides for the more energetic who want longer routes.

THE PUBS

The Royal Oak (Bass) and The Morris Dancer (Greenalls) are in Kelsall and serve food. The Foresters Arms is a Free House.
The Old Swan (Greenalls, Premier House) is in Tarporley and serves tea and coffee.
The Rising Sun (Robinsons), the Crown (Burtonwood) and the Foresters Arms (Greenalls, bar food) are all in Tarporley.
Th'Ouse at Top (Greenalls) is in Kelsall and serves good food.

Red Lion (Greenalls, bar meals) is just outside Eaton.
The Golden Lion (Greenalls) is in Ashton and is recommended for its food. It is very popular with cycling and rambling groups.

THE RIDE

MAIN ROUTE AND LOOP ONE

Turn left out of the car park in **Kelsall** and ride downhill for a short distance, being careful not to miss the first turning left, by a line of tall cypress trees, into Willington Lane. After 200 yards go straight across the cross roads. Pass a left turning for the Boot Inn (Greenalls) and after ½ mile reach the cross roads at **Willington Corner**. There are good views of Castle and Birch Hills on the left.

Pass a telephone and go straight on up Willington Road. This ½ mile is the link with the Christleton Ride. At the imposing Willington Hall Hotel turn left signed Utkinton and Tarporley. It is uphill for a short way through old overhanging trees. A massive beech on the left seems to be clinging to the sandstone outcrop. The next mile is, thankfully, flat as far as Utkinton and passes Tirley Garth Gardens, some of whose colourful rhododendrons can be seen from the road in late spring. (There is a bridleway through the first entrance which could possibly be used as a short-cut but it is untried. A safer short-cut for emergencies would be after ½ mile to turn left into Quarrybank.)

Continue straight through **Utkinton** on John Steet. There is a Methodist Chapel (1860) to the left. Go straight on here and also at the next junction, following the signs for Tarporley, in Utkinton Road for a pleasantly undulating mile. There is a safe crossing over the new road via a bridge. At the T-junction in **Tarporley** turn left signed Nantwich.

A **short-cut**, omitting the town, would be to turn first left, signed Warrington, into Forest Road (beside the house which must have been the old bakery as it has just visible old lettering on its wall reading 'S Williams, Hovis'). Continue along the lane for ½ mile, passing Portal golf course. Just after going under a footbridge turn right, **with care**, by an unusual stone lodge at the hamlet of Portal, and immediately left. It is a mile along the narrow Sapling Lane to **Eaton**. Turn left at the cross onto the main road to rejoin the Main Route in this village.

Or, continue into the town, passing the present bakery, a newsagents selling ices and the Rising Sun pub. Outside the next property is an old milestone. There are three more pubs, the rather impressive Old Swan, (and despite its imposing appearance has made us welcome for tea and coffee even in outdoor gear) and the Crown Hotel. Sandwiched between all these outlets for liquor is the Baptist and Methodist Church (1866)! Next is the Foresters Arms just before we turn off. Turn left immediately after the garage by a telephone into Eaton Road. Pass a golf course and at the T-junction on a bend go staight on, ie leftish. It is a pleasant mile and a half along this former B road to the pretty village of **Eaton**.

There are several beautiful thatched cottages, an old stone cross and a building which used to be the smithy. The **short-cut** rejoins hers. A few yards to the right down Lower Lane is the old post office, reputedly the smallest in Cheshire. Continue straight on, signed Northwich. Pass the large Red Lion Hotel a little way out of the village and then turn first right into Beech Lane, signed Oulton Park and Winsford. After ½ mile turn left towards Cotebrook and Delamere beside the picnic place, toilets and car park (**alternative start**).

From **Oulton Mill Pool** picnic spot go down towards Cotebrook and Delamere, passing beautiful thatched cottages and past the mill pool. Go down Oulton Mill Lane for about ½ mile to the A49 in **Cotebrook**, beside a Coffee Shop selling home baked products. Go straight across, **with care**, into the narrow Utkinton Lane and pass the church of St John and the Holy Cross. Immediately cross Stable Lane and continue up Utkinton Lane. Turn first right into Hollins Hill and as the name implies climb up it! Ignore the first left fork to Hollins House but take the second left into the narrow Knights Lane and continue uphill to a T-junction.

Turn right into Quarry Bank and go downhill for ¼ mile to another T-junction. Turn left into Heaths Lane. Pass the other end of the bridleway from Tirley Garth and continue straight on for about a mile. Turn right on a sharp bend into Waste Lane, signed Kelsall. Pass a field on the right with fallow deer and soon there is a car park on the right for Primrose Wood, at King's Gate. (Horse riding by permit only so presumably no cycling.) It is a dead straight road downhill to a cross roads, so be ready to apply the brakes hard! The pub on the corner is the fairly appropriately named Th'Ouse at Top, except from this direction, as it is in a dip!

TO END LOOP ONE...

To end this loop turn left onto the main road and it is only ¾ mile, downhill through **Kelsall**, passing the Foresters Arms and a post office. Immediately before the footbridge turn left signed Utkinton and Willington into Church Street. The car park is on the left opposite another post office.

LOOP TWO

If only doing Loop Two and not the whole ride at the start turn right out of the car park into Church Street and right, **with care**, onto the main road. Climb up the hill for ½ mile (be warned it seems quite a long hill) to the pub at the top called Th'Ouse At Top, and follow the Main Route by turning left into Yeld Lane.

MAIN ROUTE continued...

To continue go straight across, **with care**, into Yeld Lane. It is uphill again for only a short distance and when you get to the top the views are worth it. You can see much of the forest spread below you and in the distance the landmarks are the Daresbury laboratory, the Norton water tower and Fiddlers Ferry Power station. There is a small Sandstone Trail car park here which would make an **alternative start** or a good place for a breather after the hill. There are pleasant short walks from this point if bicycles were left secured. Next is a steep straight descent which is great fun to do at speed but be very careful as there is a sharp left bend at the bottom. After ½ mile turn first right, **with care**, at a T-junction. After a further ½ mile you reach Brine's Brow picnic site in the area called Woodside.

DETOUR TO MOULDSWORTH STATION...
At the sign for Mouldsworth and Ashton you could turn left to do a short-cut to the station in **Mouldsworth**. It is ¾ mile to the T-junction by the church. Turn right on the B5393 and the station is a few yards past the Goshawk pub on your right. This is another alternative start. If starting here, turn right out of the station and in ½ mile first left into Smithy Lane signed Motor Museum.

MAIN ROUTE continued...
Go straight on at the minor cross-roads (where Ashton road and the CCW leave on the right towards Delamere and Ride 4). Continue down under a railway bridge and then steeply up a short hill in the woods (Dark Ark Road). At the next cross roads turn left on the B5393 down Tarvin Road to **Mouldsworth**. The next ¼ mile is in common with the Frodsham Marshes Ride.

Enter **Mouldsworth** then turn right before the telephone, signed Motor Museum, down Smithy Lane. After a mile through farmland the museum is on the left. The huge concrete buildings, formerly West Cheshire Water Board, were built in 1937. Keep left on the

Golden Lion in Ashton—popular with cyclists!

bend into the curiously named Gongar Lane. There is a staggered junction at the end in **Ashton**. The prominent spire of St Johns church is visible to the left. Turn right, **with care**, and immediately left (into Pentre Lane) or do a very short detour first to the Golden Lion which is only a few yards further to the right! Then return to Pentre Lane and decide on the Road or Off-Road Route.

ROAD ROUTE

To continue on roads from Pentre Lane bend right into Duck Lane which becomes Kelsall Road. It is 1 mile to the A54 Kelsall by-pass. This is a newish dual carriageway carrying fast traffic. Turn right, **with extreme care**, and in 200 yards first left and it is about ½ mile up a gentle hill, passing the Royal Oak, into **Kelsall** and the Morris Dancer pub on your right. Ride uphill towards the footbridge over the road. Turn first right into Church Street and the car park is opposite the post office.

OFF-ROAD ROUTE

The off-road route is safer and about the same distance. It is not suitable for those on racing bikes! From Pentre Lane turn first left into Shay Lane (no through road). This soon becomes most unsuitable for motors. It is wide enough for two bikes abreast at first but soon becomes single file. The surface is somewhat bumpy and sandy in parts. After wet weather it can be muddy. There is also some overhanging vegetation. Having said all this, and no doubt put some people off, it is still my favourite section of the whole ride.

It is really an idyllic old lane. There is a profusion of wild flowers, which once were very common hedgerow plants, including in early summer pink campion, dock, cleavers, plantain, meadow buttercup, hogweed, hedge parsley, clover, and stitchwort. There is also a tremendous variety of deciduous trees and shrubs such as pedunculate oak, sycamore, hazel, elm, elder, hawthorn, sallow, ash and sloe. Climbing and entwining over these are the wild honeysuckle, ivy, bindweed and the dog rose. The number of different woody plants gives an indication that this is probably a very old hedge or the remnants of woodland. It is a good place to dismount and walk quietly and you may then see the blue tits amongst other songbirds as well as the squirrels.

(For anyone doing the ride in the reverse direction the entrance to this lane is just after a large farm and has an Unsuitable for Motor Vehicles sign.)

On arriving at the road turn right, **with care**, and go along Hollands Lane to the T-junction in **Kelsall**, opposite the Morris Dancer pub, turn left up the road towards the footbridge, and first right into Church Street to finish at the car park.

OTHER INFORMATION

KELSALL

The name is perhaps from *Cenles halh*, spur of a hill. Remains of a Bronze Age Castle can be seen on Kelsbarrow Hill—one of a number of hill forts on the track linking Wales to the Pennines. The Roman Watling Street passed through Kelsall to the salt towns. Parts of it can still be traced, eg Hollow Way through the gap in the mid-Cheshire sandstone ridge. St Philip's church was designed by Gilbert Scott and built in 1860. There are a few old houses eg a 17th century farmhouse on Frodsham Street, a 16th century thatched cottage on Green Lane and part of the 18th century gaol, now part of a new house, opposite to the Royal Oak. Kelsall is known for its mineral (chalybeate) springs which are said to give good health.

MOULDSWORTH

This comes from Old English *molda*, top of the head, probably referring to the hill here and *worth*, enclosure. The disused railway would make an excellent cycleway. For Mouldsworth Motor Museum see Ride 7.

UTKINTON

This means the Tun of Uttoc's people. Utkinton Hall was the home of the Done family from 1240 when Henry Done had the title 'Master Forester of Delamere'. It is said to have been built around an oak tree which was incorporated as a pillar! It is now a dairy farm and much reduced in size. There are several wells and springs with supposed health giving properties which were very popular in the past. It is now a quiet residential village with a church and chapel but the post office and shop has recently closed.

TARPORLEY

This was Torpelei in the Domesday book, perhaps from Old English *per leah*, pear wood or glade, and Torr for the name of the hill nearby. The Swan Hotel was a staging post on the Chester to London road. Its courtyard was big enough for the large stage coaches. It has rather unsavoury connections however, being the meeting place of the Tarporley Hunt. Despite much new building Tarporley still has an unspoilt village character. There is a good view from the south side of the church. The area in front of the church, now a line of shops, was probably once the green.

EATON

This comes from *Eg tun*, tun in an island. Arderne Hall between Tarporley and Eaton was the home of the 11th Earl of Haddington. It was Victorian Gothic in style and was demolished in 1958. The park is now a golf course and is said to have the largest pear tree in Britain. Portal House is a stylised version of a 16th century timber framed house and its park is also a golf course.

COTEBROOK

The name means the place for coteing, ie penning sheep. There was another Bronze Age fort near here, situated on the wooded hill High Billinge. The hill is said to be the last place in England seen when sailing from Liverpool, but this seems unlikely!

RIDE 9

MALPAS TO HANMER MERE

DISTANCE	Main Route 16 miles/25 km, Short-Cut (Malpas Loop) 9 miles, Short-Cut (Hanmer Loop) 12 miles or 15 miles with a detour to Fenn's Moss.
ASCENT	175 metres/580 feet. Hilly.
MAP	O.S. Landranger 117 Chester & Wrexham, and 116 Shrewsbury
START	Malpas, public car park in centre
ROUTE	Malpas—Dymocks Mill—Tallarn Green—Three Fingers— Little Arowry—Hanmer—Arowry—Bronington—Whitewell—Iscoyd Park—Higher Wych—Lower Wych—Malpas

GETTING THERE

BY ROAD Take the A41 south from Chester and turn right, signed Malpas, along the B5069. In the centre of Malpas continue a few yards down the main street and park in the small public car park (toilets) opposite the fire station.

BY RAIL Whitchurch station is the nearest but is four miles from the centre of Malpas. Take the A41 north from the centre of Whitchurch and in 1½ miles turn left onto the B5395, signed Malpas.

COMMENTS

This is a superb ride, lying partly in Cheshire and partly in the Clwyd district of Wales. The route mainly uses very quiet lanes;

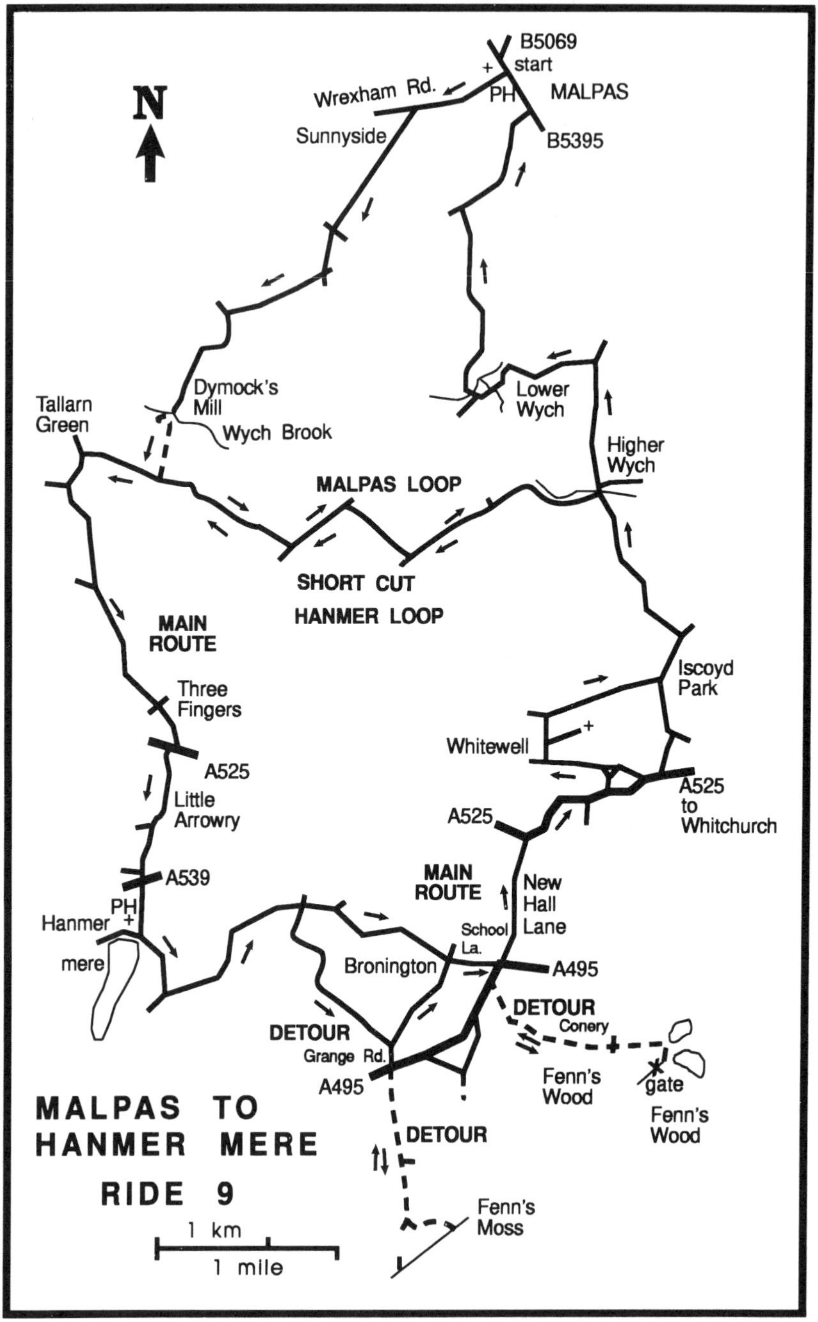
N
B5069
start
MALPAS
PH
Wrexham Rd.
Sunnyside
B5395
Dymock's Mill
Wych Brook
Tallarn Green
Lower Wych
Higher Wych
MALPAS LOOP
SHORT CUT
HANMER LOOP
MAIN ROUTE
Three Fingers
A525
Little Arrowry
A539
PH
Hanmer
mere
Iscoyd Park
Whitewell
A525 to Whitchurch
A525
MAIN ROUTE
New Hall Lane
School La.
Bronington
A495
DETOUR
Conery
Fenn's Wood
gate
Fenn's Wood
DETOUR
Grange Rd.
A495
DETOUR
Fenn's Moss
MALPAS TO HANMER MERE
RIDE 9
1 km
1 mile

however there are a couple of crossings of the two main roads. It would be easy to do a longer ride by linking with Ride 10 in Malpas. Shorter rides are possible by using the Short-Cut instructions for a 9 mile ride—*Malpas Loop* or the Short-Cut in the other direction for a 12 mile ride—*Hanmer Loop*.

A detour is possible for those who like exploring off-road on a bridleway to Fenn's Moss. However the disused railway track across Fenn's Moss isn't a right of way and is across private land. Those wishing to visit the moss can do a there and back ride along one of the bridleways. These bridleways are unsuitable for racing bikes and after heavy rain for any cyclist (and see precautions in Other Information), but it is a wonderful area for scenery and wildlife.

THE PUBS

The Red Lion (Greenalls) and the Crown (Free House) are in the centre of Malpas and serve bar meals and restaurant food. The Old Vaults (John Smiths) is also in Malpas.
The Hanmer Arms (Ansells) is in Hanmer and has a beer garden. It serves meals.

THE RIDE

MAIN ROUTE 16 miles

Turn left out of the car park in Malpas, then turn right at the old cross into Church Street and pass St Oswald's church. Continue for ½ mile down Wrexham Road to just past the houses and turn left into Sunnyside. After 1¼ miles turn right at the main road. After ½ mile turn left on the bend into a narrow road which is unsuitable for Heavy Goods Vehicles. Go steeply down to the recently converted Dymocks Mill. (This used to be derelict and was a home for bats.) The gravelled track goes past the newly landscaped mill pond and round the edge of the private garden. Climb steeply uphill on the rough track to the road. The **Short-Cut (Malpas Loop)** starts here and * the **Short-Cut (Hanmer Loop)** rejoins here.

SHORT-CUT (MALPAS LOOP) 9 miles

At the top of the track from Dymock's Mill turn left and after 1 mile turn left at the T-junction, signed Lower Wych and Malpas. Pass attractive black and white houses and a half timbered barn. In ½ mile turn first right, signed Higher Wych into an undulating narrow lane. At the T-junction turn left, signed Higher Wych. Pass a phone box and go gradually down into the valley of the Wych and follow the stream. At the T-junction turn left, signed Malpas. Cross the stream and rejoin the Main Route at * in Higher Wych on page 110.

MAIN ROUTE continued...
Turn right and in ½ mile, at the edge of Tallarn Green, turn first left signed Whitchurch. In ¼ mile turn first left again signed Whitchurch. There is a pleasant 1½ mile lane to the area called Three Fingers, where we go straight on at the cross roads where there is a post box. After ¼ mile go straight across the A525, **with care**.

In ½ mile at Little Arowry go straight on at the fork, signed Hanmer. At the main road there is a staggered junction; turn right and then left, signed **Hanmer**. In Hanmer there is a pub, the Hanmer Arms, a church, St Chad's, and a post office which sells ice creams and soft drinks. At the bottom of the road is the mere where there is a seat which makes a delightful picnic place.

Turn left by the lake and after ½ mile just past the telephone in Arowry, signed Eglwys Cross and Bronington, turn left. After a mile at the cross-roads with two grassy triangles, there is a choice. To continue on the Main Route go straight across signed Bronington or follow the First Off-Road Detour.

First Off-Road Detour—Fenn's Moss (boggy, difficult) 3 miles
See other information for precautions. This is the more interesting of the two detours. At the cross roads turn right, signed Ellesmere. Pass Llyn Bedydd on the right. This is easy to miss as it is surrounded by birch, hazel, oak, elder, hawthorn and sycamore trees. Then fork left, signed Bronington and Whitchurch. After ¼ mile turn right, signed Ellesmere and Whitchurch, into Grange Road. Go straight across the main A495, **with care**, onto a

bridleway, which is not signposted. It is wide, gravelled and rather potholed. Continue for ½ mile passing a few isolated houses including the old Apple Tree Cottage and The Croft.

Follow the main track where it bears left. You may prefer to walk some of it. The track goes through sparse birch woodland and soon leads to the open mossland. This is a really beautiful area, well worth a stop to see the woodland or to take a picnic. (There are 3 parallel bridleways across the moss to the disused railway but these are difficult to find.) Follow the winding track across the moss over peaty ground with heather. There is much peat cutting still in progress. On reaching the old railway line (there is a Nature Reserve sign here) return by the same route, as the land is privately owned, to the A495. Go straight across, **with care**, and fork first right. It is ½ mile to Bronington.

MAIN ROUTE continued...

At the cross roads (with the grassy triangles) go straight across signed Bronington and proceed uphill along Maes Llwyn Lane. After 1 mile, at the main road, go straight across into **Bronington** via School Lane. Go straight through the village on School Lane to the main road. Here, turn sharp left for the Main Route, or follow the Second Off-Road Detour

Second Off-Road Detour—Fenn's Woods 3 miles

NB This does not lead onto the moss. At the bottom of School Lane turn right, **with care**, onto the A495. Follow it for only 300 yards and turn first left onto a RUPP with a sign, Moss Grange Private. Follow the gravelled track which enters woodland. Pass the sign for Moss Farm, then keep to the track beside the hay barn and house. In a few yards at the T-junction of tracks turn left and follow the edge of woods on your left and a line of tall cypresses on your right. By the Conery Farm, which has a fox weather vane, go straight across by the sign for the tree nursery and follow the track past the flooded pit as far as the old railway line. There is a white gate on the left, signed Whitchurch Anglers Private, and only a few yards along the railway to the right is a locked red iron gate (erected in summer '93 presumably to deter vehicles and motor bikes). Turn round here and return to Bronington by the same route as described below.

At the white gate, turn left past the flooded pit. It has a ghostly white appearance as all the trees have been killed either by flooding or the dust from the cement works. At The Conery Farm go straight on at the cross roads of tracks on the RUPP and pass tree nurseries. Bear right onto the gravelled track, signed Private road to Moss Farm (still a RUPP). Pass the renovated Farm and barns and continue to the end. Turn right, **with care**, onto the main road, the A495, and second left on a bend into New Hall Lane to rejoin the Main Route.

MAIN ROUTE continued...
Reaching the end of School Lane turn immediately sharp left at the main road into New Hall Lane. At the end turn right, **with care**, onto the main A525 and follow it for only ½ mile passing a pond on the right, to turn first left, signed Whitewell. Turn first left through the village and first right, signed Whitewell Church. (To do a short detour to see the church turn right again. It is in a hollow by a stream and is white, of course, and has a tiny steeple.)

At the T-junction turn right, signed Hall Green for ½ mile passing beech woods. At the T-junction turn left, signed Higher Wych and Malpas. Along the edge of the private Iscoyd Park there is an interesting fence held together with wooden pegs. Almost immediately pass a large stone cross on the left. At the end of the estate the road bends left. The lane continues for a fairly level mile and then drops down to cross the Wych Brook by an old bridge in **Higher Wych**. There is a chapel and telephone. * The **Short-Cut (Malpas Loop)** rejoins the Main Route here.

SHORT-CUT (HANMER LOOP) for those starting at Hanmer
Do not cross the stream, instead turn left, signed Hanmer. At the top of the hill turn right, signed Tallarn Green. At the next T-junction turn left. Then turn first right and follow a winding country lane for over a mile. The track from Dymocks Mill joins

from the right. At the edge of Tallarn Green turn sharp left signed Whitchurch to rejoin the Main Route at * on page 107.

MAIN ROUTE continued...
Climb out of the Wych valley passing a garden with a pond and geese (sometimes!). After ¾ mile turn first left for Lower Wych. After Wigland Hall the road drops steeply down (test your brakes first!) and crosses a small stream.

Turn right at Brine Pits Farm and cross the main stream in **Lower Wych**. It is now uphill again for ¼ mile. After 1 mile turn right at the T-junction signed Whitchurch. Malpas church is soon visible over the fields to the left, signifying that we have nearly reached the end of the route for those whose legs are feeling the effects of the hills! In under a mile turn left onto the B5395 and so back to **Malpas**. The Red Lion pub is on the right and the Crown on the left. The car park is on the right, opposite the fire station.

OTHER INFORMATION

MALPAS

The name Malpas means bad pass, probably because the town, being on a hill, commands open views of the border lands, and so it must have been difficult for invaders to pass unnoticed! It lies on a Roman road and so was an important site on a once disputed border. Presumably it was also well fortified, as there are remains of a Norman castle near the church. The motte is on private land but can be seen from the churchyard.

St Oswald's in Malpas

The Church of St Oswald is very impressive with

battlements and pinnacles. It is mainly 16th century with older parts. Inside are very ornate wooden screens, pillars, stained glass windows, ceiling and monuments. The chapels of the Cholmondeleys and the Breretons are on either side of the nave. The alabaster tomb of the latter dates from 1522 and is very impressive. Other old buildings include almshouses, the Red Lion pub, a tithe barn and the Market house.

Furber's Garage, a few yards down Old Hall Road, straight on at the cross, stocks a few cycling items useful in emergencies!

HANMER

The church of St Chads is very old but much of it was destroyed by a great fire in 1889. It was then rebuilt. The mere has plenty of bird life such as great crested grebe, mallard, tufted duck and American ruddy duck with swallows visiting in the summer.

FENN'S MOSS

Dogs should not be allowed to run free on the moss since there are adders which could kill them. Also dogs would disturb the ground nesting birds. It would be unlikely for a cyclist to bring a dog and for this route they should definitely be left at home!

Also it is vital to guard against all risks of starting **fires**. The main danger would be a match or cigarette thrown to the ground. The peat would burn out of control and destroy the nature reserve with all its wildlife so especial care must be taken. It is essential to **stay on the bridleways** as the land is all private and it is totally unsuitable for cycling anyway with dangerous boggy ditches.

This is a large ancient moss, bounded on the south by the Shropshire Union canal. Much peat was commercially extracted prior to some of the area becoming conserved for wildlife. Unfortunately peat removal is still occurring despite the damage that this does to the whole area by the lowering of the water table. Some of the old woodland and the heath (which has beautiful heather and cross leaved heath) and the marshy areas to the south of the old railway are now conserved by English Nature and the

Countryside Council for Wales, tel Whixall 0948 880362. The woods consist mainly of old Scots pine, but there is also much birch, rowan and holly. A permit is necessary if you wish to visit the nature reserve.

WYCH BROOK

This forms the border here between England and Wales. The ride crosses at Dymocks Mill into Wales and then recrosses back into England at Higher Wych. Higher and Lower Wych are charming hamlets straddling the border. The steep sided valley of this stream makes for exciting glides downhill after which a couple of short uphill sections provide strenuous exercise; at least we should become fitter! *Wic* comes from Old English. It had a variety of meanings eg dwelling place, hamlet, town and dairy farm. In salt place names it means 'the buildings connected with a salt pit'. Perhaps it means the latter here as one farm is called Brine Pits.

TALLARN GREEN, LITTLE AROWRY AND BRONINGTON

The lanes in this whole area are excellent for seeing wild flowers especially in the spring. Between Dymocks Mill and Tallarn Green there are primroses, cowslips, violets, anemones, bluebells, campion, speedwell and wild strawberry. Between Little Arowry and Arowry the predominantly white flowers are very pretty. There are stitchwort, hedge parsley, daisy, garlic mustard and the May flowers on the hawthorn.

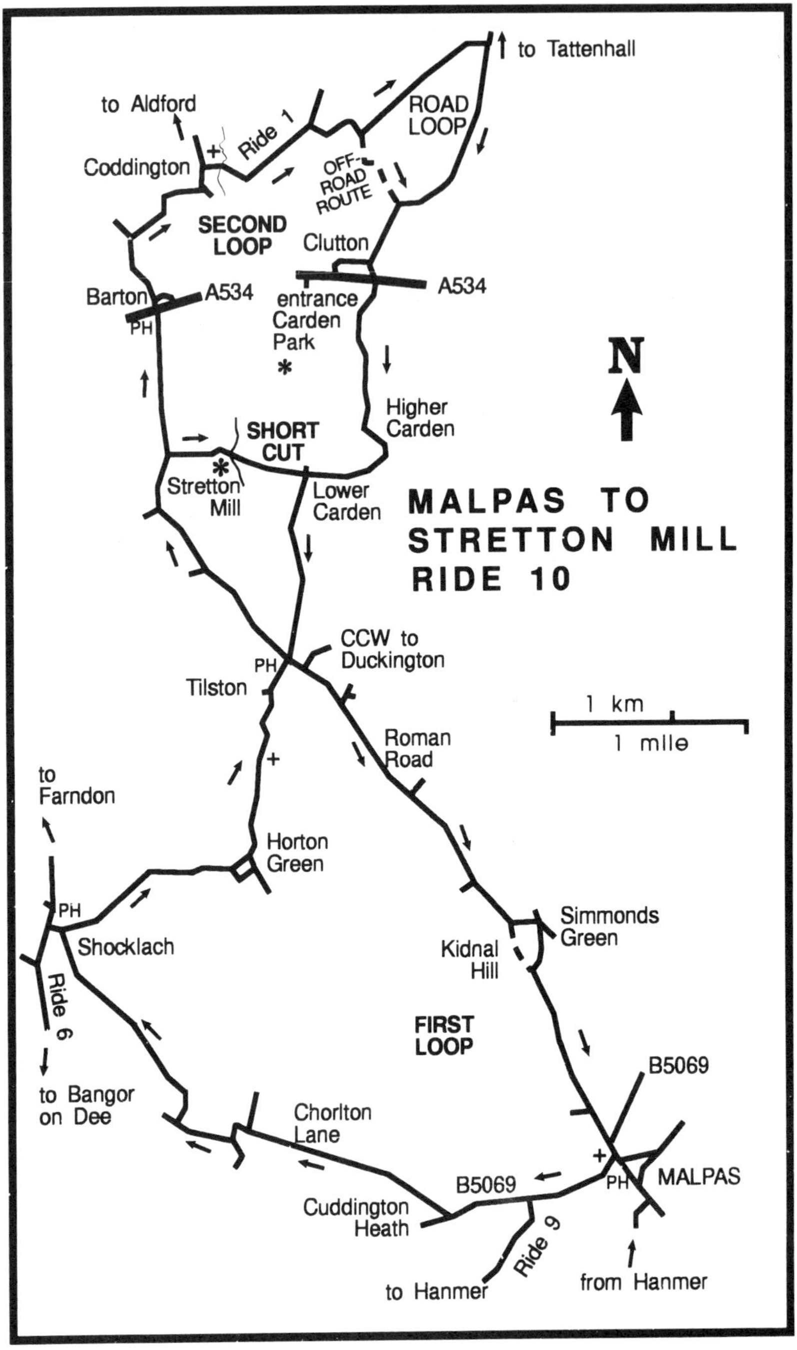

to Tattenhall
to Aldford
Ride 1
ROAD LOOP
Coddington
OFF-ROAD ROUTE
SECOND LOOP
Clutton
Barton
A534
A534
PH
entrance Carden Park
N
Higher Carden
SHORT CUT
Stretton Mill
Lower Carden
MALPAS TO STRETTON MILL RIDE 10
CCW to Duckington
PH
Tilston
1 km
1 mile
Roman Road
to Farndon
Horton Green
PH
Shocklach
Simmonds Green
Kidnal Hill
Ride 6
FIRST LOOP
B5069
to Bangor on Dee
Chorlton Lane
MALPAS
PH
B5069
Cuddington Heath
Ride 9
to Hanmer
from Hanmer

RIDE 10

MALPAS TO STRETTON MILL

DISTANCE	15 miles/24 km or less (7-8½ miles)
ASCENT	160 metres/530 feet. Undulating/moderate.
MAP	O.S. Landranger 117 Chester & Wrexham
START	Malpas, public car park in centre.
ROUTE	Malpas—Cuddington Heath—Chorlton—Shocklach—Horton Green—Tilston—Stretton Mill—Barton—Coddington—Clutton—Lower Carden—Tilston—Malpas

GETTING THERE

See Ride 9.

COMMENTS

The start is in Malpas as it is a good centre, full of interest as well as hostelries! I prefer the Malpas start to the alternative start at Stretton Mill. The reason for this is twofold. I do not want to encourage cars onto the lanes used by the ride and Stretton Mill makes a good place to aim for on the ride rather than starting there. However, starting near the mill is obviously better if you are only doing the second loop or if you come from north Cheshire.

The first loop is only 8 miles long so it would be an easy outing for children. Extending this from Tilston just as far as Stretton Mill only adds another 3 miles. From the map it can be seen that turning right out of the mill and continuing down the lane brings you out at Lower Carden. Here you could turn right to rejoin the route back to Tilston.

The second loop is only 7 or 8½ miles (depending on whether you take the path or slightly longer road route). If you do the whole ride as described it is 15 miles. The countyside is delightful in this area. There is gently rolling farmland, miles of interesting hedgerows and occasional patches of woodland. Also there are distant views into Wales (the area south of Wrexham) and later in the ride lovely views of Bickerton and Peckforton Hills.

There are several charming villages on the ride, such as Cuddington Heath, Shocklach, Barton, Horton Green and Tilston with some lovely houses and pretty gardens. There is a great variety of architectural styles in the houses in this area including some very old properties.

Links with other Rides are easy, for example via Shocklach to the Farndon to Bangor on Dee Ride and via Coddington to the Aldford to Tattenhall Ride. From Tilston there are several pleasant lanes to Duckington (and so to the Beeston Ride in the *South Cheshire* volume). Malpas is also the start of the Malpas to Hanmer Mere Ride and it links with the Cheshire Cycleway. Thus it is possible for the experienced cyclist to make a much longer route or for people to vary these routes by doing endless permutations!

THE PUBS

The Red Lion, The Crown and the Old Vaults are in Malpas.
The Carden Arms is in Tilston (Greenalls).
The Fox and Hounds (Marstons) is in Tilston and serves bar food.
The Bull Inn (Burtonwood) is in Shocklach and has an extensive choice of bar food (recommended).
Cock O'Barton (Free House) is in Barton. It serves food.

THE RIDE

FIRST LOOP 8½ miles

Turn left out of the car park in Malpas and by the cross and the Crown pub turn right, signed Wrexham B5069, into Church Street. Pass the Old Vaults and the Market House Restaurant next to the steps up to the church. There is a second way up to the church a few yards further on. It is well worth a visit.

Leave Malpas along Church Street, (which becomes Wrexham Road) passing some attractive old cottages and going gently downhill for about 1 mile to Cuddington Heath. Take the first turning on the right into Chorlton Lane and pass the WI. In just over a mile you reach the tiny village of **Chorlton**. At the junction by the telephone continue straight on for ¼ mile still in Chorlton Lane. Then turn first right, signed Shocklach and Farndon, after the bend. In ½ mile keep right and in 1 mile you will reach the village of Shocklach. (The Bull Inn is a few yards to the left at the junction and this is also the link with the Farndon to Bangor on Dee Ride.)

Turn right, signed Horton Green and Tilston and in 1 mile you reach the lovely hamlet of **Horton Green**. It is worth doing a very short detour to go once round it. Turn right along the narrow lane, follow the road round the left bend and quickly turn left and then right to rejoin the main route, signed Tilston.

After ½ mile pass the church on the right and in another ½ mile you arrive at the outskirts of **Tilston**. The outbuilding of the house on the left, opposite the school, is the oldest in the village. At the junction there is a choice of pubs. The Carden Arms is on the left with its sign proclaiming *Nimium Boni Malum*, which, if there isn't a Latin scholar in your party, at least gives a lot of fun making up daft translations! The parrots inside seem to guard the way through to the toilets, but let you pass without you having to give them any pieces of eight! There are tables outside, placed with a good view of the stocks, but it is probably some long time since any of the miscreant locals occupied them. Opposite is another attractive pub, the Fox and Hounds. To return to Malpas directly from here follow the instructions under **First and Second Loops**.

SECOND LOOP 7/8½ miles

Turn left at the Carden Arms and cycle for a mile on a rural lane. The large gateway of Stretton Hall can be seen on the left. After 200 yards turn right and go downhill along a straight lane to reach **Stretton Mill**. This is a charming spot in the valley of the Carden

Stretton Mill

Brook. It is well worth a visit or at least a picnic stop. There is a large car park and it might make a convenient **alternative start**. To return from the mill turn left and retrace your route for ½ mile back to the T-junction and turn right.

In less than a mile you reach the main road, the A534. On the left is the ancient Cock O'Barton pub. Go straight across, **with care**, and then immediately left on the bend into a narrow lane with a weight limit of 7.5 tons, so be warned if you have eaten too much lunch! The attractive village of Barton is round the bend if you want to make a short detour to see it.

After ½ mile a bridleway joins on the left from Churton. (This could be tried as an off-road way of linking with the Aldford to Tattenhall Ride but may be muddy.) Continue for another ½ mile towards Coddington.

Turn first left, signed Handley and Chester, by the large Rose Farm, just before the duck pond. In 200 yards turn first right by the telephone and the old village school (now the village institute). The next ¾ mile of this route is in common with the Aldford to Tattenhall Ride. Pass the attractive church and after ½ mile turn right opposite the big gates surmounted by huge stone balls. In ¼ mile on a sharp bend there is an unsigned cart-track.

OFF-ROAD ROUTE ½ mile

Turn right along this pleasant 'green lane'. It is used by tractors and it would not be difficult to cycle along, especially for mountain bikes. There are no gates or stiles. There is a short potholed and potentially muddy stretch. Beware of nettles in summer. It isn't far if you need to walk and is a good short cut through to the road where you turn right, **with care**.

ROAD ROUTE 2 miles

Continue on the road at the sharp left bend, still following the

A hard grind getting to the Mill!

common route with the Aldford to Tattenhall Ride, for 1 mile to the T-junction. Turn right and after 1 mile the off-road route joins from the right.

SECOND LOOP continued...

In ½ mile turn first left up a narrow lane. (A detour into the village of Clutton was found to be not worthwhile, unless you are going on to turn right onto the main road to go into the new entrance to Carden Park.) In 200 yards at the end of this lane is the busy main road, the A534. At the staggered junction go left and immediately right, **with care,** signed Carden.

The next mile is probably the most attractive part of the whole ride being along a lovely winding lane, through two wooded areas at the foot of a small escarpment. Pass Higher Carden on the left and the landscaped grounds of Carden Park on the right and continue to Lower Carden. Turn left here (or straight on down the lane will take you quickly back to **Stretton Mill**). The imposing gatehouse belonged to the burnt down Carden Hall. It is a mile along a pleasant lane back to Tilston. At the cross roads (opposite the Carden Arms) turn left and pass the Fox and Hounds. This completes the Second Loop—the way back to Malpas is the same for both loops.

FIRST AND SECOND LOOPS

The return to Malpas from Tilston is just over 3 miles and for the most part follows a very straight Roman road. Pass Tilston War Memorial Hall and several attractive properties. There is a left turning for Duckington, which could be used for a link with the Beeston Ride (in the next volume), and is where the Cheshire Cycleway turns off, otherwise continue straight on. The road goes through a sandstone cutting at one point and is overhung by old trees and festooned with dangling ivy. There are dog's mercury, arum lily and other shade loving plants in this dark hollow.

Just under 2 miles from Tilston, there is a road joining from the right, and shortly after this the wooded Kidnal Hill can be seen to the right. It has a RUPP over it (untried and not recommended).

At Simmonds Green, keep sharp right round the bend for Malpas. It is now only 1 mile back to Malpas. However, like most Roman roads this one is no exception and it goes in a bee line for Malpas despite the intervening hill! Since Malpas is situated on top of a hill there is no way of avoiding some climbing even if you decide to do this ride in the opposite direction. The town is soon in sight. The road flattens off by St Josephs and then it is downhill into Malpas along Tilston Road (which becomes High Street). The car park is on the left opposite the fire station.

OTHER INFORMATION

STRETTON MILL

The mill is unusual in having both a breastshot and an external overshot water wheel and claims to have the oldest wooden mill machinery in Cheshire. It was operational, grinding flour for the local community, from 1770 to 1959. It has a peaceful setting on a loop of the Carden Brook. There is a small admission charge for the mill and the guided tour is very interesting, it is well worth a visit. It is open Tuesday-Sunday from 1st April to 30th September from 1 to 5pm and during March and October on weekends only. It has a large car park, a picnic area and a shop. Tel 0606 41331/40394 (Cheshire Museums).

LOWER CARDEN

Carden Hall was a half-timbered mansion which burnt down on 16th September 1912 during a big social occasion. Fire broke out in the gentlemen's smoking room! Although the fire spread quickly everyone escaped unharmed. The Leche family then moved to Stretton Hall. The parkland has recently been converted into a country pursuits centre with a hotel and a golf course. It would be possible to cycle in through the parkland to see the deer if you are going for a drink to the clubroom or for a meal. There is also a public footpath through the grounds.

TILSTON

Tilston has a long history going back to Saxon times. There is a path known as 'Smugglers' Walk' going across the ford to Stone House. Perhaps the stocks were used for them? There used to be four pubs here despite the few inhabitants. There are now only two, and the village remains most picturesque.

BARTON
The Cock Inn used to be a coaching inn on the salt route from Nantwich to Wales. It dates from the 12th century. It became understandably popular with cycle tourists in Edwardian times and perhaps it will again!

The Cock O'Barton

RIDE 11

WIRRAL SOUTH: FROM DEE TO MERSEY

DISTANCE	21 miles/34 km. First Loop 8¼ or 9½ miles. Second Loop 11½ miles.
ASCENT	First Loop 60 metres/200 feet. Second Loop 65 metres/220 feet. Fairly flat.
MAP	O.S. Landranger 117 Chester & Wrexham, and 108 Liverpool
START	Wirral Country Park (referred to as WCP) car park at Willaston, Grid Ref SJ 333773.
ROUTE	First Loop: Willaston—Burton—Ness—Little Neston—Willaston Second Loop: Willaston—Eastham—Eastham Ferry and Country Park—Bromborough—Raby Mere—Thornton Hough—Raby—Willaston

GETTING THERE

BY ROAD Take the A540 Chester to Heswall road. Continue straight across at traffic lights with the A550. In 2 miles turn right onto B5151 signed Willaston into Hadlow Road. In ¾ mile turn right, by a garage, (immediately after crossing the WCP) into the car park, signed WCP.

BY RAIL Hooton Station on the Chester to Birkenhead line, which is 1¼ miles from Willaston on the B5133, or Neston station or Bromborough station (on Second Loop).

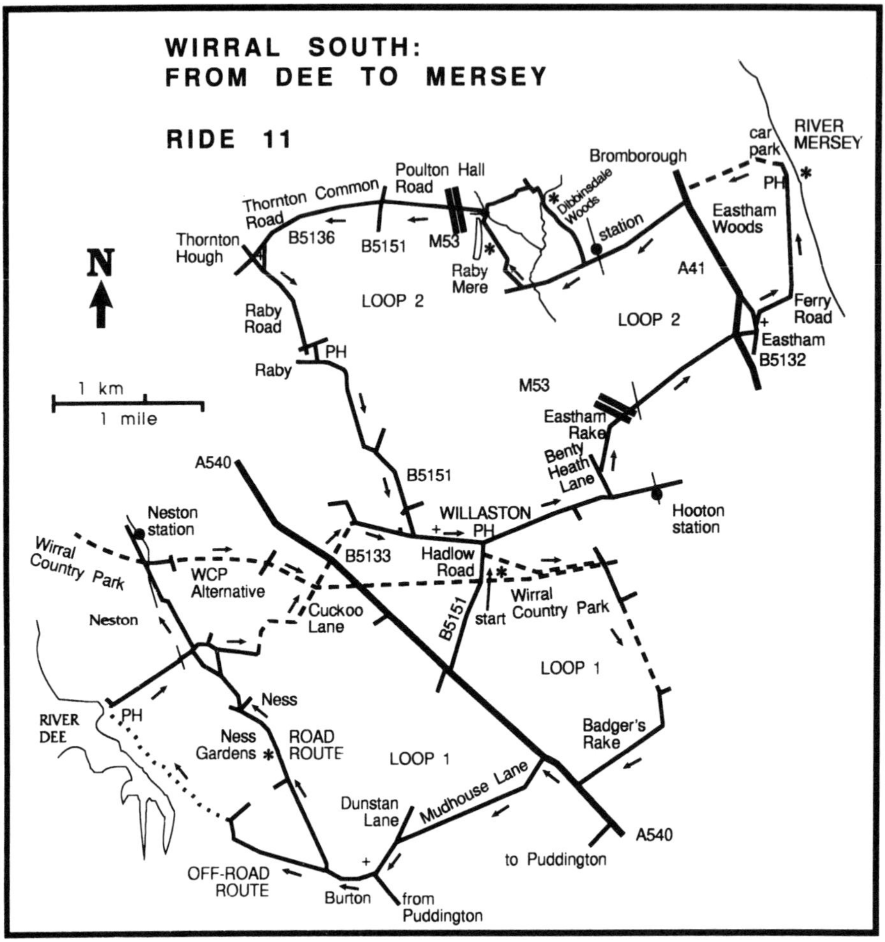
WIRRAL SOUTH:
FROM DEE TO MERSEY
RIDE 11
N
1 km
1 mile
Thornton Common Road
Poulton Hall Road
Bromborough
car park
RIVER MERSEY
PH
Dibbinsdale Woods
Eastham Woods
station
Thornton Hough
B5136
B5151
M53
Raby Mere
A41
LOOP 2
Raby Road
Ferry Road
Eastham
B5132
PH
Raby
M53
Eastham Rake
Benty Heath Lane
A540
B5151
WILLASTON
PH
Hooton station
Neston station
Wirral Country Park
WCP Alternative
B5133
Hadlow Road
B5151
start
Wirral Country Park
Cuckoo Lane
Neston
LOOP 1
Ness
RIVER DEE
PH
Ness Gardens
ROAD ROUTE
Badger's Rake
Dunstan Lane
Mudhouse Lane
A540
to Puddington
OFF-ROAD ROUTE
Burton
from Puddington

COMMENTS

This ride is definitely the one for ornithologists and horticulturalists! There are opportunities for bird watching down on the Dee marshes (Seaside Loop) or a visit to Ness Gardens (Road Loop). On the First Loop there is an unavoidable stretch on the A540, but it is only for about ¼ mile. On the Second Loop we have to cross the A41 twice (there are traffic lights). This is a busy dual carriageway and parents of young children may decide that it is unwise. Even with older children it is worth giving some thought to the best place and strategy for crossing, particularly on the return, when a right turn is necessary. The route is mostly on quiet lanes and through very attractive villages. It also includes 3 or 4 miles of off-road cycling through pleasant farmland.

Using various combinations of the Off-Road and Road Routes to Ness and the WCP Alternative, it would be easy to do different short rides with children. The experienced cyclist can easily do both main loops in half a day. Those with racing bikes will probably prefer the Road Route to the Off-Road Route to Ness. The WCP track is in a poor condition for cycling at present.

FIRST LOOP PUBS

The Harp Inn is at Little Neston (Whitbread). It also sells ice creams and soft drinks.
The Wheatsheaf (Thwaites) is in Ness and serves food.
The Nag's Head (Whitbread) is at Willaston (on both loops).

SECOND LOOP PUBS

The Stanley and the Hooton Arms are both at Eastham (both are Whitbread). The Stanley serves bar food and is open all day.
The Eastham Ferry Inn is at Eastham Ferry (Burtonwood). It has a beer garden. The Pier Bar is also Burtonwood.
The Seven Sisters (Whitbread) in Thornton Hough serves food.
The Wheatsheaf Inn is at Raby, and is a lovely old thatched pub.

THE RIDE

FIRST LOOP 8½ or 9¼ miles

Turn right out of the car park in **Willaston**. Take the third turning on the right into Smithy Lane (just after Cellar 5). This has a footpath sign but is a bridleway. It soon becomes single file. At the gate go through the gap for horses and bikes and keep left onto the gravelled bridleway. Do not go up onto the Wirral Country Park here. At the gate at the end turn turn right, signed to Heath Lane. In ¼ mile fork rightish onto a bridleway, and at its end turn right onto Badgers Rake Lane. After a mile there is a T-junction with the dual carriageway, the A540. Turn right, **with care as there is very busy fast traffic**. In ¼ mile turn first left into the curiously named Mudhouse Lane. This lane has woods on both sides giving a shady ride under the sessile oaks, silver birch, elm and sycamore. Cycle for a mile to the T-junction and turn left into Dunstan Lane, signed Burton Manor College and Ness Gardens, and so down to the village of **Burton**.

As it is downhill through this lovely village it is worth noting a few of the buildings which may be missed at too great a speed! The church of St Nicholas is high up on the right. The lane from Puddington joins on the left. The charming black and white Rose Cottage and The Old Post Office are on the right whereas the new Post Office and shop are tucked away behind the bus shelter on the left. There are attractive thatched cottages and beautifully kept tiny front gardens. The woods above the village are owned by the NT. There is now a choice of the **Off-Road Route** which includes a walk or the **Road Route** which passes Ness Gardens.

OFF-ROAD ROUTE 2½ miles of which 1 mile is a walk
NB Avoid this at high spring tides! See newspaper for times of high tides at Liverpool (The tidal constant for this point on the Dee is similar to Liverpool.)

After Burton Manor turn first left (where the main road bends sharp right) into Station Road. Going down this hill there are good views over the Dee estuary and marshes to Wales. There is an RSPB reserve on the left. At the bottom, where a private road to rifle ranges turns left, keep right and then follow the sign 'public footpath to Quayside' along the edge of the marsh. Pass Denhall

House Farm and the entrance to the Decca Transmitting aerials. The track is cyclable at first and then there is a short walking section where it is rather wet. This is well worth the trouble if you are a bird-watcher or interested in a close look at the marsh. *NB this section only has footpath status and therefore should be walked.* Then go up between the bungalows on a gravelled track and so to the Harp Inn. This has a good location by the shore.

Oops! Gone for a Burton!

The track here is rather potholed. Turn right and go up the road through the housing estate. Continue climbing gently up Marshland Road, going under the railway bridge, to the cross roads. There is a choice here of return route: either turn left into Burton Road for the WCP or cross over, **with care**, up Bull Hill to continue the First Loop.

ROAD ROUTE TO NESS 1¾ miles
In Burton, continue on the main road where it bends sharp right.

In about 1 mile the entrance to **Ness Gardens** is on the left (well worth a visit). Continue straight on through the village of Ness for ¾ mile on Burton Road, by the Wheatsheaf, to the cross roads in **Little Neston** then either continue straight on for the WCP Alternative or turn right up Bull Hill to continue the First Loop.

WIRRAL COUNTRY PARK ALTERNATIVE

Ride along Burton Road for about ½ mile through **Little Neston** to **Neston**. After going under a railway bridge turn right at a mini-roundabout and go under another railway bridge. Where the road ends continue straight on past the bollards. This road, lined with houses and bungalows, follows the line of the disused railway. At the T-junction go straight across and through the stile onto the WCP.

It is essential for cyclists to follow the horeseshoe signs, ie stay on the bridleway not the footpath. Half barriers are present at intervals to prevent the horses galloping. This is a beautiful section going through a deep cutting in the sandstone and is always cool and shady. There are overhanging trees with roots dangling down and creepers covering the walls. It is muddy in places and is unsuitable for cycling in wet weather!

After the cutting, it continues as a narrower path through farmland. There is one slightly confusing junction of paths where it is necessary to bear right (straight across only leads to a little padlocked and wired gate). It goes through the grounds of Leahurst (Liverpool University's veterinary section) and under a large bridge carrying the A540. It is important here to stick to the path and to give way to any horses, etc. It is well signed.

Where the bridleway turns right up shallow steps climb up (ie most will probably get off and walk!) and cross the wooden bridge. (The no cycling sign is an old one and pre-dates the recent relaxation of the ban.) It is not far from here back into Willaston. At the white gate emerge onto the B5151 and cross it, **with care**, to return to the WCP car park.

FIRST LOOP continued...

In **Little Neston** go up Bull Hill. Continue in Woodfall Lane and turn first left still in Woodfall Lane. Go past the school and at the end of the lane bear left into Gorstons Lane.

A good choice of bridleway on the Wirral

In 200 yards turn right onto a bridleway. It has a sandstone surface and is mostly downhill and rather bumpy if taken too fast. It passes under a wooden bridge carrying the Wirral Country Park and is here rather a muddy farm track called Cuckoo Lane. At the main road go straight across, **with care**, into Hanns Hall Road, signed Willaston B5133. Continue into Willaston to end the first loop. **Either** turn right down Hadlow Road to return to the car park, **or** continue onto the Second Loop.

SECOND LOOP 11½ miles

From the WCP car park turn right down Hadlow Road to the centre of **Willaston**. Pass the beautiful village green with the village hall and the old Red Lion and turn right past the Nag's Head.

Continue out of the village and after about 1 mile, and just past a small shady pond on the left, turn first left into Benty Heath Lane. Take the first right into Eastham Rake (at the back of a grassed-over tip). Go under the M53 and the railway bridges and continue straight on into the town of Eastham.

Go straight across the A41 at the traffic lights, **with great care**, into Stanley Lane and the old village of **Eastham**. Pass the old Post Office on the right, the Stanley on the left and the Parish Church of St Mary, with its tower surmounted by a spire, on the right. Turn left into Eastham Village Road and turn immediately first right into Ferry Road by the Hooton Arms, signed Eastham Country Park.

There is a golf course here and good views of the start of the Manchester Ship Canal at Eastham Locks, and across the Mersey to Liverpool. There are often large tankers and other ships seen coming up the Mersey and into the Queen Elizabeth II Dock. There is a viewpoint with a telescope. The Pier Bar and the Eastham Ferry Inn are at the bottom of the hill overlooking the river.

Continue to the mini roundabout and turn left. The large car park on the right would make an **alternative start**. Our route now goes through Eastham Woods Country Park. Keep to the left of the car park. Go round the barrier beside the house and follow the bridleway with low wooden fences. The track follows the top edge of the car park and then bends and climbs gently uphill under mature trees of oak, beech, birch and chestnut. The park also has some open spaces providing an opportunity for a picnic stop. Keep straight on and pass tennis courts on the right.

The older signs still call it a footpath but the newer ones have the correct designation of bridleway. Eventually it emerges onto the busy A41. **Take care** as you turn left and follow this busy road for a few yards. Turn first right, **with great care**, (by the Telegraph garage) at the traffic lights, signed Bromborough.

Follow Allport Road, passing shops and the Merebrook pub (Bass) and in about 1 mile pass Bromborough Station, now on Raby Hall Road (and pass a right turn, Dibbinsdale Road, which leads steeply down to the main part of the Dibbinsdale SSSI—footpath access only). After another ½ mile cross the stream (a tributary of Clatterbeck/Dibbin). There is a golf course on the left. About ¼ mile after the stream turn right at the end of the houses into Blakely Road, signed Raby Mere.

There are woods on the left and in ½ mile you reach Raby Mere which is worth a stop to see the Canada geese, mallard and farmyard ducks. Follow Poulton Hall Road down round the bend and over the stream (Clatterbeck). The woodland on the embankment is Intake Woods. Turn immediately first left into Thornton Common Road, and the woods on the right here are Thornton Woods. Both of these woods are managed by the Cheshire Wildlife Trust, and are part of the Dibbinsdale SSSI.

Cross over the M53 and pass the rugby club. Go straight across the B5151, **with care**, and onto the B5136 (this is still Thornton

Relaxing at the Wheatsheaf

Common Road). Continue slightly uphill to **Thornton Hough**. This is a beautiful village with a sandstone church and black and white houses. Opposite the church is the village store and tearoom. After passing the Seven Stars pub on the left and the post office, turn left into Raby Road by the church and pass the village green.

It is about 1 mile down this lane through pleasant farmland to Raby. Turn left into Raby Mere Road and then first right into The Green. **Raby** is a very small hamlet with a few scattered houses and a tiny thatched pub on the left called The Wheatsheaf (not quite in the position shown on the OS map!). Turn first left at the end into Willow Brow Lane. Continue round the right hand bend. Then straight on (ie not left into Willow Lane) and in about 1 mile you will reach the B5151.

Turn right, **with care**, onto Willaston Road and in less than a mile turn left into Neston Road and so back to Willaston, passing the church, shops and old houses. To return to the car park turn right at the junction onto the B5151, Hadlow Road, and in ¼ mile left by a garage into the WCP car park.

OTHER INFORMATION

WILLASTON

This was originally called Wilaveston and was the centre of the Hundred of Wilaveston encompassing most of the Wirral at the time of the Domesday Book. The name means Wiglaf's farmstead. The mysterious Wirral stone can be seen at the cross roads of the B5151 (Willaston to Burton) with the A540 (on the way to the start but not on the ride). It is three pieces of sandstone and is partly hidden by the Hadlow Road sign. It may have been the meeting place of the hundred and one idea is that the name 'Wirhael-stone' may be the originator of Willaston, but this seems unlikely. The centre of the village is still very attractive with several old buildings, such as the Nag's Head inn, the old Red Lion house and village hall around the green. Apparently there used to be a May festival with dancing round the maypole on the green. The Red Lion, long ceased being an inn, dates from 1631. The Hall was built in 1558.

NESS

The name Ness probably comes from the Norse *nes* meaning a headland. The famous Emma, Lady Hamilton was born in Ness (at Swan Cottage). Thanks to her beauty she rose from poverty to being the wife of the British ambassador to Naples as well as lover and inspiration of Nelson.

NESS GARDENS

This is the University of Liverpool's Botanic Gardens at Ness, Neston, L64 4AY (tel 051 336 2135). It was started by a wealthy Liverpool cotton merchant A K Bulley who also started the Bee's Seed firm there.

It is open every day except Christmas Day from 9.30am. Last entry is 1 hour before sunset. Since it has 62 acres, if visiting during a cycle tour, allow plenty of time. There is much to see, for example the special gardens for heathers, rock and water, terrace plants, herbs, and herbaceous borders. There are splendid collections of plants such as camellias, azalias and primulas. It has the largest collection in the country of Sorbus and the National Collection of willows, and a Tree and a Nature Trail. There is a tearoom, shop, play area and picnic area. There are excellent views over the Dee from the gardens. Entry in 1994 is £3 for adults and £2 for children and pensioners. Accompanied children under 10 are free, no dogs.

THE DEE ESTUARY

The river Dee was De in the Domesday Book and in Welsh is *Dyfrdwy*. It comes from the British *Deva* (like the early name for Chester) meaning the goddess or the holy river.

Just past the Harp Inn are the barely visible remains of an old sandstone quay. This was used to ship the coal from the former Denhall colliery out on barges. The marshes are excellent for bird watching especially in winter when the estuary is visited by flocks of waders, duck and geese.

The town of Parkgate used to be a seaside port and still has a promenade but now the sea proper is some distance off due to marsh development. This is a result of the colonisation by the notorious marsh grass, *Spartina x anglica*, (interesting to the biologist as it shows amazing hybrid vigour, being a polyploid hybrid of two different species!). It has covered the mudflats of the Dee in this whole area and caused the silting up of the navigable channel.

A warning not to venture out onto the marshes is probably unnecessary as their treachery is very well known! Charles Kingsley wrote the famous poem *The Sands of Dee*, which starts

O Mary, go and call the cattle home,
and call the cattle home,
and call the cattle home,
across the sands of Dee,
The western wind was wild and dank with foam
and all alone went she

and proceeds to tell of her drowning in the rapidly rising tide!

ELLESMERE PORT BOAT MUSEUM

Dockyard Road, Ellesmere Port L65 4EF (tel 051 355 5017). This is quite near to the ride but is only reachable via main roads. It is only a few minutes from Ellesmere Port station. Advertised as the world's largest collection of floating inland waterways craft, it has indoor exhibitions, period cottages, stables, a forge, and steam engines. It is open daily in summer from 10am to 5pm. In winter it is closed on Thursdays and Fridays. Adults £4.50, children £3 and pensioners £3.50.

EASTHAM

This name means eastern village. The centre of the village still has an old world character. There are attractive houses and an old church of sandstone with a 14th century tower and spire (rebuilt in 18th century). In the churchyard is an ancient yew, possibly a thousand years old. The Stanley pub has a carving of a stag's head above the door. This was the crest of the Stanley family from Hooton Hall.

The famous Eastham locks into the Manchester Ship Canal are an impressive engineering achievement. Their construction started in 1885 and the soil removed in their excavation was dumped near Eastham forming the hill known as Mount Manisty. This mound is excellent for bird watching especially in the winter when huge flocks of wildfowl can be seen feeding on the Mersey mudflats.

The Information Centre at the Country Park is on 051-327 1007.

RABY

The name probably derives from Danish *raa* for boundary mark, giving a homestead near a boundary mark. The Wheatsheaf Inn is a lovely old thatched and half timbered pub, built in 1611. Raby Mere is a very pretty lake being surrounded by woodland. The stream from the dam trickles down a narrow valley. (Apparently there was once an old millhouse, 1601, which had a waterwheel to grind the corn.)

WIRRAL COUNTRY PARK

The Department of Leisure Services agreed in April 1992 to allow cyclists to use the horse riding part of the track, after some work to improve it, **but not the footpath** because of heavy pedestrian use. However since the horse riding surface is so broken up by the horses it isn't very suitable for cycling. Apparently 'levellers' were used to smooth the surface in the summer of 1992 but it isn't much better for cycling. If improved it could be used to make alternative off-road variations to the route described here. Cycling is not easy in winter after rain. If shared usage hopefully remains amicable between the equestrians and cyclists, and if the surface is maintained, then it will be a major step forward in the provision for safe off-road cycling especially for children on the Wirral.

DIBBINSDALE WOODS SSSI

This is a mixed deciduous woodland managed by the CWT and access is by permission. It is mainly on the banks of the steep sided valley of the Clatterbeck. The trees include pedunculate oak and a great variety of others as well as a rich woodland flora and fauna. Woodland habitats are not common on the Wirral and are thus especially in need of protection. On this ride we catch a glimpse of the lovely Thornton Wood, which is to the west of the main Dibbinsdale woods. There is public access if you make a detour from from Allport Road by turning right into Dibbinsdale Road which leads steeply down to the main part of the Dibbinsdale SSSI. There a footpath only through a gate on the right just before the bottom of the hill. It is worth leaving the bikes secured for a lovely stroll through this valley. To return continue steeply uphill on Poulton Road. At the top turn sharp left into Poulton Hall Road. Go steeply down the winding hill and turn sharp right over the little bridge to rejoin the main route.

'GOBBINSHIRE'

This was an old name for this part of Cheshire (ref. The Cheshire Sheaf 111) including Saughall, Shotwick, Ness, Neston and the hamlets on the north shore of the Dee down to Backford. Perhaps deriving derogatorily from 'Gawbyshire' and referring to the rusticity of the inhabitants! A local proverb is

Gobbinshire, Gobbinshire, Gobbinshire Green
The ronkest old beggar as ever was seen!

RIDE 12

WIRRAL NORTH: FROM SEACOMBE TO MORETON

DISTANCE	12 miles/20 km, or short route 5 miles/8 km.
ASCENT	Virtually 0 metres/0 feet. Nil!
MAP	O.S. Landranger 108 Liverpool
START	Seacombe Ferry OR Leasowe Common and the North Wirral Coastal Park (NWCP) at the end of the cul-de-sac by the Leasowe Embankment. OR Egremont Promenade by Speakers Corner. There is a small car park by the river.
ROUTE	Seacombe Ferry—Egremont Promenade—New Brighton—Leasowe Embankment—North Wirral Coast Park—Moreton—Lighthouse—recommended to return by same route (or see road loop via Leasowe and Wallasey)

GETTING THERE

BY SEA Take the ferry across the Mersey from Liverpool pierhead to Seacombe!

BY ROAD Seacombe Ferry is at the end of the A554 Birkenhead Road. This is reached by motorists from Junction 1 on the M53 by following 'Wallasey Docks' along Dock Link Rd and Dock Rd or

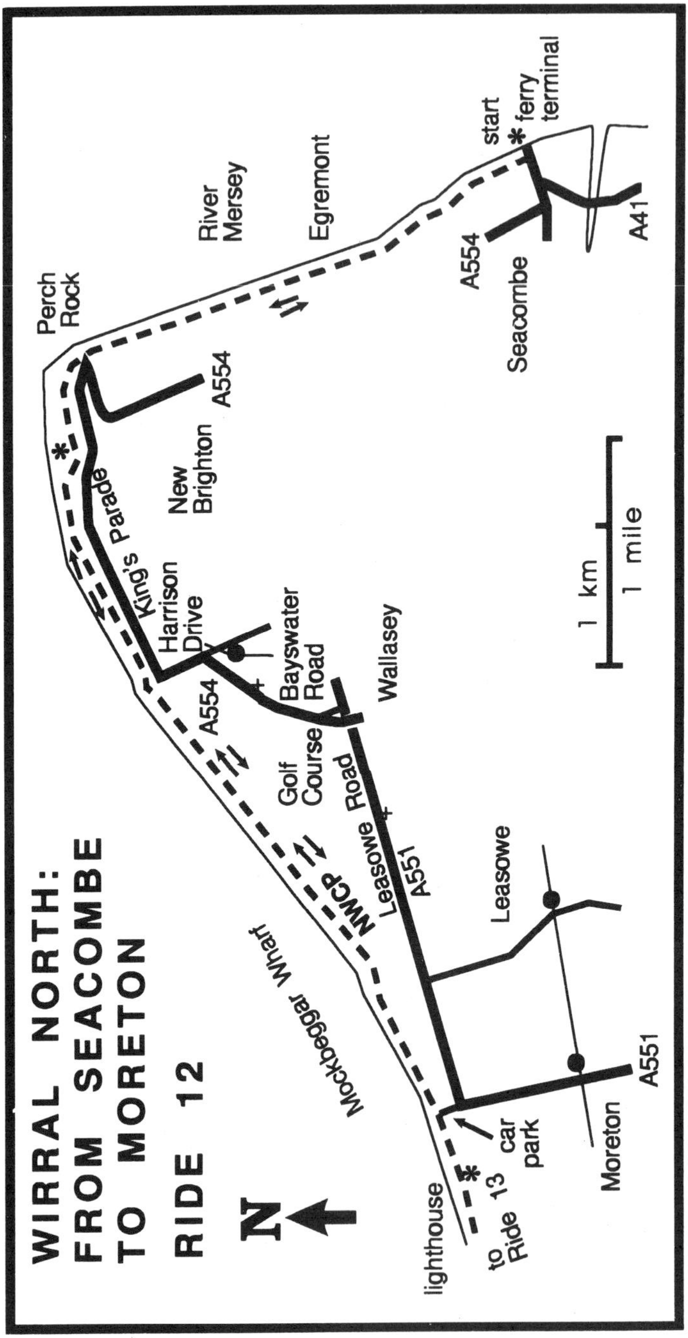
WIRRAL NORTH:
FROM SEACOMBE
TO MORETON
RIDE 12
N
start
ferry terminal
River Mersey
Egremont
A554
Seacombe
A41
Perch Rock
A554
New Brighton
King's Parade
Harrison Drive
Bayswater Road
A554
Wallasey
Golf Course Road
Leasowe Road
A551
NWCP
Leasowe
Mockbeggar Wharf
A551
car park
Moreton
lighthouse
to Ride 13
1 km
1 mile

from the A41 from Chester by following Chester Street, Bridge Street and right into Tower Road the A554 over the bridge and right into Birkenhead Road.
OR The NWCP is on the A551 Wallasey to Heswall road just north of Moreton station.
OR Egremont Prom is off the A554 at the bottom of Sandon Road.
BY RAIL Hamilton Square station. Go along Bridge Sreet and right onto the A554 as above.
OR Moreton or Leasowe stations

COMMENTS

This is one of the few rides which I recommend you to do 'there and back' rather than as a circular route as the roads are busy in Wallasey and it is much pleasanter to stay beside the river and the sea. It is an ideal ride for beginners and children, or just for a short spin as you can turn back whenever suitable. It is excellent for the family with young children and it is becoming increasingly popular with all ages of cyclist wanting a scenic ride away from traffic. Finding the route is very simple! People from the Liverpool area can make a day out with a difference by travelling on the ferry to the start at Seacombe.

THE PUBS

The Ferry (Higsons) with a Kids Inn alongside on Egremont Promenade. Bar food. This is the only pub I have encountered so far with a specialised outlet for children.
The Magazine (Bass) near Vale Park is a very old inn.
The Anchorage (Wilsons), Coasters at the Palm House (Free House), The Golden Guinea (Whitbreads) and Reflections (Bass) are all on the front at New Brighton but tend to change name/brewery often.

THE RIDE

MAIN ROUTE 12 miles **SHORT ROUTE** 2½ miles each way
Starting from the Seacombe Ferry turn right out of the terminal building and in a few yards, just past the huge ventilation shafts of the Wallasey branch of the Mersey tunnel, the road becomes

prohibited to motor vehicles at Seacombe Promenade. It is now a safe ride all the way to New Brighton.

Pass an access point to a small beach, and the impressive Town Hall. Egremont is soon reached one mile from the start. The Speakers Corner on Egremont Promenade, at the bottom of Sandon Road, is opposite the Ferry pub. Continue to cycle along the prom beside the river. There are good views across the Mersey to Liverpool and its docks. The Liver Building and the two cathedrals are very familiar landmarks. There are clear signposts eg New Brighton ⅝ mile, Albert Dock 3½ miles, Town hall, Guinea Gap baths, and Seacombe Ferry.

You soon reach Mother Redcap's Nursing Home which has a barely legible stone inscription. Then pass the old Magazine pub which is set back a little off the prom just before the War Memorial. A short detour to the left up Magazine Lane brings you to the stone archway of the Liscard Battery on the left and the Round House. This is now a private house, partly hidden across the road behind a hedge. Vale Park is here also and provides a good spot to stop and relax. It has a bandstand dating from 1926 and a small visitor centre. Pass the Tower Grounds next.

The buoys on the river are interesting. The East buoy (east of the hazard) is recognisable by its black-yellow-black colours and its topmark of 2 cones arranged like a diamond. Then there is a pair of buoys, green on the left and red on the right. (Red means ships entering the river leave the buoy to port and green means leave to starboard.) After rounding the bend at New Brighton there is a good view of Perch Rock and the lighthouse and then either turn back if you wish to avoid roads (**Short Route**) or continue onto the road, **with care**.

There are now a multitude of cafes, ice cream shops and touristic outlets, such as the Floral Pavilion, Tourist Information Office with useful leaflets, Adventureland, Ten Pin Bowling and a wide selection of pubs. These are all on the front at New Brighton opposite the Marine Lake. Turn right, **with care**, onto the cycleway at the first roundabout, by Reflections. Take care when side roads cross the cycle lane.

Where the cycle lane ends the prom continues and is very wide. (It would be safer if young children could be allowed to use this and, of course, if all cyclists could. Hopefully in the future the line demarcating cyclists' and pedestrians' routes will be continued.) At present there is a short stretch along the dual carriageway for about ¾ mile to the start of the Leasowe Embankment.

By the seaside

Decide here whether to do a circular ride by using the Road Route onward and the embankment to return or whether to do a there and back along the safer off-road embankment.

OFF-ROAD ROUTE

Cycling has recently been permitted on the concrete Leasowe Embankment but please give way to pedestrians and be aware that it is a popular walking area so the going has to be slow. It is about 2 miles to Moreton. There are excellent views over the sandbanks of Mockbeggar Wharf to Liverpool Bay. There are many birds to be seen but don't be tempted to ride down onto the sands—they are sinking (not to say stinking!) and much muddier than at first sight! You will reach Leasowe Common and North Wirral Coastal Park. There is a small car park here at the end of the dead-end road off the A551 from Moreton and its station. This point is the link with the West Wirral Ride which continues on to the lighthouse.

ROAD ROUTE 3 miles *This is NOT recommended for children*
At the end of the cycleway go along the dual carriageway, then round the mini-golf course and right up Harrison Drive, signed Station, Leasowe and Moreton. Take a right fork into Bayswater Road, with the golf course on your right. Pass the church of St Nicholas, Wallasey. Follow the old Bayswater Road round to the left and into Greenleas Road. At the end, turn right onto Leasowe Road and under the flyover, with the Wallasey and then Leasowe Golf Courses on your right.

Pass the Catholic church of Lourdes and then a pub called Twenty Rave (Whitbreads, food). This is now a very busy and, in my opinion, unpleasant dual carriageway (A551) to cycle along and care is needed. Then, where the road takes a sharp left bend, turn right down the short dead end road by the car park and return by turning right along the embankment.

OTHER INFORMATION

SEACOMBE FERRY

The shuttle service from pierhead Liverpool to Seacombe takes about 10 minutes or the cruise service about 20 minutes. There are toilets and a cafe at the ferry terminal.

SEACOMBE SUB-MARINE

This is an exhibition of local aquatic life similar to but on a smaller scale than the Sealife centre in Anglesey. It has fish from the Irish Sea, a couple of conger eels and interesting tanks with creatures from rock pools and the sea bed. It also has information about the polluted state of the river Mersey. It is open from 10am to 6pm every day in summer but less often in winter. Price in 1994 adults £1.30, children 70p, tel 051-630 1030.

MORETON

The name comes from Old English 'town by a fen'. There has been an inn on the site of the Coach and Horses since the 17th century.

Statuesque cyclists?

NEW BRIGHTON

I assume it was named after Brighton in Sussex. Where the Tower Grounds are now there used to be a steel tower taller than Blackpool Tower. It was demolished between the wars. Near Vale Park were the famous Magazines. Gunpowder and shot from sailing ships were stored there for safety while the ships were in port at Liverpool (Apparently the only remains are now beneath the cellars of Emmanuel church vicarage). The Magazine Hotel dates from 1759 and was used by sailors waiting for ships offloading their gunpowder. New Brighton used to have a popular pier.

Fort Perch Rock battery is made of Runcorn stone and was built as a fort to guard Liverpool. It has been restored and opened to the public with craft shops and a museum of aircraft wrecks. New Brighton Lighthouse was built between 1927 and 1930 using

Anglesey stone. It is 90 feet high.

Victoria Gardens and the Floral Pavilion are on the site of the former infamous run-down amusements and cafes locally nicknamed 'The Ham and Egg Parade' rather like 'The Golden Mile'. The present day amusements are along the section of the Marine Parade up to the swimming pool. The cliffs opposite the pool have rocks called Red Noses and Yellow Noses and used to have caves which were the haunt of smugglers and wreckers.

LEASOWE

The name comes from the Old English word *leasow* for pasture. The embankment was started in 1829 and reconstructed in 1978 to protect the land from being flooded by the sea. The Old Gun Site picnic area used to be an anti-aircraft gun emplacement. The Coastal Park, as well as providing for recreation, is much needed to conserve the scanty remains of the sand dunes and their characteristic plants and animals. Trampling by too many feet and certainly riding over such land would only destroy the last remnants of what was once a huge area of dunes.

Nearby is Leasowe Castle which was built in 1593 by the then Earl of Derby. At the end of the 17th century, when it lay empty, it was nicknamed 'Mockbeggar Hall' and the sand-bank offshore now takes the same name. The dining room was panelled with wood from the Star Chamber at Westminster. Its history includes private ownership, housing first world war prisoners, a retired railwaymen's home and presently it is a hotel and conference centre.

EGREMONT

This was named after Egremont in Cumbria, the founder's birthplace, which in turn was named from a place in Normandy.

RIDE 13

WIRRAL WEST: THURSTASTON, MEOLS AND WEST KIRBY

DISTANCE	Loop One 8 miles/13 km. Loop Two 8 miles/13 km. Lots of alternatives.
ASCENT	Loop One 75 metres/250 feet; feels a lot. Loop Two 15 metres/50 feet: not a lot!
MAP	O.S. Landranger 108 Liverpool
START	Wirral Country Park (WCP) Visitor Centre at Thurstaston (or the prom at West Kirby) for Loop One. Leasowe Common, North Wirral Coastal Park (NWCP) (or the prom at Dove Point Meols) for Loop Two or both.
ROUTE	Loop One Thurstaston—Irby Hill—Greasby—Three Lanes End—West Kirby—Wirral Country Park—Thursaston. Loop Two North Wirral Coastal Park—Leasowe Embankment—Meols—Saughall Massie—Three Lanes End—Meols—Dove Point—Leasowe Lighthouse.

GETTING THERE

BY ROAD Thurstaston is on the A540 Heswall to Hoylake road. Turn down through the village and the car park and visitor centre is at the end. If the WCP is not in a cyclable condition then the prom at West Kirby for Loop 1 or at Meols for Loop 2 are better starting points. For Leasowe see Ride 11.

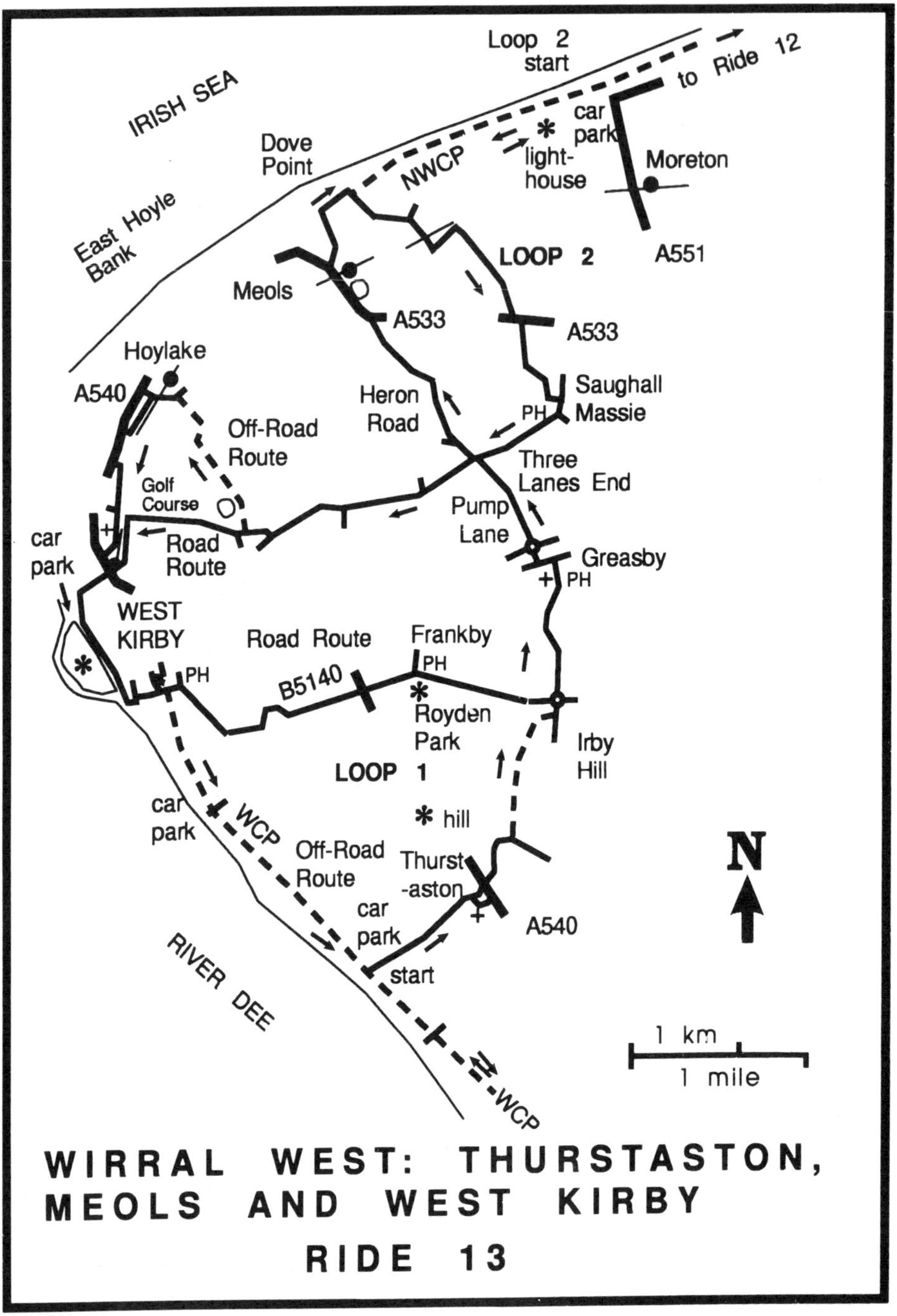

WIRRAL WEST: THURSTASTON, MEOLS AND WEST KIRBY

RIDE 13

BY RAIL Moreton Station for Loop 2 or both. It is only ½ mile down to the Leasowe Embankment passing the Cadbury's factory (Premier Brands), (notice the little Cadbury's Steam Engine). West Kirby station for Loop 1 or both.

COMMENTS

This ride is wonderful for wide open views of the sands and the sea at Meols and West Kirby. The Leasowe Embankment provides a safe off-road track and is ideal for children; no wonder it is very popular with cyclists of all ages!

The whole route is roughly a figure of 8 shape so it can be done as two separate short loops or one longer route. The description is complicated becuse of allowing for the needs of different types and ages of cyclists; the map should make it clear! It uses both the WCP and the NWCP and a short bridleway at Irby Hill so provides plenty for the off-road enthusiasts. It links with the Wirral North: Seacombe to Moreton Ride and could also link with the Wirral South Ride by continuing further on the bridleway part of the WCP to Willaston. Loop 1 is done in an anti-clockwise direction because of the one way road at West Kirby by the lake. Loop 2 is done in a clockwise direction because it seems to make a nicer route that way and there aren't too many right turns. The WCP bridleway is possible in summer and after dry weather. It is only really negotiable on mountain bikes **but at present is not suitable for racers or even tourers in wet weather and in the winter**.

On Loop 2 the route uses one mile of the Leasowe Embankment twice for a there-and-back ride to the lighthouse or for those starting at the Leasowe Common car park. It is such a safe and ideal spot for family cycling with so much to see that doing this twice shouldn't be boring!

THE PUBS

The Irby Mill (Free house) is in Irby Hill and serves food.
The Coach and Horses, the Red Cat (both Whitbread) and the Greave Dunning (Bass) are all in Greasby and serve food.
The Saughall Hotel (Thwaites) is in Saughall Massie. It has a beer

garden and serves food.
The Moby Dick (Henry's Table) is in West Kirby.
The Farmers Arms (Whitbread, Brewers Fayre) is in Frankby.

THE RIDE

LOOP ONE 8 miles

From **Thurstaston** Visitor Centre, (one way in the car park) turn left through it and follow the sign for the cafe. Pass the cafe and cycle uphill for ¾ mile to the village with its old sandstone houses. Bend right and then turn left opposite the church of St Bartholomew into Station Road.

At the main road, the A540 go straight across, **with extreme care,** as this junction doesn't have good visibility and the traffic is fast. In ¼ mile go round a right bend, enter Irby and turn immediately left into Sandy Lane (not School Lane). An entrance for walkers to the NT Thurstaston Common is soon on your left. If you can leave bikes secured it makes a good stop for a stroll and a picnic.

Continue along Sandy Lane where it becomes a bridleway. It is cyclable at first but where it becomes rocky and sandy it is necessary for those on tourers to walk for a few yards. This gives the opportunity to admire the birch, rowan and oak trees and wildlife! Turn right onto the gravelled track just before Quarry Bank Farm where it becomes rideable again. At the road turn left and continue straight on at the roundabout by the Irby Mill pub. **The Road Route from West Kirby omitting the WCP rejoins here.**

Enter **Greasby** and pass a Roman Catholic church, a house with a plaque stating 'School Farm 1636' and the old iron cross on the right. The Coach and Horses and behind it the Greave Dunning are next. The Red Cat is just visible to the right. There are now some road junctions where care is needed.

From Mill Lane turn left and first right, **with care,** into Well Lane and at the roundabout go straight across, **with care,** into Pump Lane. It is almost a mile along this rural lane to the cross roads at

Three Lanes End. Decide here whether to return on Loop 1. If doing both loops see * in Loop 2 instructions on page 153.

LOOP ONE continued...

Turn left at this cross roads. * **To continue from Loop 2** go straight across this cross roads. Ride towards West Kirby for 1½ miles. There are good views ahead towards the wooded sandstone ridge surmounted by the beacon. (Continue straight on where China Farm Lane turns left to Newton and a footpath turns right to Hoylake by an old sandstone house.) In ½ mile turn first right, **with care**, into Gilroy Road and go briefly through a housing estate as this is shorter and avoids a main road junction.

OFF-ROAD ROUTE VIA HOYLAKE *uses some roads as well*

Soon on the right is the start of a footpath to Hoylake. Although it is only a footpath, many people do cycle along it and it makes an alternative traffic-free link to Hoylake. There is a well designed gate, which even adult sized bikes can negotiate with ease. It is surfaced all the way. Even if using the Road Route, it is worth at least a short detour to see Gilroy Nature Park.

Eventually the path crosses Hoylake Golf Course (check that no golfers are driving across the path) and continues along New Hall Road passing small industrial units. At the T-junction turn left. (Note that cycling is prohibited on the footpath to West Kirby alongside the railway.) Cross the level crossing by **Hoylake station** and turn immediately left by the signal box into Drummond Road. It is quite pleasant as it follows the wooded railway embankment with views over the golf course. The next mile is through a residential area of detached houses with attractive gardens. Bend right into Morpeth Road. At the main road turn left (the pavement is very wide). Turn first left into Winnington Road and follow the right bend into Eddisbury Road which becomes Graham Road, pass the Grammar School. Bend sharp right and at the main road by St Andrew's church turn left with care. It is only a few hundred yards through West Kirby to turn right, **with care**, into Riversdale Road, where you rejoin the Road Route.

ROAD ROUTE continued...

Continue to the end of Gilroy Road, passing the shops and post office, which sells ices. Turn right, **with care**, onto the road which is eventually signed Greenbank Road. It is not a very scenic part but is soon over! Continue round the bend and the road keeps changing its name; first into Anglesey Road and then into Orrysdale Road. Turn right, **with care**, into Bridge Road and cross the railway bridge by **West Kirby station**. At the main road (Meols Drive right —ange Road left) go across, **with care**, into Riversdale Road. **The Off-Road Route via Hoylake rejoins here.** Bend left along South Parade and cycle along the seaside.

You will have extensive views over the sands of Dee to Hilbre Island and across to Wales. There are several benches, further along they are under a shelter and there are public toilets in the building housing the sailing school. All in all it makes an ideal place on a fine day for a picnic stop where you can watch the wind surfers whizzing along and quite often having a dip. Bear in mind it isn't convenient to do this ride in reverse as it is one way along here. Cycling is prohibited on the outer marine lake wall. At the main road turn right, **with care**, onto Sandy Lane, the B5141, and follow it for a few yards to the bridge. Decide here whether to do the WCP, which returns to the Thurstaston station car park, or the Road Route to Irby Hill.

OFF-ROAD ROUTE USING THE WCP

Access is via a small housing estate. Turn left into Hilbre Road, right into Madeley Drive and second right into Kale Close. This leads to an access point to the WCP. Cycle round past the sub-station and right onto the WCP and onto the bridleway for a 2 mile ride towards Thurstaston. The new surface on the first part of the bridleway although no doubt fine for horses is almost impossible for cycling.

Follow the horseshoe and new cycling signs and, if there are any muddy patches walk round them, and, if necessary, walk on the footpath, wheeling the bikes. **You must give way to horses.** The first bit is elevated and so gives views over the golf course. The next part is in a cutting and is a beautiful section of the route with plenty of flowers, butterflies and birds to be seen. There are a couple of access points to the shore; the second is at Cubbins Green which would make a suitable picnic spot in good weather but can be windy. Pass the Caldy car park and cross Croft Drive with care. Go under a road bridge and then leave the WCP when you arrive at the platform of the old **Thurstaston** station. This ends Loop 1.

ROAD ROUTE TO IRBY HILL *don't use if starting at Thurstaston* Continue in Sandy Lane on the bridge (over the WCP). Turn right, **with care**, into Caldy Road, the B5140, by the Moby Dick. This road is busy and climbs steeply uphill. At the roundabout go straight across, **with care**, towards Frankby. Climb up Montgomery Hill to the top. At the T-junction by the Farmers Arms turn right, **with care**, into Hillbark Road. The entrance to Royden Park is on the right. It is ½ mile along this flatter lane to the roundabout at Irby Hill (52 metres)—the top of the hill! Turn left to rejoin Loop One to Greasby (see page 148).

On Leasowe Embankment

LOOP TWO 8 miles

From the **Leasowe Common** car park, go up the shallow steps onto the embankment and turn left. It is a safe, flat concrete path all the way to **Meols**. Don't be tempted to ride down the slipways onto the beach as what might look like sand quickly turns into mud only a few yards off shore and is dangerous. Not only that, it is smelly mud and much easier to sink into than to get out of (is this the voice of experience?)!

There are excellent views over the sandbanks to the sea and often large flocks of waders feeding at the waters edge. We have done this ride in various weathers and be warned, if it is windy it's very easy to speed along with a following wind but very tiring in the other direction into it.

On reaching **Meols Parade** (there is plenty of parking on the prom as an **alternative start**) turn left by the beach patrol post (summer only) and public toilets into Bennets Lane. You soon leave the houses behind and turn left at a T-junction. Then fork right and go round a right bend. The lane is lined with willows, sallows and poplars and the marshy ground alongside has a profusion of wild flowers in summer, including bladder campion and great hairy willow herb. The rough grazing meadows here often have horses and seem to be very diverse in their plant life.

Take **great care** at the Carr Lane level crossing. Dismount and cross when you are sure there are no trains approaching. Follow the winding road between the fields. The ditches here are a delight with purple loosestrife and meadowsweet. Unfortunately the new housing estates are creeping ever outwards into these meadows and the next section is through a residential area on Carr Road. The new roads all have carr in their name reminding us of the damp carr habitat which they have replaced.

At the A553 turn left and first right, **with care**. Follow Garden Hey Road for ½ mile through **Saughall Massie** to the T-junction and turn right. On the left are two old farm houses, Diamond Farm (1728) and then Poplar Farm (1714). Almost immediately pass the

Saughall Hotel. Go straight across the junction, **with care**, into West Kirby Road. (At the time of going to press there are proposals to build a by-pass here involving roundabouts, footways and cycleways.)

It is ½ mile to Three Lanes End cross roads, with good views ahead. However, even though it is a minor road, at certain times there can be fast traffic. Decide here whether to stay on Loop 2 or whether to do Loop 1 as well. To do the whole Ride see * in the Loop 1 instructions on page 149.

LOOP TWO continued...
Turn right into Heron Road signed Meols and Hoylake. * **To continue from Loop 1**, go straight across into Heron Road. Follow this quiet lane for 1 mile to the A553. Turn left onto Birkenhead Road and in ¼ mile there is a lovely willow fringed lake with water lilies just visible on your right. Go over the railway bridge by **Meols** station and immediately turn second right, **with care**, into Dovepoint Road. Follow it straight through the residential area down to the coast at **Dove Point**.

Turn right at Meols Drive and onto the Leasowe embankment. Follow it back (retracing Loop 2 outward route) for 1½ miles as far as the lighthouse. There is a way off the embankment here via a stony car park and along a gravelly track to see the lighthouse at closer quarters (see other information or the notice board there!).

Continue to Leasowe Road and turn left to return to the car park to end Loop 2. If you didn't start here, return along the embankment and follow the Loop 2 instructions from the beginning on the previous page. If you wish to link with the North Wirral Ride to Egremont, this would be the place to start.

OTHER INFORMATION

THURSTASTON
It was mentioned as Tustanetone in the Domesday Book. The name means Thorstein's tun. There is a hall at Thurstaston which has a long history and is reputed to be haunted.

The woodland and heath are a SSSI and a Local Nature Reserve. There are footpaths leading to a viewpoint at the summit of the hill. **Cycling on these footpaths is rightly prohibited** to prevent damage to this important site. Visitor Centre tel 051-648 4371.

IRBY HILL

In 1190 it was known as Irrebi, 'the *by* of the Irish'; *by* comes from Old English village or farmstead. There are good views from Mill Lane. Irby Common is owned by the NT. Sandy Lane is an ancient bridleway passing some beautiful old stone cottages.

GREASBY

Greasby is mentioned as Gravesberie in the Domesday Book. It means something like 'the burg by a grove, trench or canal' which sounds picturesque; however it is now mainly modern housing estates. There are two old inns, the Red Cat and the Coach and Horses. The iron cross, dated 1862, replaces an old stone cross used as a hiring cross, ie where farm labourers were hired.

MEOLS

It was mentioned as Melas in the Domesday Book. The name comes from Old Norse for sand-dune or sandbank and is pronounced *mels*. Remnants of a submerged forest have been exposed from time to time offshore including peat and foot prints of forest animals! Many objects have also been found on the shore and it is thought that Meols is an extremely old settlement. It may even be where the Romans from Chester embarked on sea journeys. Heron Lane, which we cycle along from Three Lane Ends, may well be the site of an old Roman road to the coast.

SAUGHALL MASSIE

It appears as Salhale in the Domesday Book. The name comes from Old English '*hahl* where sallows grew'. (Massy is a medieval family name originally from Massy in France.) There are several ancient buildings here; Ivy Cottage (1690) is probably the oldest.

WEST KIRBY

The name comes from Old Norse 'village with a church'. Red

Rocks Nature Reserve is managed by the CWT to protect the wildlife. It has a rare colony of natterjack toads. The estuarine marshes are excellent for seeing waders. From Dee Lane the promenade runs for a mile with wonderful views over the Dee. The Mariners' Beacon is 60 foot high and is a column surmounted by a huge stone ball, looking something like a giant's golfing tee! It is on the site of a former windmill.

HOYLAKE

The name—Hoyle Lake—is perhaps from Old English *holh* for hollow, thus giving 'pool lake'. The deep channel was used in the past as a safe anchorage until it silted up. King William III embarked on ship from here. Later, Hoylake became a resort and is now internationally famous for the Royal Liverpool Golf Course. The promenade runs for 2 miles from Meols to Kings Gap but I haven't included it in this route as it is one way in the opposite direction from the rest of the ride.

ROYDEN PARK

Cycling is allowed as far as the car park but nowhere else. The park was acquired by Hoylake council in 1961 for use as public open space. The present Hillbark House was erected in 1931 by Sir E.B. Royden. It was originally built in 1891 on Bidston Hill by R.W. Hudson (of Hudson soap) but was moved to Royden Park brick by brick! It is mock Tudor in style. At present it has been sold to the private sector and there is a possible threat of development. There is a Rangers' Office and Visitor Centre (tel 051-677 7594). It is worth leaving the bikes secured for a walk to see the interesting habitats abounding with wildlife such as the meadows, woodland, the two small meres, the walled nature garden and plantations as well as the adjacent heathland of Thurstaston Common. There is also a model railway.

And next... take the bikes further afield

SPECIALIST BIKES

This list is the result of browsing through recent adverts and is as complete as I could make it. Omission of a firm does not mean I don't approve, merely that I haven't seen their advert. Conversely, inclusion of any in the list does not imply recommendation. Safety features of each need careful consideration—each on its own unique features and for the individual child/invalid/handicapped person's needs. Consult the catalogues carefully, if you are considering buying, and make sure you try out several bikes.

Trailers
Neatwork, The Lees Stables, Coldstream, Berwickshire, TD12 4NN, tel 0890 3456.
Burley, BLI Group, The Camel Trail, Wadebridge, Cornwall, PL27 7AL, tel 0208 813050 (child/2 children up to 7 stone).

Sidecars and trailers
David Bolton Cycles, Lloyds Bank Gardens, Market Square, Princes Risborough, Bucks, HP17, tel 08444 5949.

Check the size, style and price (1¼d) are right and don't forget the brakes!

Trailer bicycles
Islabikes, 252 Halesowen Road, Cradley Heath, Warley, West Midlands, B64 6NH, tel 0384 66630/0562 882957 (for children of 3½ to 11 years).

Tandems

Pashley, Masons Road, Stratford-upon-Avon, Warwicks, CV37 9NL.

Dawes Cycles Ltd, Freepost Birmingham B11 1BR, tel 021-706 6662.

Orbit Cycles, U8 Peartree Ind. Park, Peartree Lane, Dudley, West Midlands, DY2 0QY, tel 0384 239999.

Swallow Tandems, Vyrnwy Workshops, Lake Vyrnwy, Llanwddyn, Montgomeryshire, Mid Wales, SY10 ONA, tel 0691 73211 (and supply child safety bars and crank-shorteners).

Junior Back Tandem, Bob Jackson Cycles, 148 Harehills Lane, Leeds, LS8 5BD, tel 0532 493022.

Recumbents, HPVs etc for hire or sale

D.Tek, Little Thetford, Cambridgeshire, CB6 1BR, tel 0353 648177 (& special needs bikes).

Future Cycles, Priory Road, Forest Row, E.Sussex, RH18 5HP, tel 0342 822847 (& 'Buddy Bike').

Recumbents and wheelchair tandems

Neatwork as above.

Tricycles

Pashley and Neatwork addresses as above.

Ken Rogers, 71 Berkley Ave, Cranford, Hounslow, Middx, TW4 6LF, tel 081-897 9109.

Papooses

Karrimore, Petre Road, Clayton-le-Moors, Accrington, Lancs, BB5 5JP, tel 0254 385911.

Slings Mothercare, etc.

Childseats All good cycle shops.

REFERENCES

The Concise Oxford Dictionary of English Place Names, Eilert Ekwall, Oxford, 1960

The Wirral Peninsula, Norman Ellison, Hale, 1955

Cheshire and its Welsh Border, Herbert Hughes, Dobson, 1966

The Cheshire Village Book, Cheshire Federation of Women's Institutes, Countryside Books, 1990

Ballads and Legends of Cheshire, Egerton Leigh, Longmans, 1867

Ordnance Survey Landranger Sheets 117, 118 and 108

Cheshire Cycleway, CCC and *Enjoying Cheshire*, CCC

OTHER READING

Family Cycling in North Cheshire and around its borders, Lyn Goodkin, Alfresco Leisure, 1992

CTC Book of Cycling, John Whatmore, David & Charles, 1983

CTC Route Guide to Cycling in Britain & Ireland, N Crane & C Gausden, Pan, 1981

10 Cheshire Cycle Tours, David Groome (& CTC), CCC, 1986

Cheshire Peaks and Plains, David Groome (& CTC & Sprocket), Macclesfield Groundwork Trust, 1985

50 Best Cycle Rides in Cheshire, ed Graham Beech, Sigma, 1993

Pub Walks in Cheshire, Jen Darling, Sigma, 1990

Picturesque Cheshire, T A Coward, Methuen, 1903/1944

Cheshire, Arthur Mee, Hodder and Stoughton, 1938

The Illustrated Portrait of Wirral, Kenneth Burnley, Hale, 1987

USEFUL ADDRESSES

British Waterways Board Area Engineer, Navigation Road, Northwich, Cheshire, CW8 1BH. Tel 0606 74321, local area 0606 40086

Cheshire Wildlife Trust Grebe House, Cheshire College of Agriculture, Reaseheath, Nantwich. Tel 0270 610180

Bicycling Books 309/311 Horn Lane, London W3 OBU. Tel 081-993 3484

Forestry Commission Linmere, Delamere.

Ordnance Survey Romsey Road, Maybush, Southampton.

Cycling Today Stonehart Leisure Magazines, 67-71 Goswell Rd, London.

Cycle Shops in the area include:
Davies Brothers, Cuppin Street, Chester.
Norman Roberts Cycles, 67 Main St, Frodsham.
Ian May, 170 Bebington Road, Bebington.
K Cycles, 1186 New Chester Road, Eastham, Wirral.

SUSTRANS 35 King Street, Bristol, BS1 4DZ. Cycle path charity: send SAE & donation for leaflets/membership.

Cycling Project for the North West Environmental Institute, Bolton Road, Swinton, Manchester M27 2UX. 061-794 1926

Cyclists' Touring Club Cotterell House, 69, Meadrow, Godalming, Surrey.

Cycle Campaign Network Tress House, Stamford St, London. 071-928 7220

Friends of the Earth 26-28 Underwood St, London. 071-490 1555